D1040933

Contents
Índice

Abbreviations
Abreviaturas

stands for the headword	~	sustituye la voz-guía
and	&	y
see	☞	véase
registered trademark	®	marca registrada
adjective	*adj*	adjetivo
adverb	*adv*	adverbio
agriculture	AGR	agricultura
anatomy	ANAT	anatomía
Argentina	*Arg*	Argentina
architecture	ARQUI	arquitectura
article	*art*	artículo
astronomy	AST	astronomía
astrology	ASTR	astrología
attributive	*atr*	atributivo
motoring	AUTO	automóvil
aviation	AVIA	aviación
biology	BIO	biología
Bolivia	*Bol*	Bolivia
botany	BOT	botánica
British English	*Br*	inglés británico
Central America	*C.Am.*	América central
Chile	*Chi*	Chile
Colombia	*Col*	Colombia
commerce, business	COM	comercio
computers, IT term	COMPUT	informática
conjunction	*conj*	conjunción
Southern Cone	*CSur*	Cono Sur
sports	DEP	deporte
contemptuous	*desp*	despectivo

education (schools, universities)	EDU	educación, enseñanza (sistema escolar y universitario)
electronics, electronic engineering	ELEC	electrónica, electrotecnia
Spain	*Esp*	España
familiar, colloquial	F	familiar
feminine	*f*	femenino
feminine noun and adjective	*f/adj*	sustantivo femenino y adjetivo
railroad	FERR	ferrocarriles
figurative	*fig*	figurativo
financial	FIN	finanzas
physics	FÍS	física
formal	*fml*	formal
photography	FOT	fotografía
feminine plural	*fpl*	femenino plural
feminine singular	*fsg*	femenino singular
gastronomy	GASTR	gastronomía
geography	GEOG	geografía
geology	GEOL	geología
grammatical	GRAM	gramática
historical	HIST	histórico
IT term	INFOR	informática
interjection	*int*	interjección
interrogative	*interr*	interrogativo
invariable	*inv*	invariable
law	JUR	jurisprudencia
Latin America	L.Am.	América Latina
law	LAW	jurisprudencia
masculine	*m*	masculino
masculine noun and adjective	*m/adj*	sustantivo masculino y adjetivo
nautical	MAR	navegación, marina

mathematics	MAT	matemáticas
mathematics	MATH	matemáticas
medicine	MED	medicina
meteorology	METEO	meteorología
Mexico	*Mex*	México
Mexico	*Méx*	México
masculine and feminine	*m/f*	masculino y femenino
masculine and feminine plural	*m/fpl*	masculino y femenino plural
military	MIL	militar
mineralogy	MIN	mineralogía
motoring	MOT	automóvil
masculine plural	*mpl*	masculino al plural
music	MUS	música
music	MÚS	música
noun	*n*	sustantivo
nautical	NAUT	navegación, náutica
negative	*neg*	negativo
noun plural	*npl*	sustantivo al plural
noun singular	*nsg*	sustantivo al singular
oneself	o.s.	sí mismo
popular, slang	P	popular
past participle	*part*	participio (del pasado)
Peru	*Pe*	Perú
pejorative	*pej*	peyorativo
photography	PHOT	fotografía
physics	PHYS	física
painting	PINT	pintura
plural	*pl*	plural
politics	POL	política
preposition	*prep*	preposición
pronoun	*pron*	pronombre
preposition	*prp*	preposición

psychology	PSI	psicología
psychology	PSYCH	psicología
chemistry	QUÍM	química
radio	RAD	radio
railroad	RAIL	ferrocarriles
relative	*rel*	relativo
religion	REL	religión
River Plate	*Rpl*	Río de la Plata
South America	*S.Am.*	América del Sur
singular	*sg*	singular
someone	s.o.	alguien
sports	SP	deporte
Spain	*Span*	España
something	*sth*	algo, alguna cosa
subjunctive	*subj*	subjuntivo
bullfighting	TAUR	tauromaquia
also	*tb*	también
theater, theatre	TEA	teatro
technology	TÉC	técnica, tecnología
technology	TECH	técnica, tecnología
telecommunications	TELEC	telecomunicaciones
theater, theatre	THEA	teatro
typography, typesetting	TIP	tipografía
transportation	TRANSP	transportes
television	TV	televisión
vulgar	V	vulgar
auxiliary verb	*v/aux*	verbo auxiliar
verb	*vb*	verbo
Venezuela	*Ven*	Venezuela
intransitive verb	*v/i*	verbo intransitivo
impersonal verb	*v/impers*	verbo impersonal
transitive verb	*v/t*	verbo transitivo
West Indies	*W.I.*	Antillas
zoology	ZO	zoología

La pronunciación del inglés

A. Vocales y diptongos

[ɑː]   sonido largo parecido al de *a* en *raro*: *far* [fɑːr].

[ʌ]   *a* abierta, breve y oscura, que se pronuncia en la parte anterior de la boca sin redondear los labios: *butter* ['bʌtər], *come* [kʌm], *blood* [blʌd].

[æ]   sonido breve, bastante abierto y distinto, algo parecido al de *a* en *parra*: *fat* [fæt], *ran* [ræn].

[ɒ]   vocal larga, bastante cerrada, entre a y o; más cercana a la *a* que a la *o*: *fall* [fɒl], *fault* [fɒlt].

[e]   sonido breve, medio abierto, parecido al de *e* en *perro*: *bed* [bed], *less* [les], *hairy* ['heri].

[aɪ]   sonido parecido al de *ai* en *estáis*, *baile*: *I* [aɪ], *lie* [laɪ], *dry* [draɪ].

[aʊ]   sonido parecido al de *au* en *causa*, *sauce*: *house* [haʊs], *now* [naʊ].

[eɪ]   *e* medio abierta, pero más cerrada que la *e* de *hablé*; suena como si la siguiese una [ɪ] débil, sobre todo en sílaba acentuada: *date* [deɪt], *play* [pleɪ].

[ə]   'vocal neutra', siempre átona; parecida al sonido de la *a* final de *cada*: *about* [ə'baʊt], *connect* [kə'nekt].

[iː]   sonido largo, parecido al de *i* en *misa*, *vino*: *scene* [siːn], *sea* [siː], *feet* [fiːt], *ceiling* ['siːlɪŋ].

[ɪ]   sonido breve, abierto, parecido al de *i* en *silba*, *tirria*, pero más abierto: *big* [bɪg], *city* ['sɪtɪ].

[oʊ]   *o* larga, más bien cerrada, sin redondear los labios ni levantar la lengua: *note* [noʊt], *boat* [boʊt], *below* [bɪ'loʊ].

[ɔ:]	vocal larga, bastante cerrada; es algo parecida a la o de por: *abnormal* [æb'nɔ:rml], *before* [bɪ'fɔ:r].
[ɔɪ]	diptongo cuyo primer elemento es una o abierta, seguido de una i abierta pero débil; parecido al sonido de *oy* en *doy*: *voice* [vɔɪs], *boy* [bɔɪ].
[ɜ:]	forma larga de la 'vocal neutra' [ə], algo parecida al sonido de *eu* en la palabra francesa *leur*: *word* [wɜ:rd], *girl* [gɜ:rl].
[u:]	sonido largo, parecido al de *u* en *cuna*, *duda*: *fool* [fu:l], *shoe* [ʃu:], *you* [ju:], *rule* [ru:l].
[ʊ]	*u* pura pero muy rápida, más cerrada que la *u* de *burra*: *put* [pʊt], *look* [lʊk].

B. Consonantes

[b]	como la *b* de *cambiar*: *bay* [beɪ], *brave* [breɪv].
[d]	como la *d* de *andar*: *did* [dɪd], *ladder* ['lædər].
[f]	como la *f* de *filo*: *face* [feɪs], *baffle* ['bæfl].
[g]	como la *g* de *golpe*: *go* [goʊ], *haggle* ['hægl].
[h]	se pronuncia con aspiración fuerte, sin la aspereza gutural de la *j* en *Gijón*: *who* [hu:], *ahead* [ə'hed].
[j]	como la *y* de *cuyo*: *you* [ju:], *million* ['mɪljən].
[k]	como la *c* de *casa*: *cat* [kæt], *kill* [kɪl].
[l]	como la *l* de *loco*: *love* [lʌv], *goal* [goʊl].
[m]	como la *m* de *madre*: *mouth* [maʊθ], *come* [kʌm].
[n]	como la *n* de *nada*: *not* [nɑ:t], *banner* ['bænər].
[p]	como la *p* de *padre*: *pot* [pɑ:t], *top* [tɑ:p].
[r]	Cuando se pronuncia, es un sonido muy débil, más bien semivocal, que no tiene nada de la vibración fuerte que caracteriza la *r* española; se articula elevando la punta de la lengua hacia el

10

paladar duro: *rose* [rouz], *pride* [praɪd], *there* [ðer].

[s]	como la *s* de *casa*: *sit* [sɪt], *scent* [sent].
[t]	como la *t* de *pata*: *take* [teɪk], *patter* ['pætər].
[v]	inexistente en español; a diferencia de *b*, *v* en español, se pronuncia juntando el labio inferior con los dientes superiores: *vein* [veɪn], *velvet* ['velvɪt].
[w]	como la *u* de *huevo*: *water* ['wɒːtər], *will* [wɪl].
[z]	como la *s* de *mismo*: *zeal* [ziːl], *hers* [hɜːrz].
[ʒ]	inexistente en español; como la *j* en la palabra francesa *jour*: *measure* ['meʒər], *leisure* ['liːʒər]. Aparece a menudo en el grupo [dʒ], que se pronuncia como el grupo *dj* de la palabra francesa *adjacent*: *edge* [edʒ], *gem* [dʒem].
[ʃ]	inexistente en español; como la *ch* en la palabra francesa *chose*: *shake* [ʃeɪk], *washing* ['wɒʃɪŋ]. Aparece a menudo en el grupo [tʃ], que se pronuncia como la *ch* en *mucho*: *match* [mætʃ], *natural* ['nætʃrəl].
[θ]	como la *z* de *zapato* en castellano: *thin* [θɪn], *path* [pæθ].
[ð]	forma sonorizada del anterior, algo como la *d* de *todo*: *there* [ðer], *breathe* [briːð].
[ŋ]	como la *n* de *banco*: *singer* ['sɪŋər], *tinker* ['tɪŋkər].

A

a ◇ *dirección* to; **al este de** to the east of; **ir ~ la cama / al cine** go to bed / to the movies ◇ *situación* at; **al sol** in the sun; **está ~ cinco kilómetros** it is five kilometers away ◇ *tiempo:* **~ las tres** at three o'clock; **estamos ~ quince de febrero** it's February fifteenth; **~ los treinta años** at the age of thirty ◇ *modo:* **~ la española** the Spanish way; **~ mano** by hand; **~ pie** on foot; **~ 50 kilómetros por hora** at fifty kilometers an hour ◇ *precio:* **¿~ cómo o cuánto está?** how much is it? ◇ *objeto indirecto:* **dáselo ~ tu hermano** give it to your brother ◇ *objeto directo:* **vi ~ mi padre** I saw my father ◇ *para introducir pregunta:* **¿~ que no lo sabes?** I bet you don't know; **~ ver...** OK ...

abad *m* abbot

abajo 1 *adv* ◇ *situación* below, underneath; *en edificio* downstairs; **ponlo ahí ~** put it down there; **el cajón de ~** *siguiente* the drawer below; *último* the bottom drawer ◇ *dirección* down; *en edificio* downstairs; **empuja hacia ~** push down ◇ *con cantidades:* **de diez para ~** ten or under **2** *int:* **¡~ los traidores!** down with the traitors!

abalanzarse rush *o* surge forward; **~ sobre algo / alguien** pounce on sth / s.o.

abandonar *lugar* leave; *objeto, a alguien* abandon; *a esposa, hijos* desert; *idea, actividad* give up; **abandonarse** let o.s. go; **~ a** abandon o.s. to; **abandono** *m* abandonment; DEP *de carrera* retirement; **en un estado de ~** in a state of neglect

abanicar fan; **abanicarse** fan o.s.; **abanico** *m* fan; *fig* range

abaratar reduce the price of; *precio* reduce

abarcar cover; *L.Am. (acaparar)* hoard; **~ con la vista** take in

abarrotado packed; **abarrotes** *mpl L.Am.* groceries; **(tienda de) ~** grocery store, *Br* grocer's

abastecer supply (**de** with); **abastecimiento** *m* supply

abatible collapsible, folding *atr;* **abatimiento** *m* gloom; **abatir** *edificio* knock down; *árbol* cut down; AVIA shoot *o* bring down; *fig* kill; *(deprimir)* depress

abdicación *f* abdication; **abdicar** abdicate

abecé *m fig* ABCs *pl, Br* ABC

abedul *m* birch

abeja *f* ZO bee; **abejorro** *m* bumblebee

abertura *f* opening

abeto *m* fir (tree)

abierto 1 *part* → **abrir 2** *adj* open

abismo *m* abyss; *fig* gulf

ablandar *tb fig* soften

abnegación *f* self-denial; **abnegado** selfless

abogado *m*, **-a** *f* lawyer; *en tribunal superior* attorney, *Br* barrister; **no le faltaron ~s** *fig* there were plenty of people who defended him; **abogar: ~ por alguien** defend; *algo* advocate

abolición *f* abolition; **abolir** abolish

abollado dented; **abolladura** *f* dent

abominable abominable; **abominar** detest, loathe

abonable COM payable; **abonado** *m*, **-a** *f* subscriber; *a teléfono, gas, electricidad* customer; *a ópera, teatro* season-ticket holder; **abonar** COM pay; AGR fertilize; *Méx* pay on account; **~ el terreno** *fig* sow the seeds; **abonarse** *a espectáculo* buy a season ticket (**a** for); *a revista* take out a subscription (**a** to); **abono** *m* COM payment; AGR fertilizer; *para espectáculo, transporte* season ticket

abordar MAR board; *tema, asunto* broach, raise; *problema* tackle, deal with; *a una persona* approach

aborigen 1 *adj* native, indigenous **2** *m/f* native

aborrecer loathe, detest; **aborrecimiento** *m* loathing

abortar 1 *v/i* MED miscarry; *de forma provocada* have an abortion **2** *v/t* plan foil; **aborto** *m* miscarriage; *provocado* abortion; *fig* F freak F

abotonar button up

abrasar 1 *v/t* burn **2** *v/i* del sol burn; *de bebida, comida* be boiling hot; **abrasarse: ~ de sed** F be parched F; **~ de calor** F be sweltering F

abrazar hug; **abrazarse** embrace; **abrazo** *m* hug; **un ~ en carta** best wishes; *más íntimo* love

abrelatas *m inv* can opener, *Br tb* tin opener

abreviar shorten; *palabra* abbreviate; *texto* abridge; **abreviatura** *f* abbreviation

abridor *m* bottle opener

abrigar wrap up; *esperanzas* hold out; *duda* entertain; **abrigarse** wrap up warm; **abrigo** *m* coat; *(protección)* shelter; **ropa de ~** warm clothes; **al ~ de** in the shelter of

abril *m* April

abrir 1 *v/t* open; *túnel* dig; *grifo* turn on **2** *v/i de persona* open up; *de ventana, puerta* open; **en un ~ y cerrar de ojos**

in the twinkling of an eye

abrochar, abrocharse do up; *cinturón de seguridad* fasten

abrumar overwhelm (**con** *o* **de** with)

abrupto *terreno* rough; *pendiente* steep; *tono, respuesta* abrupt; *cambio* sudden

absolución *f* absolution

absolutamente absolutely; *no entendió ~ nada* he didn't understand a thing; *~ absoluto* absolute; *en ~* not at all

absolver JUR acquit; REL absolve

absorber absorb; (*consumir*) take; COM take over; **absorción** *f* absorption; COM takeover

abstemio 1 *adj* teetotal *2 m*, *-a f* teetotaller, *Br* teetotaller

abstención *f* abstention; **abstenerse** refrain (**de** from); POL abstain; **abstinencia** *f* abstinence; **síndrome de ~** MED withdrawal symptoms *pl*

abstracción *f* abstraction; **hacer ~ de** exclude; **abstracto** abstract; **abstraer** abstract; **abstraerse** shut o.s. off (**de** from); **abstraído 1** *adj* preoccupied; **~ en algo** engrossed in sth **2** *part* ☞ **abstraer**

absurdo 1 *adj* absurd *2 m*: **es un ~ que** it's absurd that

abuchear boo

abuela *f* grandmother; **abuelo** *m* grandfather; **~s** grand-

parents

abultar be bulky; *no abulta casi nada* it takes up almost no room at all

abundancia *f* abundance; *comida en ~* plenty of food; **abundante** plentiful, abundant; **abundar** be plentiful *o* abundant

aburrido (*que aburre*) boring; (*que se aburre*) bored (**de** with); **aburrimiento** *m* boredom; **aburrir** bore; **aburrirse** get bored (**de** with)

abusar: **~ de** abuse; *persona* take advantage of; **~ sexualmente de** sexually abuse; **abuso** *m* abuse; **~s deshonestos** indecent assault

a.C. (= *antes de Cristo*) BC (= before Christ)

acá here; **de ~ para allá** from here to there; **de entonces para ~** since then

acabado *m* finish; **acabar** finish; *acabé haciéndolo yo* I finished up *o* ended up doing it myself; **~ con** put an end to; *caramelos* finish off; *persona* destroy; **~ de hacer algo** have just done sth; *va a ~ mal F persona* he'll come to no good; *esto va a ~ mal F* this is going to end badly; **acabarse** *de actividad* finish, end; *de pan, dinero* run out; *se nos ha acabado el azúcar* we've run out of sugar; *¡se acabó!* that's that!

academia *f* academy; **~ de idiomas** language school

acallar *tb fig* silence

acalorado *fig* heated; **estar ~** be agitated; **acalorar** *fig* inflame; **acalorarse** *(enfadarse)* get worked up; *(sofocarse)* get embarrassed

acampada *f* camp; **ir de ~** go camping; **acampar** camp

acantilado *m* cliff

acaparar *(ceder)* hoard, stockpile; *tiempo* take up; *interés* capture; *(monopolizar)* monopolize

acariciar caress; *perro* stroke; *idea* toy with

acarrear carry; *fig* give rise to, cause; **acarreo** *m* transportation

acaso perhaps; **por si ~** just in case

acatamiento *m* compliance (**de** with); **acatar** comply with, obey

acatarrarse catch a cold

acaudalado wealthy, well-off

acceder *(ceder)* agree (**a** to), accede (**a** to) *fml*; **~ a lugar** gain access; *cargo* accede to *fml*

accesible accessible; **acceso** *m tb* INFOR access; *de fiebre* attack; *de tos* fit; **de difícil ~** inaccessible; **accesorio 1** *adj* incidental **2** *m* accessory

accidentado 1 *adj terreno* rough; *viaje* eventful **2** *m*, **-a** *f* casualty; **accidental** *(no esencial)* incidental; *(casual)* chance *atr*; **accidente** *m* accident; *(casualidad)* chance; GEOG feature; **~ de**

tráfico *o* **de circulación** road traffic accident; **~ laboral** industrial accident

acción *f* action; **acciones** COM stock, shares; **poner en ~** put into action; **accionar** activate; **accionista** *m/f* stockholder, shareholder

acebo *m* holly

aceite *m* oil; **~ de girasol** / **oliva** sunflower / olive oil; **aceitera** *f* TÉC oilcan; GASTR cruet; **aceituna** *f* olive

aceleración *f* acceleration; **acelerador** *m* accelerator; **acelerar 1** *v/t motor* rev up; *fig* speed up; **aceleró el coche** she accelerated **2** *v/i* accelerate

acelgas *fpl* BOT Swiss chard

acento *m* accent; *(énfasis)* stress, emphasis; **acentuar** stress; *fig* accentuate, emphasize

aceptable acceptable; **aceptación** *f* acceptance; *(éxito)* success; **aceptar** accept

acequia *f* irrigation ditch

acera *f* sidewalk, *Br* pavement; **ser de la otra ~** F be gay

acerbo sharp

acerca: ~ de about

acercar bring closer; **~ a alguien a un lugar** give s.o. a ride *o Br* lift somewhere; **acercarse** approach; *(ir)* go; *de grupos, países* come closer together; *de fecha* draw near; **¡acércate!** come closer

acero *m* steel; **~ inoxidable** stainless steel

acertado *comentario* apt; *elección* good wise; **estar muy ~** be dead right; **acertante** *m/f de apuesta* winner; **acertar 1** *v/t respuesta* get right; *al hacer una conjetura* guess **2** *v/i* be right; **acertijo** *m* riddle, puzzle

achacar attribute (*a* to)

achaque *m* ailment

achicar make smaller; MAR bail out; **achicarse** get smaller; *fig* feel intimidated

acidez *f* acidity; **~ de estómago** heartburn; **ácido 1** *adj tb fig* sour, acid **2** *m* acid

acierto *m* idea good idea; *respuesta* correct answer; *habilidad* skill

aclamación *f* acclaim; **aclamar** acclaim

aclarar 1 *v/t problema* clarify, clear up; *ropa, vajilla* rinse **2** *v/i de día* break; *del tiempo* clear up; **aclararse: ~ la voz** clear one's throat; **no me aclaro** F I don't understand; *por cansancio etc* I can't think straight

aclimatarse acclimatize, become acclimatized

acné *m* acne

acobardar daunt; **acobardarse** get frightened

acogedor welcoming; *lugar* cozy, *Br* cosy; **acoger** receive; *en casa* take in; **acogerse: ~ a algo** have recourse to sth; **acogida** *f* reception

acolchar quilt, pad

acometer 1 *v/t* attack; *tarea* tackle **2** *v/i* attack; **~ contra algo** attack sth

acomodado well-off; **acomodador** *m* usher; **acomodar** adapt; *a alguien* accommodate

acompañamiento *m* accompaniment; **acompañante** *m/f* companion; MÚS accompanist; **acompañar** (*ir con*) go with, accompany; *fml* (*permanecer con*) keep company; MÚS, GASTR accompany

acondicionador *m* conditioner; **acondicionar** *un lugar* equip, fit out; *pelo* condition

acongojar grieve, distress

aconsejable advisable; **aconsejar** advise

acontecer take place, occur; **acontecimiento** *m* event

acoplar *piezas* fit together

acorazado armored, *Br* armoured; **acorazar** armor-plate, *Br* armour-plate; **acorazarse** *fig* protect o.s.

acordar agree; **acordarse** remember; **¿te acuerdas de él?** do you remember him?; **acorde 1** *adj*: **~ con** in keeping with **2** *m* MÚS chord

acordeón *m* accordion

acordonar cordon off

acortar 1 *v/t* shorten **2** *v/i* take

a short cut
acosar hound, pursue; *con preguntas* bombard; **acoso** *m fig* hounding, harassment; **~ sexual** sexual harassment
acostar put to bed; **acostarse** go to bed; (*tumbarse*) lie down; **~ con alguien** go to bed with s.o.
acostumbrado (*habitual*) usual; *estar ~ a algo* be used to sth; **acostumbrar 1** *v/t* get used (**a** to) **2** *v/i*: *acostumbraba a venir* he used to come; **acostumbrarse** get used (**a** to)
acotar *terreno* fence off; *texto* annotate
acrecentar increase
acreditado well-known, reputable; **acreditar** *diplomático etc* accredit (**como** as); (*avalar*) prove; **acreditarse** get a good reputation
acreedor *m,* **~a** *f* creditor; **acreencia** *f L.Am.* credit
acróbata *m/f* acrobat
acta(s) *f(pl)* minutes *pl*
actitud *f* (*disposición*) attitude; (*posición*) position
activar activate; (*estimular*) stimulate; **actividad** *f* activity; **activo 1** *adj* active; *en ~* on active service **2** *m* COM assets *pl*
acto *m* (*acción*) TEA act; *ceremonia* ceremony; **~ seguido** immediately afterward; *en el ~* instantly
actor *m* actor; **actriz** *f* actress

actuación *f* TEA performance; (*intervención*) intervention; actual present, current; *un tema muy ~* a very topical issue; **actualidad** *f* current situation; *en la ~* at present, presently; (*hoy en día*) nowadays; **~es** current affairs; **actualizar** bring up to date, update; **actualmente** currently
actuar (*obrar, ejercer*), TEA act; MED work, act
acuarela *f* watercolor, *Br* watercolour
acuario *m* aquarium
Acuario *m/f inv* ASTR Aquarius
acuático aquatic; *deporte ~* water sport
acuchillar stab
acudir come; **~ a alguien** turn to s.o.; **~ a las urnas** go to the polls
acueducto *m* aqueduct
acuerdo *m* agreement; *estar de ~ con* agree with; *llegar a un ~, ponerse de ~* come to *o* reach an agreement; *de ~ con algo* in accordance with sth; *¡de ~!* alright!, OK!
acumulador *m* ELEC accumulator, storage battery; **acumular, acumularse** accumulate
acuñar *monedas* mint; *expresión* coin
acuoso watery
acupuntura *f* acupuncture
acusación *f* accusation; **acu-**

sado *m*, **-a** *f* defendant; **acusar** accuse (**de** of); JUR charge (**de** with); (*manifestar*) show; **~ recibo de** acknowledge receipt of; **acuse** *m*: **~ de recibo** acknowledg(e)ment

acústico acoustic

adaptación *f* adaptation; **~ cinematográfica** movie version; **adaptador** *m* adaptor; **adaptar, adaptarse** adapt (**a** to)

adecuado suitable, appropriate

adelantado advanced; **por ~** in advance; **ir ~ de un reloj** be fast; **adelantamiento** *m* AUTO passing maneuver, *Br* overtaking manoeuvre; **adelantar 1** *v/t* move forward; *reloj* put forward; AUTO pass, *Br* overtake; *dinero* advance; (*conseguir*) achieve, gain **2** *v/i de un reloj* be fast; (*avanzar*) make progress; AUTO pass, *Br* overtake; **adelantarse** *mover* move forward; (*ir delante*) go on ahead; **de estación, cosecha** be early; *de un reloj* gain; **se me adelantó** she got there first; **adelante en espacio** forward; **seguir ~** carry on, keep going; **¡~!** come in; **más ~ en tiempo** later on; **de ahora en ~** from now on; **salir ~** *fig: de persona* succeed; **de proyecto** go ahead; **adelanto** *m tb* COM advance

adelfa *f* BOT oleander

adelgazar 1 *v/t* lose **2** *v/i* lose weight

ademán *m* gesture; **hacer ~ de** make as if to

además 1 *adv* as well, besides **2** *prp:* **~ de** as well as

adentro 1 *adv* inside; **mar ~** out to sea; **~ de** *L.Am.* inside **2** *mpl:* **para sus ~s** to oneself

aderezar *con especias* season; *ensalada* dress; *fig* liven up; **aderezo** *m* GASTR seasoning; *para ensalada* dressing

adeudado in debt; **adeudar** owe; **~ en cuenta** debit an account; **adeudarse** get into debt

adherir stick; **adherirse** *a superficie* stick (**a** to), adhere (**a** to) *fml*; **~ a una organización** become a member of *o* join an organization; **~ a una idea** support an idea; **adhesión** *f* adhesion; **adhesivo** *m/adj* adhesive

adicción *f* addiction; **~ a las drogas** drug addiction

adición *f* MAT addition; *Rpl en restaurante* check, *Br* bill; **adicional** additional; **adicionar** MAT add, add up

adicto 1 *adj* addicted (**a** to); **ser ~ al régimen** be a supporter of the regime **2** *m*, **-a** *f* addict

adiestrar train

adinerado wealthy

adiós 1 *int* goodbye, bye; *al cruzarse* hello **2** *m* goodbye;

decir ~ say goodbye (*a* to)
aditivo *m* additive
adivinar guess; *de adivino* foretell; **adivino** *m* fortune teller
adjetivo *m* adjective
adjudicar award
adjunto *1 adj* deputy *atr*; *profesor* ~ assistant teacher; *en universidad* associate professor, *Br* lecturer **2** *m*, **-a** *f* assistant **3** *adv*: ~ **le remitimos** please find enclosed
administración *f* administration; *de empresa etc* management; ~ *pública* civil service; **administrador** *m*, ~**a** *f* administrator; *de empresa etc* manager; **administrar** *medicamento* administer, give; *empresa* run, manage; *bienes* manage; **administrativo 1** *adj* administrative **2** *m*, **-a** *f* administrative assistant
admirable admirable; **admiración** *f* admiration; **signo de** ~ exclamation mark; **admirador** *m*, ~**a** *f* admirer; **admirar** admire; (*asombrar*) amaze; **admirarse** be amazed (*de* at *o* by)
admisible admissible; **admisión** *f* admission; **admitir** (*aceptar*) accept; (*reconocer*) admit
ADN (= *ácido desoxirribonucleico*) DNA (= deoxyribonucleic acid)
adobar GASTR marinate
adobe *m* adobe
adolescencia *f* adolescence;

adolescente *m/f* adolescent
adonde where
adónde where
adopción *f* adoption; **adoptar** adopt; **adoptivo** *padres* adoptive; *hijo* adopted
adoquín *m* paving stone
adorable lovable, adorable; **adorar** love, adore; REL worship
adormecedor soporific; **adormecerse** doze off
adormidera *f* BOT poppy
adornar decorate; **adorno** *m* ornament; *de Navidad* decoration
adquirir acquire; (*comprar*) buy; **adquisición** *f* acquisition; **hacer una buena** ~ make a good purchase; **adquisitivo**: **poder** ~ purchasing power
adrede on purpose, deliberately
adrenalina *f* adrenaline
aduana *f* customs; **aduanero 1** *adj* customs *atr* **2** *m*, **-a** *f* customs officer
aducir *argumentos* give, put forward; (*alegar*) claim
adueñarse: ~ *de* take possession of
adulación *f* flattery; **adulador** flattering *atr*; **adular** flatter
adúltera *f* adulteress; **adulterar** adulterate; **adulterio** *m* adultery; **adúltero 1** *adj* adulterous **2** *m* adulterer
adulto 1 *adj* adult; **edad** *-a* adulthood **2** *m*, **-a** *f* adult

afluencia

adverbio m adverb
adversario m, -a f adversary, opponent; **adverso** f adverso adverse; **adversidad** f adversity, hard times pl
advertencia f warning; **advertir** warn (**de** about); (*notar*) notice
adviento m REL Advent
adyacente adjacent
aéreo air atr, vista, fotografía aerial; **compañía -a** airline
aerodeslizador m hovercraft; **aerodinámico** aerodynamic; **aeródromo** m airfield, aerodrome; **aerograma** m air mail letter; **aeromozo** m, -a f L.Am. flight attendant; **aeronáutica** f aeronautics; **aeronave** f airplane, Br aeroplane; **aeropuerto** m airport; **aerosol** m aerosol; **aerotaxi** m air taxi
afable pleasant, affable
afamado famous
afán m (*esfuerzo*) effort; (*deseo*) eagerness; **sin ~ de lucro** organización not-for--profit; **afanarse** make an effort
afear: **~ algo / a alguien** make sth / s.o. look ugly
afección f MED complaint, condition; **afectado** (*afligido*) upset (**por** by); (*amanerado*) affected; **afectar** affect; (*conmover*) upset, affect; (*fingir*) feign; **afectivo** emotional; **afecto** m affection; **tener ~ a alguien** be

fond of s.o.; **afectuoso** affectionate
afeitado m shave; **afeitadora** f electric razor; **afeitar** shave; *barba* shave off; **afeitarse** shave, have a shave
afeminado effeminate
aferrado stubborn
afición f love (**por** of); (*pasatiempo*) pastime, hobby; **la ~** DEP the fans; **aficionado 1** adj: **ser ~ a** be interested in **2** m, -a f enthusiast; *no profesional* amateur; **aficionarse** become interested (**a** in)
afilado sharp; **afilador** m sharpener; **afilar** sharpen; L.Am. F (*halagar*) butter up F; S.Am. (*seducir*) seduce
afiliación f affiliation (**a** to), becoming a member (**a** to); **afiliado** m member; **afiliarse**: **~ a** become a member of, join
afinar MÚS *nudo* loosen; F *dinero* hand over **2** v/i de tormenta abate; de viento, fiebre drop
afinidad f affinity
afirmación f statement; *declaración positiva* affirmation; **afirmar** state, declare; **afirmativo** affirmative
aflicción f grief, sorrow
afligir afflict; (*apenar*) upset; L.Am. (*golpear*) beat up; **afligirse** get upset
aflojar 1 MÚS *nudo* loosen; F *dinero* hand over **2** v/i de tormenta abate; de viento, fiebre drop
afluencia f fig influx, flow;

horas de ~ peak times;
afluente *m* tributary; **afluir**
flock, flow
afónico: está ~ he has lost his
voice
afortunadamente fortunate-
ly, luckily; **afortunado**
lucky, fortunate
afrenta *f* insult, affront;
afrentar insult, affront
África Africa; **africano 1** *adj*
African **2** *m*, **-a** *f* African;
afroamericano 1 *adj* Afri-
can-American **2** *m*, **-a** *f* Afri-
can-American; **afrontallla-
no, afrocaribeño 1** *adj* Af-
ro-Caribbean **2** *m*, **-a** *f* Af-
ro-Caribbean
afrontar face (up to)
afuera outside; **afueras** *fpl*
outskirts
agacharse bend down; *(acu-
clillarse)* crouch down;
L.Am. (rendirse) give in
agalla *f* ZO gill; **tener** ~**s** *F*
have guts F
agarradera *f* L.Am. handle
agarrado *fig* F mean, stingy
F; **agarrar 1** *v/t (asir)* grab;
L.Am. (tomar) take; *L.Am.
(atrapar, pescar)* catch;
L.Am. velocidad pick
up; ~ **una calle** *L.Am.* go
along a street **2** *v/i (asirse)*
hold on; *fig* take root;
L.Am. por un lugar go; **agar-
ró y se fue** he upped and
went; **agarrarse** *(asirse)* hold
on; *L.Am. a golpes* get into a
fight
agasajar fête

agencia *f* agency; ~ **inmobi-
liaria** real estate office, *Br*
estate agency; ~ **de viajes**
travel agency
agenda *f diario* diary; *progra-
ma* schedule; *de mitin* agen-
da
agente *m/f* agent; ~ **de cam-
bio y bolsa** stockbroker; ~
de policía police officer
ágil agile
agitación *f* POL unrest; **agitar**
shake; *brazos, pañuelo* wave;
fig stir up
aglomeración *f* **de gente**
crowd; **aglomerar** pile up
agobiado *fig* stressed out; ~
de trabajo snowed under
with work; **agobiante** op-
pressive
agolparse crowd together
agonía *f* agony; **agonizante**
dying; **agonizar** *de persona*
be dying; *de régimen* be
crumbling
agosto *m* August
agotado exhausted *(vendido)*
sold out; **agotador** exhaust-
ing; **agotamiento** *m* exhaus-
tion; **agotar** exhaust; **ago-
tarse** *(cansarse)* exhaust
o.s.; *(terminarse)* run out;
(venderse) sell out
agraciado *persona* attractive
agradable pleasant, nice;
agradar: me agrada la idea
fml I like the idea; **nos** ~**ía
mucho que...** *fml* we would
be delighted if ...
agradecer: ~ **algo a alguien**
thank s.o. for sth; **te lo agra-**

dezco I appreciate it; **agradecido** grateful, appreciative; **agradecimiento** *m* appreciation; gratitude

agrandar make bigger

agrario land *adj* JUR, agrarian; *política* agricultural

agravante 1 *adj* JUR aggravating *atr* **2** *f* aggravating factor; POL attaché; **~ cultural** cultural attaché

agravar make worse, aggravate; **agravarse** get worse, deteriorate

agraviar offend, affront; **agravio** *m* offense, *Br* offence

agregado *m*, **-a** *f* *en universidad* senior lecturer; *en colegio* senior teacher; POL attaché; **~ cultural** cultural attaché

agregar add

agresión *f* aggression; **agresividad** *f* aggression; **agresivo** aggressive; **agresor** *m*, **~a** *f* aggressor

agriarse *de vino* go sour; *de carácter* become bitter

agrícola agricultural, farming *atr*; **agricultor** *m*, **~a** *f* farmer; **agricultura** *f* agriculture

agridulce bittersweet

agrietarse crack; *de manos, labios* chap

agrio *fruta* sour; *disputa, carácter* bitter

agrios *mpl* BOT citrus fruit

agrónomo: ingeniero ~ agriculture specialist, agrono-

mist

agrupar group, put into groups

agua *f* water; **~ corriente** running water; **~ dulce** fresh water; **~ mineral** mineral water; **~ oxigenada** (hydrogen) peroxide; **~ potable** drinking water; **es ~ pasada** it's water under the bridge; **se me hace la boca ~** it makes my mouth water; **~s residuales** effluent, sewage

aguacate *m* BOT avocado

aguacero *m* downpour

aguafiestas *m/f inv* party pooper F

aguafuerte *m* etching

aguamarina *f* aquamarine

aguantar 1 *v/t un peso* bear, support; *respiración* hold; (*soportar*) put up with; **no lo puedo ~** I can't stand *o* bear it **2** *v/i* hang on; **aguantarse** *contenerse* keep quiet; **me tuve que aguantar** *conformarme* I had to put up with it; **aguante** *m* patience; *física* stamina

aguar *fiesta* spoil

aguardar 1 *v/t* wait for **2** *v/i* wait

aguardiente *m* fruit-based alcoholic spirit

aguarrás *m* turpentine

agudeza *f de sonido* high pitch; MED intensity; (*perspicacia*) sharpness; **~ visual** sharp-sightedness; **agudo** acute; (*afilado*) sharp; *sonido* high-pitched; (*perspicaz*) sharp

aguijón m zo sting; *fig* spur

águila f eagle; **¿~ o sol?** *Méx* heads or tails?

aguja f needle; *de reloj* hand

agujerear make holes in; **agujero** m hole

agujetas *fpl* stiffness; **tener ~** be stiff

aguzar sharpen; **~ el oído** prick up one's ears

ahí there; **está por ~** it's (somewhere) over there; *dando direcciones* it's that way

ahijada f goddaughter; **ahijado** m godson

ahínco m effort; **trabajar con ~** work hard

ahogado *en agua* drowned; **ahogar** *(asfixiar)* suffocate; *en agua* drown; *AUTO* flood; *protestas* stifle; **ahogarse** choke; *(asfixiarse)* suffocate; *en agua* drown; *AUTO* flood; **ahogo** m breathlessness

ahondar: ~ en algo go into sth in depth

ahora now; *(pronto)* in a moment; **~ mismo** right now; **por ~** for the time being; **~ bien** however; **desde ~, de ~ en adelante** from now on; **¡hasta ~!** see you soon

ahorcar hang; **ahorcarse** hang o.s.

ahorrador 1 *adj* thrifty **2** m, **~a** f saver, investor; **ahorrar 1** *v/t* save; **~ algo a alguien** save s.o. sth **2** *v/i* save (up); **ahorro** m saving; **~s** savings;

caja de ~s savings bank

ahumado smoked; **cristal ~** tinted glass; **ahumar** smoke

airado angry

airbag m AUTO airbag; **airbus** m AVIA airbus

aire m air; **~ acondicionado** air-conditioning; **al ~ libre** in the open air; **a mi ~** in my own way; **hace mucho ~** it is very windy; **airear** *tb fig* air

airoso: salir ~ de algo do well in sth

aislado isolated; **aislante 1** *adj* insulating **2** m insulator; **aislar** isolate; ELEC insulate; **aislador** m insulator; **aislamiento** m TÉC, ELEC insulation; *fig* isolation

ajado *flores* withered; *(desgastado)* worn

ajedrez m chess

ajeno *propiedad, problemas etc* someone else's; **me era totalmente ~** it was completely alien to me; **estar ~ a** be unaware of; **por razones ~as a nuestra voluntad** for reasons beyond our control

ajetrearse F get het up; **ajetreo** m bustle

ajo m BOT garlic; **estar en el ~** F be in the know F

ajuar m *de novia* trousseau

ajustable adjustable; **ajustado** tight; **ajustar 1** *v/t máquina etc* adjust; *tornillo* tighten; *precio* set; **~ cuentas** *fig* settle a score **2** *v/i* fit; **ajuste** m:

~ **de cuentas** settling of scores

ajusticiar execute

al *prp a y art el*; ~ **entrar** on coming in, when we / they *etc* came in

ala *f* wing; MIL flank; ~ **delta** hang glider

alabanza *f* acclaim; **alabar** praise, acclaim

alabastro *m* alabaster

alacena *f* larder

alacrán *m* ZO scorpion

alado winged

alambique *m* still

alambrado *m* wire netting

alambre *m* wire; ~ **de espino** *o* **de púas** barbed wire

alameda *f* boulevard; *de álamos* poplar grove; **álamo** *m* BOT poplar; ~ **temblón** aspen

alarde *m* show, display

alargador *m* TÉC extension cord; *Br* extension lead; **alargar** lengthen; *prenda* let down; *en tiempo* prolong; *mano, brazo* stretch out; **alargarse** *de sombra, día* get longer

alarido *m* shriek

alarma *f* alarm; **dar la voz de** ~ raise the alarm; **alarmar** alarm; **alarmarse** become alarmed

alba *f* dawn

albahaca *f* BOT basil

albañil *m* bricklayer

albarán *m* delivery note

albaricoque *m* BOT apricot; **albaricoquero** *m* apricot tree

albergue *m* refuge, shelter; ~ **juvenil** youth hostel

albóndiga *f* meatball

albornoz *m* bathrobe

alborotador *m*, ~**a** *f* rioter; **alborotar 1** *v/t* stir up; *(desordenar)* disturb **2** *v/i* make a racket; **alboroto** *m* commotion

albufera *f* lagoon

álbum *m* album

alcachofa *f* BOT artichoke; *de ducha* shower head

alcahuete *m*, ~**a** *f* go-between; *Rpl (chivato)* telltale F; *entre delincuentes* grass F

alcalde *m*, -**esa** *f* mayor; **alcaldía** *f* mayor's office, city hall

alcance *m* reach; *de arma etc* range; *de medida* scope; *de tragedia* extent, scale; **al ~ de la mano** within reach; **dar** ~ **a alguien** catch up with s.o.

alcanfor *m* camphor

alcantarillado *m* sewer system; *de sumideros* drainage system

alcanzar 1 *v/t* reach; *a alguien* catch up with; *cantidad* amount to **2** *v/i en altura* reach; *en cantidad* be enough; ~ **a oír** manage to hear

alcaparra *f* BOT caper

alcázar *m* fortress

alcoba *f* S.Am. bedroom

alcohol *m* alcohol; ~ **de quemar** denatured alcohol, *Br* methylated spirits *sg*; **alcoholemia** *f* blood alcohol level; **prueba de ~** drunkometer test, *Br* Breathalyzer® test; **alcohólico 1** *adj* alcoholic **2** *m*, **-a** *f* alcoholic; **alcoholismo** *m* alcoholism

alcornoque *m* BOT cork oak; **pedazo de ~** F blockhead F

aldaba *f* doorknocker

aldea *f* (small) village

aleación *f* alloy

alegar 1 *v/t* motivo cite; **~ que** claim that **2** *v/i* L.Am. (*discutir*) argue; (*quejarse*) argue; **alegato** *m* JUR *fig* speech; *Andes* argument

alegoría *f* allegory

alegrar make happy; (*animar*) cheer up; **alegrarse** cheer up; F *bebiendo* get tipsy; **~ por alguien** be pleased for s.o. (*de* about); **alegre** happy; F *bebido* tipsy; **alegría** *f* happiness

alejamiento *m* removal, separation; *fig* distancing

alemán 1 *m/adj* German **2** *m*, **-ana** *f* persona German; **3** *m* idioma German; **Alemania** Germany

alentar (*animar*) encourage; *esperanzas* cherish

alergia *f* allergy; **alérgico** allergic (**a** to)

alerta 1 *adv*: **estar ~** be on the alert **2** *f* alert; **dar la ~** raise the alarm; **poner en ~** alert

aleta *f* ZO fin; **~ de buzo** flipper; *de la nariz* wing

aletear flap its wings

alevosía *f* treachery

alfabético alphabetical; **alfabeto** *m* alphabet

alfalfa *f* BOT alfalfa

alfarería *f* pottery; **alfarero** *m*, **-a** *f* potter

alféizar *m* sill, windowsill

alférez *m* second lieutenant

alfil *m* bishop

alfiler *m* pin; **~ de gancho** *Arg* safety pin

alfombra *f* carpet; *más pequeña* rug; **alfombrado** *m* L.Am. carpeting, carpets *pl*; **alfombrilla** *f* mouse mat

alga *f* BOT alga; **marina** seaweed

algarroba *f* BOT carob, carob bean; **algarrobo** *m* BOT carob, carob tree

álgebra *f* algebra

álgido *fig* decisive

algo 1 *pron* something; *en frases interrogativas o condicionales* anything; **~ es** it's something, it's better than nothing **2** *adv* rather, somewhat

algodón *m* cotton

alguacil *m*, **-esa** *f* bailiff

alguien somebody, someone; *en frases interrogativas o condicionales* anybody, anyone

algún *en frases interrogativas o condicionales* any; **~ día** some day

alguno 1 *adj* some; *en frases interrogativas o condicionales* any; **no la influyó de modo ~** it didn't influence her in any way; **¿has estado algu-**

na vez en...? have you ever been to ...? **2** *pron: persona* someone, somebody; **~s opinan que...** some people think that ...; **se podrá usar** *objeto* we'll be able to use some of them

alhaja *f* piece of jewelry *o Br* jewellery; *fig* gem; **~s** jewelry

aliado *m*, **-a** *f* ally; **alianza** *f* POL alliance; *(anillo)* wedding ring; **aliarse** form an alliance

alias *m inv* alias

alicatado *m* tiling, tiles *pl*

alicates *mpl* pliers

aliciente *m (estímulo)* incentive; *(atractivo)* attraction

aliento *m* breath; *fig* encouragement

aligerar *carga* lighten; **el paso** quicken one's pace

alijo *m* MAR consignment

alimentación *f (dieta)* diet; *acción* feeding; ELEC power supply; **alimentar 1** *v/t* feed; ELEC power **2** *v/i* be nourishing; **alimento** *m (comida)* food; **tiene poco~** it has little nutritional value; **alimentario, alimenticio** food *atr*; **industria -a** food industry; **producto ~** foodstuff

alinear align

aliñar dress

alisar smooth

alistar MIL draft; **alistarse** enlist; *L.Am. (prepararse)* get ready

aliviar alleviate, relieve;

alivio *m* relief

aljibe *m* cistern, tank

allá *de lugar* (over) there; **~ por los años veinte** back in the twenties; **más ~** further on; **más ~ de** beyond; **el más ~** the hereafter; **~ ella** F that's up to her

allanar *(alisar)* smooth; *(aplanar)* level (out); *obstáculos* overcome

allegado *m*, **-a** *f* relation, relative

allí there; **por ~** over there; *dando direcciones* that way; **¡~ está!** there it is!

alma *f* soul

almacén *m* warehouse; *(tienda)* store, shop; **grandes almacenes** department store; **almacenar** *tb* INFOR store

almanaque *m* almanac

almeja *f* ZO clam

almendra *f* almond; **almendro** *m* almond tree

almíbar *m* syrup

almidón *m* starch; **almidonar** starch

almirante *m* admiral

almohada *f* pillow; **consultarlo con la ~** sleep on it; **almohadilla** *f* small cushion; TÉC pad

almorranas *fpl* piles

almorzar *al mediodía* have lunch; *a media mañana* have a mid-morning snack; **almuerzo** *m* *al mediodía* lunch; *a media mañana* mid-morning snack; **~ de trabajo** working lunch

alojamiento *m* accommodations *pl.*, *Br* accommodation; **alojar** accommodate; **alojarse** stay

alondra *f* ZO lark

alpargata *f Esp* espadrille

alpinismo *m* mountaineering; **alpinista** *m/f* mountaineer, climber

alquilar *de usuario* rent; *de dueño* rent out; **alquiler** *m* *acción: de coche etc* rental; *de casa* renting; *dinero* rental, *Br* rent; **~ de coches** car rental, *Br tb* car hire

alquitrán *m* tar

alrededor 1 *adv* around **2** *prp*: **~ de** around; **alrededores** *mpl* surrounding area

alta *f* MED discharge; **darse de ~** *en organismo* register

altanería *f* arrogance, disdain; **altanero** arrogant

altar *m* altar

altavoz *m* loudspeaker

alteración *f* alteration; **alterado** *persona* upset; **~ genéticamente** genetically altered *o* modified; **alterar** alter; *a alguien* upset; **~ el orden público** cause a breach of the peace; **alterarse** get upset (*por* because of)

altercado *m* argument

alternar 1 *v/t* alternate **2** *v/i* mix; **alternativa** *f* alternative; **alternativo** alternative; **alterno** alternate; **corriente -a** ELEC alternating current

alterne *m* F hospitality *in hostess bars*; **bar de ~** host-

ess bar; **chica de ~** hostess

altiplanicie *f.*, **altiplano** *m* high plateau; **El Altiplano** the Bolivian plateau, the Bolivian Altiplano

altisonante high-flown

altitud *f* altitude

altivo haughty

alto¹ 1 *adj persona* tall; *precio, número, montaña* high; **-as presiones** high pressure; **~ horno** blast furnace; **clase -a** high class; **en -a mar** on the high seas; **en voz -a** out loud **2** *adv volar, saltar* high; **hablar ~** speak loudly; **pasar por ~** overlook; **poner más ~** TV, RAD turn up **3** *m* (*altura*) height; *Chi* pile

alto² *m* halt; (*pausa*) pause; **hacer un ~** stop; **~ el fuego** ceasefire

altoparlante *m* L.Am. loudspeaker

altramuz *m* lupin

altura *f* MAT height; MÚS pitch; AVIA altitude; height; GEOG latitude; **a estas -s** by this time; **estar a la ~ de algo** be up to sth

alubia *f* BOT kidney bean

alucinar 1 *v/i* hallucinate **2** *v/t* F amaze; **alucine** *m*: **de ~** F amazing; **alucinógeno** *m* hallucinogen

alud *m* avalanche

aludir: **~ a** allude to

alumbrado 1 *adj* lit **2** *m* lighting; **alumbramiento** *m* birth; **alumbrar 1** *v/t* (*dar luz a*) light (up) **2** *v/i* give off light

aluminio *m* aluminum, *Br* aluminium; **papel de ~** aluminum foil

alumno *m*, **-a** *f* student

alunizar land on the moon

alusión *f* allusion (**a** to)

alza *f* rise; **en ~ en bolsa** rising; **alzamiento** *m* MIL, POL uprising; **alzar** barrera; brazo lift, raise; precios raise

ama (**dueña**) *f* owner; **~ de casa** housewife; **~ de llaves** housekeeper

amabilidad *f* kindness; **amable** kind (**con** to)

amaestrar train

amago *m* threat; **hizo ~ de levantarse** he made as if to get up; **~ de infarto** minor heart attack

amainar de lluvia ease up

amamantar bebé breastfeed; cría feed

amanecer 1 *v/i* get light; de persona wake up **2** *m* dawn

amansar break in, tame; **amansarse** become tame, become quieter

amante 1 *adj* loving; **es ~ de ...** he's fond of ... **2** *m/f* lover

amapola *f* BOT poppy

amar love

amaraje *m* AVIA landing on water; **amarar** land on water

amargar ocasión spoil; **~ a alguien** make s.o. bitter; **amargo** *tb* fig bitter; **amargura** *f* *tb* fig bitterness

amarillento yellowish; **amarillo** *m/adj* yellow

amarra *f* MAR mooring rope; **tener buenas ~s** fig have contacts; **amarrar** *L.Am.* (atar) tie; **amarre** *m* MAR mooring, berth

amasar pan knead; fortuna amass

amazona *f* horsewoman

Amazonas: **el ~** the Amazon

ambages *mpl:* **decirlo sin ~** say it straight out

ámbar *m* amber; **el semáforo está en ~** the lights are yellow, *Br* the lights are at amber

ambición *f* ambition; **ambicionar** aspire to; **ambicioso** ambitious

ambientador *m* air freshener; **ambiental** environmental; **ambiente 1** *adj:* **medio ~** environment; **temperatura ~** room temperature **2** *m* (entorno) environment; (situación) atmosphere

ambigú *m* buffet

ambigüedad *f* ambiguity; **ambiguo** ambiguous

ámbito *m* area; (límite) scope

ambos, ambas 1 *adj* both **2** *pron* both (of us / you / them)

ambulancia *f* ambulance; **ambulante 1** *adj* travelling, *Br* travelling **2** *m/f* *L.Am.* (vendedor) street seller; **ambulatorio 1** *adj* MED out-patient *atr* **2** *m* out-patient clinic

amén 1 *m* amen **2** *prp:* **~ de** as

well as
amenaza *f* threat; **~ de bomba** bomb scare; **amenazador** threatening; **amenazante** threatening; **amenazar 1** *v/t* threaten (**con**, **de** with) **2** *v/i*: **~ con** threaten to
ameno enjoyable
América America; **América Central** Central America; **América Latina** Latin America; **América del Norte** North America; **América del Sur** South America; **americana** *f* American (woman); *prenda* jacket; **americano** *m/adj* American
ametralladora *f* machine gun
amianto *m* asbestos
amiba *f* ameba, *Br* amoeba
amígdala *f* tonsil; **amigdalitis** *f* tonsillitis
amigo 1 *adj* friendly; **ser~ de algo** be fond of sth **2** *m*, **-a** *f* friend; **hacerse ~s** make friends
aminorar reduce; **~ la marcha** slow down
amistad *f* friendship; **~es** friends; **amistoso** friendly; *partido* **~** DEP friendly (game)
amnistía *f* amnesty
amo *m* (*dueño*) owner; HIST master
amodorramiento *m* drowsiness
amoldar adapt (**a** to); **amoldarse** adapt (**a** to)
amonestación *f* warning;

DEP caution; **amonestar** reprimand; DEP caution
amoníaco, amoniaco *m* ammonia
amontonar pile up; **amontonarse** pile up; *de gente* crowd together
amor *m* love; **~ mío** my love, darling; **~ propio** self-respect; **hacer el ~** make love; **amoroso** amorous
amortiguador *m* AUTO shock absorber; **amortiguar** *impacto* cushion; *sonido* muffle
amortización *f* repayment, redemption; **amortizar** pay off
amparar protect; (*ayudar*) help; **amparo** *m* protection; (*cobijo*) shelter; **al ~ de** under the protection of
amperio *m* ampere, amp
ampliación *f* de casa, carretera extension; FOT enlargement; **ampliar** *plantilla* increase; *negocio* expand; *plazo*, *edificio* extend; FOT enlarge; **amplificación** *f* amplification; **amplificador** *m* amplifier; **amplificar** amplify; **amplio** *casa* spacious; *gama*, *margen* wide; *falda* full; **amplitud** *f* breadth
ampolla *f* MED blister; (*botellita*) vial, *Br* phial
amputar amputate
amueblar furnish
amuleto *m* charm
analfabeto 1 *adj* illiterate **2** *m*, **-a** *f* illiterate
analgésico 1 *adj* painkilling;

analgesic **2** m painkiller, analgesic

análisis m inv analysis; **~ de mercado** market research; **~ de sangre** blood test; **analista** m/f analyst; **analizar** analyze

analogía f analogy; **analógico** analog, Br analogue; **análogo** analogous

ananá(s) m S.Am. pineapple

anaquel m shelf

anarquía f anarchy

anatomía f anatomy

anca f haunch; **~s de rana** frogs' legs

ancho 1 adj wide, broad; **a sus -as** at ease, relaxed **2** m width; **~ de vía** FERR gauge; **dos metros de ~** two meters wide

anchoa f anchovy

anchura f width

anciana f old woman; **ancianidad** f old age; **anciano 1** adj old **2** m old man

ancla f anchor; **anclar** anchor

andamio m scaffolding

andar 1 v/i (caminar) walk; (funcionar) work; **andando** on foot; **~ bien / mal** fig go well / badly; **~ con cuidado** be careful; **~ en algo** (buscar) rummage in sth; **~ haciendo algo** be doing sth; **¡anda!** come on! **2** v/t walk

andén m platform; L.Am. sidewalk, Br pavement

Andes mpl Andes; **andinismo** m L.Am. mountaineering, climbing; **andinista**

m/f L.Am. mountaineer, climber; **andino** Andean

andrajoso ragged

anécdota f anecdote

anejo 1 adj attached **2** m annex, Br annexe

anemia f anemia, Br anaemia; **anémico** anemic, Br anaemic

anestesia f anesthesia Br anaesthesia

anexión f POL annexation; **anexionar** POL annex; **anexo 1** adj attached **2** m edificio annex, Br annexe

anfiteatro m amphitheater, Br amphitheatre; de teatro dress circle

anfitrión m host; **anfitriona** f hostess

ánfora f L.Am. POL ballot box; HIST amphora

ángel m angel; **~ custodio** guardian angel

angina f: **~s** sore throat, strep throat; **~ de pecho** angina

angosto narrow

angostura f narrowness

anguila f eel; **angula** f elver

angular 1 adj angular; **piedra ~** cornerstone **2** m TÉC angle iron; **gran ~** FOT wide-angle lens sg; **ángulo** m MAT, fig angle; **anguloso** angular

angustia f anguish; **angustiar** distress; **angustiarse** agonize (**por** over); **angustioso** agonizing

anhelar long for; **anhelo** m longing, desire (**de** for)

anidar nest

anilla f ring; *cuaderno de ~s* ring binder

anillo m ring

ánima f REL soul; TÉC bore

animación f liveliness; *en películas* animation; *hay mucha ~* it's very lively; animado lively; animador m host; *~ turístico* events organizer; animadora f hostess; DEP cheerleader

animal 1 adj animal atr, fig stupid **2** m tb fig animal; *~ doméstico* mascota pet; *de granja* domestic animal

animar cheer up; *(alentar)* encourage; animarse cheer up

ánimo m spirit; *(coraje)* encouragement; *estado de ~* state of mind; *con ~ de* with the intention of; *¡~!* cheer up!

animosidad f animosity; animoso spirited

aniquilar annihilate

anís m BOT aniseed; *bebida* anisette

aniversario m anniversary

ano m ANAT anus

anoche last night; *antes de ~* the night before last; anochecer **1** v/i get dark **2** m dusk

anomalía f anomaly; anómalo anomalous

anónimo 1 adj anonymous **2** m poison pen letter

anorak m anorak

anormal abnormal

anotar note down

ansia f yearning; *(inquietud)* anxiousness; ansiar yearn for, long for; ansiedad f anxiety; ansioso anxious; *está ~ por verlos* he's longing to see them

ante¹ m suede; ZO moose; *Méx (postre)* egg and coconut dessert

ante² prp posición before; *dificultad* faced with; *~ todo* above all

anteanoche the night before last

anteayer the day before yesterday

antebrazo m forearm

antecedente m precedent; *~s penales* previous convictions; *poner a alguien en ~s* put s.o. in the picture; anteceder precede, come before; antecesor m, *~a* f predecessor

antelación f: *con ~* in advance

antemano: *de ~* beforehand

antena f *de radio, televisión* antenna, Br aerial; ZO antenna; *~ parabólica* satellite dish

anteojos mpl binoculars

antepasado m, *-a* f ancestor

antepecho m *de ventana* sill; *(barandilla)* parapet

anteponer: *~ algo a algo* put sth before sth

anterior previous, former; anterioridad f: *con ~* before, previously; *con ~ a* before

antes 1 adv before; *cuanto ~* as soon as pos-

sible; **poco** ~ shortly before;
~ **que nada** first of all **2** *prp:*
~ **de** before
antesala *f* lobby
antibala(s) bulletproof
antibiótico *m* antibiotic
anticiclón *m* anticyclone
anticipación *f* anticipation;
con ~ in advance; anticipa-
do *pago* advance *atr; eleccio-*
nes early; **por** ~ in advance;
anticipar *sueldo* advance; *fe-*
cha, viaje move up, *Br* bring
forward; *información* give a
preview of
anticonceptivo *m* contracep-
tive
anticongelante *m* antifreeze
anticuado antiquated; **anti-**
cuario *m* antique dealer
antideslizante non-slip
antídoto *m* MED antidote; *fig*
cure
antifaz *m* mask
antigüedad *f* age; *en el trabajo*
length of service; ~**es** an-
tiques; **antiguo** old; *del pasa-*
do remoto ancient
antipatía *f* antipathy, dislike;
antipático disagreeable, un-
pleasant
antirrobo *m* AUTO antitheft
device
antiséptico *m/adj* antiseptic
antiterrorista *brigada* antiter-
rorist *atr;* **la lucha** ~ the fight
against terrorism
antojarse: se le antojó salir
he felt like going out; **se**
me antoja que... it seems
to me that ...; **antojo** *m*

whim; *de embarazada* crav-
ing; **a mi** ~ as I please
antología *f* anthology; **de** ~
fig F incredible F
antorcha *f* torch
antro *m* F dive F, dump F
antropófago *m, -a f* cannibal
anual annual; **anualidad** *f* an-
nual payment
anuario *m* yearbook
anublarse cloud over
anudar knot
anular[1] cancel; *matrimonio*
annul; *gol* disallow
anular[2] *adj* ring-shaped; **de-**
do ~ ring finger
anunciar announce; COM ad-
vertise; **anuncio** *m* an-
nouncement; *(presagio)*
sign; COM advertisement; ~
luminoso illuminated sign;
~**s por palabras, pequeños**
~**s** classified advertisements
anverso *m* obverse
añadidura *f:* **por** ~ in addi-
tion; **añadir** add
añejo mature
año *m* year; ~ **bisiesto** leap
year; ~ **fiscal** fiscal year, *Br*
financial year; ~ **luz** light
year; ~ **nuevo** New Year;
¿cuándo cumples ~**s?**
when's your birthday?;
¿cuántos ~**s tienes?** how
old are you?; **a los diez** ~**s**
at the age of ten; **los** ~**s**
veinte the twenties
añoranza *f* yearning (**de** for);
añorar miss
apacible mild-mannered
apaciguar pacify, calm down

apadrinar be godparent to; *político* support, back; *artista etc* sponsor; *~ a la novia* give the bride away

apagado *fuego* out; *luz* off; *persona* dull; *color* subdued; **apagar** *televisor, luz* turn off; *fuego* put out; **apagarse** *de luz* go off; *de fuego* go out; **apagón** *m* blackout

apalear beat

apañado F resourceful; **apañarse** manage; *apañárselas* manage, get by

aparador *m* sideboard; *Méx (escaparate)* shop window

aparato *m* piece of equipment; *doméstico* appliance; BIO, ANAT system; *de partido político* machine; *al ~* TELEC speaking; **aparatoso** spectacular

aparcamiento *m* parking lot, *Br* car park; *~ subterráneo* underground parking garage, *Br* underground car park; **aparcar** 1 *v/t* park; *proyecto* shelve 2 *v/i* park

aparecer appear

aparejador *m, ~a* f architectural technician, *Br* quantity surveyor; **aparejo** *m*: *~s de pesca* fishing gear; *caballo* saddle; MAR rig; *traer aparejado* entail, bring with it

aparentar pretend; *no aparenta la edad que tiene* she doesn't look her age; **aparente** *(evidente)* apparent; *L.Am. (fingido)* feigned;

aparición f appearance; *(fantasma)* apparition; **apariencia** f appearance; *en ~* outwardly

apartado *m* section; *~ de correos* PO box; **apartamento** *m* apartment, *Br* flat; **apartamiento** *m* separation; *L.Am. (apartamento)* apartment, *Br* flat; **apartar** separate, set aside; *de un sitio* move away *(de* from); *~ a alguien de hacer algo* dissuade s.o. from doing sth; **apartarse** move aside *(de* from); *~ del tema* stray from the subject; **aparte** to one side; *(por separado)* separately; *~ de* aside from, *Br* apart from; *punto y ~* new paragraph

apasionado 1 *adj* passionate **2** *m/f* enthusiast; **apasionar** fascinate; **apasionarse** develop a passion *(por* for)

apatía f apathy; **apático** apathetic

apearse get off, alight *fml*

apedrear throw stones at; *matar* stone

apego *m* attachment

apelación f JUR appeal; **apelar** *tb* JUR appeal *(a* to)

apellido *m* surname; *~ de soltera* maiden name

apenar sadden

apenas 1 *adv* hardly, scarcely **2** *conj* as soon as

apéndice *m* appendix; **apendicitis** f appendicitis

aperitivo *m comida* appetizer;

aprobación

bebida aperitif

apero *m utensilio* implement; *L.Am.* (*arneses*) harness

apertura *f* opening; FOT aperture; POL opening up

apestar 1 *v/t* stink out F **2** *v/i* reek (*a* of)

apetecer: *¿qué te apetece?* what do you feel like?; **apetecible** appetizing

apetito *m* appetite; **apetitoso** appetizing

ápice *m*: *ni un ~* fig not an ounce; *no ceder ni un ~* fig not give an inch

apicultura *f* beekeeping

apilar pile up

apio *m* BOT celery

apisonadora *f* steamroller; **apisonar** roll

aplacar *hambre* satisfy; *sed* quench; *a alguien* calm down

aplanar level, flatten; *~ las calles* C.Am., Pe hang around the streets; **aplanarse** (*descorazonarse*) lose heart

aplastar *tb* fig crush

aplaudir 1 *v/i* applaud, clap **2** *v/t tb* fig applaud; **aplauso** *m* round of applause

aplazar *visita* put off, postpone; *Arg* fail

aplicable applicable; **aplicación** *f* application; **aplicar** apply

aplique *m* wall light

apoderado *m* COM agent; **apoderar** authorize; **apoderarse** take possession *o* control (*de* of)

apodo *m* nickname

apoplejía *f* apoplexy; *ataque de ~* stroke

aportar contribute; *~ pruebas* JUR provide evidence

apostar 1 *v/t* bet (*por* on) **2** *v/i* bet; *~ por algo* opt for sth

apóstol *m* apostle

apoyar lean (*en* against), rest (*en* against); (*respaldar, confirmar*) support; **apoyo** *m* fig support

apreciable (*visible*) appreciable, noticeable; (*considerable*) considerable, substantial; **apreciación** *f* appreciation; **apreciado** valued; **apreciar** appreciate; (*sentir afecto por*) be fond of; **aprecio** *m* respect

apremio *m* pressure

aprender, aprenderse learn; **aprendiz** *m*, *~a* *f* apprentice, trainee; **aprendizaje** *m* apprenticeship

aprestar, aprestarse get ready

apresurar hurry; **apresurarse** hurry up; *~ a hacer algo* hurry *o* rush to do sth

apretado tight; **apretar 1** *v/t botón* press; (*pellizcar, pinzar*) squeeze; *tuerca* tighten; *~ el paso* quicken one's pace; *~ los puños* clench one's fists **2** *v/i de ropa, zapato* be too tight

aprieto *m* predicament

aprisa quickly

aprisionar fig trap

aprobación *f* approval; *de ley*

passing; **aprobado** *m* EDU pass; **aprobar** approve; *comportamiento, idea* approve of; *examen* pass

apropiación *f* appropriation

apropiado appropriate, suitable; **apropiarse:** ~ *de algo* take sth

aprovechable usable; **aprovechado** 1 *adj desp* opportunistic 2 *m*, **-a** *f desp* opportunist; **aprovechamiento** *m* exploitation, use; ~ *de residuos* use of waste material; **aprovechar** 1 *v/t* take advantage of; *tiempo, espacio* make good use of 2 *v/i* take the opportunity (*para* to); **¡que aproveche!** enjoy your meal!

aprovisionamiento *m* provisioning, supply; **aprovisionar** provision, supply; **aprovisionarse** stock up (*de* on)

aproximación *f* approximation; (*acercamiento*) approach; *en lotería* consolation prize; **aproximadamente** approximately; **aproximado** approximate; **aproximar** bring closer; **aproximarse** approach; **aproximativo** approximate, rough

aptitud *f* aptitude (*para* for), flair (*para* for); **apto** suitable (*para* for); *para servicio militar* EDU pass

apuesta *f* bet

apuntado pointed

apuntador *m*, **~a** *f* TEA prompter

apuntalar *edificio* shore up; *fig* prop up

apuntar 1 *v/t* (*escribir*) note down; TEA prompt; *en curso etc* put down (*en, a* on; *para* for); ~ *con el dedo* point at o to 2 *v/i con arma* aim; **apunte** *m* note

apuñalar stab

apurado *L.Am.* (*con prisa*) in a hurry; (*pobre*) short (of cash); **apurar** *v/t vaso* finish off; *a alguien* pressure 2 *v/i* *Chi:* **no me apura** I'm not in a hurry for; **apurarse** worry; *L.Am.* (*darse prisa*) hurry (up); **apuro** *m* predicament; *vergüenza* embarrassment; *L.Am.* rush; **me da** ~ I'm embarrassed

aquejado: **estar** ~ **de** be suffering from

aquel, aquella, aquellos, aquellas that; *pl* those

aquél, aquélla, aquéllos, aquéllas that (one); *pl* those (ones)

aquello that

aquí here; *en el tiempo* now; **desde** ~ from here; **por** ~ here

árabe 1 *m/f & adj* Arab 2 *m idioma* Arabic

Arabia Saudí Saudi Arabia

arado *m* plow, *Br* plough

arancel *m* tariff; **arancelario** tariff *atr*

arándano *m* blueberry

araña *f* ZO spider; *lámpara* chandelier

arañar scratch; **arañazo** *m*

scratch
arar plow, _Br_ plough
arbitraje _m_ arbitration; **arbitrar** _en fútbol, boxeo_ referee; _en tenis, béisbol_ umpire; _en conflicto_ arbitrate; **arbitrario** arbitrary; **árbitro** _m en fútbol, boxeo_ referee; _en tenis, béisbol_ umpire; _en conflicto_ arbitrator
árbol _m_ tree; **~ genealógico** family tree
arbusto _m_ shrub, bush
arca _f_ chest; **~ de Noé** Noah's Ark
arcada _f_ MED: **me provocó ~s** it made me retch
arcaico archaic
arcángel _m_ archangel
arce _m_ BOT maple
arcén _m_ shoulder, _Br_ hard shoulder
archifamoso very famous
archipiélago _m_ archipelago
archivador _m_ file cabinet, _Br_ filing cabinet; **archivar** _documentos_ file; _asunto_ shelve; **archivo** _m_ archive; INFOR file
arcilla _f_ clay
arco _m_ ARQUI arch; MÚS bow; _L.Am._ DEP goal; **~ iris** rainbow
arder burn; _estar muy caliente_ be very hot; **ardiente** _persona, amor_ passionate; _defensor, bebida_ scalding
ardilla _f_ squirrel
ardor _m entusiasmo_ fervor, _Br_ fervour; **~ de estómago** heartburn

arduo arduous
área _f_ area; DEP **~ de castigo** _o_ **de penalty** penalty area; **~ de servicio** service area
arena _f_ sand; **~s movedizas** quicksand; **arenoso** sandy
arenque _m_ herring
arete _m L.Am._ joya earring
Argel Algiers; **Argelia** Algeria; **argelino** 1 _adj_ Algerian 2 _m_, **-a** _f_ Algerian
Argentina Argentina; **argentino** 1 _adj_ Argentinian 2 _m_, **-a** _f_ Argentinian
argolla _f L.Am._ ring
argucia _f_ clever argument; **argüir** argue; **argumentación** _f_ argumentation; **argumentar** argue; **argumento** _m razón_ argument; _de libro etc_ plot
aria _f_ aria
aridez _f_ aridity, dryness; **árido** arid, dry; _fig_ dry
Aries _m/f inv_ ASTR Aries
arisco unfriendly
arista _f_ MAT edge; BOT beard
aristocracia _f_ aristocracy; **aristocrático** aristocratic
arma _f_ weapon; **~ blanca** knife; **~ de fuego** firearm; **alzarse en ~s** rise up in arms; **armada** _f_ navy; **armadura** _f_ armor, _Br_ armour; **armamento** _m_ armaments _pl_; **armar** MIL arm; TÉC assemble; **~ un escándalo** F make a scene
armario _m_ closet, _Br_ wardrobe; _de cocina_ cabinet, _Br_ cupboard

armazón f skeleton, framework

armería f gunstore

armiño m ZO stoat; *piel* ermine

armisticio m armistice

armonía f harmony; **armónica** f harmonica, mouth organ; **armónico** m/adj harmonic

arnés m harness; *para niños* leading strings pl, Br leading reins pl

aro m hoop; *L.Am. (pendiente)* earring

aroma m aroma; *de flor* scent; **aromático** aromatic

arpa f harp; **arpista** m/f harpist

arpón m harpoon

arquear *espalda* arch; *cejas* raise

arqueo m MAR capacity; COM: **~ de caja** cashing up

arqueología f archeology, Br archaeology

arquitecto m, **-a** f architect; **arquitectura** f architecture

arrabal m poor outlying area

arraigado entrenched

arrancar 1 v/t *planta, página* pull out; *vehículo* start (up); *(quitar)* snatch **2** v/i *de vehículo, máquina* start (up); INFOR boot (up); *Chi (huir)* run away; **arranque** m AUTO start; *(energía)* drive; *(ataque)* fit

arrastrar 1 v/t *por el suelo*, INFOR drag *(por* along); *(llevarse)* carry away **2** v/i *por*

el suelo trail on the ground; **arrastrarse** crawl; *fig (humillarse)* grovel *(delante de* to)

arrastre m: *estar para el* ~ fig F be fit to drop F

arrebatador breathtaking; **arrebatar** snatch *(a* from); **arrebatarse** get excited; **arrebato** m fit

arrecife m reef

arredrarse be intimidated *(ante* by)

arreglado neat; *si empieza a llover estamos ~s* if it starts to rain, that'll be just dandy; **arreglar** *(reparar)* fix, repair; *(ordenar)* tidy (up); *(solucionar)* sort out; MÚS arrange; **~ cuentas** settle up; *fig* settle scores; **arreglarse** get ready; *de problema* get sorted out; *(apañarse)* manage; **arreglárselas** manage; **arreglo** m *(reparación)* repair; *(solución)* solution; *(acuerdo)*, MÚS arrangement; **~ de cuentas** settling of scores; **con ~ a** in accordance with

arremeter: ~ *contra* charge (at); *fig (criticar)* attack

arrendamiento m renting; **arrendar** *L.Am. (dar en alquiler)* rent (out); *(tomar en alquiler)* rent; **se arrienda** for rent; **arrendatario** m, **-a** f tenant

arrepentirse be sorry; *(cambiar de opinión)* change one's mind; ~ *de algo* regret sth

arrestar arrest; **arresto** m arrest

arriba 1 *adv* up; *en edificio* upstairs; **el cajón de ~ siguiente** the next drawer up, the drawer above; **último** the top drawer; **~ del todo** right at the top; **sigan hacia ~** keep going up; **me miró de ~ abajo** *fig* she looked me up and down; **de diez para ~** ten or above **2** *int* long live

arribada *f*, **arribaje** *m* MAR arrival; **arribar** MAR arrive, put in

arribista *m/f* social climber

arriesgar risk

arrimar move closer

arrinconar (*acorralar*) corner; *libros etc* put away; *persona* cold-shoulder

arroba *f* INFOR "at" symbol

arrodillarse kneel (down)

arrogancia *f* arrogance; **arrogante** arrogant

arrojar throw; *resultado* produce; (*vomitar*) throw up; **arrojarse** throw o.s.; **arrojo** *m* bravery

arrollador overwhelming; **arrollar** AUTO run over; *fig* crush

arropar wrap up; *fig* protect

arroyo *m* stream; **sacar a alguien del ~** *fig* lift s.o. out of the gutter

arroz *m* rice; **~ con leche** rice pudding

arruga *f* wrinkle; **arrugar** wrinkle

arruinar ruin

arsenal *m* arsenal

arsénico *m* arsenic

arte *m* (*pl f*) art; **~ dramático** dramatic art; **bellas ~s** fine art; **malas ~s** guile

artefacto *m* (*dispositivo*) device

arteria *f* artery

arterio(e)sclerosis *f* arteriosclerosis

artesa *f* trough

artesana *f* craftswoman; **artesanía** *f* (handi)crafts *pl*; **artesano** *m* craftsman

articulación *f* ANAT, TÉC joint; *de sonidos* articulation; **articulado** articulated; **articular** articulate

artículo *m* article; COM product, item

artífice *m* author

artificial artificial

artificio *m* trick; (*artefacto*) device; **artificioso** sly; (*falto de naturalidad*) affected

artillería *f* artillery

artista *m/f* artist; **artístico** artistic

artritis *f* arthritis

artrosis *f* rheumatoid arthritis

arveja *f* Rpl, Chi, Pe pea

arzobispo *m* archbishop

as *m* tb *fig* ace

asa *f* handle

asado *m/adj* roast

asalariado *m*, **-a** *f* wage earner; *de empresa* employee

asaltar attack; *banco* rob; **asalto** *m* attack (**a** on); *robo* robbery, raid; *en boxeo* round

asamblea f reunión meeting;
ente assembly

asar roast; **~ a la parrilla** broil,
Br grill

ascendente 1 adj rising, upward **2** m ASTR ascendant;
ascender 1 v/t a empleado
promote **2** v/i de temperatura
etc rise; de montañero climb;
DEP, en trabajo be promoted
(**a** to); **ascendiente** m ancestor; **ascensión** f ascent;
ascenso m de temperatura,
precios rise (**de** in); de montaña ascent; DEP, en trabajo
promotion; **ascensor** m elevator, *Br* lift; **ascensorista**
m/f elevator operator

asceta m/f ascetic; **ascético** adj
ascetic

asco m disgust; **me da ~** I find
it disgusting; **¡qué ~!** how
disgusting!

ascua f ember; **estar en o sobre ~s** be on tenterhooks

asediar tb fig besiege

asegurado 1 adj insured **2** m,
-a f insured; **aseguradora** f
insurance company; **asegurar** (afianzar) secure; (prometer) assure; (garantizar)
guarantee; COM insure; **asegurarse** make sure

asemejarse: ~ a look like

asentimiento m approval,
agreement; **asentir** agree
(**a** to); con la cabeza nod

aseo m cleanliness; (baño) restroom, toilet

asequible precio affordable;
obra accessible

asesinar murder; POL assassinate; **asesinato** m murder;
POL assassination; **asesino**
m, **-a** f murderer; POL assassin

asesor m, **-a** f consultant, advisor, *Br* adviser; **~ de imagen** public relations consultant

asesoramiento m advice;
asesorar advise; **asesoría** f
consultancy

asfalto m asphalt

asfixia f asphyxiation; **asfixiar, asfixiarse** asphyxiate,
suffocate

así 1 adv (de este modo) like
this; (de ese modo) like that;
~ no más S.Am. just like
that; **~ pues** so; **~ que** so; **~
de grande** this big; **~ ~** so
so **2** conj: **~ como** al igual
que while, whereas

Asia Asia; **asiático 1** adj
Asian **2** m, **-a** f Asian

asiduidad f frequency; **con ~**
con frecuencia regularly; **asiduo** regular

asiento m seat; **tomar ~** take
a seat

asignar allocate; persona, papel assign; **asignatura** f subject

asilado m, **-a** f POL asylum
seeker; **asilo** m home, institution; POL asylum; **~ de ancianos** old people's home

asimilar assimilate

asimismo (también) also;
(igualmente) likewise

asistencia f (ayuda) assistance; *a lugar* attendance (**a** at); **~ en carretera** AUTO roadside assistance; **~ médica** medical care; **asistenta** *f* cleaner; **asistente** *m/f* (*ayudante*) assistant; **~ social** social worker; **los ~s** those present; **asistir 1** *v/t* help, assist **2** *v/i* be present

asma *f* asthma; **asmático** *m* asthmatic

asno *m* ZO donkey; *persona* idiot

asociación *f* association; **asociar** associate

asomarse lean out (**por** of)

asombrar amaze, astonish; **asombro** *m* amazement, astonishment; **asombroso** amazing, astonishing

asomo *m*: **ni por ~** no way

aspecto *m* *de persona, cosa* look, appearance; (*faceta*) aspect; **tener buen ~** look good

aspereza *f* roughness; **áspero** *superficie* rough; *sonido* harsh; *persona* abrupt

aspiraciones *fpl* aspirations

aspirador *m*, **~a** *f* vacuum cleaner; **aspirante** *m/f* *a cargo* candidate (**a** for); *a título* contender (**a** for); **aspirar 1** *v/t* suck up; *al respirar* inhale, breathe in **2** *v/i*: **~ a** aspire to

aspirina *f* aspirin

asqueador disgust; **asqueroso 1** *adj* (*sucio*) filthy; (*repugnante*) revolting, disgusting **2** *m*, **-a** *f* creep

asta *f* flagpole; (*pitón*) horn

asterisco *m* asterisk

astilla *f* splinter; **~s** *para fuego* kindling; **hacer ~s** *algo fig* smash sth to pieces

astillero *m* shipyard

astracán *m* astrakhan

astro *m* AST, *fig* star; **astrología** *f* astrology; **astrólogo** *m*, **-a** *f* astrologer; **astronauta** *m/f* astronaut; **astronave** *f* spaceship; **astronomía** *f* astronomy

astucia *f* shrewdness, astuteness; **astuto** shrewd, astute

asumir assume; (*aceptar*) accept, come to terms with

asunto *m* matter; F (*relación*) affair; **~s exteriores** foreign affairs; **no es ~ tuyo** it's none of your business

asustar frighten, scare

atacar attack

atajar 1 *v/t* check the spread of, contain; *L.Am. pelota* catch **2** *v/i* take a short cut; **atajo** *m L.Am.* short cut

atalaya 1 *f* watchtower **2** *m/f* sentinel

ataque *m* (*agresión*) attack; (*acceso*) fit; **~ cardíaco** *o* **al corazón** heart attack; **le dio un ~ de risa** she burst out laughing

atar tie (up); *fig* tie down

atardecer 1 *v/i* get dark **2** *m* dusk

atareado busy

atasco *m* traffic jam

ataúd *m* coffin, casket

ate *m Méx* quince jelly

atención *f* attention; (*corte-*

sía) courtesy; **¡~!** your attention, please!; **llamar la ~ a alguien** *reñir* tell s.o. off; *por ser llamativo* attract s.o.'s attention; **prestar ~** pay attention (**a** to)

atender 1 *v/t* a enfermo look after; *en tienda* attend to **2** *v/i* pay attention (**a** to)

atenerse: **~ a normas** abide by; *consecuencias* accept; **saber a qué** know where one stands

atentado *m* attack (**contra, a** on); **~ terrorista** terrorist attack

atento attentive; **estar ~** pay attention to

atenuante JUR extenuating; **atenuar** lessen, reduce

ateo 1 *adj* atheistic **2** *m*, **-a** *f* atheist

aterrizaje *m* AVIA landing; **~ forzoso** *o* **de emergencia** emergency landing; **aterrizar** land

aterrorizar terrify; (*amenazar*) terrorize

atestado overcrowded

atestiguar JUR testify; *fig* bear witness to

ático *m piso* top floor; *apartamento* top floor apartment *o Br* flat; (*desván*) attic

atizar *fuego* poke; *pasiones* stir up; **le atizó un golpe** she hit him

atleta *m/f* athlete; **atletismo** *m* athletics

atmósfera *f* atmosphere

atolondrado scatterbrained

atómico atomic; **átomo** *m* atom; **ni un ~ de** *fig* not an iota of

atónito astonished, amazed

atontado dazed, stunned

atormentar torment

atornillar screw on

atosigar pester

atracadero *m* MAR mooring; **atracar 1** *v/t banco* hold up; *a alguien* mug; *Chi F* make out with **2** *v/i* MAR dock

atracción *f* attraction

atraco *m* robbery; *de persona* mugging

atractivo 1 *adj* attractive **2** *m* appeal, attraction; **atraer** attract

atrapar catch, trap

atrás *posición* at the back, behind; *movimiento* back; **años ~** years ago *o* back; **hacia ~** back, backward; **quedarse ~** get left behind; **atrasado** *en estudios, pago* behind (**en** in *o* with); *reloj* slow; *pueblo* backward; **ir ~** *de un reloj* be slow; **atrasar 1** *v/t reloj* put back; *fecha* postpone, put back **2** *v/i de reloj* lose time; **atraso** *m* backwardness; COM **~s** arrears

atravesar cross; (*perforar*), *crisis* go through

atrevido daring; **atreverse** dare

atribuir attribute (**a** to); **atributo** *m* attribute

atril *m* lectern

atrocidad f atrocity

atropellado in a rush; **atropellar** knock down; **atropello** m running over; *escándalo* outrage

atroz appalling, atrocious

ATS (= *ayudante técnico sanitario*) registered nurse

atún m tuna (fish)

aturdido in a daze

audacia f audacity; **audaz** bold, audacious

audible audible

audición f TEA audition; JUR hearing

audiencia f audience; JUR court; *índice de ~* TV ratings pl

audífono m hearing aid; **audiovisual** audiovisual

auditivo auditory; *problema* hearing atr

auditor m, **~a** f auditor; **auditorio** m (*público*) audience; *sala* auditorium

aula f classroom; *en universidad* lecture hall, *Br* lecture theatre

aumentar 1 v/t increase **2** v/i increase, go up; **aumento** m increase (*de* in); *de sueldo* raise, *Br* rise; *ir en ~* be increasing

aun even; *~ así* even so

aún still; *en oraciones negativas* yet; *en comparaciones* even; *~ no* not yet

aunque although, even though; + *subj* even if

aureola f halo

auricular m *de teléfono* receiver; **~es** headphones, earphones

auscultar: ~ a alguien listen to s.o.'s chest

ausencia f *de persona* absence; *no existencia* lack (*de* of); **ausentarse** leave, go away; **ausente** absent

austeridad f austerity; **austero** austere

austral southern

Australia Australia; **australiano 1** adj Australian **2** m, **-a** f Australian

Austria Austria; **austriano 1** adj Austrian **2** m, **-a** f Austrian

auténtico authentic

autismo m autism

auto m JUR order; *L.Am.* AUTO car

autoadhesivo self-adhesive

autobanco m ATM, cash machine

autobiografía f autobiography

autobús m bus

autocar m bus

autocaravana f camper van

autocine m drive-in movie theater

autodefensa f self-defense, *Br* self-defence

autodisparador m FOT automatic shutter release

autoescuela f driving school

autógrafo m autograph

automático automatic

automóvil m car, automobile; **automovilismo** m driving; **automovilista** m/f motorist

autonomía f autonomy; **en España** autonomous region

autopista f freeway, Br motorway

autopsia f autopsy

autor m, **~a** f author; **de crimen** perpetrator

autoridad f authority; **autorización** f authority; **autorizar** authorize; **autorizado** (permitido) authorized; (respetado) authoritative

autorradio m car radio

autoservicio m supermarket; **restaurante** self-service restaurant

autostop m hitchhiking; **hacer ~** hitchhike; **autostopista** m/f hitchhiker

autovía f divided highway, Br dual carriageway

auxiliar 1 adj auxiliary; **profesor** assistant **2** m/f assistant; **~ de vuelo** stewardess, flight attendant **3** help; **auxilio** m help; **primeros ~s** first aid

aval m guarantee

avalancha f avalanche

avance m advance

avanzar advance, move forward; MIL advance (**hacia** on)

avaricia f avarice; **avaro 1** adj miserly **2** m, **-a** f miser

ave f bird; S.Am. (pollo) chicken; **~ de presa** o **de rapiña** bird of prey

avellana f hazelnut

avena f oats pl

avenencia f agreement

avenida f avenue

aventura f adventure; riesgo venture; amorosa affair; **aventurar** risk; opinión venture; **aventurero** adventurous

avergonzar (aborchornar) embarrass; **le avergüenza algo reprensible** she's ashamed of it; **avergonzarse** de sth ASHAMED (be of)

avería f TÉC fault; AUTO breakdown; **averiado** broken down

averiguar find out

aversión f aversion

avestruz m ostrich

aviación f aviation; MIL air force; **aviador** m, **-a** f pilot, aviator

avicultura f poultry farming

avidez f eagerness; **ávido** eager (**de** for), avid (**de** for)

avión m plane; **por ~ mandar una carta** (by) airmail; **avioneta** f light aircraft

avisador m warning light; sonoro alarm; L.Am. (anunciante) advertiser; **avisar** notificar let know, tell; de peligro warn; (llamar) send for; **aviso** m notice; (advertencia) warning; L.Am. (anuncio) advertisement; **hasta nuevo ~** until further notice; **sin previo ~** without any warning

avispa f wasp

avispado bright, sharp

axila f armpit

ay ow!, ouch!; de susto oh!

ayer yesterday; **~ por la ma-**

ñana yesterday morning

ayuda f help, assistance; **ayudante** m/f assistant; **ayudar** help

ayunar fast; **ayunas: estoy en** ~ I haven't eaten anything

ayuntamiento m city council, town council; **edificio** city hall

azafata f flight attendant; ~ **de congresos** hostess

azafrán m saffron

azahar m orange / lemon blossom

azotea f flat roof

azúcar m (also f) sugar; ~ **glas** confectioner's sugar, Br icing sugar

azufre m sulfur, Br sulphur

azul 1 adj blue; ~ **celeste** sky-blue; ~ **marino** navy(-blue) **2** m blue

azulejo m tile

B

B.A. (= **Buenos Aires**) Buenos Aires

babero m bib

babor m MAR port

baca f AUTO roof rack

bacalao m cod

bache m pothole; fig rough patch

bachiller m/f high school graduate; **bachillerato** m Esp high school leaver's certificate

bacteria f bacteria

bagatela f trinket

bahía f bay

bailador 1 adj: **ser muy** ~ love dancing **2** m, ~ **a** f dancer; **bailaor** m, ~ **a** f flamenco dancer; **bailar** dance; **bailarín** m, **-ina** f dancer; **baile** m dance; **fiesta formal** ball; ~ **de salón** ballroom dancing

baja f fall, drop; **estar de** ~ (**por enfermedad**) be off

sick; ~ **s** MIL casualties; **bajada** f fall; **bajar 1** v/t voz, precio lower; escalera go down; ~ **algo** de arriba get sth down **2** v/i go down; de intereses fall, drop

bajeza f (calidad) baseness; (acto) despicable thing to do

bajo 1 adj low; persona short; **por lo** ~ at least **2** m MÚS bass; piso first floor, Br ground floor **3** adv cantar, hablar quietly, softly; volar low **4** prp under; **tres grados** ~ **cero** three degrees below zero

bala f bullet; **ni a** ~ L.Am. F no way

balance m COM balance; **balancear** caderas swing; **balancearse** swing, sway; MAR rock; **balancín** m TÉC rocker; (mecedora) rocking chair; **balanza** f scales pl; ~ **comercial** balance of trade;

~ **de pagos** balance of payments

balbucear, balbucir stammer; *de niño* babble

balcón *m* balcony

balde: de ~ for nothing; **en** ~ in vain

baldío 1 *adj* uncultivated; *fig* useless **2** *m* uncultivated land

baldosa *f* floor tile

Baleares *fpl* Balearics; **baleárico** Balearic

baliza *f* MAR buoy

ballena *f* ZO whale

ballet *m* ballet

balneario *m* spa

balón *m* ball; **baloncesto** *m* basketball; **balonmano** *m* handball; **balonvolea** *m* volleyball

balsa *f* raft

bálsamo *m* balsam

baluarte *m* stronghold; *persona* pillar, stalwart

bambú *m* bamboo

banal banal

banana *f L.Am., Rpl, Pe, Bol* banana

banca *f actividad* banking; *conjunto de bancos* banks *pl*; *en juego* bank; DEP, *Méx (asiento)* bench; ~ **electrónica** on-line banking

banco *m* COM bank; *para sentarse* bench; ~ **de arena** sand bank; ~ **de datos** data bank

banda *f* MÚS, *(grupo)* band; *de delincuentes* gang; *(cinta)* sash; *en fútbol* touchline; ~

sonora soundtrack

bandeja *f* tray

bandera *f* flag; **banderilla** *f* TAUR banderilla *(dart stuck into bull's neck during bullfight)*; **banderola** *f* flag

bandido *m*, -a *f* bandit

bandolero *m*, -a *f* bandit

banquero *m*, -a *f* banker

banqueta *f L.Am.* stool; *L.Am. (acera)* sidewalk, *Br* pavement; ~ **trasera** AUTO back seat

banquete *m* banquet; ~ **de bodas** wedding reception

banquillo *m* JUR dock; DEP bench

bañador *m* swimsuit; **bañar** bathe; **bañarse** have a bath; *en el mar* go for a swim; **bañera** *f (bath)tub*, bath; **bañera de hidromasaje** whirlpool, Jacuzzi®; **baño** *m en la bañera* bath; *en el mar* swim; *esp L.Am.* bathroom; *(ducha)* shower; **baño de sangre** blood bath; **baño de sol** sunbathing session; **baños de sol** sunbathing

baqueta *f* MÚS drumstick

bar *m* bar

baraja *f* deck of cards

barajar 1 *v/t* shuffle; *fig* consider **2** *v/i* quarrel

baranda *f en billar* cushion

barandilla *f* handrail, banister

baratear sell off

baratija *f* trinket

baratillo *m tienda* cut-price store; *(mercadillo)* street

market
barato cheap
barba f beard
barbacoa f barbecue
barbaridad f barbarity; **cos-tar una** ~ cost a fortune; **¡qué** ~**!** what a thing to say / do!; **bárbaro 1** adj F tremendous, awesome F; **¡qué** ~**!** amazing! F **2** m, -a f F punk F
barbero m barber
barbilla f chin
barbudo bearded
barca f boat; **barcaza** f boat; **barco** m boat; **más grande** ship; ~ **de vela** sailing ship
barítono m baritone
barman m bartender, Br bar-man
barniz m varnish; **barnizar** varnish
barómetro m barometer
barquero m boatman
barquillo m wafer; Méx, C.Am. ice-cream cone
barra f de metal, en bar bar; de cortinas rod; ~ **de labios** lipstick; ~ **de pan** baguette; ~ **espaciadora** space-bar; ~ **de herramientas** INFOR tool bar; ~ **invertida** backslash
barraca f (chabola) shack; de tiro stand; de feria stall; L.Am. (depósito) shed; ~**s** L.Am. shanty town
barranco m ravine
barredera 1 f street sweeper **2** adj: **red** ~ trawl net
barrena f gimlet; AVIA: **entrar en** ~ go into a spin

barrera f barrier; ~ **del soni-do** sound barrier
barricada f barricade
barriga f belly; **rascarse la** ~ fig F sit on one's butt F
barril m barrel
barrio m neighborhood, Br neighbourhood; ~ **de chabolas** Esp shanty town
barro m mud
barroco m/adj baroque
barruntar suspect
barullo m uproar, racket
basar base (**en** on)
báscula f scales
base f QUÍM, MAT, MIL base; ~ **de datos** INFOR database; ~**s de concurso** etc conditions; **a** ~ **de** by dint of; **bási-co** basic
basílica f basilica
básquetbol m L.Am. basketball
bastante 1 adj enough; número o cantidad considerable plenty of; **2** adv quite, fairly; **bebe** ~ she drinks quite a lot; **bastar** be enough; **basta con uno** one is enough; **¡basta!** that's enough!
bastos mpl suit in Spanish deck of cards
basura f tb fig trash, Br rubbish; **cubo de la** ~ trash can, Br rubbish bin; **basurero** m garbage collector, Br dustman
bata f robe, Br dressing gown; MED (white) coat; TÉC lab coat
batalla f battle; **batallón** m

batata

battalion

batata f BOT sweet potato

batería f MIL, ELEC, AUTO battery; MÚS drums, drum kit; **~ de cocina** set of pans; **aparcar en ~** AUTO parallel park

batida f de caza beating; de policía search

batido 1 adj camino well-trodden 2 m GASTR milkshake; **batidora** f mixer

batiente m jamb

batir beat; nata whip; récord break

batuta f MÚS baton; **llevar la ~** fig F be the boss F

baúl m chest, trunk; L.Am. AUTO trunk, Br boot

bautismo m baptism, christening; **bautizar** baptize, christen; barco name; vino F water down; **bautizo** m baptism, christening

baya f berry

bayeta f cloth

baza f en naipes trick; fig trump card

bazar m hardware and fancy goods store; mercado bazaar

bazo m ANAT spleen

beatificar REL beatify; **beatitud** f beatitude; **beato** 1 adj desp overpious 2 m, **-a** f desp over-pious person

bebé m baby

bebedor m, **~a** f drinker; **beber** drink; **bebida** f drink

beca f scholarship, grant

béchamel f béchamel (sauce)

beige beige

béisbol m baseball

belén m nativity scene

belga m/f & adj Belgian; **Bélgica** Belgium

Belice Belize; **beliceño** 1 adj Belizean 2 m, **-a** f Belizean

bélico war atr; **belicoso** warlike, bellicose; fig persona belligerent

belleza f beauty; **bello** beautiful

bellota f BOT acorn

bemol m MÚS flat

bencina f benzine; Pe, Bol (gasolina) gas, Br petrol

bendecir bless

beneficencia f charity; **beneficiar** benefit; Rpl ganado slaughter; **beneficiarse** benefit (de, con from); **beneficio** m benefit; COM profit; Rpl slaughterhouse; C.Am. coffee-processing plant; **en ~ de** in aid of; **beneficioso** beneficial; **benéfico** charity atr

benévolo benevolent, kind; (indulgente) lenient

benigno MED benign

berberecho m ZO cockle

berenjena f egg plant, Br aubergine

bermudas mpl, fpl Bermuda shorts

berro m BOT watercress

berza f BOT cabbage

besar kiss; **beso** m kiss

bestia 1 f beast 2 m/f fig F brute F; mujer bitch F; **bestial** F tremendous F; **bestialidad** f act of cruelty

besugo *m* ZO bream; *fig* F idiot

besuquear F smother with kisses

betún *m* shoe polish

biberón *m* baby's bottle

Biblia *f* Bible; **bíblico** biblical

biblioteca *f* library; **mueble** bookcase; **bibliotecario** *m*, **-a** *f* librarian

bicarbonato *m*: **~** (**de sodio**) bicarbonate of soda

bicho *m* bug; (*animal*) creature; *fig* F *persona* nasty piece of work; **~s** vermin; **¿qué~ te ha picado?** what's eating you?

bici *f* F bike; **bicicleta** *f* bicycle; **ir** *o* **montar en ~** go cycling; **~ de montaña** mountain bike

bidé *m* bidet

bidón *m* drum

biela *f* TÉC connecting rod

bien 1 *m* good; **~es** goods, property; **~es de consumo** consumer goods; **~es inmuebles** real estate **2** *adv* well; (*muy*) very; **más ~** rather; **o ~... o...** either ... or ...; **¡está~!** it's OK!; it's alright!; **¡~ hecho!** well done!

bienal 1 *adj* biennial **2** *f* biennial event

bienaventurado REL blessed;

bienestar *m* well-being; **bienhechor 1** *adj* beneficent **2** *m* benefactor; **bienvenida** *f* welcome; **dar la ~ a alguien** welcome s.o.; **bienvenido**

welcome

bife *m* *Rpl* steak

biftec *m* steak

bifurcarse fork

bigamia *f* bigamy

bigote *m* mustache, *Br* moustache; **~s de gato** *etc* whiskers

bigudí *m* hair curler

bikini *m* bikini

bilateral bilateral

bilingüe bilingual

bilis *f* bile; *fig* F bad mood

billar *m* billiards; **~ americano** pool

billete *m* ticket; **~ abierto** open ticket; **~ de autobús** bus ticket; **~ de banco** bill, *Br* banknote; **~ de ida**, *Br* single (ticket); **~ de ida y vuelta** round-trip ticket, *Br* return (ticket); **billetero** *m* billfold, *Br* wallet

billón *m* trillion

bimensual twice-monthly

bimotor 1 twin-engined **2** *m* twin-engined plane

biodegradable biodegradable

biografía *f* biography; **biográfico** biographical

biología *f* biology; **biológico** biological; AGR organic

biombo *m* folding screen

biopsia *f* MED biopsy

biquini *m* bikini

birria *f* piece of junk F; **va hecha una ~** F she looks a real mess

bis *m* encore; **9 ~** 9A

bisabuela *f* great-grandmother; **bisabuelo** *m* great-grandfather

bisagra *f* hinge

bisiesto: año ~ leap year

bisnieta *f* great-granddaughter; **bisnieto** *m* great-grandson

bisoñé *m* hairpiece, toupee

bisté, bistec *m* steak

bisturí *m* MED scalpel

bisutería *f* costume jewelry *o Br* jewellery

bizco cross-eyed

bizcocho *m* sponge (cake)

blanca *f persona* white; MÚS half-note, *Br* minim; **estar sin ~** *fig* F be broke F; **blanco 1** *adj* white; *(sin escrito)* blank; **arma -a** knife **2** *m persona* white; *(diana)*, *fig* target; **dar en el ~** hit the nail on the head; **Blancanieves** *f* Snow White; **blancura** *f* whiteness

blando soft; **blandura** *f* softness

blanquear whiten; *pared* whitewash; ELEC launder

blasfemar curse, swear; REL blaspheme; **blasfemia** *f* REL blasphemy

blindado armored, *Br* armoured; *puerta* reinforced; ELEC shielded; **blindaje** *m de vehículo* armor *o Br* armour plating

bloc *m* pad

bloque *m* block; POL bloc; **~ de apartamentos** apartment building, *Br* block of flats; **en ~** en masse; **blo-**quear block; DEP obstruct; *(atascar)* jam; MIL blockade; COM freeze; **bloqueo** *m* blockade

blusa *f* blouse

boa *f* boa constrictor

boato *m* ostentation

bobada *f* piece of nonsense

bobina *f* bobbin; FOT reel, spool; ELEC coil

bobo 1 *adj* silly, foolish **2** *m*, **-a** *f* fool

boca *f* mouth; **~ a ~** mouth to mouth; **~ de metro** subway entrance; **~ abajo** face down; **~ arriba** face up; **se me hace la ~ agua** my mouth is watering; **bocacalle** *f* side street; **bocadillo** *m* sandwich; **bocado** *m* mouthful, bite; **bocajarro: a ~** at point-blank range; *fig decir* point-blank; **bocazas** *m/f inv* F loud-mouth F

boceto *m* sketch

bochorno *m* sultry weather; *fig* embarrassment; **bochornoso** *tiempo* sultry; *fig* embarrassing

bocina *f* MAR, AUTO horn

bocio *m* MED goiter, *Br* goitre

boda *f* wedding

bodega *f* wine cellar; MAR, AVIA hold; *L.Am.* bar; *C.Am., Pe, Bol* grocery store

bodegón *m* PINT still life

bofetada *f* slap

boga *f: estar en ~** *fig* be in fashion

boicot *m* boycott; **boicotear** boycott

boquilla

boina f beret
boj m BOT box
bola f ball; TÉC ball bearing; de helado scoop; F (*mentira*) fib F; ~ **de nieve** snowball
bolera f bowling alley
bolero 1 m MÚS bolero **2** m/f Méx F bootblack
boleta f L.Am. ticket; (*pase*) passt; (*voto*) ballot paper; **boletería** f L.Am. ticket office; *en cine, teatro* box office; **boletero** m, **-a** f L.Am. ticket clerk; *en cine, teatro* box office employee
boletín m bulletin, report; ~ **de evaluación** report card; ~ **meteorológico** weather report; **boleto** m L.Am. ticket; ~ **de autobús** L.Am. bus ticket; ~ **de ida y vuelta** L.Am., ~ **redondo** Méx round-trip ticket, Br return
bólido m fig racing car
bolígrafo m ball-point pen
Bolivia f Bolivia; **boliviano 1** adj Bolivian **2** m, **-a** f Bolivian
bollería f bakery
bollo m bun; (*abolladura*) bump
bolo m pin; C.Am., Méx christening present; **bolos** mpl bowling
bolsa f bag; COM stock exchange; L.Am. (*bolsillo*) pocket; ~ **de agua caliente** hot-water bottle
bolsillo m pocket; **meterse a alguien en el** ~ F win s.o. over; **bolso** m purse, Br

handbag
bomba f bomb; TÉC pump; S.Am. gas station; ~ **de relojería** time bomb; **caer como una** ~ fig F come as a bombshell; **pasarlo** ~ F have a great time; **bombardear** bomb; **bombardero** m bomber; **bombear** líquido pump; balón lob
bombero m, **-a** f firefighter
bombilla f light bulb; Rpl metal straw for the mate gourd
bombo m MÚS bass drum; TÉC drum
bombón m chocolate; fig F babe F; **bombona** f cylinder; **bombonería** f candy store, Br sweet shop
bonachón good-natured
bonaerense 1 adj of Buenos Aires, Buenos Aires atr **2** m/f native of Buenos Aires
bondad f goodness, kindness; **tenga la** ~ **de** please be so kind as to; **bondadoso** caring
boniato m sweet potato
bonificación f (*gratificación*) bonus; (*descuento*) discount; **bonificar** (*gratificar*) give a bonus to; (*descontar*) give a discount of
bonito 1 adj pretty **2** m ZO tuna
bono m voucher; COM bond
boquerón m anchovy
boquiabierto fig F speechless
boquilla f MÚS mouthpiece; de manguera nozzle

borbotar

borbotar bubble

borda f MAR gunwale; **echar por la ~** throw overboard

bordado 1 adj embroidered **2** m embroidery; **bordar** embroider; **~ algo** fig do sth brilliantly

borde m edge; **al ~ de** fig on the verge o brink of

bordillo m curb, Br kerb

bordo m: **a ~** on board

borla f tassel

borrachera f drunkenness; **agarrar una ~** get drunk; **borracho 1** adj drunk **2** m, **-a** f drunk

borrador m eraser; de texto draft; (boceto) sketch; **borrar** erase; INFOR tb delete; pizarra clean; recuerdo blot out

borrasca f area of low pressure

borrego m lamb

borrón m blot; mancha extendida smudge; **hacer ~ y cuenta nueva** fig wipe the slate clean; **borroso** blurred, fuzzy

bosque m wood; grande forest

bosquejar dibujo sketch; fig plan outline; **bosquejo** m sketch; fig outline

bostezar yawn; **bostezo** m yawn

bota f boot; **~ de montar** riding boot

botadura f MAR launch

botánica f botany; **botánico 1** adj botanical **2** m, **-a** f botanist

botar 1 v/t MAR launch; pelota bounce; L.Am. (echar) throw; L.Am. (desechar) throw out; L.Am. (despedir) fire **2** v/i **de pelota** bounce

bote m (barco) boat; L.Am. (lata) can; (tarro) jar; **~ de la basura** Méx trash can, Br rubbish bin; **~ salvavidas** lifeboat; **de ~ en ~** packed out

botella f bottle

botellero m wine rack

botica f pharmacy, Br tb chemist's (shop); **boticario** m, **-a** f pharmacist, Br tb chemist

botijo m container with a spout for drinking from

botín m loot; calzado ankle boot

botiquín m medicine chest; estuche first-aid kit

botón m button; BOT bud; **botones** m inv bellhop, bellboy

bóveda f vault

bovino bovine

boxeador m, **-a** f boxer; **boxear** box; **boxeo** m boxing

boya f buoy; de caña float; **boyante** fig buoyant

bozal m para perro muzzle

bracero m, **-a** f agricultural laborer o Br labourer; **de ~** arm in arm

bragas fpl panties

bragueta f fly

bramar roar; del viento howl; **bramido** m roar

brandy m brandy

bruto

branquia f ZO gill
brasa f ember; **a la ~** GASTR char-broiled, Br char-grilled; **brasero** m brazier; **eléctrico** electric heater
Brasil Brazil; **brasileño 1** adj Brazilian **2** m, **-a** f Brazilian
bravo animal fierce; mar rough; persona brave; L.Am. (furioso) angry; **¡~!** well done!; en concierto etc bravo!; **bravura** f de animal ferocity; de persona bravery
braza f breaststroke; **brazalete** m bracelet; (banda) armband; **brazo** m arm; **con los ~s abiertos** with open arms
brea f tar, pitch
brecha f breach; fig F gap; MED gash F
bregar struggle; trabajar work hard
breve brief; **en ~** shortly; **brevedad** f briefness, brevity
brezo m BOT heather
bribón m, **-ona** f rascal
bricolaje m do-it-yourself, DIY
brida f de caballo bridle; TÉC clamp; **a toda ~** at top speed
brillante 1 adj bright; fig brilliant **2** m diamond; **brillar** fig shine; **brillo** m shine; de estrella, luz brightness; **dar o sacar ~ a algo** polish sth; **brillantez** f brilliance
brincar jump up and down; **brinco** m F leap, bound; **dar ~s** jump
brindar 1 v/t offer **2** v/i drink a

toast (**por** to); **brindis** m inv toast
brío m fig F verve, spirit; **brioso** F spirited, lively
brisa f MAR breeze
británico 1 adj British **2** m, **-a** f Briton, Brit F
broca f TÉC drill bit
brocado m brocade
brocha f brush
broche m broach, Br brooch; (cierre) fastener; L.Am. (pinza) clothes pin
broma f joke; **en ~** as a joke; **gastar ~s** play jokes; **bromear** joke; **bromista** m/f joker
bronca f F telling off F; Méx P fight
bronce m bronze; **bronceado 1** adj tanned **2** m suntan; **bronceador** m suntan lotion; **broncearse** get a tan
bronco voz harsh, gruff
bronquial bronchial; **bronquios** mpl bronchial tubes; **bronquitis** f bronchitis
brotar BOT sprout, bud; fig appear, arise; **brote** m BOT shoot; MED, fig outbreak; **~s de bambú** bamboo shoots; **~s de soja** beansprouts
bruja f witch; **brujo** m wizard; **brujería** f witchcraft
brújula f compass
bruma f mist; **brumoso** misty
brusco sharp, brusque
brutal brutal; P fiesta incredible F; **brutalidad** f brutality; **bruto 1** adj brutish; (inculto)

bucal 52

ignorant; (*torpe*) clumsy;
COM gross **2** *m*, **-a** *f* brute,
animal
bucal oral
buceador *m*, **~a** *f* diver; **bucear** dive; *fig* delve (**en** into)
buche *m de ave* crop; *de persona* F belly F
bucle *m* (*rizo*) curl; INFOR
loop
budín *m* pudding
budismo *m* Buddhism
buenaventura *f* fortune
bueno good; (*bondadoso*)
kind; (*sabroso*) nice; **por
las -as** willingly; **de -as a
primeras** without warning;
ponerse ~ get well; **¡~!** well!;
¿~? *Méx* hello; **-a voluntad**
goodwill; **¡-as!** hello!; **-s
días** good morning; **-as noches** good evening; **-as tardes** good evening
buey *m* ox
búfalo *m* buffalo
bufanda *f* scarf; *fig* F perk
bufete *m* lawyer's office
buhardilla *f* attic
búho *m* owl
buitre *m* vulture
bujía *f* AUTO spark plug
bulbo *m* bulb
Bulgaria Bulgaria; **búlgaro 1**
adj Bulgarian **2** *m*, **-a** *f* Bulgarian **3** *m idioma* Bulgarian
bullicio *m* din; (*actividad*)
bustle; **bullir** boil; *de lugar*
swarm (**de** with)
bulo *m* F rumor, *Br* rumour
bulto *m* package; MED lump;

en superficie bulge; (*silueta*)
vague shape; (*pieza de equipaje*) piece of baggage
buñuelo *m Esp* fritter
buque *m* ship; **~ de guerra**
warship
burbuja *f* bubble
burdel *m* brothel
burdo rough
burgués 1 *adj* middle-class,
bourgeois **2** *m*, **-esa** *f* member of the bourgeoisie; **burguesía** *f* middle class, bourgeoisie
burla *f* joke; (*engaño*) trick;
hacer ~ de alguien F make
fun of s.o.; **burlar** F get
around; **burlarse** make fun
(**de** of); **burlesco** *tono* joking; *gesto* rude
burlón 1 *adj* mocking **2** *m*,
-ona *f* mocker
burocracia *f* bureaucracy;
burócrata *m/f* bureaucrat;
burocrático bureaucratic
burro *m* donkey
bus *m* bus
busca 1 *f* search; **en ~ de** in
search of **2** *m* F pager; **buscar** search for, look for; **búsqueda** *f* search
busto *m* bust
butaca *f* armchair; TEA seat
butano *m* butane
butifarra *f type of sausage*
buzo *m* diver
buzón *m* mailbox, *Br* postbox; *Internet* mailbox; **~ de
voz** TELEC voice mail; **buzoneo** *m* direct mailing

C

C (= *Centígrado*) C (= Centigrade); (= *compañía*) Co. (= Company); c (= *calle*) St. (= Street)

cabal: *no estar en sus ~es* not be in one's right mind

cabalgadura f mount; **cabalgar** ride; **cabalgata** f procession

caballa f ZO mackerel

caballería f MIL cavalry; (*caballo*) horse

caballería f MIL cavalry; (*caballo*) horse

caballero 1 adj gentlemanly **2** m gentleman; HIST knight; *trato* sir; (*servicio de*) *~s* men's room, gents; *en tienda de ropa* menswear; **caballeroso** gentlemanly

caballete m PINT easel; TÉC trestle

caballo m horse; *en ajedrez* knight; *~ balancín* rocking horse; *a ~ entre* halfway between; *montar o andar* Rpl *a ~* ride (a horse); *ir a ~* go on horseback

cabaña f cabin

cabaret m cabaret

cabecear 1 v/i nod **2** v/t *el balón* head; **cabecera** f head; *de periódico* masthead; *de texto* top

cabecilla m/f ringleader

cabellera f hair; *de cometa* tail

cabello m hair; **cabelludo** hairy

caber fit; *caben tres litros* it holds three liters; *cabemos todos* there's room for all of us; *no cabe duda* fig there's no doubt

cabestrillo m MED sling

cabestro m halter

cabeza 1 f head; *~ de ajo* bulb of garlic; *~* (*de ganado*) head (of cattle); *~ nuclear* nuclear warhead; *el equipo a la ~ o en ~* the team at the top **2** m/f: *~ de familia* head of the family; *~ de turco* scapegoat; *~ rapada* skinhead

cabezota pig-headed

cabida f capacity; *dar ~ a* hold

cabina f cabin; *~ telefónica* phone booth

cabizbajo dejected

cable m ELEC cable; MAR line, rope; *echar un ~ a alguien* give s.o. a hand; **cablear** wire up

cabo m end; GEOG cape; MAR rope; MIL corporal; *al ~ de* after; *de ~ a rabo* F from start to finish; *llevar a ~* carry out

cabra f goat; *estar como una ~* F be nuts F; **cabrearse** P get mad F; **cabritilla** f kid (skin)

cabrón m V bastard P, son of a bitch V

cacahuate

cacahuate m *Méx* peanut

cacahuete m peanut

cacao m cocoa; *de labios* lip salve

cacarear 1 v/i *de gallo* crow; *de gallina* cluck **2** v/t F crow about F

cacería f hunt

cacerola f pan

cacharro m pot; *Méx, C.Am.* F *(trasto)* piece of junk; *Méx, C.Am.* F *coche* junkheap; *lavar los ~s Méx, C.Am.* wash the dishes

cachear frisk; **cacheo** m frisk

cachete m cheek

cacho m F bit; *Rpl (cuerno)* horn; *Ven, Col* F *(marijuana)* joint F; *jugar al ~ Bol, Pe* play dice

cachondeo m: *estar de ~* F be joking; *tomar a ~* F take as a joke; **cachondo** F *(caliente)* horny F; *(gracioso)* funny

cachorro m pup

cacique m chief; POL *local political boss*; fig F tyrant

caco m F thief

cactus m inv cactus

cada each; *con énfasis en la totalidad* every; *~ uno, ~ cual* each one; *~ vez* every time, each time; *~ vez más* more and more; *~ tres días* every three days; *uno de ~ tres* one out of every three

cadáver m *(dead)* body, corpse

cadena f chain; *de perro* leash; TV channel; *~ perpe-*

tua life sentence

cadencia f MÚS rhythm

cadera f hip

cadete m MIL cadet; *Rpl, Chi* office junior, errand boy

caducar expire; **caducidad** f: *fecha de ~* expiration date, *Br* expiry date; *de alimentos, medicinas* use-by date; **caduco** BOT deciduous; *persona* senile; *belleza* faded

caer fall; *me cae bien / mal* fig I like / don't like him; *dejar ~ algo* drop sth; *estar al ~* be about to arrive; *~ enfermo* fall ill

café m coffee; *(bar)* café; *~ instantáneo* instant coffee; *~ solo* black coffee; **cafeína** f caffeine; **cafetera** f coffee maker; *para servir* coffee pot; **cafetería** f coffee shop

cagar V have a shit P; **cagarse** shit o.s. P

caída f fall

caído 1 adj fallen; *hombros* sagging; *~ de ánimo* downhearted **2** mpl: *los ~s* MIL the fallen

caimán m ZO alligator; *Méx, C.Am.* útil monkey wrench

caja f box; *de reloj, ordenador* case; COM cash desk; *en supermercado* checkout; *~ de ahorros* savings bank; *~ de cambios* gearbox; *~ de caudales, ~ fuerte* safe; *~ de cerillas* matchbox; *~ de música* music box; *~ postal* post office savings bank; *~ registradora* cash register; **cajero**

m, **-a** *f* cashier; *de banco* teller; **~ automático** ATM

cajón *m* drawer; *L.Am.* casket, coffin

cal *f* lime

cala *f* cove

calabacín *m* zucchini, *Br* courgette; **calabaza** *f* pumpkin

calabozo *m* cell

calado soaked

calamar *m* squid

calambre *m* ELEC shock; MED cramp

calamidad *f* calamity

calar 1 *v/t (mojar)* soak; *persona, conjura* see through **2** *v/i de zapato* leak; *de ideas* take root; **~ hondo en** make a big impression on; **calarse de motor** stall; **~ hasta los huesos** get soaked to the skin

calavera *f* skull

calcar trace

calceta *f:* **hacer ~** knit; **calcetín** *m* sock

calcio *m* calcium

calco *m* tracing; *fig* copy

calcomanía *f* decal, *Br* transfer

calculable calculable; **calculadora** *f* calculator; **calcular** *tb fig* calculate; **cálculo** *m* calculation; MED stone; **~ biliar** gallstone; **~ renal** kidney stone

caldear warm up; *ánimos* inflame

caldera *f* boiler; *Rpl, Chi* kettle; **calderilla** *f* small change

calderón *m* MÚS *tb* signo

pause

caldo *m* GASTR stock; **~ de cultivo** *fig* breeding ground

calefacción *f* heating; **~ central** central heating; **calefactor** *m* heater

calendario *m* calendar; *(programa)* schedule

calentador *m* heater; **~ de agua** water heater; **calentamiento** *m:* **~ global** global warming; **calentar** heat (up); **~ a alguien** *fig* provoke s.o.; **calentura** *f* fever

calidad *f* quality; **en ~ de médico** as a doctor

cálido *tb fig* warm

caliente hot; F *(cachondo)* horny F; **en ~** in the heat of the moment

calificación *f* description; EDU grade, *Br* mark; **calificado** qualified; *trabajador* skilled; **calificar** describe *(de* as); EDU grade, *Br* mark; **calificativo 1** *adj* qualifying **2** *m* description

callado quiet; **callar 1** *v/i* go quiet; *(guardar silencio)* be quiet; **¡calla!** be quiet!, shut up! **2** *v/t* silence

calle *f* street; DEP lane; **callejón** *m* alley; **~ sin salida** blind alley; *fig* dead end; **callejear** stroll (around the streets); **callejero 1** *adj* street *atr* **2** *m* street directory

callista *m/f* podiatrist, *Br* chiropodist

callo *m* callus; **~s** GASTR tripe

calma *f* calm; **calmante 1** *adj*

soothing **2** *m* MED sedative; **calmar** calm (down)

calor *m* heat; *fig* warmth; **hace mucho ~** it's very hot; **tengo ~** I'm hot; **caloría** *f* calorie

calumnia *f* oral slander; *por escrito* libel; **calumniar** *oralmente* slander; *por escrito* libel; **calumnioso** *oral* slanderous; *por escrito* libelous, *Br* libellous

caluroso hot; *fig* warm

calva *f* bald patch

calvicie *f* baldness; **calvo 1** *adj* bald **2** *m* bald man

calzada *f* road (surface); **calzado** *m* footwear; **calzador** *m* shoe horn

calzón *m* DEP shorts *pl*; *L.Am.* de hombre shorts *pl*, *Br* (under)pants *pl*; *L.Am.* de mujer panties *pl*

calzoncillos *mpl* shorts, *Br* (under)pants

cama *f* bed; **~ de matrimonio** double bed; **irse a la ~** go to bed

camaleón *m* chameleon

cámara *f* FOT, TV camera; (*sala*) chamber; **~ de comercio e industria** chamber of commerce and industry; **a ~ lenta** in slow motion; **~ de vídeo** video camera

camarada *m/f* comrade; *de trabajo* colleague, co-worker

camarera *f* waitress; **camarero** *m* waiter

camarón *m* *L.Am.* shrimp, *Br* prawn

camarote *m* MAR cabin

cambiable changeable; **cambiante** changing; *tiempo* changeable; **cambiar 1** *v/t* change (*por* for); *compra* exchange (*por* for) **2** *v/i* change; **~ de lugar** change places; **~ de marcha** AUTO shift gear, *Br* change gear; **cambiarse** change; **~ de ropa** change (one's clothes); **cambio** *m* change; COM exchange rate; **~ de marchas** AUTO gear shift, *Br tb* gear change; **~ de sentido** U--turn; **a ~ de** in exchange for; **en ~** on the other hand

camello 1 *m* ZO camel **2** *m/f* F (*vendedor de drogas*) dealer

camerino *m* TEA dressing room

camilla *f* stretcher

caminar walk; *fig* move; **caminando** on foot; **camino** *m* (*senda*) path; (*ruta*) way; **a medio ~** halfway; **de ~** on the way to; **por el ~** on the way; **abrirse ~** *fig* make one's way; **ir por buen / mal ~** *fig* be on the right / wrong track; **ponerse en ~** set out

camión *m* truck, *Br tb* lorry; *Méx* bus; **camionero** *m*, **-a** *f* truck driver, *Br tb* lorry driver; *Méx* bus driver; **camioneta** *f* van

camisa *f* shirt; **camiseta** *f* T--shirt; **camisón** *m* nightdress

camorra *f* F fight; **armar ~** F cause trouble

campamento *m* camp

cantar

campana f bell; **~ extractora** extractor hood; **campanada** f chime; **campanario** m bell tower

campaña f campaign

campechano down-to-earth

campeón m, **-ona** f champion; **campeonato** m championship; **de ~** F terrific F

campesino 1 adj rural, country atr **2** m, **-a** f farmer; muy pobre peasant; **campestre** rural, country atr

camping m campground, Br tb campsite

campista m/f camper

campo m field; DEP field, Br tb pitch; (estadio) stadium, Br tb ground; **el ~** (área rural) the country; **~ de batalla** battlefield; **~ de golf** golf course; **~ visual** MED field of vision; **a ~ traviesa**, **~ a través** cross-country

camposanto m cemetery

camuflaje m camouflage; **camuflar** camouflage

cana f gray o Br grey hair

Canadá Canada; **canadiense** m/f & adj Canadian

canal m channel; TRANSP canal; **canalizar** channel

canalla m swine F, rat F

canalón m gutter

Canarias f pl Canaries; **Islas ~** Canary Islands

canario 1 adj Canary atr **2** m ZO canary

canasta f basket; juego canasta; **canasto** m basket

cancelar cancel; deuda, cuen-

ta settle, pay

cáncer m cancer; **Cáncer** m/f inv ASTR Cancer

cancha f DEP court; L.Am. de fútbol field, Br tb pitch; **~ de tenis** tennis court; **¡~! Rpl** F gangway! F

canciller m Chancellor; S.Am. de asuntos exteriores Secretary of State, Br Foreign Minister

canción f song; **siempre la misma ~** F the same old story F

candado m padlock

candela f L.Am. fire; **¿me das~?** have you got a light?

candelero m: **estar en el ~** be in the limelight

candidato m, **-a** f candidate; **candidatura** f candidacy

cándido naive

canela f cinnamon

cangrejo m crab

canguro 1 m ZO kangaroo **2** m/f F baby-sitter

canica f marble

canilla f L.Am. faucet, Br tap

canje m exchange; **canjear** exchange (**por** for)

canoa f canoe

canonizar canonize

cansado tired; **cansar** tire; (aburrir) bore; **cansarse** get tired; (aburrirse) get bored; **~ de algo** get tired of sth

cantábrico: (mar) **Cantábrico** F Bay of Biscay

cantante m/f singer; **cantar 1** v/t & v/i sing **2** m: **ése es otro**

~ fig F that's a different story

cántaro *m* pitcher; *llover a ~s* F pour down

cantautor *m*, *~a* f singer-songwriter

cantera f quarry

cantidad f quantity, amount; *había ~ de* there was (*pl* were) a lot of

cantimplora f water bottle

cantina f canteen

canto¹ *m* singing; *de pájaro* song

canto² *m* edge; (*roca*) stone; *~ rodado* boulder

cantor 1 *adj* singing; *niño ~* choirboy; *pájaro ~* songbird **2** *m*, *~a* f singer

caña f BOT reed; (*tallo*) stalk; *cerveza* small glass of beer; *L.Am.* straw; *muebles de ~* cane furniture; *~ de azúcar* sugar cane; *~ de pescar* fishing rod

cáñamo *m* hemp; *L.Am.* marijuana plant

cañería f pipe

caño *m* pipe; *de fuente* spout

cañón 1 *m* cannon; *antiaéreo, antitanque* etc gun; *de fusil* barrel; GEOG canyon **2** *adj* F fantastic F

caoba f mahogany

caos *m* chaos; **caótico** chaotic

capa f layer; *prenda* cloak; *~ de ozono* ozone layer; *~ de pintura* coat of paint

capacidad f capacity; (*aptitud*) competence

capataz *m* foreman; **capata-**

za f forewoman

capaz able (*de* to); *ser ~ de* be capable of

capilar capillary *atr*; *loción ~* hair *atr*

capilla f chapel; *~ ardiente* chapel of rest

capital 1 *adj importancia* prime; *pena ~* capital punishment **2** *f de país* capital **3** *m* COM capital; **capitalismo** *m* capitalism; **capitalista 1** *adj* capitalist **2** *m/f* capitalist

capitán *m* captain; **capitanear** captain

capitulación f capitulation, surrender; (*pacto*) agreement; **capitular** surrender, capitulate

capítulo *m* chapter

capó *m* AUTO hood, *Br* bonnet

capota f AUTO top, *Br* hood

capricho *m* whim; **caprichoso** capricious

Capricornio *m/f inv* ASTR Capricorn

cápsula f capsule; *~ espacial* space capsule

captar understand; RAD pick up; *negocio* take; **captura** f capture; *en pesca* catch; *tasa de ~s* fishing quota; **capturar** capture

cara f face; (*expresión*) look; *fig* nerve; *~ a algo* facing sth; *~ a ~* face to face; *de ~* a facing; *fig* with regard to; *dar la ~* face the consequences; *echar algo en ~ a*

alguien remind s.o. of sth;
tener buena / mala ~ *de comida* look good / bad; *de persona* look well / sick; **~ o cruz** heads or tails

caracol *m* snail; **¡~es!** wow! F; *enfado* damn! F

carácter *m* character; **característica** *f* characteristic; **característico** characteristic (*de of*); **caracterizar** characterize; TEA play

caradura *m/f* F guy / woman with a nerve, *Br* cheeky devil F

carajillo *m* coffee with a shot of liquor

caramba wow!; *enfado* damn! F

caramelo *m* *dulce* candy, *Br* sweet; (*azúcar derretida*) caramel

carátula *f* *de disco* jacket; *L.Am. de reloj* face

caravana *f* (*remolque*) trailer, *Br* caravan; *de tráfico* traffic jam; *Méx* (*reverencia*) bow

caray F wow! F; *enfado* damn! F

carbohidrato *m* carbohydrate

carbón *m* coal; **carbonizar** char; **carbono** *m* carbon

carburador *m* AUTO carburetor, *Br* carburettor; **carburante** *m* fuel

carcajada *f* laugh, guffaw; **reír a ~s** roar with laughter

cárcel *f* prison; **carcelero** *m*, **-a** *f* warder, jailer

carcoma *f* woodworm

cardenal *m* REL cardinal; (*hematoma*) bruise

cardíaco, cardiaco cardiac; **cardiología** *f* cardiology; **cardiólogo** *m*, **-a** *f* cardiologist

cardo *m* BOT thistle

carecer: **~ de algo** lack sth; **carencia** *f* lack (*de* of)

careo *m* confrontation

carestía *f* high cost

careta *f* mask

carga *f* load; *de buque* cargo; MIL, ELEC charge; (*responsabilidad*) burden; **~ fiscal** *o* **impositiva** tax burden; **ser una ~ para alguien** be a burden to s.o.; **cargado** loaded (*de* with); *aire* stuffy; *ambiente* tense; *café* strong; **cargamento** *m* load; **cargar 1** *v/t* *arma, camión* load; *batería, acusado* charge; COM charge (*en* to); *L.Am.* (*traer*) carry; **esto me carga** *L.Am.* P I can't stand this **2** *v/i* (*apoyarse*) rest (*sobre* on); (*fastidiar*) be annoying; **~ con algo** carry sth; **cargarse** *carga con peso, responsabilidad* weigh o.s. down; F (*matar*) bump off F; F (*romper*) wreck F

cargo *m* position; JUR charge; **alto ~** *persona* high-ranking official; **está a ~ de Gómez** Gómez is in charge of it; **hacerse ~ de algo** take charge of sth

Caribe *m* Caribbean; **caribeño** Caribbean

caricatura *f* caricature

caricia *f* caress

caridad f charity

caries f MED caries

cariño m affection, fondness; **hacer ~ a alguien** L.Am. (acariciar) caress s.o.; (abrazar) hug s.o.; **¡~!** darling!; **con ~** with love; **cariñoso** affectionate

carioca of / from Rio de Janeiro

caritativo charitable

carlinga f cockpit

carnaval m carnival

carne f meat; de persona flesh; **~ de gallina** fig goose bumps pl; **~ picada** ground meat, Br mince

carnero m ram

carnet m card; **~ de conducir** driver's license, Br driving licence; **~ de identidad** identity card

carnicería f butcher's; fig carnage; **carnicero** m, **-a** f butcher

caro expensive, dear; **costar ~** fig cost dear

carpa f de circo big top; ZO carp; L.Am. para acampar tent; L.Am. de mercado stall

carpeta f file

carpintería f carpentry; de obra joinery; **carpintero** m carpenter; de obra joiner

carrera f race; EDU degree course; profesional career; **a las ~s** at top speed; **~s de coches** motor racing

carreta f cart; **carrete** m FOT (roll of) film; **~ de hilo** reel of thread

carretera f highway, (main) road; **~ de circunvalación** beltway, Br ring road; **carretilla** f wheelbarrow

carril m lane; **~-bici** cycle lane; **~-bus** bus lane

carrito m cart, Br trolley; **~ de bebé** buggy; **carro** m cart; L.Am. car; L.Am. (taxi) taxi, cab; **~ de combate** tank; **~-patrulla** L.Am. patrol car

carrocería f AUTO bodywork

carta f letter; GASTR menu; (naipe) (playing) card; (mapa) chart; **~ certificada o registrada** registered letter; **~ urgente** special-delivery letter; **a la ~** a la carte; **dar ~ blanca a alguien** give s.o. carte blanche; **poner las ~s boca arriba** fig put one's cards on the table; **carta-bomba** f letter bomb; **cartabón** m set square

cartel m poster; **estar en ~ de película** be on

cartelera f billboard; de periódico listings pl

cartera f wallet; (maletín) briefcase; COM, POL portfolio; de colegio knapsack, Br satchel; L.Am. purse, Br handbag; **mujer** saleswoman, Br postwoman; **cartero** m mailman, Br postman

cartón m cardboard; de tabaco carton; **~ piedra** pap(i)er-mâché

cartucho m de arma cartridge

cartuja f monastery

casa f house; (hogar) home;

en ~ at home; *a casa* home; *voy a casa de Marta* I'm going to Marta's (house); ~ *cuna* children's home; ~ *de huéspedes* rooming house, *Br* boarding house; ~ *matriz* head office; ~ *de socorro* first aid post

casado married; **casamiento** *m* marriage; *casar fig* match (up); ~ *con* go with; **casarse** get married; ~ *con alguien* marry s.o.

cascada *f* waterfall

cascanueces *m inv* crackers

cascar crack; *algo quebradizo* break; *fig* F whack F; ~*la* peg out F

cáscara *f de huevo* shell; *de naranja, limón* peel

casco *m* helmet; *de barco* hull; (*botella vacía*) empty (bottle); *edificio* empty building; *de caballo* hoof; *de vasija* fragment; ~*s* (*auriculares*) headphones; ~ *urbano* urban area; ~*s azules* MIL blue berets, UN peacekeeping troops

casera *f* landlady; **casero 1** *adj* home-made; *comida -a* home cooking **2** *m* landlord

caseta *f* hut; *de feria* stall

casete *m* (*also f*) cassette

casi almost, nearly; *en frases negativas* hardly

casilla *f en formulario* box; *en tablero* square; *de correspondencia* pigeon hole; *S.Am.* post office box

casino *m* casino

caso *m* case; *en ~ de que*, ~ *de* in the event that, in case of; *hacer* ~ take notice; *en todo* ~ in any case, in any event; *en el peor de los ~s* if the worst comes to the worst; *en último* ~ as a last resort

caspa *f* dandruff

cassette *m* (*also f*) cassette

casta *f* caste

castaña *f* chestnut; **castaño 1** *adj color* chestnut, brown **2** *m* chestnut (tree); *color* chestnut, brown; **castañuela** *f* castanet; *estar como unas ~s* F be over the moon F

castellano 1 *adj* Castilian **2** *m*, **-a** *f* Castilian **3** *m* (Castilian) Spanish

castidad *f* chastity

castigar punish; **castigo** *m* punishment

castillo *m* castle; ~ *de fuegos artificiales* firework display

castizo pure

casto chaste

castor *m* beaver

castrar castrate; *fig* emasculate

casual *adj atr*; **casualidad** *f* chance, coincidence; *por o de* ~ by chance

catalán 1 *adj* Catalan **2** *m*, **-ana** *f* Catalan **3** *m idioma* Catalan

catalizador *m* catalyst; AUTO catalytic converter

catálogo *m* catalog, *Br* catalogue

catar taste

catarata f GEOG waterfall; MED cataract

catarro m cold; *inflamación* catarrh

catástrofe f catastrophe

catear F flunk F

cátedra f EDU chair

catedral f cathedral

catedrático m, -a f EDU head of department

categoría f category; *social, de local, restaurante* class; *(estatus)* standing; **actor de primera** ~ first-rate actor; **categórico** categorical

catolicismo m (Roman) Catholicism; **católico 1** *adj* (Roman) Catholic **2** m, -a f (Roman) Catholic

catorce fourteen

catre m bed

caucho m rubber; *L.Am.* *(neumático)* tire, *Br* tyre

caución f guarantee, security

caudal m *de río* volume of flow; *fig* wealth

caudillo m leader

causa f cause; *(motivo)* reason; JUR lawsuit; **a ~ de** because of; **causar** cause

cáustico tb fig caustic

cautela f caution; **cauteloso** cautious

cautivar fig captivate; **cautiverio** m, **cautividad** f captivity; **cautivo 1** *adj* captive **2** m, -a f captive

cauto cautious

cava m cava, *sparkling wine*

cavar dig

caverna f cavern

caviar m caviar

cavidad f cavity

caza 1 f hunt; *actividad* hunting; ~ **mayor / menor** big / small game; **andar a la ~ de algo / alguien** be after sth / s.o. **2** m AVIA fighter; **cazador** m hunter; **cazadora** f hunter; *prenda* jacket; **cazar 1** v/t *animal* hunt; *fig:* *información* track down; *(pillar, captar)* catch; ~ **un buen trabajo** get o.s. a good job **2** v/i hunt; **ir a ~** go hunting

cazo m saucepan

cazuela f pan; *de barro, vidrio* casserole

c/c (= **cuenta corriente**) C/A (= checking account)

CD m (= **disco compacto**) CD; *reproductor* CD-player; **CD-ROM** m CD-ROM

cebada f barley

cebar fatten; *anzuelo* bait; *L.Am. mate* prepare; **cebo** m bait

cebolla f onion; **cebolleta** f, **cebollino** m *planta* scallion, *Br* spring onion

cebra f zebra; **paso de ~** crosswalk, *Br* zebra crossing

cecear *en acento regional* pronounce Spanish "s" as "th"; *como defecto* lisp

ceder 1 v/t give up; *(traspasar)* transfer, cede; ~ **el paso** AUTO yield, *Br* give way **2** v/i give way, yield; *de viento, lluvia* ease off

cedro *m* cedar

cédula *f L.Am.* identity document

cegar blind; *tubería* block; **ceguera** *f tb fig* blindness

ceja *f* eyebrow

cejar give up

celador *m*, **-a** *f* orderly; *de cárcel* guard; *de museo* attendant

celda *f* cell

celebración *f* celebration; **celebrar** *misa* celebrate; *reunión, fiesta* have, hold; **célebre** famous; **celebridad** *f* fame; *persona* celebrity

celeste light blue, sky blue; **celestial** celestial; *fig* heavenly

celibato *m* celibacy; **célibe** *m/f & adj* celibate

celo *m* zeal; *(cinta adhesiva)* Scotch® tape, *Br* Sellotape®; **en ~** ZO in heat; **~s** jealousy; **tener ~s de** be jealous of ; *celoso* jealous

célula *f* cell; **celular** cellular; **celulitis** *f* cellulite; **celulosa** *f* cellulose

cementerio *m* cemetery

cemento *m* cement

cena *f* dinner

cenar 1 *v/t:* **~ algo** have sth for dinner **2** *v/i* have dinner

cenicero *m* ashtray

Cenicienta *f* Cinderella

ceniza *f* ash; **~s** ashes

censo *m* census; **~ electoral** voting register, electoral roll; **censor** *m*, **-a** *f* censor; **censura** *f* censorship; **cen-**

surar censor; *tratamiento* condemn

cent (= **céntimo**) cent

centavo *m* cent

centella *f* spark; *(rayo)* flash of lightning

centenario 1 *adj* hundred-year-old *atr* **2** *m* centennial, *Br* centenary

centeno *m* BOT rye

centésimo 1 *adj* hundredth **2** *m*, **-a** *f* hundredth

centígrado centigrade; **centímetro** *m* centimeter, *Br* centimetre

céntimo *m* cent; **estar sin un ~** not have a red cent *F*

centinela *m/f* sentry; *de banda criminal* lookout

centolla *f*, **centollo** *m* ZO spider crab

central 1 *adj* central **2** *f* head office; **~ atómica** *o* **nuclear** nuclear power station; **~ eléctrica** power station; **~ telefónica** telephone exchange; **~ térmica** thermal power station; **centralita** *f* TELEC switchboard; **centralizar** centralize; **centrar** *tb* DEP center, *Br* centre; *esfuerzos* focus (**en** on); **centrarse** concentrate (**en** on); **céntrico** central; **centrifugadora** *f* centrifuge; *para ropa* spin-dryer; **centrifugar** spin; **centro** *m* center, *Br* centre; **~ comercial** (shopping) mall, *Br tb* shopping centre; **~ urbano** *en señal* town center; **Centroamérica** Central

America; **centroamericano**
Central American

ceñido tight; **ceñirse: ~ a algo** fig stick to sth

cepa f de vid stock

cepillar brush; **cepillo** m brush; **~ de dientes** toothbrush

cepo m trap; AUTO Denver boot, Br (wheel) clamp

cera f wax

cerámica f ceramics

cerca¹ f fence

cerca² adv near, close; **de ~** close up; **~ de** near, close to; (casi) nearly

cercado m fence

cercanía f: **tren de ~s** suburban train; **cercano** nearby; **~ a** close to, near to; **cercar** surround; con valla fence in

cerciorarse make sure (de of)

cerco m ring; de puerta frame; L.Am. fence; **poner ~ a** lay siege to

cerda f animal sow; fig F persona pig F; de brocha bristle; **cerdo** m hog, Br pig; fig F persona pig F

cereal m cereal; **~es** (breakfast) cereal

cerebelo m ANAT cerebellum; **cerebral** cerebral; **cerebro** m ANAT brain; fig: persona brains sg

ceremonia f ceremony; **ceremonial** m/adj ceremonial; **ceremonioso** ceremonious

cereza f cherry; **cerezo** m cherry (tree)

cerilla f match

cero m zero, Br tb nought; en fútbol etc zero, Br nil; en tenis love; **bajo / sobre ~** below / above zero; **empezar desde ~** fig start from scratch

cerrado closed; persona narrow-minded; (tímido) introverted; cielo overcast; **curva -a** tight curve; **cerradura** f lock; **cerrajero** m, **-a** f locksmith; **cerrar 1** v/t close; tubería block; grifo turn off; **~ con llave** lock **2** v/i close

cerro m hill

cerrojo m bolt; **echar el ~** bolt the door

certamen m competition

certero accurate

certeza f certainty

certidumbre f certainty

certificado 1 adj carta registered **2** m certificate; **certificar** certify; carta register

cervecería f bar

cerveza f beer; **~ de barril** o **de presión** draft, Br draught (beer); **fábrica de ~** brewery

cesación f cessation; **cesar** stop; **no ~ de hacer algo** keep on doing sth; **sin ~** non-stop

cesárea f MED Cesarean, Br Caesarean

cese m cessation

cesión f transfer

césped m lawn

cesta f basket; **~ de la compra** shopping basket; **cesto** m large basket

chabacano vulgar, tacky F

chabola f shack; **barrio de ~s** shanty town

chacal m jackal

chacha f F maid

cháchara f chatter

chafar squash; *cosa erguida* flatten; *planes etc* ruin

chaflán m corner

chal m shawl

chalado F crazy F (*por* about)

chalet m chalet; **~ adosado** house sharing one or more walls with other houses; **~ pareado** duplex, Br semi-detached house

chalupa f MAR small boat; Méx stuffed tortilla

chamaca f C.Am., Méx girl; **chamaco** m C.Am., Méx boy

chamba f Méx F job

champán m, **champaña** m champagne

champiñón m mushroom

champú m shampoo

chamuscar scorch; *pelo* singe

chance 1 m L.Am. chance; **dame ~** let me have a try **2** conj Méx perhaps

chancho m L.Am. hog, Br pig; *carne* pork

chanchullo m F trick, scam F

chancleta f thong; S.Am. F baby girl

chándal m sweats pl, Br tracksuit

chantaje m blackmail; **chantajear** blackmail

chanza f wisecrack

chapa f (*tapón*) cap; (*plancha*)

sheet (of metal); (*insignia*) badge; AUTO bodywork; **chapado** plated; **~ a la antigua** old-fashioned

chaparro m small

chaparrón m downpour; *fig* F **de insultos** barrage

chapistería f AUTO body shop

chapotear splash

chapucear botch

chapucero 1 adj shoddy **2** m, -a f shoddy worker

chapurrear: **~ el francés** speak poor French

chapuza f shoddy piece of work; (*trabajo menor*) odd job

chapuzar duck; **chapuzarse** dive in; **chapuzón** m dip; **darse un ~** go for a dip

chaqué m morning coat; **chaqueta** f jacket; **~ de punto** cardigan; **chaquetón** m three-quarter length coat

charanga f brass band

charca f pond; **charco** m puddle

charcutería f delicatessen

charla f chat; *organizada* talk; **charlar** chat

charnela f hinge

charol m patent leather

chárter charter *atr*

chasco m joke; **llevarse un ~** be disappointed

chasis m *inv* AUTO chassis

chasquear click; *látigo* crack

chatarra f scrap; **chatarrero** m, -a f scrap merchant

chato *nariz* snub; L.Am. *nivel*

chaval m F kid F, boy; **chavala** f F kid F, girl

chaveta f TÉC (cotter) pin; **estar ~** F be nuts F; **perder la ~** F go off one's rocker F

checo 1 adj Czech **2** m, -a f Czech **3** m idioma Czech

cheque m check, Br cheque; **~ sin fondos** bad check (Br cheque); **~ de viaje** traveler's check, Br traveller's cheque; **chequear** check; **chequeo** m MED check-up; **chequera** f checkbook, Br chequebook

chic m/adj chic

chica f girl

chicharrones mpl cracklings, Br pork scratchings

chichón m bump

chicle m chewing gum

chico 1 adj small, little **2** m boy

chiflado F crazy F (**por** about)

Chile Chile; **chileno 1** adj Chilean **2** m, -a f Chilean

chillar shriek; de cerdo squeal; de voz shrill; color loud **2** m, -ona f loudmouth

chimenea f chimney; de salón fireplace

chimpancé m chimpanzee

China China; **china** f Chinese woman; Rpl serving girl; Rpl (niñera) nursemaid

chinche f ZO bedbug; L.Am. (chincheta) thumbtack, Br drawing pin

chincheta f thumbtack, Br drawing pin

chinela f slipper

chinesco Chinese; **chino 1** adj Chinese **2** m Chinese man; idioma Chinese; **trabajo de ~s** F hard work

chip m INFOR chip

chipirón m baby squid

chiquilla f girl, kid F; **chiquillo** m boy, kid F; **chiquillada** f childish trick

chirimoya f custard apple

chirona f: **en ~** F in the can F, inside F

chirriar squeak; **chirrido** m squeak

chisme m F bit of gossip; objeto doodad F, Br doodah F; **chismorrear** F gossip; **chismoso 1** adj gossipy **2** m, -a f F gossip

chispa f spark; (cantidad pequeña) spot; fig F wit; **chispear** spark; fig sparkle; de lluvia spit

chisporrotear de leña crackle; de aceite spit

chiste m joke

chistera f top hat

chistoso funny

chivarse F rat F (**a** to); **chivato** m, -a f F stool pigeon F

chivo m ZO kid; C.Am., Méx wages pl

chocante startling; que ofende shocking; (extraño) odd; L.Am. (antipático) unpleasant; **chocar** crash (**con**, **contra** into); **~le a alguien** surprise s.o.; (ofender) shock s.o.; **~ con un problema**

come up against a problem

chocho F senile; *estar ~ con* dote on

chocolate *m* chocolate; F (*hachís*) hash F

chófer L.Am., **chofer** *m* driver

chollo *m* F bargain

chopo *m* BOT poplar

choque *m* collision, crash; DEP, MIL clash; MED shock

chorizo *m* chorizo (*spicy cured sausage*); F thief; *Rpl (filete)* rump steak

chorrear gush out, stream; (*gotear*) drip; **chorro** *m líquido* jet, stream; *fig* stream; *C.Am.* faucet; *Br* tap

choza *f* hut

christmas *m* Christmas card

chubasco *m* shower

chuchería *f* knick-knack; (*golosina*) candy, *Br* sweet

chufa *f* BOT tiger nut

chuleta *f* GASTR chop

chulo F fantastic F; *Méx (guapo)* attractive; (*presuntuoso*) cocky F

chumbera *f* C.Am. prickly pear

chupada *f* suck; *de cigarrillo* puff; **chupado** F (*delgado*) skinny; F (*fácil*) dead easy F; *L.Am.* F drunk; **chupar** suck; (*absorber*) soak up; **chupete** *m* de bebé pacifier, *Br* dummy; (*sorbete*) Popsicle®, *Br* ice lolly

chupi F great F, fantastic F

churrasco *m* Rpl steak

churro *m* fritter; (*chapuza*)

botched job

chusco 1 *adj* funny **2** *m* piece of bread

chusma *f desp* rabble *desp*

chutar DEP shoot;; **chutarse** F *con drogas* shoot up F

Cía. (= *Compañía*) Co. (= Company)

ciática *f* MED sciatica

ciber… cyber…

cicatriz *f* scar; **cicatrizar** scar

ciclismo *m* cycling; **ciclista** *m/f* cyclist; **ciclo** *m* cycle; *de cine* season; **ciclomotor** *m* moped

ciclón *m* cyclone

cicuta *f* BOT hemlock

ciega *f* blind woman; **ciego 1** *adj* blind; *a ~as* blindly **2** *m* blind man

cielo *m* sky; REL heaven; *ser un ~* be an angel F; *~ raso* ceiling

cien a *o* one hundred

ciencia *f* science; *~ ficción* science fiction; *a ~ cierta* for certain, for sure; **científico 1** *adj* scientific **2** *m*, *-a f* scientist

cieno *m* silt

ciento a *o* one hundred; *el cinco por ~* five percent

cierre *m* fastener; *de negocio* closure; *~ centralizado* AUTO central locking; *~ relámpago* L.Am. zipper, *Br* zip

cierto certain; *es ~ a* it's true; *~ día* one day; *por ~* incidentally; *estar en lo ~* be right

ciervo *m* deer; *~ volante* stag beetle

cifra f figure; **cifrar** write in code; **~ su esperanza en** pin one's hopes on; **cifrarse: ~ en** amount to

cigala f ZO crayfish

cigarra f ZO cicada

cigarrillo m cigarette; **cigarro** m cigar; *L.Am.* cigarette

cigüeña f ZO stork

cigüeñal m AUTO crankshaft

cilindrada f AUTO cubic capacity; **cilíndrico** cylindrical; **cilindro** m cylinder

cima f summit; *fig* peak

cimentar lay the foundations of; *fig* base (**en** on); **cimientos** mpl foundations

cinc m zinc

cincel m chisel; **cincelar** *metal* engrave; *piedra* chisel

cinco five; **cincuenta** fifty

cine m movies pl, cinema; **cineasta** m/f film-maker

cínico 1 adj cynical **2** m, -a f cynic; **cinismo** m cynicism

cinta f ribbon; *de música, vídeo* tape; **~ adhesiva** adhesive tape; **~ aislante** friction tape, *Br* insulating tape; **~ métrica** tape measure; **~ de vídeo** video tape

cintura f waist; **cinturón** m belt; **~ de seguridad** AUTO seatbelt

ciprés m BOT cypress

circo m circus

circuito m circuit; **corto ~** ELEC short circuit; **circulación** f movement; FIN, MED circulation; AUTO traffic; **circular 1** adj circular **2** v/i circulate; AUTO drive, travel; *de persona* move (along); **círculo** m circle; **~ vicioso** vicious circle

circunferencia f circumference

circunscribir limit (**a** to); **circunspecto** circumspect, cautious

circunstancia f circumstance

circunvalación f: (**carretera de**) ~ beltway, *Br* ring-road

ciruela f plum; **~ pasa** prune

cirugía f surgery; **~ estética** cosmetic surgery; **cirujano** m, -a f surgeon

cisne m ZO swan

cisterna f de WC cistern

cita f appointment; *de texto* quote, quotation; **citar** *a reunión* arrange to meet; *a juicio* summon; (*mencionar*) mention; *de texto* quote; **citarse** arrange to meet; **citación** f JUR summons sg, subpoena

cítrico m citrus fruit

ciudad f town; *más grande* city; **Ciudad de México** Mexico City; **~ universitaria** university campus; **ciudadano** m, -a f citizen; **ciudadanía** f citizenship; **ciudadela** f citadel

cívico civic; **civil** civil; **casarse por lo** ~ have a civil wedding; **civilización** f civilization; **civilizado** civilized; **civilizar** civilize; **civilizarse** become civilized

clamar: ~ por algo clamor o *Br* clamour for sth; **clamor**

m roar; *fig* clamor, *Br* clamour

clandestino POL clandestine, underground

claqué *m* tap-dancing

clara *f de huevo* white; *bebida* shandy-gaff, *Br* shandy

claraboya *f* skylight

claridad *f* light; *fig* clarity; **clarificar** clarify

clarín *m* bugle

clarinete *m* clarinet

claro *tb fig* clear; *color* light; (*luminoso*) bright; *salsa* thin; **¡∼!** of course!; **hablar ∼** speak plainly

clase *f* class; (*variedad*) kind, sort; **∼ particular** private class; **dar ∼ (s)** teach

clásico classical

clasificación *f* DEP league table; **clasificar** classify; **clasificarse** DEP qualify; **∼ tercero** come in third

claudicar give in

claustro *m* ARQUI cloister

cláusula *f* clause

clausura *f de acto* closing ceremony; *de bar, local* closure; REL cloister; **clausurar** *acto oficial* close; *por orden oficial* close down

clavar stick (*en* into); *clavos* drive (*en* into); *uñas* sink (*en* into); **∼ a alguien por algo** F overcharge s.o. for sth

clave 1 *f* key; **en ∼** in code **2** *adj (importante)* key

clavel *m* BOT carnation

clavícula *f* ANAT collarbone

clavija *f* ELEC pin

clavo *m de metal* nail; GASTR clove; *CSur* F *persona* dead loss F; **dar en el ∼** hit the nail on the head

claxon *m* AUTO horn

clemencia *f* clemency, mercy; **clemente** clement, merciful

clérigo *m* priest, clergyman

clic *m* INFOR click; **hacer ∼ en** click on

clienta, cliente *m/f de tienda* customer; *de empresa* client; **clientela** *f* clientele, customers *pl*

clima *m* climate; **climatizador** *m* air conditioner

clínica *f* clinic

clip *m para papeles* paperclip; *para el pelo* bobby pin, *Br* hairgrip

cloaca *f tb fig* sewer

clon *m* clone; **clonación** *f*; **clonar** clone

cloro *m* chlorine

cloroformo *m* chloroform

club *m* club; **∼ náutico** yacht club

clueca *f* broody hen

coagularse coagulate; *de sangre* clot

coalición *f* coalition

coartada *f* JUR alibi

cobarde 1 *adj* cowardly **2** *m/f* coward; **cobardía** *f* cowardice

cobaya *m/f* guinea pig

cobertizo *m* shed; **cobertura** *f* cover; TV *etc* coverage

cobra *f* cobra

cobrador *m*, **∼a** *f a domicilio*

collector; **cobrar 1** v/t charge; *subsidio, pensión* receive; *deuda* collect; *cheque* cash; *salud, fuerzas* recover; *importancia* acquire **2** v/i be paid, get paid

cobre m copper

cobro m charging; *de subsidio* receipt; *de deuda* collection; *de cheque* cashing

cocaína f cocaine; **cocainómano** m, -a f cocaine addict

cocer cook; *en agua* boil; *al horno* bake

coche m car; *Méx* (taxi) cab, taxi; **~ de caballos** horse-drawn carriage; **~ cama** sleeping car; **~ comedor** *L.Am.* dining car; **~ de línea** (long-distance) bus; **cochecito** m: **~ de niño** stroller, *Br* pushchair; **coche-bomba** m car bomb; **cochecito** m: **~ de niño** stroller, *Br* pushchair; **coche-literas** m sleeping car; **coche-restaurante** m restaurant car

cochina f sow; F *persona* pig F; **cochino 1** adj fig filthy, dirty; (*asqueroso*) disgusting **2** m hog, *Br* pig; F *persona* pig F; **cochinillo** m suck-(l)ing pig

cocido 1 adj boiled **2** m stew

cocina f *habitación* kitchen; *aparato* cooker, stove; *actividad* cooking; **cocinar** cook; **cocinero** m, -a f cook

coco m BOT coconut; *monstruo* bogeyman F

cocodrilo m crocodile

cocotero m coconut palm

cóctel m cocktail

codicia f greed; **codiciar** covet; **codicioso** greedy

código m code; **~ de barras** barcode; **~ postal** zip code, *Br* postcode

codo m elbow; **~ con ~** fig F side by side; **hablar por los ~s** F talk nineteen to the dozen F

codorniz f quail

cofre m *de tesoro* chest; *para alhajas* jewelry o *Br* jewellery box

coger 1 v/t (*asir*) take (hold of); *del suelo* pick up; *ladrón, enfermedad* catch; TRANSP catch, take; (*entender*) get; *L.Am.* V screw **V 2** v/i *en un espacio* fit; *L.Am.* V screw V; **~ por la primera a la derecha** take the first right

cogida f TAUR goring

coherencia f coherence; **coherente** coherent; **ser ~ con** be consistent with

cohete m rocket

coincidencia f coincidence; **coincidir** coincide

coito m intercourse

cojear *de persona* limp, hobble; *de mesa* wobble

cojín m cushion; **cojinete** m TÉC bearing

cojo lame; *mesa* wobbly

col f *cabbage;* **~ de Bruselas** Brussels sprout

cola¹ f (*pegamento*) glue

cola² f (*de animal*) tail; *de gente* line, *Br* queue; *L.Am.* F *de* *persona* butt F; **hacer ~** stand in line, *Br* queue

colaboración *f* collaboration; **colaborador** *m*, **~a** *f* collaborator; *en periódico* contributor; **colaborar** collaborate

colación *f:* **traer** *o* **sacar a ~** bring up

colador *m* colander; *para té etc* strainer

colapsar paralyze; *tráfico* bring to a standstill; **colapso** *m* collapse; **provocar un ~ en la ciudad** bring the city to a standstill

colarse F *en un lugar* sneak in; *en una fiesta* gatecrash; *en una cola* cut in line, *Br* push in

colcha *f L.Am.* bedspread; **colchón** *m* mattress; *fig* buffer

colección *f* collection; **coleccionar** collect; **coleccionista** *m/f* collector; **colecta** *f* collection; **colectivo 1** *adj* collective **2** *m L.Am.* bus; *Méx, C.Am.* taxi

colega *m/f* colleague; F pal

colegiado *m*, **-a** *f* DEP referee

colegio *m* school; **~ profesional** professional institute

cólera 1 *f* anger; **montar en ~** get into a rage **2** *m* MED cholera

colgador *m L.Am.* hanger; **colgar 1** *v/t* hang; TELEC put down **2** *v/i* hang (**de** from); TELEC hang up; **colgarse** hang o.s.; INFOR F

lock up; **~ de algo** hang from sth; **~ de alguien** hang onto s.o.

colibrí *m* hummingbird

cólico *m* colic

coliflor *f* cauliflower

colilla *f* cigarette end

colina *f* hill

colindante adjoining

colisión *f* collision; *fig* clash; **colisionar** collide (**con** with)

collar *m* necklace; *para animal* collar

colmena *f* beehive

colmillo *m* eye tooth; *de perro* fang; *de elefante* tusk

colmo *m:* **¡es el ~!** this is the last straw!; **para ~** to cap it all

colocación *f* positioning, placing; (*trabajo*) position; **colocar** put, place; **~ a alguien en un trabajo** get s.o. a job

Colombia Colombia; **colombiano 1** *adj* Colombian **2** *m*, **-a** *f* Colombian

Colón Columbus

colonia *f* colony; *perfume* cologne; **~ de verano** summer camp; **colonizar** colonize

color *m* color, *Br* colour; **~ café** coffee-colored; *L.Am.* brown; **televisión en ~** color TV; **colorado** red; **colorear** color, *Br* colour

colosal colossal

columna *f* column; **~ vertebral** ANAT spinal column

columpio *m* swing

coma 1 f GRAM comma **2** m MED coma

comadre f L.Am. godmother; **comadrona** f midwife

comandancia f distrito command; (cuartel) command headquarters sg o pl; Méx police station; **comandante** m MIL commander; rango major; AVIA captain

comarca f area

combate m combat; MIL engagement; DEP fight; **fuera de ~** out of action; **combatir** fight

combinación f combination; prenda slip; **hacer ~** TRANSP change; **combinado** m cocktail; **combinar** combine

combustible m fuel; **combustión** f combustion

comedia f comedy; **comediante** m actor

comedor m dining room

comentar comment on

comenzar begin

comer 1 v/t eat; a mediodía have for lunch **2** v/i eat; a mediodía have lunch; **dar de ~ a alguien** feed s.o.

comercial 1 adj commercial; de negocios business atr; **el déficit ~** the trade deficit **2** m/f representative; **comercializar** market, sell; desp commercialize; **comerciante** m/f trader; ~ **al por menor** retailer; **comerciar** trade, do business; **comercio** m trade; local store, shop

comestible 1 adj eatable, edible **2** m foodstuff; **~s** food

cometa 1 m comet **2** f kite

cometer commit; error make; **cometido** m task

cómic m comic; **cómico 1** adj comical **2** m, -a f comedian

comida f (comestibles) food; ocasión meal

comienzo m beginning

comillas fpl quotation marks

comino m BOT cumin

comisaría f precinct, Br police station; **comisario** m commissioner; de policía captain, Br superintendent; **comisión** f committee; de gobierno, (recompensa) commission

comité m committee

como 1 adv as; **así ~** as well as; **había ~ cincuenta** there were about fifty **2** conj if; ~ **si** as if; ~ **no llegó, me fui solo** as o since she didn't arrive, I went by myself

cómo how; **¡~ me gusta!** I really like it; **¿~ dice?** what did you say?; **¡~ no!** Méx of course!

comodidad f comfort

comodín m en naipes joker

cómodo comfortable

compacto compact

compadecer feel sorry for

compañero m, -a f companion; en una relación, un juego partner; ~ **de trabajo** co-worker, colleague; ~ **de clase** classmate; **compañía** f company; **hacer ~ a alguien** keep s.o. company comparable comparable; comparación f comparison; comparar compare

comparecer appear

comparsa 1 fTEA: la ~ the extras pl 2 m/f TEA extra; fig rank outsider

compartimento m FERR car, Br compartment

compartir share (con with)

compás m MAT compass; MÚS rhythm; al ~ to the beat

compasión f compassion; compasivo compassionate

compatible INFOR compatible

compatriota m/f compatriot

compendio m summary

compensación f compensation; compensar 1 v/t compensate (por for) 2 v/i fig be worthwhile

competencia f (habilidad) competence; (entre rivales competition; (incumbencia) area of responsibility; ~ desleal unfair competition; competente competent

competición f DEP competition; competidor 1 adj rival 2 m, ~a f competitor; competir compete (con with); competitivo competitive

complaciente obliging, helpful

complejo 1 adj complex 2 m PSI complex; ~ de inferioridad inferiority complex

complementario complementary; complemento m complement; ~s de moda fashion accessories

completar complete; completo complete; autobús, teatro full; por ~ completely

complicación f complication; complicar complicate

cómplice m/f accomplice; complicidad f complicity

componente m component; componer make up, comprise; sinfonía, poema etc compose; algo roto fix; componerse be made up (de of); L.Am. MED get better

comportamiento m behavior, Br behaviour; comportar involve, entail; comportarse behave

composición f composition; compositor m, ~a f composer

compota f compote

compra f purchase; ir de ~s go shopping; ~s online online shopping; comprador m, ~a f buyer, purchaser; comprar buy, purchase; compraventa f buying and selling

comprender understand; (abarcar) include; comprensible understandable; comprensión f understanding; de texto, auditiva comprehension; comprensivo understanding

compresa f sanitary napkin, Br sanitary towel; compresión f tb INFOR compression; compresor m compressor; comprimido m MED pill;

comprimir compress

comprobación *f* check; comprobante *m* proof; (*recibo*) receipt; comprobar check; (*darse cuenta de*) realize

comprometer compromise; (*obligar*) commit; comprometerse promise (*a* to); *a una causa* commit o.s.; *de novios* get engaged; compromiso *m* commitment; (*obligación*) obligation; (*acuerdo*) agreement; (*apuro*) awkward situation

computadora *f* L.Am. computer; *~ de escritorio* desktop (computer); *~ personal* personal computer; *~ portátil* laptop; computar count; (*calcular*) calculate

común common; *por lo ~* generally; comunal communal; *elecciones ~es* L.Am. municipal elections

comunicación *f* communication; TRANSP link; comunicar 1 *v/t* TRANSP connect, link; *~ algo a alguien* inform s.o. of sth 2 *v/i* communicate; TELEC be busy

comunidad *f* community; *~ autónoma* autonomous region

comunión *f* REL communion

comunismo *m* Communism; comunista *m/f & adj* Communist

con with; *pan ~ mantequilla* bread and butter; *~ todo eso* in spite of all that; *~ tal de que* provided that, as long as; *~ hacer eso* by doing that

cóncavo concave

concebir conceive

conceder concede; *entrevista, permiso* give; *premio* award

concejal *m*, *~a f* councilor, *Br* councillor; concejo *m* council

concentración *f* concentration; *de personas* gathering; concentrar concentrate

concepción *f* BIO, *fig* conception; *la Inmaculada Concepción* REL the Immaculate Conception; concepto *m* concept; *en ~ de algo* COM (in payment) for sth; *bajo ningún ~* on no account

concerniente: *~ a* concerning, regarding; *en lo ~ a* with regard to; concernir concern; *en lo que concierne a...* as far as ... is concerned

concertar *cita* arrange; *precio* agree; *esfuerzos* coordinate

concertino *m/f* MÚS concertmaster, *Br* leader (of the orchestra)

concesión *f* concession; COM dealership; concesionario *m* dealer

concha *f* ZO shell

conciencia *f* conscience; *a ~* conscientiously; *con plena ~ de* fully conscious of; concienzudo conscientious

concierto *m* MÚS concert; *fig* agreement

conciliación f JUR reconciliation; **conciliar** reconcile; ~ **el sueño** get to sleep

concilio m council

conciso concise

concluir conclude; **conclusión** f conclusion; **en** ~ in short; **concluyente** conclusive

concordar 1 v/t reconcile **2** v/i agree (**con** with)

concretar specify; (*hacer concreto*) realize; **concretarse** materialize; *de esperanzas* be fulfilled; **concreto 1** adj specific; (*no abstracto*) concrete; **en** ~ specifically **2** m L.Am. concrete

concurrencia f audience; *de circunstancias* combination; **concurrido** crowded; **concursante** m/f competitor; **concursar** compete; **concurso** m competition; COM tender

concurrir: ~ **a** attend

conde m count

condecoración f decoration; **condecorar** decorate

condena f JUR sentence; (*desaprobación*) condemnation; **condenar** JUR sentence (**a** to); (*desaprobar*) condemn

condensador m condenser; **condensar** condense; *libro* abridge

condesa f countess

condescendiente actitud accommodating; desp condescending

condición f condition; **a** ~ **de** que on condition that; **estar en condiciones de** be in a position to; **condicional** m/adj conditional; **condicionar:** ~ **algo en** make sth conditional on

condimentar flavor, Br flavour; **condimento** m seasoning

condiscípulo f EN en universidad fellow student; *en colegio* fellow student, Br fellow pupil

condón m condom

conducción f AUTO driving; *de calor, electricidad* conduction; (*tuberías*) piping; (*cables*) cables pl

conducir 1 v/t vehículo drive; (*dirigir*) lead (**a** to); ELEC, TÉC conduct **2** v/i drive; *de camino* lead (**a** to); **conducta** f conduct; **conducto** m pipe; *fig* channel; **por** ~ **de** through; **conductor** m, **-a** f driver; ~ **de orquesta** L.Am. conductor

conectar connect

conejillo m: ~ **de Indias** tb fig guinea pig; **conejo** m rabbit

conexión f connection

confección f making; *de vestidos* dressmaking; *de trajes* tailoring; **confeccionar** make

confederación f confederation

conferencia f lecture; (*reunión*) conference; TELEC long-distance call; **conferenciante** m/f lecturer; **conferir** award

confesar 1 *v/t* REL confess; *delito* confess to, admit **2** *v/i* JUR confess; **confesarse** confess; (*declararse*) admit to being; **confesión** *f* confession; **confesionario** *m* confessional; **confeso** self-confessed; **confesor** *m* REL confessor

confiado trusting; **confianza** *f* confidence; **~ en sí mismo** self-confidence; **de ~** *persona* trustworthy; **amigo de ~** close friend; **confiar 1** *v/t secreto* confide (**a** to); **~ algo a alguien** entrust s.o. with sth, entrust sth to s.o. **2** *v/i* trust (**en** in); (*estar seguro*) be confident (**en** of); **confidencia** *f* confidence; **confidencial** confidential; **confidente 1** *m* (*soplón*) informer; (*amigo*) confidant **2** *f* (*soplón*) informer; (*amiga*) confidante

configuración *f* configuration; **configurar** shape; IN-FOR set up, configure

confirmación *f* confirmation; **confirmar** confirm

confiscación *f* confiscation; **confiscar** confiscate

confitar crystallize

confitería *f* candy store, *Br* confectioner's

confitura *f* preserve

conflictivo *época, zona* troubled; *persona* troublesome; **conflicto** *m* conflict

confluencia *f* de ríos confluence; *de calles* junction; **con-**

fluir meet, converge

conformar 1 *v/t* (*constituir*) make up; (*dar forma a*) shape **2** *v/i* agree (**con** with); **conformarse** make do (**con** with); **conforme 1** *adj* satisfied (**con** with) **2** *prp*: **~ a** in accordance with; **conformidad** *f* (*acuerdo*) agreement; (*consentimiento*) consent; **de** *o* **en** ~ **con** in accordance with

confort *m* comfort; **confortable** comfortable; **confortar**: **~ a** comfort

confrontación *f* confrontation; **confrontar** compare; *a personas* bring face to face; *peligro, desafío* face up to; **confrontarse**: **~ con** face up to

confundir confuse; (*equivocar*) mistake (**con** for); **confundirse** make a mistake; **~ de calle** get the wrong street; **confusión** *f* confusion; **confuso** confused

congelación *f* freezing; **~ de precios** price freeze; **congelado** frozen; **congelador** *m* freezer; **congelar** freeze

congeniar get on well (**con** with)

congénito congenital

congestión *f* MED congestion; **~ del tráfico** traffic congestion

congoja *f* anguish

congraciarse ingratiate o.s. (**con** with)

congratulaciones *fpl* congratulations; **congratular** congratulate; **congratularse: ~ de** o **por algo** congratulate o.s. on sth

congregar bring together; **congresista** m/f conference o convention delegate, conventioneer; **congreso** m conference, convention; **Congreso en EE.UU.** Congress; **~ de los diputados** lower house of Spanish parliament

congruencia f consistency; MAT congruence

cónico conical

conífera f BOT conifer

conjetura f conjecture

conjugación f GRAM conjugation; fig combination; **conjugar** GRAM conjugate; fig combine

conjunción f GRAM conjunction; **conjuntivitis** f MED conjunctivitis; **conjunto 1** adj joint **2** m de personas, objetos collection; de prendas outfit; MAT set; **en ~** as a whole

conjuración f plot, conspiracy

conllevar entail

conmemoración f commemoration; **conmemorar** commemorate

conmigo with me

conmoción f shock; (agitación) upheaval; **conmocionar** shock; **conmocionarse** be moved; **conmovedor** moving; **conmover** move

conmutador m ELEC switch; L.Am. TELEC switchboard

cono m cone

conocer know; por primera vez meet; (reconocer) recognize; **dar a ~** make known; **conocerse** know one another; por primera vez meet (one another); a sí mismo know o.s.; **se conoce que** it seems that; **conocido 1** adj well-known **2** m, -a f acquaintance; **conocimiento** m knowledge; MED consciousness; **perder el ~** lose consciousness

conque so

conquista f conquest; **conquistador** m conqueror; **conquistar** conquer; persona win over

consabido usual

consagrar REL consecrate; (hacer famoso) make famous; vida devote

consciente MED conscious; **~ de** aware of, conscious of

consecuencia f consequence; **a ~ de** as a result o consequence of; **en ~** consequently; **consecuente** consistent; **consecutivo** consecutive; **tres años ~s** three years in a row; **conseguir** get; objetivo achieve

consejero m, -a f adviser; COM director; **~ delegado** CEO, chief executive officer; **consejo** m piece of advice; **~ de administración** board of directors; **~ de mi-**

nistros grupo cabinet; *re-unión* cabinet meeting

consentimiento *m* consent; **consentir 1** *v/t* allow; *a niño* indulge **2** *v/i*: **en algo** agree to sth

conserje *m/f* superintendent, *Br* caretaker

conserva *f*: **en ~** canned, *Br* tb tinned; **~s** canned food; **conservador** conservative; **conservante** *m* preservative; **conservar** conserve; *alimento* preserve; **conservatorio** *m* conservatory

considerable considerable; **consideración** *f* consideration; **considerar** consider

consigna *f* order; *de equipaje* baggage room, *Br* left luggage

consigo with him / her; *(con usted, con ustedes)* with you; *(con uno)* with you, with one *fml*

consiguiente consequent; *por ~* and so, therefore

consistencia *f* consistency; **consistente** consistent; *(sólido)* solid; **consistir** consist *(en* of)

consolar console

consolidar consolidate

consomé *m* consommé

consonancia *f*: **en ~ con** in keeping with; **consonante** *f* consonant

consorcio *m* consortium

conspiración *f* conspiracy; **conspirar** conspire; **conspirador** *m*, **~a** *f* conspirator

constancia *f* constancy; **dejar ~ de** leave a record of; **constante** constant; **constar** be recorded; **~ de** consist of

constatación *f* verification; **constatar** verify

consternado dismayed

constipado 1 *adj*: **estar ~** have a cold **2** *m* cold; **constiparse** get a cold

constitución *f* constitution; **constitucional** constitutional; **constituir** constitute, make up; *empresa, organismo* set up

construcción *f* construction; *(edificio)* building; **constructor** *m*, **~a** *f* builder; **construir** build, construct

consuelo *m* consolation

cónsul *m/f* consul; **consulado** *m* consulate

consulta *f* consultation; MED *local* office, *Br* surgery; **consultar** consult; **consultorio** *m* MED office, *Br* surgery

consumar complete, finish; *crimen* carry out; *matrimonio* consummate; **consumición** *f* consumption; **ya pago yo la ~** *en bar* I'll pay; **consumidor** *m*, **~a** *f* COM consumer; **consumir** consume; **consumo** *m* consumption; **de bajo ~** economical

contabilidad *f* accountancy; **llevar la ~** do the accounts; **contable** *m/f* accountant

contactar: **~ con alguien**

contraer

contact s.o.; **contacto** *m* contact; AUTO ignition; **ponerse en ~** get in touch (**con** with)

contado: al ~ in cash; contador 1 *m* meter *m* 2 *m*, -a *f* L.*Am.* accountant; contaduría *f* L.*Am.* accountancy

contagiar infect; **~ la gripe a alguien** give s.o. the flu; **contagiarse** get infected; **contagio** *m* contagion; **contagioso** contagious

contaminación *f* contamination; *de río, medio ambiente* pollution; **contaminante 1** *adj* polluting **2** *m* pollutant; **contaminar** contaminate; *río, medio ambiente* pollute

contar 1 *v/t* count; (*narrar*) tell **2** *v/i* count; **~ con** count on

contemplación *f:* **sin contemplaciones** without ceremony; **contemplar** look at

contemporáneo 1 *adj* contemporary **2** *m*, -a *f* contemporary

contenedor *m* TRANSP container; **~ de basura** dumpster, *Br* skip; **~ de vidrio** bottle bank; **contener** contain; *respiración* hold; *muchedumbre* hold back; **contenerse** control o.s.; **contenido** *m* content

contentar please; **contentarse** be satisfied (**con** with); **contento** (*satisfecho*) pleased; (*feliz*) happy **contestación** *f* answer; con-

testador *m:* **~ automático** answer machine; **contestar 1** *v/t* answer, reply to **2** *v/i* reply (**a** to), answer (**a** sth); *de forma insolente* answer back

contexto *m* context

contienda *f* conflict; DEP contest

contigo with you

contiguo adjoining, adjacent

continencia *f* continence

continental continental; **continente** *m* continent

continuación *f* continuation; **a ~** (*ahora*) now; (*después*) then; **continuar** continue; **continuo** (*sin parar*) continuous; (*frecuente*) continual

contorno *m* outline

contorsión *f* contortion

contra against; **en ~ de** against

contraataque *m* counterattack

contrabajo *m* double bass

contrabandista *m/f* smuggler; **contrabando** *m* contraband, smuggled goods *pl*; **acción** smuggling; **hacer ~** smuggle; **pasar algo de ~** smuggle sth in

contracción *f* contraction

contracepción *f* contraception; **contraceptivo** *m/adj* contraceptive

contradecir contradict; **contradicción** *f* contradiction; **contradictorio** contradictory

contraer contract; **~ matrimonio** marry

contralto

contralto MÚS **1** *m* countertenor **2** *f* contralto

contraluz *f*: **a** ~ against the light

contramedida *f* countermeasure

contraorden *f* countermand

contrapartida *f* COM counterentry; *como* ~ *fig* in contrast

contraproducente counterproductive

contrario 1 *adj* contrary; *sentido* opposite; *equipo* opposing; *al* ~, *por el* ~ on the contrary; *de lo* ~ otherwise; *ser* ~ *a algo* be opposed to sth **2** *m*, -a *f* adversary, opponent

contrasentido *m* contradiction

contraseña *f* password

contrastar contrast; **contraste** *m* contrast

contratación *f* *de trabajadores* hiring, recruitment; ~ *bursátil* trading; **contratar** contract; *trabajadores* hire

contratiempo *m* setback

contratista *m/f* contractor; ~ *de obras* main contractor

contrato *m* contract

contravención *f* contravention; **contravenir** contravene

contraventana *f* shutter

contribución *f* contribution; *(impuesto)* tax; **contribuir** contribute (**a** to); **contribuyente** *m/f* taxpayer

control *m* control; *(inspección)* check; ~ *remoto* remote control; **controlador**

m, -a *f*: ~ **aéreo** air traffic controller; **controlar** control; *(vigilar)* check; **controlarse** control o.s.

controversia *f* controversy; **controvertido** controversial

contumaz obstinate

contusión *f* bruise

convalecencia *f* convalescence; **convalecer** convalesce; ~ *de* recover from

convencer convince; **convencimiento** *m* conviction

convención *f* convention; **convencional** conventional

conveniencia *f* *de hacer algo* advisability; **hacer algo por** ~ do sth in one's own interest; **conveniente** convenient; *(útil)* useful; *(aconsejable)* advisable; **convenio** *m* agreement; **convenir 1** *v/t* agree **2** *v/i* be advisable; **no te conviene** it's not in your interest

convento *m* **de** *monjes* monastery; *de monjas* convent

conversación *f* conversation; **conversar** make conversation

conversión *f* conversion; **convertible 1** *adj* COM convertible **2** *m* *L.Am.* convertible; **convertir** convert; **convertirse**: ~ **en algo** turn into sth

convexo convex

convicción *f* conviction; **convicto** JUR convicted

convidado *m*, -a *f* guest; **convidar** invite (**a** to)

convincente convincing

convivencia f living together

convocar summon; *huelga* call; *oposiciones* organize; **convocatoria** f announcement; *de huelga* call

convoy m convoy

convulsión f convulsion; *fig* upheaval; **convulsivo** convulsive

conyugal conjugal; **cónyuge** m/f spouse

coñac m (pl ~s) brandy, cognac

cooperación f cooperation; **cooperar** cooperate; **cooperativa** f cooperative; **cooperar** cooperate

coordinación f coordination; **coordinar** coordinate

copa f de vino etc glass; DEP cup; **tomar una** ~ have a drink; **~s** (en naipes) suit in Spanish deck of cards

copia f copy; **copiadora** f (photo)copier; **copiar** copy

copiloto m/f copilot

copioso copious

copla f verse; (canción) popular song

copo m flake; ~ **de nieve** snowflake; **~s de maíz** cornflakes

coque m coke

coquetear flirt

coraje m courage; **me da** ~ fig F it makes me mad F

coral[1] m ZO coral

coral[2] f MÚS choir

Corán m Koran

corazón m heart; de fruta core; **corazonada** f hunch

corbata f tie

corchea f MÚS eighth note, Br quaver

corchete m hook and eye; Chi (grapa) staple; **~s** TIP square brackets

corcho m cork

corcova f hump(back), hunchback; **corcovado** humpbacked, hunchbacked

cordel m string

cordero m lamb

cordial cordial; **cordialidad** f cordiality

cordillera f mountain range

cordón m cord; de zapato shoelace; ~ **umbilical** umbilical cord

cordura f sanity; (prudencia) good sense

Corea Korea; **coreano 1** adj Korean **2** m, -a f Korean **3** m idioma Korean

coreografía f choreography; **coreógrafo** m, -a f choreographer

cornada f TAUR goring

córnea f cornea

corneja f ZO crow

córner m en fútbol corner (kick)

corneta f MIL bugle

cornudo 1 adj horned **2** m cuckold

coro m MÚS choir; de espectáculo, pieza musical chorus; **a** ~ together, in chorus

corona f crown; ~ **de flores** garland; **coronación** f coronation; **coronar** crown

coronel *m* MIL colonel

coronilla *f* ANAT crown; *estoy hasta la ~* F I've had it up to here F

corpiño *m* bodice; *Arg (sujetador)* bra

corporación *f* corporation; **corporal** *placer, estética* physical; *fluido* body *atr*; **corpulento** solidly built

Corpus (Christi) *m* Corpus Christi

corral *m* farmyard

correa *f* lead; *de reloj* strap

corrección *f* correction; *en el trato* correctness; **correcto** correct; *(educado)* polite; **corrector 1** *adj* correcting *atr 2 m, ~a f ~ (de pruebas)* proofreader

corredor 1 *m, ~a f* DEP runner; COM agent; *~ de bolsa* stockbroker **2** *m* ARQUI corridor

corregir correct

correo *m* mail, *Br tb* post; *~s* post office; *~ aéreo* airmail; *~ electrónico* e-mail; *~ de voz* voicemail; *por ~* by mail; *echar al ~* mail, *Br tb* post

correr 1 *v/i* run; *(apresurarse)* rush; *de tiempo* pass; *~ con los gastos* pay the expenses; *a todo ~* at top speed **2** *v/i* run; *cortinas* draw; *mueble* slide

correspondencia *f* correspondence; FERR connection; **corresponder:** *~ a alguien de bienes* be for s.o., be due to s.o.; *de responsabi-*lidad be up to s.o.; *de asunto* concern s.o.; *a un favor* repay s.o.; **actuar como corresponde** do the right thing; **correspondiente** corresponding; **corresponsal** *m/f* correspondent

corretaje *m* brokerage

corrida *f*: *~ de toros* bullfight

corriente 1 *adj (actual)* current; *(común)* ordinary; *estar al ~* be up to date **2** *f* ELEC, *de agua* current; *~ de aire* draft, *Br* draught

corroborar corroborate

corroer corrode; *fig* eat up

corromper corrupt

corrosión *f* corrosion; **corrosivo** corrosive; *fig* caustic

corrupción *f* decay; *fig* corruption; **corrupto** corrupt

corsario *m* corsair, privateer

corsé *m* corset

cortacésped *m* lawnmower

cortado 1 *adj* cut; *calle* closed; *leche* curdled; *persona* shy; **quedarse ~** be embarrassed **2** *m* coffee with a dash of milk; **cortar 1** *v/t* cut; *electricidad* cut off; *calle* close **2** *v/i* cut; **cortarse** cut o.s.; *fig* F get embarrassed; *~ el pelo* have one's hair cut; **cortaúñas** *m inv* nail clippers *pl*

corte¹ *m* cut; *~ de luz* power outage, *Br* power cut; *~ de pelo* haircut; *~ de tráfico* road closure; *me da ~* F I'm embarrassed

corte² *f* court; *L.Am.* JUR (law) court; *las Cortes*

Spanish parliament

cortejo *m* entourage

cortés courteous; **cortesía** *f* courtesy

corteza *f de árbol* bark; *de pan* crust; *de queso* rind

cortijo *m* farmhouse

cortina *f* curtain

corto short; **~ de vista** nearsighted; **quedarse ~** fall short; **cortocircuito** *m* ELEC short circuit; **cortometraje** *m* short (movie)

corva *f* back of the knee

corzo *m* ZO roe deer

cosa *f* thing; **como si tal ~** as if nothing had happened; **decir a alguien cuatro ~s** give s.o. a piece of one's mind; **eso es otra ~** that's something else; **¿qué pasa? – poca ~** what's new? – nothing much; **son ~s de la vida** that's life

cosecha *f* harvest; **cosechar** harvest; *fig* gain, win

coser sew; **ser ~ y cantar** F be dead easy F

cosmética *f* cosmetics; **cosmético** *m/adj* cosmetic

cosquillas *fpl:* **hacer ~ a alguien** tickle s.o.; **tener ~** be ticklish; **cosquilloso** ticklish; *fig* touchy

Costa Rica Costa Rica; **costarricense** *m/f & adj* Costa Rican

costa[1] *f:* **a ~ de** at the expense of; **a toda ~** at all costs

costa[2] *f* GEOG coast

costado *m* side; **por los cua-**

tro ~s *fig* throughout

costar 1 *v/t* cost; *trabajo, esfuerzo etc* take **2** *v/i en dinero* cost; **me costó** it was hard work; **cueste lo que cueste** at all costs; **~ caro** *fig* cost dear

coste *m ☞* **costo**

costear pay for

costilla *f* ANAT rib; GASTR sparerib

costo *m* cost; **~ de la vida** cost of living; **costoso** costly

costra *f* MED scab

costumbre *f* custom; *de una persona* habit; **de ~** usual

costura *f* sewing; **costurera** *f* seamstress; **costurero** *m* sewing box

cotejar compare; **cotejo** *m* comparison

cotidiano daily

cotización *f* (*precio*) price; (*cuota*) contribution; (*valor*) value; **cotizar** *de trabajador* pay social security, *Br* pay National Insurance; *de acciones, bonos* be listed

coto *m:* **~ de caza** hunting reserve; **poner ~ a algo** *fig* put a stop to sth

coyuntura *f* situation; ANAT joint

C.P. (= **código postal**) zip code, *Br* post code

cráneo *m* ANAT skull, cranium

cráter *m* crater

creación *f* creation; **creador** *m*, **~a** *f* creator; **crear** create; *empresa* set up; **creativo**

ative

crecer grow; **crecida** f rise in river level; *(inundación)* flooding; **creciente** growing; *luna* waxing; **crecimiento** m growth

crédito m COM credit; **a ~** on credit; **no dar ~ a sus oídos / ojos** F not believe one's ears / eyes

crédulo credulous

creencia f belief; **creer 1** v/i believe (**en** in) **2** v/t think; *(dar por cierto)* believe; **¡ya lo creo!** F you bet! F; **creerse: ~ que...** believe that ...; **se cree muy lista** she thinks she's very clever; **creíble** credible

crema f GASTR cream

cremación f cremation

cremallera f zipper, *Br* zip; TÉC rack

crepitar crackle

crepúsculo m tb fig twilight

crespo curly

cresta f crest

creyente 1 adj: **ser ~** REL believe in God **2** m REL believer

cría f acción breeding; *de zorro, león* cub; *de perro* puppy; *de gato* kitten; *de oveja* lamb; **sus ~s** her young; **criada** f maid; **criadero** m *de animales* breeding establishment; *de ratas* breeding ground; *de plantas* nursery; **criado** m servant; **criar** m, **~a** f breeder; **criar** *niños* raise, bring up; *animales* breed;

criarse grow up; **criatura** f creature; F *(niño)* baby, child

criba f sieve; **cribar** sift, sieve; *fig* select

crimen m crime; **criminal** m/f & adj criminal; **criminalidad** f crime

crío m, **-a** f F kid F

criollo 1 adj Creole **2** m, **-a** f Creole

crisantemo m BOT chrysanthemum

crisis f inv crisis

crispado irritated

cristal m crystal; *(vidrio)* glass; *(lente)* lens; *de ventana* pane; **~ líquido** liquid crystal; **cristalería** f *fábrica* glassworks sg; *objetos* glassware

cristiandad f Christendom; **cristianismo** m Christianity; **cristiano 1** adj Christian **2** m, **-a** f Christian; **Cristo** Christ

criterio m criterion; *(juicio)* judg(e)ment

crítica f criticism; **muchas ~s** a lot of criticism; **criticar** criticize; **crítico 1** adj critical **2** m, **-a** f critic

Croacia Croatia; **croata 1** adj Croatian **2** m/f Croat(ian); **3** m idioma Croat(ian)

cromo m QUÍM chrome; *(estampa)* picture card

crónica f chronicle; *en periódico* report

crónico MED chronic

cronista m/f reporter

cronológico chronological

cronometrar DEP time; **cronómetro** m stopwatch
croqueta f croquette
croquis m inv sketch
cruce m cross; de carreteras crossroads sg; **~ en las líneas** TELEC crossed line
crucero m cruise
crucial crucial
crucificar crucify; **crucifijo** m crucifix; **crucigrama** m crossword
crudeza f harshness; de enfrentamiento severity; de lenguaje, imágenes crudeness; **crudo 1** adj alimento raw; fig harsh; lenguaje, imágenes crude **2** m crude (oil)
cruel cruel; **crueldad** f cruelty
crujiente GASTR crunchy; **crujir** creak; al arder crackle; de grava crunch
cruz f cross; **Cruz Roja** Red Cross; **cruzar** cross; **cruzarse** pass one another; **~ de brazos** cross one's arms; **~ con alguien** pass s.o.
cuaderno m notebook; EDU exercise book
cuadra f stable; L.Am. (manzana) block; **cuadrado** m/adj square; **al ~** squared
cuadrilla f squad, team
cuadro m painting; (grabado) picture; (tabla) table; DEP team; **~ de mandos** o **de instrumentos** AUTO dashboard; **de o a ~s** checked
cuádruple, cuadruplo m quadruple

cuajada f GASTR curd; **cuajar** de nieve settle; fig: de idea, proyecto etc come together, jell F; **cuajarse** de leche curdle; de nieve settle
cual 1 pron el: **el ~, la ~** etc cosa which; persona who; **por lo ~** (and) so **2** adv like
cualidad f quality
cualquier any; **~ cosa** anything; **de ~ modo** o **forma** anyway; **cualquiera** persona anyone, anybody; cosa any (one); **un ~** a nobody; **¡~ lo comprende!** nobody can understand it!
cuando 1 conj when; condicional if **2** adv when; **de ~ en ~** from time to time; **~ menos** at least
cuándo when
cuantía f amount, quantity; fig importance; **cuantioso** substantial
cuanto 1 adj: **~ dinero quieras** as much money as you want; **unos ~s chavales** a few boys **2** pron all, everything; **unas ~as** a few; **todo ~** everything **3** adv: **~ antes, mejor** the sooner the better; **en ~** as soon as; **en ~ a** as for
cuánto 1 interr how much; pl how many; **¿a ~ están?** how much are they?; **¿a ~s estamos?** what's the date today? **2** exclamaciones: **¡~ gente había!** there were so many people!; **¡~ me alegro!** I'm so pleased!
cuarenta forty

cuarentena f quarantine; *una ~ a* quarantine period

Cuaresma f Lent

cuartel m barracks pl; **~ ge- neral** headquarters pl

cuarteto m MÚS quartet; **~ de cuerda** string quartet

cuarto 1 adj fourth **2** m (*habi- tación*) room; (*parte*) quarter; **~ de baño** bathroom; **~ de estar** living room; **~ de hora** quarter of an hour; **de tres al ~** F third-rate; **las diez y ~** quarter after ten, Br quarter past ten; **las tres menos ~** a quarter to o of three

cuarzo m quartz

cuatro four

Cuba f Cuba; **cubano 1** adj Cu- ban **2** m, -a f Cuban

cuba f: **estar como una ~** F be plastered F

cúbico cubic

cubierta f MAR deck; AUTO tire, Br tyre; **cubierto 1** part ☞ **cubrir 2** m; **en la mesa** place setting; **~s** flatware, Br cutlery

cubilete m cup (*for dice*)

cubitera f bandeja ice tray; (*cubo*) ice bucket

cubito m: **~ de hielo** ice cube

cubo m tub; *recipiente* buck- et; **~ de la basura** garbage can, Br rubbish bin

cubrir cover (*de* with); **cubrir- se** cover o.s.

cucaracha f cockroach

cuchara f spoon; **meter su ~** L.Am. F stick one's oar in F; **cucharada** f spoonful; **cu-**

charilla f teaspoon; **cucha- rón** m ladle

cuchichear whisper

cuchilla f razor blade; **cuchi- llo** m knife

cuclillas: en ~ squatting

cuco 1 m cuckoo; **reloj de ~** cuckoo clock **2** adj (*astuto*) sharp

cucurucho m de papel etc cone; *sombrero* pointed hat

cuello m ANAT neck; *de cami- sa etc* collar

cuenca f GEOG basin; **cuenco** m bowl

cuenta f (*cálculo*) sum; *de res- taurante* check, Br bill; COM account; **~ atrás** countdown; **~ bancaria** bank account; **~ corriente** checking account, Br current account; **más de la ~** too much; **darse ~ de al- go** realize sth; **pedir ~s a al- guien** ask s.o. for an expla- nation; **perder la ~** lose count; **tener o tomar en ~** take into account

cuentagotas m inv dropper

cuentakilómetros m inv odometer, Br mileometer

cuento m (*short*) story; (*pre- texto*) excuse; **~ chino** F tall story F; **venir a ~** be relevant

cuerda f rope; *de guitarra, vio- lín* string; **~s vocales** ANAT vocal chords

cuerdo sane; (*sensato*) sensi- ble

cuerno m horn; *de caracol* feeler; **irse al ~** F fall through, be wrecked; **poner**

curar

los ~s a alguien F be unfaithful to s.o.

cuero *m* leather; *Rpl (fuete)* whip; **en ~s** F naked

cuerpo *m* body; *de policía* force; **~ diplomático** diplomatic corps

cuervo *m* ZO raven, crow

cuesta *f* slope; **~ abajo** downhill; **~ arriba** uphill; **a ~s** on one's back

cuestión *f* question; **en ~ de...** in a matter of ...; **cuestionar** question; **cuestionario** *m* questionnaire

cueva *f* cave

cuidado *m* care; **¡~!** look out!; **andar con ~** tread carefully; **me tiene sin ~** I couldn't care less; **tener ~** be careful; **cuidadora** *f Méx* nursemaid; **cuidadora** *f Méx* nursemaid; **cuidar 1** *v/t* look after, take care of **2** *v/i*: **~ de** look after, take care of; **cuidarse** look after o.s., take care of o.s.; **~ de hacer algo** take care to do sth

culata *f* butt

culebra *f* ZO snake

culebrón *m* TV soap

culminante: **punto ~** peak, climax

culo *m* V ass V, *Br* arse V; F butt F, *Br tb* bum F

culpa *f* fault; **ser por ~ de alguien** be s.o.'s fault; **tener la ~** be to blame (**de** for); **culpable 1** *adj* guilty **2** *m/f* culprit; **culpar**: **~ a alguien de algo** blame s.o. for sth

cultivador *m* grower; **cultivar** AGR grow; *tierra* farm; *fig* cultivate; **cultivo** *m* AGR crop; BIO culture; **culto 1** *adj* educated **2** *m* worship; **cultura** *f* culture; **cultural** cultural; **culturismo** *m* bodybuilding

cumbre *f tb* POL summit

cumpleaños *m inv* birthday

cumplido *m* compliment; **no andarse con ~s** not stand on ceremony; **cumplidor** reliable

cumplimentar *trámite* carry out; **cumplimiento** *m de promesa* fulfillment, *Br* fulfilment; *de ley* compliance (*de* with); **cumplir 1** *v/t orden* carry out; *promesa* fulfill, *Br* fulfil; *condena* serve; **~ diez años** reach the age of ten **2** *v/i*: **~ con algo** carry sth out; **~ con su deber** do one's duty

cuna *f tb fig* cradle

cuneta *f* ditch

cuña *f* wedge

cuñada *f* sister-in-law; **cuñado** *m* brother-in-law

cuota *f* share; *de club, asociación* fee

cupo *m* quota

cupón *m* coupon

cúpula *f* dome; *esp* POL leadership

cura 1 *m* priest **2** *f* cure; (*tratamiento*) treatment; *Méx, C.Am.* F hangover; **curable** curable; **curación** *f* (*recuperación*) recovery; (*tratamiento*) treatment; **curar 1** *v/t* sick

GASTR cure; (*tratar*) treat; *herida* dress; *pieles* tan **2** *v/i* MED recover (**de** from); **curarse** MED recover; *Méx*, *C.Am.* F get drunk

curiosidad *f* curiosity; **curioso 1** *adj* curious **2** *m*, **-a** *f* onlooker

curita *f* *L.Am.* Band-Aid®, *Br* Elastoplast®

cursar *carrera* take; *orden, fax* send; *instancia* deal with

cursi F *persona* affected; **cursilería** *f* affectation

cursillista *m/f* course partici-

pant; **cursillo** *m* short course

cursiva *f* italics *pl*

curso *m* course; **en el ~ de** in the course of

cursor *m* INFOR cursor

curtido 1 *adj* weather-beaten **2** *m* tanning; **~s** tanned hides; **curtir** tan; *fig* harden

curva *f* curve; **curvo** curved

custodia *f* JUR custody; **custodiar** guard

cutáneo skin *atr*; **cutis** *m* skin

cuyo, -a whose

D

daltónico color-blind, *Br* colour-blind; **daltonismo** *m* color-blindness, *Br* colour-blindness

dama *f* lady; **~ de honor** bridesmaid; (*juego de*) **~s** checkers *sg*, *Br* draughts *sg*

damasco *m* damask; *L.Am.* fruta apricot

damnificado 1 *adj* affected **2** *m*, **-a** *f* victim

danés 1 *adj* Danish **2** *m*, **-esa** *f* Dane **3** *m* idioma Danish

danza *f* dance; **danzar** dance

dañar harm; *cosa* damage; **dañarse** harm o.s.; *de un objeto* get damaged; **dañino** harmful; *fig* malicious; **daño** *m* harm; *a un objeto* damage; **hacer ~** hurt; **~s** damage; **~s y perjuicios** damages

dar 1 *v/t* give; *beneficio* yield **2**

v/i: **dame** give it to me, give me it; **~ a** *de ventana* look onto; **~ con algo** come across sth; **~ de sí** *de material* stretch, give; **¡qué más da!** what does it matter!; **da igual** it doesn't matter

darse *de una situación* arise

dársena *f* dock

datar: **~ de** date from

dátil *m* BOT date

dato *m* piece of information; **~s** information, data *sg*; **~s personales** personal details

D.C. (= *después de Cristo*) AD (= Anno Domini)

de ◇ *origen* from; **.... a** from ... to ◇ *posesión* of; **el coche** *de mi amigo* my friend's car ◇ *material* (made) of; **un anillo ~ oro** a gold ring

◇ *contenido* of; *un vaso ~ agua* a glass of water ◇ *cualidad: una mujer ~ 20 años* a 20 year old woman ◇ *causa* with; *temblaba ~ miedo* she was shaking with fear ◇ *hora: ~ noche* at night, by night; *~ día* by day ◇ *en calidad de* as; *trabajar ~ albañil* work as a bricklayer ◇ *agente* by; *~ Goya* by Goya ◇ *condición* if; *~ haberlo sabido* if I'd known

deambular wander around

debacle *f* debacle

debajo 1 *adv* underneath **2** *prp:* (*por*) **~ de** under, below

debate *m* debate, discussion;

debatir 1 *v/t* debate, discuss **2** *v/i* struggle

deber 1 *m* duty; *~es* homework **2** *v/t* owe **3** *v/i en presente* must, have to; *en pretérito* should have; *en futuro* (will) have to; *en condicional* should; *debe de tener quince años* he must be about 15; *debido* **1** *part ☞ deber* **2** *adj: como es ~* properly; *~ a* owing to

débil weak; **debilitar** weaken; **debilidad** *f*

débito *m* COM debit

debut *m* début; **debutar** make one's début

década *f* decade

decadencia *f* decadence; *de un imperio* decline; **decadente** decadent; **decaer** *tb* *fig* decline; *de salud* deteriorate; **decaído 1** *part ☞ deca-*

er **2** *adj fig* depressed, down F; **decaimiento** *m* decline; *de salud* deterioration

decapitar behead, decapitate

decatlón *m* DEP decathlon

decena *f: una ~ de* about ten

decencia *f* decency

decenio *m* decade

decente decent

decepción *f* disappointment; **decepcionar** disappoint

decidido 1 *part ☞ decidir* **2** *adj* decisive; *estar ~* be determined (*a* to); **decidir** decide; **decidirse** make up one's mind, decide

décima *f* tenth; *tener ~s* MED have a slight fever

decimal decimal *atr*; **décimo 1** *adj* tenth **2** *m* *de lotería* share of a lottery ticket

decir *v/t* say; (*contar*) tell; *querer ~* mean; *~ que sí* say yes; *es ~* in other words; *¡no me digas!* you're kidding!; *¡quién lo diría!* who would believe it!; *se dice que...* they say that ..., it's said that ... **2** *v/i: ¡diga!, ¡dígame!* Esp TELEC hello

decisión *f* decision; *fig* decisiveness; **decisivo** decisive

declamar declaim

declaración *f* declaration; *~ de la renta o de impuestos* tax return; *prestar ~* JUR testify, give evidence; **declarar 1** *v/t* state; *bienes* declare; *~ culpable* find guilty **2** *v/i* JUR give evidence; **declararse** declare o.s.; *de incendio* break out; **~ a alguien** declare one's love for s.o.

declinar decline

declive m fig decline

decodificador m ☞ **descodificador**

decoración f decoration; **decorado** m TEA set; **decorar** decorate

decrecer decrease, diminish

decrépito decrepit; **decrepitud** f decrepitude

decretar order, decree; **decreto** m decree

dedal m thimble

dedicación f dedication; **dedicar** dedicate; **esfuerzo** devote; **dedicatoria** f dedication

dedo m finger; **~ del pie** toe; **~ gordo** thumb; **~ índice** forefinger

deducción f deduction; **deducir** deduce; COM deduct

defecto m defect; *moral* fault; INFOR default; **defectuoso** defective, faulty

defender defend

defensa 1 f JUR, DEP defense, Br defence; L.Am. AUTO fender, Br wing **2** m/f defender; **defensivo** defensive; **defensor** m, **~a** f defender, champion; JUR defense counsel, Br defending counsel; **~ del pueblo en España** ombudsman

deficiencia f deficiency; **con ~ auditiva** with a hearing problem; **deficiente 1** adj deficient; (*insatisfactorio*) inadequate **2** m/f handicapped person; **déficit** m deficit

definición f definition; **definir** define; **definitivo** definitive; **respuesta** definite; **en ~** all in all

deforestación f deforestation; **deforestar** deforest

deformar distort; MED deform; **deforme** deformed

defraudación f fraud; **defraudar** disappoint; (*estafar*) defraud; **~ a Hacienda** evade taxes

defunción f death, demise fml

degenerar degenerate (**en** into)

degradación f degradation; MIL demotion

degradación f degradation; **MIL** yield; **degradar** degrade

degustación f tasting; **degustar** taste

dehesa f meadow

dejadez f slovenliness; (*negligencia*) neglect

dejado 1 part ☞ **dejar 2** adj slovenly

dejar 1 v/t leave; (*permitir*) let, allow; (*prestar*) lend; **beneficios** yield; **déjeme en la esquina** drop me at the corner **2** v/i: **~ de hacer algo** (*parar*) stop doing sth; **no deja de fastidiarme** he keeps (on) annoying me; **dejarse** let o.s. go

delantal m apron

delante in front; (*más avanzado*) ahead; (*enfrente*) opposite; **por ~** ahead; **~ de** in front of; **el asiento de ~** the front seat; **delantera** f DEP forward line; **llevar la ~** lead; **delantero** m, **-a** f DEP forward

delatar: ~ a alguien inform on s.o.; *fig* give s.o. away; **delator** m, **-a** f informer

delegación f delegation; (*oficina*) local office; **~ de Hacienda** tax office; **delegado** m, **-a** f delegate; COM representative

deleitar delight; **deleite** m delight

deletrear spell

delfín m ZO dolphin

delgadez f *de cuerpo* slimness; (*esbeltez*) thinness; **delgado** slim; *lámina, placa* thin

deliberación f deliberation; **deliberar** deliberate (**sobre** on)

delicadeza f gentleness; *de acabado, tallado* delicacy; (*tacto*) tact; **delicado** delicate

delicia f delight; **delicioso** delightful; *comida* delicious

delimitar delimit

delincuencia f crime; **delincuente** m/f criminal

delineante m/f draftsman, *Br* draughtsman; **mujer** draftswoman, *Br* draughtswoman; **delinear** draft; *fig* draw up

delirante delirious; *fig:* **idea** crazy; **delirar** be delirious; **¡tú deliras!** *fig* you must be crazy!; **delirio** m MED delirium; **tener ~ por el fútbol** be

mad about soccer; **~s de grandeza** delusions of grandeur

delito m offense, *Br* offence

demanda f demand (**de** for); JUR lawsuit, claim; **demandado** m, **-a** f JUR defendant; **demandante** m/f JUR plaintiff; **demandar** JUR sue

demarcación f demarcation; **demarcar** demarcate

demás 1 *adj* remaining **2** *adv:* **lo ~** the rest; **los ~** the rest, the others; **por lo ~** apart from that; **demasiado 1** *adj* too much; **antes de** *pl* too many **2** *adv antes de adj, adv* too; **con** *verbo* too much

demencia f MED dementia; *fig* madness; **demente 1** *adj* demented, crazy **2** *m/f* mad person

democracia f democracy; **demócrata 1** *adj* democratic **2** *m/f* democrat; **democrático** democratic

demoler demolish; **demolición** f demolition

demonio m demon; **¡~s!** F hell! F, damn! F

demora f delay; **demorar 1** *v/i* stay on; *L.Am.* (*tardar*) be late; **no demores** don't be long **2** *v/t* delay

demostración f proof; *de método* demonstration; *de fuerza, sentimiento* show; **demostrar** prove; (*enseñar*) demonstrate; (*mostrar*) show; **demostrativo** demonstrative

denegar refuse

denigrar degrade; (*criticar*) denigrate

denominación f name; ~ **de origen** guarantee of quality of a wine; **denominador** m: ~ **común** tb fig common denominator; **denominar** designate

denotar show, indicate

densidad f density; **denso** bosque dense; fig weighty

dentadura f: ~ **postiza** false teeth pl, dentures pl; **dentífrico** m toothpaste; **dentista** m/f dentist; **dentición** f teething; (*dientes*) teeth pl

dentro 1 adv inside; **por** ~ inside 2 ~ **de** en espacio in, inside; **en tiempo** in, within

denuncia f report; **poner una** ~ make a formal complaint; **denunciante** m/f person who reports a crime; **denunciar** report; fig condemn, denounce

departamento m department; L.Am. (*apartamento*) apartment, Br flat

dependencia f dependence (**de** on); COM department; **depender** depend; ~ **de alguien** en una jerarquía report to s.o.; **eso depende** that all depends; **dependiente** 1 adj dependent 2 m, -a f sales clerk, Br shop assistant

depilar con cera wax; con pinzas pluck; **depilatorio** m depilatory

deplorable deplorable; **deplorar** deplore

deporte m sport; **deportista** m/f sportsman; mujer sportswoman; **deportivo** sports atr, actitud sporting

deposición f deposition; **depositar** tb fig put, place; dinero deposit (**en** in); **depósito** m COM deposit; (*almacén*) store; de agua, AUTO tank; ~ **de cadáveres** morgue, Br mortuary

depravado depraved; **depravar** deprave

depreciación f depreciation; **depreciar** lower the value of; **depreciarse** depreciate, lose value

depresión f depression; **deprimido** depressed; **deprimir** depress

depuración f purification; POL purge; **depuradora** f purifier; **depurar** purify; agua treat; POL purge

derecha f tb POL right; **a la** ~ posición on the right; dirección to the right

derecho 1 adj lado right; (*recto*) straight; C.Am. fig straight, honest 2 adv straight 3 m (*privilegio*) right; JUR law; ~ **de** on the right side; ~ **de asilo** right to asylum; ~ **de autor** royalties; ~**s humanos** human rights; **no hay** ~ it's not fair, it's not right; **tener** ~ **a** have a right to 4 mpl: ~**s** fees

derivación f derivation; **derivar** derive (**de** from); *de barco* drift

dermatólogo m, -a f dermatologist

derramar spill; *luz, sangre* shed; (*esparcir*) scatter; **derramarse** spill; *de gente* scatter; *derrame* m MED: **~ cerebral** stroke

derrapar AUTO skid

derretir melt; **derretirse** melt; *fig* be besotted (**por** with)

derribar *edificio, persona* knock down, demolish; *avión* shoot down; POL bring down; **derribo** m *de edificio* demolition; *de persona* knocking down; *de avión* shooting down; POL overthrow

derrocar POL overthrow

derrochador m, -a f spendthrift; **derrochar** waste; *salud, felicidad* burst with; **derroche** m waste

derrota f defeat; **derrotar** MIL defeat; DEP beat, defeat

derrumbamiento m *accidental* collapse; *intencionado* demolition; **derrumbarse** collapse, fall down; *de una persona* go to pieces

desabrido (*soso*) tasteless; *persona* surly; *tiempo* unpleasant

desabrochar undo, unfasten

desacatar *orden* disobey; *ley, regla* break; **desacato** m JUR contempt

desacertar be wrong; **desacierto** m mistake

desaconsejar advise against

desacoplar uncouple

desacostumbrar: **~ a alguien de algo** get s.o. out of the habit of sth; **desacostumbrarse:** **~ a algo** get out of the habit of sth

desacreditar discredit

desacuerdo m disagreement; **estar en ~ con** disagree with

desafiar challenge; *peligro* defy

desafinado out of tune; **desafinar** be out of tune

desafío m challenge; *al peligro* defiance

desafortunadamente unfortunately; **desafortunado** unfortunate

desagradable unpleasant, disagreeable; **desagradecido** ungrateful; *tarea* thankless; **desagrado** m displeasure

desagüe m drain; *acción* drainage; (*cañería*) drainpipe

desahogado spacious; **desahogarse** *fig* F let off steam F

desahuciar: **~ a alguien** declare s.o. terminally ill; (*inquilino*) evict s.o.; **desahucio** m JUR eviction; **demanda de ~** eviction order

desairar snub; **desaire** m snub

desalentar discourage; **desaliento** m discouragement

desalinización *f* desalination

desaliñado slovenly

desalmado 1 *adj* heartless **2** *m*, -a *f* heartless person

desalojar *ante peligro* evacuate; (*desahuciar*) evict; (*vaciar*) vacate

desamparado defenseless, *Br* defenceless; **desamparo** *m* neglect

desangrarse bleed to death

desanimado discouraged, disheartened; **desanimar** discourage, dishearten; **desanimarse** become discouraged *o* disheartened

desapacible nasty, unpleasant

desaparecer 1 *v/i* disappear, vanish **2** *v/t L.Am.* disappear F; **desaparición** *f* disappearance

desapercibido unnoticed

desaprensivo unscrupulous

desaprobación *f* disapproval; **desaprobar** disapprove of

desaprovechado wasted; **desaprovechar** *oportunidad* waste

desarmar MIL disarm; TÉC take to pieces, dismantle; **desarme** *m* MIL disarmament

desarraigar *tb fig* uproot; **desarraigo** *m fig* rootlessness

desarreglar make untidy; *horario* disrupt; **desarreglo** *m* disorder; *de horarios* disruption

desarrollar develop; *tema* explain; *trabajo* carry out; **desarrollarse** develop, evolve; (*ocurrir*) take place; **desarrollo** *m* development; *país en vías de ~* developing country

desaseado F scruffy

desasosegar make uneasy; **desasosegarse** become uneasy; **desasosiego** *m* disquiet, unease

desastre *m tb fig* disaster; **desastroso** disastrous

desatar untie; *fig* unleash

desatención *f* lack of attention, inattention; **desatender** neglect; (*ignorar*) ignore; **desatento** (*desconsiderado*) discourteous; (*distraído*) inattentive

desatinado foolish; **desatinar** (*actuando*) act foolishly; (*hablando*) talk nonsense; **desatino** *m* mistake

desatornillar unscrew

desavenencia *f* disagreement

desaventajado unfavorable, *Br* unfavourable

desayunar 1 *v/i* have breakfast **2** *v/t*: *~ algo* have sth for breakfast; **desayuno** *m* breakfast

desbancar *fig* displace, take the place of

desbarajuste *m* mess

desbloquear *carretera* clear; *mecanismo* free up, unjam; *cuenta bancaria* unfreeze

desbordar 1 *v/t de un río*

descompuesto

overflow, burst; *de un multitud* break through; *de un acontecimiento* overwhelm; *fig* exceed **2** *v/i* overflow; **desbordarse** *de un río* burst its banks; *fig* get out of control

descabellado: idea -a F hare-brained idea

descafeinado decaffeinated; *fig* watered-down

descalabro *m* disaster

descalificación *f* disqualification; **descalificar** disqualify

descalzo barefoot

descansar rest, have a rest; **¡que descanses!** sleep well; **descanso** *m* rest; DEP half time; TEA interval; **sin ~** without a break

descapotable *m* AUTO convertible

descarado rude, impertinent

descarga *f* ELEC, MIL discharge; *de mercancías* unloading; INFOR download; **descargar** *arma*, ELEC discharge; *fig*: *ira etc* take out (**en, sobre** on); *mercancías* unload; INFOR download; *de responsabilidad, culpa* clear (**de** of); **descargo** *m* defense, *Br* defence

descaro *m* nerve

descarrilamiento *m* FERR derailment; **descarrilar** derail

descartar rule out

descendencia *f* descendants *pl*; **descendente** downward;

escala descending; **descender 1** *v/i* go down, descend; *para indicar acercamiento* come down, descend; *fig* go down, decrease; **~ de** descend from **2** *v/t* *escalera* go down; *para indicar acercamiento* come down, descend; **descendiente 1** *adj* descended **2** *m/f* descendant; **descenso** *m* de *precio etc* drop; *de montaña*, AVIA descent; DEP relegation

descentralizar decentralize

descifrar decipher; *fig* work out

descodificador *m* decoder; **descodificar** decode

descolgar take down; *teléfono* pick up

descolorar bleach; **descolorarse** fade; **descolorido** faded; *fig* colorless, *Br* colourless

descomedido immoderate; *(descortés)* rude

descomponer *(dividir)* break down; *(pudrir)* cause to decompose; *L.Am. (romper)* break; **descomponerse** *(pudrirse)* decompose, rot; TÉC break down; *Rpl (emocionarse)* break down (in tears); **se le descompuso la cara** he turned pale; **descomposición** *f* breaking down; *putrefacción* decomposition; *(diarrea)* diarrhea, *Br* diarrhoea; **descompuesto 1** *part* ☞ **descomponer 2** *adj* *alimento* rotten; *cadá-*

ver decomposed; *persona* upset; *L.Am.* tipsy; *L.Am. máquina* broken down

descomunal enormous

desconcertado disconcerted; **desconcertar** *a persona* disconcert; **desconcertarse** be disconcerted, be taken aback

desconectar 1 *v/t* ELEC disconnect **2** *v/i fig* switch off

desconfiado mistrustful, suspicious; **desconfianza** *f* mistrust, suspicion; **desconfiar** be mistrustful, be suspicious (*de* of)

descongelar *comida* thaw, defrost; *refrigerador* defrost; *precios* unfreeze

descongestionar MED clear; *tráfico* relieve

desconocer not know; **desconocido 1** *adj* unknown **2** *m, -a f* stranger; **desconocimiento** *m* ignorance

desconsiderado inconsiderate

desconsolado inconsolable; **desconsuelo** *m* grief; **desconsolar** distress

descontar COM deduct, take off; *fig* exclude

descontento 1 *adj* dissatisfied **2** *m* dissatisfaction

desconvocar call off

descorchador *m Rpl* corkscrew; **descorchar** *botella* uncork

descortés impolite, rude; **descortesía** *f* discourtesy, impoliteness

descoser *costura* unpick; **descoserse** *de dobladillo etc* come unstitched; *de prenda* come apart at the seams

descrédito *m* discredit; **caer en ~** be discredited

describir describe; **descripción** *f* description

descubierto 1 *part* ☞ **descubrir 2** *adj* uncovered; *persona* bareheaded; *cielos* clear; *piscina* open-air; *al ~* in the open; **quedar al ~** be exposed **3** *m* COM overdraft; **en ~** COM overdrawn

descubrimiento *m* discovery; (*revelación*) revelation; **descubrir** discover; *poner de manifiesto* uncover, reveal; *estatua* unveil

descuento *m* discount; DEP stoppage time

descuidado careless; **descuidar 1** *v/t* neglect **2** *v/i*: **¡descuida!** don't worry!; **descuidarse** get careless; *en cuanto al aseo* let o.s. go; (*despistarse*) let one's concentration drop; **descuido** *m* carelessness; (*error*) mistake; (*omisión*) oversight; **en un ~** *L.Am.* in a moment of carelessness

desde *prp en el tiempo* since; *en el espacio, en escala* from; **~ 1993** since 1993; **~ hace tres días** for three days; **~... hasta...** from ... to ...; **2** *adv*: **~ luego** of course; **~ ya** *Rpl* right away

desdén *m* disdain, contempt; **desdeñar** scorn; **desdeño-**

so disdainful, contemptuous

desdicha f (*desgracia*) misfortune; (*infelicidad*) unhappiness; **desdichado 1** adj unhappy; (*sin suerte*) unlucky **2** m, -a f poor soul

deseable desirable; **desear** wish for; *suerte etc* wish; **¿qué desea?** what would you like?

desecar dry

desechable disposable; **desechar** (*tirar*) throw away; (*rechazar*) reject; **desechos** mpl waste

desembalar unpack

desembarcar disembark; **desembarco** m, **desembarque** m de personas disembarkation; *de mercancías* landing

desembocadura f mouth; **desembocar** flow (**en** into); *de calle* come out (**en** into); *de situación* end (**en** in)

desembolsar pay out; **desembolso** m expenditure

desembragar 1 v/t embrague release **2** v/i release the clutch, declutch; **desembrague** m declutching

desempaquetar unwrap

desempate m POL: *una votación de ~* a vote to decide the winner; (*partido de*) ~ DEP decider, deciding game

desempeñar *tarea* carry out; *cargo* hold; *papel* play; **desempeño** m de tarea, papel performance

desempleo m unemployment

desempolvar v/t dust; *fig* dust off; *conocimientos teóricos* brush up

desencadenar *fig* trigger; **desencadenarse** *fig* be triggered

desencantar *fig* disillusion, disenchant; **desencanto** m *fig* disillusionment

desenchufar ELEC unplug

desenfadado self-assured; *programa* light, undemanding; **desenfado** m ease

desenfrenado frenzied, hectic; **desenfreno** m frenzy

desenganchar *caballo* unhitch; *carro* uncouple; **desengancharse** get loose; *fig* F kick the habit F

desengañar disillusion; **desengañarse** become disillusioned (**de** with); (*dejar de engañarse*) stop kidding o.s.; **desengaño** m disappointment

desenlace m outcome

desenmascarar *fig* unmask, expose

desenredar untangle; *situación confusa* straighten out, sort out

desenvoltura f ease; **desenvuelto 1** part ☞ **desenvolver 2** adj self-confident

desenvolver unwrap; **desenvolverse** *fig* cope

deseo m wish; **deseoso**: ~ **de hacer algo** eager to do sth

desequilibrado 1 adj unbalanced **2** *m*, **-a** *f*: **ser un ~ mental** be mentally unbalanced; **desequilibrar** unbalance; **~ a alguien** throw s.o. off balance

deserción *f* desertion; **desertar** MIL desert; **desertor** *m*, **~ora** *f* deserter

desescombro *m* clearing (up), removal

desesperación *f* despair; **desesperado** in despair; **desesperar 1** *v/t* infuriate, exasperate **2** *v/i* despair (**de** of); **desesperarse** get exasperated

desestabilizar POL destabilize

desestimar *queja* reject

desfachatez *f* impertinence

desfalco *m* embezzlement

desfallecer faint; **desfallecimiento** *m* (*debilidad*) weakness; (*desmayo*) fainting fit

desfase *m* gap; **~ horario** jet lag

desfavorable unfavorable, *Br* unfavourable

desfigurar disfigure

desfilar parade; **desfile** *m* parade; **~ de modelos** *o* **de modas** fashion show

desgana *f* loss of appetite; **con ~** *fig* half-heartedly

desgarrador heartrending; **desgarrar** tear up; *corazón* break; **desgarro** *m* MED tear

desgastado worn out; **desgastar** wear out; *defensas* wear down; **desgaste** *m* wear (and tear)

desglose *m* breakdown, itemization

desgracia *f* misfortune; *suceso* accident; **por ~** unfortunately; **desgraciado 1** *adj* unfortunate; (*miserable*) wretched **2** *m*, **-a** *f* wretch; (*sinvergüenza*) swine F

desgravar 1 *v/t* deduct **2** *v/i* be tax-deductible

desgreñar dishevel

desguazar scrap

deshabitado uninhabited

deshacer undo; *maleta* unpack; *planes* wreck; (*suspender*) cancel; **deshacerse de nudo de corbata, lazo etc** come undone; *de hielo* melt; **~ de** get rid of; **deshecho 1** *part* ☞ **deshacer 2** *adj* F *anímicamente* devastated F; *de cansancio* beat F

deshelar, deshelarse thaw

desheredar disinherit

deshielo *m* thaw

deshonesto dishonest; **deshonra** *f* dishonor; *Br* dishonour; **deshonrar** dishonor, *Br* dishonour

deshora *f*: **a ~ (s)** at the wrong time

desierto 1 *adj* empty, deserted; **isla -a** desert island **2** *m* desert

designación *f* appointment, naming; *de lugar* selection; *de candidato* designation; **designar** appoint, name; *lugar* select

desigual unequal; *terreno* uneven; **desigualdad** *f* inequality

desilusión f disappointment; **desilusionar** disappoint; (*quitar la ilusión*) disillusion

desinfección f disinfection; **desinfectante** m disinfectant; **desinfectar** disinfect

desintegración f tb Fís disintegration; **desintegrarse** disintegrate; *de grupo de gente* break up

desinterés m lack of interest; (*generosidad*) unselfishness; **desinteresado** unselfish

desintoxicación f detoxification

desistir give up, stop

desleal disloyal

desleír dissolve; **desleírse** dissolve

deslenguado 1 adj foul-mouthed **2** m, **-a** f foul-mouthed person

desligar separate (**de** from); fig: *persona* cut off (**de** from)

desliz m fig F slip-up F; **deslizar 1** v/t slide, run (**por** along); *idea, frase* slip in **2** v/i slide; **deslizarse** slide

deslucido tarnished; *colores* dull, drab; **deslucir** tarnish; fig spoil; **deslucirse** *de colores* fade; *de persona* be discredited

deslumbrar fig dazzle

desmán m outrage

desmantelar dismantle

desmaquillar remove make-up from; **desmaquillarse** take one's make-up off

desmarcarse DEP lose one's

marker; **~ de** distance o.s. from

desmayado *persona* unconscious; *voz* weak; *color* pale; **desmayarse** faint; **desmayo** m fainting fit; **sin ~** without flagging

desmedido excessive

desmejorar 1 v/t spoil **2** v/i MED get worse, go downhill; **desmejorarse** MED get worse, go downhill; (*perder esplendor*) lose one's looks

desmentido m denial; **desmentir** deny; *a alguien* contradict

desmenuzar crumble up; fig break down

desmesurado excessive

desmontable easily dismantled; **desmontar 1** v/t dismantle, take apart; *tienda de campaña* take down **2** v/i dismount

desmoronarse tb fig collapse

desnivel m unevenness; *entre personas* disparity

desnudar undress; fig fleece; **desnudarse** undress; **desnudez** f nudity; fig nakedness; **desnudismo** m nudism; **desnudo 1** adj naked; (*sin decoración*) bare **2** m PINT nude

desobedecer disobey; **desobediencia** f disobedience; **desobediente** disobedient

desocupación f L.Am. unemployment; **desocupado 1** adj *apartamento* empty; L.Am. *sin trabajo* unemployed **2** *mpl*: *los ~s* the unemployed; **desocupar** vacate

desodorante *m* deodorant

desolación *f* desolation; **desolado** desolate; *fig* devastated; **desolador** devastating; **desolar** *tb fig* devastate

desorden *m* disorder; **desordenado** untidy, messy; *fig* disorganized; **desordenar** make untidy

desorganización *f* lack of organization; **desorganizado** disorganized

desorientarse get disoriented, lose one's bearings; *fig* get confused

despachar 1 *v/t a persona, cliente* attend to; *problema* sort out; (*vender*) sell; (*enviar*) send, dispatch **2** *v/i* meet (*con* with); **despacho** *m* office; *diplomático* dispatch; *~ de billetes* ticket office

despacio slowly; *L.Am. en voz baja*) in a low voice

desparramar scatter; *líquido* spill; *dinero* squander; **desparramarse** spill; *fig* scatter

despectivo contemptuous; GRAM pejorative

despedazar tear apart

despedida *f* farewell; *~ de soltero* stag party; *~ de soltera* hen party; **despedir** see off; *empleado* dismiss; *perfume* give off; *de jinete* throw; **despedirse** say goodbye (*de* to)

despegar 1 *v/t* remove, peel off **2** *v/i* AVIA, *fig* take off; **despegue** *m* AVIA, *fig* take-off

despejado *cielo, cabeza* clear; **despejar** clear; *persona* wake up; **despejarse** *de cielo* clear up; *fig* wake o.s. up

despensa *f* larder

desperdicio *m* waste; *~s* waste; *no tener ~* be worthwhile

desperfecto *m* (*defecto*) flaw; (*daño*) damage

despertador *m* alarm (clock); **despertar 1** *v/t* wake; *apetito* whet; *sospecha* arouse; *recuerdo* reawaken **2** *v/i* wake up; **despertarse** wake (up)

despido *m* dismissal

despierto awake; *fig* bright

despilfarrar squander

despistado scatterbrained

desplazamiento *m* trip; (*movimiento*) movement; **desplazar** move; (*suplantar*) take over from; **desplazarse** travel

desplegar unfold, open out; MIL deploy

desplomarse collapse

despoblar depopulate; **despoblarse** become depopulated or deserted

despojar strip (*de* of)

despreciar look down on; *propuesta* reject; **desprecio** *m* contempt; (*indiferencia*) disregard; *acto* slight

desprender detach, separate;

olor give off; **desprenderse** come off; ~ *de fig* part with; *de estudio* emerge; **desprendimiento** *m* detachment

despreocupado (*descuidado*) careless; (*sin preocupaciones*) carefree

desprevenido unprepared; **pillar** o *L.Am.* **agarrar** ~ catch unawares

después (*más tarde*) afterward, later; *seguido en orden* next; *en el espacio* after; *yo voy* ~ I'm next; ~ *de* after; ~ *de que se vaya* after he's gone

desquite *m* compensation; **tomarse el** ~ F get one's own back

destacado outstanding; **destacar** stand out

destajo *m:* **a** ~ piecework

destapar open, take the lid off; *fig* uncover

desterrar exile; **destierro** *m* exile

destilación *f* distillation; **destilar** distil; *fig* exude

destinar *fondos* allocate (**para** for); *a persona* post (**a** to); **destinatario** *m*, **-a** *f* addressee; **destino** *m* fate; *de viaje etc* destination; *en el ejército etc* posting

destituir dismiss

destornillador *m* screwdriver; **destornillar** unscrew

destreza *f* skill

destrozar destroy; *emocionalmente* shatter; **destrozo** *m* destruction; **destructor 1** *adj* destructive; **máquina ~a de documentos** document shredder **2** *m barco* destroyer; **destruir** destroy; (*estropear*) ruin, wreck

desunión *f* lack of unity

desusado obsolete

desvalijar rob; *apartamento* burglarize, burgle

desván *m* attic

desvelar keep awake; *secreto* reveal; **desvelo** *m* sleeplessness; **~s** efforts

desventaja *f* disadvantage; **desventajoso** disadvantageous

desventura *f* misfortune; **desventurado 1** *adj* unfortunate **2** *m*, **-a** *f* unfortunate

desvergonzado shameless

desviación *f* diversion; **desviar** *golpe* deflect; *tráfico, río* divert; ~ **la conversación** change the subject; ~ **la mirada** look away; ~ **a alguien del buen camino** lead s.o. astray; **desvío** *m* diversion

detallado detailed; **detalle** *m* detail; *fig* thoughtful gesture; **al** ~ retail; **detallista** *m/f* COM retailer

detectar detect; **detective** *m/f* detective; ~ **privado** private detective

detención *f* detention; **orden de** ~ arrest warrant; **detener** stop; *de policía* arrest, detain; **detenerse** stop

detergente *m* detergent

deteriorar damage

determinación f (*intrepidez*) determination; (*decisión*) decision; **determinado** certain; **determinar** determine; **determinarse** decide (**a** to)

detestar detest

detrás behind; **por** ~ at the back; *fig* behind your / his etc back; ~ **de** behind; **uno** ~ **de otro** one after the other; **estar** ~ **de algo** *fig* be behind sth

detrimento m: **en** ~ **de** to the detriment of

deuda f debt; **estar en** ~ **con alguien** fig be in s.o.'s debt; **deudor** m, ~**a** f debtor

devaluación f devaluation; **devaluar** devalue

devastar devastate

devoción f tb fig devotion

devolución f return; *de dinero* refund; **devolver** give back, return; *fig*: *visita, saludo* return; F (*vomitar*) throw up F; **devolverse** *L.Am.* go back

devorar devour

devoto 1 *adj* devout 2 m, -**a** f devotee

DF (= **Distrito Federal**) Mexico City

día m day; ~ **de fiesta** holiday; ~ **festivo** holiday; ~ **hábil** o **laborable** work day; **poner al** ~ update, bring up to date; **a los pocos** ~**s** a few days later; **algún** ~, **un** ~ some day, one day; **de** ~ by day; **ya es de** ~ it's light already;

el ~ **menos pensado** when you least expect it; **hace mal** ~ **tiempo** it's a nasty day; **hoy en** ~ nowadays; **todos los** ~**s** every day; **un** ~ **sí y otro no** every other day; **¡buenos** ~**s!** good morning

diabetes f diabetes; **diabético** 1 *adj* diabetic 2 m, -**a** f diabetic

diablo m devil; **mandar a alguien al** ~ tell s.o. to go to hell

diafragma m diaphragm

diagnóstico 1 *adj* diagnostic 2 m diagnosis

diagonal 1 *adj* diagonal 2 f diagonal (line)

diagrama m diagram

dialecto m dialect

diálogo m dialog, *Br* dialogue

diamante m diamond

diámetro m diameter

diapositiva f FOT slide, transparency

diario 1 *adj* daily 2 m diary; (*periódico*) newspaper; **a** ~ daily

diarrea f MED diarrhea, *Br* diarrhoea

dibujante m/f draftsman, *Br* draughtsman; *mujer* draftswoman, *Br* draughtswoman; *de viñetas* cartoonist; **dibujar** draw; *fig* describe; **dibujo** m drawing; *estampado* pattern; ~**s animados** cartoons; **película de** ~ **s animados** animation

diccionario m dictionary

dicha f (*felicidad*) happiness; (*suerte*) good luck

dicho 1 *part* ☞ **decir 2** *adj* said; **~ y hecho** no sooner said than done; **mejor ~** or rather **3** *m* saying

dichoso happy; F (*maldito*) damn F

diciembre *m* December

dictado *m* dictation; **dictador** *m*, **~a** f dictator

dictamen *m* (*informe*) report; (*opinión*) opinion; **emitir un ~** make out a report; **dictaminar** state

dictar dictate; *ley* announce; **~ sentencia** JUR pass sentence

diecinueve nineteen; **dieciocho** eighteen; **dieciséis** sixteen; **diecisiete** seventeen

diente *m* tooth; **~ de ajo** clove of garlic; **~ de león** BOT dandelion; **poner los ~s largos a alguien** make s.o. jealous

diesel *m* diesel

diestro 1 *adj*: **a ~ y siniestro** *fig* F left and right **2** *m* TAUR bullfighter

dieta f diet; **estar a ~** be on a diet; **~s** traveling *o* Br travelling expenses

diez ten

difamación f defamation; *de palabra* slander; *por escrito* libel; **difamar** slander; defame; *por escrito* libel

diferencia f difference; **a ~ de** unlike; **con ~** fig by a long way; **diferencial** *m* differential; **diferenciar** differenti-

ate; **diferente** different

diferido TV: **en ~** prerecorded; **diferir 1** *v/t* postpone **2** *v/i* differ (*de* from)

difícil difficult; **dificultad** f difficulty; **poner ~es** make it difficult

dificultar hinder

difteria f MED diphtheria

difundir spread; (*programa*) broadcast; **difundirse** spread

difunto 1 *adj* late **2** *m*, **-a** f deceased

digerir digest; **digestible** digestible; **digestión** f digestion; **digestivo** digestive

digital digital

dignarse deign; **dignidad** f dignity; **dignatario** *m*, **-a** f dignitary; **digno** worthy; *trabajo* decent

dilapidar waste

dilatación f dilation; **dilatar 1** *v/t* dilate; (*prolongar*) prolong; (*aplazar*) postpone **2** *v/i* Méx (*tardar*) be late; **no me dilato** I won't be long

dilema *m* dilemma

diligencia f diligence; *vehículo* stagecoach; **~s** JUR procedures, formalities; **diligente** diligent

diluir dilute

diluvio *m* downpour; *fig* deluge

dimensión f dimension; *fig* size, scale; **dimensiones** measurements

diminuto tiny, diminutive

dimisión f resignation; **dimitir** resign

Dinamarca Denmark

dinamita f dynamite

dínamo, dinamo f o L.Am. m dynamo

dinero m money; **~ en efectivo, ~ en metálico** cash

dinosaurio m dinosaur

Dios m God; **¡~ mío!** my God!; **¡por ~!** for God's sake!

diosa f goddess

diploma m diploma; **diplomacia** f diplomacy; **diplomático 1** adj diplomatic **2** m, **-a** f diplomat

diputación f deputation; **diputado** m, **-a** f representative, Br Member of Parliament

dique m dike, Br dyke

dirección f tb TEA, de película direction; COM management; POL leadership; de coche steering; en carta address; **en aquella ~** that way; **~ asistida** AUTO power steering; **~ de correo electrónico** e-mail address; **directivo 1** adj governing; COM managing **2** m, **-a** f COM manager; **directo** adj direct; **en ~** TV, RAD live; **director** m adj leading **2** m, **-a** f manager; EDU principal, Br head (teacher); de película director; **~ de orquesta** conductor; **directorio** m tb INFOR directory; **directriz** f guideline

dirigir TEA, película direct; COM manage, run; MÚS conduct; **~ una carta a** address a letter to; **~ una pregunta a** direct a question to; **dirigirse** make, head (**a, hacia**) for

discapacidad f disability; **discapacitado 1** adj disabled **2** m, **-a** f disabled person

disciplina f discipline; **discípulo** m, **-a** f REL, fig disciple

disco m disk, Br disc; MÚS record; (discoteca) disco; DEP discus; **~ compacto** compact disc; **~ duro, L.Am. ~ rígido** INFOR hard disk

discordia f discord; (colección de discos) record collection

discoteca f disco

discreción f discretion; **a ~ disparar** at will; **a ~ de** at the discretion of

discrepancia f discrepancy; (desacuerdo) disagreement; **discrepar** disagree

discreto discreet

discriminar discriminate against; (diferenciar) differentiate

disculpa f apology; **disculpar** excuse

discurso m speech; de tiempo passage, passing

discusión f discussion; (disputa) argument; **discutir** v/t discuss **2** v/i argue (**sobre** about)

disentería f MED dysentery

diseñador m, **-a** f designer;

diseñar design; **diseño** *m* design; ~ **gráfico** graphic design

disfraz *m para ocultar* disguise; *para fiestas* costume, fancy dress; **disfrazarse** *para ocultarse* disguise o.s. (**de** as); *para divertirse* dress up (**de** as)

disfrutar 1 *v/t* enjoy **2** *v/i* have fun, enjoy o.s.; ~ **de buena salud** be in *o* enjoy good health

disgustado upset (**con** with); **disgustar** upset; **disgustarse** get upset; **disgusto** *m*: **me causó un gran** ~ I was very upset; **llevarse un** ~ get upset; **a** ~ unwillingly

disidente *m/f* dissident

disimular 1 *v/t* disguise **2** *v/i* pretend

disipar *duda* dispel

diskette *m* diskette, floppy (disk)

dislexia *f* dyslexia; **disléxico 1** *adj* dyslexic **2** *m*, -a *f* dyslexic

dislocación *f* MED dislocation; *fig* distortion

disminución *f* decrease; **disminuido 1** *adj* handicapped **2** *m*, -a *f* handicapped person; **disminuir 1** *v/t gastos*, *costos* reduce, cut; *velocidad* reduce **2** *v/i* decrease, diminish

disolución *f* dissolution; **disolver** dissolve; *manifestación* break up

disparador *m* FOT shutter re-

lease; **disparar 1** *v/t tiro*, *arma* fire; *foto* take; *precios* send up **2** *v/i* shoot, fire; **dispararse** *de arma*, *alarma* go off; *de precios* shoot up, rocket F

disparate *m* F piece of nonsense; **es un** ~ **hacer eso** it's crazy to do that

disparo *m* shot

dispensar dispense; *recibimiento* give; (*eximir*) excuse (**de** from)

dispersar disperse

disponer 1 *v/t* (*arreglar*) arrange; (*preparar*) prepare; (*ordenar*) order **2** *v/i*: ~ **de algo** have sth at one's disposal; **disponible** available; **disposición** *f* disposition; *de objetos* arrangement; ~ **de ánimo** state of mind; **estar a** ~ **de alguien** be at s.o.'s disposal

dispositivo *m* device

dispuesto 1 *part* ☞ **disponer 2** *adj* ready (**a** to)

disputar 1 *v/t* dispute; *partido* play **2** *v/i* argue (**sobre** about)

disquete *m* INFOR diskette, floppy (disk)

distancia *f tb fig* distance; **distante** *tb fig* distant

distensión *f* MED strain; *fig*: *de ambiente* easing; POL détente

distinción *f* distinction; **a** ~ **de** unlike; **distinguido** distinguished; **distinguir** distinguish (**de** from); (*divisar*) make out; *con un premio* honor, *Br* honour; **distintivo** *m* emblem; MIL insignia; **distinto** different; **~s** (*varios*) several

distorsión *f* distortion

distracción *f* distraction; (*descuido*) absent-mindedness; (*diversión*) entertainment; (*pasatiempo*) pastime; **distraer** distract; *la radio la distrae* she enjoys listening to the radio; **distraído 1** *part* ☞ **distraer 2** *adj* absent-minded; *temporalmente* distracted

distribución *f* distribution; **distribuidor** *m* distributor; **distribuir** distribute; *beneficio* share out

distrito *m* district

disturbio *m* disturbance

disuadir dissuade; POL deter; *~ a alguien de hacer algo* dissuade s.o. from doing sth

diurno *day atr*

divagar digress

diversidad *f* diversity

diversión *f* fun; (*pasatiempo*) pastime; *aquí no hay muchas diversiones* there's not much to do around here; **diverso** diverse; **~s** several, various

divertido funny; (*entretenido*) entertaining; **divertir** entertain; **divertirse** have fun, enjoy o.s.

dividir divide

divino *tb fig* divine

divisa *f* currency; **~s** foreign

currency

división *f* division

divorciado 1 *adj* divorced **2** *m*, **-a** *f* divorcee; **divorciarse** get divorced; **divorcio** *m* divorce

divulgar spread

doblar 1 *v/t* fold; *cantidad* double; *película* dub; MAR round; *pierna, brazo* bend; *en una carrera* pass, *Br* overtake; *la esquina* go around *o* turn the corner **2** *v/i* turn; **doble 1** *adj* double; *nacionalidad* dual; **~ clic** *m* double click; **hacer ~ clic en** double click on **2** *m*: *el* **~** twice as much (*de* as); *el* **~** *de gente* twice as many people; **~s** *tenis* doubles **3** *m/f en película* double

doce twelve; **docena** *f* dozen

dócil docile

doctor *m*, **-a** *f* doctor

documentación *f* documentation; *de una persona* papers; **documental** *m* documentary; **documentar** document; **documentarse** do research; **documento** *m* document; **~ nacional de identidad** national identity card

dogma *m* dogma

dogo *m* ZO mastiff

dólar *m* dollar

dolencia *f* ailment; **doler** *tb fig* hurt; *me duele el brazo* my arm hurts; **dolido** *fig* hurt; **dolor** *m tb fig* pain; **~ de cabeza** headache; **~**

estómago stomach-ache; **~ de muelas** toothache; **doloroso** *tb* fig painful

domador *m*, **~a** *f* tamer; **domar** *tb* fig tame; *caballo* break in

doméstico 1 *adj* domestic, household *atr* **2** *m*, **-a** *f* servant

domiciliado resident; **domiciliar** *pago* pay by direct billing, *Br* pay by direct debit; **domicilio** *m* address; **repartir a ~** do home deliveries

dominación *f* domination; **dominante** dominant; *desp* domineering; **dominar** dominate; *idioma* have a good command of

domingo *m* Sunday; **~ de Ramos** Palm Sunday

dominicano 1 *adj* Dominican **2** *m*, **-a** *f* Dominican

dominio *m* control; *fig* command; **ser del ~ público** be in the public domain

don[1] *m* gift; **~ de gentes** way with people

don[2] *m* Mr; **~ Enrique** Mr Sanchez *English uses the surname while Spanish uses the first name*

donación *f* donation; **~ de órganos** organ donation; **donante** *m/f* donor; **donar** donate; **donativo** *m* donation

donde 1 *adv* where **2** *prp esp L.Am.*: **fui ~ el médico** I went to the doctor

dónde *interr* where; **¿de ~**

eres? where are you from?; **¿hacia ~ vas?** where are you going?

doña *f* Mrs; **~ Estela** Mrs Sanchez *English uses the surname while Spanish uses the first name*

dopaje, doping *m* doping; **dopar** dope; **doparse** take drugs

dorada *f* ZO gilthead

dorado gold; *montura* gold

dormido asleep; **quedarse ~** fall asleep; **dormilón** *m*, **-ona** *f* F sleepyhead F; **dormir 1** *v/i* sleep; *(estar dormido)* be asleep **2** *v/t* put to sleep; **~ a alguien** MED give s.o. a general anesthetic *o Br* anaesthetic; **dormirse** go to sleep; *(quedarse dormido)* fall asleep; *(no despertarse)* oversleep; **dormitorio** *m* bedroom

dorsal 1 *adj* dorsal **2** *m* DEP number; **dorso** *m* back

dos two; **de ~ en ~** in twos; **los ~** both; **cada ~ por tres** all the time

dosis *f inv* dose

dotar equip (**de** with); *fondos* provide (**de** with); *cualidades* endow (**de** with); *dote f a novia* dowry; **tener ~s para algo** have a gift for sth

draga *f máquina* dredge; *barco* dredger; **dragar** dredge

drama *m* drama; **dramatizar** dramatize; **dramaturgo** *m*, **-a** *f* playwright, dramatist

drástico drastic

drenaje *m* drainage; **drenar** drain

droga *f* drug; **~ de diseño** designer drug; **drogadicto 1** *adj* addicted to drugs **2** *m*, **-a** *f* drug addict; **drogarse** take drugs; **drogodependencia** *f* drug dependency **droguería** *f* store selling cleaning and household products

ducha *f* shower; **ducharse** have a shower, shower

duda *f* doubt; **dudar 1** *v/t* doubt **2** *v/i* hesitate (**en** to); **dudoso** doubtful; (*indeciso*) hesitant

duelo *m* grief; (*combate*) duel

duende *m* imp

dueño *m*, **-a** *f* owner

dulce 1 *adj* sweet; *fig* gentle **2** *m* candy, *Br* sweet; **dulzura** *f tb fig* sweetness

duna *f* dune

dúplex *m* duplex (apartment)

duplicado *m/adj* duplicate; **duplicar** duplicate

duque *m* duke; **duquesa** *f* duchess

duración *f* duration; **duradero** lasting; *ropa, calzado* hard-wearing; *indicando duración* during; *indicando período* for; **~ seis meses** for six months; **durar** last

durazno *m L.Am.* BOT peach

Durex® *m Méx* Scotch tape®, *Br* Sellotape®

dureza *f de material* hardness; *de carne* toughness; *de clima, fig* harshness; **duro 1** *adj* hard; *carne* tough; *clima, fig* harsh; **~ de oído** F hard of hearing **2** *adv* hard **3** *m* five peseta coin

DVD *m* (= *disco de video digital*) DVD

E

e *conj* (*instead of* **y** *before words starting with* **i**, **hi**) and

ebanista *m* cabinetmaker; **ébano** *m* ebony; **ebanistería** *f* cabinetmaking

ebrio drunk

ebullición *f*: **punto de ~** boiling point

echar *v/t* (*lanzar*) throw; (*poner*) put; *de un lugar* throw out; *humo* give off; *carta* mail, *Br tb* post; **~ a alguien del trabajo** fire s.o.; **~**

abajo pull down, destroy; **~ la culpa a alguien** put the blame on s.o.; **me echó 40 años** he thought I was 40 **2** *v/i*: **~ a** start to, begin to; **~ a correr** start *o* begin to run, start running; **echarse** (*tirarse*) throw o.s.; (*tumbarse*) lie down; (*ponerse*) put on; **~ a llorar** start *o* begin to cry, start crying

eclesiástico ecclesiastical, church *atr*

eclipse *m* eclipse

eco *m* echo; **tener ~** *fig* make an impact

ecografía *f* (ultrasound) scan

ecología *f* ecology; **ecológico** ecological; *alimentos* organic; *(que no daña el medio ambiente)* environmentally friendly; **ecologista** *m/f* ecologist

economía *f* economy; *ciencia* economics *sg*; **~ de mercado** market economy; **~ sumergida** black economy; **económico** economic; *(barato)* economical; **economista** *m/f* economist; **economizar** economize on, save

Ecuador Ecuador

ecuador *m* equator

ecuatorial equatorial

ecuatoriano 1 *adj* Ecuadorean **2** *m*, **-a** *f* Ecuadorean

eczema *m* eczema

edad *f* age; **la Edad Media** *pl*; the Middle Ages *pl*; **la tercera ~** the over 60s; **a la ~ de** at the age of; **¿qué ~ tienes?** how old are you?, what age are you?

edición *f* edition

edicto *m* edict

edificación *f* construction, building; **edificar** construct, build; **edificio** *m* building

editar edit; *(publicar)* publish; **editor** *m*, **~a** *f* editor; **editorial 1** *m* editorial, leading article **2** *f* publishing company, publisher

edredón *m* eiderdown

educación *f* (*crianza*) upbringing; (*modales*) manners *pl*; **~ física** physical education, PE; **educado** polite; **mal ~** rude; **educativo** educacional; **educar** educate; (*criar*) bring up; *voz* train

EE.UU. (= **Estados Unidos**) US(A) (= United States (of America))

efectivo 1 *adj* effective; **hacer ~** COM cash **2** *m*: **en ~** (in) cash; **efecto** *m* effect; **~ invernadero** greenhouse effect; **~s secundarios** side effects; **en ~** indeed; **surtir ~** take effect, work; **efectuar** carry out

eficacia *f* efficiency; **eficaz** (*efectivo*) effective; (*eficiente*) efficient; **eficiencia** *f* efficiency; **eficiente** efficient

efusivo effusive

egipcio 1 *adj* Egyptian **2** *m*, **-a** *f* Egyptian; **Egipto** Egypt

egoísmo *m* selfishness, egoism; **egoísta 1** *adj* selfish, egoistic **2** *m/f* egoist

eje *m* axis; *de auto* axle; *fig* linchpin

ejecución *f* (*realización*) implementation, carrying out; *de condenado* execution; **ejecutar** (*realizar*) carry out, implement; *condenado* execute; INFOR run, execute; MÚS play, perform; **ejecutiva** *f* executive; **ejecutivo 1** *adj* executive; **el poder ~** POL the executive **2** *m* executive;

el Ejecutivo the government

ejemplar 1 *adj alumno etc* model *air*, exemplary **2** *m de libro* copy; *de revista* issue; *animal, planta* specimen; **ejemplo** *m* example; *dar buen* ~ set a good example; *por* ~ for example

ejercer 1 *v/t cargo* practice, *Br* practise; *influencia* exert **2** *v/i de profesional* practice, *Br* practise; **ejercicio** *m* exercise; COM fiscal year, *Br* financial year; *hacer* ~ exercise; **ejercitar** *músculo, derecho* exercise; **ejercitarse** train; ~ *en* practice, *Br* practise

ejército *m* army

el 1 *art* the **2** *pron:* ~ *de...* that of ...; ~ *de Juan* Juan's; ~ *que está...* the one who is ...

él *sujeto* he; *cosa* it; *complemento* him; *cosa* it; *de* ~ his; *es* ~ it's him

elaborar produce, make; *metal etc* work; *plan* devise, draw up

elasticidad *f* elasticity; **elástico 1** *adj* elastic **2** *m* elastic; *(goma)* elastic band

elección *f* choice; **electo** elect; **elector** *m* voter; **electoral** election *atr*, electoral

electricidad *f* electricity; **electricista** *m/f* electrician; **eléctrico** *luz, motor* electric; *aparato* electrical; **electrizar** *tb fig* electrify

electrodoméstico *m* electrical appliance

electrónica *f* electronics; **electrónico** electronic; *libro* ~ e-book, electronic book; *comercio* ~ e-business; **electrotecnia** *f* electrical engineering

elefante *m* elephant; ~ *marino* elephant seal, sea elephant

elegancia *f* elegance; **elegante** *adj* elegant

elegir choose; *por votación* elect

elemental *(esencial)* fundamental, essential; *(básico)* elementary, basic; **elemento** *m* element

elepé *m* LP, album

elevación *f* elevation; **elevado** high; *fig* elevated; **elevador** *m* hoist; *L.Am.* elevator, *Br* lift; **elevar** raise; **elevarse** rise; *de monumento* stand

eliminar eliminate; *desperdicios* dispose of; **eliminatoria** *f* DEP qualifying round, heat

élite *f* elite

ella *sujeto* she; *cosa* it; *complemento* her; *cosa* it; *de* ~ her; *es de* ~ it's hers; *es* ~ it's her

ellas *sujeto* they; *complemento* them; *de* ~ their; *es de* ~ it's theirs; *son* ~ it's them

ello it

ellos *sujeto* they; *complemento* them; *de* ~ their; *es de* ~ it's theirs; *son* ~ it's them

elocuencia *f* eloquence; **elocuente** eloquent

elogiar praise; **elogio** *m*
praise; **elogioso** full of
praise, highly complimenta-
ry

El Salvador El Salvador
eludir evade, avoid
emanar 1 *v/i fml* emanate (*de*
from) *fml*; *fig* stem (*de* from)
2 *v/t* exude, emit
emancipación *f* emancipa-
tion; **emanciparse** become
emancipated
embadurnar smear (*de* with)
embajada *f* embassy; **emba-
jador** *m*, **~a** *f* ambassador
embalaje *m* packing; *paquete*
packaging; **embalar** pack
embalse *m* reservoir
embarazada 1 *adj* pregnant **2**
f pregnant woman; **embara-
zo** *m* pregnancy; *interrup-*
ción del ~ termination,
abortion; **embarazoso** awk-
ward, embarrassing
embarcación *f* vessel, craft;
embarcadero *m* wharf; **em-
barcar 1** *v/t pasajeros* board,
embark; *mercancías* load **2**
v/i board, embark; **embar-
carse** *en barco* board, em-
bark; *en avión* board; *~ en*
fig embark on; **embarco** *m*
embarkation
embargar JUR seize; *fig* over-
whelm; **embargo** *m* embar-
go; JUR seizure; *sin ~* howev-
er
embarque *m* boarding; *de*
mercancías loading
embaucar trick, deceive
embelesar captivate

embellecer make more beau-
tiful; **embellecerse** grow
more beautiful
embestir charge (*contra* at)
emblema *m* emblem; **em-
blemático** emblematic
embolia *f* MED embolism
émbolo *m* TÉC piston
embolsar, embolsarse pock-
et
emborrachar make drunk,
get drunk; **emborracharse**
get drunk
emboscada *f* ambush
embotellamiento *m* traffic
jam; **embotellar** bottle
embragar AUTO **1** *v/t* engage
2 *v/i* engage the clutch; **em-
brague** *m* AUTO clutch
embriagar *fig* intoxicate; **em-
briaguez** *f* intoxication
embrión *m* embryo; **embrio-
nario** embryonic
embrollar muddle, mix up;
embrollarse get complicat-
ed; *de hilos* get tangled up;
embrollo *m* tangle; *fig* mess,
muddle
embromar *Rpl* F (*molestar*)
annoy
embrujar *tb fig* bewitch
embudo *m* funnel
embuste *m* lie; **embustero 1**
adj deceitful **2** *m*, **-a** *f* liar
emergencia *f* emergency
emerger emerge
emigración *f* emigration;
emigrante *m* emigrant; **emi-
grar** emigrate; ZO migrate
eminente eminent
emisión *f* emission; COM is-

sue; RAD, TV broadcast; **emisora** *f* radio station; **emitir** *calor, sonido* give out, emit; *moneda* issue; *opinión* express, give; *veredicto* deliver; RAD, TV broadcast; *voto* cast

emoción *f* emotion; **¡qué ~!** how exciting!; **emocionado** excited; **emocionante** (*excitante*) exciting; (*conmovedor*) moving; **emocionar** excite; (*conmover*) move; **emocionarse** get excited; (*conmoverse*) be moved

emotivo emotional; (*conmovedor*) moving

empalagoso sickly; *fig* sickly sweet

empalmar 1 *v/t* connect, join **2** *v/i* connect, join up (**con** with); *de idea, conversación* follow on (**con** from); **empalme** *m* TÉC connection; *de carreteras* intersection, *Br* junction

empanada *f* pie; **empanar** coat in breadcrumbs

empapado soaked; **empapar** soak; (*absorber*) soak up

empapelar wallpaper

empaquetar pack

emparedado *m* sandwich

empastar *muela* fill; *libro* bind; **empaste** *m* filling

emparejar tie, *Br* draw; (*igualar*) tie the game, *Br* equalize; **emparejar** *m* tie, draw; **gol del ~** *en fútbol* equalizer

empedernido inveterate, confirmed

empedrado *m* paving; **empe-**

drar pave

empeine *m* instep

empeñar pawn; **empeñarse** (*endeudarse*) get into debt; (*esforzarse*) make an effort (**en** to); **~ en hacer** *obstinarse* insist on doing, be determined to do

empeño *m* (*obstinación*) determination; (*esfuerzo*) effort; *Méx lugar* pawn shop

empeoramiento *m* deterioration, worsening; **empeorar 1** *v/t* make worse **2** *v/i* deteriorate, get worse

emperador *m* emperor; *pez* swordfish; **emperatriz** *f* empress

empezar start, begin; **~ a hacer algo** start to do sth, start doing sth; **~ por hacer algo** start *o* begin by doing sth; **empiezo** *m* S.Am. start, beginning

empinado steep

emplasto *m* MED poultice; *fig* soggy mess

emplazamiento *m* site, location; JUR subpena, *Br* subpœna

empleado 1 *adj*: **le está bien ~** it serves him right **2** *m*, **-a** *f* employee; **-a de hogar** maid; **emplear** (*usar*) use; *persona* employ; **empleo** *m* employment; (*puesto*) job; (*uso*) use; **modo de ~** instructions *pl* for use

empobrecerse become impoverished, become poor; **empobrecimiento** *m* impoverishment

empollar F cram F, *Br* swot F; **empollón** *m* F grind F, *Br* swot F

empotrado built-in, fitted

emprendedor enterprising; **emprender** embark on, undertake; **~la con alguien** F take it out on s.o.

empresa *f* company; *fig* venture, undertaking; **empresaria** *f* businesswoman; **empresarial** business *atr*; **ciencias ~es** business studies; **empresario** *m* businessman

empujar push; *fig* urge on; **empujón** *m* push, shove; **empuje** *m* push; *fig* drive

empuñar grasp

en (*dentro de*) in; (*sobre*) on; **~ inglés** in English; **~ la calle** on the street, *Br* tb in the street; **~ casa** at home; **~ coche / tren** by car / train

enagua *f* (*pl*) petticoat

enajenar JUR transfer; (*trastornar*) drive insane

enamorado in love (*de* with); **enamorarse** fall in love (*de* with)

enano 1 *adj* tiny; *perro, árbol* miniature, dwarf *atr* **2** *m* dwarf

encabezamiento *m* heading; **encabezar** head; *movimiento* lead

encadenar chain (up); *fig* link together

encajar 1 *v/t piezas* fit; *golpe* take **2** *v/i* fit (*en* in; *con* with); **encaje** *m* lace

encalar whitewash

encallar MAR run aground

encantado (*contento*) delighted; *castillo* haunted; **¡~!** nice to meet you; **encantador** charming; **encantar**: **me / le encanta** I love / he loves it; **encanto** *m* (*atractivo*) charm; **como por ~** as if by magic; **eres un ~** you're an angel

encarcelar put in prison, imprison

encarecer put up the price of; **encarecerse** become more expensive; *de precios* increase, rise; **encarecidamente**: **le ruego ~ que...** I beg you to ... ; **encarecimiento** *m de precios* increase, rise; (*alabanza*) (exaggerated) praise; (*empeño*) insistence

encargado *m*, -a *f* person in charge; *de un negocio* manager; *encargar* (*pedir*) order; **le encargué que me trajera...** I asked him to bring me ...; **encargarse** (*tener responsibilidad*) be in charge; **yo me encargo de la comida** I'll take care of the food; **encargo** *m* job, errand; COM order; **¿te puedo hacer un ~?** can I ask you to do something for me?; **hecho por ~** made to order

encarnado red; **encarnar** *cualidad etc* embody; TEA play

encéfalo *m* brain

encendedor m lighter; **encender 1** v/t fuego light; luz, televisión switch on, turn on; fig inflame, arouse; **encendido 1** adj luz, televisión (switched) on; fuego lit; cara red **2** m AUTO ignition

encerar polish, wax

encerrar lock up, shut up; (contener) contain

enchufar ELEC plug in; **enchufe** m ELEC macho plug; hembra outlet, Br socket; **tener ~** fig F have connections

encía f gum

enciclopedia f encyclopedia

encierro m protesta sit-in; de toros bull running

encima on top; **~ de** de over, above; **por ~ de** over, above; **por ~ de todo** above all; **hacer algo muy por ~** do sth very quickly; **no lo llevo ~** I haven't got it on me; **ponerse algo ~** put sth on; **encimera** f sábana top sheet; Esp mostrador worktop

encina f holm oak

encinta pregnant

encogerse de material shrink; fig: de persona be intimidated, cower; **~ de hombros** shrug (one's shoulders)

encolerizarse get angry

encomendar entrust (a to); **encomendarse** commend o.s. (a to)

encomienda f L.Am. HIST grant of land and labor by colonial authorities after the Conquest

encontrar find; **encontrarse** (reunirse) meet; (estar) be; **~ con alguien** meet s.o., run into s.o.; **me encuentro bien** I'm fine

encorvado persona, espalda stooped

encorvar hunch; estantería buckle

encuadernación f binding; **encuadernar** bind

encubridor m, **~a** f accessory after the fact; **encubrir** delincuente harbor, Br harbour; delito cover up

encuentro m meeting, encounter; DEP game; **salir o ir al ~ de alguien** meet s.o.; **~s online** online dating

encuesta f survey; (sondeo) (opinion) poll

encurtidos mpl pickles

endeble weak, feeble

enderezar straighten out; **enderezarse** straighten up; fig straighten o.s. out, sort o.s out

endeudarse get into debt

endibia f BOT endive

endosar COM endorse; **me lo endosó a mí** F she landed me with it F

endrina f BOT sloe

endulzar sweeten; (suavizar) soften

endurecer harden; fig toughen up; **endurecerse** harden, become harder; fig become harder, toughen up

enebro m BOT juniper

eneldo m BOT dill

enema *m* MED enema

enemigo 1 *adj* enemy *atr* **2** *m* enemy; **ser ~ de** *fig* be opposed to, be against; **enemistad** *f* enmity; **enemistarse** fall out

energético *crisis* energy *atr*; *alimento* energy-giving; **energía** *f* energy; **~ solar** solar power, solar energy; **enérgico** energetic; *fig* forceful, strong

enero *m* January

enfadado annoyed (**con** with); (*encolerizado*) angry (**con** with); **enfadar** (*molestar*) annoy; (*encolerizar*) make angry, anger; **enfadarse** (*molestarse*) get annoyed (**con** with); (*encolerizarse*) get angry (**con** with); **enfado** *m* (*molestia*) annoyance; (*cólera*) anger

énfasis *m* emphasis; **poner ~ en** emphasize, stress; **enfático** emphatic

enfermar 1 *v/t* drive crazy **2** *v/i* get sick, *Br tb* get ill; **enfermedad** *f* illness, disease; **enfermería** *f sala* infirmary, sickbay; *carrera* nursing; **enfermero** *m*, **-a** *f* nurse; **enfermizo** unhealthy; **enfermo 1** *adj* sick, ill **2** *m*, **-a** *f* sick person

enfilar *camino* take; *perlas* string

enfocar *cámara* focus; *imagen* get in focus; *fig: asunto* look at; **enfoque** *m fig* approach

enfrentamiento *m* clash,

confrontation; **enfrentar** confront, face up to; **enfrentarse** DEP meet; **~ con alguien** confront s.o.; **~ a algo** face (up to) sth

enfrente opposite; **~ de** opposite

enfriar *vino* chill; *algo caliente* cool (down); *fig* cool; **enfriarse** (*perder calor*) cool down; (*perder demasiado calor*) get cold, go cold; *fig* cool, cool off; MED catch a cold

enfurecerse get furious

enganchar hook; F *novia, trabajo* land F; **engancharse** get caught (**en** on); MIL sign up, enlist; **~ a la droga** F get hooked on drugs F

engañar 1 *v/t* deceive, cheat; (*ser infiel a*) cheat on; **engaño** *m* (*mentira*) deception, deceit; (*ardid*) trick; **engañoso** *persona* deceitful; *apariencias* deceptive

engatusar F sweet-talk F

engendrar father; *fig* breed, engender *fml*

englobar include, embrace

engordar 1 *v/t* put on, gain **2** *v/i de persona* put on weight; *de comida* be fattening; **engorde** *m* fattening (up)

engorroso tricky

engranaje *m* TÉC gears *pl*; *fig* machinery; **engranar** mesh, engage

engrandecer enlarge; (*ensalzar*) praise; **engrandecerse** grow in stature

engrasar grease, lubricate; **engrase** *m* greasing, lubrication

engreído conceited

engrosar 1 *v/t* swell, increase **2** *v/i* put on weight

engullir bolt (down)

enhorabuena *f* congratulations *pl*; **dar la ~** congratulate (**por** on)

enigma *m* enigma; **enigmático** enigmatic

enjabonar soap

enjambre *m tb fig* swarm

enjaular cage; *fig* jail, lock up

enjuagar rinse; **enjuague** *m acto* rinsing; *líquido* mouthwash

enjugar *deuda etc* wipe out; *líquido* mop up; *lágrimas* wipe away

enjuto lean, thin

enlace *m* link, connection; **~ matrimonial** marriage

enlazar 1 *v/t* link (up), connect; *L.Am. con cuerda* rope, lasso **2** *v/i de carretera* link up; AVIA, FERR connect

enloquecer 1 *v/t* drive crazy *o* mad **2** *v/i* go crazy *o* mad

enlutar plunge into mourning; **enlutarse** go into mourning

enmarañar *pelo* tangle; *asunto* complicate, muddle

enmascarar hide, disguise

enmendar *asunto* rectify, put right; JUR, POL amend; **~le la plana a alguien** find fault with what s.o. has done; **enmienda** *f* POL amendment

enmohecerse go moldy *o Br* mouldy; *de metal* rust

enmudecer 1 *v/t* silence **2** *v/i* fall silent

enojar (*molestar*) annoy; *L.Am.* (*encolerizar*) make angry; **enojarse** *L.Am.* (*molestarse*) get annoyed; (*encolerizarse*) get angry; **enojo** *m L.Am.* anger; **enojoso** (*delicado*) awkward; (*aburrido*) tedious, tiresome

enorgullecerse be proud (**de** of)

enorme enormous, huge

enredadera *f* BOT creeper, climbing plant

enredar 1 *v/t* tangle, get tangled; *fig* complicate **2** *v/i* make trouble; **enredo** *m* tangle; (*confusión*) mess, confusion; (*intriga*) intrigue; *amoroso* affair

enrejar *ventana* put bars on

enriquecer make rich; get rich; **enriquecerse** get rich; *fig* be enriched

enrojecer 1 *v/t* turn red **2** *v/i* blush, go red; **enrojecerse** go red

enrollar roll up; *cable* coil; *hilo* wind; **me enrolla** F I like it, I think it's great

ensaimada *f* GASTR pastry in the form of a spiral

ensalada *f* GASTR salad

ensalzar extol, praise

ensamblar assemble

ensanchar widen; *prenda* let out; **ensanche** *m de carretera* widening; *de ciudad* new suburb

ensañarse show no mercy (**con** to)

ensayar test, try (out); TEA rehearse; **ensayo** *m* TEA rehearsal; *escrito* essay; **~ general** dress rehearsal

enseguida immediately, right away

ensenada *f* inlet, cove

enseñanza *f* teaching; **~ primaria** elementary education, *Br* primary education; **~ secundaria** *o* **media** secondary education; **~ superior** higher education; **enseñar** (*dar clases*) teach; (*mostrar*) show

ensillar saddle

ensimismado deep in thought

ensordecedor deafening; **ensordecer 1** *v/t* deafen **2** *v/i* go deaf

ensuciar (get) dirty; *fig* tarnish; **ensuciarse** get dirty; *fig* get one's hands dirty

ensueño *m*: **de ~** *fig* fairy-tale *atr*, dream *atr*

entablar strike up, start

entallado tailored, fitted

entarimado *m* (*suelo*) floorboards *pl*; (*plataforma*) stage, platform; **entarimar** floor

ente *m* (*ser*) being, entity; F (*persona rara*) oddball F; (*organización*) body

entender understand; **~ de algo** know about sth; **entenderse** communicate; **a ver**

si nos entendemos let's get this straight; **yo me entiendo** I know what I'm doing; **~ con alguien** get along with s.o.; **entendido 1** *adj* understood; **tengo ~ que** I understand that **2** *m*, **-a** *f* expert, authority; **entendimiento** *m* understanding; (*inteligencia*) mind

enterado knowledgeable, well-informed; **estar ~ de** know about; **darse por ~** get the message; **enterarse** find out, hear (**de** about); **¡para que te enteres!** F so there! F; **¡se va a enterar!** F he's in for it! F

enteramente entirely

entereza *f* fortitude

entero 1 *adj* whole, entire; (*no roto*) intact; **por ~** completely, entirely **2** *m* (*punto*) point

enterrador *m*, **-a** *f* gravedigger; **enterramiento** *m* burial; **enterrar** bury; **~ a todos** outlive everybody

entibiar, entibiarse *tb fig* cool down

entidad *f* entity, body

entierro *m* burial; (*funeral*) funeral

entoldado *m* *de tienda* awning; *para fiesta* tent, *Br* marquee

entonación *f* intonation; **entonar 1** *v/t* intone, sing; *fig* F perk up **2** *v/i* sing in tune

entonces then; **por ~, en aquel ~** in those days, at that time

entorno m environment

entorpecer hold up, hinder; *paso* obstruct; *entendimiento* dull

entrada f *acción* entry; *lugar* entrance; *localidad* ticket; *pago* deposit; *de comida* starter; *de ~* from the outset; **entradas** fpl receding hairline; **entrante 1** adj *mes etc* next, coming **2** m GASTR starter

entrañas fpl entrails

entrar 1 v/i *para indicar acercamiento* come in, enter; *para indicar alejamiento* go in, enter; *caber* fit; INFOR log on o in; **me entró frío / sueño** I got cold / sleepy, I began to feel cold / sleepy; **este tipo no me entra** I don't like the look of the guy **2** v/t *para indicar acercamiento* bring in; *para indicar alejamiento* take in

entre *dos cosas, personas* between; *más de dos* among(st); *expresando cooperación* between; **la relación ~ ellos** the relationship between them

entreabierto half-open

entreacto m TEA interval

entrecortado *habla* halting; *respiración* difficult, labored, *Br* laboured

entredicho m: **poner en ~** call into question, question

entrega f handing over; *de mercancías* delivery; *(dedica-*

ción) dedication; **~ a domicilio** (home) delivery; **~ de premios** prize-giving; **hacer ~ de algo a alguien** present s.o. with sth; **entregar** give, hand over; *trabajo, deberes* hand in; *mercancías* deliver; *premio* present; **entregarse** give o.s. up; **~ a** fig dedicate o.s. to

entrelazar interweave

entremeses mpl GASTR appetizers, hors d'oeuvres

entremeter insert

entrenador m, **~a** f coach; **entrenamiento** m coaching; **entrenar, entrenarse** train

entresuelo m mezzanine; TEA dress circle

entretanto meanwhile, in the meantime

entretener 1 v/t *(divertir)* entertain, amuse; *(retrasar)* detain; *(distraer)* distract **2** v/t be entertaining; **entretenerse** *(divertirse)* amuse o.s.; *(distraerse)* keep o.s. busy; *(retrasarse)* linger; **entretenido** *(divertido)* entertaining, enjoyable; **estar ~ ocupado** be busy; **entretenimiento** m entertainment, amusement

entretiempo m: **de ~ ropa** mid-season; *CSur* DEP half time

entrever make out, see

entrevista f interview; **entrevistar** interview; **entrevistarse**: **~ con alguien** meet (with) s.o.

entristecer sadden

entrometerse meddle (**en** in); **entrometido 1** *part* ☞ **entrometerse 2** *adj* meddling *atr*, interfering **3** *m* meddler, busybody

entumecerse go numb, get stiff

enturbiar *tb fig* cloud

entusiasmado excited; **entusiasmar** excite, make enthusiastic; **entusiasmarse** get excited, get enthusiastic (**con** about); **entusiasmo** *m* enthusiasm; **entusiasta 1** *adj* enthusiastic **2** *m/f* enthusiast

enumerar list, enumerate

enunciar state

envasar *en botella* bottle; *en lata* can; *en paquete* pack; **envase** *m* container; *botella* (empty) bottle; **~ de cartón** carton

envejecer age

envenenar *tb fig* poison

envergadura *f* AVIA wingspan; MAR breadth; *fig* magnitude, importance; **de gran** *o* **mucha ~** *fig* of great importance

enviado *m*, **-a** *f* POL envoy; *de un periódico* reporter, correspondent; **enviar** send

envidia *f* envy, jealousy; **me da ~** I'm envious *o* jealous; **tener ~ a alguien** *o* **de algo** envy s.o. sth; **envidiar** envy; **~ a alguien por algo** envy s.o. sth; **envidioso** envious, jealous; **envidiable** enviable

envío *m* shipment

envoltorio *m* wrapper; **envoltura** *f* cover, covering; *de regalo* wrapping; *de caramelo* wrapper

envolver wrap (up); (*rodear*) surround; (*involucrar*) involve; **~ a alguien en algo** involve s.o. in sth

enyesar *pared* plaster; MED put in plaster

enzima *f* *o* *m* BIO enzyme

eólico wind *atr*, **parque ~** wind farm

epidemia *f* epidemic

epilepsia *f* MED epilepsy; **epiléptico 1** *adj* epileptic **2** *m*, **-a** *f* epileptic

epílogo *m* epilog, *Br* epilogue

episcopal episcopal

episodio *m* episode

época *f* time, period; *parte del año* time of year; GEOL epoch; **hacer ~** be epoch-making

equilibrado well-balanced; **equilibrar** balance; **equilibrio** *m* balance; FÍS equilibrium; **equilibrista** *m/f* acrobat; *con cuerda* tightrope walker

equinoccio *m* equinox

equipaje *m* baggage, luggage; **~ de mano** hand baggage

equipamiento *m*: **~ de serie** AUTO standard features *pl*; **equipar** equip (**con** with)

equiparar put on a level (**a** *o* **con** with); **~ algo con algo** *fig* compare sth to sth

equipo *m* DEP team; *acceso-*

rios equipment; **~ de música o de sonido** sound system
equitación *f* riding
equitativo fair, equitable
equivalente *m/adj* equivalent; **equivaler** be equivalent (**a** to)
equivocación *f* mistake; **por ~** by mistake; **equivocado** wrong; **equivocar: ~ a alguien** make s.o. make a mistake; **equivocarse** make a mistake; **te has equivocado** you are wrong *o* mistaken; **~ de número** TELEC get the wrong number; **equívoco 1** *adj* ambiguous, equivocal **2** *m* misunderstanding; (*error*) mistake
era *f* era
erección *f* erection; **erecto** erect
erguir raise, lift; (*poner derecho*) straighten; **erguirse** *de persona* stand up, rise; *de edificio* rise
erial *m* uncultivated land
erigir erect
erizado bristling (**de** with); **erizarse** *de pelo* stand on end; **erizo** *m* ZO hedgehog; **~ de mar** ZO sea urchin
ermita *f* chapel; **ermitaño 1** ZO hermit crab **2** *m*, **-a** *f* hermit
erosión *f* erosion
erótico erotic; **erotismo** *m* eroticism
erradicar eradicate, wipe out
errante wandering; **errar 1** *v/t* miss; **~ el tiro** miss **2** *v/i* miss;

~ es humano to err is human; **errata** *f* mistake, error; *de imprenta* misprint, typo
erróneo wrong, erroneous *fml*; **error** *m* mistake, error; **~ de cálculo** error of judg(e)ment
eructar belch F, burp F
erudito 1 *adj* learned, erudite **2** *m* scholar
erupción *f* GEOL eruption; MED rash
esa ☞ **ese**
ésa ☞ **ése**
esbeltez *f* slimness; **esbelto** slim
esbozar sketch; *proyecto etc* outline; **esbozo** *m* sketch; *de proyecto etc* outline
escabeche *m* type of marinade
escabroso rough; *problema* tricky; *relato* indecent
escabullirse escape, slip away
escafandra *f* diving suit; AST space suit
escala *f tb* MÚS scale; AVIA stopover; **~ de cuerda** rope ladder; **~ de valores** scale of values; **a ~** to scale, life--sized
escalada *f* DEP climb, ascent; **~ de los precios** increase in prices; **escalador** *m*, **~a** *f* climber; **escalar** climb
escaldar GASTR blanch; *manos* scald
escalera *f* stairs *pl*, staircase; **~ de caracol** spiral staircase; **~ de incendios** fire escape;

~ de mano ladder; **~ mecánica** escalator; **escalerilla** *f de avión* steps *pl; en barco* gangway

escalofriante horrifying; **escalofrío** *m* shiver

escalón *m* step; *de escalera de mano* rung

escalope *m* escalope

escama *f* ZO scale; *de jabón, piel* flake; **escamar** scale; *fig* make suspicious

escamotear (*ocultar*) hide, conceal; (*negar*) withhold

escandalizar shock, scandalize; **escandalizarse** be shocked; **escándalo** *m* scandal; (*jaleo*) racket, ruckus; **armar un ~** make a scene; **escandaloso** scandalous; (*ruidoso*) noisy, rowdy

escandinavo 1 *adj* Scandinavian **2** *m*, **-a** *f* Scandinavian

escanear scan; **escáner** *m* scan

escaño *m* POL seat

escapada *f* escape; **escapar** escape (**de** from); **dejar ~** *oportunidad* pass up; *suspiro* let out, give; **escaparse** (*huir*) escape (**de** from); *de casa* run away (**de** from); **~ de situación** get out of

escaparate *m* store window

escape *m de gas* leak; AUTO exhaust; **salir a ~** rush out

escarabajo *m* ZO beetle

escarbar 1 *v/i tb fig* dig around (**en** in) **2** *v/t* dig around in

escarcha *f* frost

escardar hoe

escarlata *m/adj inv* scarlet

escarmentar 1 *v/t* teach a lesson to **2** *v/i* learn one's lesson

escarnecer deride; **escarnio** *m* derision

escarpado sheer, steep

escasear be scarce; **escasez** *f* shortage, scarcity; **escaso** *recursos* limited; **andar ~ de algo** *falto* be short of sth; **-as posibilidades de** not much chance of; **falta un mes ~** it's barely a month away

escatimar be mean with; **no ~ esfuerzos** spare no effort

escayola *f* (plaster) cast; **escayolar** put in a (plaster) cast

escena *f* scene; **escenario** stage; **entrar en ~** come on stage; **hacer una ~** *fig* make a scene; **escenario** *m* stage; *fig* scene; **escenificar** stage; **escenografía** *f arte* set design; (*decorados*) scenery

escepticismo *m* skepticism, *Br* scepticism; **escéptico 1** *adj* skeptical, *Br* sceptical **2** *m*, **-a** *f* skeptic, *Br* sceptic

esclarecer throw *o* shed light on; *misterio* clear up

esclavitud *f* slavery; **esclavo** *m* slave

esclusa *f* lock

escoba *f* broom; **escobilla** *f* small brush; AUTO wiper blade

escocer sting, smart

escocés 1 *adj* Scottish **2** *m* Scot, Scotsman; **escocesa** *f* Scot, Scotswoman; **Escocia** Scotland

escoger choose, select

escolar 1 *adj* school *atr* **2** *m/f* student; **escolarización** *f* education, schooling; **escolarizar** educate

escollo *m* MAR reef; (*obstáculo*) hurdle, obstacle

escolta 1 *f* escort **2** *m* (*motorista*) outrider; (*guardaespaldas*) bodyguard; **escoltar** escort

escombros *mpl* rubble

esconder hide, conceal; **esconderse** hide; **escondidas** *fpl* S.Am. hide-and-seek; **a ~** in secret; **escondite** *m* hiding place; *juego* hide-and-seek; **escondrijo** *m* hiding place

escopeta *f* shotgun; **~ de aire comprimido** air gun, air rifle

escoria *f* slag; *desp* dregs *pl*

Escorpio *m/f inv* ASTR Scorpio; **escorpión** *m* ZO scorpion

escotado low-cut; **escote** *m* neckline; *de mujer* cleavage

escotilla *f* MAR hatch

escozor *m* burning sensation, stinging; *fig* bitterness

escribir write; (*deletrear*) spell; **~ a máquina** type; **escrito 1** *part* ☞ **escribir 2** *adj* written; **por ~** in writing **3** *m* document; **~s** writings; **escritor** *m*, **~a** *f* writer; **escrito-**

rio *m* desk; **artículos de ~** stationery; **escritura** *f* writing; JUR deed; **Sagradas Escrituras** Holy Scripture

escrúpulo *m* scruple; **sin ~s** unscrupulous; **escrupuloso** (*cuidadoso*) meticulous; (*honrado*) scrupulous; (*aprensivo*) fastidious

escrutar scrutinize; *votos* count

escuadra *f* MAT set square; *de carpintero* square; MIL squad; MAR squadron; DEP *de portería* top corner

escuchar 1 *v/t* listen to; *L.Am.* (*oír*) hear **2** *v/i* listen

escudo *m arma* shield; *insignia* badge; *moneda* escudo; **~ de armas** coat of arms

escuela *f* school; **~ de comercio** business school; **~ de idiomas** language school; **~ primaria** elementary school, *Br* primary school

escueto succinct, concise

escultor *m*, **~a** *f* sculptor; **escultura** *f* sculpture

escupir 1 *v/i* spit **2** *v/t* spit out

escurridizo slippery; *fig* evasive; **escurrir 1** *v/t ropa* wring out; *platos, verduras* drain **2** *v/i de platos* drain; *de ropa* drip-dry; **escurrirse** *de líquido* drain away; (*deslizarse*) slip; (*escaparse*) slip away

ese, esa, esos, esas that; *pl* those

ése, ésa, ésos, ésas *pron singular* that (one); *pl* those

(ones)

esencia *f* essence; **esencial** essential

esfera *f* sphere; **esférico 1** *adj* spherical **2** *m* DEP F ball

esforzar strain; **esforzarse** make an effort, try hard; **esfuerzo** *m* effort; **sin ~** effortlessly

esfumarse F *tb fig* disappear

esgrima *f* fencing; **esgrimir** *arma* wield; *fig: argumento* put forward

esguince *m* sprain

eslabón *m* link; **el ~ perdido** the missing link

eslogan *m* slogan

eslovaco 1 *adj* Slovak(ian) **2** *m*, **-a** *f* Slovak **3** *m idioma* Slovak; **Eslovaquia** Slovakia

Eslovenia Slovenia; **esloveno 1** *adj* Slovene, Slovenian **2** *m*, **-a** *f* Slovene, Slovenian **3** *m idioma* Slovene

esmaltar enamel; **~ las uñas** put nail polish on; **esmalte** *m* enamel; **~ de uñas** nail polish, nail varnish

esmerado meticulous

esmeralda *f* emerald

esmerarse take great care (**en** over)

esmerilar grind

esmero *m* care

esnob 1 *adj* snobbish **2** *m* snob; **esnobismo** *m* snobbishness

eso that; **en ~** just then; **~ mismo**, **~ es** that's it, that's the way; **a ~ de las dos** at

around two; **por ~** that's why; **¿y ~?** why's that?

esófago *m* ANAT esophagus, *Br* oesophagus

espabilado (*listo*) bright, smart; (*vivo*) sharp

espacial *cohete*, *viaje* space *atr*; FÍS, MAT spatial; **espacio** *m* space; TV program, *Br* programme; **~ de tiempo** space of time; **~ vital** living space; **espacioso** spacious, roomy

espada *f* sword; **~s** (*en naipes*) suit in Spanish deck of cards

espaguetis *mpl* spaghetti *sg*

espalda *f* back; **a ~s de alguien** behind s.o.'s back; **de ~s a** with one's back to; **por la ~** from behind; **nadar a ~** swim backstroke

espantajo *m* scarecrow; *fig* sight; **espantapájaros** *m inv* scarecrow; **espantar 1** *v/t* (*asustar*) frighten, scare; (*ahuyentar*) frighten away; F (*horrorizar*) horrify; **espanto** *m* (*susto*) fright; *L.Am.* (*fantasma*) ghost; **nos llenó de ~ desagrado** we were horrified; **¡qué ~!** how awful!; **de ~** terrible; **espantoso** horrific; *para enfatizar* terrible, dreadful; **hace un calor ~** it's incredibly hot

España España **1** *adj* Spanish **2** *m*, **-a** *f* Spaniard; **los ~es** the Spanish **3** *m idioma* Spanish; **españolismo** *m* (*afición*) love of Spain;

cualidad Spanishness

esparadrapo *m* Band-Aid®, *Br* (sticking) plaster

esparcir *papeles* scatter; *rumor* spread; **esparcirse** *de papeles* be scattered; *de rumor* spread

espárrago *m* asparagus

esparto *m* BOT esparto grass

espasmo *m* spasm

especia *f* spice

especial special; *(difícil)* fussy; *en ~* especially; **especialidad** *f* specialty, *Br* speciality; **especialista** *m/f* specialist; *en cine* stuntman; *mujer* stuntwoman; **especializarse** specialize (*en* in); **especialmente** specially

especie *f* BIO species *sg; (tipo)* kind, sort

especificar specify; **específico** specific

espectacular spectacular; **espectáculo** *m* TEA show; *(escena)* sight; **dar el ~** *fig* make a spectacle of o.s.; **espectador** *m*, *~a* *f en cine etc* member of the audience; DEP spectator; *(observador)* on-looker

espectro *m* FÍS spectrum; *(fantasma)* ghost

especular speculate

espejismo *m* mirage; **espejo** *m* mirror; **~ retrovisor** rearview mirror

espeluznante horrific, horrifying

espera *f* wait; **sala de ~** waiting room; **en ~ de** pending;

estar a la ~ de be waiting for

esperanza *f* hope; **~ de vida** life expectancy

esperar 1 *v/t (aguardar)* wait for; *con esperanza* hope; *(suponer, confiar en)* expect **2** *v/i (aguardar)* wait

esperma *f* sperm

espeso thick; *vegetación, niebla* thick, dense; **espesor** *m* thickness

espía *m/f* spy; **espiar 1** *v/t* spy on **2** *v/i* spy

espiga *f* BOT ear, spike

espina *f de planta* thorn; *de pez* bone; **~ dorsal** spine, backbone

espinacas *fpl* spinach

espinilla *f de la pierna* shin; *en la piel* pimple, spot

espino *m* BOT hawthorn; **espinoso** *tb fig* thorny

espionaje *m* spying, espionage

espiral *f/adj* spiral (*atr*)

espirar exhale

espíritu *m* spirit; **espiritual** spiritual

espléndido splendid, magnificent; *(generoso)* generous; **esplendor** *m* splendor, *Br* splendour

espliego *m* lavender

esponja *f* sponge; **esponjoso** spongy; *toalla* soft, fluffy

espontáneo spontaneous

esposa *f* wife; **esposas** *fpl (manillas)* handcuffs *pl;* **esposo** *m* husband

esprint *m* sprint

espuma *f* foam; *de jabón* lath-

er; *de cerveza* froth; **~ de
afeitar** shaving foam; **~ mol-
deadora** styling mousse; *es-
pumoso* frothy, foamy; *cal-
do* sparkling

esquela *f aviso* death notice,
obituary

esqueleto *m* skeleton; *Méx,
C.Am., Pe, Bol fig* blank
form

esquema *m* (*croquis*) sketch,
diagram; (*sinopsis*) outline,
summary

esquí *m* ski; *deporte* skiing; **~
de fondo** cross-country ski-
ing; **~ náutico** *o* **acuático**
waterskiing; **esquiador** *m*,
~a *f* skier; **esquiar** ski

esquina *f* corner

esquirol *m/f* strikebreaker,
scab F

esquivar avoid, dodge F

esquizofrenia *f* schizophre-
nia; **esquizofrénico** schizo-
phrenic

esta ☞ **este²**

estabilidad *f* stability; **esta-
ble** stable

establecer establish; *negocio*
set up; **establecimiento** *m*
establishment

establo *m* stable

estaca *f* stake

estación *f* station; *del año*
season; **~ espacial** *o* **orbital**
space station; **~ de invierno**
o **invernal** winter resort; **~
de servicio** service station;
~ de trabajo INFOR work sta-
tion; **estacionamiento** *m*
AUTO *acción* parking;

L.Am. parking parking lot,
Br car park; **estacionar** AU-
TO park

estadio *m* DEP stadium

estadística *f cifra* statistic;
ciencia statistics *sg*

estado *m* state; MED condi-
tion; **~ civil** marital status;
en buen ~ in good condi-
tion; **el Estado** the State; **~
del bienestar** welfare state;
**los Estados Unidos (de
América)** the United States
(of America)

estadounidense 1 *adj* Amer-
ican, US *atr* **2** *m/f* American

estafa *f* swindle, cheat; *esta-
fador m*, *~a f con* artist F,
fraudster; **estafar** cheat (**a**
out of)

estallar explode; *de guerra*
break out; *de escándalo*
break; **estalló en llanto**
she burst into tears; **estalli-
do** *m* explosion; *de guerra*
outbreak

estampa *f de libro* illustra-
tion; (*aspecto*) appearance;
REL prayer card; **estampa-
do** *tejido* patterned; **estam-
par** *sello* put; *tejido* print; *pa-
saporte* stamp

estampilla *f L.Am.* stamp

estancar *río* dam up; *fig* bring
to a standstill; **estancarse**
stagnate; *fig* come to a
standstill

estancia *f* stay; *Rpl* (*hacien-
da*) farm, ranch

estanco 1 *adj* watertight **2** *m*
shop selling cigarettes etc

estándar *m* standard; **estandarizar** standardize

estandarte *m* standard, banner

estanque *m* pond

estante *m* shelf; **estantería** *f* shelves *pl*; *para libros* bookcase

estaño *m* tin

estar be; **¿está Javier?** is Javier in?; *estamos a 3 de enero* it's January 3rd; *ahora estoy con Vd.* I'll be with you in just a moment; *~ a bien / mal con alguien* be on good / bad terms with s.o.; *~ de ocupación* work as, be; *~ en algo* be working on sth; *~ para hacer algo* be about to do sth; *no ~ para algo* not be in a mood for sth; *está por hacer* it hasn't been done yet; *¡ya estoy!* I'm ready!; *¡ya está!* that's it!; **estarse** stay; *~ quieto* keep still

estatal state *atr*

estatua *f* statue; **estatura** *f* height; **estatuto** *m* statute; **~s** articles of association

este¹ *m* east

este², **esta**, **estos**, **estas** this; *pl* **these**

éste, **ésta**, **éstos**, **éstas** this (one); *pl* these (ones)

estela *f* MAR wake; AVIA, *fig* trail

estepa *f* steppe

estera *f* mat

estéreo stereo

estéril MED sterile; *trabajo, esfuerzo etc* futile; **esterilizar** *tb persona* sterilize

esterlina: *libra ~* pound sterling

esteticista *m/f* beautician; **estético** esthetic, *Br* aesthetic

estiércol *m* dung; *(abono)* manure

estigma *m* *tb fig* stigma

estilo *m* style; *algo por el ~* something like that; *son todos por el ~* they're all the same

estilográfica *f* fountain pen

estima *f* esteem, respect; **estimación** *f* *(cálculo)* estimate; *(estima)* esteem, respect; **estimar** respect, hold in high regard; *estimo conveniente que* I consider it advisable to

estimulante 1 *adj* stimulating **2** *m* stimulant; **estimular** stimulate; *(animar)* encourage; **estímulo** *m* stimulus; *(incentivo)* incentive

estío *m literario* summertime

estipulación *f* stipulation

estirar stretch; *(alisar)* smooth out; **estirón** *m* *(tirón)* tug; *dar un ~* F *de niño* shoot up

estirpe *f* stock

estival summer *atr*

esto this; *~ es* that is to say; *por ~* this is why; *a todo ~ (mientras tanto)* meanwhile; *(a propósito)* incidentally

estofado stewed

estómago *m* stomach

Estonia *f* Estonia; **estonio 1**

adj Estonian **2** *m*, **-a** *f* Estonian **3** *m idioma* Estonian

estorbar 1 *v/t (dificultar)* hinder **2** *v/i* get in the way; **estorbo** *m* hindrance

estornino *m* ZO starling

estornudar sneeze

estragón *m* BOT tarragon

estragos *mpl* devastation; **causar ~ entre** wreak havoc among

estrambótico F eccentric; *ropa* outlandish

estrangular strangle

estratagema *f* stratagem; **estrategia** *f* strategy; **estratégico** strategic

estrato *m fig* stratum

estrechar 1 *v/t* hold take in; *mano* shake; **~ entre los brazos** hug, embrace; **estrecho 1** *adj* narrow; *(apretado)* tight; *amistad* close; **~ de miras** narrow-minded **2** *m* strait, straits *pl*

estrella *f* star; **~ fugaz** falling star; **~ de mar** ZO starfish; **~ polar** Pole star; **estrellarse** crash (**contra** into)

estremecer shock, shake; **estremecerse** shake, tremble; *de frío* shiver; *de horror* shudder; **estremecimiento** *m* shaking, trembling; *de frío* shiver; *de horror* shudder

estreñimiento *m* constipation

estrépito *m* noise, racket; **estrepitoso** noisy

estrés *m* stress; **estresado**

stressed out; **estresar** stress; **estresante** stressful

estría *f en piel* stretch mark

estribo *m* stirrup; **perder los ~s** *fig* fly off the handle F

estribor *m* MAR starboard

estricto strict

estridente shrill, strident

estrofa *f* stanza, verse

estropeado *(averiado)* broken; **estropear** *aparato* break; *plan* ruin, spoil

estructura *f* structure

estruendo *m* racket, din

estrujar *f* crumple up; *trapo* wring out; *persona* squeeze

estuche *m* case, box

estuco *m* stucco work

estudiante *m/f* student; **estudiar** study; **estudio** *m disciplina* study; *apartamento* studio, *Br* studio flat; *de cine, música* studio; **estudioso** studious

estufa *f* heater

estupefaciente *m* narcotic (drug); **estupefacto** stupefied, speechless

estupendo fantastic, wonderful

estupidez *f cualidad* stupidity; *acción* stupid thing; **estúpido 1** *adj* stupid **2** *m*, **-a** *f* idiot

esturión *m* ZO sturgeon

etapa *f* stage

eternidad *f* eternity; **eterno** eternal; **la película se me hizo -a** the movie seemed to go on for ever

etiqueta *f* label; *(protocolo)*

etiquette

eucalipto *m* BOT eucalyptus

Europa Europe; **europeo 1** *adj* European **2** *m*, **-a** *f* European

eusquera *m/adj* Basque

evacuación *f* evacuation; **evacuar** evacuate

evadir avoid; *impuestos* evade; **evadirse** *tb fig* escape

evaluación *f* evaluation, assessment; (*prueba*) test; **evaluar** assess, evaluate

evangélico evangelical; **evangelio** *m* gospel

evaporación *f* evaporation; **evaporarse** evaporate; *fig* F vanish into thin air

evasión *f tb fig* escape; **~ de capitales** flight of capital; **~ fiscal** tax evasion; **evasiva** *f* evasive reply; **evasivo** evasive

evento *m* event; **eventual** possible; *trabajo* casual, temporary; **en el caso ~ de** in the event of; **eventualidad** *f* eventuality

evidencia *f* evidence, proof; **poner en ~** demonstrate; **poner a alguien en ~** show s.o. up; **evidente** evident, clear

evitable avoidable; **evitar** avoid; (*impedir*) prevent; *molestias* save; **no puedo ~lo** I can't help it

evocar evoke

evolución *f* BIO evolution; (*desarrollo*) development; **evolucionar** BIO evolve; (*de-*

sarrollar) develop

exactitud *f* accuracy; **exacto** accurate, exact; **¡~!** exactly!, precisely!

exageración *f* exaggeration; **exagerar** exaggerate

exaltado excited, worked up; **exaltarse** get excited, get worked up (*por* about)

examen *m* test, exam; MED examination; (*análisis*) study; **~ de conducir** driving test; **examinar** examine; **examinarse** take an exam

excavación *f* excavation; **excavadora** *f* digger; **excavar** excavate; *túnel* dig

excedente 1 *adj* surplus; *empleado* on extended leave of absence **2** *m* surplus; **exceder** exceed; **excederse** go too far, get carried away

excelencia *f* excellence; **Su Excelencia la...** Her Excellency the ...; **por ~** par excellence; **excelente** excellent

excéntrico 1 *adj* eccentric **2** *m*, **-a** *f* eccentric

excepción *f* exception; **a ~ de** except for; **excepcional** exceptional; **excepto** except; **exceptuar** except; **exceptuando** with the exception of, except for

excesivo excessive; **exceso** *m* excess; **~ de equipaje** excess baggage; **~ de velocidad** speeding; **en ~** in excess, too much

excitación *f* excitement, agitation; **excitante 1** *adj* exciting; *una bebida* ~ a stimulant **2** *m* stimulant; **excitar** excite; *sentimientos, sexualmente* arouse; **excitarse** get excited; *sexualmente* become aroused

exclamación *f* exclamation; **exclamar** exclaim

excluir leave out (*de* of), exclude (*de* from); *posibilidad* rule out; **exclusión** *f* exclusion; *con* ~ *de* with the exception of; **exclusiva** *f privilegio* exclusive rights *pl* (*de* to); *reportaje* exclusive; **exclusivo** exclusive

excomulgar REL excommunicate

excremento *m* excrement

excursión *f* trip, excursion

excusa *f* excuse; ~*s* apologies

excusar excuse

exento exempt (*de* from); ~ *de impuestos* tax-exempt, tax-free

exhausto exhausted

exhibición *f* display, demonstration; *de película* screening, showing; **exhibir** show, display; *película* screen, show; *cuadro* exhibit

exhortar exhort (*a* to)

exigencia *f* demand; **exigente** demanding; **exigir** demand; (*requerir*) call for, demand

exiliar exile; **exiliarse** go into exile; **exilio** *m* exile; *en el* ~ in exile

existencia *f* existence; (*vida*) life; ~*s* COM supplies, stocks;

existir exist; *existen muchos problemas* there are a lot of problems

éxito *m* success; ~ *de taquilla* box office hit; **tener** ~ be successful, be a success; **exitoso** successful

exótico exotic

expansión *f* expansion; (*recreo*) recreation; **expansivo** expansive

expatriarse leave one's country

expectación *f* sense of anticipation; **expectante** expectant; **expectativa** *f* (*esperanza*) expectation; *estar a la* ~ *de algo* be waiting for sth; ~*s* (*perspectivas*) prospects

expedición *f* expedition

expediente *m* file, dossier; (*investigación*) investigation, inquiry; ~ *académico* student record; ~ *disciplinario* disciplinary proceedings *pl*

expedir *documento* issue; *mercancías* send, dispatch

experiencia *f* experience

experimentar 1 *v/t* try out, experiment with **2** *v/i* experiment (*con* on); **experimento** *m* experiment

experto 1 *adj* expert; ~ *en hacer algo* expert at doing sth **2** *m* expert (*en* on)

expiar expiate, atone for

expirar expire

explicable explainable, explicable; **explicación** *f* explanation; **explicar** explain; **explicarse** (*comprender*) understand; (*hacerse comprender*) express o.s.; **explicativo** explanatory

exploración f exploration; **explorador** m, ~a f explorer; MIL scout; **explorar** explore

explosión f explosion; ~ **demográfica** population explosion; **hacer** ~ go off, explode; **explosionar** explode; **explosivo** m/adj explosive

explotación f de mina, tierra exploitation, working; de negocio running, operation; de trabajador exploitation; **explotar 1** v/t tierra, mina work, exploit; situación take advantage of, exploit; trabajador exploit **2** v/i go off, explode; fig explode

exponer teoría set out, put forward; (*revelar*) expose; pintura exhibit, show; (*arriesgar*) risk; **exponerse**: ~ **a algo** (*arriesgarse*) lay o.s. open to sth

exportación f export; **exportar** export; **exportador** m, ~a f exporter

exposición f exhibition; **expositor** m, ~a f exhibitor

expresar express; **expresión** f expression; **expresivo** expressive

expreso 1 adj express atr, **tren** ~ express (train) **2** m tren express (train); café espresso

exprimidor m lemon squeezer; eléctrico juicer; **exprimir**

squeeze; (*explotar*) exploit

expropiar expropriate

expulsar expel, throw out F; DEP expel from the game, Br send off; **expulsión** f expulsion; DEP sending off

exquisito comida delicious; (*bello*) exquisite; (*refinado*) refined

éxtasis m tb droga ecstasy

extender brazos stretch out; (*untar*) spread; tela, papel spread out; (*ampliar*) extend; **extenderse** de campos stretch; de influencia extend; (*difundirse*) spread; (*durar*) last; explayarse go into detail; **extensible** extending; **extensión** f tb TELEC extension; superficie expanse, area; **extenso** extensive, vast; informe lengthy, long

exterior 1 adj aspecto external, outward; capa outer; apartamento overlooking the street; POL foreign; **la parte** ~ the outside **2** m (*fachada*) exterior, outside; aspecto exterior, outward appearance; **viajar al** ~ (*al extranjero*) travel abroad

exterminar exterminate, wipe out

externo 1 adj aspecto external, outward; influencia external, outside; capa outer; deuda foreign **2** m, ~a f EDU student who attends a boarding school but returns home each evening, Br day boy / girl

extinción f: **en peligro de** ~ in danger of extinction; **extinguidor** m L.Am.: ~ (**de incendios**) (fire) extinguisher; **extinguir** BIO, ZO wipe out; *fuego* extinguish, put out; **extinguirse** BIO, ZO become extinct, die out; *de fuego* go out; *de plazo* expire; **extintor** m fire extinguisher

extirpar MED remove; *vicio* eradicate, stamp out

extorsión f extortion

extra 1 adj *excelente* top quality; *adicional* extra; **horas** ~ overtime; **paga** ~ extra month's pay **2** m/f *de cine* extra **3** m *gasto* additional expense

extracción f extraction; **extracto** m extract; (*resumen*) summary; GASTR, QUÍM extract; ~ **de cuenta** bank statement; **extractor** m extractor; ~ **de humos** extractor fan

extradición f extradition; **extraditar** extradite

extraer extract, pull out; *conclusión* draw

extranjero 1 adj foreign **2** m, -a f foreigner; **en el** ~ abroad

extrañar L.Am. miss; **extrañarse** be surprised (**de** at); **extrañeza** f strangeness; (*sorpresa*) surprise; **extraño 1** adj strange, odd **2** m, -a f stranger

extraordinario extraordinary

extraterrestre extraterrestial, alien

extraviar lose, mislay; **extraviarse** get lost, lose one's way

extremar maximize

extremaunción f REL extreme unction

extremidad f end; **~es** extremities; **extremista 1** adj extreme **2** m/f POL extremist; **extremo 1** adj extreme **2** m extreme; *parte primera o última* end; *punto* point; **llegar al** ~ **de** reach the point of **3** m/f: ~ **derecho** / **izquierdo** DEP right / left wing; **en** ~ in the extreme

exuberante exuberant; *vegetación* lush

eyacular ejaculate

F

fabada f GASTR *Asturian stew with pork sausage, bacon and beans*

fábrica f plant, factory; **fabricación** f manufacturing; **fabricante** m manufacturer, maker; **fabricar** manufac-

ture

fabuloso fabulous

faceta f fig facet

facha 1 f look; (*cara*) face **2** m/f desp fascist; **fachada** f tb fig façade

facial facial

fácil easy; *es ~ que* it's likely that; **facilidad** *f* ease; *tener ~ para algo* have a gift for sth; *~es de pago* credit facilities, credit terms; **facilitar** facilitate, make easier; (*hacer factible*) make possible; *medios, dinero etc* provide

factible feasible

factor *m* factor

factoría *f esp L.Am.* plant, factory

factura *f* COM invoice; *de luz, gas etc* bill; **facturación** *f* COM invoicing; *volumen de negocio* turnover; AVIA check-in; **facturar** COM invoice, bill; *volumen de negocio* turn over; AVIA check in

facultad *f* faculty; (*autoridad*) authority

faena *f* task, job; *hacer una ~ a alguien* play a dirty trick on s.o.

fagot *m* MÚS bassoon

faisán *m* ZO pheasant

faja *f prenda interior* girdle

falda *f* skirt; *de montaña* side; **falda-pantalón** *f* divided skirt, culottes *pl*

falla *f* fault; *de fabricación* flaw; **fallar 1** *v/i* fail; (*no acertar*) miss; *de sistema etc* go wrong; JUR find (*en favor de* for; *en contra de* against); *~ a alguien* let s.o. down **2** *v/t* JUR pronounce judg(e)ment in; *pregunta* get wrong; *~ el tiro* miss

fallecer pass away; **falleci-**

miento *m* demise

fallo *m* mistake; TÉC fault; JUR judg(e)ment; *~ cardiaco* heart failure

falsedad *f* falseness; (*mentira*) lie; **falsificación** *f de moneda* counterfeiting; *de documentos, firma* forgery; **falsificar** *moneda* counterfeit; *documento, firma* falsify; **falso** false; *joyas* fake; *documento, firma* forged; *jurar en ~* commit perjury

falta *f* (*escasez*) lack, want; (*error*) absence; *en tenis* fault; *en fútbol* foul; (*tiro libre*) free kick; *hacerle~ a alguien* foul s.o.; *~ de* lack of, shortage of; *sin ~* without fail; *buena ~ le hace* it's about time; *echar en ~ a alguien* miss s.o.; *hacer ~* be necessary

faltar be missing; *falta una hora* there's an hour to go; *sólo falta hacer la salsa* there's only the sauce to do; *~ a* be absent from; *~ a alguien* be disrespectful to s.o.; *~ a su palabra* not keep one's word; *falto: ~ de* lacking in, devoid of; *~ de recursos* short of resources

fama *f* fame; (*reputación*) reputation; *tener mala ~* have a bad reputation

familia *f* family; *sentirse como en ~* feel at home; **familiar 1** *adj* family *atr*; (*conocido*), *lenguaje* familiar **2** *m/f* relation, relative

famoso 1 *adj* famous **2** *m*, **-a** *f* celebrity

fanático 1 *adj* fanatical **2** *m*, **-a** *f* fanatic; **fanatismo** *m* fanaticism

fanfarrón 1 *adj* boastful **2** *m*, **-ona** *f* boaster; **fanfarronear** boast, brag

fango *m tb fig* mud

fantasía *f* fantasy; (*imaginación*) imagination; **joyas de ~** costume jewelry *o Br* jewellery; **fantástico** fantastic

fardo *m* bundle

faringe *f* ANAT pharynx; **faringitis** *f* MED pharyngitis

farmacéutico 1 *adj* pharmaceutical **2** *m*, **-a** *f* pharmacist, *Br tb* chemist; **farmacia** *f* pharmacy, *Br tb* chemist's; **estudios** pharmacy; **~ de guardia** 24-hour pharmacist, *Br* emergency chemist; **fármaco** *m* medicine

faro *m* MAR lighthouse; AUTO headlight, headlamp; **~ antiniebla** fog light; **farol** *m* lantern; (*farola*) streetlight; **en juegos de cartas** bluff

farsa *f tb fig* farce; **farsante** *m/f* fraud, fake

fascinación *f* fascination; **fascinar** fascinate

fascismo *m* fascism; **fascista** *m/f* & *adj* fascist

fase *f* phase

fastidiar annoy; F (*estropear*) spoil; **fastidio** *m* annoyance; **¡qué ~!** what a nuisance!;

fastidioso annoying

fatal 1 *adj* fatal; (*muy malo*) dreadful, awful **2** *adv* very badly; **fatalidad** *f* misfortune

fatiga *f* tiredness, fatigue; **fatigado** tired; **fatigar** tire; **fatigoso** tiring

favor *m* favour; favour; **a ~ de** in favor of; **por ~** please; **hacer un ~** do a favor; **favorable** favorable, *Br* favourable; **favorecer** favor, *Br* favour; *de ropa, color* suit; **favoritismo** *m* favoritism, *Br* favouritism; **favorito 1** favorite, *Br* favourite **2** *m*, **-a** *f* favorite

fax *m* fax; **enviar un ~ a alguien** send s.o. a fax, fax s.o.

faz *f* face

fe *f* faith (**en** in)

fealdad *f* ugliness

febrero *m* February

febril feverish

fecha *f* date; **~ límite de consumo** best before date; **~ de nacimiento** date of birth; **fechar** date

fecundar fertilize; **fecundidad** *f* fertility; **fecundo** fertile

federación *f* federation; **federal** federal

felicidad *f* happiness; **¡~es!** congratulations!; **felicitación** *f* letter of congratulations; **¡felicitaciones!** congratulations!; **felicitar** congratulate (**por** on); **feliz** happy; **¡~ Navidad!** Merry Christmas!

felpa f toweling, Br towelling

femenino 1 adj feminine; *moda, equipo* women's **2** GRAM feminine; **femin(e)idad** f femininity; **feminismo** m feminism; **feminista** m/f adj feminist

fenomenal 1 adj F fantastic F, phenomenal F **2** adv: **lo pasé** ~ F I had a fantastic time F; **fenómeno 1** m phenomenon; *persona* genius **2** adj F fantastic F, great F

feo 1 adj ugly; *fig* nasty **2** m: **hacer un** ~ **a alguien** F snub s.o.

féretro m casket, coffin

feria f COM fair; *L.Am.* (*mercado*) market; *Méx* (*calderilla*) small change; ~ **de muestras** trade fair; **feriado 1** adj *L.Am.*: **día** ~ public holiday **2** m *L.Am.* public holiday; **feriar** v/t *recinto* ~ fairground **2** m fair

fermentación f fermentation; **fermentar** ferment

ferocidad f ferocity; **feroz** fierce; (*cruel*) cruel

férreo tb fig iron atr; *del ferrocarril* rail atr; **ferretería** f hardware store; **ferrocarril** m railroad, Br railway; **ferroviario** rail atr

ferry m ferry

fértil fertile; **fertilidad** f fertility; **fertilizante** m fertilizer; **fertilizar** fertilize

ferviente fig fervent

festival m festival; ~ **cinematográfico** film festival; **festi-**

vo festive

fétido fetid

feto m fetus

fiable trustworthy; *datos, máquina etc* reliable; **fiado:** **al** ~ F on credit; **fiador 1** m TÉC safety catch **2** m, ~**a** f JUR guarantor

fiambre m cold cut, Br cold meat; P (*cadáver*) stiff P

fianza f deposit; JUR bail; **bajo** ~ on bail

fiar give credit; **fiarse:** ~ **de alguien** trust s.o.; **no me fío** I don't trust him *etc* them *etc*

fibra f fiber, Br fibre; ~ **óptica** optical fiber; ~ **de vidrio** fiberglass

ficha f file card, index card; *en juegos de mesa* counter; *en un casino* chip; *en damas* checker, Br draught; *en ajedrez* man, piece; TELEC token; **fichar 1** v/t DEP sign; JUR open a file on **2** v/i DEP sign (*por*) up; **fichero** m file cabinet, Br filing cabinet; INFOR file

fidelidad f fidelity

fideo m noodle

fiebre f fever; (*temperatura*) temperature; ~ **del heno** hay fever

fiel 1 adj faithful; (*leal*) loyal **2** mpl: **los** ~**es** REL the faithful pl

fieltro m felt

fiera f wild animal

fierro m *L.Am.* iron

fiesta f festival; (*reunión social*) party; (*día festivo*) public holiday; **estar de** ~ be in a party mood

figura f figure; (*estatuilla*) figurine; (*forma*) shape; *naipes* face card, Br picture card; **figurado** figurative; **figurante** m, -a f en película extra; TEA walk-on; **figurar** appear (**en** in); **figurarse** imagine

fijación f fixing; (*obsesión*) fixation; **fijador** m FOT, PINT fixative, fixer; *para el pelo* hairspray; **fijar** fix; *cartel* stick; *fecha, objetivo* set; *residencia* establish; **atención** focus; **fijarse** (*establecerse*) settle; (*prestar atención*) pay attention (**en** to); ~ **en algo** (*darse cuenta*) notice sth; **fijo** fixed; *trabajo* permanent; *fecha* definite

fila f line, Br queue; *de asientos* row; **en** ~ **india** in single file; ~**s** MIL ranks

filete m GASTR fillet

Filipinas fpl Philippines; **Filipino 1** adj Philippine, Filipino **2** m, -a f Filipino **3** m idioma Philipino, Filipino

film(e) m movie, film; **filmación** f filming, shooting; **filmar** film, shoot

filólogo m, -a f philologist

filosofía f philosophy; **filosófico** philosophical; **filósofo** m, -a f philosopher

filtrar filter; *información* leak; **filtrarse** filter (**por** through); *de agua, información* leak; **filtro** m filter

fin m end; (*objetivo*) aim, pur-

pose; ~ **de semana** weekend; **a** ~**es de mayo** at the end of May; **al** ~ **y al cabo** at the end of the day; **en** ~ anyway

final f/adj final; **finalidad** f purpose, aim; **finalista 1** adj: **las dos selecciones** ~**s** the two teams that reached the final **2** m/f finalist; **finalización** f completion; **finalizado** complete; **finalizar** end, finish; **finalmente** eventually

financiación f funding; **financiar** fund, finance; **financista** m/f L.Am. financier; **finanzas** fpl finances

finca f (*bien inmueble*) property; L.Am. (*granja*) farm

finés 1 adj Finnish **2** m, -esa f Finn **3** m idioma Finnish

fineza f cualidad fineness; *dicho* compliment

fingir pretend, feign fml

finlandés 1 adj Finnish **2** m, -esa f Finn **3** m idioma Finnish; **Finlandia** Finland

fino calidad fine; *libro, tela* thin; (*esbelto*) slim; *modales, gusto* refined; *sentido de humor* subtle; **finura** f de calidad fineness; *de tela* thinness; (*esbeltez*) slimness; *de modales, gusto* refinement; *de sentido de humor* subtlety

firma f signature; *acto* signing; COM firm; **firmar** sign

firme firm; (*estable*) steady; **en** ~ COM firm; **firmeza** f firmness

fiscal 1 adj tax atr, fiscal **2** m/f district attorney, Br public prosecutor

física f physics; **físico 1** adj physical **2** m, **-a** f physicist **3** m de una persona physique

fisioterapia f physical therapy, Br physiotherapy

fisura f crack; MED fracture

flác flabby

flaco thin; **punto ~** weak point

flamante (nuevo) brand-new

flamenco 1 adj MÚS flamenco **2** m MÚS flamenco; ZO flamingo

flaqueza f fig weakness

flash m FOT flash

flato m MED stitch

flauta f flute; Méx GASTR fried taco; **~ dulce** recorder; **~ travesera** (transverse) flute; **flautista** m/f flautist

flecha f arrow

flequillo m del pelo bangs pl, Br fringe

fletar charter; (embarcar) load

flexible flexible

flirtear flirt (**con** with)

flojo loose; café, argumento weak; COM actividad slack; redacción poor; L.Am. (perezoso) lazy

flor f flower; **florecer** BOT flower. bloom; de negocio, civilización flourish; **florero** m vase; **florista** m/f florist; **floristería** f florist

flota f fleet; **flotador** m float; **flotar** float

fluctuación f fluctuation; **fluctuar** fluctuate

fluido 1 adj fluid; tráfico free-flowing; lenguaje fluent **2** m fluid; **fluir** flow; **flujo** m

fluorescente 1 adj fluorescent **2** m strip light

fluvial river atr

foca f ZO seal

foco m focus; TEA, TV spotlight; de infección center, Br centre; de incendio seat; L.Am. (bombilla) lightbulb; de auto headlight; de calle streetlight

fogón m de cocina stove; TÉC burner; L.Am. fuego bonfire

follaje m foliage

follar V fuck V, screw V

folleto m pamphlet

follón m argument; (lío) mess

fomentar foster; COM promote; rebelión foment, incite; **fomento** m COM promotion

fonda f cheap restaurant; (pensión) boarding house

fondo m bottom; de sala, cuarto back; de pasillo end; (profundidad) depth; PINT, FOT background; de un museo collection; COM fund; **~ de inversión** investment fund; **~ de pensiones** pension fund; **Fondo Monetario Internacional** International Monetary Fund; **~s** money, funds; **tiene buen ~** he's got a good heart; **en el ~** deep down

fontanería f plumbing; **fontanero** m plumber

footing m DEP jogging; **hacer ~** go jogging, jog

forastero 1 adj foreign **2** m, -a f outsider, stranger

forestal forest atr

forjar metal forge

forma f form; (apariencia) shape; (manera) way; **de todas ~s** in any case, anyway; **estar en ~** be fit; **formación** f formation; (entrenamiento) training; **~ profesional** vocational training; **formal** formal; niño well-behaved; (responsable) responsible; **formalidad** f formality; **formar** form; (educar) educate

formatear format; **formato** m format

formidable huge; (estupendo) tremendous

fórmula f formula; **formular** teoría formulate; queja make, lodge; **formulario** m form

forraje m fodder

fortalecer tb fig strengthen; **fortaleza** f strength of character; MIL fortress; **fortificación** f fortification; **fortificar** MIL fortify

fortuito chance atr, accidental

fortuna f fortune; (suerte) luck; **por ~** fortunately, luckily

forzado forced; **forzar** force; (violar) rape; **forzoso** aterrizaje forced

fosa f pit; (tumba) grave; **~s**

nasales nostrils

fósforo m QUÍM phosphorus; L.Am. (cerilla) match

foso m ditch; TEA, MÚS pit; de castillo moat

foto f photo; **fotocopia** f photocopy; **fotocopiadora** f photocopier; **fotocopiar** photocopy; **fotogénico** photogenic; **fotografía** f photography; **fotografiar** photograph; **fotógrafo** m, -a f photographer

fracasado 1 adj unsuccessful **2** m, -a f loser; **fracasar** fail; **fracaso** m failure

fracción f fraction; POL faction

fractura f MED fracture; **fracturar** MED fracture

frágil fragile

fragmento m fragment; de novela, poema excerpt, extract

fragua f forge

fraile m friar, monk

frambuesa f raspberry

francés 1 adj French **2** m Frenchman; idioma French; **francesa** f Frenchwoman; **Francia** f France

franco (sincero) frank; (evidente) distinct, marked; COM free

franela f flannel

franja f fringe; de tierra strip

franquear carta pay the postage on; camino, obstáculo clear; **franqueo** m postage; **franqueza** f frankness

frasco m bottle

frase f phrase; (*oración*) sentence; **~ hecha** set phrase

fraternal brotherly

fraude m fraud; **fraudulento** fraudulent

frecuencia f frequency; **con ~** frequently; **frecuentar** frequent; **frecuente** frequent; (*común*) common

fregadero m sink; *pescado platos* wash; *el suelo* mop; *L.Am.* F bug F; **fregona** f mop; *L.Am.* F pain in the neck F

freidora f deep fryer; **freír** fry; F (*matar*) waste P

frenar 1 *v/i* AUTO brake **2** *v/t* fig slow down; *impulsos* check; *freno m* brake; **poner ~ a algo** fig curb sth, check sth; **~ de mano** parking brake, *Br* handbrake

frente 1 f forehead **2** m MIL, METEO front; **de ~** colisión head-on; **de ~ al grupo** *L.Am.* facing the group; **hacer ~ a** face up to **3** *prp:* **~ a** opposite

fresa f strawberry

fresco 1 *adj* cool; *pescado etc* fresh; *persona* F fresh F, *Br* cheeky F **2** m, **-a** f: **¡eres un ~!** F you've got nerve! F **3** m fresh air; *C.Am. bebida* fruit drink; **frescura** f freshness; (*frío*) coolness; fig nerve

fresno m BOT ash tree

fresón m strawberry

frialdad f tb fig coldness

fricción f TÉC, fig friction

frigorífico 1 *adj* refrigerated **2** m icebox, *Br* fridge

frijol m, **frijol** m *L.Am.* bean

frío 1 *adj* tb fig cold **2** m cold; **tener ~** be cold

fritar *L.Am.* fry; **frito 1** *part* ☞ **freír 2** *adj* fried **3** *mpl:* **~s** fried food

frívolo frivolous

frontal frontal; *ataque etc* head-on; (*delantero*) front *atr*

frontera f border; **fronterizo** border *atr*

frotar rub

fructuoso fig fruitful

fruncir *material* gather; **~ el ceño** frown

frustración f frustration; **frustrar** frustrate; *plan* thwart; **frustrarse** fail

fruta f fruit; **frutal 1** *adj* fruit *atr* **2** m fruit tree; **frutería** f fruit store, *Br* greengrocer's; **frutilla** f *S.Am.* strawberry; **fruto** m tb fig fruit; *nuez, almendra etc* nut; **~s secos** nuts

fuego m fire; **¿tienes ~?** do you have a light?; **~s artificiales** fireworks; **pegar o prender ~ a** set fire to

fuel(-oil) m fuel oil

fuelle m bellows pl

fuente f fountain; *recipiente* dish; fig source

fuera 1 *vb* ☞ **ir, ser 2** *adv* outside; (*en otro lugar*) away; (*en otro país*) abroad; **por ~** on the outside; **¡~!** get out! **3** *prp:* **~ de** outside; **¡sal ~ de aquí!** get out of here!; **~**

del país abroad

fuerte 1 *adj* strong; *dolor* intense; *lluvia* heavy; *aumento* sharp; *ruido* loud; *fig* P incredible **F 2** *adv* hard **3** *m* MIL fort; **fuerza** *f* strength; (*violencia*) force; ELEC power; *~ aérea* air force; *~ de voluntad* willpower; *~s armadas* armed forces; *~s de seguridad* security forces; *a ~ de* by (dint of)

fuga *f* escape; *de gas, agua* leak; *darse a la ~* flee; **fugarse** run away; *de la cárcel* escape; **fugaz** *fig* fleeting; **fugitivo 1** *adj* runaway *atr* **2** *m, -a f* fugitive

fulana *f* so-and-so; F (*prostituta*) hooker P; **fulano** *m* so-and-so

fulminante sudden

fumador *m, ~a f* smoker; **fumar** smoke

función *f* purpose, function; *en el trabajo* duty; TEA performance; *en ~ de* according to; **funcional** functional; **funcionamiento** *m* working; **funcionar** work; **no funciona** out of order; **funcionario** *m, -a f* government employee, civil servant

funda *f* cover; *de gafas* case; *de almohada* pillowcase

fundación *f* foundation; **fundador** *m, ~a f* founder

fundamental fundamental; **fundamentalismo** *m* fundamentalism; **fundamentalis-**ta *m/f* fundamentalist; **fundamentalmente** fundamentally; **fundamento** *m* foundation; *~s* (*nociones*) fundamentals; **fundar** *fig* base (**en** on); **fundarse** be based (**en** on)

fundición *f* smelting; (*fábrica*) foundry; **fundir** *hielo* melt; *metal* smelt; COM merge; **fundirse** melt; *de bombilla* fuse; *de plomos* blow; COM merge; *L.Am. de empresa* go under

fúnebre funeral *atr, fig:* *ambiente* gloomy; **funeral** *m* funeral; **funeraria** *f* funeral parlor, *Br* undertaker's

funesto disastrous

funicular *m* funicular; (*teleférico*) cable car

furcia *f* P whore P

furgón *m* van; FERR boxcar, *Br* goods van; *~ de equipajes* baggage car, *Br* luggage van; **furgoneta** *f* van

furia *f* fury; **furioso** furious; **furor** *m:* **hacer ~** *fig* be all the rage P

furtivo furtive

fusible *m* ELEC fuse

fusil *m* rifle; **fusilamiento** *m* execution (*by firing squad*); **fusilar** shoot; *fig* F (*plagiar*) lift P

fusión *f* FÍS fusion; COM merger; **fusionar** COM merge; **fusionarse** merge

fútbol *m* soccer, *Br* football; **~ americano** football, *Br* American football; **~ sala**

five-a-side soccer; **futbolín** *m* Foosball®, table football; **futbolista** *m/f* soccer player, *Br* footballer, *Br* football player

futuro *m/adj* future *(atr)*

G

gabardina *f* **prenda** raincoat; *material* gabardine

gabinete *m* *(despacho)* office; *en una casa* study; POL cabinet; *L.Am. de médico* office, *Br* surgery

gafas *fpl* glasses; **~ de sol** sunglasses

gaita *f* MÚS bagpipes *pl*

gala *f* gala; **traje de ~** formal dress

galante gallant

galardón *m* award; **galardonar: fue galardonado con...** he was awarded ...

galería *f* gallery; **~ de arte** gallery

galgo *m* greyhound

gallego 1 *adj* Galician; *Rpl* F Spanish **2** *m*, **-a** *f* Galician; *Rpl* F Spaniard **3** *m idioma* Galician

galleta *f* cookie, *Br* biscuit

gallina 1 *f* hen **2** *m* F chicken; **gallinero** *m* henhouse

gallo *m* rooster, *Br* cock

galopar gallop; **galope** *m* gallop

gama *f* range

gamba *f* shrimp, *Br* prawn

gamberro *m*, **-a** *f* troublemaker

gamo *m* fallow deer

gamuza *f* chamois

gana *f*: **de mala ~** unwillingly, grudgingly; **no me da la ~** I don't want to; **... me da ~s de ...** makes me want to; **tener ~s de (hacer) algo** feel like (doing) sth

ganadería *f* stockbreeding; **ganadero** *m*, **-a** *f* stockbreeder; **ganado** *m* cattle *pl*

ganador *m* winner; **ganancia** *f* profit; **ganar 1** *v/t* win; *mediante el trabajo* earn **2** *v/i* *mediante el trabajo* earn; *(vencer)* win; *(mejorar)* improve; **ganarse** earn; *a alguien* win over; **~ la vida** earn a living

ganchillo *m* crochet; **gancho** *m* hook; *L.Am.*, *Arg fig* F sex-appeal; **hacer ~** *L.Am.* *(ayudar)* lend a hand; **tener ~** F *de un grupo, una campaña* be popular; *de una persona* have that certain something

gandul *m* lazybones *sg*

ganga *f* bargain

ganso *m* goose; *macho* gander

garaje *m* garage

garantía *f* guarantee; **garantizar** guarantee

garapiñado candied

garbanzo *m* BOT chickpea

garbo *m al moverse* grace

garganta *f* ANAT throat; GEOG gorge; **gargantilla** *f* choker

gárgaras *fpl:* **hacer ~** gargle

garra *f* claw; *de ave* talon; **caer en las ~s de alguien** *fig* fall into s.o.'s clutches; **tener ~** F be compelling

garrafa *f* carafe

garrapata *f* ZO tick

garza *f* ZO heron

gas *m* gas; **~es** MED gas, wind; **con ~** carbonated, *Br* fizzy; **sin ~** still

gasa *f* gauze

gaseosa *f* lemonade; **gasoducto** *m* gas pipeline; **gasoil**, **gasóleo** *m* oil; *para motores* diesel; **gasolina** *f* gas, *Br* petrol; **gasolinera** *f* gas station, *Br* petrol station

gastar *dinero* spend; *energía, electricidad etc* use; *(llevar)* wear; *(desperdiciar)* waste; *(desgastar)* wear out; **¿qué número gastas?** what size do you use?; **gastarse** *dinero* spend; *de gasolina, agua* run out of; *de pila* run down; *de ropa, zapatos* wear out; **gasto** *m* expense

gastronomía *f* gastronomy; **gastrónomo** *m*, **-a** *f* gastronome

gata *f* (female) cat; *Méx* servant, maid; **a ~s** F on all fours; **gatear** crawl

gatillo *m* trigger

gato *m* cat; AUTO jack; **cuatro ~s** a handful of people

gavilán *m* sparrowhawk

gaviota *f* (sea)gull

gay *m/adj* gay

gazpacho *m* gazpacho (*cold soup made with tomatoes, peppers, garlic etc*)

gel *m* gel

gelatina *f* gelatin(e); GASTR Jell-O®, *Br* jelly

gemelo 1 *adj* twin *atr* **2** *mpl:* **~s** twins; *de camisa* cuff links; *(prismáticos)* binoculars

Géminis *m/f inv* ASTR Gemini

gemir moan, groan

generación *f* generation

generador *m* ELEC generator

general 1 *adj* general; **en ~** in general; **por lo ~** generally **2** *m* general; **generalidad** *f* (*mayoría*) majority; (*vaguedad*) general nature; **generalizar 1** *v/t* make more widespread **2** *v/i* generalize; **generalmente** generally

generar generate

género *m* (*tipo*) type; *de literatura* genre; GRAM gender; COM goods *pl*, merchandise

generosidad *f* generosity; **generoso** generous

genética *f* genetics; **genéticamente** genetically; **~ modificado** genetically modified; **genético** genetic; **genetista** *m/f* geneticist

genial brilliant; F (*estupendo*) fantastic F, great F; **genio** *m* genius; (*carácter*) temper; **tener mal ~** be bad-tempered

genitales *mpl* genitals

gente f people pl; L.Am. (persona) person

gentil kind, courteous; REL Gentile; **gentileza** f kindness; **por ~ de** by courtesy of

gentío m crowd

geografía f geography; **geográfico** geographical

geología f geology; **geológico** geological; **geólogo** m, **-a** f geologist

geometría f geometry; **geométrico** geometrical

geranio m geranium

gerencia f management; oficina manager's office; **gerente** m/f manager

geriatría f geriatrics

germano 1 adj Germanic **2** m, **-a** f German

germen m germ; **germinar** tb fig germinate

gesticular gesticulate

gestión f management; **gestiones** (trámites) formalities, procedure; **gestionar** trámites take care of; negocio manage

gesto m gesture; (expresión) expression

gestoría f Esp agency offering clients help with official documents

giba f hump, hunch

gigante m/adj giant (atr); **gigantesco** gigantic

gilipollas m/f inv P jerk P

gilipollez f Esp V bullshit V

gimnasia f gymnastics; **hacer ~** do exercises; **gimnasio** m gymnasium, gym

ginebra f gin

ginecólogo m, **-a** f gynecologist, Br gynaecologist

gira f tour; **girar 1** v/i turn; alrededor de algo revolve; fig (tratar) revolve (**en torno a** around) **2** v/t COM transfer; **girasol** m BOT sunflower; **giratorio** revolving; **giro** m turn; GRAM idiom; **~ postal** COM money order

gitano 1 adj gypsy atr **2** m, **-a** f gypsy

glacial icy; **glaciar** m glacier

glándula f ANAT gland

glaucoma m MED glaucoma

glicerina f glycerin(e)

global global; visión, resultado overall; cantidad total; **globalización** f globalization; **globo** m aerostático, de niño balloon; terrestre globe; **~ terráqueo** globe

gloria f glory; (delicia) delight; **estar en la ~** F be in seventh heaven; **glorificar** glorify; **glorioso** glorious

glosa f gloss; **glosar** gloss; **glosario** m glossary

glotón 1 adj greedy **2** m, **-ona** f glutton

glucosa f glucose

glúteo m gluteus

gobernador m governor; **gobernar** rule, govern; **gobierno** m government

goce m pleasure, enjoyment

gol m DEP goal

golf m DEP golf

golfillo m (street) urchin

golfista m/f golfer

golfo 1 *m* GEOG gulf **2** *m*, **-a** *f* good-for-nothing; *niño* little devil; **Golfo de California** Gulf of California; **Golfo de México** Gulf of Mexico

golondrina *f* ZO swallow

golosina *f* candy, *Br* sweet; **goloso** sweet-toothed

golpe *m* knock, blow; **~ de Estado** coup d'état; **de ~** suddenly; **no da ~** F she doesn't do a thing; **golpear** hit

goma *f* (*caucho*) rubber; (*pegamento*) glue; (*banda elástica*) rubber band; F (*preservativo*) condom, rubber P; *C.Am.* F (*resaca*) hangover; **~ (de borrar)** eraser; **~ espuma** foam rubber

gonorrea *f* gonorrhea, *Br* gonorrhoea

gordo 1 *adj* fat **2** *m*, **-a** *f* fat person **3** *m* *premio* jackpot; **gordura** *f* fat

gorila *m* gorilla

gorra *f* cap; **de ~** F for free F

gorrino *m* fig pig

gorrión *m* sparrow

gorro *m* cap; **estar hasta el ~ de algo** F be fed up to the back teeth with sth F

gorrón *m*, **-ona** *f* F scrounger

gota *f* drop; **ni ~** F not a drop; **de pan** not a scrap; **gotear** drip; *filtrarse* leak; **gotera** *f* leak; (*mancha*) stain

gótico *m*/*adj* Gothic

gozar enjoy o.s.; **~ de** (*disfrutar de*) enjoy; (*poseer*) have, enjoy; **gozo** *m* (*alegría*) joy,

(*placer*) pleasure; **gozoso** happy

grabación *f* recording; **grabado** *m* engraving; **grabadora** *f* tape recorder; **grabar** *video etc* record; PINT, *fig* engrave

gracia *f*: **tener ~** (*ser divertido*) be funny; (*tener encanto*) be graceful; **me hace ~** I think it's funny; **dar las ~s a alguien** thank s.o.; **~s** thank you; **gracioso** funny

gradas *fpl* DEP stands, grandstand; **graderío** *m* stands

grado *m* degree; **de buen ~** with good grace, readily

graduación *f* TÉC *etc* adjustment; *de alcohol* alcohol content; EDU graduation; MIL rank; **gradual** gradual; **gradualmente** gradually; **graduar** TÉC *etc* adjust; **~ las gafas o la vista** have one's eyes tested; **graduarse** graduate, get one's degree

gráfico 1 *adj* graphic **2** *m* MAT graph; INFOR graphic; **grafista** *m*/*f* graphic designer

gragea *f* tablet, pill

gramática *f* grammar; **gramático** grammatical

gramo *m* gram

Gran Bretaña *f* Great Britain

gran *short form of* **grande** *before a noun*

granada *f* BOT pomegranate; **~ de mano** MIL hand grenade

grande 1 *adj* big; **a lo ~** in

style **2** *m/f L.Am.* *(adulto)* grown-up, adult; *(mayor)* eldest; *pasarlo en ~* F have a great time; **grandeza** *f* greatness; **grandioso** magnificent

grandilocuente grandiloquent

granel *m*: *vender a ~* COM sell in bulk

granizado *m* type of soft drink made with crushed ice; **granizar** hail; **granizo** *m* hail

granja *f* farm

grano *m* grain; *de café* bean; *en la piel* pimple, spot

granuja *m* rascal

grapa *f* staple; **grapadora** *f* stapler

grasa *f* BIO, GASTR fat; *lubricante, suciedad* grease; *sin ~s* fat-free; **grasiento** greasy; **graso** greasy; *carne* fatty; *de bajo contenido ~* low-fat

gratificación *f* gratification; **gratificar** reward; **gratificante** gratifying

gratinar cook au gratin

gratis free; **gratitud** *f* gratitude; **gratuito** free

grato pleasant

grava *f* gravel

gravamen *m* tax; **gravar** tax

grave serious; *tono* grave, solemn; *nota* low; *voz* deep; *estar ~* be seriously ill; **gravedad** *f* seriousness, gravity; FÍS gravity

gravilla *f* grave

gravitación *f* gravitation

Grecia Greece

gremio *m* *(oficio manual)* trade; *(profesión)* profession

gres *m* *(arcilla)* earthenware; *para artesano* potter's clay

gresca *f* *(pelea)* fight; *(escándalo)* uproar

griego 1 *adj* Greek **2** *m*, -a *f* Greek **3** *m idioma* Greek

grieta *f* crack

grifo 1 *adj Méx* F high **2** *m* faucet, *Br* tap; *Pe (gasolinera)* gas station, *Br* petrol station

grillo *m* ZO cricket

gripe *f* flu, influenza

gris gray, *Br* grey

gritar shout, yell; **griterío** *m* shouting; **grito** *m* cry, shout; *a ~ pelado* at the top of one's voice; *pedir algo a ~s* F be crying out for sth

grosella *f* redcurrant

grosería *f* rudeness; **grosero 1** *adj* rude **2** *m*, -a *f* rude person

grúa *f* crane; AUTO wrecker, *Br* breakdown truck

grueso thick; *persona* stout

grulla *f* ZO crane

gruñir *(quejarse)* grumble; *de perro* growl; *de cerdo* grunt

grupo *m* group

gruta *f* cave; *artificial* grotto

guacho 1 *adj S.Am. (sin casa)* homeless; *(huérfano)* orphaned **2** *m*, -a *f S.Am. sin casa* homeless person; *(huérfano)* orphan

guadaña *f* scythe

guagua *f W.I., Ven, Canaries*

bus; *Pe, Bol, Chi* (*niño*)
baby

guante *m* glove; **guantera** *f*
AUTO glove compartment

guapo *hombre* handsome,
good-looking; *mujer* beauti-
ful; *S.Am.* (*valiente*) bold,
gutsy F

guarda *m/f* keeper; **guarda-
barros** *m inv* AUTO fender,
Br mudguard; **guardabos-
ques** *m/f inv* forest ranger;
guardacoches *m/f inv* park-
ing lot attendant, *Br* car
park attendant; **guardacos-
tas** *m inv* coastguard vessel;
guardaespaldas *m/f inv*
bodyguard; **guarda jurado**
security guard; **guardameta**
m/f DEP goalkeeper

guardar keep; *poner en un lu-
gar* put (away); *recuerdo*
have; *apariencias* keep up;
INFOR save; ~ **silencio** keep
silent; **guardarse** keep; ~ **de**
refrain from

guardarropa *m* checkroom,
Br cloakroom; (*ropa, arma-
rio*) wardrobe

guardería *f* nursery

guardia 1 *f* guard; **de** ~ on du-
ty **2** *m/f* MIL guard; (*policía*)
police officer; ~ **civil** *Esp* civ-
il guard; ~ **de seguridad** se-
curity guard; ~ **de tráfico**
traffic warden

guardián 1 *adj*: **perro** ~ guard
dog **2** *m*, **-ana** *f* guard; *fig*
guardian

guarida *f* ZO den; *de personas*
hideout

guarnecer adorn (**de** with);
GASTR garnish (**con** with);
guarnición *f* GASTR accom-
paniment; MIL garrison

guarro 1 *adj* F (*sucio*) filthy **2**
m tb fig F pig

guasa *f L.Am.* joke; **de** ~ as a
joke

Guatemala Guatemala; **gua-
temalteco 1** *adj* Guatema-
lan **2** *m*, **-a** *f* Guatemalan

guateque *m* party

guay *Esp* F cool F, neat F

gubernamental governmen-
tal, government *atr*

guerra *f* war; ~ **civil** civil war;
~ **mundial** world war; **dar** ~ **a
alguien** F give s.o. trouble;
guerrero 1 *adj* warlike **2** *m*
warrior; **guerrilla** *f* guerillas
pl; **guerrillero** *m* guerilla

guía 1 *m/f* guide; ~ **turístico**
tour guide **2** *f libro* guide
(book); ~ **telefónica** *o* **de te-
léfonos** phone book; **guiar**
guide

guijarro *m* pebble

guinda *f L.Am.* purple **2** *f
fresca* morello cherry; *en dul-
ce* glacé cherry

guindilla *f* GASTR chil(l)i

guiñar: **le guiñó un ojo** she
winked at him

guión *m de película* script;
GRAM *corto* hyphen; *largo*
dash

guirnalda *f* garland

guisante *m* pea; **guisar**
GASTR stew, casserole; **gui-
so** *m* GASTR stew, casserole

guitarra *f* guitar; **guitarrista**

m/f guitarist, guitar player
gusano *m* worm
gustar: *me gusta viajar* I like to travel, I like traveling; *¿te gusta...?* do you like ...?; *no me gusta* I don't like it; *gusto* *m* taste; *(placer)* pleasure; *a* ~ at ease; *con mucho* ~ with pleasure; *de*

buen ~ in good taste, tasteful; *de mal* ~ in bad taste; *mucho* o *tanto* ~ how do you do?; *gustoso:* *hacer algo* ~ do sth gladly
Guyana Francesa French Guyana; **Guyana** Guyana; **guyanés 1** *adj* Guyanese **2** *m*, **-esa** *f* Guyanese

H

haba *f* broad bean
Habana: *La* ~ Havana; **habanero 1** *adj* of / from Havana, Havana *atr* **2** *m*, **-a** *f* citizen of Havana; **habano 1** *adj* of / from Havana, Havana *atr* **2** *m*, **-a** *f* citizen of Havana **3** *m* Havana (cigar)
haber 1 *v/aux* have; *hemos llegado* we've arrived; *he de levantarme pronto* I have to o I've got to get up early; *has de ver* Méx you ought to see it **2** *v/impers:* *hay* there is *sg*, there are *pl;* *hubo un incendio* there was a fire; *¿qué hay?*, Méx *¿qué hubo?* how's it going?; *hay que hacerlo* it has to be done; *hay de qué* not at all **3** *m* asset; *pago* fee; *de cuenta bancaria* credit
habichuela *f* kidney bean
hábil skilled; *(capaz)* capable; *(astuto)* clever, smart; **habilidad** *f* skill; *(capacidad)* ability; *(astucia)* cleverness; **habilitar** *lugar* fit out; *persona*

authorize
habitable habitable; **habitación** *f* room; *(dormitorio)* bedroom; ~ *doble / individual* double / single room; **habitante** *m/f* inhabitant; **habitar** live *(en* in)
hábito *m tb* REL habit; *(práctica)* knack; **habitual 1** *adj* usual, regular **2** *m/f* regular; **habituar:** ~ *a alguien a algo* get s.o. used to sth; **habituarse:** ~ *a algo* get used to sth
habla *f* speech; *¡al* ~! TELEC speaking; *quedarse sin* ~ *fig* be speechless; **hablada** *f* LAm. piece of gossip; *~s* gossip; **hablador** talkative; Méx boastful; **habladurías** *fpl* gossip; **hablante** *m/f* speaker; hamber speak; *(conversar)* talk; ~ *con alguien* talk to s.o., talk with s.o.; ~ *de* de *libro etc* be about; *¡ni* ~! no way!; **hablarse** speak to one another
hacendado 1 *adj* land-own-

ing **2** *m*, -a *f* land-owner
hacer 1 *v/t (realizar)* do; *(elaborar, crear)* make; **~ una pregunta** ask a question; **¡qué le vamos a ~!** that's life; **le hicieron ir** they made him go **2** *v/i:* **haces bien / mal en ir** you are doing the right / wrong thing by going; **me hace mal** it's making me ill; **esto hará de mesa** *de objeto* this will do as a table; **~ como que** *o* **como si** act as if; **no le hace** *L.Am.* it doesn't matter; **se me hace qué** *L.Am.* it seems to me that **3** *v/impers:* **hace calor / frío** it's hot / cold; **hace tres días** three days ago; **desde hace un año** for a year; **hacerse** *traje* make; *casa* build o.s.; *(cocinarse)* cook; *(convertirse, volverse)* get, become; **~ viejo** get old; **se hace tarde** it's getting late; **~ el sordo** pretend to be deaf; **~ a algo** get used to sth; **~ con algo** get hold of sth
hacha *f* ax, *Br* axe
hachís *m* hashish
hacia toward; **~ adelante** forward; **~ abajo** down; **~ arriba** up; **~ atrás** back(ward); **~ las cuatro** about four (o'clock)
hacienda *f* *L.Am.* *(granja)* ranch, estate
Hacienda *f* *ministerio* Treasury Department, *Br* Treasury; *oficina* Internal Revenue Service, *Br* Inland Revenue

hacinar stack
hada *f* fairy
halagar flatter; **halago** *m* flattery
halagüeño encouraging
halcón *m* falcon
hall *m* hall
hallar find; *(descubrir)* discover; *muerte, muerte* meet; **hallarse** be; *(sentirse)* feel; **hallazgo** *m* find; *(descubrimiento)* discovery
halógeno halogen
halterofilia *f* DEP weight-lifting
hamaca *f* hammock; *(tumbona)* deck chair; *L.Am.* *(mecedora)* rocking chair
hambre *f* hunger; **tener ~** be hungry **morirse de ~** *fig* be starving; **hambriento** *tb* *fig* hungry **(de** for)
hamburguesa *f* hamburger
hampa *f* underworld
harapiento ragged; **harapo** *m* rag
harina *f* flour
hartar 1 *v/t:* **~ a alguien con algo** tire s.o. with sth; **~ a alguien de algo** give s.o. too much of sth; **harto 1** *adj* fed up F; *(lleno)* full (up) **2** *adv* very much; *delante del adjetivo* extremely; **me gusta ~** *L.Am.* I like it a lot
hasta 1 *prp* until, till; **llegó ~ Bilbao** he went as far as Bilbao; **~ ahora** so far; **~ aquí** up to here; **¿~ cuándo?** how long?; **~ que** until; **~**

luego!, ¡~ la vista! see you (later) **2** *adv* even

hastío *m* boredom

hato *m L.Am.* bundle

hay *v* **haber**

haya *f* BOT beech

haz *m* bundle; *de luz* beam

hazaña *f* achievement

hebilla *f* buckle

hebra *f* de hilo thread

hechizar *fig* bewitch; **hechizo** *m* spell, charm

hecho 1 *part* **hacer**; **~ a mano** hand-made; *¡bien ~!* well done!; *muy ~ carne* well-done **2** *adj* finished; *un hombre ~ y derecho* a fully grown man **3** *m* fact; *de ~* in fact; **hechura** *f* de ropa making

hectárea *f* hectare (*approx.* 2.5 acres)

hedor *m* stink, stench

helada *f* frost; **heladería** *f* ice cream parlor o *Br* parlour; **helado 1** *adj* frozen; *fig* icy; *quedarse ~* be stunned **2** *m* ice cream; **helarse** *tb* *fig* freeze

helecho *m* BOT fern

hélice *f* propeller

helicóptero *m* helicopter

helipuerto *m* heliport

hematoma *m* bruise

hembra *f* female

hemisferio *m* hemisphere

hemorragia *f* MED hemorrhage, *Br* haemorrhage, bleeding; **hemorroides** *fpl* MED hemorrhoids, *Br* haemorrhoids, piles

hender, henderse crack; **hendidura** *f* crack

heno *m* hay

hepático liver *attr*, hepatic; **hepatitis** *f* MED hepatitis

heredar inherit (*de* from); **heredera** *f* heiress; **heredero** *m* heir; **hereditario** hereditary

hereje *m* heretic; **herejía** *f* heresy

herencia *f* inheritance

herida *f* wound; (*lesión*) injury; *mujer* wounded woman; *mujer lesionada* injured woman; **herir** wound; (*lesionar*) injure

hermana *f* sister; **hermanastra** *f* stepsister; **hermanastro** *m* stepbrother; **hermandad** *f* de hombres brotherhood, fraternity; *de mujeres* sisterhood; **hermano** *m* brother

hermoso beautiful; **hermosura** *f* beauty

hernia *f* MED hernia

héroe *m* hero; **heroico** heroic; **heroína** *f* mujer heroine; *droga* heroin

herradura *f* horseshoe

herramienta *f* tool

herrumbre *f* rust

hervidero *m* fig hotbed; **hervir 1** *v/i* boil; *fig* seethe (*de* with) **2** *v/t* boil

hidrato *m*: **~ de carbono** carbohydrate

hidráulico hydraulic

hidroavión *m* seaplane; **hidrocarburo** *m* hydrocarbon

hidroeléctrico hydroelec- tric; **hidrógeno** *m* hydrogen
hiedra *f* BOT ivy
hielo *m* ice
hiena *f* ZO hyena
hierba *f* grass; *mala* ~ weed; **hierbabuena** *f* BOT mint
hierro *m* iron
hígado *m* liver
higiene *f* hygiene; **higiénico** hygienic
higo *m* BOT fig; **higuera** *f* BOT fig tree
hija *f* daughter; **hijastra** *f* stepdaughter; **hijastro** *m* stepson; **hijo** *m* son; ~*s* children *pl*; ~ *de puta* P son of a bitch V, bastard P; ~ *único* only child
hilar *v/t* spin *P v/i:* ~ *delgado o fino* fig split hairs; **hilo** *m* thread; ~ *dental* dental floss; *sin* ~*s* TELEC cordless; *perder el* ~ fig lose the thread
himno *m* hymn; ~ *nacional* national anthem
hincapié *m:* *hacer* ~ put special emphasis (*en* on)
hincha *m* F fan, supporter; **hinchado** swollen; **hinchar** inflate, blow up; *Rpl* P annoy; **hincharse** MED swell; fig stuff o.s (*de* with); (*mostrarse orgulloso*) swell with pride; **hinchazón** *f* swelling
hinojo *m* BOT fennel
hipermercado *m* supermarket; *Br tb* supermarket; **hipertensión** *f* MED high blood pressure, hypertension; **hipertexto** *m* hypertext

hípica *f* equestrian sports *pl*
hipo *m* hiccups *pl*; *quitar el* ~ F take one's breath away
hipócrita 1 *adj* hypocritical **2** *m/f* hypocrite
hipódromo *m* racetrack
hipopótamo *m* hippopotamus
hipoteca *f* COM mortgage; **hipotecar** COM mortgage; *fig* compromise
hipótesis *f* hypothesis; **hipotético** hypothetical
hirviente boiling
hispánico Hispanic; **hispanidad** *f:* *la* ~ the Spanish-speaking world; **hispano 1** *adj (español)* Spanish; *(hispanohablante)* Spanish-speaking; *en EE.UU.* Hispanic **2** *m*, -*a f (español)* Spaniard; *(hispanohablante)* Spanish speaker; *en EE.UU.* Hispanic
histérico hysterical
historia *f* history; *(cuento)* story; *una* ~ *de drogas* F some drugs business; *déjate de* ~*s* F stop making excuses; **histórico** historical; *(importante)* historic
hito *m tb* fig milestone
hockey *m* field hockey, *Br* hockey; ~ *sobre hielo* hockey, *Br* ice hockey
hogar *m* fig home
hoguera *f* bonfire
hoja *f* BOT leaf; *de papel* sheet; *de libro* page; *de cuchillo* blade; ~ *de afeitar* razor blade; ~ *de cálculo* INFOR

spreadsheet; **hojalata** f tin; **hojear** leaf through

hola hello, *Br* hi F

Holanda Holland; **holandés 1** *adj* Dutch **2** *m* Dutchman; **los holandeses** the Dutch *Rpl m idioma* Dutch; **holandesa** f Dutchwoman

holgado loose, comfortable; **estar ~ de tiempo** have time to spare

holgazán *m* idler

hollín *m* soot

hombre *m* man; **~ de negocios** businessman; **~ rana** frogman; **¡claro, ~!** you bet!, sure thing!; **¡~, qué alegría!** that's great!

hombrera f shoulder pad; *MIL* epaulette; **hombro** *m* shoulder; **~ con ~** shoulder to shoulder

homenaje *m* homage; **homenajear** pay homage to

homeópata *m/f* homeopath

homicidio *m* homicide

homogéneo homogenous

homosexual *m/f & adj* homosexual

honda f *de cuero* sling(shot); *Rpl (tirachinas)* slingshot, *Br* catapult

hondo deep; **hondura** f depth

Honduras Honduras; **hondureño 1** *adj* Honduran **2** *m*, **-a** f Honduran

honesto *m* honorable, *Br* honourable, decent

hongo *m* fungus

honor *m* honor, *Br* honour; **en ~ a ~** in honor of; **hacer ~**

a live up to; **palabra de ~** word of honor; **honorable** honorable, *Br* honourable; **honorario** honorary; **honorarios** *mpl* fees; **honra** f honor, *Br* honour; **honradez** f honesty; **honrado** honest; **honrar** honor, *Br* honour; **honrarse:** **~ de hacer algo** be honored *o Br* honoured to do sth; **honroso** honorable, *Br* honourable

hora f hour; **~s extraordinarias** overtime; **~ local** local time; **~ punta** rush hour; **a la ~ de...** *fig* when it comes to ...; **¡ya era ~!** about time too!; **tengo ~ con el dentista** I have an appointment with the dentist; **¿qué ~ es?** what time is it?; **horario** *m* schedule, *Br* timetable; **~ comercial** business hours *pl*; **~ flexible** flexitime, *Br* flexitime; **~ de trabajo** (working) hours *pl*

horca f gallows *pl*

horchata f drink made from tiger nuts

horizontal horizontal; **horizonte** *m* horizon

horma f form, mold, *Br* mould; *de zapatos* last

hormiga f ant

hormigón *m* concrete; **~ armado** reinforced concrete

hormiguero *m* ant hill

hormona f hormone

hornillo *m* *de fogón* burner; *de gas* ring; *transportable* camping stove

horno *m* oven; *alto* ~ blast furnace

horóscopo *m* horoscope

horquilla *f para pelo* hairpin

horrendo horrendous

horrible horrible, dreadful; *horror* *m* horror (*a* of); **tener** ~ *a* be terrified of; *me gusta* ~*es* F I like it a lot; *¡qué* ~! how awful!; *horroroso* terrible; (*feo*) hideous

hortaliza *f* vegetable

horticultura *f* horticulture

hospedaje *m* accommodations *pl*, *Br* accommodation; *dar* ~ *a alguien* put s.o. up; **hospedar** put up; **hospedarse** stay (*en* at); **hospital** *m* hospital; **hospitalario** hospitable; MED hospital *atr*; **hospitalidad** *f* hospitality

hostal *m* hostel; **hostelería** *f* hotel industry; *como curso* hotel management

hostia *f* REL host

hostil hostile; **hostilidad** *f* hostility

hotel *m* hotel

hoy today; *de* ~ *en adelante* from now on; ~ *por* ~ at the present time; ~ *en día* nowadays

hoyo *m* hole; (*depresión*) hollow; **hoyuelo** *m* dimple

hucha *f* money box

hueco 1 *adj* hollow; (*vacío*) empty; *fig: persona* shallow **2** *m* gap; (*agujero*) hole; *de ascensor* shaft

huelga *f* strike; ~ *de celo* work-to-rule; ~ *de hambre* hunger strike; **declararse en** ~, **ir a la** ~ go on strike; **huelguista** *m/f* striker

huella *f* mark; *de animal* track; ~*s dactilares* finger prints

huérfano 1 *adj* orphan *atr* **2** *m*, -a *f* orphan

huerta *f* truck farm, *Br* market garden; **huerto** *m* kitchen garden

hueso *m* bone; *de fruta* pit, stone; *persona* tough guy; *Méx* F cushy number F; *Méx* F (*influencia*) influence, pull F; ~ *duro de roer fig* F hard nut to crack F

huésped *m/f* guest

huevera *f para servir* eggcup; *para almacenar* egg box; **huevo** *m* egg; P (*testículo*) ball P; ~ *duro* hard-boiled egg; ~ *escalfado* poached egg; ~ *frito* fried egg; ~ *pasado por agua* soft-boiled egg; ~*s revueltos* scrambled eggs; *un* ~ *de* P a load of F

huida *f* flight, escape; **huir** flee, escape (*de* from); ~ *de algo* avoid sth

hule *m* oilcloth; *L.Am.* (*caucho*) rubber

hulla *f* coal

humanidad *f* humanity; **humano** human

humareda *f* cloud of smoke; **humear** *con humo* smoke; *con vapor* steam

humedad *f* humidity; *de una*

casa damp(ness); **humedecer** dampen; **húmedo** humid; *toalla* damp

humildad *f* humility; **humilde** humble; (*sin orgullo*) modest; *clase social* lowly; **humillación** *f* humiliation; **humillante** humiliating; **humillar** humiliate

humo *m* smoke; (*vapor*) steam

humor *m* humor, *Br* humour; **estar de buen / mal ~** be in a good / bad mood; **sentido del ~** sense of humor; **humorista** *m/f* humorist; (*cómico*)

comedian

hundimiento *m* sinking; **hundir** sink; *fig: empresa* ruin; *persona* devastate; **hundirse** sink; *fig: de empresa* collapse; *de persona* go to pieces

húngaro 1 *adj* Hungarian **2** *m, -a f* Hungarian **3** *m idioma* Hungarian; **Hungría** Hungary

huracán *m* hurricane

hurtadillas *fpl:* **a ~** furtively

hurtar steal; **hurto** *m* theft

husmear F nose around F

I

ibérico Iberian; **ibero, íbero** *m, -a f* Iberian; **iberoamericano** Latin American

ibicenco Ibizan

iceberg *m* iceberg

ida *f* outward journey; (*billete de*) **~ y vuelta** round trip (ticket), *Br* return (ticket)

idea *f* idea; **no tener ni ~** not have a clue; **ideal** *m/adj* ideal; **idealismo** *m* idealism; **idealista 1** *adj* idealistic **2** *m/f* idealist; **idear** think up

idéntico identical; **identidad** *f* identity; **identifición** *f* identification; INFOR user name; **~ genética** genetic fingerprint; **identificar** identify; **identificarse** identify o.s.

ideología *f* ideology

idilio *m* idyll; (*relación amoro-*

sa) romance

idioma *m* language

idiota 1 *adj* idiotic **2** *m/f* idiot; **idiotez** *f* stupid thing to say / do

ídolo *m tb fig* idol

idóneo suitable

iglesia *f* church

ignorancia *f* ignorance; **ignorante** ignorant; **ignorar** not know, not be aware of

igual 1 *adj* (*idéntico*) same (*a, que* as); (*proporcionado*) equal (*a* to); (*constante*) constant; **al ~ que** like, the same as; **me da ~** I don't mind **2** *m/f* equal; **no tener ~** have no equal; **igualar 1** *v/t precio, marca* equal, match; (*nivelar*) level off; **~ algo** MAT make sth equal (*con, a* to) **2** *v/i* DEP tie the game, *Br*

equalize; **igualdad** f equality; **~ de oportunidades** equal opportunities; **igualmente** equally
ilegal illegal; **ilegalidad** f illegality
ilegible illegible
ilegítimo unlawful; *hijo* illegitimate
ileso unhurt
ilícito illicit
ilimitado unlimited
iluminación f illumination; **iluminar** *edificio, calle etc* light, illuminate; *fig* light up
ilusión f illusion; *(deseo, esperanza)* hope; **iluso 1** *adj* gullible **2** *m,* **-a** f dreamer; **ilusorio** illusory
ilustración f illustration; **ilustrado** illustrated; *(culto)* learned; **ilustrar** illustrate; *(aclarar)* explain; **ilustre** illustrious
imagen f *tb fig* image; **ser la viva ~ de** be the spitting image of; **imaginable** imaginable; **imaginación** f imagination; **imaginar, imaginarse** imagine; **imaginativo** imaginative
imán m magnet
imbécil 1 *adj* stupid **2** *m/f* idiot, imbecile
imitación f imitation; **imitar** imitate
impaciencia f impatience; **impacientarse** lose (one's) patience; **impaciente** impatient
impacto m *tb fig* impact; **~ de**

bala bullet wound
impar *número* odd
imparable unstoppable
imparcial impartial
impartir impart; *clase, bendición* give
impávido fearless
impecable impeccable
impedir prevent; *(estorbar)* impede
impenetrable impenetrable
impensado unexpected
imperar rule; *fig* prevail
imperceptible imperceptible
imperdible m safety pin
imperdonable unpardonable, unforgivable
imperfecto m/*adj* imperfect
imperial imperial; **imperio** m empire; **imperioso** *necesidad* pressing; *persona* imperious
impermeable 1 *adj* waterproof **2** m raincoat
impertérrito unperturbed, unmoved
impertinente 1 *adj* impertinent **2** *m/f:* **¡eres un ~!** you've got nerve!
ímpetu m impetus; **impetuoso** impetuous
implacable implacable
implantar *programa* implement; *democracia* establish; *pena de muerte* bring in; MED implant; **implantarse** be introduced
implicar mean, imply; *(involucrar)* involve; *en un delito* implicate **(en)** in)
implorar beg for

imponente impressive; F terrific; **imponer 1** v/t impose; **miedo, respeto** inspire **2** v/i be imposing o impressive; **imponerse** (*hacerse respetar*) assert o.s.; DEP win; (*prevalecer*) prevail; (*ser necesario*) be imperative; ~ **una tarea** set o.s. a task

impopular unpopular

importación f import

importancia f importance; **darse** ~ give o.s. airs; **tener** ~ be important; **importante** important; **importar** matter; **no importa** it doesn't matter; **eso a ti no te importa** that's none of your business; **¿qué importa?** what does it matter?; **¿le importa...?** do you mind ...?; **importe** m amount; (*coste*) cost

importuno inopportune

imposibilidad f impossibility; **imposible** impossible

imposición f imposition; (*exigencia*) demand; COM deposit

impotencia f impotence, helplessness; MED impotence; **impotente** helpless, impotent; MED impotent

impracticable impracticable

impregnar saturate (**de** with); TÉC impregnate (**de** with)

imprenta f *taller* print shop; *arte, técnica* printing; *máquina* printing press

imprescindible essential; *persona* indispensable

impresión f impression; *acto* printing; (*tirada*) print run; **la sangre le da** ~ he can't stand the sight of blood; **impresionante** impressive; **impresionismo** m impressionism; **impresionista** m/f impressionist; **impresionar**: **~le a alguien** impress s.o.; (*conmover*) move s.o.; (*alterar*) shock s.o.; **impreso** m form; **~s** printed matter; **impresora** f INFOR printer; **~ de chorro de tinta** inkjet (printer); **~ de inyección de tinta** inkjet (printer); **~ láser** laser (printer)

imprevisto 1 *adj* unforeseen, unexpected **2** m unexpected event

imprimir tb INFOR print; *fig* transmit

improbable unlikely, improbable

improductivo unproductive

improvisar improvise

imprudente reckless, rash

impuesto m tax; **~ sobre el valor añadido** sales tax, Br value-added tax; **~ sobre la renta** income tax

impugnar challenge

impulsar TÉC propel; COM boost

impulsivo impulsive; **impulso** m impulse; (*empuje*) impetus; COM boost; *fig* urge, impulse; **tomar** ~ take a run up

impunidad f impunity

imputar attribute

inacabable endless; **inacabado** unfinished

inaccesible inaccessible

inaceptable unacceptable

inadmisible inadmissible

inadvertido: *pasar* ~ go unnoticed

inagotable inexhaustible

inaguantable unbearable

inalámbrico 1 *adj* TELEC cordless **2** *m* TELEC cordless (telephone)

inarrugable crease-resistant

inaudito unprecedented

inauguración *f* official opening, inauguration; **inaugurar** (officially) open, inaugurate

incansable tireless

incapacidad *f* disability; (*falta de capacidad*) inability; (*ineptitud*) incompetence; **incapaz** incapable (*de* of)

incautarse: ~ *de* seize

incauto unwary

incendiar set fire to; **incendio** *m* fire

incentivo *m* incentive

incertidumbre *f* uncertainty

incidente *m* incident

incienso *m* incense

incierto *m* uncertain

incineración *f* de cadáver cremation

incisivo cutting; *fig* incisive; **diente** ~ incisor

incitar incite

inclinación *f* inclination; *de un terreno* slope; *muestra de respeto* bow; *fig* tendency; **inclinar** tilt; ~ *la cabeza* nod (one's head); **me inclina a creer que...** it makes me

think that ...; **inclinarse** bend (down); *de un terreno* slope; *desde la vertical* lean; *en señal de respeto* bow; ~ *a* *fig* tend to, be inclined to

incluir include; **inclusive** inclusive; **incluso** even

incoherente incoherent

incoloro colorless, *Br* colourless

incomodar inconvenience; (*enfadar*) annoy; **incomodarse** feel uncomfortable; (*enfadarse*) get annoyed (*por* about); **incómodo** uncomfortable; (*fastidioso*) inconvenient

incomparable incomparable

incompatible incompatible

incompetente incompetent

incompleto incomplete

incomprensible incomprehensible

incomunicado isolated, cut off; JUR in solitary confinement

inconfundible unmistakable

inconsciente MED unconscious; (*ignorante*) unaware; (*irreflexivo*) thoughtless

inconstante fickle

incontestable indisputable

inconveniente 1 *adj* (*inoportuno*) inconvenient; (*impropio*) inappropriate **2** *m* (*desventaja*) drawback; (*estorbo*) problem; **no tengo** ~ I don't mind

incorporar incorporate; **incorporarse** sit up; ~ *a* MIL join

incorrecto incorrect, wrong; *comportamiento* impolite; **incorregible** incorrigible

incrédulo incredulous; **increíble** incredible

incremento *m* growth

incubadora *f* incubator; **incubar** incubate

inculpar JUR accuse

inculto ignorant, uneducated

incurable incurable

indecente indecent; *película* obscene

indeciso undecided; *por naturaleza* indecisive

indefinido (*impreciso*) vague; (*ilimitado*) indefinite

indemnización *f* compensation; **indemnizar** compensate (*por* for)

independencia *f* independence; **independiente** independent; **independientemente** independently

indescriptible indescribable

indeterminado indeterminate; (*indefinido*) indefinite

India: (*la*) ~ India; **indio 1** *adj* Indian **2** *m*, **-a** *f* Indian

indicación *f* indication; (*señal*) sign; **indicaciones** *para llegar* directions; (*instrucciones*) instructions; **indicador** *m* indicator; **indicar** show, indicate; (*señalar*) point out; (*sugerir*) suggest; **índice** *m* index; **dedo** ~ index finger; **indicio** *m* indication, sign; (*vestigio*) trace

indiferencia *f* indifference; **indiferente** indifferent;

(*irrelevante*) immaterial

indígena 1 *adj* indigenous, native **2** *m/f* native

indigente destitute

indigestión *f* indigestion; **indigesto** indigestible

indignar: ~ **a alguien** make s.o. indignant; **indignarse** become indignant

indirecta *f* insinuation; (*sugerencia*) hint; **indirecto** indirect

indiscreción *f* indiscretion; (*declaración*) indiscreet remark; **indiscreto** indiscreet

indiscutible indisputable

indisoluble insoluble; *matrimonio* indissoluble

indispensable indispensable

indispuesto indisposed, unwell

indistinto vague; *sonido* faint

individual individual; *cama, habitación* single; **individuo** *m* individual

índole *f* nature

indolencia *f* laziness, indolence; **indolente** lazy, indolent

indomable *animal* untameable; *persona* indomitable

indudable undoubted

indulgencia *f* indulgence

indultar pardon; **indulto** *m* pardon

indumentaria *f* clothing

industria *f* industry; **industrial 1** *adj* industrial **2** *m/f* industrialist

inédito unpublished; *fig* unprecedented

ineficacia f inefficiency; *de un procedimiento* ineffectiveness; **ineficaz** inefficient; *procedimiento* ineffective

ineficiencia f inefficiency; **ineficiente** inefficient

inepto 1 *adj* inept, incompetent **2** *m*, **-a** f incompetent fool

inequívoco unequivocal

inesperado unexpected

inestable unstable; *tiempo* unsettled

inestimable invaluable

inevitable inevitable

inexperto inexperienced

inexplicable inexplicable

infalible infallible

infame loathsome; *(terrible)* dreadful

infamia f *(deshonra)* disgrace; *acción* dreadful thing to do; *dicho* slander, slur

infancia f infancy; **infanta** f infanta, princess

infantería f MIL infantry

infantil children's *atr; naturaleza* childlike; *desp* infantile, childish

infarto m MED heart attack

infatigable tireless, indefatigable

infección f MED infection; **infeccioso** infectious; **infectar** infect

infeliz 1 *adj* unhappy, miserable **2** *m/f* poor devil

inferior 1 *adj* inferior (*a* to); *en el espacio* lower (*a* than)

2 *m/f* inferior; **inferioridad** f inferiority

infertilidad f infertility

infestar infest; *(invadir)* overrun

infiel 1 *adj* unfaithful **2** *m/f* unbeliever

infierno m hell

ínfimo *cantidad* very small; *calidad* very poor

infinidad f: **~ de** countless; **infinito 1** *adj* infinite **2** m infinity

inflación f inflation

inflamable flammable; **inflamación** f MED inflammation; **inflamarse** MED become inflamed

inflar inflate; *inflarse* swell (up); *fig* F get conceited

inflexible *fig* inflexible

influencia f influence; **tener ~s** have contacts; **influir: ~ en alguien / algo** influence s.o. / sth, have an influence on s.o. / sth; **influjo** m influence; **influyente** influential

infografía f computer graphics *pl*

información f information; *(noticias)* news *sg*; **informal** informal; *persona* unreliable; **informar** inform (*de, sobre* about); **informática** f information technology, IT; **informático 1** *adj* computer *atr* **2** m, **-a** f IT specialist

informe 1 *adj* shapeless **2** m report; **~s** *(referencias)* references

infracción f offense, Br offence

infraestructura f infrastructure

infrarrojo infrared

infrecuente infrequent

infructuoso fruitless

ingeniero m, -a f engineer; *ingenio* m ingenuity; *(aparato)* device; **~ azucarero** L.Am. sugar refinery; **ingenioso** ingenious

Inglaterra England

ingle f groin

inglés 1 adj English **2** m Englishman; *idioma* English; **inglesa** f Englishwoman

ingratitud f ingratitude; **ingrato** ungrateful; *tarea* thankless

ingravidez f weightlessness

ingrediente m ingredient

ingresar 1 v/i: **~ en** en universidad go to; *en asociación* join; *en hospital* be admitted to **2** v/t cheque pay in; *ingreso* m entry; *en una asociación* joining; *en hospital* admission; COM deposit; **~s** income

inhabitado uninhabited

inhalar inhale

inhibición f inhibition; JUR disqualification

inhumano inhuman

inicial f/adj initial; **iniciar** initiate; *curso* start, begin; **iniciativa** f initiative; **inicio** m start, beginning

inigualable incomparable; *precio* unbeatable

injerencia f interference

injuria f insult; **injuriar** insult

injusticia f injustice; **injusto** unjust

inmediaciones fpl immediate area (**de** of), vicinity (**de** of); **inmediatamente** immediately; **inmediato** immediate; **de ~** immediately

inmejorable unbeatable

inmenso immense

inmigración f immigration; **inmigrante** m/f immigrant; **inmigrar** immigrate

inminente imminent

inmoral immoral

inmortal immortal

inmóvil *persona* motionless; *vehículo* stationary

inmueble m building

inmune immune; **inmunidad** f MED, POL immunity; **inmunizar** immunize; **inmunológico: sistema ~** MED immune system

innato innate, inborn

innecesario unnecessary

innovación f innovation

innumerable innumerable, countless

inocencia f innocence; **inocente** innocent

inodoro m toilet

inofensivo inoffensive, harmless

inolvidable unforgettable

inoportuno inopportune; *(molesto)* inconvenient

inoxidable: acero ~ stainless steel

inquietar worry; **inquietarse**

worry; **inquietud** f worry, anxiety; *intelectual* interest; **inquieto** worried
inquilino m tenant
inquisitivo inquisitive
insalubre unhealthy
insano unhealthy
insatisfacción f dissatisfaction; **insatisfactorio** unsatisfactory; **insatisfecho** dissatisfied
inscribir 1 v/t (*grabar*) inscribe; *en lista* register, enter; *en curso* enroll, *Br* enrol, register; **inscripción** f inscription; *en lista* registration, entry; *en curso* enrollment, *Br* enrolment, registration
insecticida m insecticide; **insecto** m insect
inseguridad f *de una persona* insecurity; *de estructura* unsteadiness; (*peligro*) dangerousness; **inseguro** insecure; *estructura* unsteady; (*peligroso*) dangerous, unsafe
insensato foolish
insensible insensitive (**a** to)
insertar insert
inservible useless
insignificante insignificant
insinuar insinuate
insípido insipid
insistir insist; **~ en hacer algo** insist on doing sth; **~ en algo** stress sth
insolación f MED sunstroke
insolencia f insolence; **insolente** insolent
insólito unusual
insoluble insoluble

insolvencia f insolvency
insomnio m insomnia
insonorizar soundproof; **insonoro** soundless
insoportable unbearable, intolerable
inspección f inspection; inspeccionar inspect; **inspector** m, **~a** f inspector
inspiración f inspiration; MED inhalation; **inspirar** inspire; MED inhale
instalación f *acto* installation; **instalaciones deportivas** sports facilities; **instalar** install, *Br* instal; (*colocar*) put; **instalarse** *en un sitio* install o *Br* instal o.s.
instancia f JUR petition; (*petición por escrito*) application; **a ~s de** at the request of
instantánea f FOT snapshot; **instantáneo** immediate, instantaneous; **instante** m moment, instant; **al ~** right away, immediately
instinto m instinct
institución f institution; **instituir** institute; **instituto** m institute; *Esp* high school, *Br* secondary school; **~ de belleza** beauty salon; **institutriz** f governess
instrucción f education; (*formación*) training; MIL drill; INFOR instruction; JUR hearing; **instrucciones de uso** instructions, directions (for use); **instruido** educated; **instruir** educate; (*formar*)

train; JUR *pleito* hear; **instructivo** educational

instrumento *m* instrument; (*herramienta*), *fig* tool; **~ musical** musical instrument

insuficiencia *f* lack; MED failure; **insuficiente 1** *adj* insuficient, inadequate **2** *m* EDU *nota* fail

insultar insult; **insulto** *m* insult

insuperable insurmountable

intachable faultless

intacto intact; (*sin tocar*) untouched

integrar integrate; *equipo* make up; *íntegro* whole, entire; *un hombre* **~** *fig* a man of integrity

intelectual *m/f & adj* intellectual

inteligencia *f* intelligence; **inteligente** intelligent

intemperie *f*: **a la ~** in the open air

intempestivo untimely

intemporal timeless

intención *f* intention; *doble o* **segunda ~** ulterior motive; **intencional** intentional

intensidad *f* intensity; (*fuerza*) strength; **intensificar** intensify; **intensificarse** intensify; **intensivo** intensive; **intenso** intense; (*fuerte*) strong

intentar try, attempt; **intento** *m* attempt, try; *Méx* (*intención*) aim; **intentona** *f*: (*golpista*) POL putsch, coup

interacción *f* interaction; **interactivo** interactive

intercalar insert

intercambio *m* exchange, swap

interceder intercede (*por* for)

interceptar *tb* DEP intercept

interés *m tb* COM interest; *desp* self-interest; *sin* **~** interest-free; **interesado 1** *adj* interested **2** *m*, **-a** *f* interested party; **interesante** interesting; **interesar** interest; **interesarse**: **~ por** take an interest in

interface *m*, **interfaz** *f* INFOR interface

interferencia *f* interference; **interferir** *v/t* interfere with **2** *v/i* interfere (*en* in)

interino substitute *atr*; (*provisional*) provisional, acting *atr*

interior 1 *adj* interior; *bolsillo* inside *atr*; COM, POL domestic **2** *m* interior; DEP inside-forward; *en su* **~** *fig* inwardly

interlocutor *m*, **~a** *f* speaker; *mi* **~** the person I was talking to

intermediario *m* COM intermediary, middle-man; **intermedio 1** *adj nivel* intermediate; *tamaño, calidad* medium **2** *m* intermission

intermitente 1 *adj* intermittent **2** *m* AUTO turn signal, *Br* indicator

internacional *m/f & adj* international

internado *m* boarding school

internauta *m/f* INFOR Internet user, Net surfer

internet m Internet; **en ~** on the Internet

interno 1 adj internal; POL domestic, internal **2** m, **-a** f EDU boarder; (preso) inmate; MED intern, Br houseman

interpretar interpret; TEA play; **intérprete** m/f interpreter

interrogación f interrogation; **signo de ~** question mark; **interrogar** question; **interrogatorio** m questioning, interrogation

interrumpir 1 v/t interrupt; servicio suspend; vacaciones cut short **2** v/i interrupt; **interrupción** f interruption; de servicio suspension; de vacaciones cutting short; **sin ~** non-stop; **interruptor** m ELEC switch

intervalo m tb MÚS interval; (espacio) gap

intervención f intervention; en debate participation; en película appearance; MED operation; **intervenir 1** v/i intervene; en debate take part, participate; en película appear **2** v/t TELEC tap; contrabando seize; MED operate on

intestinal intestinal; **intestino** m intestine

intimidad f intimacy; (lo privado) privacy; **en la ~** in private

intimidar intimidate; **íntimo** intimate; (privado)

private; amigos close

intolerable intolerable; **intolerante** intolerant

intoxicación f poisoning; **intoxicar** poison

intranquilo uneasy; (nervioso) restless

intransferible non-transferable

intransigente intransigent

intransitable impassable

intratable: es ~ he is impossible (to deal with)

intravenoso MED intravenous

intrépido intrepid

intriga f intrigue; de novela plot; **intrigar 1** v/t (interesar) intrigue **2** v/i plot, scheme

introducción f introduction; acción de meter insertion; INFOR input; **introducir** introduce; (meter) insert; INFOR input

intuición f intuition; **intuir** sense

inundación f flood; **inundar** flood

inusitado unusual

inútil 1 adj useless; MIL unfit **2** m/f: **es un ~** he's useless

invadir invade; de un sentimiento overcome

invalidar invalidate; **invalidez** f disability; **inválido 1** adj persona disabled; documento invalid **2** m, **-a** f disabled person

invariable invariable

invasión f MIL invasion

invencible invincible; miedo

insurmountable

invención f invention; **inventar** invent; **inventario** m inventory; **invento** m invention; **inventor** m inventor

invernadero m greenhouse; **invernal** winter atr

inverosímil unlikely

inversión f reversal; COM investment; **inverso** opposite; orden reverse; **a la -a** the other way around; **inversor** m, **~a** f investor; **invertir** reverse; COM invest (**en** in)

investigación f investigation; EDU, TÉC research; **~ y desarrollo** research and development; **investigador** m, **~a** f researcher; **investigar** investigate; EDU, TÉC research

invidente m/f blind person

invierno m winter

invisible invisible

invitación f invitation; **invitado** m, **-a** f guest; **invitar** invite (**a** to); (convidar) treat (**a** to)

involuntario involuntary

inyección f injection; **inyectar** inject

ir 1 v/i go (**a** to); **~ en avión** fly; **¡ya voy!** I'm coming!; **~ a por algo** go and fetch sth; **~ bien / mal** go well / badly; **iba de amarillo** she was wearing yellow; **van dos a dos** DEP the score is two all; **¿de qué va la película?** what's the movie about?; **¡qué va!** you must be joking!; **¡vamos!** come on!; **¡vaya!**

well! 2 v/aux: **va a llover** it's going to rain; **ya voy comprendiendo** I'm beginning to understand; **~ para viejo** be getting old; **irse** go (away), leave; **¡vete!** go away!; **¡vámonos!** let's go

ira f anger

Irak Iraq, Irak

Irán Iran; **iraní** m/f & adj Iranian

iraquí m/f & adj Iraqi, Iraki

iris m inv ANAT iris; **arco ~** rainbow

Irlanda Ireland; **irlandés 1** adj Irish **2** m Irishman; **irlandesa** f Irishwoman

ironía f irony; **irónico** ironic

irradiación f irradiation

irregular irregular; superficie uneven; **irregularidad** f irregularity; de superficie unevenness

irrelevante irrelevant

irreprochable irreproachable

irresistible irresistible

irresponsable irresponsible

irrevocable irrevocable

irrigar MED, AGR irrigate

irritación f irritation; **irritar** tb MED irritate; **irritarse** get irritated

irrompible unbreakable

irrumpir burst in

isla f island

Israel Israel; **israelí** m/f & adj Israeli

Italia Italy; **italiano 1** adj Italian **2** m, **-a** f Italian; **3** m idioma Italian

itinerario *m* itinerary
IVA *m* (= *impuesto sobre el valor añadido* o *L.Am.* *agregado*) sales tax, *Br* VAT (= value added tax)

izar hoist
izquierda *f tb* POL left; **izquierdista** POL **1** *adj* left-wing **2** *m/f* left-winger; **izquierdo** left

J

jabalí *m* ZO wild boar
jabalina *f* javelin
jabón *m* soap; **~ de afeitar** shaving soap; **jabonera** *f* soap dish
jacinto *m* hyacinth
jactarse boast (**de** about)
jadear pant
jaguar *m* ZO jaguar
jalea *f* jelly
jaleo *m* (*ruido*) racket, uproar; (*lío*) mess
Jamaica Jamaica; **jamaicano** **1** *adj* Jamaican **2** *m*, **-a** *f* Jamaican
jamás never; **¿viste ~ algo así?** did you ever see anything like it?; **nunca ~** never ever; **por siempre ~** for ever and ever
jamón *m* ham; **~ de York** cooked ham; **~ serrano** cured ham
Japón Japan; **japonés 1** *adj* Japanese **2** *m*, **-esa** *f* Japanese **3** *m idioma* Japanese
jaque *m* check; **~ mate** checkmate; **dar ~ a** checkmate
jaqueca *f* MED migraine
jarabe *m* syrup; *Méx* type of folk dance
jardín *m* garden; **~ de infan-**cia kindergarten; **jardinera** *f* jardiniere; **jardinería** *f* gardening; **jardinero** *m*, **-a** *f* gardener
jarra *f* pitcher, *Br* jug; **en ~s** with hands on hips; **jarro** *m* pitcher, *Br* jug
jaula *f* cage
jazmín *m* BOT jasmine
jefatura *f* headquarters *pl*; (*dirección*) leadership; **~ de policía** police headquarters; **jefe** *m*, **-a** *f* *de departamento, organización* head; (*superior*) boss; POL leader; *de tribu* chief; **~ de cocina** (head) chef; **~ de estado** head of state
jengibre *m* BOT ginger
jeque *m* sheik
jerez *m* sherry
jerga *f* jargon; (*argot*) slang
jersey *m* sweater
jibia *f* ZO cuttlefish
jilguero *m* ZO goldfinch
jinete *m* rider; *en carrera* jockey
jirafa *f* ZO giraffe
jocoso humorous, joking
joder V (*follar*) screw V, fuck V; (*estropear*) screw up V, fuck up V; *L.Am.* F (*fasti-*

diar) annoy

jornada f (working) day; *distancia* day's journey; *~ laboral* work day; *~ partida* split shift; **jornal** m day's wage; **jornalero** m, -a f day laborer, *Br* day laborer

joroba f hump; fig pain F; **jorobado** hump-backed; fig F in a bad way F; **jorobar** F (*molestar*) bug F; *planes* ruin

joven 1 adj young **2** m/f young man; *mujer* young woman; *los jóvenes* young people

joya f jewel; *persona* gem; *~s* jewelry, *Br* jewellery; **joyería** f jewelry store, *Br* jeweller's; **joyero 1** m, -a f jeweler, *Br* jeweller **2** m jewelry o *Br* jewellery box

juanete m MED bunion

jubilación f retirement; *~ anticipada* early retirement; **jubilado 1** adj retired **2** m, -a f retiree, *Br* pensioner; **jubilarse** retire; **júbilo** m jubilation

judía f BOT bean; *~ verde* green bean, runner bean

judicial judicial

judío 1 adj Jewish **2** m, -a f Jew

juego m game; *acción* play; *por dinero* gambling; (*conjunto de objetos*) set; *~ de azar* game of chance; *~ de café* coffee set; *~ de manos* conjuring trick; *~ de mesa* board game; *~ de sociedad* game; *Juegos Olímpicos* Olympic Games; *estar en*

~ fig be at stake; *fuera de ~* DEP offside; *hacer ~ con* go with, match

juerga f F partying F

jueves m inv Thursday

juez m/f judge; *~ de línea en fútbol* assistant referee; *en fútbol americano* line judge

jugada f play, *Br* move; *en ajedrez* move; *hacerle una mala ~ a alguien* play a dirty trick on s.o.; **jugador** m, -a f player; **jugar 1** v/t play **2** v/i play; *con dinero* gamble; *~ al baloncesto* play basketball; **jugarse** risk; **jugarreta** f F dirty trick F

jugo m juice; **jugoso** tb fig juicy

juguete m toy; **juguetería** f toy store, *Br* toy shop

juicio m judg(e)ment; JUR trial; (*sensatez*) sense; (*cordura*) sanity; *a mí ~* in my opinion; *estar en su ~* be in one's right mind; *perder el ~* lose one's mind

julio m July

junco m BOT reed

jungla f jungle

junio m June

junta f POL (regional) government; *militar* junta; COM board; (*sesión*) meeting; TÉC joint; *~ directiva* board of directors; **juntar** put together; *gente* gather together; *bienes* collect; **juntarse** (*reunirse*) meet, assemble; *de pareja: empezar a salir* start going out; *empezar a vi-*

vir juntos move in together; *de caminos, ríos* meet, join; **~ con alguien socialmente** mix with s.o.; **junto 1** *adj* together **2** *prp*: **~ a** next to, near; **~ con** together with

juntura *f* TÉC joint

jurado *m* JUR jury; **juramento** *m* oath; **bajo ~** under oath; **jurar** swear; **jurídico** legal; **jurisdicción** *f* jurisdiction

jurista *m/f* jurist

justicia *f* justice; **la ~** (*la ley*) the law; **justificante** *m de pago* receipt; *de ausencia, propiedad* certificate; **justificar** *tb* TIP justify; **justo** just, fair; (*exacto*) right, exact; **lo ~** just enough; **¡~!** right!, exactly!

juvenil youthful; **juventud** *f* youth

K

kárate *m* karate; **karateca** *m/f* karate expert

kilo *m* kilo; *fig* F million; **kilobyte** *m* kilobyte; **kilogramo** *m* kilogram, *Br* kilogramme; **kilómetro** *m* kilometer, *Br* kilometre; **kilovatio** *m* kilowatt

kiosco *m* kiosk

kiwi *m* BOT kiwi (fruit)

L

la 1 *art* the; **~ que está embarazada** the one who is pregnant; **~ más grande** the biggest (one); **dame ~ roja** give me the red one **2** *pron complemento directo sg* her; *a usted* you; *algo* it

laberinto *m* labyrinth, maze

labia *f*: **tener mucha ~** have the gift of the gab; **labio** *m* lip

labor *f* work; (*tarea*) task, job; **hacer ~es** do needlework; **no estar por la ~** F not be enthusiastic about the idea; **laborable**: **día ~** workday; **laboral** labor *atr*, *Br* labour

atr; **laboratorio** *m* laboratory, lab F; **labrador** *m* farm worker; **labrar** *tierra* work; *piedra* carve

laca *f* lacquer; **~ de uñas** nail varnish *o* polish

lactante *madre* nursing; *bebé* being breastfed

ladera *f* slope

lado *m* side; (*lugar*) place; **al ~** nearby; **al ~ de** beside, next to; **de ~** sideways; **ir por otro ~** go another way; **por un ~ ... por otro ~** on the one hand ... on the other hand

ladrar bark

ladrillo *m* brick

ladrón *m* thief

lagartija *f* ZO small lizard; **lagarto** *m* ZO lizard

lago *m* lake

lágrima *f* tear

laguna *f* lagoon; *fig* gap

laico lay *atr*

lamentable deplorable; **lamentablemente** regrettably; **lamentar** regret, be sorry about; *muerte* mourn; **lamentarse** complain (*de* about); **lamento** *m* whimper; *por dolor* groan

lamer lick

lámina *f* sheet

lámpara *f* lamp; **~ de pie** floor lamp

lana *f* wool; *Méx* P dough F

lance *m* incident, episode; *de* **~** secondhand

lancha *f* launch; **~ fueraborda** outboard

langosta *f* *insecto* locust; *crustáceo* spiny lobster; **langostino** *m* king prawn

lánguido languid

lanzamiento *m* MIL, COM launch; **~ de disco / de martillo** discus / hammer (throw); **~ de peso** shot put; **lanzar** throw; *cohete, producto* launch; *bomba* drop; **lanzarse** throw o.s. (*en* into); (*precipitarse*) pounce (*sobre* on)

lápiz *m* pencil; **~ de ojos** eyeliner; **~ labial** *o* **de labios** lipstick

largarse F clear off F; **largo 1** *adj* long; *persona* tall; *a la* **~a**

in the long run; *a lo* **~ del día** throughout the day; *a lo* **~ de la calle** along the street; *¡~!* F scram! F; *pasar de* **~** go (straight) past **2** *m* length; **largometraje** *m* feature film

laringe *f* larynx

las 1 *art fpl* the **2** *pron complemento directo pl* them; *a ustedes* you; **llévate ~ que quieras** take the ones *o* those you want; **~ de...** those of ...; **~ de Juan** Juan's

lascivo lewd

láser *m* laser; *rayo* **~** laser beam

lástima *f* pity, shame; **lastimarse** hurt o.s.

lastre *m* ballast; *fig* burden

lata *f* can, *Br tb* tin; *fig* F drag F; *dar la* **~** F be a drag F

lateral *adj* side *atr* **2** *m* DEP: **~ derecho / izquierdo** right / left back

latido *m* beat

latifundio *m* large estate

látigo *m* whip

latín *m* Latin; **latino** Latin; **Latinoamérica** Latin America; **latinoamericano 1** *adj* Latin American **2** *m*, **-a** *f* Latin American

latir beat

latitud *f* latitude

latón *m* brass

laurel *m* BOT laurel; *dormirse en los* **~es** *fig* rest on one's laurels

lavable washable; **lavabo** *m* washbowl; **lavado** *m* washing; **~ de cerebro** *fig* brainwashing; **lavadora** f washing machine; **lavandería** f laundry; **lavaplatos** m inv dishwasher; L.Am. (fregadero) sink; **lavar 1** v/t wash; ~ **los platos** wash the dishes; ~ **la ropa** do the laundry; ~ **en seco** dry-clean **2** v/i (lavar los platos) do the dishes; **de detergente** clean; **lavarse** wash up, Br have a wash; ~ **los dientes** brush one's teeth; ~ **las manos** wash one's hands; **lavativa** f MED enema; **lavavajillas** m inv líquido dishwashing liquid, Br washing-up liquid; electrodoméstico dishwasher

laxante m/adj MED laxative
lazo m knot; de adorno bow; para atrapar animales lasso
le complemento indirecto (to) him; (a ella) (to) her; (a usted) (to) you; (a algo) (to) it; complemento directo him; (a usted) you
leal loyal; **lealtad** f loyalty
lección f lesson
leche f milk; **lechería** f dairy; **lechero 1** adj dairy **atr 2** m milkman
lecho m tb de río bed
lechón m suckling pig
lechuga f lettuce
lechuza f ZO barn-owl; Cuba, Méx P hooker F
lector m, ~a f reader; **lectura** f reading
leer read
legación f legation
legal legal; fig F persona great

F; **legalidad** f legality; **legalizar** legalize
legar leave
legendario legendary
legislación f legislation; **legislar** legislate; **legislativo** legislative
legitimar justify; documento authenticate; **legítimo** legitimate; (verdadero) authentic
lego lay atr; fig ignorant
legua f: **se va a la** ~ fig F you can see it a mile off F; hecho it's blindingly obvious F
legumbre f BOT pulse
lejanía f distance; **en la** ~ in the distance; **lejano** distant
lejía f bleach
lejos 1 adv far (away); **Navidad queda** ~ Christmas is a long way off; **a lo** ~ in the distance; **ir demasiado** ~ fig go too far; **llegar** ~ fig go far **2** prep: ~ **de** far from
lema m slogan
lencería f lingerie
lengua f tongue; ~ **materna** mother tongue; **irse de la** ~ let the cat out of the bag; **lenguado** m ZO sole; **lenguaje** m language
lente f lens; ~s **de contacto** contact lenses; **lentes** mpl L.Am. glasses
lenteja f BOT lentil
lentejuela f sequin
lentillas fpl contact lenses
lentitud f slowness; **lento** slow; ~ **a fuego** ~ on a low heat
leña f (fire)wood; **echar** ~ **al fuego** fig add fuel to the fire;

leñador m woodcutter

Leo m/f inv ASTR Leo

león m lion; *L.Am.* puma; ~ **marino** sealion

leopardo m leopard

leotardo m de gimnasta leotard; **~s** tights, *Br* heavy tights

lerdo (*torpe*) slow(-witted)

les pl complemento indirecto (to) them; (*a ustedes*) (to) you; complemento directo them; (*a ustedes*) you

lesbiana f lesbian

lesión f injury; **lesionar** injure

letal lethal

letón 1 adj Latvian **2** m, **-ona** f Latvian **3** m idioma Latvian; **Letonia** f Latvia

letra f letter; de canción lyrics pl; ~ **de cambio** COM bill of exchange; ~ **de imprenta** block capital; ~ **mayúscula** capital letter; **al pie de la** ~ word for word; **letrado 1** adj learned **2** m, **-a** f lawyer

letrero m sign

levadura f yeast

levantamiento m raising; (*rebelión*) rising; de embargo lifting; **levantar** raise; bulto lift (up); del suelo pick up; edificio, estatua put up; embargo lift; ~ **sospechas** arouse suspicion; **¡levanta los ánimos!** cheer up!; **levantarse** get up; (*ponerse de pie*) stand up; de un edificio, una montaña rise; en rebelión rise up; **levante** m

east

leve slight; sonrisa faint

léxico m lexicon

ley f law; **con todas las de la** ~ fairly and squarely

leyenda f legend

liar tie (up); en papel wrap (up); cigarrillo roll; persona confuse

libanés adj Lebanese **2** m, **-esa** f Lebanese; **Líbano** m Lebanon

liberación f release; de un país liberation; **liberal** liberal; **liberar** (set) free, release; país liberate; energía release; **libertad** f freedom, liberty; ~ **bajo fianza** JUR bail; ~ **condicional** JUR probation

libertinaje m licentiousness

Libia Libya; **libio 1** adj Libyan **2** m, **-a** f Libyan

libra f pound; ~ **esterlina** pound (sterling)

Libra m/f inv ASTR Libra

librar 1 v/t free (**de** from); cheque draw; batalla fight **2** v/i: **libro los lunes** I have Mondays off; **libre** free; **libre-cambio** m free trade

librería f bookstore; **librero** m bookseller; *L.Am.* mueble bookcase; **libreta** f notebook; ~ **de ahorros** bankbook, passbook; **libro** m book; ~ **de bolsillo** paperback (book); ~ **de cocina** cookbook; ~ **de familia** *booklet recording family births, marriages and deaths*

licencia f permit, license, Br licence; (*permiso*) permission; MIL leave; **~ de manejar** o **conducir** L.Am. driver's license, Br driving licence; **tomarse demasiadas ~s** take liberties; **licenciado** m, **-a** f graduate; **licenciar** MIL discharge; **licenciarse** graduate; MIL be discharged; **licenciatura** f EDU degree

licitar L.Am. en subasta bid for

licor m liquor, Br spirits pl

licuadora f blender

líder 1 m/f leader 2 adj leading

lidia f bullfighting

liebre f hare

lienzo m canvas

liga f POL, DEP league; de medias garter; **ligamento** m ANAT ligament; **ligar** 1 v/t bind; (*atar*) tie 2 v/i: **~ con** F pick up F

ligero 1 adj light; (*rápido*) rapid; *movimiento* agile; (*leve*) slight; **~ de ropa** scantily clad; **a la -a -a** (*sin pensar*) lightly 2 adv quickly

ligue m F: **estar de ~** be on the pick-up F

liguero m garter belt, Br suspender belt

lija f: **papel de ~** sandpaper

lila f/adj lilac

lima f file; BOT lime; **~ de uñas** nail file; **limar** f file; fig polish

limitar 1 v/t limit 2 v/i: **~ con** border on; **limitarse** limit o.s. (**a** to); **límite** 1 m limit; (*línea de separación*) boundary; **~ de velocidad** speed limit 2 adj: **situación ~** life-threatening situation

limón m lemon; **limonada** f lemonade; **limonero** m lemon tree

limosna f: **una ~, por favor** can you spare some change?

limpiabotas m/f inv bootblack; **limpiaparabrisas** m inv AUTO windshield wiper, Br windscreen wiper; **limpiar** clean; con un trapo wipe; fig clean up; **~ a alguien** F clean s.o. out F; **limpieza** f estado cleanliness; acto cleaning; **~ general** spring cleaning; **~ en seco** dry-cleaning; **limpio** clean; (*ordenado*) neat, tidy; *político* honest; **quedarse ~** S.Am. F be broke F; **sacar algo en ~** fig make sense of sth

linaje m lineage

linaza f BOT linseed

lince m ZO lynx

lindante adjacent (**con** to), bordering (**con** on); **lindar**: **~ con algo** adjoin sth; fig border on sth

lindo 1 adj lovely; **de lo ~** a lot, a great deal 2 adv L.Am. jugar, bailar beautifully

línea f line; **en ~** on line; **~ aérea** airline; **mantener la ~** watch one's figure; **de pri-**

mera ~ *fig* first-rate; **tecnología de primera** ~ cutting edge technology; **entre** ~s *fig* between the lines

lingüístico linguistic

lino *m* linen; BOT flax

linterna *f* flashlight, *Br* torch

lío *m* bundle; F (*desorden*) mess; F (*jaleo*) fuss; ~ **amoroso** F affair; **hacerse un** ~ get into a muddle

liposucción *f* liposuction

liquidación *f* COM *de deuda* settlement; *de negocio* liquidation; ~ **total** clearance sale; **liquidar** *cuenta, deuda* settle; COM *negocio* wind up, liquidate; *existencias* sell off; F (*matar*) liquidate F, bump off F; **líquido 1** *adj* liquid; COM *net* **2** *m* liquid

lira *f* lira

lírica *f* lyric poetry

lisiado 1 *adj* crippled **2** *m* cripple

liso smooth; *terreno* flat; *pelo* straight; (*sin adornos*) plain; **-a y llanamente** plainly and simply

lisonja *f* flattery; **lisonjear** flatter

lista *f* list; ~ **de boda** wedding list; ~ **de correos** general delivery, *Br* poste restante; ~ **de espera** waiting list; **lista-do** *m* INFOR printout; **listín** *m*: ~ (*telefónico*) phone book

listo (*inteligente*) clever; (*preparado*) ready

listón *m de madera* strip; DEP

bar

litera *f* bunk; *de tren* couchette

literario literary; **literatura** *f* literature

litoral 1 *adj* coastal **2** *m* coast

litro *m* liter, *Br* litre

Lituania Lithuania; **lituano 1** *adj* Lithuanian **2** *m*, **-a** *f* Lithuanian **3** *m idioma* Lithuanian

liviano light; (*de poca importancia*) trivial

llaga *f* ulcer

llama *f* flame; ZO llama

llamada *f* call; *en una puerta* knock; *en timbre* ring; ~ **a cobro revertido** collect call; ~ **de auxilio** distress call; **llamamiento** *m* call; **hacer un** ~ **a algo** call for sth; **llamar** call; TELEC call, *Br tb* ring; ~ **a la puerta** knock at the door; *con timbre* ring the bell; **el fútbol no me llama nada** football doesn't appeal to me in the slightest; **llamarse** be called; **¿cómo te llamas?** what's your name?

llamativo eyecatching; *color* loud

llanito *m*, **-a** *f* F Gibraltarian

llano 1 *adj terreno* level; *trato* natural; *persona* unassuming **2** *m* flat ground

llanta *f* wheel rim; *C.Am., Méx* (*neumático*) tire, *Br* tyre

llanto *m* sobbing

llanura *f* plain

llave *f* key; *para tuerca* wrench, *Br tb* spanner; ~

de contacto AUTO ignition key; **~ inglesa** TÉC monkey wrench; **~ en mano** available for immediate occupancy; *bajo ~* under lock and key; *cerrar con ~* lock; *llavero m* key ring

llegada *f* arrival; **llegar** arrive; *(alcanzar)* reach; *la comida no llegó para todos* there wasn't enough food for everyone; *me llega hasta las rodillas* it comes down to my knees; **~ a saber** find out; **~ a ser** to be; **~ a viejo** live to a ripe old age

llenar 1 *v/t* fill; *impreso* fill out o in **2** *v/i* be filling; **lleno** full *(de* of); *pared* covered *(de* with); *de ~* fully

llevar 1 *v/t* take; *ropa, gafas* wear; *ritmo* keep up; **~ las de perder** be likely to lose; *me lleva dos años* he's two years older than me; *llevo ocho días aquí* I've been here a week **2** *v/i* lead *(a* to); **llevarse** take; *susto, sorpresa* get; **~ bien / mal** get on well / badly; *se lleva el color rojo* red is fashionable

llorar cry, weep

llover rain; *llueve* it is raining

llovizna *f* drizzle; **lloviznar** drizzle

lluvia *f* rain; *Rpl (ducha)* shower; **lluvioso** rainy

lo 1 *art* the; *no sabes ~ difícil que es* you don't know how difficult it is **2** *pron: a él* him; *a usted* you; *algo* it; **~ sé** I

know **3** *pron rel:* **~ que** what; **~ cual** which

lobo *m* wolf; **~ marino** seal; **~ de mar** *fig* sea dog

local 1 *adj* local **2** *m* premises *pl;* **localidad** *f* town; TEA seat; **localizar** locate; *incendio* contain

loción *f* lotion

loco *adj* mad, crazy; *a lo ~* F *(sin pensar)* hastily **2** *m* madman

locomoción *f* locomotion; *medio de ~* means of transport; **locomotora** *f* locomotive

locuaz talkative, loquacious *fml*

locura *f* madness

locutor *m,* **~a** *f* RAD, TV presenter

lodo *m* mud

lógica *f* logic; **lógico** logical

logrado excellent; **lograr** achieve; *(obtener)* obtain; **~ hacer algo** manage to do sth; **logro** *m* achievement

lombarda *f* BOT red cabbage

lomo *m* back; GASTR loin

lona *f* canvas

loncha *f* slice

Londres London

longaniza *f* type of dried sausage

longitud *f* longitude; *(largo)* length

lonja *f de pescado* fish market; *(loncha)* slice

loro *m* parrot

los 1 *art mpl* the **2** *pron complemento directo pl* them; *a* *ustedes* you; **llévate ~ que quieras** take the ones *o* those you want; **~ de...** those of ...; **~ de Juan** Juan's

losa *f* flagstone

lote *m* en reparto share, part; *L.Am.* (*solar*) lot; **lotería** *f* lottery; **lotero** *m*, **-a** *f* lottery ticket seller

loza *f* china

lubina *f* ZO sea bass

lubri(fi)cante 1 *adj* lubricating **2** *m* lubricant; **lubri(fi)car** lubricate

lucha *f* fight, struggle; DEP wrestling; **~ libre** DEP all-in wrestling; **luchar** fight (*por* for)

lúcido lucid, clear

luciérnaga *f* ZO glowworm

lucio *m* ZO pike

lucir 1 *v/i* shine; *L.Am.* (*verse bien*) look good **2** *v/t* ropa, joya wear; **lucirse** *tb* irónico excel o.s.

lucrativo lucrative; **lucro** *m* profit; **sin ánimo de ~** not-for-profit

luego 1 *adv* (*después*) later; in orden, espacio then; *L.Am.* (*en seguida*) right now; **~ que** *L.Am.* after *Méx* straight away **2** *conj* therefore; **~ que** *L.Am.* after

lugar *m* place; **~ común** cliché; **en ~ de** instead of; **en primer ~** in the first place, first(ly); **fuera de ~** out of place; **yo en tu ~** if I were you, (if I were) in your place; **dar ~ a** give rise to; **tener ~** take place

lujo *m* luxury; **lujoso** luxurious

lumbago *m* MED lumbago; **lumbar** lumbar

lumbre *f* fire; **luminoso** luminous; *lámpara, habitación* bright

luna *f* moon; de tienda window; de vehículo windshield, *Br* windscreen; **~ de miel** honeymoon; **~ llena / nueva** full / new moon; **media ~** *L.Am.* GASTR croissant; **lunar 1** *adj* lunar **2** *m* en piel mole; **de ~es** spotted, polka-dot

lunes *m inv* Monday

luneta *f*: **~ térmica** AUTO heated windshield, *Br* heated windscreen

lupa *f* magnifying glass; **mirar algo con ~** *fig* go through sth with a fine-tooth comb

lúpulo *m* BOT hop

luso 1 *adj* Portuguese **2** *m*, **-a** *f* Portuguese

lustrar polish; **lustre** *m* shine; *fig* luster, *Br* lustre

luto *m* mourning; **estar de ~ por alguien** be in mourning for s.o.

Luxemburgo *m* Luxemb(o)urg; **luxemburgués 1** *adj* of / from Luxemb(o)urg, Luxemb(o)urg *atr* **2** *m*, **-guesa** *f* Luxemb(o)urger

luz *f* light; **~ trasera** AUTO rear light; **luces de carretera** *o* **largas** AUTO full *o* main beam headlights; **luces de cruce** *o* **cortas** AUTO dipped

headlights; **~ verde** *tb fig*
green light; **arrojar ~ sobre
algo** *fig* shed light on s.th.;

dar a ~ give birth to; **salir
a la ~** *fig* come to light; **a to-
das luces** evidently

M

macabro 1 *adj* macabre **2** *m*,
-a *f* ghoul
macarrones *mpl* macaroni *sg*
macedonia *f*: **~ de frutas** fruit
salad
maceta *f* flowerpot
machacar crush; *fig* thrash
machete *m* machete
machismo *m* male chauvin-
ism; **machista 1** *adj* sexist
2 *m* sexist, male chauvinist
macho 1 *adj* male; (*varonil*)
tough; *desp* macho **2** *m* male;
apelativo F man F, *L.Am.*
(*plátano*) banana
macizo 1 *adj* solid **2** *m* GEOG
massif; *Macizo de Brasil*
Brazilian Highlands; **~ de
flores** flower bed
madeja *f* hank
madera *f* wood; **tener ~ de**
have the makings of; **made-
ro** *m* P cop P
madrastra *f* step-mother
madre 1 *f* mother; **~ soltera**
single mother **2** *adj Méx*,
C.Am. F great F; **madresel-
va** *f* BOT honeysuckle
madrileño *m* of / from
Madrid, Madrid *atr* **2** *m*, **-a**
f native of Madrid
madrina *f* godmother
madrugada *f* early morning;
(*amanecer*) dawn; **de ~** in

the small hours; **madruga-
dor** *m*, **~a** *f* early riser; **ma-
drugar** *L.Am.* (*quedar des-
pierto*) stay up till the small
hours; (*levantarse temprano*)
get up early
madurar 1 *v/t fig*: *idea* think
through **2** *v/i de persona* ma-
ture; *de fruta* ripen; **madurez**
f mental maturity; *edad* mid-
dle age; *de fruta* ripeness;
maduro mentally ma-
ture; *de edad* middle-aged;
fruta ripe
maestría *f* mastery; *Méx* EDU
master's (degree); **maestro**
1 *adj* master *atr* **2** *m*, **-a** *f*
EDU teacher; MÚS maestro
magia *f tb fig* magic; **mágico**
magic
magistrado *m* judge; **magis-
tral** masterly
magnético magnetic
magnetofón *m* tape record-
er; **magnetoscopio** *m*
VCR, video (cassette re-
corder)
magnífico magnificent
magnitud *f* magnitude
mago *m tb fig* magician; **los
Reyes Magos** the Three
Wise Men
magro *carne* lean
magulladura *f* bruise

mahometano

mahometano 1 *adj* Muslim **2** *m*, **-a** *f* Muslim

maíz *m* corn

majadero F 1 *adj* idiotic, stupid **2** *m*, **-a** *f* idiot

majestad *f* majesty; **majestuoso** majestic

majo F nice; (*bonito*) pretty

mal 1 *adj* ☞ **malo 2** *adv* badly; **~ que bien** one way or the other; **¡menos ~!** thank goodness!; **ponerse a ~ con alguien** fall out with s.o.; **tomarse algo a ~** take sth badly **3** *m* MED illness; **el ~ menor** the lesser of two evils

malaria *f* MED malaria

malcriado spoilt

maldad *f* evil

maldecir curse; **maldición** *f* curse; **maldito** F damn F; **¡a sea!** (god)damn it!

maleante *m/f* & *adj* criminal

malecón *m* breakwater

maleducado rude, bad-mannered

malentendido *m* misunderstanding

malestar *m* MED discomfort; *social* unrest

maleta *f* bag, suitcase; *L.Am.* AUTO trunk, *Br* boot; **hacer la ~** pack one's bags; **maletero** *m* trunk, *Br* boot; **maletín** *m* briefcase

maleza *f* undergrowth

malformación *f* malformation

malgastar waste

malhechor *m*, **-a** *f* criminal

malhumorado bad-tempered

malicia *f* (*mala intención*) malice; (*astucia*) cunning; **no tener ~** F be very naive; **malicioso** (*malintencionado*) malicious; (*astuto*) cunning, sly

maligno harmful; MED malignant

malintencionado malicious

malla *f* mesh; *Rpl* (*bañador*) swimsuit

Mallorca *f* Majorca; **mallorquín 1** *adj* Majorcan **2** *m*, **-quina** *f* Majorcan

malo 1 *adj* bad; *calidad* poor; (*enfermo*) sick, ill; **por las buenas** *o* **por las -as** like it or not; **por las -as** by force; **ponerse ~** fall ill **2** *m* bad guy, baddy F

malogrado *muerto* dead before one's time; **malograrse** fail; *de plan* come to nothing; *fallecer* die before one's time; *S.Am.* (*descomponerse*) break down; (*funcionar mal*) go wrong

maloliente stinking

malparado: **salir ~ de algo** come out badly from sth

malta *f* malt

maltratar mistreat

maltrecho weakened; *cosa* damaged

malvado evil

malversación *f*: **~ de fondos** embezzlement

Malvinas: **las ~** the Falklands, the Falkland Islands

mama f breast
mamá f mom, Br mum
mamar suck; **dar de ~** (breast)feed
mamífero m mammal
mampara f screen
manada f herd; de lobos pack
manantial m spring
manar flow
mancha f (dirty) mark; de grasa, sangre etc stain; **manchar** get dirty; de grasa, sangre etc stain
Mancha: Canal de la ~ English Channel; **la ~** La Mancha
manco de mano one-handed; de brazo one-armed
mandamás m inv F big shot F
mandar 1 v/t order; (enviar) send; **~ hacer algo** have sth done **2** v/i be in charge; **¿mande?** Méx can I help you?; Méx TELEC hallo?; (¿cómo?) what did you say?
mandarina f mandarin (orange)
mandato m order; POL mandate
mandíbula f ANAT jaw
mandil m leather apron
mando m command; **~ a distancia** TV remote control; **tablero de -s** AUTO dashboard; **mandón** F bossy F
manecilla f hand
manejar 1 v/t handle; máquina operate; L.Am. AUTO drive **2** v/i L.Am. AUTO drive; **manejo** m handling; de una máquina operation

manera f way; **~s** manners; **lo hace a su ~** he does it his way; **de ~ que** so (that); **de ninguna ~** certainly not; **no hay ~ de** it is impossible to; **de todas ~s** anyway
manga f sleeve; **~ de riego** hosepipe; **en ~s de camisa** in one's shirtsleeves; **traer algo en la ~** F have sth up one's sleeve
mangar P pinch F
mango m BOT mango; CSur F (dinero) dough F; **estoy sin un ~** CSur F I'm broke F, I don't have a bean F
manguera f hose(pipe)
manguito m TÉC sleeve; **~s** para nadar armbands
maní m S.Am. peanut
manía f (costumbre) habit; (antipatía) dislike; (obsesión) obsession; **tiene sus -s** she has her little ways
manicomio m lunatic asylum
manicura f manicure
manifestación f de gente demonstration; (muestra) show; (declaración) statement; **manifestante** m/f demonstrator; **manifestar** (demostrar) show; (declarar) declare, state; **manifestarse** demonstrate; **manifiesto 1** adj clear, manifest **2** m manifesto
manillar m handlebars pl
maniobra f maneuver, Br manoeuvre; **maniobrar** maneuver, Br manoeuvre
manipulación f manipula-

manipular 176

tion; (*manejo*) handling; **manipular** manipulate; (*manejar*) handle

maniquí 1 *m* dummy **2** *m/f* model

manivela *f* handle

manjar *m* delicacy

mano 1 *f* hand; **~ de obra** manpower; **~ de pintura** coat of paint; **a ~ izquierda** on the lefthand side; **de segunda** second-hand; **echar una ~ a alguien** give s.o. a hand; **estar a ~s** *L.Am.* be even; **traerse algo entre ~s** be plotting sth; **~s libres** hands-free **2** *m Méx* F buddy F; **manojo** *m* handful; **~ de llaves** bunch of keys; **~ de nervios** *fig* bundle of nerves

manopla *f* mitten

manosear handle; *persona* F grope F

mansión *f* mansion

manso docile; *persona* mild

manta *f* blanket

manteca *f* fat; *Rpl* butter; **~ de cacao** cocoa butter; **~ de cerdo** lard; **mantecado** *m* type of cupcake, traditionally eaten at Christmas

mantel *m* tablecloth; **~ individual** table mat; **mantelería** *f* table linen

mantener (*sujetar*) hold; *techo etc* hold up; (*preservar*) keep; *conversación, relación* have; *económicamente* support; (*afirmar*) maintain; **mantenerse** (*sujetarse*) be held;

económicamente support o.s.; *en forma* keep; **mantenimiento** *m* maintenance; *económico* support; **gimnasia de ~** gymnasium

mantequilla *f* butter

mantilla *f* *de bebé* shawl

manto *m* GEOL layer, stratum; (*capa*) cloak; **un ~ de nieve** a blanket of snow

mantón *m* shawl

manual *m/adj* manual; **manualidades** *fpl* handicrafts

manuscrito 1 *adj* handwritten **2** *m* manuscript

manutención *f* maintenance

manzana *f* apple; *de casas* block; **manzanilla** *f* camomile tea; **manzano** *m* apple tree

maña *f* skill

mañana 1 *f* morning; **por la ~** in the morning; **por la ~** tomorrow morning; **de la ~ a la noche** from morning until night; **de la noche a la ~** *fig* overnight **2** *adv* tomorrow; **pasado ~** the day after tomorrow

mapa *m* map; **~ de carreteras** road map

maqueta *f* model

maquillaje *m* make-up; **maquillar** make up; **maquillarse** put on one's make-up

máquina *f* machine; FERR locomotive; *C.Am., W.I.* AUTO car; **~ de afeitar** (electric) shaver; **~ de coser** sewing machine; **~ de fotos** camera; **~ recreativa** arcade game;

marmita

de respiración asistida life support machine; *a toda ~* at top speed; **maquinaciones** *fpl* scheming; **maquinador 1** *adj* scheming **2** *m*, *~a f* schemer; **maquinal** *fig* mechanical; **maquinar** plot; **maquinaria** *f* machinery; **maquinilla** *f*: *~ de afeitar* razor; *~ eléctrica* electric razor; **maquinista** *m/f* FERR engineer, *Br* train driver

mar *m (also f)* sea; *llover a ~es fig* F pour, bucket down F; *alta ~* high seas *pl*; *Mar Bermejo* Gulf of California; *mar Caribe* Caribbean Sea

maraña *f de hilos* tangle; *(lío)* jumble

maravilla *f* marvel, wonder; BOT marigold; *a las mil ~s* marvelously, *Br* marvellously; **maravillarse** be amazed *(de* at); **maravilloso** marvelous, *Br* marvellous

marca *f* mark; COM brand; *~ registrada* registered trademark; *de ~* brand-name *atr*; **marcador** *m* DEP *(resultado)* score; *(tablero)* scoreboard; **marcapasos** *m inv* MED pacemaker; **marcar** mark; *número de teléfono* dial; *gol* score; *res* brand; *de termómetro, contador etc* read, register

marcha *f (salida)* departure; *(velocidad)* speed; *(avance)* progress; MIL march; AUTO gear; *~ atrás* AUTO reverse (gear); *a ~s forzadas fig* flat

out; *a toda ~* at top speed; *ponerse en ~* get going; **marchante** *m L.Am.* regular customer; **marchar** *(progresar)* go; *(funcionar)* work; *(caminar)* walk; MIL march; **marcharse** leave, go

marchitarse wilt; **marchito** *flor* withered; *juventud* faded

marco *m de cuadro, puerta* frame; *fig* framework

marea *f* tide; *~ alta* high tide; *~ baja* low tide; *~ negra* oil slick; **marearse** feel nauseous, *Br* feel sick; **marejada** *f* heavy sea; **mareo** *m* seasickness

marfil *m* ivory

margarina *f* margarine

margarita *f* BOT daisy

margen *m tb fig* margin; *al ~ de eso* apart from that; **marginal** marginal

marica *m* P fag P, *Br* poof P; **mariconera** *f* man's handbag

marido *m* husband

marina *f* navy; *~ mercante* merchant navy

marinero 1 *adj* sea *atr* **2** *m* sailor; **marino 1** *adj brisa* sea *atr*; *planta, animal* marine; *azul ~* navy blue **2** *m* sailor

marioneta *f tb fig* puppet

mariposa *f* butterfly

mariquita *f* ladybug, *Br* ladybird

marisco *m* seafood

marítimo maritime

marmita *f* pot, pan

mármol *m* marble

marqués *m* marquis; **marquesa** *f* marchioness

marquesina *f* marquee, *Br* canopy

marrano 1 *adj* filthy **2** *m* hog, *Br* pig; F *persona* pig F

marrón *m/adj* brown

marroquí *m/f & adj* Moroccan; **Marruecos** Morocco

marta *f* ZO marten

martes *m inv* Tuesday

martillar hammer; **martillo** *m* hammer; ~ **neumático** pneumatic drill

mártir *m/f* martyr; **martirio** *m* tb fig martyrdom; **martirizar** tb fig martyr

marzo *m* March

más 1 *adj* more **2** *adv* more; *superlativo* most; MAT plus; ~ **grande** bigger; ~ **importante** more important; **el** ~ **grande** the biggest; **el** ~ **importante** the most important; **trabajar** ~ work harder; ~ **bien** rather; **¿qué** ~**?** what else?; **no** ~ *L.Am.* ☞ **nomás**; **por** ~ **que** however much; **sin** ~ without more ado

mas *conj* but

masa *f* mass; GASTR dough

masacre *f* massacre

masaje *m* massage; **masajista** *m/f* masseur; *mujer* masseuse

mascar 1 *v/t* chew **2** *v/i L.Am.* chew tobacco

máscara *f* mask; **mascarilla** *f* mask; *cosmética* face pack

mascota *f* mascot; *animal do-*

méstico pet

masculino masculine

masivo massive

masón *m* mason

masoquismo *m* masochism; **masoquista 1** *adj* masochistic **2** *m/f* masochist

máster *m* master's (degree)

masticar chew

mástil *m* mast; *de tienda* pole

mata *f* bush

matadero *m* slaughterhouse; **matanza** *f* slaughter; **matar** kill; *ganado* slaughter; **matarse** kill o.s.; *morir* be killed

matasellos *m inv* postmark

mate 1 *adj* matt **2** *m* en ajedrez mate; *L.Am.* (*infusión*) maté

matemáticas *fpl* mathematics, math, *Br* maths; **matemático 1** *adj* mathematical **2** *m*, **-a** *f* mathematician

materia *f* matter; (*material*) material; (*tema*) subject; ~ **prima** raw material; **en** ~ **de** as regards; **material** *m/adj* material

maternal maternal; **maternidad** *f* maternity; **casa de** ~ maternity hospital; **materno: por parte** ~**a** on one's mother's side, maternal

matinal morning after

matiz *m de ironía* touch; *de color* shade; **matizar** *comentarios* qualify

matón *m* bully; (*criminal*) thug

matorral *m* thicket

matrícula *f* AUTO license plate, *Br* numberplate; EDU

registration; **matricular** register

matrimonial marriage atr, marital; **matrimonio** m marriage; boda wedding

matriz f matrix; ANAT womb

matutino morning atr

maxilar 1 adj maxillary **2** m jaw(bone)

máxima f maxim; **máximo** maximum

mayo m May

mayonesa f mayonnaise

mayor ◇ comparativo: en tamaño bigger, bigger; en edad older; en importancia greater; **ser ~ de edad** be an adult; JUR be of legal age; **al por ~** COM wholesale ◇ superlativo: **el ~** en edad the oldest, the eldest; en tamaño the largest, the biggest; en importancia the greatest; **los ~es** adults; **la ~ parte** the majority; **mayoría** f majority; **alcanzar la ~ de edad** come of age; **la ~ de** the majority of, most (of); **mayorista** m/f wholesaler

mayúscula f capital (letter), upper case letter

maza f mace

mazapán m marzipan

mazorca f cob

me complemento directo me; complemento indirecto (to) me; reflexivo myself

mear F pee F

mecánica f mechanics; **mecánico 1** adj mechanical **2** m, **-a** f mechanic; **meca-**

nismo m mechanism; **mecanizar** mechanize

mecanografía f typing; **mecanógrafo** m, **-a** f typist

mecedora f rocking chair

mecenas m inv patron, sponsor

mecer, mecerse rock

mecha f wick; de explosivo fuse; del pelo highlight; Méx F fear; **mechero** m cigarette lighter; **mechón** m de pelo lock

medalla f medal; **medallista** m/f medalist, Br medallist

media f stocking; **~s** pantyhose pl, Br tights pl

mediación f mediation; **mediado**: **a ~s de junio** in mid-June; **mediador** m, **~a** f mediator; **mediana** f AUTO median strip, Br central reservation; **mediano** medium, average; **medianoche** f midnight; **mediante** by means of; **mediar** mediate

mediático media atr

medicamento m medicine, drug; **medicina** f medicine; **medicinal** medicinal; **médico 1** adj medical **2** m/f doctor; **~ de cabecera** o **de familia** family doctor; **~ de urgencia** emergency doctor

medida f measure; acto measurement; (grado) extent; **hecho a ~** made to measure; **a ~ que** as

medieval medieval

medio 1 adj half; tamaño medium; (de promedio) average; **las tres y -a** half past three, three-thirty **2** *m* environment; (*centro*) middle; (*manera*) means; **~ ambiente** environment; **por ~** by means of; **en ~ de** in the middle of; **~s dinero** means; **~s de comunicación o de información** (mass) media **3** *adv* half; **medio kilo o -a** half a kilo; **hacer algo a -as** half do sth; **ir a -as** go halves; **día por ~** *L.Am.* every other day

medioambiental environmental

mediocre mediocre

mediodía *m* midday

medir 1 *v/t* measure **2** *v/i*: **mide 2 metros de ancho / alto** it's 2 meters wide / high

meditación *f* meditation; **meditar 1** *v/t* ponder **2** *v/i* meditate

médula *f* marrow; **~ espinal** spinal cord

medusa *f* ZO jellyfish

mejicano 1 *adj* Mexican **2** *m*, **-a** *f* Mexican; **Méjico** *país* Mexico; **Méx DF** Mexico City

mejilla *f* cheek

mejillón *m* ZO mussel

mejor better; **el ~** the best; **lo ~** the best thing; **lo ~ posible** as well as possible; **a lo ~** perhaps; **mejora** *f* improvement

mejorana *f* BOT marjoram

mejorar improve; **¡que te mejores!** get well soon!; **mejoría** *f* improvement

melena *f* long hair; **de león** mane

mellizo 1 *adj* twin *atr* **2** *m*, **-a** *f* twin

melocotón *m* peach

melón *m* melon

meloso F sickly sweet

membrana *f* membrane

membrete *m* heading, letterhead; **papel con ~** letterhead, headed paper

membrillo *m* quince; **dulce de ~** quince jelly

memorable memorable

memoria *f tb* INFOR memory; (*informe*) report; **de ~** by heart; **~s** (*biografía*) memoirs; **memorizar** memorize

mención *f*: **hacer ~ de** mention; **mencionar** mention

mendigar beg for; **mendigo** *m* beggar

menear shake; **las caderas** sway; **~ la cola** wag its tail

menester *m* (*trabajo*) job; **~es** F tools, gear; **ser ~** (*necessario*) be necessary

menguante decreasing; **luna ~** waning; **menguar** decrease; **de la luna** wane

meningitis *f* MED meningitis

menopausia *f* menopause

menor less; *en tamaño* smaller; *en edad* younger; **ser ~ de edad** be a minor; **al por ~** COM retail; **el ~** *en tamaño* the smallest; *en edad* the youngest

Menorca *f* Minorca; **menorquín 1** *adj* Minorcan **2** *m*, **-quina** *f* Minorcan

menos 1 *adj en cantidad* less; *en número* fewer **2** *adv comparativo en cantidad* less; *superlativo en cantidad* least; MAT minus; *es ~ guapa que Ana* she is not as pretty as Ana; *a ~ que* unless; *al ~, por lo ~* at least; *echar de ~* miss; *ni mucho ~* far from it; *son las diez* it's ten to two of two, it's ten to two

menospreciar underestimate; *(desdeñar)* look down on; **menosprecio** *m* contempt

mensaje *m* message; *~ de texto* text (message); **mensajero** *m* courrier

menstruación *f* menstruation

mensual monthly; **mensualidad** *f* monthly payment

menta *f* BOT mint

mental mental; **mentalidad** *f* mentality; **mente** *f* mind

mentar mention

mentir lie; **mentira** *f* lie; **mentiroso 1** *adj*: *ser muy ~* tell a lot of lies **2** *m, -a f* liar

menú *m tb* INFOR menu; *~ de ayuda* help menu

menudeo *m* L.Am. retail trade; **menudo 1** *adj* small; *¡a suerte!* *fig* F lucky devil!; *a ~* often **2** *m* L.Am. small change; *~s* GASTR giblets

meñique *m/adj*: *(dedo)* little finger

meollo *m fig* heart

mercadería *f* L.Am. merchandise; **mercado** *m* mar-

ket; *Mercado Común* Common Market; *~ negro* black market; **mercancía** *f* merchandise; **mercantil** commercial

mercenario *m/adj* mercenary

mercería *f* notions *pl*, *Br* haberdashery

mercurio *m* mercury

merecer deserve; *no ~ la pena* it's not worth it

merendar have an afternoon snack

merengue *m* GASTR meringue

meridiano *m/f* meridian; **meridional 1** *adj* southern **2** *m* southerner

merienda *f* afternoon snack

mérito *m* merit

merluza *f* ZO hake

merma *f* reduction, decrease; **mermar 1** *v/t* reduce **2** *v/i* diminish

mermelada *f* jam

mero 1 *adj* mere; *el ~ jefe* *Méx* F the big boss **2** *m* ZO grouper

mes *m* month

mesa *f* table; *poner / quitar la ~* set / clear the table; **meseta** *f* plateau; **mesilla, mesita** *f*: *~ (de noche)* night stand, *Br* bedside table

mesón *m* traditional rustic-style restaurant

mestizo *m* person of mixed race

mesura *f*: *con ~* in moderation; **mesurado** moderate

meta *f en fútbol* goal; *en carre-*

ra finish line; *fig (objetivo)* goal, objective

metabolismo *m* metabolism

metal *m* metal; **metálico 1** *adj* metallic **2** *m*: **en ~** (in) cash

meteorología *f* meteorology; **meteorológico** weather *atr*, meteorological

meter put; *(involucrar)* involve; **meterse:** ~ **en** get into sth; *(involucrarse)* get involved in sth; ~ **con alguien** pick on s.o.; **¿dónde se ha metido?** where has he got to?

meticuloso meticulous

metódico methodical; **método** *m* method

metro *m* **medida** meter, *Br* metre; *para medir* rule; *transporte* subway, *Br* underground

metrópolis *f inv* metropolis; **metropolitano** metropolitan

mexicano 1 *adj* Mexican **2** *m*, **-a** Mexican; **México** *país* Mexico; *Méx DF* Mexico City

mezcla *f sustancia* mixture; *de tabaco, café etc* blend; *acto* mixing; *de tabaco, café etc* blending; **mezclar** mix; *tabaco, café etc* blend; ~ **a alguien en algo** get s.o. mixed up in sth; **mezclarse** mix; ~ **en algo** get mixed up in sth

mezquino mean

mezquita *f* mosque

mí me; *reflexivo* myself

mi, mis my

microbio *m* microbe; **microbús** *m* minibus; **microchip** *m* (micro)chip; **microfilm(e)** *m* microfilm; **micrófono** *m* microphone; ~ **oculto** bug; **microondas** *m inv* microwave; **microprocesador** *m* microprocessor; **microscopio** *m* microscope

miedo *m* fear (*a* of); **dar ~** be frightening; **me da ~ la oscuridad** I'm frightened of the dark; **tener ~ de que** be afraid that; **de ~** F awesome F; **miedoso** timid; **¡no seas tan ~!** don't be scared!

miel *f* honey

miembro *m* member; ANAT limb

mientras 1 *conj* while; ~ **que** whereas **2** *adv*: ~ **tanto** in the meantime

miércoles *m inv* Wednesday

mierda *f* P shit P, crap P; **una ~ de película** a crap movie P

miga *f de pan* crumb; **hacer buenas / malas ~s** *fig* F get on well / badly

migración *f* migration

milagro *m* miracle; **milagroso** miraculous

milicia *f* militia

milímetro *m* millimeter, *Br* millimetre

militar 1 *adj* military **2** *m* soldier; **los ~es** the military **3** *v/i* POL: ~ **en** be a member of

milla *f* mile

millar *m* thousand

millón *m* million; **mil millo-**

nes billion; **millonario** *m* millionaire

mimar spoil, pamper

mimbre *m* BOT willow; **muebles de ~** wicker furniture

mímica *f* mime

mina *f* MIN mine; *Rpl* F broad F; *Br* bird F; **minar** mine; *fig* undermine

mineral *m/adj* mineral; **minería** *f* mining; **minero 1** *adj* mining **2** *m* miner

minifalda *f* miniskirt

minimizar minimize; **mínimo** *m/adj* minimum

ministerio *m* POL department; **~ de Asuntos Exteriores**, *L.Am.* **~ de Relaciones Exteriores** State Department, *Br* Foreign Office; **~ de Hacienda** Treasury Department, *Br* Treasury; **~ del Interior** Department of the Interior, *Br* Home Office; **ministro** *m*, **-a** *f* minister; **~ del Interior** Secretary of the Interior, *Br* Home Secretary; **primer ~** Prime Minister

minoría *f* minority

minorista COM **1** *adj* retail *atr* **2** *m/f* retailer

minuciosidad *f* attention to detail; **minucioso** meticulous, thorough

minúscula *f* small letter, lower case letter; **minúsculo** tiny, minute

minusválido 1 *adj* disabled **2** *m*, **-a** *f* disabled person; **los ~s** the disabled

minuta *f* GASTR menu; (*cuenta de los honorarios*) bill

minuto *m* minute

mío, mía mine; **el ~ / la -a** mine

miope short-sighted; **miopía** *f* short-sightedness

mirada *f* look; **echar una ~** take a look (**a** at); **mirador** *m* viewpoint; **mirar 1** *v/t* look at; (*observar*) watch; *L.Am.* (*ver*) see **2** *v/i* look; **~ por la ventana** look out of the window

mirlo *m* ZO blackbird

misa *f* REL mass

misal *m* missal

miserable wretched; **miseria** *f* poverty; *fig* misery; **misericordia** *f* mercy; **mísero** wretched; *sueldo* miserable

misil *m* missile

misión *f* mission; **misionero** *m*, **-a** *f* missionary

mismo 1 *adj* same; **yo ~** I myself; **me da lo ~** it's all the same to me **2** *adv*: **aquí ~** right here; **ahora ~** right now

misterio *m* mystery; **misterioso** mysterious

mística *f* mysticism; **místico** mystic(al)

mitad *f* half; **a ~ del camino** halfway; **a ~ de la película** halfway through the movie; **a ~ de precio** half-price

mitigar mitigate; *ansiedad, dolor etc* ease

mitin *m* POL meeting

mito *m* myth; **mitología** *f* mythology

mixto mixed; *comisión* joint

mobiliario *m* furniture

mocedad *f* youth

mochila *f* backpack; **mochilero** *m*, **-a** *f* backpacker

moción *f* POL motion

moco *m*: **tener ~s** have a runny nose; **mocoso** *m*, **-a** *f* F snotty-nosed kid F

moda *f* fashion; **de ~** in fashion; **estar pasado de ~** be out of fashion

modales *mpl* manners

modalidad *f* form; DEP discipline; **~ de pago** method of payment

modelar model; **modelo 1** *m* model **2** *m/f persona* model

moderación *f* moderation; **moderador** *m*, **-a** *f* TV presenter; **moderar** moderate; *impulsos* control; *velocidad, gastos* reduce; *debate* chair

modernización *f* modernization; **modernizar** modernize; **moderno** modern

modestia *f* modesty; **modesto** modest

módico *precio* reasonable

modificar modify

modismo *m* idiom

modista *m/f* dressmaker; *diseñador* fashion designer

modo *m* way; **a ~ de** as; **de ~ que** so that; **de ningún ~** not at all; **en cierto ~** in a way; **de todos ~s** anyway

mofa *f* mockery; **mofarse: ~ de** make fun of

moho *m* mold, *Br* mould; **mohoso** moldy, *Br* mouldy

mojado (*húmedo*) damp, moist; (*empapado*) wet; **mojar** (*humedecer*) dampen, moisten; (*empapar*) wet; *galleta* dunk, dip

mojón *m* tb fig milestone

molar P 1 *v/t*: **me mola ese tío** I like the guy a lot **2** *v/i* be cool F

molde *m* mold; *Br* mould; *para bizcocho* (cake) tin; **romper ~s** fig break the mold; **moldeado** *m* molding; *Br* moulding; **moldear** mold; *Br* mould; **moldura** *f* ARQUI molding; *Br* moulding

molécula *f* molecule

moler grind; *fruta* mash; **carne molida** ground meat, *Br* mince

molestar bother, annoy; (*doler*) trouble; **no ~** do not disturb; **molestarse** get upset; (*ofenderse*) take offense *o Br* offence; (*enojarse*) get annoyed; **~ en hacer algo** take the trouble to do sth; **molestia** *f* nuisance; **~s** MED discomfort; **molesto** annoying; (*incómodo*) inconvenient

molinillo *m*: **~ de café** coffee grinder *o* mill; **molino** *m* mill; **~ de viento** windmill

molleja *f* de ave gizzard; **~s** GASTR sweetbreads

molusco *m* ZO mollusk, *Br* mollusc

momentáneo momentary; **momento** *m* moment; **al ~** at once; **por el ~, de ~** for the moment

momia f mummy

monarca m monarch; **monarquía** f monarchy

monasterio m monastery

mondadientes m inv toothpick

mondar peel; *árbol* prune

moneda f coin; (*divisa*) currency; **monedero** m change purse, Br purse; **monetario** monetary

monitor[1] m TV, INFOR monitor

monitor[2] m, **~a** f (*profesor*) instructor

monja f nun; **monje** m monk

mono 1 m ZO monkey; *prenda* coveralls pl, Br boilersuit 2 adj pretty, cute; **monopatín** m skateboard; **monopolio** m monopoly; **monótono** monotonous

monovolumen m AUTO minivan, Br people carrier, MPV

monstruo m monster; (*fenómeno*) phenomenon; **monstruosidad** f monstrosity; **monstruoso** monstrous

montacargas m inv hoist

montador m, **~a** f TÉC fitter; *de película* editor; **montaje** m TÉC assembly; *de película* editing; TEA staging; *fig* F con F

montaña f mountain; **~ rusa** rollercoaster; **montañoso** mountainous

montar 1 v/t TÉC assemble; *tienda* put up; *negocio* set up; *película* edit; *caballo*

mount; **~ la guardia** mount guard 2 v/i: **~ en bicicleta** ride a bicycle; **~ a caballo** ride a horse

monte m mountain; (*bosque*) woodland

montón m pile, heap; **montones de** F piles of F

montura f de gafas frame

monumental monumental; **monumento** m monument

monzón m monsoon

moño m bun

moqueta f (wall-to-wall) carpet

mora f de zarza blackberry; *de morera* mulberry

morado purple

moral 1 adj moral 2 f (*moralidad*) morals pl; (*ánimo*) morale; **moralidad** f morality

morboso perverted

morcilla f blood sausage, Br black pudding

mordaz biting; **morder** bite; **mordisco** m bite

moreno pelo, piel dark; (*bronceado*) tanned

morfina f morphine

morir die (*de* of); **morirse** die; **~ por** fig be dying for

morisco Moorish

moro 1 adj North African 2 m, -a f North African

moroso COM 1 adj slow to pay 2 m, -a f slow payer

mortal 1 adj mortal; *accidente*, *herida* fatal; *dosis* lethal 2 m/f mortal; **mortalidad** f mortality

mortero m tb MIL mortar

mortífero lethal

mosaico *m* mosaic

mosca *f* fly; **por si las ~s** just to be on the safe side

Moscú Moscow

mosquearse F get hot under the collar F; *(sentir recelo)* smell a rat F

mosquitero *m* mosquito net; **mosquito** *m* mosquito

mostaza *f* mustard

mosto *m* grape juice

mostrador *m* counter; *en bar* bar; **~ de facturación** check-in desk; **mostrar** show

mote *m* nickname; *S.Am.* boiled corn *o Br* maize

motín *m* mutiny; *en una cárcel* riot

motivar motivate; **motivo** *m* motive, reason; MÚS, PINT motif; **con ~ de** because of

moto *f* motorcycle, motorbike; **~ acuática** *o* **de agua** jet ski; **motocicleta** *f* motorcycle; **motociclista** *m/f* motorcyclist

motor *m* engine; *eléctrico* motor; **motora** *f* motorboat; **motorismo** *m* motorcycling; **motorista** *m/f* motorcyclist

motriz motor

mover move; *(agitar)* shake; *(impulsar, incitar)* drive; **movible** movable; *fig precio, opinión* fickle

móvil 1 *adj* mobile **2** *m* TELEC cell(phone), *Br* mobile (phone); **movilidad** *f* mobility; **movilizar** mobilize; **movimiento** *m* movement;

COM, *fig* activity

moza *f* girl; *camarera* waitress; **mozo 1** *adj*: **en mis años ~s** in my youth **2** *m* boy; *camarero* waiter

muchacha *f* girl; **muchacho** *m* boy

muchedumbre *f* crowd

mucho 1 *adj cantidad* a lot of, lots of; *esp neg* much; **no tengo ~ dinero** I don't have much money; **~s** a lot of, lots of, many; *esp neg* many; **no tengo ~s amigos** I don't have many friends; **tengo ~ frío** I am very cold; **es ~ coche para mí** it's too big a car for me **2** *adv* a lot; *esp neg* much; **no me gustó ~** I didn't like it very much; **¿dura / tarda ~?** does it last / take long?; **como ~** at the most; **ni ~ ~ menos** far from it; **por ~ que** however much **3** *pron* a lot, much; **~s** a lot of people, many people

mucosa *f* ANAT mucous membrane; **mucosidad** *f* mucus

muda *f de ropa* change of clothes; **mudanza** *f de casa* move; **mudar** change; ZO shed; **mudarse**: **~ de casa** move house; **~ de ropa** change (one's clothes)

mudo mute; *letra* silent

mueble *m* piece of furniture; **~s** furniture

mueca *f de dolor* grimace; **hacer ~s** make faces

muela *f* tooth; ANAT molar; **~**

del juicio wisdom tooth
muelle *m* TÉC spring; MAR wharf
muerte *f* death; **muerto 1** *part*
☞ **morir 2** *adj* dead **3** *m*, **-a** *f* dead person; **los ~s** the dead
muesca *f* notch, groove
muestra *f* sample; (*señal*) sign; (*exposición*) show
mugre *f* filth; **mugriento** filthy
mujer *f* woman; (*esposa*) wife; **mujeriego** *m* womanizer
mula *f* ZO mule; *Méx* (*basura*) trash, *Br* rubbish
mulato *m* mulatto
muleta *f* crutch; TAUR cape
mulo *m* ZO mule
multa *f* fine; **multar** fine
multicine *m* multiplex; **multicolor** multicolored, *Br* multicoloured; **multicultural** multicultural; **multinacional** *f* multinational
múltiple multiple; **multiplicación** *f* multiplication; **multiplicar, multiplicarse** multiply; **múltiplo** *m* MAT multiple; **multisalas** *m inv* multiplex; **multitarea** *f* multitasking
multitud *f* crowd; **~ de** thousands of; **multitudinario** mass *atr*
multiuso multipurpose

mundial 1 *adj* world **2** *m*: **el ~ de fútbol** the World Cup; **mundo** *m* world; **todo el ~** everybody, everyone
munición *f* ammunition
municipal municipal; **municipio** *m* municipality
muñeca *f* ANAT wrist; (*juguete*) doll
muñeco *m* doll; *fig* puppet; **~ de nieve** snowman
mural 1 *adj* wall *atr* **2** *m* mural; **muralla** *f* de ciudad wall
murciélago *m* ZO bat
murmurar murmur; *criticar* gossip
muro *m* wall
muscular muscular; **músculo** *m* muscle; **musculoso** muscular; **musculatura** *f* muscles *pl*
museo *m* museum; *de pintura* art gallery
musgo *m* BOT moss
música *f* music; **~ de fondo** background music; **musical** *m/adj* musical; **músico** *m*, **-a** *f* musician
muslo *m* thigh
mutación *f* BIO mutation; TEA scene change
mutilado *m*, **-a** *f* disabled person; **mutilar** mutilate
mutuo mutual
muy very; (*demasiado*) too; **~ valorado** highly valued

N

nabo *m* **1** *adj Arg* F dumb F **2** *m* turnip

nácar *m* mother-of-pearl

nacer be born; *de un huevo* hatch; *de una planta* sprout; *de un río, del sol* rise; (*surgir*) arise (**de** from); **nacido** born; **mal ~** wicked; **nacimiento** *m* birth; *de Navidad* crèche, nativity scene

nación *f* nation; **nacional** national; **nacionalidad** *f* nationality; **nacionalizar** COM nationalize; *persona* naturalize

nada **1** *pron* nothing; **no hay ~** there isn't anything, there's nothing; **~ más** nothing else; **~ menos que** no less than; **¡de ~!** you're welcome, not at all; **no es ~** it's nothing **2** *adv* not at all; **no ha llovido ~** it hasn't rained at all **3** *f* nothingness

nadador *m*, **~a** *f* swimmer; **nadar** swim

nadie nobody, no-one; **no había ~** there was nobody there, there wasn't anyone there

nado: **atravesar a ~** swim across

naipe *m* (playing) card

nalga *f* buttock

naranja **1** *f* orange; **media ~** F (*pareja*) other half **2** *adj* orange; **naranjo** *m* orange tree

narciso *m* BOT daffodil

narcótico *m/adj* narcotic; **narcotráfico** *m* drug trafficking

nariz *f* nose; **¡narices!** F nonsense!

narración *f* narration; **narrar**: **~ algo** tell the story of sth

nasal nasal

nata *f* cream; **~ montada** whipped cream

natación *f* swimming

natal native; **natalidad** *f* birthrate

natillas *fpl* custard

nativo *m*, **-a** *f* native

natural **1** *adj* natural; **ser ~ de** come from **2** *m*: **fruta al ~** fruit in its own juice; **naturaleza** *f* nature; **naturalidad** *f* naturalness; **naturalizar** naturalize; **naturalizarse** become naturalized; **naturalmente** naturally; **naturista** **1** *adj* nudist, naturist; *medicina* natural **2** *m/f* nudist, naturist

naufragar be shipwrecked; *fig* fail; **naufragio** *m* shipwreck; **náufrago** **1** *adj* shipwrecked **2** *m*, **-a** *f* shipwrecked person

náuseas *fpl* nausea

náutico nautical

navaja *f* knife

naval naval; **nave** *f* ship; *de iglesia* nave; **~ espacial**

spaceship, spacecraft; **navegable** navigable; **navegación** *f* navigation; **~ a vela** sailing; **navegar 1** *v/i* sail; *por el aire, espacio* fly; **~ por la red** o **por Internet** INFOR surf the Net **2** *v/t* sail

navegador *m* INFOR browser; **navegante** *m/f* navigator

Navidad *f* Christmas

naviero *m* shipowner; **navío** *m* ship

neblina *f* mist; **nebuloso** *fig* hazy, nebulous

necesario necessary; **neceser** *m* toilet kit, *Br* toilet bag; **necesidad** *f* need; *(cosa esencial)* necessity; **de primera ~** essential; **en caso de ~** if necessary; **hacer sus -es** *F* relieve o.s.; **necesitado** needy; **necesitar** need

necio brainless

necrología *f*, **necrológica** *f* obituary

neerlandés 1 *adj* Dutch **2** *m* Dutchman; *idioma* Dutch; **neerlandesa** *f* Dutchwoman

negación *f* negation; *de acusación* denial; **negar** *acusación* deny; *(no conceder)* refuse; **negarse** refuse (*a* to); **negativa** *f* refusal; *de acusación* denial; **negativo** *m/adj* negative

negligencia *f* JUR negligence; **negligente** negligent

negociación *f* negotiation; **negociaciones** talks; **nego-**

ciante *m/f* businessman; *mujer* businesswoman; *desp* money-grubber; **negociar** negotiate; **negocio** *m* business; *(trato)* deal

negra *f* black woman; MÚS quarter note, *Br* crotchet; *L.Am.* (*querida*) honey, dear; **negrita** *f* bold; **negro 1** *adj* black; **estar ~** *F* be furious **2** *m* black man; *L.Am.* (*querido*) honey, dear

nena *f* F little girl, kid F; **nene** *m* F little boy, kid F

neocelandés ☞ **neozelandés**

neoyorquino 1 *adj* New York *atr* **2** *m*, **-a** New Yorker

neozelandés 1 *adj* New Zealand *atr* **2** *m*, **-esa** *f* New Zealander

nervio *m* ANAT nerve; **nerviosismo** *m* nervousness; **nervioso** nervous; **ponerse ~** get nervous; *(agitado)* get agitated; **poner a alguien ~** get on s.o.'s nerves

neumático 1 *adj* pneumatic **2** *m* AUTO tire, *Br* tyre

neumonía *f* MED pneumonia

neuralgia *f* neuralgia

neurólogo *m*, **-a** *f* neurologist

neurosis *f inv* neurosis; **neurótico** neurotic

neutral neutral; **neutralidad** *f* neutrality; **neutro** neutral

nevada *f* snowfall; **nevar** snow; **nevera** *f* refrigerator, fridge; **~ portátil** cooler

ni neither; **~... ~** neither ...

nor; ~ **siquiera** not even

Nicaragua Nicaragua; **nica-ragüense** m/f & adj Nicaraguan

nicho m niche

nido m nest

niebla f fog

nieta f granddaughter; **nieto** m grandson; **~s** grandchildren

nieve f snow; *Méx* water ice, sorbet

ninfa f nymph

ningún ☞ **ninguno**

ninguno no; *no hay -a razón* there's no reason why, there isn't any reason why

niña f girl; *forma de cortesía* young lady; **niñera** f nanny; **niñez** f childhood; **niño 1** *adj* young; *desp* childish **2** m boy; *forma de cortesía* young man; **~s** children *pl*; **~ de pecho** infant

nipón 1 *adj* Japanese **2** m, **-ona** f Japanese

níquel m nickel

níspero m BOT loquat

nitidez f clarity; FOT sharpness; **nítido** clear; *imagen* sharp

nitrógeno m nitrogen

nivel m level; *(altura)* height; **~ del mar** sea level; **~ de vida** standard of living; **nivelar** level

no no; *para negar verbo* not; *no entiendo* I don't understand, I do not understand; **~ te vayas** don't go; **~ bien** as soon as; **~ del todo** not en-

tirely; **ya ~** not any more; **~ más** *L.Am.* ☞ **nomás**; **así ~ más** *L.Am.* just like that; **te gusta, ¿~?** you like it, don't you?; **te ha llamado, ¿~?** he called you, didn't he?

noble m/f & adj noble; **nobleza** f nobility

noche f night; **de ~, por la ~** at night; **¡buenas ~s!** *saludo* good evening; *despedida* good night; **Nochebuena** f Christmas Eve; **Nochevieja** f New Year's Eve

noción f notion; **nociones** mpl basic knowledge

nocivo harmful

nocturno night *atr*, ZO nocturnal; **clase -a** evening class

nogal m BOT walnut

nomás *L.Am.* just; **llévaselo ~** just take it away; **~ lo vio** as soon as she saw him

nombrado famous, renowned; **nombramiento** m appointment; **nombrar** mention; *para un cargo* appoint; **nombre** m name; GRAM noun; **~ de familia** family name, surname; **~ de pila** first name; **~ de soltera** maiden name

nómina f pay slip; **nominal** nominal; **nominar** nominate

nor(d)este m northeast

noria f de agua waterwheel; *en feria* ferris wheel

norirlandés 1 *adj* of / from Northern Ireland, Northern

Ireland *atr* **2** *m*, **~esa** *f* man / woman from Northern Ireland

norma *f* standard; (*regla*) rule, regulation; **normal** normal; **normalizar** standardize

noroeste *m* northwest

norte *m* north

Norteamérica North America; **norteamericano 1** *adj* North American **2** *m*, -a *f* North American

Noruega Norway; **noruego 1** *adj* Norwegian **2** *m*, -a *f* Norwegian **3** *m idioma* Norwegian

nos *complemento directo* us; *complemento indirecto* (to) us; *reflexivo* ourselves

nosotros, nosotras we; *complemento* us; **ven con ~** come with us; **somos ~** it's us

nostalgia *f* nostalgia; *por la patria* homesickness

nota *f tb* MUS note; EDU grade, mark; (*noticia*) piece of news; *a pie de página* footnote; **tomar ~ de algo** make a note of sth; **notable** remarkable, notable; **notar** notice; (*sentir*) feel; **hacer ~ algo a alguien** point sth out to s.o.; **se nota que** you can tell that; **hacerse ~** draw attention to o.s.

notario *m*, -a *f* notary

noticia *f* piece of news; *en noticiario* news story; **~s** news *sg*

notificación *f* notification; **notificar** notify

notorio famous, well-known

novato *m*, -a *f* beginner

novedad *f* novelty; *cosa* new thing; (*noticia*) piece of news; *acontecimiento* new development; **llegar sin ~** arrive safely; **novela** *f* novel; **~ negra** crime novel; **~ rosa** romantic novel; **novelista** *m/f* novelist

noveno ninth; **noventa** ninety

novia *f* girlfriend; *el día de la boda* bride

noviembre *m* November

novillada *f* bullfight featuring novice bulls; **novillo** *m* young bull; **vaca** heifer

novio *m* boyfriend; *el día de la boda* bridegroom; **los ~s** the bride and groom; (*recién casados*) the newly-weds

nube *f* cloud; **estar en las ~s** *fig* be miles away; **nublado 1** *adj* cloudy **2** *m* storm cloud; **nublarse** cloud over; **nuboso** cloudy; **nubosidad** *f* clouds *pl*

nuca *f* nape of the neck

nuclear nuclear; **núcleo** *m* nucleus; *de problema* heart

nudillo *m* knuckle

nudismo *m* nudism; **nudista** *m/f* nudist; **playa ~** nudist beach

nudo *m* knot

nuera *f* daughter-in-law

nuestro 1 *adj* our **2** *pron* ours

Nueva York New York

Nueva Zelanda New Zealand

nueve nine

nuevo new; *(otro)* another; *de* ~ again

nuez *f* BOT walnut; ANAT Adam's apple

nulo null and void; F *persona* hopeless; *(inexistente)* nonexistent

numeración *f* numbering; *(números)* numbers *pl*; **numerar** number; **numérico** numerical; *teclado* ~ numeric keypad, number pad; **número** *m* number; *de publicación* issue; *de zapato* size; ~ *secreto* PIN (number); *en* ~*s rojos* fig in the red; *mon-*

tar un ~ F make a scene; **numeroso** numerous

nunca never; ~ *jamás o más* never again; *más que* ~ more than ever

nupcial wedding *atr*

nutria *f* ZO otter

nutrición *f* nutrition; **nutrir** nourish; *fig: esperanzas* cherish; **nutritivo** nutritious, nourishing

ñame *m* BOT yam

ñandú *m* ZO rhea

ñoñería *f* feebleness F; **ñoño 1** *adj* feeble F, wimpish F **2** *m*, -**a** *f* drip F, wimp F

ñu *m* ZO gnu

O

o or; ~... ~ either ... or

oasis *m inv* oasis

obcecado *(terco)* obstinate; *(obsesionado)* obsessed

obedecer obey; *de una máquina* respond; ~ *a* fig be due to; **obediencia** *f* obedience; **obediente** obedient

obertura *f* MÚS overture

obesidad *f* obesity; **obeso** obese

obispo *m* bishop

objeción *f* objection; **objetar 1** *v/t object; (terco)* ~ *tener algo que* ~ have any objection **2** *v/i* become a conscientious objector

objetivo 1 *adj* objective **2** *m* objective; MIL target; FOT lens

objeto *m* object; *con* ~ *de* with the aim of

objetor *m*, ~**a** *f* objector

oblea *f* wafer

oblicuo oblique, slanted

obligación *f* obligation, duty; COM bond; **obligar:** ~ *a alguien* oblige *o* force s.o. (*a* to); *de una ley* apply to s.o.; **obligarse** ~ *a hacer algo* force o.s. to do sth; **obligatorio** obligatory

oboe *m* MÚS oboe

obra *f* work; ~*s de construcción* building work; *en la vía pública* road works; ~ *de arte* work of art; ~ *maestra* masterpiece; ~ *de teatro* play; *obrar* act; **obrero 1** *adj* working **2** *m*, -**a** *f* worker

oficina

obsceno obscene

obsequiar: ~ *a alguien con algo* present s.o. with sth; **obsequio** *m* gift

observación *f* observation; JUR observance; **observar** observe; **observatorio** *m* observatory

obsesión *f* obsession; **obsesionar** obsess; **obsesionarse** become obsessed (**con** with); **obsesivo** obsessive

obstaculizar hinder; **obstáculo** *m* obstacle

obstante: **no** ~ nevertheless

obstetricia *f* obstetrics

obstinación *f* obstinacy; **obstinado** obstinate; **obstinarse** insist (**en** on)

obstrucción *f* obstruction, blockage; **obstruir** obstruct, block

obtener get, obtain *fml*

obturador *m* shutter

obvio obvious

oca *f* goose

ocasión *f* occasion; (*oportunidad*) chance, opportunity; **con** ~ **de** on the occasion of; **de** ~ COM cut-price, bargain *atr*; **de segunda mano** second-hand; **ocasionar** cause

ocaso *m del sol* setting; *de un imperio* decline

occidental 1 *adj* western **2** *m/f* Westerner; **occidente** *m* west

océano *m* ocean

ochenta eighty; **ocho** eight

ocio *m* leisure time; *desp* idleness; **ocioso** idle

octava *f* MÚS octave; **octavilla** *f* leaflet; **octavo 1** *adj* eighth **2** *m* eighth; DEP ~**s de final** last 16

octubre *m* October

ocular eye *atr*; **oculista** *m/f* ophthalmologist

ocultar hide, conceal; **oculto** hidden; (*sobrenatural*) occult

ocupación *f tb* MIL occupation; (*actividad*) activity; **ocupado** busy; *asiento* taken; **ocupante** *m/f* occupant; **ocupar** *espacio* take up, occupy; (*habitar*) live in, occupy; *obreros* employ; *periodo de tiempo* spend, occupy; MIL occupy; **ocuparse**: ~ **de** deal with; (*cuidar de*) look after

ocurrencia *f* occurrence; (*chiste*) quip, witty remark; **ocurrente** witty; **ocurrir** happen, occur; **se me ocurrió** it occurred to me, it struck me

odiar hate; **odio** *m* hatred, hate; **odioso** odious, hateful

odontología *f* dentistry; **odontólogo** *m* odontologist

oeste *m* west

ofender offend; **ofenderse** take offense *o Br* offence (**por** at); **ofensa** *f* insult; **ofensiva** *f* offensive

oferta *f* offer; ~ **pública de adquisición** takeover bid

oficial 1 *adj* official **2** *m/f* MIL officer; **oficina** *f* office; ~ **de correos** post office; ~ **de**

empleo employment office; **~ de turismo** tourist office; oficio *m trabajo* trade; oficioso unofficial; oficialista *L.Am.* pro-government; oficinista *m/f* office worker

ofimática *f* INFOR office automation

ofrecer offer; ofrecimiento *m* offer

oftalmólogo *m*, -a *f* ophthalmologist

oída *f*: conocer algo de ~s have heard of sth; oído *m* hearing; hacer ~s sordos turn a deaf ear; ser todo ~s *fig* be all ears; oír tb JUR hear; (*escuchar*) listen to; ¡oye! joy listen to; ¡oye! joye!

ojal *m* buttonhole

ojalá: ¡~! let's hope so; ¡~ venga! I hope he comes

ojeada *f* glance; ojeras *fpl* bags under the eyes; ojete 1 *m* eyelet 2 *m/f Méx* V bastard P, son of a bitch V ; ojo *m* ANAT eye; ¡~! F watch out!; ~ de la cerradura keyhole; a ~ roughly; andar con ~ F keep one's eyes open F; no pegar ~ F not sleep a wink F

ola *f* wave; ~ de calor heat wave; ~ de frío cold spell; oleada *f fig* wave, flood; oleaje *m* swell

olé olé

oleada *f fig* wave, flood; oleaje *m* swell

óleo *m* oil; oleoducto *m* (oil) pipeline; oleoso oily

oler smell (**a** of); olfatear sniff; olfato *m* sense of smell; *fig* nose

olimpíada, olimpiada *f* Olympics *pl*

oliva *f* BOT olive; olivo *m* olive tree

olla *f* pot; ~ a presión pressure cooker

olmo *m* BOT elm

olor *m* smell; *agradable tb* scent; ~ corporal BO; oloroso scented

olvidar forget; olvidarse: ~ de algo forget sth; olvido *m* oblivion

ombligo *m* ANAT navel

omisión *f* omission; omitir omit, leave out

omnipotente omnipotent; omnisciente omniscient

omóplato, omoplato *m* ANAT shoulder blade

once eleven

onda *f* wave; estar en la ~ F be with it F; ondear *de bandera* wave; ondulación *f* undulation; ondular 1 *v/i* undulate 2 *v/t pelo* wave

oneroso onerous

onoro sonorous

onza *f* ounce

OPA *f* (= oferta pública de adquisición) takeover bid

opaco opaque

ópera *f* MÚS opera; ~ prima first work

operación *f* operation; operador *m*, ~a *f* TELEC, INFOR operator; ~ turístico tour operator; operar 1 *v/t* MED operate on; *cambio* bring about **2** *v/i* operate; COM do business (**con** with); **operarse** MED have an operation (**de** on); *de un cambio* occur; *operario m*, **-a** *f* operator, operative

opereta *f* MÚS operetta

opinar 1 *v/t* think (**de** about) **2** *v/i* express an opinion; **opinión** *f* opinion

opio *m* opium

oponente *m/f* opponent; **oponer** *resistencia* put up (**a** to); *razón, argumento* put forward (**a** against); **oponerse** be opposed (**a** to); *(manifestar oposición)* object (**a** to)

oporto *m* port

oportunidad *f* opportunity; **oportunista 1** *adj* opportunistic **2** *m/f* opportunist; **oportuno** timely; *momento* opportune; *respuesta, medida* suitable

oposición *f* POL opposition; **oposiciones** official entrance exams

opresión *f* oppression; **oprimir** oppress; *botón* press; *de zapatos* be too tight for

optar *(elegir)* opt (**por** for); **~ a** be in the running for

óptica *f* FÍS optician's, Br optician's; FÍS optics; *fig* point of view; **óptico 1** *adj* optical **2** *m*, **-a** *f* optician

optimismo *m* optimism; **optimista 1** *adj* optimistic **2** *m/f* optimist

óptimo ideal

opuesto 1 *part* ☞ **oponer 2** *adj* opposite

opulencia *f* opulence; **opulento** opulent

oración *f* REL prayer; GRAM sentence

oráculo *m* oracle

orador *m*, **~a** *f* orator; **oral** oral; *prueba de inglés* **~** English oral (exam)

orden 1 *m* order; **~ del día** agenda; **poner en ~** tidy up **2** *f (mandamiento)* order; **¡a la ~!** yes, sir; **por ~ de** by order of; **ordenado** tidy; **ordenador** *m* INFOR computer; **~ de escritorio** desktop (computer); **~ personal** personal computer; **~ portátil** laptop; **~ asistido por ~** computer aided; **ordenanza 1** *f* bylaw **2** *m* office junior, gofer F; MIL orderly; **ordenar** *habitación* tidy up; *alfabéticamente* arrange; *(mandar)* order

ordeñar milk

ordinario ordinary; *desp* vulgar; **de ~** ordinarily

oreja *f* ear; **orejeras** *fpl* earmuffs

orfanato *m* orphanage

orfebre *m/f* goldsmith / silversmith

orgánico organic

organillo *m* barrel organ

organismo *m* organism; POL agency, organization

organista *m/f* organist

organización *f* organization;

Organización de las Nacio- nes Unidas United Nations; **organizador** 1 *adj* organizing 2 *m*, **-a** *f* organizer; **organizar** organize

órgano *m* MÚS, ANAT, *fig* organ

orgasmo *m* orgasm

orgía *f* orgy

orgullo *m* pride; **orgulloso** proud (*de* of)

orientación *f* orientation; *(ayuda)* guidance; ***sentido de la ~*** sense of direction

oriental 1 *adj* oriental, eastern 2 *m/f* Oriental

orientar *(aconsejar)* advise; **~ *algo hacia algo*** turn sth toward sth; **orientarse** get one's bearings; *de una planta* turn (*hacia* toward)

oriente *m* east; ***Oriente*** Orient; ***Oriente Medio*** Middle East; ***Extremo*** o ***Lejano Oriente*** Far East

orificio *m* hole; *en cuerpo* orifice

origen *m* origin; ***dar ~ a*** give rise to; **original** *m/adj* original; **originalidad** *f* originality; **originar** give rise to; **originario** original; *(nativo)* native (*de* of)

orilla *f* shore; *de un río* bank

orín *m* rust

orina *f* urine; **orinal** *m* urinal; **orinar** urinate

ornamentar adorn; **ornamento** *m* ornament; **~s** REL vestments

oro *m* gold; **~s** *(en naipes)* suit

in Spanish deck of cards

orquesta *f* orchestra

orquídea *f* BOT orchid

ortiga *f* BOT nettle

ortodoncia *f* MED orthodontics

ortodoxo orthodox

ortografía *f* spelling

ortopédico 1 *adj* orthopedic, *Br* orthopaedic 2 *m*, **-a** *f* orthopedist, *Br* orthopaedist

oruga *f* ZO caterpillar; TÉC (caterpillar) track

orujo *m* liquor made from the remains of grapes

orzuelo *m* MED stye

os *complemento directo* you; *complemento indirecto* (to) you; *reflexivo* yourselves

osado daring; **osar** dare

oscilar oscillate; *de precios* fluctuate

oscurecer 1 *v/t* darken; *logro, triunfo* overshadow 2 *v/i* get dark; **oscuridad** *f* darkness; **oscuro** dark; *fig* obscure; **a -as** in the dark

óseo bone *atr*

oso *m* bear; **~ *hormiguero*** anteater; **~ *panda*** panda; **~ *polar*** polar bear

ostensible obvious

ostentar flaunt; *cargo* hold

ostra *f* oyster; **¡~s!** F hell! F

OTAN *f* (= ***Organización del Tratado del Atlántico Norte***) NATO (= North Atlantic Treaty Organization)

otoñal fall *atr*, *Br* autumnal; **otoño** *m* fall, *Br* autumn

otorgar award; *favor* grant

otorrino F, **otorrinolaringólogo** m MED ear, nose and throat specialist

otro 1 adj (diferente) another; con el, la other; **~s** other; **~s dos libros** another two books **2** pron (adicional) another (one); (persona distinta) someone o somebody else; (cosa distinta) another one, a different one; **~s** others **3** siguiente: ¡hasta **-a**! see you soon **4** pron recíproco: **amar el uno al ~** love one another

ovación f ovation

oval, ovalado oval

ovario m ANAT ovary

oveja f sheep

ovillo m ball

ovino m sheep; **~s** sheep pl

óvulo m egg

oxidarse rust, go rusty; **óxido** m QUÍM oxide; (herrumbre) rust; **oxígeno** m oxygen

oyente m/f listener

ozono m ozone; **capa de ~** ozone layer

P

pabellón m pavilion; edificio block; MÚS bell; MAR flag

pacer graze

paciencia f patience; **paciente** m/f & adj patient

pacífico adj peaceful; persona peaceable **2** m: **el Pacífico** the Pacific; **pacifista** m/f & adj pacifist

pacotilla f: **de ~** third-rate, lousy F

pactar 1 v/t agree; **~ un acuerdo** reach (an) agreement **2** v/i reach (an) agreement; **pacto** m agreement, pact

padecer suffer; **~ de** have trouble with

padrastro m step-father; padre m father; REL Father; **~s** parents; **¡qué ~!** Méx F brilliant!; **padrenuestro** m Lord's Prayer; **padrino** m en bautizo godfather; (en bo-

da) man who gives away the bride

paga f pay; de niño allowance, Br pocket money

pagano pagan

pagar v/t compra, gastos, crimen pay for; favor repay; **¡me las pagarás!** you'll pay for this!; **pagaré** m IOU

página f page; **~ web** web page; **~s amarillas** yellow pages

pago m payment; Rpl (quinta) piece of land

país m country; **los Países Bajos** the Netherlands; **paisaje** m landscape; **paisajista** m/f landscape artist; jardinero landscape gardener

paisano m: **de ~** MIL in civilian clothes; policía in plain clothes

paja f straw; **pajar** m hayloft

pajarita f *corbata* bow tie;
pájaro m bird; *fig* nasty
piece of work F; **~ carpinte-
ro** woodpecker

pala f spade; *raqueta* paddle;
para servir slice; *para recoger*
dustpan

palabra f *tb fig* word; **bajo ~**
on parole; **tomar la ~** speak;
palabrota f swearword

palacio m palace; **~ de depor-
tes** sports center o *Br* centre;
~ de justicia law courts

paladar m palate

palanca f lever; **~ de cam-
bios** AUTO gearshift, *Br* gear
lever

palangana f washbowl, *Br*
washing-up bowl

palco m TEA box

paleta f PINT palette; TÉC
trowel; **paletilla** f GASTR
shoulder

paliar alleviate; *dolor* relieve

palidecer *de persona* turn
pale; **palidez** f paleness;
pálido pale

palillo m *para dientes* tooth-
pick; *para comer* chopstick

paliza 1 f beating; *(derrota)*
thrashing F; *(pesadez)* drag
F **2** m/f F drag F

palma f palm; **dar ~s** clap
(one's hands); **palmada** f
pat; *(manotazo)* slap

palmera f BOT palm tree; *(dul-
ce)* heart-shaped pastry

palmo m hand's breadth; **~ a
~** inch by inch

palo m *de madera etc* stick;
MAR mast; *de portería* post,

upright; **~ de golf** golf club;
~ mayor MAR mainmast; **a
medio ~** L.Am. F half-
drunk; **a ~ seco** whisky
straight up, *Br* neat; **ser un
~** L.Am. F be fantastic

paloma f pigeon; *blanca* dove

palomita f *Méx* checkmark,
Br tick; **~s de maíz** popcorn

palpable *fig* palpable; **palpar**
feel

palpitación f palpitation; **pal-
pitar** *del corazón* pound; *Rpl*
fig have a hunch

paludismo m MED malaria

pampa f pampa, prairie; **a la ~**
Rpl in the open

pan m bread; **un ~** a loaf; **~ in-
tegral** wholewheat o *Br*
wholemeal bread; **~ de mol-
de** sliced bread; **~ de barra**
French bread; **~ rallado**
breadcrumbs *pl*; **~ tostado**
toast

pana f corduroy

panacea f panacea

panadería f bakery; **panade-
ro** m, **-a** f baker

panal m honeycomb

Panamá Panama; **el Canal de
~** the Panama Canal; **Ciu-
dad de ~** Panama city; **pana-
meño** **1** *adj* Panamanian **2** m
, **-a** f Panamanian

páncreas m *inv* ANAT pancre-
as

pandereta f, **pandero** m tam-
bourine

pandilla f group; *de delincuen-
tes* gang

paraguayo

panecillo *m* (bread) roll
pánico *m* panic
pantaleta *f C.Am., Méx* panties *pl*
pantalla *f* TV, INFOR screen; *de lámpara* shade
pantalón *m*, **pantalones** *mpl* pants *pl*, *Br* trousers *pl*
pantano *m* reservoir
pantanoso swampy
pantera *f* ZO panther
pantorrilla *f* ANAT calf
panty *m* pantyhose *pl*, *Br* tights *pl*
panza *f de persona* belly
pañal *m* diaper, *Br* nappy
paño *m* cloth; **~ de cocina** dishtowel; **pañuelo** *m* handkerchief
papa 1 *m* Pope **2** *f L.Am.* potato
papá *m* F pop F, dad F; **~s** *L.Am.* parents; **Papá Noel** Santa Claus
papada *f* double chin
papagayo *m* ZO parrot
papaya *f* BOT papaya
papel *m* paper; *trozo de papel* piece of paper; TEA, *fig* role; **~ de aluminio** aluminum foil, *Br* aluminium foil; **~ de envolver** wrapping paper; **~ de regalo** giftwrap; **~ higiénico** toilet paper; **papelera** *f* waste basket, *Br* wastepaper basket; **papelería** *f* stationery store, stationer's shop
paperas *fpl* MED mumps
papilla *f para bebés* baby food; *para enfermos* purée
paquete *m* package, parcel;

de cigarrillos packet
Paquistán Pakistan; **paquistaní** *m/f & adj* Pakistani
par 1 *f* par; **a la ~ que** as well as **2** *m* pair; **abierto de ~ en ~** wide open
para for; *dirección* toward; **ir ~** head for; **diez ~ las ocho** *L.Am.* ten of eight, ten to eight; **lo hace ~ ayudarte** he does it (in order) to help you; **~ que** so that; **¿~ qué te marchas?** what are you leaving for?; **lo heredó todo ~ morir a los 30** he inherited it all, only to die at 30
parabólica *f* satellite dish
parabrisas *m inv* AUTO windshield, *Br* windscreen; **paracaídas** *m inv* parachute; **paracaidista** *m/f* parachutist; MIL paratrooper, para; **parachoques** *m inv* AUTO bumper
parada *f* stop; **~ de autobús** bus stop; **~ de taxis** taxi stand, *Br* taxi rank
paradero *m* whereabouts *sg*; *L.Am.* ☞ **parada**
parado 1 *adj* unemployed; *L.Am. (de pie)* standing (up); **salir bien / mal** come off well / badly **2** *m*, **-a** *f* unemployed person
paradójico *adj* paradoxical
parador *m Esp* parador *(state-run luxury hotel)*
paraguas *m inv* umbrella
Paraguay Paraguay; **paraguayo 1** *adj* Paraguayan **2** *m*, **-a** *f* Paraguayan

paraíso *m* paradise; **~ fiscal** tax haven

paraje *m* place, spot

paralela *f* MAT parallel; DEP **~s** parallel bars; **paralelo** *m/adj* parallel

parálisis *f tb fig* paralysis; **paralítico 1** *adj* paralytic **2** *m*, **-a** *f* person who is paralyzed; **paralizar** MED paralyze; *actividad* bring to a halt; **paralizarse** *por miedo* be paralyzed (**por** by); *fig actividad* be brought to a halt

paranoia *f* paranoia; **paranoico 1** *adj* paranoid **2** *m*, **-a** *f* person suffering from paranoia

parapente *m* hang glider; *actividad* hang gliding

parapeto *m* parapet

parapléjico 1 *adj* MED paraplegic **2** *m*, **-a** *f* paraplegic

parar 1 *v/t* stop; *L.Am.* (*poner de pie*) stand up **2** *v/i* stop; *en alojamiento* stay; **~ de llover** stop raining; **pararse** stop; *L.Am.* (*ponerse de pie*) stand up

pararrayos *m inv* lightning rod, *Br* lightning conductor

parásito *m* parasite

parasol *m* parasol; *en la playa* (beach) umbrella

parcela *f* lot, *Br* plot

parche *m* patch

parcial (*partidario*) bias(s)ed

parco moderate, frugal; **es ~ en palabras** he's a man of few words

pardo 1 *adj color* dun; *L.Am.*

desp half-breed *desp*, *Br tb* half-caste *desp* **2** *m color* dun; *L.Am. desp* half-breed *desp*

parecer 1 *m* opinion, view; **al ~** apparently **2** *v/i* seem, look; **¿qué te parece?** what do you think?; **parecerse** resemble each other; **~ a alguien** resemble s.o.; **parecido 1** *adj* similar **2** *m* similarity

pared *f* wall

pareja *f* pair; *en una relación* couple; *de una persona* partner; *de un objeto* other one

parentela *f* relatives *pl*, family; **parentesco** *m* relationship

paréntesis *m inv* parenthesis; *fig* break; **entre ~** *fig* by the way

paridad *f* COM parity

pariente *m/f* relative

parir 1 *v/i* give birth **2** *v/t* give birth to

parking *m* parking lot, *Br* car park

parlamento *m* parliament

paro *m* unemployment; **estar en ~** be unemployed; **~ cardíaco** cardiac arrest

parodia *f* parody; **parodiar** parody

parpadear blink; **párpado** *m* eyelid

parque *m* park; *para bebé* playpen; **~ de atracciones** amusement park; **~ de bomberos** fire station; **~ natural** nature reserve; **~ temático**

theme park
parqué *m* parquet
parquímetro *m* parking meter
párrafo *m* paragraph
parrilla *f* broiler, *Br* grill; **a la ~** broiled, *Br* grilled; **parrillada** *f L.Am.* barbecue
párroco *m* parish priest; **parroquia** *f* REL parish; (*clientele*) COM clientele, customers *pl*; **parroquiano** *m*, **-a** *f* parishioner
parte 1 *m* report; **dar ~ a alguien** inform s.o. **2** *f* **trozo** part; JUR party; **alguna ~** somewhere; **ninguna ~** nowhere; **otra ~** somewhere else; **de ~ de** on behalf of; **en ~** partly; **en** *o* **por todas ~s** everywhere; **por otra ~** moreover; **estar de ~ de alguien** be on s.o.'s side; **tomar ~** take part in
parterre *m* flowerbed
participación *f* participation; **participante** *m/f* participant; **participar 1** *v/t una noticia* announce **2** *v/i* take part (**en** in), participate (**en** in)
particular 1 *adj clase, propiedad* private; *asunto* personal; (*específico*) particular; (*especial*) peculiar; **en ~** in particular **2** *m* (*persona*) individual; **~es** particulars; **particularidad** *f* peculiarity
partida *f* en juego game; (*remesa*) consignment; *documento* certificate; **~ de nacimiento** birth certificate;

partidario 1 *adj*: **ser ~ de** be in favor *o Br* favour of **2** *m*, **-a** *f* supporter; **partido** *m* POL party; DEP game; **sacar ~ de** take advantage of; *tomar ~* take sides
partir 1 *v/t* (*dividir, repartir*) split; (*romper*) break, split open; (*cortar*) cut **2** *v/i* (*irse*) leave; **a ~ de hoy** (starting) from today; **a ~ de ahora** from now on; **~ de** *fig* start from
parto *m* birth; *fig* creation
party line *f* chatline
parvulario *m* kindergarten
pasa *f* raisin
pasada *f con trapo* wipe; *de pintura* coat; **de ~** in passing; **¡qué ~!** F that's incredible! F; **pasado 1** *adj tiempo* last; **el lunes ~** last Monday **2** *m* past
pasador *m para el pelo* barrette, *Br* (hair) slide; (*pestillo*) bolt; GASTR strainer
pasaje *m* (*billete*) ticket; MÚS, *de texto* passage; **pasajero 1** *adj temporary*; *relación* brief **2** *m*, **-a** *f* passenger
pasamano(s) *m* handrail
pasaporte *m* passport
pasar 1 *v/t tiempo* spend; *un lugar* go past; *frontera* cross; *problemas, dificultades* experience; AUTO (*adelantar*) pass, *Br* overtake; *una película* show; **para ~ el tiempo** to pass the time; **~lo bien** have a good time **2** *v/i* (*suceder*) happen; *en juegos* pass;

paso de coger el teléfono F I can't be bothered to pick up the phone; ***pasé a visitarla*** I dropped by to see her; **~** ***de moda*** go out of fashion; **~** ***por*** go by; ***pasa por aquí*** come this way; ***dejar*** **~** ***oportunidad*** miss; ***hacerse*** **~** ***por*** pass o.s. off as; ***pasaré por tu casa*** I'll drop by your house; ***¡pasa!*** come in; ***¿qué pasa?*** what's happening?, what's going on?; ***¿qué te pasa?*** what's the matter?; **pasarse** *tb* F go too far; *del tiempo* pass, go by; (*usar el tiempo*) spend; *de molestia, dolor* go away; **~** ***al enemigo*** go over to the enemy; ***se le pasó llamar*** he forgot to call

pasarela *f de modelos* runway, *Br* catwalk

Pascua f Easter; ***¡felices ~s!*** Merry Christmas!

pase *m tb* DEP, TAUR pass; *en el cine* showing; **~** ***de modelos*** fashion show

pasearse walk; **paseo** *m* walk; **~** ***marítimo*** seafront; ***dar un*** **~** go for a walk

pasillo *m* corridor; *en avión, cine* aisle

pasión *f* passion

pasivo passive

pasmar amaze; **pasmarse** be amazed; **~** ***de frío*** freeze

paso *m* step; (*manera de andar*) walk; (*ritmo*) pace, rate; *de agua* flow; *de tráfico* movement; (*cruce*) crossing;

de tiempo passing; (*huella*) footprint; **~** ***a nivel*** grade crossing, *Br* level crossing; **~** ***de peatones*** crosswalk, *Br* pedestrian crossing; *de* **~** on the way; ***estar de*** **~** be passing through

pasota F *actitud* couldn't-care-less

pasta *f sustancia* paste; GASTR pasta; P (*dinero*) dough P; **~** ***de dientes*** toothpaste

pastel *m* GASTR cake; *pintura, color* pastel; **pastelería** *f* cake shop

pastilla *f* tablet; *de jabón* bar; ***a toda*** **~** F at top speed F

pasto *m* (*hierba*) grass; ***a todo*** **~** F for all one is worth F; **pastor** *m* shepherd; REL pastor; **~** ***alemán*** German shepherd

pata *f* leg; ***a cuatro*** **~s** on all fours; ***meter la*** **~** F put one's foot in it F; **patada** *f* kick; ***dar una*** **~** kick; **patalear** stamp one's feet

Patagonia Patagonia; **patagónico** Patagonian

patata *f* potato; **~s** ***fritas*** *de sartén* French fries, *Br* chips; *de bolsa* chips, *Br* crisps

paté *m* paté

patear *L.Am. de animal* kick

patente 1 *adj* clear, obvious **2** *f* patent; *L.Am.* AUTO license plate, *Br* numberplate

paternal paternal, fatherly; **paternidad** *f* paternity, fatherhood; **paterno** paternal

patético pitiful

patíbulo m scaffold

patilla f de gafas arm; ~s barba sideburns

patín m skate; ~ (de ruedas) en línea rollerblade®, in-line skate; patinador m, ~a f skater; patinaje m skating; ~ artístico figure skating; ~ sobre hielo ice-skating; ~ sobre ruedas roller-skating; patinar skate; patinete m scooter

patio m courtyard, patio; ~ de butacas TEA orchestra, Br stalls pl

pato m ZO duck

patológico pathological

patraña f tall story

patria f homeland; patrimonio m heritage; patriota m/f patriot; patriótico patriotic

patrocinador m, ~a f sponsor; patrocinar sponsor

patrón m (jefe) boss; REL patron saint; para costura pattern; (modelo) standard; MAR skipper; patrona f (jefa) boss; REL patron saint

patrulla f patrol; patrullar patrol

paulatino gradual

pausa f pause; en una actividad break; MÚS rest; ~ publicitaria commercial break; pausado slow, deliberate

pava f animal (hen) turkey; F (colilla) cigarette butt

pavimento m pavement, Br road surface

pavo 1 adj L.Am. F stupid 2 m ZO turkey; ~ real peacock

payaso m clown

paz f peace; dejar en ~ leave alone

peaje m toll

peatón m pedestrian

peca f freckle

pecado m sin; pecador m, ~a f sinner; pecar sin; ~ de ingenuo / generoso be very naive / generous

pecho m (caja torácica) chest; (mama) breast; tomar algo a ~ take sth to heart; pechuga f GASTR breast; L.Am. fig F (caradura) nerve F

pecoso freckled

peculiar peculiar, odd; (característico) typical

pedagógico educational

pedal m pedal

pedante 1 adj pedantic; (presuntuoso) pretentious 2 m/f pedant; (presuntuoso) pretentious individual; pedantería f pedantry; (presunción) pretentiousness

pedazo m piece, bit; hacer ~s F smash to bits F

pediatra m/f pediatrician, Br paediatrician

pedicura f pedicure

pedido m order; pedir 1 v/t ask for; (necesitar) need; en restaurante order; me pidió que no fuera he asked me not to go 2 v/i mendigar beg; en restaurante order

pedo 1 adj drunk 2 m F fart F

pegadizo catchy; pegajoso

sticky; *fig: persona* clingy;
pegamento *m* glue; **pegar
1** *v/t (golpear)* hit; *(adherir)*
stick, glue; *(bofetada, susto,
resfriado* **give 2** *v/i (golpear)*
hit; *(adherir)* stick; *del sol*
beat down; *(armonizar)* go
(together); **pegarse** *resfria-
do* catch; *acento* pick up; *sus-
to* give s.o.'s; ~ **un golpe** / **un
tiro** hit / shoot s.o.'s; **pegati-
na** *f* sticker

peinado *m* hairstyle; **peinar 1**
v/t tb fig comb; ~ **a alguien**
comb s.o.'s hair; **peine** *m*
comb; **peineta** *f* ornamental
comb

p. ej. (= *por ejemplo*) eg (=
for example)

pelaje *m* ZO coat; *fig (aspecto)*
look; **pelar** *manzana, patata
etc* peel

peldaño *m* step

pelea *f* fight; **pelear, pelearse**
fight

peletería *f* furrier

película *f* movie, film; FOT
film; ~ **del Oeste** Western;
de ~ F awesome F

peligro *m* danger; **correr** ~ be
in danger; **poner en** ~ en-
danger, put at risk; **peligro-
so** dangerous

pelirrojo red-haired, red-
-headed

pellejo *m de animal* skin, hide

pellizcar pinch

pelo *m de persona, de perro*
hair; *de animal* fur; **a** ~ F
(sin preparación) unpre-
pared; **montar a** ~ ride bare-

back; **tomar el** ~ **a alguien** F
pull s.o.'s leg F

pelota 1 *f* ball; ~**s** F nuts F,
balls F; **en** ~**s** P stark naked
2 *m/f* F creep F

peluca *f* wig

peluche *m* soft toy; **oso de** ~
teddy bear

peludo *persona* hairy; *animal*
furry

peluquería *f* hairdressing sa-
lon, *Br* hairdresser's; **pelu-
quero** *m*, **-a** *f* hairdresser;
peluquín *m* hairpiece

pelusa *f* fluff

pelvis *f inv* ANAT pelvis

pena *f (tristeza)* sadness, sor-
row; *(congoja)* grief; *(lásti-
ma)* pity; JUR sentence; ~ **ca-
pital** death penalty, capital
punishment; ~ **de muerte**
death penalty; **no vale** ~ o
no merece la ~ it's not worth
it; **¡qué** ~! what a shame o
pity!; **a duras** ~**s** with great
difficulty; **me da** ~ L.Am.
I'm ashamed; **penal** penal;
derecho ~ criminal law; **pe-
nalizar** penalize

pender hang *(sobre* over)*;
pendiente 1 *adj* unfinished;
cuenta unpaid **2** *m* earring **3** *f*
slope

péndulo *m* pendulum

pene *m* ANAT penis

penetración *f* penetration;
penetrante *mirada* penetrat-
ing; *sonido* piercing; *frío* bit-
ter; *herida* deep; *análisis* inci-
sive; **penetrar** penetrate;
(entrar) enter; *de un líquido*

seep in

penicilina f penicillin

península f peninsula

penitencia f penitence

penoso distressing; *trabajo* laborious

pensamiento m thought; BOT pansy; **pensar 1** v/t think about; (*opinar*) think; *¡ni ~lo!* don't even think about it **2** v/i think (*en* about); **pensativo** thoughtful

pensión f rooming house, Br guesthouse; *dinero* pension; *~ alimenticia* child support, Br maintenance; *~ completa* American plan, Br full board; **pensionista** m/f pensioner

Pentecostés m Pentecost

penúltimo penultimate

penuria f shortage (*de* of); (*pobreza*) poverty

peña f crag, cliff; (*roca*) rock; F *de amigos* group; **peñón** m: *el Peñón de Gibraltar* the Rock of Gibraltar

peón m en ajedrez pawn; *trabajador* laborer, Br labourer

peor worse; *de mal en ~* from bad to worse

pepinillo m gherkin; **pepino** m cucumber

pepita f pip

pequeñez f smallness; **pequeño 1** adj small, little; *de~* when I was small o little **2** m, -a f little one

pera f pear; **peral** m pear tree

perca f pez perch

percance m mishap

percatarse notice; *~ de algo* notice sth

percebe m ZO barnacle

percepción f perception; COM *acto* receipt; **perceptible** perceptible

percha f coat hanger; *gancho* coat hook

percibir perceive; COM *sueldo* receive

percusión f MÚS percussion

perdedor m, ~a f loser; **perder 1** v/t lose; *tren, avión etc* miss; *el tiempo* waste **2** v/i lose; **echar a ~** ruin; **echarse a ~** *de alimento* go bad; **perderse** get lost; **pérdida** f loss

perdigón m pellet

perdiz f ZO partridge

perdón m pardon; REL forgiveness; **pedir ~** say sorry, apologize; *¡~!* sorry; *¿~?* pardon me?; **perdonar** forgive; JUR pardon; *~ algo a alguien* forgive s.o. sth; *¡perdone!* sorry; *perdone, ¿tiene hora?* excuse me, do you have the time?

perdurable enduring; **perdurar** endure

perecedero perishable; **perecer** perish

peregrinación f pilgrimage; **peregrinar** go on a pilgrimage; **peregrino** m, -a f pilgrim

perejil m BOT parsley

perezoso 1 adj lazy **2** m ZO sloth

perfección f perfection; *a la ~*

perfectly, to perfection; **perfeccionar** perfect; **perfecto** perfect

pérfido treacherous

perfil *m* profile; **de ~** in profile, from the side

perfilar *dibujo* outline; *proyecto* put the finishing touches to; **perfilarse** emerge

perforar pierce; *calle* dig up

perfumar perfume; **perfume** *m* perfume; **perfumería** *f* perfume shop

pergamino *m* parchment

pericia *f* expertise

periferia *f* periphery; *de ciudad* outskirts *pl*

perímetro *m* perimeter

periódico 1 *adj* periodic **2** *m* newspaper; **periodismo** *m* journalism; **periodista** *m/f* journalist; **período, periodo** *m* period

peripecia *f* adventure

periquito *m* ZO budgerigar

perito 1 *adj* expert **2** *m*, **-a** *f* expert; COM *en seguros* loss adjuster

perjudicar harm, damage; **perjudicial** harmful, damaging; **perjuicio** *m* harm, damage; **sin ~ de** without affecting

perjurio *m* perjury

perla *f* pearl

permanecer remain, stay; **permanencia** *f* stay; **permanente 1** *adj* permanent **2** *f* perm

permeable permeable

permisible permissible; **permiso** *m* permission; *documento* permit; **~ de conducir** driver's license, *Br* driving licence; **~ de residencia** residence permit; **con ~** excuse me; **estar de ~** be on leave; **permitir** permit, allow

permuta *f* exchange

pernicioso harmful

pernoctar spend the night

pero 1 *conj* but **2** *m* flaw, defect; **no hay ~s que valgan** no excuses

perogrullada *f* platitude

perpendicular perpendicular

perpetrar *crimen* perpetrate, commit

perpetuar perpetuate; **perpetuo** *fig* perpetual

perplejo puzzled, perplexed

perra *f* dog; **perro** *m* dog; **~ callejero** stray; **~ guardián** guard dog; **~ lazarillo** seeing eye dog®, *Br* guide dog; **~ pastor** sheepdog; **hace un tiempo de ~s** F the weather is lousy F

persecución *f* pursuit; *(acoso)* persecution; **perseguidor** *m*, **-a** *f* persecutor; **perseguir** pursue; *delincuente* look for; *(molestar)* pester; *(acosar)* persecute

perseverancia *f* perseverance; **perseverante** persistent; **perseverar** persevere **(en** with)

persiana *f* blind

persignarse cross o.s.

persistencia f persistence; **persistente** persistent; **persistir** persist

persona f person; **quince ~s** fifteen people; **personaje** m TEA character; *famoso* celebrity; **personal 1** *adj* personal **2** m personnel, staff; **personalidad** f personality; **personarse** arrive, turn up; **personificar** personify, embody

perspectiva f perspective; *fig* point of view; **~s** outlook, prospects

perspicacia f shrewdness, perspicacity; **perspicaz** shrewd, perspicacious

persuadir persuade; **persuasión** f persuasion; **persuasivo** persuasive

pertenecer belong (**a** to); **perteneciente: ~ a** belonging to

pértiga f pole; **salto con ~** DEP pole vault

pertinaz persistent; (*terco*) obstinate

pertinente relevant, pertinent

pertrechar equip, supply (**de** with); **pertrecharse** equip o.s.; **pertrechos** *mpl* MIL equipment

perturbación f disturbance; **perturbado** m, -a f: **~** (*mental*) mentally disturbed person; **perturbador** disturbing; **perturbar** disturb; *reunión* disrupt

Perú Peru; **peruano 1** *adj* Peruvian **2** m, -a f Peruvian

perversidad f wickedness, evil; **perversión** f perversion; **perverso** perverted; **pervertir** pervert

pesa f *para balanza* weight; DEP shot; *C.Am* butcher's shop

pesadez f *fig* drag F

pesadilla f nightmare

pesado 1 *adj objeto* heavy; *libro, clase etc* tedious, boring; *trabajo* tough **2** m, -a f bore; **¡qué ~ es!** F he's a real pain F

pesadumbre f grief, sorrow

pésame m condolences pl

pesar 1 *v/t* weigh **2** *v/i* be heavy; (*influir*) carry weight; *fig* weigh heavily (**sobre** on) **3** m sorrow; **a ~ de** in spite of, despite

pesca f *actividad* fishing; (*peces*) fish pl; **pescadería** f fish shop; **pescadero** m, -a f fish dealer, *Br* fishmonger; **pescado** m GASTR fish; **pescador** m fisherman; **pescar** *v/t un pez, resfriado etc* catch; (*intentar tomar*) fish for; *trabajo, marido etc* land F **2** *v/i* fish

pescuezo m neck

pese: ~ a despite

pesebre m (*comedero*) manger; (*belén*) crèche

pesimismo m pessimism; **pesimista 1** *adj* pessimistic **2** m/f pessimist

pésimo awful, terrible

peso m weight; *moneda* peso;

de ~ fig weighty

pesquisa f investigation

pestaña f eyelash; **pestañear** flutter one's eyelashes; *sin ~ fig* without batting an eyelid

peste f MED plague; F olor stink F; **echar ~s** F curse and swear

pestillo m (picaporte) door handle; (cerradura) bolt

petardo 1 m firecracker **2** m, -a F F nerd F

petición f request

petrificar petrify (tb fig); **petrificarse** become petrified

petróleo m oil, petroleum; **petrolero 1** adj oil atr **2** m MAR oil tanker

petulancia f smugness; **petulante** smug

pez m ZO fish; ~ **espada** swordfish; ~ **gordo** F big shot F

pezón m nipple

piadoso pious

pianista m/f pianist; **piano** m piano; ~ **de cola** grand piano

pica f TAUR goad; palo de la baraja spade

picadero m escuela riding school; **picadura** f de reptil, mosquito bite; de avispa sting; tabaco cut tobacco

picadillo m GASTR de lomo: marinated ground meat

picado 1 adj diente decayed; mar rough, choppy; carne ground, Br minced; verdura minced, Br finely chopped; fig offended **2** m L.Am. dive;

caer en ~ de precios nosedive

picador m TAUR picador; MIN face worker

picante 1 adj hot, spicy; chiste risqué **2** m hot spice

picar 1 v/t de mosquito, serpiente bite; de avispa sting; de ave peck; carne grind, Br mince; verdura mince, Br finely chop; TAUR jab with a lance; (molestar) annoy **2** v/i tb fig take the bait; L.Am. de la comida be hot; (producir picor) itch; del sol burn

picardía f (astucia) craftiness, slyness; (travesura) mischievousness; Méx (taco, palabrota) swearing, swearwords pl

pícaro persona crafty, sly; comentario mischievous

picarse (agujerearse) rust; (cariarse) decay; F (molestarse) get mad F

pichón m L.Am. pollo chick; F (novato) rookie F

pico m ZO beak; F (boca) mouth; de montaña peak; herramienta pickax, Br pickaxe; **a las tres y ~** some time after three o'clock

picor m itch

picotear peck

pie m foot; de estatua, lámpara base; **a ~** on foot; **de ~** standing; **no tiene ni ~s ni cabeza** I can't make head nor tail of it

piedad f pity; (clemencia)

mercy

piedra *f tb* MED stone

piel *f de persona, fruta* skin; *de animal* hide, skin; *(cuero)* leather; ***abrigo de ~es*** fur coat

pienso *m* animal feed

pierna *f* leg; ***dormir a ~ suelta*** sleep like a log

pieza *f de un conjunto*, MÚS piece; *de aparato* part; TEA play; *(habitación)* room; ***~ de recambio*** spare (part)

pijama *m* pajamas *pl, Br* pyjamas *pl*

pila *f* ELEC battery; *(montón)* pile; *(fregadero)* sink

pilar *m tb fig* pillar

píldora *f* pill

pileta *f* Rpl sink; *(alberca)* swimming pool

pillar *(tomar)* seize; *(atrapar)* catch; *(atropellar)* hit; *chiste* get

pillo 1 *adj* mischievous **2** *m, -a f* rascal

pilotar AVIA fly, pilot; AUTO drive; MAR steer; **piloto** *m* AVIA, MAR pilot; AUTO driver; ELEC pilot light; **~ automático** autopilot

pimentón *m* paprika; **pimienta** *f* pepper; **pimiento** *m* pepper; ***me importa un ~*** F I couldn't care less F

pincel *m* paintbrush

pinchadiscos *m/f* F disc jockey, DJ

pinchar 1 *v/t* puncture; TELEC tap; F *(molestar)* bug F; ***~le a alguien***

MED give s.o. a shot **2** *v/i* prick; AUTO get a flat (tire), *Br* get a puncture; **pinchazo** *m herida* prick; *dolor* sharp pain; AUTO flat (tire), *Br* puncture; F *(fracaso)* flop F

pincho *m* GASTR bar snack

pingüino *m* ZO penguin

pino *m* BOT pine; ***hacer el ~*** do a handstand

pinta *f* pint; *aspecto* looks *pl*; ***tener buena ~*** *fig* look inviting

pintada *f* graffiti; **~s** graffiti *pl o sg*

pintar paint; **no ~ nada** *fig* F not count; **pintarse** put on one's make-up

pintor *m, ~a f* painter; **~ (de brocha gorda)** (house) painter; **pintoresco** picturesque; **pintura** *f sustancia* paint; *obra* painting

pinza *f* clothes pin, *Br* clothes peg; ZO claw; **~s** tweezers; *L.Am.* (*alicates*) pliers

piña *f del pino* pine cone; *fruta* pineapple; **piñón** *m* BOT pine nut; TÉC pinion

pío pious

piojo *m* ZO louse; **~s** lice *pl*

pionero 1 *adj* pioneering **2** *m, -a f tb fig* pioneer

pipa *f* pipe; **~s** *semillas* sunflower seeds; ***pasarlo ~*** F have a great time

pipí *m* F pee F; ***hacer ~*** pee F

pique *m* resentment; *(rivalidad)* rivalry; ***irse a ~*** *fig* go under

piqueta *f herramienta* pickax, *Br* pickaxe; *en cámping* tent peg

piquete *m* POL picket

piragüismo *m* canoeing

pirámide *f* pyramid

pirata *m/f* pirate; **~ informático** hacker; **piratería** *f* piracy

pirenaico Pyrenean; **Pirineos** *mpl* Pyrenees

piropo *m* compliment

pirotécnico fireworks *atr*

pisada *f* footstep; *huella* footprint; **pisar** step on; *uvas* tread; *fig* (*maltratar*) walk all over; *idea* steal; **~ a alguien** step on s.o.'s foot

piscina *f* swimming pool

Piscis *m/f inv* ASTR Pisces

piso *m* apartment, *Br* flat; (*planta*) floor

pisotear trample

pista *f* track, trail; (*indicio*) clue; *de atletismo* track; **~ de aterrizaje** AVIA runway; **~ de baile** dance floor; **~ de tenis / squash** tennis / squash court

pistacho *m* BOT pistachio

pistola *f* pistol; **pistolero** *m* gunman

pistón *m* piston

pita *f* BOT agave, pita

pitar 1 *v/i* whistle; *con bocina* hoot; *L.Am.* (*fumar*) smoke; **salir pitando** F dash off **F 2** *v/t* (*abuchear*) whistle at; *penalti, falta etc* call, *Br* blow for; *silbato* blow

pitillera *f* cigarette case; **pitillo** *m* cigarette; *hecho a mano* roll-up

pito *m* whistle; (*bocina*) horn

piyama *m L.Am.* pajamas *pl*, *Br* pyjamas *pl*

pizarra *f* blackboard; *piedra* slate

placa *f* (*lámina*) sheet; (*plancha*) plate; (*letrero*) plaque; *Méx* AUTO license plate; *Br* number plate; **~ madre** INFOR motherboard; **~ (dental**) plaque; **~ de matrícula** AUTO license plate, *Br* number plate

placer 1 *v/i* please **2** *m* pleasure

plaga *f* AGR pest; MED plague; *fig* scourge; (*abundancia*) glut; **plagado** infested; (*lleno*) full; **~ de gente** swarming with people

plan *m* plan

plancha *f para planchar* iron; *en cocina* broiler, *Br* grill; *de metal* sheet; F (*metedura de pata*) goof F; **a la ~** GASTR broiled, *Br* grilled; **planchado 1** *adj* F **shattered** F **2** *m* ironing; **planchar** iron; *Méx* F (*dar plantón*) stand up F; *L.Am.* (*lisonjear*) flatter

planeador *m* glider; **planear 1** *v/t* plan **2** *v/i* AVIA glide

planeta *m* planet

planicie *f* plain

planificar plan

plano 1 *adj* flat **2** *m* ARQUI plan; *de ciudad* map; *en cine* shot; MAT plane; *fig* level

planta *f* BOT plant; (*piso*) floor; **~ del pie** sole of the foot; **plantación** f plantation; **plantar 1** v/t árbol etc plant; tienda de campaña put up; **~ a alguien** F stand s.o. up F

plantear problema pose, create; cuestión raise

plantilla f para zapato insole; (personal) staff; DEP squad; para cortar, INFOR template

plantón m: **dar un ~ a alguien** F stand s.o. up F

plástico m plastic

plata f silver; L.Am. F (dinero) cash, dough F

plataforma f tb POL platform; **~ petrolífera** oil rig

plátano m banana

platea f TEA orchestra, Br stalls pl

plateado Méx wealthy

platicar 1 v/t L.Am. tell **2** v/i Méx chat, talk

platillo m: **~ volante** flying saucer; **~s** MÚS cymbals

platina f de microscopio slide; de estéreo tape deck

platino m platinum

plató m de película set; TV studio

plato m plate; GASTR dish; **~ combinado** mixed platter; **~ hondo** soup dish; **~ preparado** ready meal; **~ principal** main course; **~ sopero** soup dish

playa f beach; **~ de estacionamiento** L.Am. parking lot, Br car park; **playeras** fpl canvas shoes

plaza f square; (vacante) job

---

opening; en vehículo seat; de trabajo position; **~ de toros** bull ring

plazo m period; (pago) installment, Br instalment; **a corto / largo ~** in the short / long term; **a ~s** in installments

plegable collapsible, folding; **plegar** fold (up); **plegarse** fig submit (**a** to)

pleito m JUR lawsuit; fig dispute; **poner un ~ a alguien** sue s.o.

pleno 1 adj full; **en ~ día** in broad daylight **2** m plenary session

pliego 1 vb ← **plegar 2** m (hoja de papel) sheet (of paper); (carta) sealed letter o document; **pliegue** m fold, crease

plomero m Méx plumber; **plomo** m lead; ELEC fuse; fig F drag F; **sin ~** AUTO unleaded

pluma f feather; para escribir fountain pen

plural m/adj plural

población f gente population; (ciudad) city, town; (pueblo) village; Chi shanty town; **poblado 1** adj populated; barba bushy; **~ s** fig full of **2** m (pueblo) settlement; **poblador** m, **~a** f Chi shanty town dweller; **poblar** populate

pobre 1 adj poor **2** m/f poor person; **los ~s** the poor; **pobreza** f poverty

pocilga f pigpen, Br pigsty

poco 1 adj sg little, not much;

pl few, not many; **un ~ de** a little; **unos ~s** a few **2** *adv* little; **trabaja ~** he doesn't work much; **estuvo ~ por aquí** he wasn't around much; **~ a ~** a little by little; **dentro de ~** soon, shortly; **hace ~** a short time ago, not long ago; **por ~** nearly **3** *m*: **un ~** a little, a bit

podar AGR prune

poder 1 *v/aux capacidad* can, be able to; *permiso* can, be allowed to; *posibilidad* may, might; **no pude hablar con ella** I wasn't able to talk to her; **¿puedo ir contigo?** can *o* may I come with you?; **¡podías habérselo dicho!** you could have *o* you might have told him **2** *v/i*: **~ con** (*sobreponerse a*) manage, cope with; **me puede** he can beat me; **no puedo más** I can't take any more, I've had enough; **puede ser** perhaps, maybe; **puede que** perhaps, maybe; **¿se puede?** may I come in? **3** *m tb* POL power; **en ~ de alguien** in s.o.'s hands; **poderoso** powerful

podio *m* podium

podólogo *m*, **-a** *f* MED podiatrist, *Br* chiropodist

podrido *tb fig* rotten

poema *m* poem; **poesía** *f género* poetry; (*poema*) poem; **poeta** *m/f* poet; **poético** poetic; **poetisa** *f* poet

polaco 1 *adj* Polish **2** *m*, **-a** *f*

Pole **3** *m idioma* Polish

polea *f* TÉC pulley

policía 1 *f* police **2** *m/f* police officer, policeman; *mujer* police officer, policewoman; **policíaco, policiaco** detective *atr*

polideportivo *m* sports center, *Br* sports centre

polifacético versatile, multifaceted

poligamia *f* polygamy

polilla *f* ZO moth

polio *f* MED polio

política *f* politics; **político 1** *adj* political **2** *m*, **-a** *f* politician

póliza *f* policy; **~ de seguros** insurance policy

polizón *m/f* stowaway

pollo *m* ZO, GASTR chicken

polo *m* GEOG, ELEC pole; *prenda* polo shirt; DEP polo; **Polo Norte** North Pole; **Polo Sur** South Pole

Polonia Poland

polución *f* pollution; **polucionar** v V have a screw V; **pólvora** *f* gunpowder; **polvoriento** dusty

pomada *f* cream

pomelo *m* BOT grapefruit

pompa *f* pomp; **~s de jabón** bubble; **~s fúnebres** *ceremonia* funeral ceremony; *establecimiento* funeral home

ponedero *m* nest(ing) box

(columna izquierda, continuación)

polvo *m* dust; **en química, medicina etc** powder; **~s de talco** talcum powder; **echar un ~** V have a screw V; **pólvora** *f* gunpowder; **polvoriento** dusty

ponencia *f* presentation; EDU paper

ponente *m/f* speaker

poner put; (*añadir*) put in; RAD, TV turn on, switch on; la mesa set; *ropa* put on; (*escribir*) put down; en libro etc say; *negocio* set up; *huevos* lay; **~ a alguien furioso** make s.o. angry; **~le una multa a alguien** fine s.o.; **pongamos que** let's suppose o assume that; *ponerse ropa* put on; **ponte en el banco** go and sit on the bench; **se puso ahí** she stood over there; **dile que se ponga** TELEC tell her to come to the phone; **~ palido** turn pale; **~ furioso** get angry; **~ enfermo** become o fall ill; **~** a start to

popa *f* MAR stern

popular popular; (*del pueblo*) folk *atr*; *barrio* lower-class;

popularizar popularize

por ◊ *motivo* for, because of; **lo hizo ~ amor** she did it out of love o medio by; **~ avión** by air ◊ *tiempo*: **~ un segundo** L.Am. for a second; **~ la mañana** in the morning ◊ *movimiento*: **~ la calle** down the street; **~ un tunel** through a tunnel; **~ aquí** this way ◊ *posición aproximada* around, about; **está ~ aquí** it's around here (somewhere) ◊ *cambio*: **~ cincuenta pesos** for fifty pesos ◊ *otros sums*: **~ hora** an o per

hour; **dos ~ dos** two times two; **¿~ qué?** why?

porcelana *f* porcelain, china

porcentaje *m* percentage

porche *f* porch

porción *f* portion

pormenor *m* detail

pornografía *f* pornography

poro *m* pore; **poroso** porous

porque because; **~ sí** just because

porqué *m* reason

porquería *f* filth; F *cosa de poca calidad* piece of trash F

porra *f* baton; (*palo*) club

porro *m* F joint F

porrón *m* container from which wine is poured straight into the mouth

portaaviones *m inv* aircraft carrier

portada *f* TIP front page; *de revista* cover; ARQUI front

portador *m*, **~a** *f* COM bearer; MED carrier

portal *m* foyer; (*entrada*) doorway

portaminas *m inv* automatic pencil, *Br* propelling pencil

portarse behave

portátil portable

portavoz *m/f* spokesman; *mujer* spokeswoman

porte *m* (*aspecto*) appearance; (*gasto de correo*) postage

porteño *Arg* **1** *adj* of Buenos Aires **2** *m*, **-a** *f* native of Buenos Aires

portería *f* reception; *casa* superintendent's apartment, *Br* caretaker's flat; DEP goal:

portero *m* doorman; *de edificio* superintendent, *Br* caretaker; DEP goalkeeper; **~ automático** intercom, *Br* entryphone

pórtico *m* portico

portorriqueño 1 *adj* Puerto Rican **2** *m*, **-a** *f* Puerto Rican

Portugal Portugal; **portugués 1** *m/adj* Portuguese **2** *m*, **-esa** *f persona* Portuguese **3** *m idioma* Portuguese

porvenir *m* future

pos(t)venta after-sales *atr*

posada *f C.Am.*, *Méx* Christmas party; *(fonda)* inn

posar *mano* lay, place (**sobre** on); **~ la mirada en** gaze at; **posarse** *de ave, insecto*, AVIA land

pose *f* pose

poseer possess; *(ser dueño de)* own, possess; **posesión** *f* possession; **tomar ~ (de un cargo)** POL take up office

posguerra *f* postwar period

posibilidad *f* possibility; **posibilitar** make possible; **posible** possible; **en lo ~** as far as possible; **hacer todo lo ~** do everything possible; **es ~ que...** perhaps ...

posición *f tb* MIL, *fig* position; *social* standing, status

positivo positive

postal 1 *adj* mail *atr*, postal **2** *f* postcard; **poste** *m* post

postergar postpone

posterior later, subsequent; *(trasero)* rear *atr*, back *atr*; **posterioridad** *f*: **con ~** later,

subsequently; **con ~ a** later than, subsequent to

postizo 1 *adj* false **2** *m* hairpiece

postre *m* dessert; **a la ~** in the end

postura *f tb fig* position

potable drinkable; *fig* F passable; *agua ~* drinking water

potaje *m* GASTR stew

potasio *m* potassium

pote *m (olla)* pot; GASTR stew

potencia *f* power; **en ~** potential; **potente** powerful

potro *m* ZO colt

pozo *m* well; MIN shaft; *Rpl en calle* pothole; **un ~ sin fondo** *fig* a bottomless pit

práctica *f* practice; practicable *tarea* feasible, practicable; *camino* passable; **practicar** practice, *Br* practise; *deporte* play; **~ la equitación** ride; **práctico** practical

pradera *f* prairie, grassland; **prado** *m* meadow

pragmático pragmatic; **pragmatismo** *m* pragmatism

precario precarious

precaución *f* precaution

precedente 1 *adj* previous **2** *m* precedent; **preceder** precede

precintar *paquete* seal; *lugar* seal off; **precinto** *m* seal

precio *m* price; **precioso** *(de valor)* precious; *(hermoso)* beautiful

precipicio *m* precipice

precipitación *f (prisa)* hurry, haste; **precipitaciones** *f* rain;

precipitado hasty, sudden; precipitar (*lanzar*) throw, hurl; (*acelerar*) hasten; precipitarse rush; *fig* be hasty

precisar (*aclarar*) specify; (*necesitar*) need; precisión *f* precision; preciso precise, accurate; ser ~ be necessary

precoz early; *niño* precocious

precursor *m*, ~a *f* precursor, forerunner

predecesor *m*, ~a *f* predecessor

predecir predict

predicar preach

predicción *f* prediction

predilecto favorite, *Br* favourite

predispuesto predisposed (a to)

predominar predominate; predominio *m* predominance

prefacio *m* preface, foreword

preferencia *f* preference; preferente preferential; preferido 1 *part* ☞ preferir 2 *adj* favorite, *Br* favourite; preferir prefer

prefijo *m* prefix; TELEC area code, *Br* dialling code

pregunta *f* question; preguntar ask; ~ por algo ask about sth; ~ por alguien *paradero* ask for s.o.; *salud etc* ask about s.o.

prejuicio *m* prejudice

prematuro 1 *adj* premature 2 *m*, -a *f* premature baby

premiar award a prize to; premio *m* prize

prenda *f* item of clothing, garment; (*garantía*) security; *en juegos* forfeit

prendedor *m* broach, *Br* brooch

prender 1 *v/t a fugitivo* capture; *sujetar* pin up; *L.Am. fuego* light; *L.Am.* luz turn on; ~ fuego a set fire to 2 *v/i de planta* take; (*empezar a arder*) catch; *de moda* catch on

prensa *f* press; ~ amarilla gutter press; prensar press

preocupación *f* worry, concern; preocupado worried, concerned (por about); preocupante worrying; preocupar worry, concern; preocuparse worry (por about); ~ de (*encargarse*) look after, take care of

preparación *f* preparation; (*educación*) education; *para trabajo* training; preparado ready, prepared; preparar prepare, get ready; prepararse prepare, get ready; preparativos *mpl* preparations

preponderar predominate

preposición *f* GRAM preposition

presa *f* (*dique*) dam; (*embalse*) reservoir; (*víctima*) prey; *L.Am. para comer* bite to eat

prescribir prescribe; prescripción JUR prescribe; prescripción *f* JUR *de contrato* expiry, expiration

presencia *f* presence; buena ~ smart appearance; presenciar witness; (*estar presente a*) attend, be present at

presentación f presentation; COM launch; *entre personas* introduction; **presentador** m, -a f TV presenter; **presentar** present; *a alguien* introduce; *producto* launch; *solicitud* submit; **presentarse** *in sitio* show up; (*darse a conocer*) introduce o.s.; *a examen* take; *de problema, dificultad* arise; *a elecciones* run

presente 1 adj present; **tener algo ~** bear sth in mind; **¡~!** here! **2** m *tiempo* present **3** m/fpl: **los ~s** those present

presentir foresee; **presiento que...** I have a feeling that ...

preservar protect; **preservativo** m condom

presidencia f presidency; *de compañía* presidency, Br chairmanship; *de comité* chairmanship; *de presidente* m, -a f president; *de gobierno* premier, prime minister; *de compañía* president, Br chairman, Br mujer chairwoman; *de comité* chair

presidio m prison

presidir be president of; *reunión* chair

presión f pressure; **~ sanguínea** blood pressure; **presionar** *botón* press; *fig* put pressure on, pressure

preso 1 part ☞ **prender 2** m, -a f prisoner

prestación f provision; **~ social sustitutoria** MIL community service in lieu of military service; **préstamo** m loan; **~ bancario** bank loan; **prestar** *dinero* lend; *ayuda* give; *L.Am.* borrow; **~ atención** pay attention

prestidigitador m, -a f conjurer

prestigio m prestige; **prestigioso** prestigious

presumido conceited; (*coqueto*) vain; **presumir 1** v/t presume **2** v/i show off; **~ de algo** boast about sth; **presume de listo** he thinks he's very clever; **presunto** alleged, suspected; **presuntuoso** conceited

presuponer assume; **presupuesto 1** part ☞ **presuponer 2** m POL budget

pretencioso pretentious

pretender: **pretendía convencerlos** he was trying to persuade them; **pretendiente** m *de mujer* suitor; **pretensión** f *L.Am.* (*arrogancia*) vanity; **sin pretensiones** unpretentious

pretexto m pretext

prevención f prevention; **prevenir** prevent; (*avisar*) warn (*contra* against); **preventivo** preventive, preventative

prever foresee

previo previous; **sin ~ aviso** without (prior) warning

previsión f (*predicción*) forecast; (*preparación*) foresight

prima f *de seguro* premium;

(pago extra) bonus

primavera f spring; BOT primrose

primer first; **primero 1** adj first; **~s auxilios** first aid **2** m, -a f first (one) **3** adv first

primitivo primitive; (*original*) original

primo m, -a f cousin

primordial fundamental

princesa f princess

principal main, principal; **lo ~** the main o most important thing

príncipe m prince

principiante 1 adj inexperienced **2** m/f beginner; **principio** m principle; *en tiempo* beginning; **a ~s de abril** at the beginning of April

prioridad f priority; **prioritario** priority atr

prisa f hurry, rush; **darse ~** hurry (up); **tener ~** be in a hurry o rush

prisión f prison, jail; **prisionero 1** adj captive **2** m, -a f prisoner

prismáticos mpl binoculars

privado 1 part ☞ **privar 2** adj private; **privar: ~ a alguien de algo** deprive s.o. of sth; **privarse** deprive o.s.; **privatizar** privatize

privilegiado privileged; (*excelente*) exceptional; **privilegiar** privilege; (*dar importancia a*) favor, Br favour; **privilegio** m privilege

proa f MAR bow

probabilidad f probability;

probable probable, likely

probar 1 v/t *teoría* test, try out; (*comer un poco de*) taste, try; (*comer por primera vez*) try **2** v/i try; **~ a hacer** try doing; **probeta** f test tube

problema m problem; **problemático** problematic

procedencia f origin; **procedente:** **~ de** from; **proceder 1** v/i come (**de** from); (*actuar*) proceed; (*ser conveniente*) be fitting; **~ a** proceed to; **~ contra alguien** initiate proceedings against s.o. **2** m conduct; **procedimiento** m procedure, method; JUR proceedings pl

procesamiento m: **~ de textos** word processing; **procesar** INFOR process; JUR prosecute; **procesión** f procession; **proceso** m process; JUR trial; **~ de datos / textos** data / word processing

proclamación f proclamation; **proclamar** proclaim

procurador m, **~a** f JUR attorney, lawyer; **procurar** try

prodigio m wonder, miracle; *persona* prodigy

producción f production; **producir** produce; (*causar*) cause; **productividad** f productivity; **productivo** productive; *empresa* profitable; **producto** m product; **productor** m, -a f producer

profanar defile, desecrate

profesión f profession; **profesional** m/f & adj profes-

sional; **profesor** m, **~a** f
teacher; **de universidad** professor, Br lecturer

profeta m prophet

profundidad f depth; **profundo** deep; **pensamiento, persona** profound

programa m program, Br programme; INFOR program; EDU syllabus; **~ de estudios** syllabus, curriculum; **programador** m, **~a** f programmer; **programar aparato** program, Br programme; INFOR program; (planear) schedule

progresar progress, make progress; **progresivo** progressive; **progreso** m progress

prohibición f ban (**de** on); **prohibido** forbidden; **~ fumar** no smoking; **prohibir** forbid, ban

prolijo long-winded; (minucioso) detailed

prólogo m preface

prolongar extend, prolong

promedio m average

promesa f promise; **prometedor** bright, promising; **prometer** promise; **prometida** f fiancée; **prometido** **1** part ☞ **prometer** **2** adj engaged **3** m fiancé

prominente prominent

promoción f promotion; EDU year; **promocionar** promote; **promotor** m, **~a** f promoter; **~ inmobiliario** developer; **promover** promote;

(causar) provoke, cause

promulgar ley promulgate

pronombre m GRAM pronoun

pronóstico m prognosis; **~ del tiempo** weather forecast

pronto **1** adj prompt **2** adv (dentro de poco) soon; (temprano) early; **de ~** suddenly; **tan ~ como** as soon as

pronunciación f pronunciation; **pronunciar** pronounce; (decir) say; **~ un discurso** give a speech

propagación f spread; **propaganda** f advertising; POL propaganda; **propagar** spread

propenso prone (**a** to)

propicio favorable, Br favourable

propiedad f property; **propietario** m, **-a** f owner, proprietor

propina f tip

propio own; (característico) characteristic (**de** of), typical (**de** of); (adecuado) suitable (**para** for); **la -a directora** the director herself

proponer propose, suggest; **proponerse ~ hacer algo** decide to do sth

proporción f proportion; **proporcional** proportional; **proporcionar** provide, supply; satisfacción give

proposición f proposal, suggestion

propósito m (intención) intention; (objetivo) purpose;

***a* ~** on purpose; (*por cierto*) by the way

propuesta *f* proposal

propulsión *f* TEC propulsion

prórroga *f* DEP overtime, *Br tb* extra time; **prorrogar** *plazo* extend

prosa *f* prose

proseguir carry on, continue

prospecto *m* directions for use *pl*; *de propaganda* leaflet

prosperar prosper, thrive; **prosperidad** *f* prosperity; **próspero** prosperous, thriving

prostitución *f* prostitution; **prostituta** *f* prostitute

protagonista *m/f personaje* main character; *actor, actriz* star; *de una hazaña* hero; *mujer* heroine

protección *f* protection; **proteger** protect (*de* from)

proteína *f* protein

protesta *f* protest; **protestante** *m/f* Protestant; **protestar 1** *v/t* protest **2** *v/i* (*quejarse*) complain (**por**, *de* about); (*expresar oposición*) protest (**contra**, **por** about, against)

protocolo *m* protocol

provecho *m* benefit; **¡buen ~!** enjoy (your meal); **sacar ~ de** benefit from; **provechoso** beneficial

proveedor *m*, **~a** *f* supplier; **~ de** (**acceso a**) **Internet** Internet Service Provider, ISP; **proveer** supply; **~ a alguien de algo** supply s.o. with sth

proverbio *m* proverb

providencia *f* providence

provincia *f* province; **provincial** provincial

provisión *f* provision; **provisional** provisional; **provisorio** *S.Am.* provisional

provocar cause; *al enfado* provoke; *sexualmente* lead on; **¿te provoca un café?** *S.Am.* how about a coffee?; **provocativo** provocative

proxeneta *m* pimp

proximidad *f* proximity; **próximo** (*siguiente*) next; (*cercano*) near, close

proyección *f* MAT, PSI projection; *de película* showing; **proyectar** project; (*planear*) plan; *película* show; *sombra* cast; **proyectil** *m* missile; **proyecto** *m* plan; *trabajo* project; **~ de ley** bill; **tener en ~** **hacer algo** plan to do sth; **proyector** *m* projector

prudencia *f* caution, prudence; **prudente** careful, cautious

prueba *f tb* TIP proof; JUR piece of evidence; DEP event; EDU test; **a ~ de bala** bulletproof; **poner algo a ~** put sth to the test

psicología *f* psychology; **psicológico** psychological; **psicólogo** *m*, **-a** *f* psychologist; **psicópata** *m/f* psychopath

psiquiatra *m/f* psychiatrist; **psiquiatría** *f* psychiatry; **psiquiátrico** psychiatric; **psíquico** psychic

púa f ZO spine, quill; MÚS plectrum, pick

publicación f publication; **publicar** publish; **publicarse** come out, be published; **publicidad** f (*divulgación*) publicity; COM advertising; (*anuncios*) advertisements pl; **publicitario 1** adj advertising atr **2** m, -a f advertising executive; **público 1** adj public; *escuela* public, Br state **2** m public; TEA audience; DEP spectators pl, crowd

puchero m GASTR (cooking) pot; **hacer ~s** fig pout

pudín m pudding

pudor m modesty

pudrirse rot; **~ de envidia** be green with envy

pueblo m village; *más grande* town

puente m bridge; **hacer ~** have a day off between a weekend and a public holiday

puerco 1 adj dirty; fig filthy F **2** m ZO pig; **~ espín** porcupine

pueril childish, puerile

puerro m BOT leek

puerta f door; *en valla* gate; DEP goal; **~ de embarque** gate

puerto m MAR port; GEOG pass

Puerto Rico Puerto Rico

pues well; fml (*porque*) as, since; **~ bien** well; **¡~ sí!** of course!

puesta f: **~ a punto** tune-up; **~ de sol** sunset

puesto 1 part → **poner 2** m lugar place; *en mercado* stand, stall; MIL post; **~ (de trabajo)** job **3** conj: **~ que** since, given that

pulcro immaculate

pulga f ZO flea

pulgada f inch; **pulgar** m thumb

pulgón m ZO aphid, Br greenfly

pulido 1 adj polished **2** m acción polishing; *efecto* polish; **pulir** polish

pulmón m lung; **pulmonar** pulmonary, lung atr; **pulmonía** f MED pneumonia

pulpa f pulp

púlpito m pulpit

pulpo m ZO octopus

pulsación f beat; *de tecla* key stroke; **pulsar** botón, tecla press

pulso m pulse; fig steady hand; **tomar el ~ a alguien** take s.o.'s pulse

pulverizador m spray; **pulverizar** spray; (*convertir en polvo*) pulverize, crush

puma m ZO puma, mountain lion

punible punishable

punta f tip; (*extremo*) end; *de lápiz*, GEOG point; L.Am. (*grupo*) group; **sacar ~ a** sharpen; **puntada** f stitch; **puntapié** m kick; **puntilla** f: **de ~s** on tippy-toe, Br on tiptoe

punto *m* point; *señal* dot; *signo de puntuación* period, *Br* full stop; *en costura, sutura* stitch; **dos ~s** colon; **~ muerto** AUTO neutral; **~ de vista** point of view; **~ y coma** semicolon; **a ~ (listo)** ready; *(a tiempo)* in time; **de ~** knitted; **en ~** on the dot; **estar a ~ de** be about to; **hacer ~** knit

puntuación *f* punctuation; DEP score; EDU grade, *Br* mark; **puntual** punctual; **puntualidad** *f* punctuality; **puntualizar** *(señalar)* point out; *(aclarar)* clarify

puñal *m* dagger

puñetazo *m* punch

puño *m* fist; *de camisa* cuff; *de bastón, paraguas* handle

pupila *f* pupil

pupitre *m* desk

puré *m* purée; *sopa* cream; **~ de patatas** *o L.Am.* **papas** mashed potatoes

pureza *f* purity

purgante *m/adj* laxative, purgative; **purgar** MED. purge; **purgarse** take a laxative; **purgatorio** *m* REL purgatory

purificar purify; **puro 1** *adj* pure; *Méx (único)* sole, only; **la ~a verdad** the honest truth **2** *m* cigar

púrpura *f* purple

pus *m* pus

pústula *f* MED pustule

puta *f* P whore P; **putada** *f* P dirty trick

Q

que 1 *pron rel sujeto: persona* who, that; *cosa* which, that; *complemento: persona* that, whom *fml*; *cosa* that, which; **el coche ~ ves** the car you can see, the car that *o* which you can see **2** *conj* that; **lo mismo ~ tú** the same as you; **más grande ~** bigger than; **¡~ entre!** tell him to come in; **¡~ descanses!** sleep well; **¡~ sí!** I said yes; **¡~ no!** I said no; **es ~ ...** the thing is ...; **yo ~ tú** if I were you

qué 1 *adj & pron interr* what; **¿~ día es?** what day is it?

2 *adj & pron int:* **¡~ moto!** what a motorbike!; **¡~ de flores!** what a lot of flowers! **3** *adv:* **¡~ alto es!** he's so tall!; **¡~ bien!** great!

quebradizo brittle; **quebrado 1** *adj* broken **2** *m* MAT fraction; **quebrar 1** *v/t* break **2** *v/i* COM go bankrupt *o* bust F

quedar *(permanecer)* stay; *en un estado* be; *(sobrar)* be left; **te queda bien / mal** *de estilo* it suits you / doesn't suit you; *de talla* it fits you / doesn't fit you; **~ cerca** be nearby; **~ con alguien** F arrange to meet (with) s.o.; **~ en algo** agree to sth; quedarse stay; **~ ciego** go blind; **~ con algo** keep sth; **me quedé sin comer** I ended up not eating

quehaceres *mpl* tasks

queja *f* complaint; **quejarse** complain (**a** to; **de** about)

quema *f* burning; **quemadura** *f* burn; **quemar 1** *v/t* burn; *con agua* scald; F *recursos* use up; F *dinero* blow F **2** *v/i* be very hot

querella *f* JUR lawsuit

querer (*desear*) want; (*amar*) love; **~ decir** mean; **sin ~** unintentionally; **quisiera...** I would like ...; **querido 1** *part* ☞ **querer 2** *adj* dear **3** *m*, -a *f* darling

queso *m* cheese

quicio *m*: *sacar de ~ a alguien* F drive s.o. crazy F

quiebra *f* COM bankruptcy

quien *rel sujeto* who, that; *objeto* who, whom *fml*, that

quién who; *¿de ~ es este libro?* whose is this book?, who does this book belong to?

quieto still; **quietud** *f* peacefulness

quilate *m* carat

quilla *f* keel

química *f* chemistry; **químico**

1 *adj* chemical **2** *m*, -a *f* chemist

quince fifteen; **quincena** *f* two weeks, *Br* fortnight

quiniela *f* lottery where the winners are decided by soccer results, *Br* football pools

quinientos five hundred

quinina *f* quinine

quinta *f* MIL draft, *Br* call-up; **es de mi ~** he's my age

quinto 1 *adj* fifth **2** *m* MIL conscript

quiosco *m* kiosk; **~ de prensa** newsstand, *Br* newsagent's

quirófano *m* operating room, *Br* operating theatre

quirúrgico surgical

quitaesmalte *m* nail varnish remover; **quitamanchas** *m inv* stain remover; **quitanieves** *m* snowplow, *Br* snowplough

quitar 1 *v/t ropa* take off, remove; *obstáculos* remove; **~ algo a alguien** take sth (away) from s.o.; **~ la mesa** clear the table **2** *v/i*: **¡quita!** get out of the way!; **quitarse** *ropa, gafas* take off; (*apartarse*) get out of the way; **~ algo / a alguien de encima** get rid of sth / s.o.

quitasol *m* sunshade

quizá(s) perhaps, maybe

R

rabanito *m* BOT wild radish; rábano *m* BOT radish

rabia *f* MED rabies *sg*; **dar ~ a alguien** make s.o. mad; **tener ~ a alguien** have it in for s.o.; **rabiar: ~ de dolor** be in agony; **~ por** be dying for

rabioso MED rabid; *fig* furious

rabo *m* tail

racha *f* spell

racial racial

racimo *m* bunch

ración *f* share; (*porción*) serving, portion; racional rational; racionalizar rationalize; racionar ration

racismo *m* racism; racista *m/f* & *adj* racist

radar *m* radar

radiación *f* radiation; radiactividad *f* radioactivity; radiactivo radioactive; radiador *m* radiator; radiante radiant; radiar radiate

radical *m/f* & *adj* radical

radio 1 *m* MAT radius; QUÍM radium; *L.Am.* radio; ~ **de acción** range 2 *f* radio; ~ **despertador** clock radio; radioaficionado *m* radio ham; radiocasete *m* radio cassette player; radiografía *f* X-ray; radiología *f* radiology; radiopatrulla *f* radio patrol car; radiotaxi *m* radio taxi; radioterapia *f* radiotherapy; radioyente *m/f* listener

ráfaga *f* gust; *de balas* burst

rafia *f* raffia

raído threadbare

rail, raíl *m* rail

raíz *f* root; ~ **cuadrada** MAT square root; **a ~ de** as a result of

raja *f* (*rodaja*) slice; (*corte*) cut; (*grieta*) crack; rajar **1** *v/t fruta* cut, slice; *cerámica* crack; *neumático* slash **2** *v/i* F gossip; rajarse *fig* F back out

rallador *m* grater; rallar GASTR grate

rama *f* branch; POL wing; **andarse por las ~s** beat about the bush

ramera *f* whore, prostitute

ramificarse branch out

ramo *m* COM sector; ~ **de flores** bunch of flowers

rampa *f* ramp; ~ **de lanzamiento** launch pad

rana *f* ZO frog

rancho *m Méx* small farm; *L.Am.* (*barrio de chabolas*) shanty town

rancio rancid; *fig* ancient

ranura *f* slot

rapaz **1** *adj* predatory **2** *m*, **-a** *f* F kid F

rape *m pescado* anglerfish; **al ~ pelo** cropped

rapidez *f* speed, rapidity;

rápido 1 adj quick, fast **2** m rapids pl

rapiña f pillage

raptar kidnap; **rapto** m kidnap

raqueta f racket

rareza f scarcity, rarity; **raro** rare

ras m: **a ~ de tierra** at ground level

rascacielos m inv skyscraper; **rascar** scratch; superficie scrape, scratch

rasgar tear (up); **rasgo** m feature; **a grandes ~s** broadly speaking

rasguñar scratch; **rasguño** m MED scratch

raso 1 adj flat, level; soldado **~** private **2** m material satin; **al ~** in the open air

raspado m Méx water ice; **raspar 1** v/t scrape; con lija sand **2** v/i be rough

rastrear 1 v/t persona track; bosque, zona comb **2** v/i trace; **rastrillo** m rake; **rastro** m flea market; (huella) trace; **rastrojo** m stubble

rata f ZO rat

ratero m, **-a** f petty thief

raticida m rat poison

ratificar POL ratify

rato m time; **~s libres** spare time; **al poco ~** after a short time o while; **todo el ~** all the time

ratón m ZO, INFOR mouse; **ratonera** f mouse trap

raya f GRAM dash; ZO ray; de pelo part, Br parting; **a o de**

~s striped; **pasarse de la ~** overstep the mark, go too far; **rayado** disco, superficie scratched

rayar 1 v/t scratch; (tachar) cross out **2** v/i border (**en** on)

rayo m FÍS ray; METEO (bolt of) lightning; **~ láser** laser beam; **~ X** X-ray

raza f race; de animal breed

razón f reason; **a ~ de precio** at; **dar la ~ a alguien** admit that s.o. is right; **entrar en ~** see sense; **perder la ~** lose one's mind; **tener ~** be right; **razonable** precio reasonable

reacción f reaction (**a** to); **avión a ~** jet (aircraft); **reaccionar** react (**a** to); **reaccionario 1** adj reactionary **2** m, **-a** f reactionary

reacio reluctant (**a** to)

reactor m reactor; (motor) jet engine

real (regio) royal; (verdadero) real; **realidad** f reality; **en ~** in fact, in reality; **realista 1** adj realistic **2** m/f realist; **realizador** m, **-a** f de película director; RAD, TV producer; **realizar** tarea carry out; RAD, TV produce; COM realize

realzar highlight

reanimar revive

reanudar resume

rebaja f reduction; **~s de verano** summer sale; **rebajar** reduce

rebanada f slice

rebaño m flock

rebasar *razones* rebut, refute **rebeca** *f* cardigan

rebelarse rebel; **rebelde 1** *adj* rebel *atr* **2** *m/f* rebel; **rebelión** *f* rebellion

rebosar overflow

rebotar 1 *v/t* bounce; (*disgustar*) annoy **2** *v/i* bounce; **rebote** *m* bounce; **de ~** on the rebound

rebozar GASTR coat

rebuscado over-elaborate

recado *m* errand; *Rpl* (*arnés*) harness; **dejar un ~** leave a message

recaer *fig: de responsabilidad* fall (**en** to); MED have a relapse; JUR reoffend; **recaída** *f* MED relapse

recalentar *comida* warm *o* heat up

recargar *batería* recharge; *recipiente* refill; **~ un 5%** charge 5% extra; **recargo** *m* surcharge

recauchutado *m* retread

recaudación *f acción* collection; *cantidad* takings *pl*; **recaudador** *m*, **~a** *f* collector; **recaudar** *impuestos, dinero* collect

recelar suspect; **~ de alguien** not trust s.o.; **recelo** *m* mistrust; **receloso** suspicious

recepción *f* reception; **recepcionista** *m/f* receptionist; **receptor** *m* receiver

receta *f* GASTR recipe; **~ médica** prescription; **recetar**

MED prescribe

rechazar reject; MIL repel; **rechazo** *m* rejection

rechinar creak, squeak

recibir receive; **recibo** *m* (*sales*) receipt

reciclable recyclable; **reciclado, reciclaje** *m* recycling; **reciclar** recycle

recién newly; *L.Am.* (*hace poco*) just; **~ casados** newly-weds; **~ nacido** newborn; **~ pintado** wet paint; **~ llegamos** we've only just arrived; **reciente** recent

recinto *m* premises *pl*; *área* grounds *pl*

recipiente *m* container

recíproco reciprocal

recital *m* recital; **recitar** recite

reclamación *f* complaint; POL claim, demand; **reclamar 1** *v/t* claim, demand **2** *v/i* complain

reclamo *m* lure

reclinar rest; **reclinarse** lean, recline (**contra** against)

recluta *m/f* recruit; **reclutar** recruit

recobrar recover

recodo *m* bend

recogedor *m* dustpan; **recoger** pick up, collect; *habitación* tidy up; AGR harvest; (*mostrar*) show; **recogida** *f* collection; **~ de basuras** garbage collection, *Br* refuse collection; **~ de equipajes** baggage reclaim

recolección *f* harvest; **recolectar** harvest

recomendable recommendable; **recomendación** f recommendation; **recomendar** recommend

recompensa f reward; **recompensar** reward

reconciliación f reconciliation; **reconciliar** reconcile; **reconciliarse** make up (**con** with), be reconciled (**con** with)

reconocer recognize; *errores* admit, acknowledge; *area* reconnoiter, Br reconnoitre; MED examine; **reconocido** grateful; **reconocimiento** m recognition; *de error* acknowledg(e)ment; MED examination, check-up; MIL reconnaissance

reconquista f reconquest

reconstruir fig reconstruct

récord 1 adj record(-breaking) **2** m record

recordar remember, recall; ~ *algo a alguien* remind s.o. of sth

recorrer *distancia* cover, *a pie* walk; *territorio, país* travel around; *camino* go along, travel along; **recorrido** m route; DEP round

recortar cut out; fig cut; **recorte** m fig cutback; ~ *de periódico* cutting, clipping; ~ *salarial* salary cut

recrear recreate; **recrearse** amuse o.s.; **recreativo** recreational; *juegos* ~**s** amusements; **recreo** m recreation; EDU recess, Br break

recriminar reproach

recrudecer worsen; **recrudecerse** intensify

rectángulo m rectangle

rectificar correct, rectify; *camino* straighten

recto straight; (*honesto*) honest

recuerdo m memory; *da ~s a Luís* give my regards to Luís

recuperación f tb fig recovery; **recuperar** *tiempo* make up; *algo perdido* recover; **recuperarse** recover (**de** from)

recurrir 1 v/t JUR appeal against **2** v/i ~ **a** a resort to, turn to; **recurso** m JUR appeal; *material resource*; ~**s humanos** human resources

red f net; INFOR, fig network; *caer en las ~s de* fig fall into the clutches of

redacción f writing; *de editorial* editorial department; EDU essay; **redactar** write, compose; **redactor** m, ~**a** f editor

redada f raid

redecilla f hairnet

redención f redemption; **redimir** redeem

rédito m return, yield

redoblar redouble; **redoblarse** double; **redoble** m MÚS (drum)roll

redonda f: **a la** ~ around; **redondear** *para más* round up; *para menos* round down; (*rematar*) round off; **redondo** round; *negocio* excellent; *ca-*

er ~ flop down
reducción *f* reduction; MED
setting; **reducir** reduce (*a*
to); MIL overcome
reeducar reeducate
reelección *f* reelection; **ree-
legir** re-elect
reembolsar refund; **reem-
bolso** *m* refund; **contra ~**
collect on delivery, *Br* cash
on delivery, COD
reemplazar replace; **reem-
plazo** *m* replacement; DEP
substitute; MIL recruit
reexpedir forward
referencia *f* reference; **~s**
COM references; **referente:
~ a** referring to; **referir** tell,
relate; **referirse** refer (*a* to)
refinación *f* refining; **refina-
do 1** *adj tb fig* refined **2** *m* re-
fining; **refinamiento** *m* re-
fining; **refinar** refine; **refine-
ría** *f* refinery
reflejar *tb fig* reflect; **reflejo**
m reflex; *imagen* reflection;
reflexión *f fig* reflection,
thought; **reflexionar** reflect
on, ponder; **reflexivo** GRAM
reflexive
reflujo *m* ebb
reforestación *f* reforestation;
reforestar reforest
reforma *f* reform; **~s** (*obras*)
refurbishment; (*reparacio-
nes*) repairs; **reformar** re-
form; *edificio* refurbish; (*re-
parar*) repair
reforzar reinforce; *vigilancia*
increase, step up
refractario TÉC heat-resist-

ant, fireproof; *fig* **ser ~ a al-
go** be against sth
refrán *m* saying
refregar scrub
refrescar 1 *v/t tb fig* refresh;
conocimientos brush up **2**
v/i cool down; **refresco** *m*
soda, *Br* soft drink
refrigeración *f de alimentos*
refrigeration; *aire acondicio-
nado* air-conditioning; *de
motor* cooling; **refrigerador**
m refrigerator; **refrigerar** re-
frigerate; **refrigerio** *m* snack
refuerzo *m* reinforcement; **~s**
MIL reinforcements
refugiado *m*, **-a** *f* refugee; **re-
fugiarse** take refuge; **refu-
gio** *m* refuge
refundir rework
refutar refute
regadera *f* watering can; *Méx*
(*ducha*) shower; **regadío** *m*:
tierra de ~ irrigated land
regalar: **~ algo a alguien** give
sth to s.o., give s.o. sth
regaliz *m* BOT licorice, *Br* liq-
uorice
regalo *m* gift, present
regañar 1 *v/t* tell off **2** *v/i*
quarrel
regar water; AGR irrigate
regata *f* regatta
regatear DEP get past, dodge;
no ~ esfuerzos spare no ef-
fort; **regateo** *m* haggling
regazo *m* lap
regenerar regenerate
régimen *m* POL regime; MED
diet; **estar a ~** be on a diet
regio regal, majestic; *S.Am. F*

región 228

(*estupendo*) great F

región f region; **regional** regional

regir 1 v/t rule, govern **2** v/i apply, be in force

registrar register; *casa* search; **registro** m register; *de casa* search; **~ civil** register of births, marriages and deaths

regla f (*norma*) rule; *para medir* ruler; MED period; *por general* as a rule

reglamentar regulate; **reglamentario** regulation atr; **reglamento** m regulation

regocijo m delight

regresar 1 v/i return **2** v/t Méx return, give back; **regreso** m return

regulable adjustable; **regulación** f regulation; *de temperatura* control; **regular 1** adj regular; (*común*) ordinary; (*no muy bien*) so-so **2** v/t TÉC regulate; *temperatura* control; **regularidad** f regularity

rehabilitación f rehabilitation; ARQUI restoration; **rehabilitar** ARQUI restore

rehén m hostage

rehuir shy away from

rehusar refuse, decline

reimpresión f reprinting

reina f queen; *reinado* m reign; **reinar** tb fig reign

reincidente 1 adj repeat **2** m/f repeat offender; **reincidir** fig reoffend

reino m tb fig kingdom; **el Reino Unido** the United

Kingdom

reintegrar, reintegrarse return (*a* to); **reintegro** m (*en lotería*) prize in the form of a refund of the stake money

reír, reírse laugh (*de* at)

reiterar repeat, reiterate

reivindicar claim; **~ un atentado** claim responsibility for an attack

reja f AGR plowshare, Br ploughshare; (*barrote*) bar, railing; **meter entre ~s** fig F put behind bars; **rejilla** f FERR luggage rack

rejoneador m bullfighter on horseback

rejuvenecer rejuvenate

relación f relationship; **relaciones públicas** public relations, PR sg; **relacionar** relate (*con* to), connect (*con* with); **relacionarse** be connected (*con* to), be related (*con* to); (*mezclarse*) mix

relajación f relaxation; **relajar, relajarse** relax

relámpago m flash of lightning; **viaje ~** flying visit

relampaguear: **relampagueó y tronó mucho** there was a lot of thunder and lightning

relativo relative; **~ a** regarding, about

relato m short story

relax m relaxation

relegar relegate

relevar MIL relieve; **~ a alguien de algo** relieve s.o.

of sth; **relevo** *m* MIL change; (*sustituto*) relief, replacement; **carrera de ~s** relay (race); **tomar el ~ de alguien** take over from s.o., relieve s.o.

relieve *m* relief; **poner de ~** highlight

religión *f* religion; **religiosa** *f* nun; **religiosidad** *f* religiousness; **religioso 1** *adj* religious **2** *m* monk

relinchar neigh

rellano *m* landing

rellenar fill; GASTR *pollo* stuff; *formulario* fill out, fill in; **relleno 1** *adj* GASTR stuffed; *pastel* filled **2** *m* stuffing; *en pastel* filling

reloj *m* clock; *de pulsera* watch, wristwatch; **~ de sol** sundial; **relojería** *f* watchmaker's; **relojero** *m*, *-a f* watchmaker

relucir sparkle, glitter

remachar *mesa, silla* rivet; *orden* repeat

remanente *m* remainder, surplus

remar row

rematar 1 *v/t* finish off; *L.Am.* COM auction **2** *v/i en fútbol* shoot; **remate** *m* *L.Am.* COM auction, sale; *en fútbol* shot; **ser tonto de ~** be a complete idiot

remediar remedy; **no puedo ~lo** I can't do anything about it; **remedio** *m* remedy; **sin ~** hopeless; **no hay más ~ que...** there's no alternative

but to ...

remendar *con parche* patch; (*zurcir*) darn

remero *m* rower, oarsman

remesa *f* (*envío*) shipment, consignment; *L.Am. dinero* remittance

remiendo *m* (*parche*) patch; (*zurcido*) darn

remilgado fussy, finicky; **remilgo** *m*; **tener / hacer ~s** be fussy

remisión *f* remission; **remitente** *m/f*; *en texto* reference; **remitir 1** *v/t* send, ship; *en texto* refer (**a** to) **2** *v/i* MED go into remission; *de crisis* ease (off)

remo *m* *pala* oar; *deporte* rowing

remodelar redesign, remodel

remojar soak; *L.Am.* F *acontecimiento* celebrate

remolacha *f* beet, *Br* beetroot; **~ azucarera** sugar beet

remolcador *m* tug; **remolcar** AUTO, MAR tow

remolino *m de aire* eddy; *de agua* whirlpool

remolque *m* AUTO trailer

remordimiento *m* remorse

remoto remote

remover (*agitar*) stir; *L.Am.* (*destituir*) dismiss; *C.Am.*, *Méx* (*quitar*) remove

remplazar ☞ **reemplazar**

remuneración *f* remuneration; **remunerar** pay

Renacimiento *m* Renaissance

renacuajo *m* ZO tadpole; F

persona shrimp F

renal ANAT renal, kidney *atr*

rencor *m* resentment; **guardar ~ a alguien** bear s.o. a grudge; **rencoroso** resentful

rendición *f* surrender

rendido exhausted

rendija *f* crack; *(hueco)* gap

rendimiento *m* performance; FIN yield; *(producción)* output; **rendir 1** *v/t honores* pay; *beneficio* produce, yield **2** *v/i* render; **rendirse** surrender

renegado 1 *adj* renegade *atr* **2** *m* renegade; **renegar: ~ de alguien** disown s.o.; **~ de algo** renounce sth

renglón *m* line; **a ~ seguido** immediately after

reno *m* ZO reindeer

renombrado famous, renowned; **renombre** *m*: **de ~** famous, renowned

renovación *f* renewal; **renovar** renew

renta *f* income; *de casa* rent; **rentable** profitable; **rentar** *(arrendar)* rent out; *(alquiler)* rent

renuncia *f* resignation; **renunciar: ~ a tabaco, alcohol** *etc* give up; *puesto* resign; *demanda* drop

reñir 1 *v/t* tell off **2** *v/i* quarrel, fight F

reo *m*, **-a** *f* accused

reorganizar reorganize

reparación *f* repair; *fig* reparation; **reparar 1** *v/t* repair **2** *v/i*: **~ en algo** notice sth; re-

paro *m*: **poner ~s a** find problems with; **repartir** *(dividir)* share out, divide up; *productos* deliver; **reparto** *m (división)* share-out, distribution; TEA cast; **~ a domicilio** home delivery

repasar *trabajo* go over again; EDU review, *Br* revise

repaso *m de lección* review, *Br* revision; *de últimas novedades* review; TÉC *de motor* service; **dar un ~ a alguien** tell s.o. off

repatriación *f* repatriation; **repatriarse** go home

repelente 1 *adj* fig repellent, repulsive; F *niño* horrible **2** *m* repellent; **repeler** repel

repente: de ~ suddenly; **repentino** sudden

repercusión *f* fig repercussion; **repercutir** have repercussions *(en)*

repertorio *m* TEA, MÚS repertoire

repetición *f* repetition; **repetir** repeat

repicar 1 *v/t campanas* ring; *castañuelas* click **2** *v/i* ring out; **repique** *m de campanas* ringing; *de castañuelas* clicking

repisa *f* shelf

repleto full *(de* of)

réplica *f* replica

replicar reply

repoblación *f* repopulation, restocking

repollo *m* BOT cabbage

reponer *existencias* replace;

TEA *obra* revive; **~ fuerzas** get one's strength back; **reponerse** recover (**de** from); **reportaje** *m* story, report; **reportero** *m*, **-a** *f* reporter; **~ gráfico** press photographer

reposacabezas *m inv* AUTO headrest; **reposado** calm; **reposar** rest; *de vino* settle

reposición *f* TEA revival; TV repeat

reposo *m* rest

repostar refuel

repostería *f* pastries *pl*

reprender scold, tell off

represa *f* dam; (*embalse*) reservoir

represalia *f* reprisal

representación *f* representation; TEA performance; **en ~ de** on behalf of; **representante** *m/f* representative; **presentar** represent; *obra* put on, perform; *papel* play; **~ menos años** look younger

represión *f* repression

reprimenda *f* reprimand

reprimir *tb* PSI repress

reprobable reprehensible; **reprobación** *f* condemnation; **reprobar** condemn; *L.Am.* EDU fail

reprochar reproach; **reproche** *m* reproach

reproducción *f* BIO reproduction; **reproducir** reproduce; **reproducirse** BIO reproduce, breed; **reproductor 1** *adj* breeding **2** *m* breeding animal

reptar creep

reptil *m* ZO reptile

república *f* republic; **República Dominicana** Dominican Republic; **republicano 1** *adj* republican **2** *m*, **-a** *f* republican

repudiar *fml* repudiate; *herencia* renounce

repuesto 1 *part* → **reponer 2** *m* spare part; **de ~** spare

repugnancia *f* disgust, repugnance; **repugnante** disgusting, repugnant; **repugnar** disgust, repel

repulsión *f* repulsion; **repulsivo** repulsive

reputación *f* reputation; **reputado** reputable

requemar burn

requerimiento *m* request, requirement; **requerir** require; JUR summons

requesón *m* cottage cheese

requisar *Arg*, *Chi* MIL requisition; **requisito** *m* requirement

res *f L.Am.* bull; **carne f de ~** beef; **~es** cattle *pl*

resaca *f* MAR undertow; *de beber* hangover

resaltar 1 *v/t* highlight, stress **2** *v/i* ARQUI jut out; *fig* stand out

resbaladizo slippery; *fig* tricky; **resbalar** slide; *fig* slip (up)

rescatar rescue, save; **rescate** *m de peligro* rescue; *en secuestro* ransom

rescindir cancel; *contrato* terminate

resentido resentful; **resentimiento** *m* resentment; **resentirse** get upset; *de rendimiento, calidad* suffer

reseña *f de libro etc* review

reserva 1 *f* reservation; **~ natural** nature reserve; **sin ~s** without reservation; **2** *m/f* DEP reserve; **reservado 1** *adj* reserved **2** *m* private room; **reservar** *(guardar)* set aside, put by; *billete* reserve

resfriado 1 *adj*: **estar ~** have a cold **2** *m* cold; **resfriarse** catch (a) cold

resguardar protect (*de* from); **resguardo** *m* COM counterfoil

residencia *f* residence; **~ de ancianos** *o* **para la tercera edad** retirement home; **residir** reside; **~ en** *fig* lie in; **residuo** *m* residue; **~s** waste

resignación *f actitud* resignation; **resignarse** resign o.s. (*a* to)

resina *f* resin

resistencia *f* resistance; ELEC, TÉC resistor; **resistente** *(fuerte)* strong, tough; **~ al calor** heat-resistant; **~ al fuego** fireproof; **resistir 1** *v/t* resist; *(aguantar)* hold out **2** *v/t tentación* resist; *frío, dolor etc* stand, bear; **resistirse** be reluctant (*a* to)

resolución *f determinación; de problema* solution (*de* to); JUR ruling; **resolver**

problema solve; **resolverse** decide (*a* to; *por* on)

resonancia *f* TÉC resonance; **tener ~** have an impact; **resonar** echo

resorte *m* spring

respaldar back, support; **respaldo** *m de silla* back; *fig* backing, support

respectivo respective; **respecto** *m*: **al ~** on the matter; **con ~ a** regarding

respetable respectable; **respetar** respect; **respeto** *m* respect; **respetuoso** respectful

respiración *f* breathing; **estar con ~ asistida** MED be on a respirator; **respirar** breathe; **respiro** *m fig* breather, break

resplandecer shine, gleam; **resplandor** *m* shine, gleam

responder 1 *v/t answer* **2** *v/i*: **~ a** answer, reply to; MED respond to; *descripción* fit, match; *(ser debido a)* be due to

responsabilidad *f* responsibility; **responsable 1** *adj* responsible (*de* for) **2** *m/f* person responsible (*de* for)

respuesta *f (contestación)* reply, answer; *fig* response

restablecer re-establish; **restablecerse** recover; **restablecimiento** *m* re-establishment; *de enfermo* recovery

restante remaining **2** *m/fpl*: **los / las ~s** the rest *pl*, the remainder *pl*; **restar**

1 v/t subtract; **~ importancia a** play down the importance of **2** v/i remain, be left

restaurante m restaurant

restaurar restore

restitución f restitution; **de confianza, calma** restoration; **en cargo** reinstatement; **restituir** restore; **en cargo** reinstate

resto m rest, remainder; **los ~s mortales** the (mortal) remains

restricción f restriction; **restringir** restrict, limit

resuelto 1 part ☞ **resolver 2** adj decisive, resolute

resultado m result; **sin ~** without success; **resultar** turn out; **~ caro** turn out to be expensive

resumen m summary; **en ~** in short; **resumir** summarize

resurrección f REL resurrection

retablo m altarpiece

retaguardia f MIL rearguard

retal m remnant

retama f BOT broom

retar challenge; Rpl (regañar) scold, tell off

retardar delay; **retardarse** be late

retención f MED retention; **de persona** detention; **~ fiscal** tax deduction; **retener** dinero etc withhold, deduct; persona detain

retina f ANAT retina

retirada f MIL retreat, withdrawal; **retirar** take away, re-

move; acusación, dinero withdraw; **retirarse** MIL withdraw; **retiro** m lugar retreat

reto m challenge; Rpl (regañina) scolding

retocar FOT retouch, touch up; (acabar) put the finishing touches to

retorcer twist; **retorcerse** writhe

retorno m return

retractar retract, withdraw

retransmisión f RAD, TV transmission, broadcast; **retransmitir** transmit, broadcast

retrasado 1 part ☞ **retrasar 2** adj tren, entrega late; con trabajo, pagos behind; **está ~ en clase** he's lagging behind in class; **~ mental** mentally handicapped; **retrasar 1** v/t hold up; reloj put back; reunión postpone, put back **2** v/i de reloj lose time; en los estudios be behind; **retrasarse** (atrasarse) be late; de reloj lose time; con trabajo, pagos get behind; **retraso** m delay; **ir con ~** be late

retratar FOT take a picture of; fig depict; **retrato** m picture; **~-robot** composite photo, E-Fit®

retrete m bathroom

retrovisor m AUTO rear-view mirror; **~ exterior** wing mirror

retumbar boom

reuma, reúma m MED rheumatism

reunificación f POL reunification; **reunificar** reunify, reunite

reunión f meeting; *de amigos* get-together; **reunir** *personas* bring together; *requisitos* meet; *datos* gather (together); **reunirse** meet up, get together; COM meet

revalorizar revalue

revancha f revenge

revelado m development; **revelar** FOT develop

reventa f resale

reventar 1 v/i burst; *lleno a* ~ full to bursting **2** v/t *puerta etc* break down; **reventón** m AUTO blowout

reverencia f reverence; *saludo: de hombre* bow; *de mujer* curtsy

reversible *ropa* reversible; **reverso** m reverse, back

revés m setback; *tenis* backhand; *al* ~ *o del* ~ back to front; *con el interior fuera* inside out

revestimiento m TÉC covering, coating; **revestir** TÉC cover (*de* with); ~ *gravedad* be serious

revisar check, inspect; **revisión** f check, inspection; AUTO service; **técnica** roadworthiness test, *Br* MOT (test); ~ *médica* check-up; **revisor** m, ~**a** f FERR (ticket) inspector

revista f magazine; *pasar* ~ *a* MIL inspect, review; *fig re-*view; **revistero** m magazine rack

revocar *pared* render; JUR revoke

revolución f revolution; **revolucionar** revolutionize

revolver 1 v/t GASTR stir; *estómago* turn; (*desordenar*) mess up **2** v/i rummage (*en* in)

revólver m revolver

revuelo m stir

revuelta f uprising

rey m king

rezar 1 v/t *oración* say **2** v/i pray; *de texto* say

ribera f shore, bank

ribete m trimming, edging; ~**s** *fig* elements

rico 1 *adj* rich; *comida* delicious; F *niño* cute, sweet **2** m rich man; *nuevo* ~ nouveau riche

ridículo 1 *adj* ridiculous **2** m ridicule; *hacer el* ~, *quedar en* ~ make a fool of o.s.

riego 1 *vb* ☞ *regar* **2** m AGR irrigation; ~ *sanguíneo* blood flow

riel m FERR rail; ~ *para cortinas* curtain rail

rienda f rein; *dar* ~ *suelta a* give free rein to

riesgo m risk; *correr el* ~ run the risk (*de* of); **riesgoso** *L.Am.* risky

rifa f raffle

rifle m rifle

rigidez f rigidity; *de carácter* inflexibility; *fig* strictness; **rígido** rigid; *carácter* inflexible; *fig* strict; **rigor** *m* rigor, *Br* rigour; **riguroso** rigorous, harsh

rima *f* rhyme; **rimar** rhyme

rímel *m* mascara

rincón *m* corner; **rinconera** *f* corner unit

rinoceronte *m* ZO rhinoceros, rhino

riña *f* quarrel, fight

riñón *m* ANAT kidney

riñonera *f* fanny pack, *Br* bum bag

río 1 *m* river; ~ **abajo** / **arriba** down / up river **2** *vb* ➞ **reír**

riqueza *f* wealth

risa *f* laugh; ~**s** laughter; **dar** ~ be funny; **morirse de** ~ kill o.s. laughing; **tomar algo a** ~ treat sth as a joke

risueño cheerful

ritmo *m* rhythm; **de desarrollo** rate, pace

rito *m* rite; **ritual** *m/adj* ritual

rival *m/f* rival; **rivalizar:** ~ **con** rival

rizado curly; **rizar** curl; **rizo** *m* curl

robar *persona, banco* rob; *objeto* steal; *fam* take

roble *m* BOT oak

robo *m* robbery; **en casa** burglary

robot *m* robot; ~ **de cocina** food processor

robusto robust, sturdy

roca *f* rock

rociar spray; **rocío** *m* dew

rodaballo *m* ZO turbot

rodaja *f* slice

rodaje *m* **de película** shooting,

filming; **rodar 1** *v/i* roll; **de coche** go, travel (**a** at); **sin rumbo fijo** wander **2** *v/t* **película** shoot

rodear surround; **rodeo** *m* detour; **con caballos y vaqueros** *etc* rodeo; **andarse con** ~**s** beat about the bush; **hablar sin** ~**s** not beat about the bush

rodilla *f* knee; **de** ~**s** kneeling, on one's knees; **hincarse** *o* **ponerse de** ~**s** kneel (down)

roedor *m* rodent; **roer** gnaw; *fig* eat into

rogar ask for; *(implorar)* beg for, plead for; **hacerse de** ~ play hard to get

rojo 1 *adj* red; **al** ~ **vivo** red hot **2** *m* *color* red **3** *m*, -a *f* POL red, commie *F*

rollo *m* FOT roll; *fig* F drag F; **buen** / **mal** ~ F good / bad atmosphere

románico *m/adj* Romanesque; **romano 1** *adj* Roman **2** *m*, -a *f* Roman; **romántico 1** *adj* romantic **2** *m*, -a *f* romantic

romería *f* procession

romper 1 *v/t* break; *(hacer añicos)* smash; *tela, papel* tear **2** *v/i* break; ~ **a** start to; ~ **con alguien** break up with s.o.

ron *m* rum

roncar snore

ronco hoarse; **quedarse** ~ go hoarse

ronda *f* round

ronquera *f* hoarseness

ropa *f* clothes *pl*; ~ **de cama**

bedclothes *pl*; **~ interior** underwear; **~ íntima** *L.Am.* underwear; **ropero** *m* closet, *Br* wardrobe

rosa 1 *adj* pink **2** *f* BOT rose; **rosado 1** *adj* pink; *vino rosé* **2** *m* rosé; **rosario** *m* REL rosary; *fig* string

rosbif *m* GASTR roast beef

rosca *f* TÉC thread; GASTR F *pastry similar to a donut*

rostro *m* face

rotación *f* rotation

roto 1 *part* **~ romper 2** *adj pierna etc* broken; (*hecho añicos*) smashed; *tela, papel* torn **3** *m*, **-a** *f Chi* one of the urban poor

rotonda *f* traffic circle, *Br* roundabout

rotulador *m* fiber-tip, *Br* fibre-tip, felt-tip; **rotular** *label*; **rótulo** *m* sign

rotura *f* breakage; **una ~ de cadera** MED a broken hip

rozar **1** *v/t* rub; (*tocar ligeramente*) brush; *fig* touch on **2** *v/i* rub

rubeola, rubéola *f* MED German measles *sg*

rubí *m* ruby

rubio blond; **tabaco ~** Virginia tobacco

rudo rough

rueda *f* wheel; **~ dentada** cog-

wheel; **~ de prensa** press conference; **~ de recambio** spare wheel

ruedo *m* TAUR bullring

ruego 1 *vb* **~ rogar 2** *m* request

rufián *m* rogue

ruido *m* noise; **mucho ~ y pocas nueces** all talk and no action; **ruidoso** noisy

ruina *f* ruin; **llevar a alguien a la ~** *fig* bankrupt s.o.

ruiseñor *m* ZO nightingale

ruleta *f* roulette

rulo *m* roller

Rumanía Romania; **rumano 1** *adj* Romanian **2** *m*, **-a** *f* Romanian **3** *m idioma* Romanian

rumbo *m* course; **tomar ~ a** head for; **perder el ~** *fig* lose one's way

rumor *m* rumor, *Br* rumour

ruptura *f de relaciones* breaking off; *de pareja* break-up

rural 1 *adj* rural **2** *m Rpl* station wagon, *Br* estate car; **~es** *Méx* (rural) police

Rusia Russia; **ruso 1** *adj* Russian **2** *m*, **-a** *f* Russian **3** *m idioma* Russian

rústico rustic

ruta *f* route

rutina *f* routine; **rutinario** routine *atr*

S

S.A. (= *sociedad anónima*) inc. (= incorporated), *Br* plc (= public limited company)

sábado *m* Saturday

sabana *f* savanna(h)

sábana *f* sheet; ~ *ajustable* fitted sheet

saber 1 *v/t* know (*de* about); ~ *hacer algo* know how to do sth, be able to do sth; *hacer ~ algo a alguien* let s.o. know sth; *¡qué sé yo!* who knows?; *que yo sepa* as far as I know **2** *v/i* taste (*a* of.); *me sabe mal* fig it upsets me **3** *m* knowledge, learning; *sabido* well-known

sabio 1 *adj* wise; (*sensato*) sensible **2** *m*, *-a f* wise person; (*experto*) expert

sable *m* saber, *Br* sabre

sabor *m* flavor, *Br* flavour, taste; **saborear** savor, *Br* savour; *fig* relish

sabotaje *m* sabotage; **sabotear** sabotage

sabroso tasty; *fig* juicy; *L.Am.* (*agradable*) nice

sacacorchos *m inv* corkscrew; **sacapuntas** *m inv* pencil sharpener

sacar *v/t* take out; *mancha* take out, remove; *información* get; *disco, libro* bring out; *lengua* stick out; *fotoco-*pias make; ~ *a alguien a bailar* ask s.o. to dance; ~ *algo en claro* (*entender*) make sense of sth; ~ *de paseo* take for a walk

sacarina *f* saccharin(e)

sacerdote *m* priest

saco *m* sack; *L.Am.* jacket; ~ *de dormir* sleeping bag

sacramento *m* sacrament

sacrificar sacrifice; (*matar*) slaughter; **sacrificio** *m* sacrifice; **sacrilegio** *m* sacrilege; **sacristán** *m* sexton; **sacristía** *f* vestry

sacudida *f* shake, jolt; ELEC shock; **sacudir** *tb* fig shake; *F niño* beat

sagaz shrewd, sharp

Sagitario *m/f inv* ASTR Sagitarius

sagrado sacred, holy

sal 1 *f* salt; ~ *común* cooking salt **2** *vb* ☞ *salir*

sala *f* room, hall; *de cine* screen; JUR court room; ~ *de chat* chat room; ~ *de embarque* AVIA departure lounge; ~ *de espera* waiting room; ~ *de estar* living room; ~ *de fiestas* night club; ~ *de sesiones o de juntas* boardroom

salado salted; (*con demasiada sal*) salty; (*no dulce*) savory, *Br* savoury; *fig* funny, witty; *C.Am., Chi, Rpl* F pric(e)y F

salar 1 v/t add salt to; salt; *para conservar* salt **2** m *Arg* salt mine
salario m salary
salchicha f sausage; **salchichón** m type of spiced sausage
saldar disputa settle; deuda settle, pay; géneros sell off; **saldo** m COM balance; (resultado) result; **~ acreedor** credit balance; **~ deudor** debit balance; **de ~** reduced, on sale
salero m salt cellar; fig wit
salida f exit, way out; TRANSP departure; de carrera start; **~ de emergencia** emergency exit
saliente projecting, protruding; presidente outgoing
salir leave, go out; (aparecer) appear, come out; INFOR log out o off; **~ de** (ir fuera de) leave, go out of; (venir fuera de) leave, come out of; **~ a alguien** take after s.o.; **~ a 1000 dólares** cost 1000 dollars; **~ bien / mal** turn out well / badly; **no me salió el trabajo** I didn't get the job; **~ con alguien** date s.o.; **~ perdiendo** end up losing; **salirse** de líquido overflow; (dejar) leave; **~ con la suya** get what one wants
saliva f saliva; **tragar ~** hold one's tongue
salmo m psalm
salmón m ZO salmon

salón m living room; **~ de actos** auditorium, hall; **~ de baile** dance hall; **~ de belleza** beauty salon
salpicar splash, spatter (con with); fig sprinkle, pepper
salsa f GASTR sauce; baile salsa; **en su ~** fig in one's element; **salsera** f sauce boat
saltar 1 v/i jump, leap; **~ a la vista** fig be obvious; **~ sobre** pounce on; **~ a la comba** jump rope, Br skip **2** v/t valla jump
salto m leap, jump; **~ de agua** waterfall; **~ de altura** high jump; **~ de longitud** broad jump, Br long jump; **~ mortal** somersault
salubridad f L.Am. health; **Salubridad** L.Am. Department of Health
salud f health; **¡(a tu) ~!** cheers!; **saludable** healthy; **saludar** say hello to, greet; MIL salute; **saludo** m greeting; MIL salute; **~s en carta** best wishes
salvación f REL salvation; **salvador** m REL savior, Br saviour
salvadoreño 1 adj Salvadoran(e)an **2** m, -a f Salvadoran(e)an
salvaje 1 adj wild; (bruto) brutal **2** m/f savage
salvamento m rescue; **buque de ~** lifeboat; **salvar** save; obstáculo sort out over; **salvapantallas** m inv INFOR screensaver; **salvavidas** m inv life belt

salvia *f* BOT sage

salvo 1 *adj*: **estar a ~** be safe (and sound); **ponerse a ~** reach safety **2** *adv & prp* except, save

San Saint

sanar 1 *v/t* cure **2** *v/i* de persona get well, recover; de herida heal; **sanatorio** *m* sanitarium, clinic

sanción *f* JUR penalty, sanction; **sancionar** penalize; (*multar*) fine

sandalia *f* sandal

sandía *f* watermelon

saneamiento *m* cleaning up; COM restructuring; **sanear** clean up; COM restructure

sangrar bleed; **sangre** *f* blood; **~ fría** *fig* coolness; **a ~ fría** *fig* in cold blood; **sangría** *f* GASTR sangria; **sangriento** bloody

sanidad *f* health; **sano** healthy; **~ y salvo** safe and well; **cortar por lo ~** take drastic measures

santiguarse cross o.s., make the sign of the cross

santo 1 *adj* holy **2** *m* saint; **~ y seña** F password; **¿a ~ de qué?** F what on earth for? F; **santuario** *m fig* sanctuary

sapo *m* ZO toad

saque *m* en tenis serve; **~ de banda** en fútbol throw-in; **~ de esquina** corner (kick); **tener buen ~** F have a big appetite; **saquear** sack, ransack

sarampión *m* MED measles

salvia *f* BOT sage — *(column break)*

sarcasmo *m* sarcasm; **sarcástico** sarcastic

sardina *f* sardine; **como ~s en lata** like sardines

sargento *m* sergeant

sarna *f* MED scabies *sg*

sarro *m* tartar

sartén *f* frying pan

sastre *m* tailor; **sastrería** *f* tailoring; (*taller*) tailor's shop

satélite *m* satellite; **ciudad ~** satellite town

sátira *f* satire; **satírico 1** *adj* satirical **2** *m*, **-a** *f* satirist

satisfacción *f* satisfaction; **satisfacer** satisfy; requisito, exigencia *tb* meet; deuda settle, pay off; **satisfactorio** satisfactory; **satisfecho 1** *part* ☞ **satisfacer 2** *adj* satisfied; (*lleno*) full; **darse por ~** be satisfied (**con** with)

sauce *m* BOT willow; **~ llorón** weeping willow

saúco *m* BOT elder

saudí *m/f & adj* Saudi; **saudita** *m/f* Saudi

sauna *f* sauna

sazonar GASTR season

scooter *m* motor scooter

se ◇ *complemento indirecto*: a él (to) him; a ella (to) her; a usted, ustedes (to) you; a ellos (to) them; **~ lo daré** I will give it to him / her / you / them ◇ *reflexivo*: con él himself; con ella herself; cosa itself; con usted yourself; con ustedes yourselves; con ellos themselves; **~ vistió**

he got dressed, he dressed himself; *se lavó las manos* she washed her hands; *se abrazaron* they hugged each other ◊ *oración impersonal:* ~ *cree* it is believed; ~ *habla español* Spanish spoken

sebo *m* grease, fat

secador *m:* ~ *(de pelo)* hair dryer; **secadora** *f* dryer; **secar, secarse** dry

sección *f* section

seco dry; *fig: persona* curt, brusque; *parar en* ~ stop dead

secretaria *f* secretary; ~ *de dirección* executive secretary; **secretaría** *f* secretary's office; *de organización* secretariat; **secretario** *m tb* POL secretary; **secreto 1** *adj* secret **2** *m* secret; *un* ~ *a voces* an open secret

secta *f* sect

sector *m* sector

secuela *f* MED after-effect

secuestrar *barco, avión* hijack; *persona* abduct, kidnap; **secuestro** *m de barco, avión* hijacking; *de persona* abduction, kidnapping; ~ *aéreo* hijacking

secular secular, lay

secundario secondary

sed *f tb fig* thirst; *tener* ~ be thirsty

seda *f* silk

sedante *m* sedative

sede *f de organización* headquarters; *de acontecimiento* site; ~ *social* head office

sediento thirsty; *estar* ~ *de fig* thirst for

seducción *f* seduction; *(atracción)* attraction; **seducir** seduce; *(atraer)* attract; *(cautivar)* captivate, charm; **seductor 1** *adj* seductive; *(atractivo)* attractive; *oferta* tempting **2** *m* seducer; **seductora** *f* seductress

segadora *f* reaper, harvester; **segar** reap, harvest

seguida *f: en* ~ at once, immediately; **seguido 1** *adj* consecutive, successive; *ir todo* ~ go straight on **2** *adv* L.Am. often, frequently; **seguir 1** *v/t* follow **2** *v/i* continue, carry on; *sigue enfadado conmigo* he's still angry with me

según 1 *prp* according to **2** *adv* it depends

segundo *m/adj* second

seguridad *f safety; contra crimen* security; *(certeza)* certainty; *Seguridad Social Esp* Welfare, *Br* Social Security; **seguro 1** *adj* safe; *(estable)* steady; *(cierto)* sure; *es* ~ *(cierto)* it's a certainty; ~ *de sí mismo* self-confident, sure of o.s. **2** *adv* for sure **3** *m* COM insurance; *de puerta, coche* lock; *L.Am. (imperdible)* safety pin; *poner el* ~ lock the door; *ir sobre* ~ be on the safe side

seis six

seísmo *m* earthquake

selección *f* selection; ~ *nacional* DEP national team; **seleccionar** choose, select; **selecto** select

sellar seal; **sello** *m* stamp; *fig* hallmark; ~ *discográfico* (record) label

selva *f* (*bosque*) forest; (*jungla*) jungle; ~ *tropical* tropical rain forest

semáforo *m* traffic light

semana *f* week; *Semana Santa* Holy Week, Easter; **semanal** weekly; **semanario** *m* weekly

sembradora *f* seed drill; *mujer* sower; **sembrar** sow; *fig*: *pánico etc* spread

semejante 1 *adj* similar; *jamás he oído ~ tontería* I've never heard such nonsense **2** *m* fellow human being, fellow creature

semen *m* BIO semen

semestre *m* six-month period; EDU semester

semicírculo *m* semicircle; **semicorchea** *f* MÚS sixteenth note, *Br* semiquaver; **semifinal** *f* DEP semifinal

semilla *f* seed

seminario *m* seminary

sémola *f* semolina

senado *m* senate; **senador** *m*, ~*a f* senator

sencillez *f* simplicity; **sencillo 1** *adj* simple **2** *m* L.Am. small change

senda *f* path, track; **sendero** *m* path, track

senil senile

seno *m* *tb fig* bosom; ~*s* breasts

sensación *f* feeling, sensation; *causar* ~ *fig* cause a sensation; **sensacional** sensational

sensato sensible

sensibilidad *f* feeling; (*emotividad*) sensitivity; **sensible** sensitive; (*apreciable*) appreciable, noticeable; **sensual** sensual; **sensualidad** *f* sensuality

sentado sitting, seated; *dar por* ~ *fig* take for granted, assume; **sentar 1** *v/t fig* establish, create **2** *v/i*: ~ *bien a alguien* de comida agree with s.o.; *le sienta bien esa chaqueta* that jacket suits her; **sentarse** sit down

sentencia *f* JUR sentence

sentido *m* sense; (*significado*) meaning; ~ *común* common sense; ~ *del humor* sense of humor *o Br* humour; *perder / recobrar el* ~ lose / regain consciousness

sentimental emotional; *ser* ~ be sentimental; **sentimiento** *m* feeling; *lo acompaño en el* ~ my condolences

sentir 1 *m* feeling, opinion **2** *v/t* feel; (*percibir*) sense; *lo siento* I'm sorry

seña *f* gesture, sign; ~*s* address; *hacer* ~*s* wave

señal *f* signal; *fig* sign, trace; COM deposit; *en* ~ *de* as a token of; **señalar** indicate, point out

señor 1 *m* gentleman, man; *trato* sir; *escrito* Mr; **el ~ López** Mr López; **los ~es López** Mr and Mrs López; **~ora** *f* lady, woman; *trato* ma'am, *Br* madam; *escrito* Mrs, Ms; **la ~ López** Mrs López; **mi ~** my wife; **~s y señores** ladies and gentlemen; **señorita** *f* young lady, young woman; *tratamiento* miss; *escrito* Miss; **la ~ López** Ms López, Miss López

Señor *m* Lord

separación *f* separation; **~ de bienes** JUR division of property; **separado** separated; **por ~** separately; **separar** separate; **separarse** separate, split up F; **separatismo** *m* separatism; **separatista** *m/f & adj* separatist

sepia *f* ZO cuttlefish

septiembre *m* September

séptimo seventh

sepulcro *m* tomb; **sepultar** bury; **sepultura** *f* burial; (*tumba*) tomb; **dar ~ a alguien** bury s.o.

sequía *f* drought

séquito *m* retinue, entourage

ser 1 *v/i* be; **es de Juan** it's Juan's, it belongs to Juan; **a no ~ que** unless; **¡eso es!** exactly!, that's right!; **es de esperar** it's to be hoped; **¿cuánto es?** how much is it?; **¿qué es de ti?** how's life?, how's things?; **o sea** in other words **2** *m* being

Serbia Serbia; **serbio 1** *adj*

Serb(ian) **2** *m*, **-a** *f* Serb **3** *m idioma* Serbian

serenidad *f* calmness, serenity; **sereno 1** *m*: **dormir al ~** sleep outdoors **2** *adj* calm, serene

serial *m* TV, RAD series *sg*

serie *f* series *sg*; **fuera de ~** out of this world

seriedad *f* seriousness; **serio** serious; (*responsable*) reliable; **en ~** seriously

sermón *m* sermon

seropositivo MED HIV positive

serpentina *f* streamer; **serpiente** *f* ZO snake; **~ de cascabel** rattlesnake

serrar saw; **serrín** *m* sawdust; **serrucho** *m* handsaw

servicio *m* service; **~s** restroom, *Br* toilets; **~ militar** military service; **~ de atención al cliente** customer service; **estar de ~** be on duty; **servidor** *m* INFOR server; **servidumbre** *f* (*criados*) servants *pl*; (*condición*) servitude; **servil** servile; **servilleta** *f* napkin, serviette; **servir 1** *v/t* serve **2** *v/i* be of use; **¿para qué sirve esto?** what is this (used) for?; **no ~ de nada** be no use at all; **servirse** help o.s.; *comida* help oneself to

sésamo *m* sesame

sesenta sixty

sesión *f* session; *en cine, teatro* show, performance

seso *m* ANAT brain; *fig* brains

pl, sense

seta *f* BOT mushroom; *venenosa* toadstool

setenta seventy

seto *m* hedge

seudónimo *m* pseudonym

severo severe

sexismo *m* sexism; **sexista** *m/f* & *adj* sexist; **sexo** *m* sex

sexto sixth

sexual sexual; **sexualidad** *f* sexuality

sí 1 *adv* yes **2** *pron tercera persona: singular masculino* himself; *femenino* herself; *cosa, animal* itself; *pl* themselves; *usted* yourself; *ustedes* yourselves; *por ~ solo* by himself / itself, on his / its own

si if; *~ no* if not; *como ~* as if; *por ~* in case; *me pregunto si vendrá* I wonder whether he'll come

SIDA *m* (= *síndrome de inmunidad deficiente adquirida*) Aids (= acquired immune deficiency syndrome)

sidra *f* cider

siembra *f* sowing

siempre always; *~ que* providing that, as long as; *lo de ~* the same old story; *para ~* for ever

sien *f* ANAT temple

sierra *f* saw; GEOG mountain range

siesta *f* siesta, nap; *dormir la ~* have a siesta *o* nap

siete seven

sífilis *f* MED syphilis

sifón *m* TÉC siphon

sigla *f* abbreviation, acronym

siglo *m* century; *hace~s o un ~ que no le veo fig* I haven't seen him in a long long time

significado *m* meaning; **significar** mean, signify; **significativo** meaningful, significant

signo *m* sign; *~ de admiración* exclamation mark; *~ de interrogación* question mark; *~ de puntuación* punctuation mark

siguiente 1 *adj* next, following **2** *pron* next (one)

sílaba *f* syllable

silbar whistle; **silbato** *m* whistle; **silbido** *m* whistle

silenciador *m* AUTO muffler, *Br* silencer; **silenciar** silence; **silencio** *m* silence; **silencioso** silent

silla *f* chair; *~ de montar* saddle; *~ de ruedas* wheelchair; **sillón** *m* armchair, easy chair

silueta *f* silhouette

silvestre wild

simbólico symbolic; **simbolismo** *m* symbolism; **simbolizar** symbolize; **símbolo** *m* symbol

simétrico symmetrical

similar similar

simpatía *f* warmth, friendliness; **simpático** nice, lik(e)able

simple 1 *adj* simple; *(mero)*

ordinary **2** *m* simpleton; **simplicidad** *f* simplicity; **simplificar** simplify; **simplista** simplistic

simulación *f* simulation; **simulacro** *m* (*cosa falsa*) pretense, *Br* pretence, sham; (*simulación*) simulation; **~ de incendio** fire drill; **simulador** *m* simulator; **simular** simulate

simultáneo simultaneous

sin without; **~ que** without; **~ preguntar** without asking

sinceridad *f* sincerity; **sincero** sincere

sindical union *atr*; **sindicato** *m* (*labor o Br* trade) union

sinfonía *f* MÚS symphony

singular 1 *adj* singular; *fig* outstanding, extraordinary **2** *m* GRAM singular

siniestro 1 *adj* sinister **2** *m* accident; (*catástrofe*) disaster

sino 1 *m* fate **2** *conj* but; (*salvo*) except

síntesis *f inv* synthesis; (*resumen*) summary; **sintético** synthetic

síntoma *m* symptom

sinvergüenza *m/f* swine; **¡qué ~!** (*descarado*) what a nerve!

siquiera: **ni ~** not even; **~ bebe algo** *L.Am.* at least have a drink

sirena *f* siren

sirvienta *f* maid; **sirviente** *m* servant

sistema *m* system; **~ operativo** operating system; **sis-**

temático systematic

sitiar surround, lay siege to; **sitio** *m* place; (*espacio*) room; **hacer ~** make room; **en ningún ~** nowhere; **~ web** site web; **situación** *f* situation; **situado** situated; **estar ~** be situated; **bien ~** *fig* in a good position; **situar** place, put; **situarse** be

slalom *m* slalom

sobaco *m* armpit

soberbio proud, arrogant; *fig* superb

sobornar bribe; **soborno** *m* bribe

sobra *f* surplus, excess; **hay de ~** there's more than enough; **~s** leftovers; **sobrar**: **sobra comida** there's food left over; **sobrado 1** *adj* **estar o andar ~ de algo** have plenty of sth; **no andar muy ~ de algo** not have much sth **2** *adv* easily; **te conozco ~** I know you well enough; **sobrante** remaining, left over

sobre 1 *m* envelope **2** *prp* on; **~ esto** about this; **~ las tres** about three o'clock; **~ todo** above all, especially

sobrecargar overload

sobreestimar overestimate

sobremanera exceedingly

sobremesa *f*: **de ~** afternoon *atr*

sobrenombre *m* nickname

sobresaliente outstanding, excellent

sobrevivir survive

sobrina *f* niece; **sobrino** *m* nephew

sobrio sober; *comida, decoración* simple; *(moderado)* restrained

socarrón sarcastic, snide F

social social; **socialismo** *m* socialism; **socialista** *m/f & adj* socialist

sociedad *f* society; ~ **anónima** public corporation, *Br* public limited company; ~ **de consumo** consumer society

socio *m*, **-a** *f* de club *etc* member; COM partner

sociología *f* sociology

socorrer help, assist; **socorro** *m* help, assistance; *¡~!* help!

soda *f* soda (water)

sodio *m* sodium

soez *f* crude, coarse

sofá *m* sofa; **sofá-cama** *m* sofa bed

sofisticación *f* sophistication; **sofisticado** sophisticated

sofocar suffocate; *incendio* put out

soga *f* rope

soja *f* soy, *Br* soya

sol *m* sun; **hace** ~ it's sunny; **tomar el** ~ sunbathe

solamente only

solar *m* vacant lot

solario, solárium *m* solarium

soldado *m/f* soldier

soldar weld, solder

soleado sunny

soledad *f* solitude, loneliness

solemne solemn; **solemni-**

dad *f* solemnity; **de** ~ extremely

soler: ~ **hacer algo** usually do sth; **suele venir temprano** he usually comes early; **solía visitarme** he used to visit me

solicitante *m/f* applicant; **solicitar** request; *empleo, beca* apply for; **solícito** attentive; **solicitud** *f* application, request

solidario supportive, understanding

solidez *f* solidity; *fig* strength; **sólido** solid; *fig* sound

solista *m/f* soloist

solitaria *f* ZO tapeworm; **solitario 1** *adj* solitary; *lugar* lonely **2** *m* solitaire, *Br* patience; **actuó en** ~ he acted alone

sollozar sob; **sollozo** *m* sob

sólo only, just

solo single; **estar** ~ be alone; **sentirse** ~ feel lonely; **un** ~ **día** a single day; **a solas** alone, by o.s.; **por sí** ~ by o.s.

solomillo *m* GASTR sirloin

soltar let go of; *(librar)* release, let go; *olor* give off

soltera *f* single *o* unmarried woman; **soltero 1** *adj* single, not married **2** *m* bachelor, unmarried man; **solterona** *f* desp old maid

soltura *f* fluency, ease

soluble soluble; **solución** *f* solution; **solucionar** solve

solvente solvent

sombra *f* shadow; **a la** ~ **de un árbol** in the shade of a tree;

a la ~ de fig under the protection of; **~ de ojos** eye shadow

sombrero m hat

sombrilla f sunshade, beach umbrella

sombrío fig somber, Br sombre

someter subject; **~ algo a votación** put sth to the vote

somier m bed base

somnífero m sleeping pill

somnolencia f sleepiness; **somnoliento** sleepy

son 1 m sound; **al ~ de** to the sound of 2 vb ☞ **ser**

sonar ring out; **~ a** sound like; **me suena esa voz** I know that voice

sonda f MED catheter; **~ espacial** space probe; **sondear** fig survey, poll; **sondeo** m: **~ (de opinión)** survey, (opinion) poll

sonido m sound

sonreír smile; **sonrisa** f smile

sonrojar: **~ a alguien** make s.o. blush; **sonrojarse** blush; **sonrojo** m blush

soñar dream (**con** about)

soñoliento sleepy

sopa f soup; **sopera** f soup tureen

soplar 1 v/i del viento blow 2 v/t vela blow out; polvo blow away; **~ algo a la policía** tip the police off about sth; **soplo** m: **en un ~** F in an instant; **soplón** m F informer

soportable bearable; **soportar** fig put up with, bear;

no puedo ~ a José I can't stand José; **soporte** m support, stand; **~ lógico** INFOR software; **~ físico** INFOR hardware

soprano MÚS m/f soprano

sorber sip

sorbete m sorbet; C.Am. ice cream

sorbo m sip

sordera f deafness

sordo 1 adj deaf 2 m, **-a** f deaf person; **hacerse el ~** turn a deaf ear; **sordomudo** 1 adj deaf and dumb 2 m, **-a** f deaf-mute

soroche m Pe, Bol altitude sickness

sorprendente surprising; **sorprender** surprise; **sorpresa** f surprise; **de o por ~** by surprise

sortear draw lots for; obstáculo get around; **sorteo** m (lotería) lottery, (prize) draw

sortija f ring

sosiego m calm, quiet

soso 1 adj tasteless, insipid; fig dull 2 m, **-a** f stick-in-the-mud F

sospecha f suspicion; **sospechar** 1 v/t suspect 2 v/i be suspicious; **~ de alguien** suspect someone; **sospechoso** 1 adj suspicious 2 m, **-a** f suspect

sostén m brassiere, bra; fig pillar, mainstay; **sostener** familia support; opinión hold

sota f naipes jack

sótano *m* basement

su, sus *de él* his; *de ella* her; *de cosa* its; *de usted, ustedes* your; *de ellos* their; *de uno* one's

suave soft, smooth; *sabor, licor* mild; **suavizante** *m de pelo, ropa* conditioner; **suavizar** *tb fig* soften

subasta *f* auction; *sacar a* **~** put up for auction; **subastar** auction (off)

subcontratar subcontract, outsource

súbdito *m* subject

subestimar underestimate

subida *f* rise; *subido*: *~ de tono fig* risqué, racy; **subir 1** *v/t* cuesta, escalera go up, climb; *objeto* raise, lift; *intereses, precio* raise **2** *v/i* para indicar acercamiento come up; para indicar alejamiento go up; *de precio* rise, go up; *a un tren, autobús* get on; *a un coche* get in

súbito: *de ~* suddenly, all of a sudden

subjetivo subjective

subjuntivo *m* GRAM subjunctive

sublevar 1 *v/t* incite to revolt; *fig* infuriate, get angry

sublime sublime, lofty

submarinismo *m* scuba diving; **submarino 1** *adj* underwater **2** *m* submarine

subnormal subnormal

subordinado 1 *adj* subordinate **2** *m*, *-a f* subordinate

subrayar *tb fig* underline

subsidio *m* welfare, *Br* benefit; *~ de paro o desempleo* unemployment compensation *o Br* benefit

subsistencia *f* subsistence, survival; *de pobreza, tradición* persistence; **subsistir** live, survive; *de pobreza, tradición* live on, persist

subsuelo *m* subsoil; *Rpl en edificio* basement

subterráneo 1 *adj* underground **2** *m L.Am.* subway, *Br* underground

subtítulo *m* subtitle

suburbio *m* slum area

subvención *f* subsidy

suceder happen, occur; *~ a* follow; *¿qué sucede?* what's going on?; **sucesión** *f* succession; **sucesivo** successive; *en lo ~* from now on; **suceso** *m* event; **sucesor** *m*, *-a f* successor

suciedad *f* dirt; **sucio** *tb fig* dirty

sucumbir succumb, give in

sucursal *f* COM branch

sudadera *f* sweatshirt; **sudar** sweat

Sudáfrica South Africa; **sudafricano 1** *adj* South African **2** *m*, *-a f* South African; **Sudamérica** South America; **sudamericano 1** *adj* South American **2** *m*, *-a f* South American; **sudeste** *m* southeast; **sudoeste** *m* southwest

sudor *m* sweat; **sudoroso** sweaty

Suecia Sweden; **sueco 1** *adj* Swedish **2** *m*, **-a** *f* Swede **3** *m idioma* Swedish

suegra *f* mother-in-law; **suegro** *m* father-in-law

suela *f de zapato* sole

sueldo *m* salary

suelo *m en casa* floor; *en el exterior* earth, ground; AGR soil; **estar por los ~s** F be at rock bottom F

suelto 1 *adj* loose, free; **un pendiente ~** a single earring; **andar ~** be at large **2** *m* loose change

sueño *m* (*estado de dormir*) sleep; (*fantasía, imagen mental*) dream; **tener ~** be sleepy

suero *m* MED saline solution; *sanguíneo* blood serum

suerte *f* luck; **por ~** luckily; **echar a ~s** toss for, draw lots for; **probar ~** try one's luck

suéter *m* sweater

suficiente 1 *adj* enough, sufficient **2** *m* EDU pass

sufrir 1 *v/t fig* suffer, put up with **2** *v/i* suffer (**de** *de*)

sugerencia *f* suggestion; **sugerir** suggest

suicida 1 *adj* suicidal **2** *m/f* suicide victim; **suicidarse** commit suicide; **suicidio** *m* suicide

Suiza Switzerland; **suizo 1** *adj* Swiss **2** *m*, **-a** *f* Swiss **3** *m* GASTR sugar topped bun

sujetador *m* brassiere, bra; **sujetar** hold (down), keep in place; (*sostener*) hold; **sujeto 1** *adj* secure **2** *m* individ-

ual; GRAM subject

suma *f* sum; **en ~** in short; **sumamente** extremely; **sumar 1** *v/t* add; **5 y 6 suman 11** 5 and 6 make 11 **2** *v/i* add up; **sumario 1** *m* summary; JUR indictment; **sumarse: ~ a** join

sumergir submerge

sumidero *m* drain

suministrar supply, provide; **suministro** *m* supply

sumisión *f* submission; **sumiso** submissive

sumo supreme; **con ~ cuidado** with the utmost care; **a lo ~** at the most

suntuoso sumptuous

superar *persona* beat; *límite* go beyond, exceed; *obstáculo* overcome, surmount

superávit *m* surplus

superficial superficial, shallow; **superficie** *f* surface

superfluo superfluous

superior 1 *adj* upper; *en jerarquía* superior; **ser ~ a** be superior to **2** *m* superior; **periodidad** *f* superiority

supermercado *m* supermarket

supersónico supersonic

superstición *f* superstition; **supersticioso** superstitious

suplementario supplementary; **suplemento** *m* supplement

suplente *m/f* substitute, stand-in

suplicar *cosa* plead for, beg for; *persona* beg

suplicio *m fig* torment, ordeal

suponer suppose, assume; **suposición** *f* supposition

supositorio *m* MED suppository

supremacía *f* supremacy; **supremo** supreme

supresión *f* suppression; *de impuesto, ley* abolition; *de restricción* lifting; *de servicio* withdrawal; **suprimir** suppress; *ley, impuesto* abolish; *restricción* lift; *servicio* withdraw; *puesto de trabajo* cut

supuesto 1 *part* ☞ **suponer 2** *adj* supposed, alleged; **por** ~ of course **3** *m* assumption

supurar weep, ooze

sur *m* south

surafricano ☞ **sudafricano**

suramericano ☞ **sudamericano**

surcar sail

surco *m* AGR furrow

surf(ing) *m* surfing; **surfista** *m/f* surfer

surgimiento *m* emergence; **surgir** fig emerge; *de problema* come up; *de agua* spout

surtido 1 *adj* assorted; **bien ~** COM well stocked **2** *m* assortment, range; **surtidor** *m*: ~ **de gasolina** o **de nafta** gas pump; *Br* petrol pump; **surtir 1** *v/t* supply; ~ **efecto** have the desired effect **2** *v/i* spout

susceptible touchy; **ser ~ de mejora** leave room for improvement

suscitar arouse; *polémica* generate; *escándalo* provoke

suscribir subscribe to; **suscripción** *f* subscription; **suscriptor** *m*, ~**a** *f* subscriber

suspender 1 *v/t empleado, alumno* suspend; *objeto* hang; *reunión* adjourn; *examen* fail **2** *v/i* EDU fail; **suspensión** *f* suspension; **suspenso 1** *adj alumnos* ~**s** students who have failed; **en** ~ suspended **2** *m* fail

suspicacia *f* suspicion; **suspicaz** suspicious

suspirar sigh; ~ **por algo** yearn for sth, long for sth; **suspiro** *m* sigh

sustancia *f* substance; **sustancial** substantial; **sustantivo** *m* GRAM noun

sustituir: ~ **X por Y** replace X with Y, substitute Y for X; **sustituto** *m* substitute

susto *m* fright, scare; **dar** o **pegar un** ~ **a alguien** give s.o. a fright

sustraer subtract, take away; *(robar)* steal

susurrar whisper; **susurro** *m* whisper

sutil *fig* subtle; **sutileza** *f fig* subtlety

sutura *f* MED suture

suyo, suya *de él* his; *de ella* hers; *de usted, ustedes* yours; *de ellos* theirs; **los** ~**s** his / her etc folks, his / her etc family; **salirse con la** ~**a** get one's own way

T

tabaco *m* tobacco
tábano *m* ZO horsefly
taberna *f* bar
tabique *m* partition
tabla *f* *de madera*, board, plank; PINT (*cuadro*) table; **~ de planchar** ironing board; **~ de surf** surfboard; **acabar** o **quedar en ~s** end in a tie
tablado *m* en un acto platform; *de escenario* stage
tablero *m* board, plank; *de juego* board; **~ de mandos** o **de instrumentos** AUTO dashboard; **tableta** *f*: **~ de chocolate** chocolate bar
taburete *m* stool
tacaño 1 *adj* F miserly **2** *m*, **-a** *f* F miser
tachar cross out
tácito tacit
taco *m* F (*palabra*) swear word; *L.Am.* heel; GASTR taco (*filled tortilla*)
tacón *m* de zapato heel; **zapatos de ~** high-heeled shoes
táctica *f* tactics *pl*
tacto *m* (sense of) touch; *fig* tact, discretion
tafetán *m* taffeta
tajada *f* GASTR slice; **agarrar una ~** F get drunk; **tajante** categorical
tal 1 *adj* such; **no dije ~ cosa** I said no such thing; **un ~ Lucas** someone called Lucas **2**

adv: **~ como** such as; **dejó la habitación ~ cual la encontró** she left the room just as she found it; **~ para cual** two of a kind; **~ vez** maybe, perhaps; **¿qué ~?** how's it going?; **¿que ~ la película?** what was the movie like?; **con ~ de que** + *subj* as long as
taladradora *f* drill; **taladrar** drill; **taladro** *m* drill
talar *árbol* fell, cut down
talento *m* talent
talla *f* size; (*estatura*) height; *C.Am.* F (*mentira*) lie; **dar la ~** *fig* make the grade; **tallar** carve; *piedra preciosa* cut
tallarín *m* noodle
talle *m* waist
taller *m* workshop; **~ mecánico** AUTO repair shop; **~ de reparaciones** repair shop
tallo *m* BOT stalk, stem
talón *m* ANAT heel; COM stub; **pisar los talones a alguien** be hot on s.o.'s heels; **talonario** *m*: **~ de cheques** check book, *Br* cheque book
tamaño 1 *adj*: **~ problema** such a great problem **2** *m* size
tambalearse stagger, lurch; *de coche* sway
también also, too, as well; **yo ~** me too
tambor *m* drum; *persona*

drummer
tamiz m sieve
tampoco neither; **él ~ va** he's not going either
tampón m tampon; **de tinta** ink-pad
tan so; **~... como...** as ... as ...; **~ sólo** merely
tanda f series sg, batch; (turno) shift; L.Am. (commercial) break; **~ de penaltis** DEP penalty shootout
tanque m tb MIL tank
tanto 1 pron so much; igual cantidad as much; **un ~** a little; **~s** so many pl; igual número as many; **tienes ~** you have so much; **a las -as de la noche** in the small hours **2** adv so much; igual cantidad as much; periodo as long; **~ mejor** so much the better; **no es para ~** it's not such a big deal; **estar al ~** be informed (**de** about); **por lo ~** therefore, so **3** m point; **~ por ciento** percentage
tapa f lid; **~ dura** hardback
tapacubos m inv AUTO hubcap
tapadera f lid; fig front; **tapar** cover; recipiente put the lid on
tapete m tablecloth; **poner algo sobre el ~** bring sth up for discussion
tapia f wall; **más sordo que una ~** as deaf as a post
tapicero, **-a** f upholsterer; **tapiz** m tapestry; **tapizar** upholster

tapón m top, cap; **de baño** plug; **de tráfico** traffic jam; **taponar** block; herida swab
taquigrafía f shorthand; **taquigrafiar** take down in shorthand; **taquígrafo** m, **-a** f stenographer, shorthand writer
taquilla f ticket office; TEA box-office; C.Am. (bar) small bar
taquímetro m tachometer
tara f defect; COM tare
tarántula f ZO tarantula
tardanza f delay; **tardar** take a long time; **tardamos dos horas** we were two hours overdue o late; **¡no tardes!** don't be late; **a más ~** at the latest; **¿cuánto se tarda ...?** how long does it take to ...?; **tarde 1** adv late; **~ o temprano** sooner or later **2** f hasta las 5 ó 6 afternoon; desde las 5 ó 6 evening; **¡buenas ~s!** good afternoon / evening; **por la ~** in the afternoon / evening; **de ~ en ~** from time to time; **tardío** late
tardo slow
tarea f task, job; **~s domésticas** housework
tarifa f rate; de tren fare; **~ plana** flat rate
tarima f platform; **suelo de ~** wooden floor
tarjeta f card; **~ amarilla** DEP yellow card; **~ de crédito** credit card; **~ de débito** debit card; **~ de embarque** AVIA

tarro

boarding card; **~ de sonido**
INFOR sound card; **~ de visi-
ta** (business) card; **~ gráfica**
INFOR graphics card; **~ inte-
ligente** smart card; **~ postal**
postcard; **~ roja** DEP red
card; **~ telefónica** phone-
card

tarro m jar; P (*cabeza*) head

tarta f *plana* tart; **~ hela-
da** ice-cream cake

tartamudear stutter, stam-
mer

tarugo m F blockhead F

tasa f rate; (*impuesto*) tax; **~
de desempleo** o **paro** un-
employment rate; **tasar** fix
a price for; (*valorar*) assess

tasca f P bar

tatuaje m tattoo

taurino bullfighting *atr*; **Tauro**
m/f inv ASTR Taurus; **tauro-
maquia** f bullfighting

taxi m cab, taxi; **taxista** *m/f*
cab o taxi driver

taza f cup; **del wáter** bowl

te *directo* you; *indirecto* (to)
you; *reflexivo* yourself

té m tea

tea f torch

teatral *fig* theatrical; **teatro** m
tb fig theater, *Br* theatre

tebeo m children's comic

techo m ceiling; (*tejado*) roof;
~ solar AUTO sun-roof; **los
sin ~** the homeless; **tocar ~**
fig peak

tecla f key; **teclado** m MÚS,
INFOR keyboard; **teclear**
key; **teclista** *m/f* INFOR key-
boarder; MÚS keyboard play-

er

técnica f technique; **técnico
1** *adj* technical **2** *m/f* techni-
cian; *de televisor, lavadora etc*
repairman; **tecnología** f
technology; **alta ~** hi-tech;
~ punta state-of-the-art
technology, leading-edge
technology

tedio m tedium

teja f roof tile; **a toca ~** in hard
cash; **tejado** m roof

tejano 1 *adj* Texan, of / from
Texas **2** m, **-a** f Texan; **Tejas**
Texas; **tejanos** *mpl* jeans

tejer 1 *v/t* weave; (*hacer punto*)
knit; **2** *v/i* L.Am. F plot, scheme; **tejido**
m fabric; ANAT tissue

tejón m ZO badger

tela f fabric, material; **~ de
araña** spiderweb; **poner en
~ de juicio** call into ques-
tion; **hay ~ para rato**
there's a lot to be done

telar m loom; **telaraña** f spi-
derweb

teleadicto, m **-a** f couch po-
tato F, teleaddict F

telecomedia f sitcom

telecomunicaciones *fpl* tel-
ecommunications

telediario m TV (television)
news *sg*

teledirigido remote-con-
trolled

teleférico m cable car

telefonear call, phone; **tele-
fónico** (tele)phone *atr*; **telé-
fono** m (tele)phone; **~
inalámbrico** cordless

(phone); **~ móvil** cell (phone), *Br* mobile (phone); **~ con cámara** camera phone
telefonema *m L.Am.* (phone) message
telenovela *f* soap (opera)
telescopio *m* telescope
telesilla *f* chair lift
telespectador *m*, **~a** *f* (television) viewer
telesquí *m* drag lift
teletexto *m* teletext
teletrabajo *m* teleworking; **teletrabajador** *m*, **~a** *f* teleworker
televidente *m/f* (television) viewer; **televisión** *f* television; **~ por cable** cable (television); **~ de pago** pay-per-view television; **~ vía satélite** satellite television; **~ sivo** television *atr*; **televisor** *m* TV, television (set)
telón *m* TEA curtain; **el ~ de acero** POL the Iron Curtain; **~ de fondo** *fig* backdrop, background
tema *m* subject, topic; MÚS, *de novela* theme
temblar tremble, shake; *de frío* shiver; **temblor** *m* trembling, shaking; *de frío* shivering; *L.Am.* (*terremoto*) earthquake; **~ de tierra** earth tremor; **tembloroso** trembling, shaking; *de frío* shivering
temer be afraid of; **temerse** be afraid; **~ lo peor** fear the worst
temerario rash, reckless; **te-**

meridad *f* rashness, recklessness
temeroso fearful, frightened; **temor** *m* fear
temperamento *m* temperament; **temperante** *Méx* teetotal
temperatura *f* temperature
tempestad *f* storm; **tempestuoso** *tb fig* stormy
templado warm; *clima* temperate; *fig* moderate; **templar** *ira, nervios* calm
templo *m* temple
temporada *f* season; **una ~ a** time, some time; **temporal 1** *adj* temporary **2** *m* storm; **temprano** early
tenacidad *f* tenacity; **tenaz** determined, tenacious; **tenaza** *f* pincer, claw; **~s** *pl* pincers; *para las uñas* pliers
tendedero *m* clotheshorse
tendencia *f* tendency; (*corriente*) trend; **tendencioso** tendentious
tender 1 *v/t ropa* hang out; *cable* lay; **le tendió la mano** he held out his hand to her **2** *v/i*: **~ a** tend to
tendón *m* ANAT tendon
tenebroso dark, gloomy
tenedor *m* fork
tener have; **~ 10 años** be 10 (years old); **~ un metro de ancho / largo** be one meter wide / long; **~ por** consider to be; **tengo que madrugar** I must get up early, I have to *o* I've got to get up early; **tenerse** stand up; *fig* stand

firm; *se tiene por atractivo* he thinks he's attractive

tenia f ZO tapeworm

teniente m/f MIL lieutenant

tenis m tennis; **~ de mesa** table tennis; **tenista** m/f tennis player

tenor m MÚS tenor; **a ~ de** along the lines of

tensión f tension; ELEC voltage; MED blood pressure; **tenso** tense; *cuerda* taut

tentación f temptation; **tentador** tempting; **tentar** tempt, entice

tentativa f attempt

tenue faint

teñir dye; *fig* tinge

teología f theology

teoría f theory; **en ~** in theory; **teórico 1** *adj* theoretical **2** *m*, **-a** f theorist

terapeuta m/f therapist; **terapéutico** therapeutic; **terapia** f therapy

tercer adj; **Tercer Mundo** Third World; **tercero** m/adj third; **tercio** m third

terciopelo m velvet

terco stubborn

termal thermal

termas fpl hot springs

terminación f GRAM ending; **terminal 1** m INFOR terminal **2** f AVIA terminal; **~ de autobuses** bus terminal; **terminar 1** *v/t* end, finish **2** *v/i* end, finish; *(parar)* stop; **término** m end, conclusion; *(palabra)* term; **~ municipal** municipal area; **por ~ medio**

on average; **poner ~ a algo** put an end to sth

termo m thermos® (flask)

termómetro m thermometer; **termostato** m thermostat

ternera f calf; GASTR veal; **ternero** m calf

terno m CSur suit

ternura f tenderness

terraplén m embankment; **terrateniente** m/f landowner

terraza f terrace; *(balcón)* balcony; *(café)* sidewalk *o* Br pavement café

terremoto m earthquake

terreno m land; *fig* field; **un ~** a plot *o* piece of land; **~ de juego** DEP field

terrestre *animal* land *atr*; *transporte* surface *atr*; **la atmósfera ~** the earth's atmosphere

terrible terrible, awful

territorio m territory

terrón m lump; **~ de azúcar** sugar lump

terror m terror; **terrorismo** m terrorism; **terrorista 1** *adj* terrorist *atr* **2** m/f terrorist; **~ suicida** suicide bomber

terso smooth

tertulia f TV debate, round table discussion

tesis f inv thesis

tesorería f oficio post of treasurer; *oficina* treasury; *(activo disponible)* liquid assets *pl*

testaferro m front man

testamento m JUR will

testarudo stubborn

testículo m ANAT testicle
testificar 1 v/t (*probar, mostrar*) be proof of; ~ **que** JUR testify that, give evidence that **2** v/i testify, give evidence; **testigo 1** m/f JUR witness; ~ **de cargo** witness for the prosecution; ~ **ocular** o **presencial** eye witness **2** m DEP baton
testimoniar testify; **testimonio** m testimony, evidence
teta f F boob F; ZO teat, nipple
tétanos m MED tetanus
tetera f teapot
tétrico gloomy
textil 1 adj textile atr **2** mpl: ~**es** textiles
texto m text; **textual** textual
textura f texture
tez f complexion
ti you; reflexivo yourself
tía f aunt; F (*chica*) girl, chick F
tibia f ANAT tibia
tibio tb fig lukewarm
tiburón m ZO, fig F shark
ticket m (sales) receipt
tiempo m time; (*clima*) weather; GRAM tense; ~ **real** INFOR real time; **a** ~ in time; **a un** ~, **al mismo** ~ at the same time; **antes de** ~ ahead of time, early; *celebrar* too soon; **con** ~ in good time, early; **hace buen** / **mal** ~ the weather's fine / bad
tienda f store, shop; ~ **de campaña** tent; **ir de** ~**s** go shopping

tierno soft; *carne* tender; *pan* fresh
tierra f land; *materia* soil, earth; (*patria*) native land; **la Tierra** the earth; ~ **firme** dry land, terra firma; **echar por** ~ ruin, wreck
tieso stiff, rigid
tiesto m flowerpot
tifus m MED typhus
tigre m ZO tiger; *L.Am.* puma; *L.Am.* (*leopardo*) jaguar
tijeras fpl scissors
tila f lime blossom tea
tildar: ~ **a alguien de** fig brand s.o. as
tilde f accent; **en** ~ in tilde
tilo m BOT lime (tree)
timador m, ~**a** f cheat; **timar** cheat
timbal m MÚS kettle drum
timbre m **de puerta** bell; *Méx* (postage) stamp
timidez f shyness, timidity; **tímido** shy, timid
timo m confidence trick, swindle
timón m MAR, AVIA rudder; **timonel** MAR **1** m helmsman **2** f helmswoman
tímpano m ANAT eardrum
tina f large jar; *L.Am.* (*bañera*) (bath)tub
tinerfeño of / from Tenerife
tinieblas fpl darkness
tinta f ink; **de buena** ~ fig on good authority; **medias** ~**s** fig half measures; **tinte** m dye; fig veneer, gloss
tinto: *vino* ~ red wine
tintorería f dry cleaner

tío *m* uncle; F (*tipo*) guy F; F *apelativo* pal F

tiovivo *m* carousel, merry-go-round

típico typical (*de* of); **tipo** *m* type, kind; F *persona* guy F; COM rate; **~ de cambio** exchange rate; **~ de interés** interest rate; **tener buen ~** be well built; *de mujer* have a good figure

tipografía *f* typography

tíquet, tiquete *m* L.Am. receipt

tira *f* strip; **la ~ de** F loads of F; **~ y afloja** *fig* give and take

tirada *f* TIP print run; **de una ~** in one go; **tirado** P (*barato*) dirt-cheap F; **estar ~** F (*fácil*) be a piece of cake F

tirador *m* shot, marksman; *de puerta* handle; **tiradores** *mpl* Arg suspenders; Br braces

tiranía *f* tyranny; **tiránico** tyrannical; **tiranizar** tyrannize

tirano 1 *adj* tyrannical 2 *m*, -a *f* tyrant

tirante 1 *adj* taut; *fig* tense 2 *m* strap; **~s** suspenders, Br braces; **tirantez** *f fig* tension

tirar 1 *v/t* throw; *edificio, persona* knock down; (*volcar*) knock over; *basura, dinero* throw away; TIP print; F *en examen* fail 2 *v/i* pull, attract; (*disparar*) shoot; **~ a** tend toward; **~ de algo** pull sth; **ir tirando** get by, manage; **tirarse** throw o.s.; F *tiempo* spend

tirita *f* MED Band-Aid®, Br plaster

tiritar shiver

tiro *m* shot; **~ al blanco** target practice; **al ~** CSur F right away; **de ~s largos** F dressed up F; **ni a ~s** F for love nor money

tiroides *m* ANAT thyroid (gland)

tirón *m* tug, jerk; **de un ~** at a stretch, without a break

tiroteo *m* shooting

tisana *f* herbal tea

títere *m tb fig* puppet; **no dejar ~ con cabeza** F spare no-one

titiritero *m*, -a *f* acrobat

titubear waver, hesitate

titular *m de periódico* headline; *título* *m* JUR title; *universitario* degree; JUR title; COM bond; **tener muchos ~s** be highly qualified; **a ~ de** as; **~s de crédito** credits

tiza *f* chalk

toalla *f* towel; **toallero** *m* towel rail

tobillo *m* ankle

tobogán *m* slide

tocadiscos *m inv* record player

tocado: estar ~ *fig* F be crazy

tocador *m* dressing-table

tocante: en lo ~ a... with regard to ...

tocar 1 *v/t* touch; MÚS play 2 *v/i* L.Am. *a la puerta* knock (on the door); L.Am. (*sonar la campanita*) ring the doorbell; **te toca jugar** it's your turn

tocino *m* bacon

tocólogo *m*, **-a** *f* obstetrician

todavía still, yet; **~ no ha llegado** he still hasn't come, he hasn't come yet; **~ no** not yet

todo 1 *adj* all; **~s los domingos** every Sunday; **~a la clase** the whole *o* the entire class **2** *adv* all; **estaba ~ sucio** it was all dirty; **con ~** all the same; **del ~** entirely, absolutely **3** *pron* all, everything; *pl* everybody, everyone; **ir a por -as** go all out

todoterreno *m* AUTO off-road *o* all-terrain vehicle

toldo *m* awning; *L.Am.* Indian hut

tolerable tolerable; **tolerancia** *f* tolerance; **tolerante** tolerant; **tolerar** tolerate

toma *f* FOT shot, take; **~ de conciencia** realization; **~ de corriente** outlet, *Br* socket; **~ de posesión** POL taking office; **tomar 1** *v/t* take; *bebida, comida* have; **~ la con alguien** F have it in for s.o. F; **~ el sol** sunbathe; **¡toma!** here (you are); **toma y daca** give and take **2** *v/i* *L.Am.* *(beber)* drink; **~ por la derecha** turn right, take a right

tomate *m* tomato

tomavistas *m inv* movie camera

tomillo *m* BOT thyme

tomo *m* volume, tome

tonel *m* barrel, cask; **tonelada** *f* *peso* ton; **tonelaje** *m* tonnage

tónica *f* tonic; **tónico** *m* MED tonic; **tono** *m* MÚS, MED, PINT tone

tontería *f* *fig* stupid *o* dumb F thing; **~s** nonsense; **tonto 1** *adj* silly, foolish **2** *m*, **-a** *f* fool, idiot; **hacer el ~** play the fool; **hacerse el ~** act dumb F

toparse: ~ con alguien bump into s.o., run into s.o.

tope *m* limit; *pieza* stop; *Méx* **en la calle** speed bump; **pasarlo a ~** F have a great time

tópico *m* cliché, platitude

topo *m* ZO mole

topográfico topographic(al)

toque *m*: **~ de queda** MIL, *fig* curfew; **dar los últimos ~s** put the finishing touches (**a** to)

torbellino *m* whirlwind

torcer 1 *v/t* twist; *(doblar)* bend; *(girar)* turn **2** *v/i* turn; **~ a la derecha** turn right; **torcerse** twist, bend; *fig* go wrong; **~ un pie** sprain one's ankle; **torcido** twisted, bent

tordo *m* *pájaro* thrush; *caballo* dapple-grey, *Br* dapple-grey

torear 1 *v/i* fight bulls **2** *v/t* fight; *fig* dodge, sidestep; **toreo** *m* bullfighting; **torero** *m* bullfighter

tormenta *f* storm; **tormento** *m* torture

torneo *m* competition, tournament

tornillo *m* screw; *con tuerca* bolt; **le falta un ~** F he's got a screw loose F

torniquete *m* turnstile; MED tourniquet

torno *m de alfarería* wheel; **en ~ a** around, about

toro *m* bull; **ir a los ~s** go to a bullfight

torpe clumsy; (*tonto*) dense, dim

torpedo *m* MIL torpedo

torpeza *f* clumsiness; (*necedad*) stupidity

torre *f* tower; **~ de control** AVIA control tower

torrencial torrential; **torrente** *m fig* avalanche, flood

tórrido torrid

torsión *f* twisting; TÉC torsion, torque

torta *f* cake; *plana* tart; F (*bofetada*) slap

tortilla *f* omelet; *Br* omelette; *L.Am.* tortilla

tórtola *f* ZO turtledove

tortuga *f* ZO tortoise; *marina* turtle; **a paso de ~** *fig* at a snail's pace

tortuoso *fig* tortuous

tortura *f tb fig* torture; **torturar** torture

tos *f* cough

tosco *fig* rough, coarse

toser cough

tostada *f* piece of toast; **tostador** *m* toaster; **tostar** toast; *café* roast; *al sol* tan

total 1 *adj* total; **en ~** in total **2** *m* total; **totalidad** *f* totality

tóxico toxic; **toxicómano** *m*, **-a** *f* drug addict

tozudo obstinate

traba *f* obstacle; **poner ~s**

raise objections; *sin ~s* without a hitch

trabajador 1 *adj* hard-working **2** *m*, **-a** *f* worker; **~ eventual** casual worker; **trabajar 1** *v/i* work **2** *v/t* work; *tema, músculos* work on; **trabajo** *m* work; **~ en equipo** team work; **~ a tiempo parcial** part-time work; **trabajoso** hard, laborious

trabar *amistad* strike up

tracción *f* TÉC traction; **~ delantera / trasera** front / rear-wheel drive

tractor *m* tractor

tradición *f* tradition; **tradicional** traditional

traducción *f* translation; **traducir** translate; **traductor** *m*, **-a** *f* translator

traer bring; *de periódico* carry; **~ consigo** involve, entail

traficante *m* dealer; **traficar** deal (**en** in); **tráfico** *m* traffic; **~ de drogas** drug traffic; **en pequeña escala** drug dealing

tragaluz *m* skylight; **tragaperras** *f inv* slot machine

tragar swallow; *no lo trago* I can't stand him

tragedia *f* tragedy; **trágico** tragic

trago *m* mouthful; F *bebida* drink; *de un ~* in one gulp; *pasar un mal ~* *fig* have a hard time

traición *f* treachery, betrayal; **traicionar** betray; **traidor 1** *adj* treacherous **2** *m*, **-a** *f* traitor

traje 1 *m* suit; **~ de baño** swimsuit **2** *vb* ☞ **traer**

trajín *m* hustle and bustle

trama *f* (*tema*) plot; **tramar** *complot* hatch

tramitación *f* processing; **tramitar** *documento*: *de persona* apply for; *de banco etc* process; **trámite** *m* formality

trampa *f* trap; (*truco*) scam F, trick; **hacer ~s** cheat

trampolín *m* diving board

tramposo *m*, **-a** *f* cheat, crook

trance *m* (*momento difícil*) tough time; **en ~ de médium** in a trance

tranquilidad *f* calm, quietness; **tranquilizar: ~ a alguien** calm s.o. down; **tranquilo** calm, quiet; **¡~!** don't worry; **déjame ~** leave me alone; **quedarse tan ~** not bat an eyelid

transacción *f* COM deal, transaction

transatlántico 1 *adj* transatlantic **2** *m* liner

transbordador *m* ferry; **~ espacial** space shuttle; **transbordo** *m*: **hacer ~** TRANSP transfer, change

transcripción *f* transcription

transcurrir *de tiempo* pass, go by; **transcurso** *m* course; *de tiempo* passing

transeúnte *m/f* passer-by

transferencia *f* COM transfer; **transferible** transferable; **transferir** transfer

transformación *f* transfor-

mation; **transformador** *m* ELEC transformer; **transformar** transform

transfusión *f*: **~ de sangre** blood transfusion

transgénico genetically modified, GM

transgredir infringe; **transgresión** *f* infringement, transgression

transición *f* transition

transigente accommodating; **transigir** compromise, make concessions

transistor *m* transistor

transitable passable; **transitar** *de persona* walk; *de vehículo* travel (**por** along)

transitivo GRAM transitive

tránsito *m* COM transit; *L.Am.* (*circulación*) traffic

transmisión *f* transmission; **~ de datos** data transmission; **enfermedad de ~ sexual** sexually transmitted disease; **transmitir** spread; RAD, TV broadcast, transmit

transparencia *f para proyectar* transparency, slide; **transparente** transparent

transpirar perspire

transportar transport; **transporte** *m* transport; **transportista** *m/f* haulage contractor

transversal transverse, cross atr

tranvía *m* streetcar, *Br* tram

trapecio *m* trapeze

trapo *m viejo* rag; *para limpiar* cloth; **~s** F clothes

tráquea f ANAT windpipe, trachea

tras *en el espacio* behind; *en el tiempo* after

trascendental, trascendente momentous; *en filosofía* transcendental

trasero 1 adj rear atr, back atr **2** m F butt F

trasfondo m background; fig undercurrent

trasladar move; *trabajador* transfer; **trasladarse** move (**a** to); **se traslada** Méx: *en negocio* under new management; **traslado** m move; *de trabajador* transfer; **~ al aeropuerto** airport transfer

traslucirse be visible; fig be evident, show

trasnochador m night owl; **trasnochar** (*acostarse tarde*) go to bed late, stay up late; (*no dormir*) stay up all night; *L.Am.* (*pernoctar*) stay the night

traspapelar mislay

traspasar (*atravesar*) go through; COM transfer; **traspaso** m COM transfer

trasplantar AGR, MED transplant; **trasplante** m AGR, MED transplant

trastero m lumber room; **trasto** m *desp* piece of junk; *persona* good-for-nothing

trastornar upset; (*molestar*) inconvenience; **trastorno** m inconvenience; MED disorder

trata f trade

tratado m esp POL treaty

tratamiento m treatment; **~ de datos / textos** data / word processing; **tratar 1** v/t treat; (*manejar*) handle; (*dirigirse a*) address (**de** as); *gente* come into contact with; *tema* deal with **2** v/t: **~ con alguien** deal with s.o.; **~ de** (*intentar*) try to; **tratarse**: **¿de qué se trata?** what's it about?; **trato** m treatment; COM deal; **malos ~s** abuse,; **tener ~ con alguien** have dealings with s.o.; **¡~ hecho!** it's a deal; **tratante** m/f dealer, trader

trauma m trauma; **traumatismo** m MED trauma, injury; **traumático** traumatic

través m: **a ~ de** through; **travesaño** m *en fútbol* crossbar; **travesía** f crossing

travesti m transvestite

travesura f bit of mischief, prank; **travieso** *niño* mischievous

trayecto m journey; **10 dólares por ~** 10 dollars each way; **trayectoria** f fig course, path

trazado m *acción* drawing; (*diseño*) plan, design; *de camino* route; **trazar** (*dibujar*) draw; *ruta* plot, trace; (*describir*) outline, describe; **trazo** m line

trébol m BOT clover

trece thirteen

trecho m stretch, distance

tregua f truce, cease-fire; **sin**

~ relentlessly

treinta thirty

tremendo awful, dreadful; *éxito, alegría* tremendous

tren m FERR train; ~ **de lavado** car wash; **vivir a todo** ~ **F** live in style; **estar como un** ~ **F** be absolutely gorgeous

trenza f braid, Br plait; trenzar plait; *pelo* braid, Br plait

trepar climb (**a** up), scale (**a** sth)

trepidar vibrate, shake

tres three

tresillo m living-room suite, Br three-piece suite

triangular triangular; **triángulo** m triangle

tribu f tribe

tribuna f grandstand

tribunal m court

tributario 1 adj COM tax atr **2** m tributary; **tributo** m tribute; *(impuesto)* tax

triciclo m tricycle

tricolor tricolor, Br tricolour

trigo m wheat

trilladora f thresher; **trillar** AGR thresh

trimestral quarterly; **trimestre** m quarter; *escolar* semester, Br term

trinchar GASTR carve

trinchera f MIL trench

trineo m sled, sleigh

trinidad f REL trinity

tripa f belly F, gut F

triple m triple; *el* ~ *que el año pasado* three times as much as last year

trípode m tripod

tripulación f AVIA, MAR crew; **tripular** crew, man

triste sad; **tristeza** f sadness

triturar grind

triunfador 1 adj winning **2** m, ~**a** f winner, victor; **triunfar** triumph, win; **triunfo** m triumph, victory; *en naipes* trump

trivial trivial; **trivialidad** f triviality

trofeo m trophy

trombón m MÚS trombone

tromba 1 adj F wasted F **2** f MÚS horn; ZO trunk

trompeta f MÚS trumpet; **trompetista** m/f MÚS trumpeter

trompo m spinning top

tronar thunder

tronco m trunk; *cortado* log; **dormir como un** ~ sleep like a log

trono m throne

tropa f MIL ordinary soldier; ~**s** troops

tropezar trip, stumble

tropical tropical; **trópico** m tropic

tropiezo m fig setback

trote m trot

trozo m piece

trucha f ZO trout

truco m trick; **coger el** ~ **a algo** F get the hang of sth F

trueno m thunder

trueque m barter

trufa f BOT truffle

tu, tus your

tú you

tuberculosis f MED tuberculosis, TB

tubería f pipe; **tubo** m tube; **~ de escape** AUTO exhaust (pipe); **por un ~** F an enormous amount

tuerca f TÉC nut

tuétano m: **hasta los ~s** fig through and through

tulipán m BOT tulip

tumba f tomb, grave

tumbar knock down; **tumbona** f (sun) lounger

tumor m MED tumor, Br tumour

tumulto m uproar; **tumultuoso** uproarious

tuna f Méx fruta prickly pear

tunecino 1 adj Tunisian 2 m, -a f Tunisian

túnel m tunnel; **~ de lavado** car wash

Túnez país Tunisia; ciudad Tunis

turbar (emocionar) upset; paz disturb; (avergonzar) embarrass

turbina f turbine

turbio cloudy, murky; fig shady, murky

turbulencia f turbulence; **turbulento** turbulent

turco 1 adj Turkish 2 m, -a f Turk 3 m idioma Turkish

turismo m tourism; automóvil sedan, Br saloon (car); **turista** m/f tourist

turnarse take it in turns; **turno** m turn; **~ de noche** night shift; **por ~s** in turns

turquesa f turquoise; **azul ~** turquoise

Turquía Turkey

turrón m nougat

tutear address as 'tu'

tutela f autoridad guardianship; cargo tutorship

tutor m, **~a** f EDU tutor

tuyo, tuya yours; **los tuyos** your folks, your family

U

u (instead of **o** before words starting with o) or

ubicación f L.Am. location; (localización) finding; **ubicado** located, situated; **ubicar** place, put; (localizar) locate

ubre f udder

Ud. ☞ **usted**

Uds. ☞ **ustedes**

úlcera f MED ulcer

ulterior subsequent

últimamente lately; **ultimar** finalize; L.Am. (rematar) finish off; **último** last; (más reciente) latest; piso top atr; **-as noticias** latest news sg; **por ~** finally

ultraje m outrage; (insulto) insult

ultramar m: **de ~** overseas, foreign

ultrasonido m ultrasound

ulular de viento howl; de búho

hoot

umbral *m fig* threshold

un, una *a; (antes de vocal y h muda* an; **~os coches / pájaros** some cars / birds; **~os cuantos** a few, some; **-as mil pesetas** about a thousand pesetas

unánime unanimous

ungüento *m* ointment

únicamente only; **único** only; *(sin par)* unique; **hijo ~** only child; **lo ~ que...** the only thing that ...

unidad *f* MIL, MAT unit; *(cohesión)* unity; **~ de cuidados intensivos, ~ de vigilancia intensiva** MED intensive care unit; **~ de disco** INFOR disk drive; **unido** united; *familia* close-knit; **unificar** unify

uniformar standardize; **uniforme 1** *adj* uniform; *superficie* even **2** *m* uniform

unión *f* union; **Unión Europea** European Union

unir join; *personas* unite (**con** with); *características* combine (**con** with); *ciudades* link; **unirse** join together; **~ a** join

universal universal

universidad *f* university; **~ a distancia** university correspondence school; *Br* Open University; **universitario 1** *adj* university *atr* **2** *m*, **-a** *f (estudiante)* university student

universo *m* universe

uno 1 *pron* one; **es la -a** it's one o'clock; **me lo dijo ~**

someone *o* somebody told me; **~ a ~, ~ por ~, de ~ en ~** one by one **2** *m* one; **el ~ de enero** January first, the first of January

untar spread

uña *f* ANAT nail; ZO claw; **ser ~ y carne** *personas* be extremely close

uranio *m* uranium

urbanismo *m* city planning, *Br* town planning; **urbanización** *f (urban)* development; *(colonia)* housing development, *Br* housing estate; **urbanizar** *terreno* develop; **urbano** urban; *(cortés)* courteous; **guardia ~** local police officer

urgencia *f* urgency; *(prisa)* haste; MED emergency; **~s** emergency room, *Br* casualty; **urgente** urgent

urinario *m* urinal

urna *f* urn; **~ electoral** ballot box

urólogo *m* MED urologist

urraca *f* ZO magpie

Uruguay Uruguay; **uruguayo 1** *adj* Uruguayan **2** *m*, **-a** *f* Uruguayan

usanza *f* usage, custom; **usado** *(gastado)* worn; *(de segunda mano)* second hand; **usar 1** *v/t* use; *ropa, gafas* wear **2** *v/i: ~ listo para ~* ready to use; **uso** *m* use; *(costumbre)* custom; **en buen ~** still in use

usted you; **~es** you; **de ~ / ~es** your; **es de ~ / ~es**

it's yours

usual common, usual

usuario *m*, **-a** *f* user; **~ final** end user

usura *f* usury

utensilio *m* tool; *de cocina* utensil; **~s** equipment; **~s de pesca** fishing tackle

útero *m* ANAT uterus

útil 1 *adj* useful **2** *m* tool; **~es de pesca** fishing tackle; **uti-**

lidad *f* usefulness; **utilitario 1** *adj* functional, utilitarian **2** *m* AUTO compact; **utilizar** use

utopía *f* utopia; **utópico** utopian

uva *f* BOT grape; **estar de mala ~** F be in a foul mood; **tener mala ~** F be a nasty piece of work F

úvula *f* ANAT uvula

V

vaca *f* cow; GASTR beef; **~ marina** manatee, sea cow

vacaciones *fpl* vacation, *Br* holiday; **de ~** on vacation, *Br* on holiday

vacante 1 *adj* vacant, empty **2** *f* job opening, position, *Br tb* vacancy; **cubrir una ~** fill a position; **vaciar** empty

vacío 1 *adj* empty **2** *m* FÍS vacuum; *fig espacio* void; **~ de poder** power vacuum; **~ legal** loophole; **dejar un ~** *fig* leave a gap; **envasado al ~** vacuum-packed; **hacer el ~ a alguien** *fig* ostracize s.o.

vacuna *f* vaccine; **vacunación** *f* vaccination; **vacunar** vaccinate

vacuno bovine; **ganado ~** cattle *pl*

vado *m* ford; *en la calle* entrance ramp

vagabundo 1 *adj perro* stray **2** *m*, **-a** *f* hobo, *Br* tramp; **va-**

gar wander

vagina *f* ANAT vagina

vago (*holgazán*) lazy; (*indefinido*) vague; **hacer el ~** laze around

vagón *m de carga* wagon; *de pasajeros* car, *Br* coach; **~ restaurante** dining car, *Br tb* restaurant car

vaho *m* (*aliento*) breath; (*vapor*) steam

vaina *f* BOT pod; *S.Am.* F (*molestia*) drag F

vainilla *f* vanilla

vaivén *m* to-and-fro; **vaivenes** *fig* ups and downs

vajilla *f* dishes *pl*; *juego* dinner service, set of dishes

vale *m* voucher, coupon; **~ de regalo** gift certificate, *Br* gift token; **valer 1** *v/t* be worth; (*costar*) cost **2** *v/i de billete, carné* be valid; (*estar permitido*) be allowed; (*tener valor*) be worth; (*servir*) be of use; **no ~ para algo** be no good at sth; **vale más caro** it's more expensive; **más vale...** it's better to ...; **más te vale...** you'd better ...; **¡vale!** okay, sure; **valerse** manage (by o.s.); **~ de** make use of

validez f validity; **válido** valid

valiente brave; *irónico* fine

valija f (*maleta*) bag, suitcase, *Br* tb case

valioso valuable

valla f fence; DEP, *fig* hurdle; **~ publicitaria** billboard, *Br* hoarding; **carrera de ~s** DEP hurdles; **vallar** fence in

valle m valley

valor m value; (*valentía*) courage; **~ añadido**, L.Am. **~ agregado** added value; **objetos de ~** valuables; **~es** COM securities; **valorar** value (**en** at)

vals m waltz

válvula f ANAT, ELEC valve; **~ de escape** *fig* safety valve

vampiresa f vamp, femme fatale; **vampiro** m *fig* vampire

vanagloriarse boast (**de** about), brag (**de** about)

vandálico destructive; **vandalismo** m vandalism; **vándalo** m, -a f vandal

vanguardia f MIL vanguard; **de ~** *fig* avant-garde

vanidad f vanity; **vanidoso** conceited, vain; **vano** futile, vain; **en ~** in vain

vapor m vapor, *Br* vapour *de agua* steam; **cocinar al ~**

steam; **vaporizador** m spray, vaporizer **vaporizar** vaporize

vaquero 1 *adj tela* denim; **pantalones ~s** jeans **2** m cowboy, cowhand; **~(s)** *pantalones* jeans

vara f stick; TÉC rod; (*bastón de mando*) staff

variable variable; *tiempo* changeable; **variación** f variation; **variado** varied; **variante** f variant; **variar** vary; **para ~** for a change

varicela f MED chickenpox

variedad f variety; **~es** vaudeville, *Br* variety

vario varied; **variopinto** varied, diverse; **varios** several, various

varón m man, male; **varonil** manly, virile

vasija f container, vessel; **vaso** m glass; ANAT vessel

vástago m BOT shoot; TÉC rod

vasto vast

vatio m ELEC watt

Vd. ☞ **usted**

Vds. ☞ **ustedes**

vecinal neighborhood *atr*, *Br* neighbourhood *atr*; **vecindad** f *Méx* poor area; **vecindario** m neighborhood, *Br* neighbourhood; **vecino 1** *adj* neighboring, *Br* neighbouring **2** m, -a f neighbor, *Br* neighbour

veda f *en caza* closed season; **vedar** ban, prohibit

vega f plain

vegetación f vegetation; **vegetal 1** adj vegetable, plant atr **2** m vegetable; **vegetar** fig vegetate; **vegetariano 1** adj vegetarian **2** m, **-a** f vegetarian

vehemencia f vehemence; **vehemente** vehement

vehículo m tb fig vehicle; MED carrier

veinte m/adj twenty

vejación f humiliation

vejez f old age

vejiga f ANAT bladder

vela f para alumbrar candle; DEP sailing; de barco sail; **a toda ~** F flat out F; **pasar la noche en ~** stay up all night; **velada** f evening; velar: **~ por algo** look after sth; **velero** m MAR sailing ship

veleta 1 f weathervane **2** m/f fig weathercock

vello m (body) hair

velo m veil

velocidad f speed; (marcha) gear; **velocímetro** m speedometer; **velocista** m/f DEP sprinter

velódromo m velodrome

veloz fast, speedy

vena f ANAT vein; **estar en ~** F be on form

venado m ZO deer

vencedor 1 adj winning **2** m, **-a** f winner; **vencer 1** v/t defeat; fig (superar) overcome **2** v/i win; COM de plazo etc expire; **vencimiento** m expiration, Br expiry; de bono

maturity

venda f bandage; **vendaje** m MED dressing; **vendar** MED bandage, dress; **~ los ojos a alguien** blindfold s.o.

vendedor m, **~a** f seller; **vender** sell; fig (traicionar) betray; **se vende** for sale

vendimia f grape harvest

veneno m poison; **venenoso** poisonous

venerar venerate, worship

venezolano 1 adj Venezuelan **2** m, **-a** f Venezuelan; **Venezuela** Venezuela

venganza f vengeance, revenge; **vengarse** take revenge (**de** on; **por** for); **vengativo** vengeful

venidero future

venir come; **~ bien** be convenient; **~ mal** be inconvenient; **viene a ser lo mismo** it comes down to the same thing; **el año que viene** next year; **¡venga!** come on; **¿a qué viene eso?** why do you say that?

venta f sale; **~ por correo** o **por catálogo** mail order; **~ al detalle** o **al por menor** retail; **en ~** for sale

ventaja f advantage; DEP en carrera, partido lead; **ventajoso** advantageous

ventana f window; **~ de la nariz** nostril; **ventanilla** f AVIA, AUTO, FERR window; MAR porthole

ventilación f ventilation; **ventilador** m fan; **ventilar**

air; *fig: problema* talk over
ventoso windy

ver 1 *v/t* see; *televisión* watch; JUR *pleito* hear; *L.Am.* (*mirar*) look at; **está por ~** it remains to be seen; **no puede verla** *fig* he can't stand the sight of her; **no tiene nada que ~ con** it doesn't have anything to do with; **¡a ~!** let's see; **¡hay que ~!** would you believe it!; **ya veremos** we'll see it! **2** *v/i L.Am.* (*mirar*) look

veraneante *m/f* vacationer, *Br* holidaymaker; **veranear** spend the summer vacation *o Br* holidays; **ir de ~** go on one's summer vacation *o Br* holidays; **veraneo** *m* summer vacation *o Br* holidays; **verano** *m* summer

veras *f: de ~* really, truly

verbal GRAM verbal

verbena *f* (*fiesta*) party

verbo *m* GRAM verb

verdad *f* truth; **a decir ~** to tell the truth; **de ~** real, proper; **no te gusta, ¿~?** you don't like it, do you?; **vas a venir, ¿~?** you're coming, aren't you?; **es ~** it's true, it's the truth; **verdadero** *m* (*cierto*) real

verde 1 *adj* green; *fruta* unripe; F *chiste* blue; **viejo ~** dirty old man; **poner ~ a alguien** F criticize s.o. **2** *m* green; **los ~s** POL the Greens

verdugo *m* executioner

verdura *f:* **~(s)** (*hortalizas*) greens *pl*, (green) vegetables *pl*

vereda *f S.Am.* sidewalk, *Br* pavement

veredicto *m* JUR, *fig* verdict

vergonzoso disgraceful, shameful; (*tímido*) shy; **vergüenza** *f* shame; (*escándalo*) disgrace; **me da ~** I'm embarrassed

verídico true

verificación *f* verification; **verificar** verify

verja *f* railing; (*puerta*) iron gate

vermú, vermut *m* vermouth

verruga *f* wart

versado well-versed (**en** in)

versátil fickle; *artista* versatile

versión *f* version; **en ~ original** *película* original language version

verso *m* verse

vértebra *f* ANAT vertebra

vertedero *m* dump, tip; **verter** dump; (*derramar*) spill; *fig: opinión* voice

vertical vertical

vertiente *f L.Am.* (*cuesta*) slope; (*lado*) side

vertiginoso dizzy; (*rápido*) frantic; **vértigo** *m* MED vertigo; **darle a alguien ~** make s.o. dizzy

vesícula *f* blister; **~ biliar** ANAT gall-bladder

vestíbulo *m de casa* hall; *de edificio público* lobby

vestido *m* dress; *L.Am. de hombre* suit

vestigio *m* vestige, trace

vestir 1 *v/t* dress; (*llevar puesto*) wear **2** *v/i* dress; **~ de negro** wear black, dress in black; **vestirse** get dressed; (*disfrazarse*) dress up; **~ de algo** wear sth

veterano 1 *adj* veteran; (*experimentado*) experienced **2** *m*, **-a** *f* veteran

veterinario 1 *adj* veterinary **2** *m*, **-a** *f* veterinarian, vet

vez *f* time; **a la ~** at the same time; **a su ~** for his / her part; **de ~ en cuando** from time to time; **en ~ de** instead of; **érase una ~** once upon a time, there was; **otra ~** again; **tal ~** perhaps, maybe; **una ~** once; **a veces** sometimes; **muchas veces** (*con frecuencia*) often; **hacer las veces de** de objeto serve as; *de persona* act as

vía 1 *f* FERR track; **~ estrecha** FERR narrow gauge; **darle ~ libre a alguien** give s.o. a free hand; **por ~ aérea** by air; **en ~s de** fig in the process of **2** *prp* via

viable viable, feasible

viaducto *m* viaduct

viajante *m/f* sales rep; **viajar** travel; **viaje** *m* trip, journey; **sus ~s por...** his travels in ...; **~ organizado** package tour; **~ de ida** outward journey; **~ de ida y vuelta** round trip; **~ de novios** honeymoon; **~ de vuelta** return journey; **viajero** *m*, **-a** *f* traveler, *Br* traveller

viario road *atr*; **educación -a** instruction in road safety

víbora *f tb fig* viper

vibración *f* vibration; **vibrar** vibrate

vicepresidente *m*, **-a** *f* POL vice-president; COM vice-president, *Br* deputy chairman

viceversa: y ~ and vice versa

vicio *m* vice; **pasarlo de ~** F have a great time; F; **vicioso** vicious; (*corrompido*) depraved

víctima *f* victim

victoria *f* victory; **cantar ~** claim victory; **victorioso** victorious

vid *f* vine

vida *f* life; **de por ~** for life; **en mi ~** never (in my life); **ganarse la ~** earn a living; **~ mía** my love

vidente *m/f* seer, clairvoyant

vídeo *m* video; **videocámara** *f* video camera; **videocas(s)et(t)e** *m* video cassette; **videoteca** *f* video library; **videoteléfono** *m* videophone

vidriera *f L.Am.* store o *Br* shop window; **vidriero** *m*, **-a** *f* glazier; **vidrio** *m* L.Am. glass; (*ventana*) window

viejo 1 *adj* old **2** *m* old man; **mis ~s** F my folks F

viento *m* wind; **hacer ~** be windy; **proclamar a los cuatro ~s** fig shout from the rooftops

vientre *m* belly

viernes *m inv* Friday; *Viernes Santo* Good Friday

viga *f* beam, girder

vigente *legislación* in force

vigilancia *f* watchfulness, vigilance; **vigilante 1** *adj* watchful, vigilant **2** *m* L.Am. policeman; **~ nocturno** night watchman; **~ jurado** security guard; **vigilar 1** *v/i* keep watch **2** *v/t* watch; *a un preso* guard

vigor *m* vigor, *Br* vigour; **en ~** in force; **vigoroso** vigorous

vil vile, despicable

villa *f* town

villancico *m* Christmas carol

vilo: **en ~** in the air; *fig* in suspense

vinagre *m* vinegar; **vinagrera** *f* vinegar bottle; *S.Am.* (*indigestión*) indigestion; **~s** cruet

vínculo *m* link; *fig* (*relación*) tie, bond

vino 1 *m* wine; **~ blanco** white wine; **~ de mesa** table wine; **~ tinto** red wine **2** *vb* ☞ **venir**

viña *f* vineyard; **viñedo** *m* vineyard

viola *f* MÚS viola

violación *f* rape; *de derechos* violation; **violar** rape

violencia *f* violence; **violento** violent; (*embarazoso*) embarrassing; *persona* embarrassed

violeta 1 *f* BOT violet **2** *m/adj* violet

violín *m* violin; **violinista** *m/f* violinist; **violonc(h)elo** *m* cello

viraje *m* MAR tack; AVIA bank; AUTO swerve; *fig* change of direction; **virar** MAR, AVIA turn

virgen 1 *adj* virgin; *cinta* blank; *lana ~* pure new wool **2** *f* virgin

Virgo *m/f inv* ASTR Virgo

viril virile, manly; **virilidad** *f* virility, manliness; *edad* manhood

virtud *f* virtue; **en ~ de** by virtue of; **virtuoso 1** *adj* virtuous **2** *m*, **-a** *f* virtuoso

viruela *f* MED smallpox

virulento MED, *fig* virulent

virus *m inv* MED virus; **~ informático** computer virus

visa *f* L.Am. visa; **visado** *m* visa

vísceras *fpl* guts, entrails

visera *f de gorra* peak; *de casco* visor

visibilidad *f* visibility; **visible** visible; *fig* obvious

visillo *m* sheer, *Br* net curtain

visión *f* vision, sight; *fig* vision; (*opinión*) view; **tener ~ de futuro** be forward looking

visita *f* visit; **~ a domicilio** house call; **~ guiada** guided tour; **visitante 1** *adj* visiting; DEP away **2** *m/f* visitor; **visitar** visit

visón *m* ZO mink

visor *m* FOT viewfinder; *en arma de fuego* sight

víspera *f* eve; **en ~s de** on the eve of

vista f (eye)sight; JUR hearing; **~ cansada** MED tired eyes; **a la ~** COM at sight; **a primera ~** at first sight; **con ~ a** with a view to; **en ~ de** in view of; **hasta la ~** bye!, see you!; **tener ~ para algo** fig have a good eye for sth; **volver la ~ atrás** tb fig look back; **vistazo** m look; **echar un ~ a** take a (quick) look at

visto 1 part → **ver 2** adj: **está bien** it's the done thing; **está mal** it's not the done thing; **está ~ que** it's obvious that; **por lo ~** apparently **3** m check(mark), Br tick; **dar el ~ bueno** give one's approval; **vistoso** eye-catching

vital vital; persona lively; **vitalidad** f vitality, liveliness

vitamina f vitamin

viticultor m, **~a** f wine grower; **viticultura** f wine-growing

vitrina f display cabinet; L.Am. shop window

viuda f widow; **viudo 1** adj widowed **2** m widower; **quedarse ~** be widowed

vivaz bright, sharp

vivencia f experience

víveres mpl provisions

vivienda f housing; (casa) house

vivir 1 v/t live through, experience **2** v/i live; **~ de algo** live on sth; **vivo** alive; color bright; ritmo lively; fig F sharp, smart

Vizcaya Biscay; **Golfo de ~**

Bay of Biscay

vocablo m word; **vocabulario** m vocabulary

vocación f vocation

vocal 1 m/f member **2** f vowel

vocero m, **-a** f esp L.Am. spokesperson

volante 1 adj flying **2** m AUTO steering wheel; de vestido flounce; (slip) **volar 1** v/i fly; fig vanish **2** v/t fly; edificio blow up

volcán m volcano; **volcánico** volcanic

volcar 1) v/t knock over; (vaciar) empty; barco, coche overturn **2** v/i de coche, barco overturn

voleibol m volleyball

voltaje m ELEC voltage; **voltio** m ELEC volt

volumen m volume; **voluminoso** bulky; vientre ample; historial lengthy

voluntad f will; **buena / mala ~** good / ill will; **voluntario 1** adj volunteer **2** m, **-a** f volunteer

voluptuoso voluptuous

volver 1 v/t página, mirada etc turn (**a** to; **hacia** toward); **~ loco** drive crazy **2** v/i return; **~ a hacer algo** do sth again; **volverse** turn around; **~ loco** go crazy

vomitar 1 v/t throw up; lava hurl, throw out **2** v/i throw up, be sick; **tengo ganas de ~** I feel nauseous, Br I feel sick; **vómito** m vomit

voraz voracious; incendio

fierce

vos *sg Rpl, C.Am., Ven* you
vosotros, vosotras *pl* you
votar vote; **voto** *m* vote; **~ en blanco** spoiled ballot paper
voz *f* voice; *fig* rumor; *Br* rumour; *a media ~* in a hushed voice; *a ~ en grito* at the top of one's voice; *en ~ alta* aloud; *en ~ baja* in a low voice; *correr la ~* spread the word; *no tener ~ ni voto* *fig* not have a say; *~ en off* voice-over

vuelo 1 *vb* *volar* **2** *m* flight; *~ chárter* charter flight; *~ nacional* domestic flight; *al ~ coger, cazar* in mid-air;

vuelta *f* return; *en carrera* lap; *~ de carnero* *L.Am.* half-somersault; *~ al mundo* round-the-world trip; *a la ~* on the way back; *a la ~ de la esquina* *fig* just around the corner; *dar la ~ llave etc* turn; *dar media ~* turn around; *dar una ~* go for a walk

vuestro 1 *adj* your **2** *pron* yours

vulcanizar vulcanize
vulgar vulgar, common; *abundante* common
vulnerable vulnerable; **vulnerar** violate; *fig* damage

W

walkman® *m* personal stereo, walkman®
wáter *m* bathroom, toilet

windsurf(ing) *m* windsurfing; **windsurfista** *m/f* windsurfer

X

xenofobia *f* xenophobia; **xenófobo 1** *adj* xenophobic **2**

m, **-a** *f* xenophobe
xilófono *m* MÚS xylophone

Y

y and
ya already; *(ahora mismo)* now; *¡~!* *incredulidad* oh, yeah!, sure!; *comprensión* I know; *asenso* OK, sure; *al terminar* finished!, done!; **~**

no vive aquí he doesn't live here any more, he no longer lives here; **~ que** since, as; **~ lo sé** I know; **~.... ~....** either … or …

yacer lie; **yacimiento** m MIN deposit

yanqui m/f Yankee

yate m yacht

yaya f grandma; **yayo** m grandpa

yegua f ZO mare

yema f yolk; ~ **del dedo** fingertip

yerba f L.Am. grass; ~ **mate** maté

yerno m son-in-law

yeso m plaster

yo I; **soy** ~ it's me; ~ **que tú** if I were you

yodo m iodine

yogur m yog(h)urt

yugo m yoke

yunque m anvil

yunta f yoke, team

yute m jute

yuyo m L.Am. weed

Z

zafiro m sapphire

zambullida f dive; **zambullirse** dive (**en** into); fig throw o.s. (**en** into)

zamparse F wolf down F

zanahoria f carrot

zanco m stilt

zancudo m L.Am. mosquito

zángano m ZO drone; fig F lazybones sg

zanja f ditch; **zanjar** fig problemas settle; dificultades overcome

zapatería f shoe store, shoe shop; **zapatero** m, -a f shoemaker; ~ **remendón** shoe mender; **zapatilla** f slipper; de deporte sneaker, Br trainer; **zapato** m shoe

Zaragoza Saragossa

zarpa f paw

zarpar MAR set sail (**para** for)

zarza f BOT bramble; **zarzamora** f BOT blackberry

zarzuela f type of operetta

zigzag m zigzag

zinc m zinc

zócalo m baseboard, Br skirting board

zodíaco, **zodiaco** m zodiac

zona f area, zone

zonzo m L.Am. F stupid

zoo m zoo; **zoología** f zoology; **zoológico 1** adj zoological **2** m zoo

zorra f ZO vixen; P whore P; **zorro 1** adj sly, crafty **2** m ZO fox; fig old fox

zorzal m ZO thrush

zozobrar MAR overturn; fig go under

zueco m clog

zumbar 1 v/i buzz **2** v/t golpe, bofetada give

zumo m juice

zurcir calcetines darn; chaqueta, pantalones patch

zurdo 1 adj left-handed **2** m, f left-hander

zurra f TÉC tanning; fig F hiding F; **zurrar** TÉC tan; ~ **a alguien** F tan s.o.'s hide F

A

a [ə] un(a)

abandon [əˈbændən] abandonar

abbreviate [əˈbriːvɪeɪt] abreviar; **abbreviation** abreviatura *f*

abduct [əbˈdʌkt] raptar

ability [əˈbɪlɪtɪ] capacidad *f*, habilidad *f*

able [ˈeɪbl] (*skillful*) capaz, hábil; **be ~ to** poder

abnormal [æbˈnɔːrml] anormal

aboard [əˈbɔːrd] **1** *prep* a bordo de **2** *adv* a bordo

abolish [əˈbɑːlɪʃ] abolir; **abolition** abolición *f*

abort [əˈbɔːrt] cancelar; **abortion** aborto *m* (*provocado*); **have an ~** abortar; **abortive** fallido

about [əˈbaʊt] **1** *prep* (*concerning*) acerca de, sobre; **what's it ~?** ¿de qué trata? **2** *adv* (*roughly*) más o menos; **be ~ to** (*be going to*) estar a punto de

above [əˈbʌv] **1** *prep* por encima de; **~ all** sobre todo **2** *adv*: **on the floor ~** en el piso de arriba

abrasive [əˈbreɪsɪv] *personality* abrasivo

abreast [əˈbrest] de frente, en fondo; **keep ~ of** mantenerse al tanto de

abridge [əˈbrɪdʒ] abreviar

abroad [əˈbrɔːd] *live* en el extranjero; *go* al extranjero

abrupt [əˈbrʌpt] brusco

abscess [ˈæbsɪs] absceso *m*

absence [ˈæbsəns] *of person* ausencia *f*; (*lack*) falta *f*; **absent** ausente; **absentee** ausente *m*/*f*; **absenteeism** absentismo *m*; **absent-minded** despistado, distraído

absolute [ˈæbsəluːt] *power* absoluto; *idiot* completo; *mess* total; **absolution** REL absolución *f*; **absolve** absolver

absorb [əbˈsɔːrb] absorber; **absorbent** absorbente; **absorbent cotton** algodón *m* hidrófilo; **absorbing** absorbente

abstain [əbˈsteɪn] *in vote* abstenerse; **abstention** *in vote* abstención *f*

abstract [ˈæbstrækt] abstracto

absurd [əbˈsɜːrd] absurdo; **absurdity** lo absurdo

abundance [əˈbʌndəns] abundancia *f*; **abundant** abundante

abuse[1] [əˈbjuːs] *n* (*insults*) insultos *mpl*; (*child*) ~ malos tratos *mpl* a menores; *sexual* agresión *f* sexual a menores

abuse[2] [əˈbjuːz] *v/t* abusar de; *verbally* insultar

abysmal [əˈbɪzml] F (*very*

bad) desastroso F

academic [ækə'demɪk] **1** *n* académico(-a) *m(f)*, profesor(a) *m(f)* **2** *adj* académico; **academy** academia *f*

accelerate [ək'seləreɪt] acelerar; **acceleration** aceleración *f*; **accelerator** acelerador *m*

accent ['æksənt] acento *m*; *(emphasis)* énfasis *m*; **accentuate** acentuar

accept [ək'sept] aceptar; **acceptable** aceptable; **acceptance** aceptación *f*

access ['ækses] **1** *n* acceso *m* **2** *v/t* COMPUT acceder a; **accessible** accesible

accessory [ək'sesərɪ] *for wearing* accesorio *m*; LAW cómplice *m/f*

accident ['æksɪdənt] accidente *m*; **by ~** por casualidad; **accidental** accidental; **accidentally** sin querer

acclimate, **acclimatize** [ə'klaɪmət, ə'klaɪmətaɪz] aclimatarse

accommodate [ə'kɑ:mədeɪt] alojar; *needs* hacer frente a; **accommodations** alojamiento *m*

accompaniment [ə'kʌmpənɪmənt] MUS acompañamiento *m*; **accompany** *also* MUS acompañar

accomplice [ə'kʌmplɪs] cómplice *m/f*

accomplished [ə'kʌmplɪʃt] consumado; **accomplishment** *of task* realización *f*;

(talent) habilidad *f*; *(achievement)* logro *m*

accord [ə'kɔ:rd] acuerdo *m*; **of one's own ~** de motu propio

accordance [ə'kɔ:rdəns]: **in ~ with** de acuerdo con

according [ə'kɔ:rdɪŋ]: **~ to** según; **accordingly** *(consequently)* por consiguiente, *(appropriately)* como corresponde

account [ə'kaʊnt] *financial* cuenta *f*; *(report)* relato *m*, descripción *f*; **give an ~** relatar, describir; **on no ~** de ninguna manera; **on ~ of** a causa de; **take sth into ~** tener algo en cuenta; **accountable** responsable *(to* ante); **accountant** contable *m/f*, *L.Am.* contador(a) *m(f)*; **accounts** contabilidad *f*

accumulate [ə'kju:mjʊleɪt] **1** *v/t* acumular **2** *v/i* acumularse; **accumulation** acumulación *f*

accuracy ['ækjʊrəsɪ] precisión *f*; **accurate** preciso; **accurately** con precisión

accusation [ækju:'zeɪʃn] acusación *f*; **accuse:** **~ s.o. of sth** acusar a alguien de algo; **accused** LAW acusado(-a) *m(f)*; **accusing** acusador

accustom [ə'kʌstəm]: **get ~ed to** acostumbrarse a

ace [eɪs] *in cards* as *m*; *(in tennis: shot)* ace *m*

ache [eɪk] **1** *n* dolor *m* **2** *v/i* doler

achieve [ə'tʃiːv] conseguir, lograr; **achievement** logro *m*

acid ['æsɪd] ácido *m*

acknowledge [ək'nɒlɪdʒ] reconocer; ~ **receipt of** acusar recibo de; **acknowledge(e)-ment** reconocimiento *m*

acoustics [ə'kuːstɪks] acústica *f*

acquaint [ə'kweɪnt] *fml:* **be ~ed with** conocer; **acquaintance** *person* conocido(-a) *m(f)*

acquire [ə'kwaɪr] adquirir; **acquisition** adquisición *f*

acquit [ə'kwɪt] LAW absolver; **acquittal** LAW absolución *f*

acre ['eɪkər] acre *m* (4.047m²)

across [ə'krɒːs] **1** *prep* al otro lado de; **sail ~ the Atlantic** cruzar el Atlántico navegando **2** *adv* de un lado a otro; **10 m ~** 10 *m* de ancho

act [ækt] **1** *v/i* THEA actuar **2** *n* (*deed*), *of play* acto *m*; *in vaudeville* número *m*; (*law*) ley *f*

action ['ækʃn] acción *f*; **take ~** actuar

active ['æktɪv] activo; *party member* en activo; **activist** POL activista *m/f*; **activity** actividad *f*

actor ['æktər] actor *m*

actress ['æktrɪs] actriz *f*

actual ['æktʃʊəl] verdadero, real; **actually** en realidad

acute [ə'kjuːt] *pain* agudo; *sense* muy fino

AD [eɪ'diː] (= *anno Domini*) D.C. (= *después de Cristo*)

ad [æd] ☞ *advertisement*

adamant ['ædəmənt] firme

adapt [ə'dæpt] **1** *v/t* adaptar **2** *v/i: of person* adaptarse; **adaptability** adaptabilidad *f*; **adaptable** adaptable; **adaptation** *of play etc* adaptación *f*; **adapter** *electrical* adaptador *m*

add [æd] **1** *v/t* añadir; MATH sumar **2** *v/i: of person* sumar

◆ **add on** sumar

◆ **add up 1** *v/t* sumar **2** *v/i* fig cuadrar

addict ['ædɪkt] adicto(-a) *m(f)*; **drug ~** drogadicto(-a) *m(f)*; **addicted** adicto; **addiction** adicción *f*; **addictive** adictivo

addition [ə'dɪʃn] MATH suma *f*; *to list, company etc* incorporación *f*; **in ~** además (**to** de); **additional** adicional; **additive** aditivo *m*; **add-on** extra *m*, accesorio *m*

address [ə'dres] **1** *n* dirección *f* **2** *v/t letter* dirigir; *audience* dirigirse a; **addressee** destinatario(-a) *m(f)*

adequate ['ædɪkwət] suficiente; (*satisfactory*) aceptable; **adequately** suficientemente; (*satisfactorily*) aceptablemente

◆ **adhere** *to surface* adherirse a; *rules* cumplir

adhesive [əd'hiːsɪv] adhesivo *m*

adjacent [ə'dʒeɪsnt] adyacente

adjective ['ædʒɪktɪv] adjetivo m

adjoining [ə'dʒɔɪnɪŋ] contiguo

adjourn [ə'dʒɜːrn] *of meeting* aplazar; **adjournment** aplazamiento m

adjust [ə'dʒʌst] ajustar, regular; **adjustable** ajustable, regulable; **adjustment** ajuste m; *psychological* adaptación f

ad lib [æd'lɪb] **1** *adj* improvisado **2** *v/i* improvisar

administer [əd'mɪnɪstər] administrar; **administration** administración f; **administrative** administrativo; **administrator** administrador(a) m(f)

admirable ['ædmərəbl] admirable; **admiration** admiración f; **admire** admirar; **admirer** admirador(a) m(f); **admiring** de admiración; **admiringly** con admiración

admissible [əd'mɪsəbl] admisible; **admission** (*confession*) confesión f; ~ **free** entrada gratis; **admit** *to place* dejar entrar; *to organization* admitir; *to hospital* ingresar; (*confess*) confesar; (*accept*) admitir; **admittance** admisión f; **no** ~ prohibido el paso

adolescence [ædə'lesns] adolescencia f; **adolescent 1** n adolescente m/f **2** adj de adolescente

adopt [ə'dɑːpt] adoptar; **adoption** adopción f

adorable [ə'dɔːrəbl] encantador; **adoration** adoración f; **adore** adorar

adrenalin [ə'drenəlɪn] adrenalina f

adult ['ædʌlt] **1** n adulto(-a) m(f) **2** adj adulto; **adultery** adulterio m

advance [əd'væns] **1** n *money* adelanto m; *in science,* MIL avance m; **in** ~ con antelación; *get money* por adelantado **2** v/i MIL avanzar; (*make progress*) avanzar, progresar **3** v/t *money* adelantar; *knowledge, cause* hacer avanzar; **advanced** avanzado

advantage [əd'væntɪdʒ] ventaja f; **take** ~ **of** aprovecharse de; **advantageous** ventajoso

adventure [əd'ventʃər] aventura f; **adventurous** aventurero; *investment* arriesgado

adverb ['ædvɜːrb] adverbio m

adversary ['ædvərseri] adversario(-a) m(f)

adverse ['ædvɜːrs] adverso

advertise ['ædvərtaɪz] **1** v/t anunciar **2** v/i anunciarse, poner un anuncio; **advertisement** anuncio m; **advertiser** anunciante m/f; **advertising** publicidad f

advice [əd'vaɪs] consejo m; **some** ~ un consejo; **advisable** aconsejable; **advise** aconsejar; *government* asesorar

advocate ['ædvəkeɪt] abogar por

aerial ['erɪəl] *Br* antena *f*; **aerial photograph** fotografía *f* aérea

aerobics [e'roubɪks] aerobic *m*

aerodynamic [eroudaɪ'næmɪk] aerodinámico

aeroplane ['erouplein] *Br* avión *m*

aerosol ['erəsɑːl] aerosol *m*

aesthetic ☞ *esthetic*

affair [ə'fer] (*matter*) asunto *m*; (*love* ~) aventura *f*, lío *m*

affection [ə'fekʃn] afecto *m*; **affectionate** afectuoso; **affectionately** con afecto

affirmative [ə'fɜːrmətɪv] afirmativo

affluence ['æfluəns] prosperidad *f*; **affluent** próspero

afford [ə'fɔːrd] permitirse

afloat [ə'flout] *boat* a flote

afraid [ə'freɪd]: **be** ~ tener miedo (**of** de); **I'm** ~ *expressing regret* me temo

afresh [ə'freʃ] de nuevo

Africa ['æfrɪkə] África; **African 1** *adj* africano **2** *n* africano(-a) *m(f)*; **African-American 1** *adj* afroamericano **2** *n* afroamericano(-a) *m(f)*

after ['æftər] **1** *prep* después de; **it's ten** ~ **two** son las dos y diez **2** *adv* (*afterward*) después; **the day** ~ el día siguiente

afternoon [æftər'nuːn] tarde *f*; **good** ~ buenas tardes

'after sales service servicio *m* posventa; **aftershave** aftershave *m*; **afterward** después

again [ə'geɪn] otra vez; **I never saw him** ~ no lo volví a ver

against [ə'genst] contra

age [eɪdʒ] **1** *n* edad *f*; (*era*) era *f*; **she's 5 years of** ~ tiene 5 años **2** *v/i* envejecer; **aged:** ~ **16** con 16 años de edad; **age group** grupo *m* de edades; **age limit** límite *m* de edad

agency ['eɪdʒənsɪ] agencia *f*

agenda [ə'dʒendə] orden *m* del día

agent ['eɪdʒənt] agente *m/f*

aggravate ['ægrəveɪt] agravar; (*annoy*) molestar

aggression [ə'greʃn] agresividad *f*; **aggressive** agresivo; **aggressively** agresivamente

aghast [ə'gæst] horrorizado

agile ['ædʒəl] ágil; **agility** agilidad *f*

agitated ['ædʒɪteɪtɪd] agitado; **agitation** agitación *f*; **agitator** agitador(a) *m(f)*

agnostic [æg'nɑːstɪk] agnóstico(-a) *m(f)*

ago [ə'gou]: **two days** ~ hace dos días; **long** ~ hace mucho tiempo

agonize ['ægənaɪz] atormentarse (**over** por); **agonizing** *pain* atroz; *wait* angustioso; **agony** agonía *f*

agree [ə'griː] **1** *v/i* estar de acuerdo; *of figures* coincidir;

(*reach agreement*) ponerse de acuerdo **2** v/t *price* acordar; **agreeable** (*pleasant*) agradable; **agreement** acuerdo *m*

agricultural [ægrɪˈkʌltʃərəl] agrícola; **agriculture** agricultura *f*

ahead [əˈhed] delante; *movement* adelante; *in race* por delante; **be ~ of** estar por delante de; *plan ~* planear con antelación

aid [eɪd] **1** *n* ayuda *f* **2** v/t ayudar

aide [eɪd] asistente *m/f*

Aids [eɪdz] sida *m*

ailing [ˈeɪlɪŋ] *economy* débil

ailment [ˈeɪlmənt] achaque *m*

aim [eɪm] **1** *n* (*objective*) objetivo *m* **2** v/i *in shooting* apuntar; *~ to do sth* tener como intención hacer algo **3** v/t: *be ~ed at* *of remark* estar dirigido a; *of gun* estar apuntando a; **aimless** sin objetivos

air [er] **1** *n* aire *m*; *by ~ travel* en avión; *send mail* by correo aéreo; *in the open ~* al aire libre **2** v/t *room, views* airear; **airbag** airbag *m*; **air-conditioned** con aire acondicionado, climatizado; **air-conditioning** aire *m* acondicionado; **aircraft** avión *m inv*; **aircraft carrier** portaaviones *m inv*; **air force** fuerza *f* aérea; **air hostess** azafata *f*, L.Am. aeromoza *f*; **airline** línea *f* aérea; **airliner** avión *m* de pasajeros; **airmail:** *by*

~ por correo aéreo; **airplane** avión *m*; **airport** aeropuerto *m*; **air terminal** terminal *f* aérea; **air-traffic controller** controlador(a) *m(f)* del tráfico aéreo

aisle [aɪl] pasillo *m*

ajar [əˈdʒɑːr]: **be ~** estar entreabierto

alarm [əˈlɑːrm] **1** *n* alarma *f* **2** v/t alarmar; **alarming** alarmante; **alarmingly** de forma alarmante

album [ˈælbəm] álbum *m*

alcohol [ˈælkəhɒːl] alcohol *m*; **alcoholic 1** *n* alcohólico(-a) *m(f)* **2** *adj* alcohólico

alert [əˈlɜːrt] **1** *n signal* alerta *f* **2** v/t alertar **3** *adj* alerta

alibi [ˈælɪbaɪ] coartada *f*

alien [ˈeɪlɪən] **1** *n* extranjero(-a) *m(f)*; *from space* extraterrestre *m/f* **2** *adj* extraño; **alienate** alienar

align [əˈlaɪn] alinear

alike [əˈlaɪk] **1** *adj*: **be ~** parecerse **2** *adv* igual; *old and young ~* viejos y jóvenes sin distinción

alimony [ˈælɪmənɪ] pensión *f* alimenticia

alive [əˈlaɪv]: **be ~** estar vivo

all [ɒːl] **1** *adj* todo(s) **2** *pron* todo; *~ of us / them* todos nosotros / ellos; *for ~ I know* por lo que sé **3** *adv*: *~ at once* (*suddenly*) de repente; (*at the same time*) a la vez; *~ but* (*except*) todos menos; (*nearly*) casi; *~ the better* mucho mejor; *they're not at ~ alike* no se parecen en nada; **not at ~!** ¡en absoluto!; **two ~** SP empate a dos

allegation [ælɪ'geɪʃn] acusación *f*; **allege** alegar; **alleged** presunto; **allegedly** presuntamente

allegiance [ə'liːdʒəns] lealtad *f*

allergic [ə'lɜːrdʒɪk] alérgico

alleviate [ə'liːvɪeɪt] aliviar

alley ['ælɪ] callejón *m*

alliance [ə'laɪəns] alianza *f*

allocate ['æləkeɪt] asignar; **al-location** asignación *f*

allot [ə'lɒt] asignar

allow [ə'laʊ] (*permit*) permitir; (*calculate for*) calcular

♦ **allow for** tener en cuenta

allowance [ə'laʊəns] (*money*) asignación *f*; (*pocket money*) paga *f*

alloy ['ælɔɪ] aleación *f*

all-'purpose multiuso; **all-round** completo

♦ **allude to** [ə'luːd] aludir a

alluring [ə'lʊrɪŋ] atractivo

all-wheel 'drive con tracción a las cuatro ruedas

ally ['ælaɪ] aliado(-a) *m(f)*

almond ['ɑːmənd] almendra *f*

almost ['ɔːlməʊst] casi

alone [ə'ləʊn] solo

along [ə'lɒŋ] **1** *prep* (*situated beside*) a lo largo de; **walk ~ this path** sigue por esta calle **2** *adv*: **would you like to come ~?** ¿te gustaría venir con nosotros?; **~ with** junto con; **all ~** (*all the time*) todo el tiempo

alongside [əlɒŋ'saɪd] (*in co-operation with*) junto a; (*parallel to*) al lado de

aloof [ə'luːf] distante

aloud [ə'laʊd] en voz alta

alphabet ['ælfəbet] alfabeto *m*; **alphabetical** alfabético

already [ɔːl'redɪ] ya

alright [ɔːl'raɪt] (*not hurt, in working order*) bien; **that's ~** (*don't mention it*) de nada; (*I don't mind*) no importa

altar ['ɔːltər] altar *m*

alter ['ɔːltər] alterar; **altera-tion** alteración *f*

alternate 1 ['ɔːltərneɪt] *v/i* alternar **2** ['ɔːltərnət] *adj* alterno

alternative [ɔːl'tɜːrnətɪv] **1** *n* alternativa *f* **2** *adj* alternativo; **alternatively** si no

although [ɔːl'ðəʊ] aunque, si bien

altitude ['æltɪtuːd] altitud *f*; *of mountain* altura *f*

altogether [ɔːltə'geðər] (*completely*) completamente; (*in all*) en total

altruism ['æltruːɪzm] altruismo *m*; **altruistic** altruista

aluminium [æljʊ'mɪnɪəm] *Br*, **aluminum** [ə'luːmənəm] aluminio *m*

always ['ɔːlweɪz] siempre

a.m. ['eɪem] (= *ante meridiem*) a.m.; **at 11 ~** a las 11 de la mañana

amass [ə'mæs] acumular

amateur ['æmətər] *unskilled* aficionado(-a) *m(f)*; SP amateur *m/f*; **amateurish** *pej* chapucero

amaze [əˈmeɪz] asombrar; **amazed** asombrado; **amazement** asombro *m*; **amazing** asombroso; F (*very good*) alucinante F; **amazingly** increíblemente

Amazon [ˈæməzən] *n*: **the ~** el Amazonas

ambassador [æmˈbæsədər] embajador(a) *m(f)*

amber [ˈæmbər] ámbar

ambience [ˈæmbɪəns] ambiente *m*

ambiguity [æmbɪˈgjuːɪtɪ] ambigüedad *f*; **ambiguous** ambiguo

ambition [æmˈbɪʃn] *also pej* ambición *f*; **ambitious** ambicioso

ambivalent [æmˈbɪvələnt] ambivalente

amble [ˈæmbl] deambular

ambulance [ˈæmbjuləns] ambulancia *f*

ambush [ˈæmbʊʃ] **1** *n* emboscada *f* **2** *v/t* tender una emboscada a

amend [əˈmend] enmendar; **amendment** enmienda *f*; **amends**: **make ~ for** compensar

amenities [əˈmiːnətɪz] servicios *mpl*

America [əˈmerɪkə] *continent* América; *USA* Estados *mpl* Unidos; **American 1** *adj* North American estadounidense **2** *n* North American estadounidense *m/f*

amicable [ˈæmɪkəbl] amisto-

so; **amicably** amistosamente

ammunition [æmjuˈnɪʃn] munición *f*

amnesia [æmˈniːzɪə] amnesia *f*

amnesty [ˈæmnəstɪ] amnistía *f*

among(st) [əˈmʌŋ(st)] entre

amoral [eɪˈmɔːrəl] amoral

amount [əˈmaunt] cantidad *f*
◆ **amount to** ascender a

amphibian [æmˈfɪbɪən] anfibio *m*

ample [ˈæmpl] abundante

amplifier [ˈæmplɪfaɪr] amplificador *m*; **amplify** amplificar

amputate [ˈæmpjuteɪt] amputar; **amputation** amputación *f*

amuse [əˈmjuːz] (*make laugh*) divertir; (*entertain*) entretener; **amusement** (*merriment*) diversión *f*; (*entertainment*) entretenimiento *m*; **amusement park** parque *m* de atracciones; **amusing** divertido

an [æn] ☞ **a**

anaemia *Br* ☞ **anemia**

anaesthetic *Br* ☞ **anesthetic**

analog [ˈænlɑːg] analógico; **analog** analógica *f*

analysis [əˈnæləsɪs] análisis *m inv*; PSYCH psicoanálisis *m inv*; **analyst** analista *m/f*; PSYCH psicoanalista *m/f*; **analytical** analítico; **analyze** analizar; PSYCH psicoanalizar

anarchy [ˈænərkɪ] anarquía *f*

ancestor ['ænsestər] antepasado(-a) m(f)

anchor ['æŋkər] 1 n NAUT ancla f; TV presentador(a) m(f) 2 v/i NAUT anclar

ancient ['einʃənt] antiguo

and [ænd] y

Andean ['ændiən] andino; Andes: the ~ los Andes

anemia [ə'ni:miə] anemia f; anemic anémico

anesthetic [ænəs'θetik] anestesia f

angel ['eindʒl] ángel m

anger ['æŋgər] 1 n enfado m 2 v/t enfadar

angle ['æŋgl] ángulo m

angry ['æŋgri] enfadado

animal ['ænıml] animal m

animated ['ænimeitid] animado; animated cartoon dibujos mpl animados; animation animación f

animosity [æni'mɑ:səti] animosidad f

ankle ['æŋkl] tobillo m

annex ['æneks] 1 n building edificio m anexo 2 v/t state anexionar

annihilate [ə'naiəleit] aniquilar; annihilation aniquilación f

anniversary [æni'vɜ:rsəri] aniversario m

announce [ə'nauns] anunciar; announcement anuncio m; announcer TV, RAD presentador(a) m(f)

annoy [ə'nɔi] irritar; annoyance (anger) irritación f; (nuisance) molestia f; an-

noying irritante

annual ['ænuəl] anual

annul [ə'nʌl] anular; annulment anulación f

anonymous [ə'nɑ:niməs] anónimo

anorexia [ænə'reksiə] anorexia f

another [ə'nʌðər] 1 adj otro 2 pron otro m(f); they helped one ~ se ayudaron (el uno al otro)

answer ['ænsər] 1 n respuesta f, contestación f; to problem solución f 2 v/t responder, contestar; answerphone contestador m

ant [ænt] hormiga f

antagonism [æn'tægənizm] antagonismo m; antagonistic hostil; antagonize antagonizar, enfadar

Antarctic [æn'ɑ:rktik]: the ~ el Antártico

antenatal [ænti'neitl] prenatal

antenna [æn'tenə] antena f

antibiotic [æntibai'ɑ:tik] antibiótico m

anticipate [æn'tisipeit] esperar, prever; anticipation expectativa f, previsión f

antics ['æntiks] payasadas fpl

antidote ['æntidout] antídoto m

antifreeze ['æntifri:z] anticongelante m

antipathy [æn'tipəθi] antipatía f

antiquated ['æntikweitid] anticuado

antique [æn'ti:k] antigüedad f

antiseptic [æntɪ'septɪk] **1** adj antiséptico **2** n antiséptico m

antisocial [æntɪ'souʃl] antisocial, poco sociable

antivirus program [æntɪ'vaɪrəs] COMPUT antivirus m inv

anxiety [æŋ'zaɪətɪ] ansiedad f; **anxious** preocupado; (eager) ansioso

any ['enɪ] **1** adj: **are there ~ glasses?** ¿hay vasos?; **there isn't ~ bread** no hay pan; **have you ~ idea at all?** ¿tienes alguna idea?; **no matter which** cualquier(a) **2** pron alguno(-a); **there isn't ~ left** no queda

anybody ['enɪbɒdɪ] alguien; **no matter who** cualquiera; **there wasn't ~ there** no había nadie allí

anyhow ['enɪhaʊ] en todo caso, de todos modos

anyone ['enɪwʌn] → **anybody**

anything ['enɪθɪŋ] algo; with negatives nada; **I didn't hear ~** no oí nada; **~ but** todo menos

anyway ['enɪweɪ] → **anyhow**

anywhere ['enɪweə] en alguna parte; **I can't find it ~** no lo encuentro por ninguna parte

apart [ə'pɑːrt] aparte; **~ from** aparte de

apartment [ə'pɑːrtmənt] apartamento m, Span piso m; **apartment block** bloque

m de apartamentos or Span pisos

ape [eɪp] simio m

aperitif [ə'perɪti:f] aperitivo m

apologize [ə'pɒlədʒaɪz] disculparse; **apology** disculpa f

appalling [ə'pɔ:lɪŋ] horroroso

apparatus [æpə'reɪtəs] aparatos mpl

apparent [ə'pærənt] aparente, evidente; **apparently** al parecer, por lo visto

appeal [ə'pi:l] (charm) atractivo m; **for funds** etc llamamiento m; LAW apelación f
◆ **appeal for** solicitar
◆ **appeal to** (be attractive to) atraer a

appealing [ə'pi:lɪŋ] idea, offer atractivo

appear [ə'pɪr] aparecer; **in court** comparecer; (seem) parecer; **appearance** aparición f; **in court** comparecencia f; (look) apariencia f, aspecto m

appendicitis [əpendɪ'saɪtɪs] apendicitis m

appendix [ə'pendɪks] MED, of book apéndice m

appetite ['æpɪtaɪt] also fig apetito m; **appetizer** aperitivo m; **appetizing** apetitoso

applaud [ə'plɔ:d] aplaudir; **applause** aplauso m

apple ['æpl] manzana f

appliance [ə'plaɪəns] aparato m; **household** electrodoméstico m

applicable [ə'plɪkəbl] aplicable; **applicant** solicitante *m/f*; **application** for job etc solicitud *f*; **apply 1** *v/t rules, ointment* aplicar **2** *v/i of rule, law* aplicarse

◆ **apply for** job, passport solicitar; university solicitar el ingreso en

◆ **apply to** (contact) dirigirse a; (affect) aplicarse a

appoint [ə'pɔɪnt] to position nombrar; **appointment** to position nombramiento *m*; meeting cita *f*

appraisal [ə'preɪz(ə)l] evaluación *f*

appreciable [ə'priːʃəbl] apreciable; **appreciate** **1** *v/t* (value) apreciar; (be grateful for) agradecer; (acknowledge) ser consciente de **2** *v/i* FIN revalorizarse; **appreciative** agradecido

apprehensive [æprɪ'hensɪv] aprensivo, temeroso

approach [ə'prouʃ] **1** *n* aproximación *f*, (proposal) propuesta *f*; to problem enfoque *m* **2** *v/t* (get near to) aproximarse a; (contact) ponerse en contacto con; problem enfocar; **approachable** accesible

appropriate [ə'prouprɪət] apropiado, adecuado

approval [ə'pruːvl] aprobación *f*; **approve 1** *v/i*: **my parents don't~** a mis padres no les parece bien **2** *v/t* aprobar

approximate [ə'prɒksɪmət] aproximado; **approximately** aproximadamente

apricot ['æprɪkɑːt] albaricoque *m*, L.Am. damasco *m*

April ['eɪprəl] abril *m*

apt [æpt] remark oportuno; **aptitude** aptitud *f*

aquarium [ə'kweriəm] acuario *m*

Arab ['æræb] **1** adj árabe **2** *n* árabe *m/f*; **Arabic 1** adj árabe **2** *n* árabe *m*

arbitrary ['ɑːrbɪtreri] arbitrario

arbitrate ['ɑːrbɪtreɪt] arbitrar; **arbitration** arbitraje *m*

arch [ɑːrʃ] arco *m*

archaeology Br ☞ **archeology**

archaic [ɑːr'keɪɪk] arcaico

archeological [ɑːrkɪə'lɑːdʒɪkl] arqueológico; **archeologist** arqueólog(-a) *m(f)*; **archeology** arqueología *f*

architect ['ɑːrkɪtekt] arquitecto(-a) *m(f)*; **architectural** arquitectónico; **architecture** arquitectura *f*

archives ['ɑːrkaɪvz] archivos *mpl*

Arctic ['ɑːrktɪk]: **the~** el Ártico

ardent ['ɑːrdənt] ardiente

arduous ['ɑːrdjuəs] arduo

area ['eriə] área *f*, *f*; **area code** TELEC prefijo *m*

arena [ə'riːnə] SP estadio *m*

Argentina [ɑːrdʒən'tiːnə] Argentina; **Argentinian 1** adj argentino **2** *n* argentino(-a) *m(f)*

arguably [ˈɑːrgjuəblɪ] posiblemente; **argue** discutir; (*reason*) argumentar; **argument** discusión *f*; (*reasoning*) argumento *m*

arid [ˈærɪd] *land* árido

arise [əˈraɪz] *of situation* surgir

arithmetic [əˈrɪθmətɪk] aritmética *f*

arm¹ [ɑːrm] *n* brazo *m*

arm² [ɑːrm] *v/t* armar

armaments [ˈɑːrməmənts] armamento *m*

armchair [ˈɑːrmtʃer] sillón *m*

armed [ɑːrmd] armado; **armed forces** fuerzas *fpl* armadas; **armed robbery** atraco *m* a mano armada

'armpit sobaco *m*

arms [ɑːrmz] (*weapons*) armas *fpl*

army [ˈɑːrmɪ] ejército *m*

around [əˈraʊnd] **1** *prep* (*enclosing*) alrededor de; **it's ∼ the corner** está a la vuelta de la esquina **2** *adv* (*in the area*) por ahí; (*encircling*) alrededor; (*roughly*) alrededor de; (*with expressions of time*) en torno a

arouse [əˈraʊz] despertar; *sexually* excitar

arrange [əˈreɪndʒ] (*put in order*) ordenar; *flowers, music* arreglar; *meeting etc* organizar; *time and place* acordar; **I've ∼d to meet her** he quedado con ella; **arrangement** (*plan*) plan *m*, preparativo

m; (*agreement*) acuerdo *m*; (*layout*) disposición *f*; *of flowers, music* arreglo *m*

arrears [əˈrɪərz] atrasos *mpl*

arrest [əˈrest] **1** *n* detención *f*, arresto *m* **2** *v/t* detener, arrestar

arrival [əˈraɪvl] llegada *f*; **arrive** llegar

♦ **arrive at** llegar a

arrogance [ˈærəgəns] arrogancia *f*; **arrogant** arrogante

arrow [ˈærou] flecha *f*

arson [ˈɑːrsn] incendio *m* provocado

art [ɑːrt] arte *m*

artery [ˈɑːrtərɪ] arteria *f*

art gallery museo *m*; *private* galería *f* de arte

arthritis [ɑːrˈθraɪtɪs] artritis *f*

artichoke [ˈɑːrtɪtʃouk] alcachofa *f*, *L.Am.* alcaucil *m*

article [ˈɑːrtɪkl] artículo *m*

articulate [ɑːrˈtɪkjulət] *person* elocuente

artificial [ɑːrtɪˈfɪʃl] artificial

artillery [ɑːrˈtɪləri] artillería *f*

artist [ˈɑːrtɪst] artista *m/f*; **artistic** artístico

'arts degree licenciatura *f* en letras

as [æz] **1** *conj* (*while, when*) cuando; (*because, due*) como; **∼ if** como si; **∼ usual** como de costumbre **2** *adv* como; **∼ high ∼** ... tan alto como...; **∼ much ∼ that?** ¿tanto? **3** *prep* como; **work ∼ a teacher** trabajar como profesor; **∼ for** por lo que respecta a; **∼ from** *or* **of** a partir de

ash [æʃ] ceniza f

ashamed [ə'ʃeɪmd] avergonzado, *L.Am.* apenado

'ash can cubo m de la basura

ashore [ə'ʃɔːr] en tierra; **go ~** desembarcar

ashtray ['æʃtreɪ] cenicero m

Asia ['eɪʃə] Asia; **Asian 1** *adj* asiático **2** *n* asiático(-a) m(f); **Asian American** norteamericano(-a) m(f) de origen asiático

aside [ə'saɪd] a un lado

ask [æsk] *person* preguntar; *question* hacer; *(invite)* invitar; *favor* pedir; **~ s.o. for sth** pedir algo a alguien

♦ **ask after** *person* preguntar por

♦ **ask for** pedir

♦ **ask out** invitar a salir

asleep [ə'sliːp] dormido; **fall ~** dormirse

asparagus [ə'spærəgəs] espárragos mpl

aspect ['æspekt] aspecto m

aspiration [æspə'reɪʃn] aspiración f

aspirin ['æsprɪn] aspirina f

ass¹ [æs] *(idiot)* burro(-a) m(f)

ass² [æs] P *(butt)* culo P

assassin [ə'sæsɪn] asesino(-a) m(f); **assassinate** asesinar; **assassination** asesinato m

assault [ə'sɔːlt] **1** n agresión f; *(attack)* ataque m **2** v/t atacar, agredir

assemble [ə'sembl] **1** v/t parts montar **2** v/i of people reunir-

se; **assembly** of parts montaje m; POL asamblea f; **assembly line** cadena f de montaje

assent [ə'sent] asentir

assertive [ə'sɜːrtɪv] *person* seguro y firme

assess [ə'ses] *situation* evaluar; *value* valorar; **assessment** evaluación f

asset ['æset] FIN activo m; *fig* ventaja f

assign [ə'saɪn] asignar; **assignment** *(task)* trabajo m

assimilate [ə'sɪmɪleɪt] asimilar; *in group* integrar

assist [ə'sɪst] ayudar; **assistance** ayuda f, asistencia f; **assistant** ayudante m/f; **assistant manager** subdirector(a) m(f)

associate [ə'souʃieɪt] **1** v/t asociar **2** v/i: **~ with** relacionarse con **3** n colega m/f; **association** asociación f

assortment [ə'sɔːrtmənt] of food surtido m; of people diversidad f

assume [ə'suːm] *(suppose)* suponer; **assumption** suposición f

assurance [ə'ʃʊrəns] garantía f; *(confidence)* seguridad f; **assure** *(reassure)* asegurar

asthma ['æsmə] asma f

astonish [ə'stɑːnɪʃ] asombrar; **astonishing** asombroso; **astonishment** asombro m

astound [ə'staʊnd] pasmar

astride [ə'straɪd] a horcajadas

sobre

astrology [əˈstrɑːlədʒɪ] astrología f

astronaut [ˈæstrənɔːt] astronauta m/f

astronomer [əˈstrɑːnəmər] astrónomo(-a) m(f); **astronomical** price etc astronómico; **astronomy** astronomía f

astute [əˈstuːt] astuto, sagaz

asylum [əˈsaɪləm] asilo m; *mental* manicomio m

at [æt] *with places* en; ~ **Joe's** *house* en casa de Joe; ~ **the door** a la puerta; ~ **10 dollars** a 10 dólares; ~ **the age of 18** a los 18 años; ~ **5 o'clock** a las 5; **be good** ~ **sth** ser bueno haciendo algo

atheist [ˈeɪθɪɪst] ateo(-a) m(f)

athlete [ˈæθliːt] atleta m/f; **athletic** atlético; **athletics** atletismo m

Atlantic [ətˈlæntɪk]: **the** ~ el Atlántico

atlas [ˈætləs] atlas m inv

ATM [eɪtiːˈem] (= **automatic teller machine**) cajero m automático

atmosphere [ˈætməsfɪr] atmósfera f; (*ambience*) ambiente m

atom [ˈætəm] átomo m; **atomic** atómico

atone [əˈtoʊn]: ~ **for** expiar

atrocious [əˈtroʊʃəs] atroz; **atrocity** atrocidad f

at-'seat TV televisor en el respaldo del asiento

attach [əˈtætʃ] sujetar, fijar; *importance* atribuir; attach-

ment *to e-mail* archivo m adjunto

attack [əˈtæk] **1** n ataque m **2** v/t atacar

attempt [əˈtempt] **1** n intento m **2** v/t intentar

attend [əˈtend] acudir a

◆ **attend to** ocuparse de

attendance [əˈtendəns] asistencia f; **attendant** in museum etc vigilante m/f

attention [əˈtenʃn] atención f; **pay** ~ prestar atención; **attentive** atento

attic [ˈætɪk] ático m

attitude [ˈætɪtuːd] actitud f

attorney [əˈtɜːrnɪ] abogado(-a) m(f)

attract [əˈtrækt] atraer; **attraction** atracción f; **attractive** atractivo

auction [ˈɔːkʃn] subasta f, L.Am. remate m

audacity [ɔːˈdæsətɪ] audacia f

audible [ˈɔːdəbl] audible

audience [ˈɔːdɪəns] público m; TV audiencia f

audio [ˈɔːdɪoʊ] de audio; **audiovisual** audiovisual

audit [ˈɔːdɪt] **1** n auditoría f **2** v/t auditar; course asistir de oyente a

audition [ɔːˈdɪʃn] **1** n audición f **2** v/i hacer una prueba

auditor [ˈɔːdɪtər] FIN auditor(a) m(f)

auditorium [ɔːdɪˈtɔːrɪəm] of theater etc auditorio m

August [ˈɔːɡəst] agosto m

aunt [ænt] tía f

au pair [oʊˈper] au pair m/f

aura ['ɔːrə] aura f

auspicious [ɔːˈspɪʃəs] propicio

austere [ɔːˈstiːr] austero; **austerity** austeridad f

Australia [ɔːˈstreɪlɪə] Australia; **Australian 1** adj australiano **2** n australiano(-a) m(f)

Austria [ˈɔːstrɪə] Austria; **Austrian 1** adj austriaco **2** n austriaco(-a) m(f)

authentic [ɔːˈθentɪk] auténtico; **authenticity** autenticidad f

author [ˈɔːθər] escritor(a) m(f); of text autor(a) m(f)

authoritarian [əθɔːrɪˈteːrɪən] autoritario; **authoritative** autorizado; **authority** autoridad f; (permission) autorización f; **authorization** autorización f; **authorize** autorizar

autistic [ɔːˈtɪstɪk] autista

autobiography [ɔːtəbaɪˈɑːgrəfɪ] autobiografía f

autocratic [ɔːtəˈkrætɪk] autocrático

autograph [ˈɔːtəgræf] autógrafo m

automate [ˈɔːtəmeɪt] automatizar; **automatic 1** adj automático **2** n car (coche m) automático m; **automatically** automáticamente; **automation** automatización

automobile [ˈɔːtəmoubiːl] automóvil m, coche m, L.Am. carro m, Rpl auto

m; **automobile industry** industria f automovilística

autonomous [ɔːˈtɑːnəməs] autónomo

autopilot [ˈɔːtoupaɪlət] piloto m automático

autopsy [ˈɔːtɑːpsɪ] autopsia f

autumn [ˈɔːtəm] Br otoño m

auxiliary [ɔːgˈzɪljərɪ] auxiliar

available [əˈveɪləbl] disponible

avalanche [ˈævəlænʃ] avalancha f, alud m

avenue [ˈævənuː] avenida f; fig camino m

average [ˈævərɪdʒ] **1** adj medio; (mediocre) regular **2** n promedio m, media f; **on ~** ◆ como promedio, de media
◆ **average out at** salir a

averse [əˈvɜːrs]: **not be ~ to** no ser reacio a; **aversion** aversión f

avid [ˈævɪd] ávido

avocado [ævəˈkɑːdou] aguacate m, S.Am. palta f

avoid [əˈvɔɪd] evitar

await [əˈweɪt] aguardar, esperar

awake [əˈweɪk] despierto

award [əˈwɔːrd] **1** n (prize) premio m **2** v/t prize, damages conceder; **awards ceremony** ceremonia f de entrega de premios

aware [əˈweːr]: **be ~ of sth** ser consciente de algo; **become ~ of sth** darse cuenta de algo; **awareness** conciencia f

away [əˈweɪ]: **look ~** mirar hacia otra parte; *it's 5 miles ~* está a 5 millas; *take sth ~ from s.o.* quitar algo a alguien; *be ~* estar fuera; **away game** SP partido *m* fuera de casa

awesome ['ɔːsəm] F alucinante F; **awful** horrible

awkward ['ɔːkwərd] (*clumsy*) torpe; (*difficult*) difícil; (*embarrassing*) embarazoso; *feel ~* sentirse incómodo

ax, *Br* **axe** [æks] **1** *n* hacha *f* **2** *v/t project* suprimir; *budget, job* recortar

axle ['æksl] eje *m*

B

baby ['beɪbɪ] bebé *m*; **baby- -sit** hacer de *Span* canguro *or* L.Am. babysitter

bachelor ['bætʃələr] soltero *m*

back [bæk] **1** *n* *of person, clothes* espalda *f*; *of car, bus, house* parte *f* trasera; *of paper, book* dorso *m*; *of drawer* fondo *m*; *of chair* respaldo *m*; SP defensa *m*/*f*; *in ~ in store* en la trastienda; *in the ~ (of the car)* atrás (del coche); *~ to front* del revés **2** *adj* trasero **3** *adv* atrás; *give sth ~ to s.o.* devolver algo a alguien; *she'll be ~ tomorrow* volverá mañana **4** *v/t* (*support*) apoyar; *horse* apostar por

◆ **back down** echarse atrás

◆ **back out** *of commitment* echarse atrás

◆ **back up 1** *v/t* (*support*) respaldar; *file* hacer una copia de seguridad de **2** *v/i* *in car* dar marcha atrás

'**backache** dolor *m* de espalda; **backbone** columna *f* vertebral; **backdate: *~d to***

... con efecto retroactivo a partir del...; **backdoor** puerta *f* trasera; **backer:** *the ~s of the movie* las personas que financiaron la película; **background** fondo *m*; *of person* origen *m*; *of situation* contexto *m*; **backhand** *in tennis* revés *m*; **backing** (*support*) apoyo *m*; MUS acompañamiento *m*; **backing group** grupo *m* de acompañamiento; **backlash** reacción *f* violenta; **backlog** acumulación *f*; **backpack** mochila *f*; **backpacker** mochilero(-a) *m(f)*; **back seat** asiento *m* trasero; **back streets** callejuelas *fpl*; *poorer part* zonas *fpl* deprimidas; **backstroke** SP espalda *f*; **backtrack** volver atrás; **backup** (*support*) apoyo *m*, *for police* refuerzos *mpl*; COMPUT copia *f* de seguridad; **backyard** jardín *m* trasero

bacon ['beɪkn] tocino *m*, *Span* bacon *m*

bacteria [bæk'tırıə] bacterias *fpl*

bad [bæd] malo; *before singular masculine noun* mal; *headache etc* fuerte; *mistake, accident* grave; *that's really too ~ (shame)* es una verdadera pena

badge [bædʒ] insignia *f*; *of policeman* placa *f*

bad 'language palabrotas *fpl*; **badly injured** gravemente; *damaged* seriamente; *work* mal; *he ~ needs ...* necesita urgentemente...

badminton ['bædmıntən] bádminton *m*

bad-tempered [bæd'tempərd] malhumorado

baffle ['bæfl] confundir

bag [bæg] bolsa *f*; *for school* cartera *f*; *(purse)* bolso *m*, *S.Am.* cartera *f*

baggage ['bægıdʒ] equipaje *m*; **baggage check** consigna *f*

baggy ['bægı] ancho

bail [beıl] LAW libertad *f* bajo fianza; *(money)* fianza *f*; *on ~* bajo fianza

bait [beıt] cebo *m*

bake [beık] hornear; **baked potato** Span patata *f* or *L.Am.* papa *f* asada *(con piel)*; **baker** panadero(-a) *m(f)*; **bakery** panadería *f*

balance ['bæləns] **1** *n* equilibrio *m*; *(remainder)* resto *m*; *of bank account* saldo *m* **2** *v/t* poner en equilibrio **3** *v/i* mantenerse en equilibrio; *of accounts* cuadrar; **balanced** *(fair)* objetivo; *diet, personality* equilibrado; **balance sheet** balance *m*

balcony ['bælkənı] balcón *m*; *in theater* anfiteatro *m*

bald [bɔːld] calvo; **balding** medio calvo

ball [bɔːl] pelota *f*; *football size* balón *m*, pelota *f*; *billiard-ball size* bola *f*

ballad ['bæləd] balada *f*

ballet [bæ'leı] ballet *m*; **ballet dancer** bailarín(-ina) *m(f)*

'ball game *(baseball)* partido *m* de béisbol

ballistic missile [bə'lıstık] misil *m* balístico

balloon [bə'luːn] globo *m*

ballot ['bælət] **1** *n* voto *m* **2** *v/t members* consultar por votación; **ballot box** urna *f*; **ballot paper** papeleta *f*

'ballpark *(baseball)* campo *m* de béisbol; **ballpark figure** F cifra *f* aproximada; **ballpoint (pen)** bolígrafo *m*, *Mex* pluma *f*, *Rpl* birome *m*

balls [bɔːlz] V huevos *mpl* V

bamboo [bæm'buː] bambú *m*

ban [bæn] **1** *n* prohibición *f* **2** *v/t* prohibir

banal [bə'næl] banal

banana [bə'nænə] plátano *m*, *Rpl* banana *f*

band [bænd] banda *f*; *pop* grupo *m*

bandage ['bændıdʒ] **1** *n* vendaje *m* **2** *v/t* vendar

'Band-Aid® Span tirita *f*,

L.Am. curita *f*

bandit ['bændɪt] bandido *m*

bandy ['bændɪ] *legs* arqueado

bang [bæŋ] **1** *n noise* estruendo *m*; *(blow)* golpe *m* **2** *v/t door* cerrar de un portazo; *(hit)* golpear

bangle ['bæŋgl] brazalete *m*

bangs [bæŋz] flequillo *m*

banisters ['bænɪstərz] barandilla *f*

banjo ['bændʒoʊ] banjo *m*

bank¹ [bæŋk] *of river* orilla *f*

bank² [bæŋk] FIN banco *m*

◆ **bank on** contar con

'**bank account** cuenta *f* (bancaria); **banker** banquero *m*; **banker's card** tarjeta *f* bancaria; **banking** banca *f*; **bank loan** préstamo *m* bancario; **bank manager** director(a) *m(f)* de banco; **bank rate** tipo *m* de interés bancario; **bankroll** financiar; **bankrupt** en bancarrota *o* quiebra; **go ~** quebrar; **bankruptcy** quiebra *f*, bancarrota *f*

banner ['bænər] pancarta *f*

banquet ['bæŋkwɪt] banquete *m*

baptism ['bæptɪzm] bautismo *m*; **baptize** bautizar

bar¹ [bɑːr] *n of iron* barra *f*; *of chocolate* tableta *f*; *for drinks* bar *m*; *(counter)* barra *f*

bar² [bɑːr] *v/t from premises* prohibir la entrada a

barbaric [bɑːr'bærɪk] brutal

barbecue ['bɑːrbɪkjuː] **1** *n* barbacoa *f* **2** *v/t* cocinar en

la barbacoa

barbed wire [bɑːrbd] alambre *f* de espino

barber ['bɑːrbər] barbero *m*

'**bar code** código *m* de barras

bare [ber] desnudo; *room* vacío; *floor* descubierto; **barefoot** descalzo; **bare-headed** sin sombrero; **barely** apenas

bargain ['bɑːrgɪn] **1** *n (deal)* trato *m*; *(good buy)* ganga *f* **2** *v/i* regatear

barge [bɑːrdʒ] NAUT barcaza *f*

◆ **barge into** *person* tropezarse con; *room* irrumpir en

baritone ['bærɪtoʊn] barítono *m*

bark¹ [bɑːrk] **1** *n of dog* ladrido *m* **2** *v/i* ladrar

bark² [bɑːrk] *n of tree* corteza *f*

barn [bɑːrn] granero *m*

barometer [bə'rɑːmɪtər] *also fig* barómetro *m*

barracks ['bærəks] MIL cuartel *m*

barrel ['bærəl] tonel *m*, barril *m*

barren ['bærən] *land* yermo

barrette [bə'ret] pasador *m*

barricade [bærɪ'keɪd] barricada *f*

barrier ['bærɪər] barrera *f*

'**bar tender** camarero(-a) *m(f)*, *L.Am.* mesero(-a) *m(f)*, *Rpl* mozo(-a) *m(f)*

barter ['bɑːrtər] **1** *n* trueque *m* **2** *v/t* trocar (**for** por)

base [beɪs] **1** *n* base *f* **2** *v/t* basar (**on** en); **baseball** béisbol *m*; *ball* pelota *f* de béisbol;

baseball cap gorra *f* de béisbol; **baseboard** rodapié *m*; **basement** *of house* sótano *m*

basic ['beɪsɪk] (*rudimentary*) básico; *room* sencillo; *skills* elemental; (*fundamental*) fundamental; **basically** básicamente

basin ['beɪsn] *for washing* barreño *m*; *in bathroom* lavabo *m*

basis ['beɪsɪs] base *f*

bask [bæsk] tomar el sol

basket ['bæskɪt] cesta *f*; *in basketball* canasta *f*; **basketball game** baloncesto *m*, L.Am. básquetbol *m*; *ball* balón *m* or pelota *f* de baloncesto

Basque [bæsk] **1** *adj* vasco **2** *n person* vasco(-a) *m(f)*; *language* vasco *m*

bass [beɪs] *bajo m; instrument* contrabajo *m*

bastard ['bæstərd] P cabrón (-ona) *m(f)* P

bat[1] [bæt] **1** *n in baseball* bate *m; table tennis* pala *f* **2** *v/i in baseball* batear

bat[2] [bæt] (*animal*) murciélago *m*

batch [bætʃ] *of students* tanda *f; of bread* hornada *f; of products* lote *m*

bath [bæθ] baño *m*

bathe [beɪð] bañarse

'**bathrobe** albornoz *m*; **bathroom** cuarto *m* de baño; (*toilet*) servicio *m*, L.Am. baño *m*; **bath towel** toalla *f* de baño; **bathtub** bañera *f*

batter ['bætər] asa *f; in baseball* bateador(a) *m(f)*; **battered** maltratado

battery ['bætərɪ] pila *f; in computer, car* batería *f*

battle ['bætl] **1** *n* batalla *f* **2** *v/i against illness etc* luchar; **battleship** acorazado *m*

bawl [bɔːl] (*shout*) gritar, vociferar; (*weep*) berrear

bay [beɪ] (*inlet*) bahía *f*

BC [biː'siː] (= *before Christ*) A.C. (= antes de Cristo)

be [biː] ◇ *permanent characteristics, profession, nationality see; position, temporary condition* estar; **there is, there are** hay; ◇ **has the mailman been?** ¿ha venido el cartero?; **I've never been to Japan** no he estado en Japón; ◇ *tags:* **that's right, isn't it?** eso es, ¿no?; **she's Chinese, isn't she?** es china, ¿verdad?; ◇ *passive:* **he was arrested** fue detenido, lo detuvieron

beach [biːtʃ] playa *f*; **beachwear** ropa *f* playera

beads [biːdz] cuentas *fpl*

beak [biːk] pico *m*

beam [biːm] **1** *n in ceiling etc* viga *f* **2** *v/i* (*smile*) sonreír de oreja a oreja

bean [biːn] judía *f*, alubia *f*, L.Am. frijol *m*, S.Am. poroto *m*

bear[1] [ber] *n animal* oso(-a) *m(f)*

bear[2] [ber] *v/t weight* resistir;

bearable 292

costs correr con; (*tolerate*) soportar; **bearable** soportable

beard [bɪrd] barba *f*

beat [biːt] **1** *n* of heart latido *m*; of music ritmo *m* **2** *v/i* of heart latir; of rain golpear **3** *v/t in competition* derrotar, ganar a; (*hit*) pegar a; (*pound*) golpear

◆ **beat up** dar una paliza a

beaten ['biːtən]: **off the ~ track** retirado; **beating** *physical* paliza *f*; **beat-up** F destartalado F

beautiful ['bjuːtɪfl] bonito, precioso, *L.Am.* lindo; *smell, taste, meal* delicioso, *L.Am.* rico; *vacation* estupendo; **beautifully** *cooked, done* perfectamente; **beauty** belleza *f*

beaver ['biːvər] castor *m*

because [bɪ'kɔːz] porque; **~ of** debido a, a causa de

become [bɪ'kʌm] hacerse, volverse; *it became clear that ...* quedó claro que...; *what's ~ of her?* ¿qué fue de ella?; **becoming** favorecedor

bed [bed] cama *f*; of flowers macizo *m*; of sea fondo *m*; of river cauce *m*; **go to ~** ir a la cama; **bedding** ropa f de cama; **bedridden** F estar postrado en cama; **bedroom** dormitorio *m*, *L.Am.* cuarto *m*; **bedtime** hora f de irse a la cama

bee [biː] abeja *f*

beech [biːtʃ] haya *f*

beef [biːf] carne f de vaca; **beefburger** hamburguesa *f*

beep [biːp] **1** *n* pitido *m* **2** *v/i* pitar

beer [bɪr] cerveza *f*

beet [biːt] remolacha *f*

beetle ['biːtl] escarabajo *m*

before [bɪ'fɔːr] **1** *prep* antes de **2** *adv* antes; *I've seen this movie ~* ya he visto esta película; *the week ~* la semana anterior **3** *conj* antes de que; **beforehand** de antemano

befriend [bɪ'frend] hacerse amigo de

beg [beg] **1** *v/i* mendigar, pedir **2** *v/t*: **~ s.o. to do sth** suplicar a alguien que haga algo; **beggar** mendigo(-a) *m(f)*

begin [bɪ'gɪn] empezar, comenzar (*to do* a hacer); **beginner** principiante *m/f*; **beginning** principio *m*, comienzo *m*; (*origin*) origen *m*

behalf [bɪ'hɑːf]: **on ~ of** en nombre de

behave [bɪ'heɪv] comportarse, portarse; **~ (yourself)!** ¡pórtate bien!; **behavior**, *Br* **behaviour** comportamiento *m*, conducta *f*

behind [bɪ'haɪnd] **1** *prep* detrás de; **be ~ ...** (*responsible*) estar detrás de...; (*support*) respaldar... **2** *adv* (*at the back*) detrás; **leave sth ~** dejarse algo

beige [beɪʒ] beige, *Span* beis

being ['biːɪŋ] ser *m*

belated [bɪ'leɪtɪd] tardío

better

belch [beltʃ] **1** *n* eructo *m* **2** *v/i* eructar

Belgian [beldʒən] **1** *adj* belga **2** *n* belga *m/f*; **Belgium** Bélgica

belief [bɪ'li:f] creencia *f*; **believe** creer
◆ **believe in** creer en

believer [bɪ'li:vər] REL creyente *m/f*; *fig* partidario(-a) *m(f)* (*in* de)

Belize [be'li:z] Belice

bell [bel] timbre *m*; *of church* campana *f*; **bellhop** botones *m inv*

belligerent [bɪ'lɪdʒərənt] beligerante

bellow ['beloʊ] bramar

belly ['belɪ] estómago *m*; *fat* barriga *f*; *of animal* panza *f*
◆ **belong to** pertenecer a

belongings [bɪ'lɔːŋɪŋz] pertenencias *fpl*

beloved [bɪ'lʌvɪd] querido

below [bɪ'loʊ] **1** *prep* debajo de; *in amount, level* por debajo de **2** *adv* abajo; *in text* más abajo; **10 degrees ~** 10 grados bajo cero

belt [belt] cinturón *m*

benchmark ['bentʃmɑːrk] punto *m* de referencia

bend [bend] **1** *n* curva *f* **2** *v/t* doblar **3** *v/i* torcer, girar; *of person* flexionarse
◆ **bend down** agacharse

beneath [bɪ'niːθ] **1** *prep* debajo de **2** *adv* abajo

benefactor ['benɪfæktər] benefactor(a) *m(f)*

beneficial [benɪ'fɪʃl] benefi-

cioso

benefit ['benɪfɪt] **1** *n* beneficio *m* **2** *v/t* beneficiar **3** *v/i* beneficiarse

benevolent [bɪ'nevələnt] benevolente

benign [bɪ'naɪn] agradable; MED benigno

bequeath [bɪ'kwiːð] *also fig* legar; **bequest** legado *m*

beret [bə'reɪ] boina *f*

berry ['berɪ] baya *f*

berth [bɜːrθ] *on ship* litera *f*; *on train* camarote *m*; *for ship* amarradero *m*

beside [bɪ'saɪd] al lado de; **be o.s.** estar fuera de sí; **that's ~ the point** eso no tiene nada que ver

besides [bɪ'saɪdz] **1** *adv* además **2** *prep* (*apart from*) además de

best [best] **1** *adj & adv* mejor; **which did you like ~?** ¿cuál te gustó más? **2** *n*: **do one's ~** el / la mejor; **all the ~!** ¡que te vaya bien!; **best before** fecha *f* de caducidad; **best man** *at wedding* padrino *m*

bet [bet] **1** *n* apuesta *f* **2** *v/t & v/i* apostar; **you ~!** ¡ya lo creo!

betray [bɪ'treɪ] traicionar; *husband, wife* engañar; **betrayal** traición *f*; *of husband, wife* engaño *m*

better ['betər] **1** *adj & adv* mejor; **get ~** mejorar; **I'd really ~ not** mejor no; **I like her ~**

me gusta más ella; **better-off** (*wealthier*) más rico

between [bɪ'twi:n] entre

beware [bɪ'weər]: **~ of** tener cuidado con

bewilder [bɪ'wɪldər] desconcertar; **bewilderment** desconcierto *m*

beyond [bɪ'jɑ:nd] más allá de

bias ['baɪəs] *against* prejuicio *m*; *in favor* favoritismo *m*; **bias(s)ed** parcial

Bible ['baɪbl] Biblia *f*; **biblical** bíblico

bicentennial [baɪsen'tenɪəl] bicentenario *m*

bicker ['bɪkər] reñir, discutir

bicycle ['baɪsɪkl] bicicleta *f*

bid [bɪd] **1** *n at auction* puja *f*; (*attempt*) intento *m* **2** *v/i at auction* pujar; **bidder** postor(a) *m(f)*

biennial [baɪ'enɪəl] bienal

big [bɪg] **1** *adj* grande; *before singular nouns* gran; **my ~ brother / sister** mi hermano / hermana mayor **2** *adv*: **talk ~** alardear

bigamist ['bɪgəmɪst] bígamo(-a) *m(f)*

'bighead F creído(-a) *m(f)* F

bigot ['bɪgət] fanático(-a) *m(f)*; intolerante *m/f*

bike [baɪk] F bici *f* F; *motorbike* moto *f* F; **biker** motero(-a) *m(f)*

bikini [bɪ'ki:nɪ] biquini *m*

bilingual [baɪ'lɪŋgwəl] bilingüe

bill [bɪl] *for gas, electricity* factura *f*; (*money*) billete *m*; POL

proyecto *m* de ley; (*poster*) cartel *m*; *Br in restaurant etc* cuenta *f*; **billboard** valla *f* publicitaria; **billfold** cartera *f*, billetera *f*

billion ['bɪljən] mil millones *mpl*, millardo *m*

bin [bɪn] cubo *m*

bind [baɪnd] (*connect*) unir; (*tie*) atar; LAW obligar; **binding agreement** vinculante

binoculars [bɪ'nɑ:kjʊlərz] prismáticos *mpl*

biodegradable [baɪoʊdɪ'greɪdəbl] biodegradable

biographer [baɪ'ɑ:grəfər] biógrafo(-a) *m(f)*; **biography** biografía *f*

biological [baɪoʊ'lɑ:dʒɪkl] biológico; **biology** biología *f*

bird [bɜ:rd] ave *f*, pájaro *m*

biro® ['baɪroʊ] *Br* bolígrafo *m*, *Mex* pluma *f*, *Rpl* birome *f*

birth [bɜ:rθ] nacimiento *m*; (*labor*) parto *m*; **give ~ to** *child* dar a luz; *of animal* parir; **date of ~** fecha *f* de nacimiento; **birth certificate** partida *f* de nacimiento; **birth control** control *m* de natalidad; **birthday** cumpleaños *m inv*; **happy ~!** ¡feliz cumpleaños!

biscuit ['bɪskɪt] bollo *m*, panecillo *m*; *Br* galleta *f*

bisexual [baɪsek'ʃʊəl] **1** *adj* bisexual **2** *n* bisexual *m/f*

bishop ['bɪʃəp] obispo *m*

bit [bɪt] (*piece*) trozo *m*; (*part*) parte *f*; *of puzzle* pieza *f*; COMPUT bit *m*; **a ~ of** (*a little*) un poco de

bitch [bɪtʃ] **1** n dog perra f; F woman zorra f F **2** v/i F (complain) quejarse

bite [baɪt] **1** n of dog mordisco m; of mosquito, snake picadura f; of food bocado m **2** v/t & v/i of dog morder; of mosquito, flea, snake picar

bitter [ˈbɪtər] amargo; person resentido

black [blæk] **1** adj negro; coffee solo; tea sin leche **2** n (color) negro m; (person) negro(-a) m(f)

◆ **black out** (faint) perder el conocimiento

ˈ**blackboard** pizarra f, encerado m; **black coffee** café m solo; **black economy** economía f sumergida; **black eye** ojo m morado; **blacklist** lista f negra; **blackmail 1** n chantaje m **2** v/t chantajear; **black market** mercado m negro; **blackness** oscuridad f; **blackout** ELEC apagón m; MED desmayo m

bladder [ˈblædər] vejiga f

blade [bleɪd] hoja f; of propeller pala f; of grass brizna f

blame [bleɪm] **1** n culpa f **2** v/t culpar

bland [blænd] smile insulso; food insípido

blank [blæŋk] **1** adj (not written on) en blanco; tape virgen; look inexpresivo **2** n (empty space) espacio m en blanco; **blank check**, Br **blank cheque** cheque m

en blanco

blanket [ˈblæŋkɪt] manta f, L.Am. frazada f

blast [blæst] **1** n (explosion) explosión f; (gust) ráfaga f **2** v/t tunnel abrir (en explosivos); rock volar; **~!** F ¡mecachis! F; **blast-off** despegue m

blatant [ˈbleɪtənt] descarado

blaze [bleɪz] **1** n (fire) incendio m **2** v/i of fire arder

blazer [ˈbleɪzər] americana f

bleach [bliːtʃ] **1** n for clothes lejía f; for hair decolorante m **2** v/t hair aclarar, desteñir

bleak [bliːk] countryside inhóspito; weather desapacible; future desolador

bleary-eyed [ˈblɪriaɪd] con ojos de sueño

bleat [bliːt] of sheep balar

bleed [bliːd] sangrar; **bleeding** hemorragia f

bleep [bliːp] **1** n pitido m **2** v/i pitar

blemish [ˈblemɪʃ] imperfección f

blend [blend] **1** n of coffee etc mezcla f; fig combinación f **2** v/t mezclar; **blender** machine licuadora f

bless [bles] bendecir; **~ you!** in response to sneeze ¡Jesús!; **blessing** bendición f

blind [blaɪnd] **1** adj ciego; corner sin visibilidad **2** v/t of sun cegar; **blind alley** callejón m sin salida; **blind date** cita f a ciegas; **blindfold 1** n venda f **2** v/t vendar los ojos a; **blind-**

ing *light* cegador; *headache* terrible; **blindly** a ciegas; *fig* ciegamente; **blind spot** *in road* punto *m* sin visibilidad; *in driving mirror* ángulo *m* muerto

blink [blɪŋk] parpadear

blizzard ['blɪzərd] ventisca *f*

bloc [blɑːk] POL bloque *m*

block [blɑːk] **1** *n* bloque *m*; *buildings* manzana *f*, *L.Am.* cuadra *f*; *(blockage)* bloqueo *m* **2** *v/t* bloquear; *sink* atascar; **blockage** obstrucción *f*; **blockbuster** gran éxito *m*; **block letters** letras *fpl* mayúsculas

blond [blɑːnd] rubio; **blonde** *woman* rubia *f*

blood [blʌd] sangre *f*; **blood donor** donante *m/f* de sangre; **blood group** grupo *m* sanguíneo; **blood poisoning** septicemia *f*; **blood pressure** tensión *f* (arterial); **blood sample** muestra *f* de sangre; **bloodshed** derramamiento *m* de sangre; **bloodshot** enrojecido *m*; **bloodstained** ensangrentado; **blood test** análisis *m inv* de sangre; **bloodthirsty** sanguinario; *movie* macabro

bloom [bluːm] *also fig* florecer

blossom ['blɑːsəm] **1** *n* flores *fpl* **2** *v/i also fig* florecer

blot [blɑːt] mancha *f*

◆ **blot out** borrar; *sun, view* ocultar

blouse [blauz] blusa *f*

blow[1] [bloʊ] *n* golpe *m*

blow[2] [bloʊ] **1** *v/t smoke* exhalar; *whistle* tocar **2** *v/i of wind, person* soplar; *of whistle* sonar; *of fuse* fundirse; *of tire* reventarse

◆ **blow out 1** *v/t candle* apagar **2** *v/i of candle* apagarse

◆ **blow over 1** *v/t* derribar **2** *v/i* derrumbarse; *of storm* amainar; *of argument* calmarse

◆ **blow up 1** *v/t with explosives* volar; *balloon* hinchar; *photograph* ampliar **2** *v/i* explotar

'blow-dry secar *(con secador) f*

blowout *of tire* reventón *m*

blue [bluː] azul; F *movie* porno *inv* F; **blueberry** arándano *m*; **blue chip** puntero, de primera fila; **blues** MUS blues *m inv*; **have the ~** estar deprimido

bluff [blʌf] **1** *n (deception)* farol *m* **2** *v/i* ir de farol

blunder ['blʌndər] error *m* de bulto

blunt [blʌnt] *pencil* sin punta; *knife* desafilado; *person* franco; **bluntly** francamente

blur [bləːr] **1** *n* imagen *f* desenfocada **2** *v/t* desdibujar

◆ **blurt out** [bləːrt] soltar

blush [blʌʃ] **1** *n* rubor *m* **2** *v/i* ruborizarse; **blusher** *cosmetic* colorete *m*

blustery ['blʌstərɪ] tempestuoso

BO [biː'oʊ] (= *body odor*) olor *m* corporal

bookie

board [bɔːrd] **1** *n* tablón *m*, tabla *f*; *for game* tablero *m*; *for notices* tablón *m*; **~ (of directors)** consejo *m* de administración; **on ~** a bordo **2** *v/t airplane* etc embarcar; *train* subir a **3** *v/i of passengers* embarcar

◆ **board up** cubrir con tablas

boarder [ˈbɔːrdər] *in house* huésped *m/f*; **board game** juego *m* de mesa; **boarding card** tarjeta *f* de embarque; **boarding school** internado *m*; **board meeting** reunión *f* del consejo de administración; **board room** sala *f* de reuniones or juntas

boast [bəʊst] **1** *n* presunción *f* **2** *v/i* presumir (*about* de)

boat [bəʊt] *n* barco *m*; *small, for leisure* barca *f*

bodily [ˈbɒdɪlɪ] **1** *adj* corporal; *needs físico*; *function* fisiológico **2** *adv* eject en volandas; **body** cuerpo *m*; *dead* cadáver *m*; **bodyguard** guardaespaldas *m/f inv*; **bodywork** MOT carrocería *f*

bogus [ˈbəʊɡəs] falso

boil[1] [bɔɪl] *n* (*swelling*) forúnculo

boil[2] [bɔɪl] **1** *v/t* hervir; *egg, vegetables* cocer **2** *v/i* hervir

◆ **boil down to** reducirse a

boiler [ˈbɔɪlər] caldera *f*

boisterous [ˈbɔɪstərəs] escandaloso

bold [bəʊld] **1** *adj* valiente, audaz; *text* en negrita **2** *n print* negrita *f*

Bolivia [bəˈlɪvɪə] Bolivia; **Bolivian 1** *adj* boliviano **2** *n* boliviano(-a) *m(f)*

bolster [ˈbəʊlstər] *confidence* reforzar

bolt [bəʊlt] **1** *n on door* cerrojo *m*; *with nut* perno *m* **2** *adv:* **~ upright** erguido **3** *v/t* (*fix with bolts*) atornillar; *close* cerrar con cerrojo **4** *v/i* (*run off*) fugarse

bomb [bɒm] **1** *n* bomba *f* **2** *v/t* MIL bombardear; *of terrorist* poner una bomba en; **bombard** *also fig* bombardear; **bomb attack** atentado *m* con bomba; **bomber** bombardero *m*; *terrorist* terrorista *m/f* (*que pone bombas*); **bomb scare** amenaza *f* de bomba; **bombshell** *fig: news* bomba *f*

bond [bɒnd] **1** *n* (*tie*) unión *f*; FIN bono *m* **2** *v/i of glue* adherirse

bone [bəʊn] *n* hueso *m*; *of fish* espina *f*

bonnet [ˈbɒnɪt] *Br of car* capó *m*

bonus [ˈbəʊnəs] *money plus m*, bonificación *f*; (*extra*) ventaja *f* adicional

boob [buːb] P (*breast*) teta P

booboo [ˈbuːbuː] F metedura *f* de pata

book [bʊk] **1** *n* libro *m* **2** *v/t* reservar; *of policeman* multar; **bookcase** estantería *f*, librería *f*; **booked up** lleno, completo; *person* ocupado; **bookie** F corredor(a) *m(f)* de apuestas; **booking** reserva f; **bookkeeper** tenedor(a) m(f) de libros; **bookkeeping** contabilidad f; **booklet** folleto m; **bookmaker** corredor(a) m(f) de apuestas; **books** (accounts) contabilidad f; **bookseller** librero(-a) m(f); **bookstore** librería f

boom¹ [buːm] n boom m 2 v/i of business experimentar un boom

boom² [buːm] n noise estruendo m

boost [buːst] 1 n impulso m 2 v/i estimular; morale levantar

boot [buːt] bota f; Br of car maletero m, C.Am., Mex cajuela f, Rpl baúl m

◆ **boot up** COMPUT arrancar

booth [buːð] at market cabina f; at exhibition puesto m, stand m

booze [buːz] F bebida f, Span priva f F

border ['bɔːrdər] 1 n frontera f; (edge) borde m 2 v/t country limitar con

◆ **border on** limitar con; (be almost) rayar en

bore¹ [bɔːr] v/t hole taladrar

bore² [bɔːr] 1 n person pesado(-a) m(f) 2 v/t aburrir

bored [bɔːrd] aburrido; **boredom** aburrimiento m; **boring** aburrido

born [bɔːrn]: **be ~** nacer

borrow ['bɑːroʊ] tomar prestado

bosom ['bʊzm] pecho m

boss [bɑːs] jefe(-a) m(f)

◆ **boss around** dar órdenes a

bossy ['bɑːsɪ] mandón

botanical [bə'tænɪkl] botánico

botch [bɑːtʃ] arruinar

both [boʊθ] 1 adj & pron ambos, los dos; ~ **of them** ambos, los dos 2 adv: ~ **my mother and I** tanto mi madre como yo

bother ['bɑːðər] 1 n molestias fpl 2 v/t (disturb) molestar; (worry) preocupar

bottle ['bɑːtl] botella f; for baby biberón m

◆ **bottle up** feelings reprimir

'**bottle bank** contenedor m de vidrio; **bottled water** agua f embotellada; **bottleneck** embotellamiento m; in production cuello m de botella; **bottle-opener** abrebotellas m inv

bottom ['bɑːtəm] 1 adj inferior, de abajo 2 n of case, garden fondo m; of hill, page pie m; of pile parte f inferior; (underside) parte f de abajo; of street final m; (buttocks) trasero m

◆ **bottom out** tocar fondo

bottom 'line financial saldo m final; (real issue) realidad f

boulder ['boʊldər] roca f redondeada

bounce [baʊns] 1 v/t ball botar 2 v/i of ball (re)botar; of rain rebotar; of check ser rechazado; **bouncer** portero *m*, gorila *m*

bound[1] [baʊnd] *adj:* **he's ~ to ...** (*sure to*) seguro que...

bound[2] [baʊnd] *adj:* **be ~ for** *of ship* llevar destino a

bound[3] [baʊnd] *n* (*jump*) salto *m*

boundary ['baʊndərɪ] límite *m*; *of countries* frontera *f*

bouquet [bʊ'keɪ] ramo *m*

bourbon ['bɜːrbən] bourbon *m*

bout [baʊt] MED ataque *m*; *in boxing* combate *m*

bow[1] [baʊ] **1** *n as greeting* reverencia *f* **2** *v/i* saludar con la cabeza **3** *v/t head* inclinar

bow[2] [boʊ] *n* (*knot*) lazo *m*; MUS, *for archery* arco *m*

bow[3] [baʊ] *n of ship* proa *f*

bowels ['baʊəlz] entrañas *fpl*

bowl[1] [boʊl] *n for rice etc* cuenco *m*; *for soup* plato *m* sopero; *for salad* ensaladera *f*; *for washing* barreño *m*

bowl[2] [boʊl] **1** *n* (*ball*) bola *f* **2** *v/i in bowling* lanzar la bola

bowling ['boʊlɪŋ] bolos *mpl*; **bowling alley** bolera *f*

bow tie [boʊ] pajarita *f*

box[1] [bɑːks] *n* caja *f*; *on form* casilla *f*

box[2] [bɑːks] *v/i* boxear

boxer ['bɑːksər] boxeador(a) *m(f)*; **boxing** boxeo *m*; **boxing glove** guante *m* de boxeo; **boxing match** combate *m*

'**box number** *at post office* apartado *m* de correos; **box office** taquilla *f*, *L.Am.*

boletería *f*

boy [bɔɪ] niño *m*, chico *m*

boycott ['bɔɪkɑːt] **1** *n* boicot *m* **2** *v/t* boicotear

'**boyfriend** novio *m*

bra [brɑː] sujetador *m*

bracelet ['breɪslɪt] pulsera *f*

bracket ['brækɪt] *for shelf* escuadra *f*

brag [bræg] fanfarronear

braid [breɪd] *in hair* trenza *f*; *trimming* trenzado *m*

braille [breɪl] braille *m*

brain [breɪn] cerebro *m*; **brainless** F estúpido; **brains** (*intelligence*) inteligencia *f*; **brain surgeon** neurocirujano(-a) *m(f)*; **brain tumor**, *Br* **brain tumour** tumor *m* cerebral; **brainwash** lavar el cerebro a

brake [breɪk] **1** *n* freno *m* **2** *v/i* frenar

branch [bræntʃ] *of tree* rama *f*; *of company* sucursal *f*

brand [brænd] **1** *n* marca *f* **2** *v/t:* **be ~ed a liar** ser tildado de mentiroso; **brand image** imagen *f* de marca

brandish ['brændɪʃ] blandir

brand 'leader marca *f* líder del mercado; **brand name** nombre *m* comercial; **brand-new** nuevo, flamante

brandy ['brændɪ] brandy *m*

brassière [brə'zɪr] sujetador *m*, sostén *m*

brat [bræt] *pej* niñato(-a) *m(f)*

brave [breɪv] valiente, valeroso; **bravery** ['breɪvrɪ] valentía *f*, valor

brawl

300

m

brawl [brɔːl] **1** *n* pelea *f* **2** *v/i* pelearse

Brazil [brəˈzɪl] Brasil; **Brazilian 1** *adj* brasileño **2** *n* brasileño(-a) *m(f)*

breach [briːtʃ] (*violation*) infracción *f m*; *in party* ruptura *f*; **breach of contract** incumplimiento *m* de contrato

bread [bred] pan *m*

breadth [bredθ] ancho *m*; *of knowledge* amplitud *f*

'breadwinner: be the ~ ser el que gana el pan

break [breɪk] **1** *n* fractura *f*, rotura *f*; (*rest*) descanso *m* **2** *v/t also promise* romper; *rules, law* violar; *news* dar; *record* batir **3** *v/i* romperse; *of news* saltar; *of storm* estallar
♦ **break down 1** *v/i of vehicle* averiarse, estropearse; *of machine* estropearse; *of talks* romperse; *in tears* romper a llorar; *mentally* venirse abajo **2** *v/t door* derribar; *figures* desglosar
♦ **break even** cubrir gastos
♦ **break in** (*interrupt*) interrumpir; *of burglar* entrar
♦ **break up 1** *v/t into parts* descomponer; *fight* poner fin a **2** *v/i of ice* romperse; *of couple, band* separarse; *of meeting* terminar

breakable ['breɪkəbl] rompible, frágil; **breakage** rotura *f*; **breakdown** *of vehicle, machine* avería *f*; *of talks* ruptura *f*; (*nervous*) crisis *f inv* nerviosa; *of figures* desglose *m*

breakfast ['brekfəst] desayuno *m*; **have ~** desayunar

'break-in entrada *f* (*mediante la fuerza*); *robbery* robo *m*; **breakthrough** *in negotiations* paso *m* adelante; *of technology* avance *m*; **break-up** *of partnership* ruptura *f*, separación *f*

breast [brest] pecho *m*; **breastfeed** amamantar; **breaststroke** braza *f*

breath [breθ] respiración *f*; **be out of ~** estar sin respiración

breathe [briːð] respirar
♦ **breathe in** aspirar, inspirar
♦ **breathe out** espirar

breathing ['briːðɪŋ] respiración *f*

breathtaking ['breθteɪkɪŋ] impresionante

breed [briːd] **1** *n* raza *f* **2** *v/t* criar; *plants* cultivar; *fig* causar **3** *v/i of animals* reproducirse; **breeding** *of animals* cría *f*; *of person* educación *f*

breeze [briːz] brisa *f*; **breezy** ventoso

brew [bruː] **1** *v/t beer* elaborar **2** *v/i of storm* avecinarse; *of trouble* fraguarse; **brewery** fábrica *f* de cerveza

bribe [braɪb] **1** *n* soborno *m*, *Mex* mordida *f*, *S.Am.* coima *f* **2** *v/t* sobornar; **bribery** soborno *m*, *Mex* mordida *f*, *S.Am.* coima *f*

brick [brɪk] ladrillo *m*

bride [braɪd] novia *f* (*en boda*); **bridegroom** novio *m* (*en*

brown

boda); **bridesmaid** dama *f* de honor

bridge [brɪdʒ] **1** *n also* NAUT puente *m* **2** *v/t* gap superar

bridle [braɪdl] brida *f*

brief[1] [briːf] *adj* breve, corto

brief[2] [briːf] **1** *n* (*mission*) misión *f* **2** *v/t*: **~ s.o. on sth** informar a tiguien de algo

'briefcase maletín *m*; **briefing** reunión *f* informativa; **briefly** brevemente; (*in few words*) en pocas palabras; (*to sum up*) en resumen; **briefs** *for women* bragas *fpl*; *for men* calzoncillos *mpl*

bright [braɪt] *color* vivo; *sky* radiante; (*sunny*) luminoso; (*intelligent*) inteligente; **brightly** *shine* intensamente; *smile* alegremente

brilliance [brɪljəns] *of person* genialidad *f*; *of color* resplandor *m*; **brilliant** *sunshine etc* resplandeciente; (*very good*) genial; (*very intelligent*) brillante

brim [brɪm] *of container* borde *m*; *of hat* ala *f*

bring [brɪŋ] traer

◆ **bring back** (*return*) devolver; (*re-introduce*) reinstaurar; *memories* traer

◆ **bring down** *government* derrocar; *airplane* derribar; *price* reducir

◆ **bring on** *illness* provocar

◆ **bring out** *product* sacar

◆ **bring up** *child* criar; *subject* mencionar; (*vomit*) vomitar

brink [brɪŋk] borde *m*

brisk [brɪsk] *person* enérgico; *walk* rápido; *trade* animado

bristles [brɪslz] *on chin* pelos *mpl*; *of brush* cerdas *fpl*

Britain [brɪtn] Gran Bretaña; **British 1** *adj* británico **2** *npl*: **the ~** los británicos

brittle [brɪtl] frágil

broach [broʊtʃ] broche *m*

broad [broːd] **1** *adj* ancho; *smile* amplio; (*general*) general *f* **2** *n* F (*woman*) tía *f* F; **in ~ daylight** a plena luz del día; **broadcast 1** *n* emisión *f* **2** *v/i* emitir; **broadcaster** presentador(a) *m(f)*; **broadjump** salto *m* de longitud; **broadly** en general; **broadminded** tolerante, abierto

broccoli [brɑːkəlɪ] brécol *m*, brócoli *m*

brochure [broʊʃər] folleto *m*

broil [broɪl] asar a la parrilla; **broiler** *on stove* parrilla *f*; *chicken* pollo *m* (para asar)

broke [broʊk] F: **be ~** estar sin blanca F; **long-term** estar arruinado; **broken** *adj* roto; *home* deshecho; **broker** corredor(a) *m(f)*

bronchitis [brɑːŋkaɪtɪs] bronquitis *f*

bronze [brɑːnz] bronce *m*

brooch [broʊtʃ] *Br* broche *m*

brothel [brɑːθl] burdel *m*

brother [brʌðər] hermano *m*; **brother-in-law** cuñado *m*; **brotherly** fraternal

brow [braʊ] (*forehead*) frente *f*; *of hill* cima *f*

brown [braʊn] **1** *n* marrón *m*,

L.Am. color *m* café **2** *adj* marrón; *eyes, hair* castaño; *(tanned)* moreno; **brownie** *(cake)* pastel *m* de chocolate y nueces; **brown paper bag** bolsa *f* de cartón

browse [braʊz] *in store* echar una ojeada; COMPUT navegar; **browser** COMPUT navegador *m*

bruise [bruːz] *n* magulladura *f*, cardenal *f*; *on fruit* maca *f*

brunette [bruːˈnet] *n* morena *f*

brush [brʌʃ] **1** *n* cepillo *m*; *conflict* roce *m* **2** *v/t* cepillar; *(touch lightly)* rozar

◆ **brush aside** hacer caso omiso a

◆ **brush up** repasar

brusque [brʊsk] brusco

brutal [ˈbruːtl] brutal; **brutality** brutalidad *f*; **brutally** brutalmente; **brute** bestia *m/f*

bubble [ˈbʌbl] burbuja *f*

buck[1] [bʌk] *n* F *(dollar)* dólar *m*

buck[2] [bʌk] *v/i of horse* corcovear

bucket [ˈbʌkɪt] cubo *m*

buckle[1] [ˈbʌkl] **1** *n* hebilla *f* **2** *v/t belt* abrochar

buckle[2] [ˈbʌkl] *v/i of metal* combarse

bud [bʌd] BOT capullo *m*

buddy [ˈbʌdɪ] F amigo(-a) *m(f)*

budge [bʌdʒ] **1** *v/t* mover **2** *v/i* moverse

budget [ˈbʌdʒɪt] presupuesto *m*

buff [bʌf] aficionado(-a) *m(f)*

buffalo [ˈbʌfələʊ] búfalo *m*

buffer [ˈbʌfər] RAIL tope *m*; COMPUT búfer *m*; *fig* barrera *f*

buffet [ˈbʊfeɪ] *meal* bufé *m*

bug [bʌɡ] **1** *n insect* bicho *m*; *virus* virus *m inv*; *(spying)* micrófono *m* oculto; COMPUT error *m* **2** *v/t* colocar un micrófono en; F *(annoy)* fastidiar F

buggy [ˈbʌɡɪ] *for baby* silla *f* de paseo

build [bɪld] **1** *n of person* constitución *f* **2** *v/t* construir

◆ **build up 1** *v/t strength* aumentar; *relationship* fortalecer **2** *v/i of dirt* acumularse; *of pressure etc* aumentar

builder [ˈbɪldər] albañil *m/f*; *company* constructora *f*; **building** edificio *m*; *activity* construcción *f*; **building site** obra *f*; **building society** Br caja *f* de ahorros; **building trade** industria *f* de la construcción; **build-up** acumulación *f*; **after all the ~** publicity después de tantas expectativas; **built-in** *cupboard* empotrado; *flash* incorporado

bulb [bʌlb] BOT bulbo *m*; *(light ~)* bombilla *f*, *L.Am.* foco *m*

bulge [bʌldʒ] **1** *n bulto m* **2** *v/i of wall* abombarse

bulky [ˈbʌlkɪ] voluminoso

bull [bʊl] *animal* toro *m*; **bulldozer** bulldozer *m* bullet ['bʊlɪt] bala f

bulletin ['bʊlɪtɪn] boletín m; bulletin board tablón m de anuncios

'bullet-proof antibalas inv

'bull fight corrida f de toros; bull fighter torero(-a) m(f); bull fighting tauromaquia f, los toros; bull ring plaza f de toros; bull's-eye diana f, blanco m; bullshit n ∨ Span gilipollez f ∨, L.Am. pendejada f ∨

bully ['bʊlɪ] 1 n matón(-ona) m(f); child abusón(-ona) m(f) 2 v/t intimidar; bullying intimidación f

bum [bʌm] F 1 n (tramp) vagabundo(-a) m(f); (worthless person) inútil m/f 2 v/t cigarette etc gorronear

bump [bʌmp] 1 n (swelling) chichón m, on road bache m 2 v/t golpear; bumper MOT parachoques m inv; bumpy con baches; flight movido

bunch [bʌntʃ] of people grupo m; of keys manojo m; of flowers ramo m; of grapes racimo m; thanks a ~ iron no sabes lo que te lo agradezco

bungle ['bʌŋgl] echar a perder

bunk [bʌŋk] litera f

buoy [bɔɪ] NAUT boya f; buoyant optimista; economy boyante

burden ['bɜːrdn] 1 n also fig carga f 2 v/t: ~ s.o. with sth fig cargar a alguien con

algo

bureau ['bjʊroʊ] (chest of drawers) cómoda f; (office) departamento m, oficina f; bureaucrat burócrata m/f; bureaucratic burocrático

burger ['bɜːrɡər] hamburguesa f

burglar ['bɜːrɡlər] ladrón (-ona) m(f); burglar alarm alarma f antirrobo; burglarize robar; burglary robo m

burial ['berɪəl] entierro m

burn [bɜːrn] 1 n quemadura f 2 v/t quemar 3 v/t quemarse ◆ burn down 1 v/t incendiar 2 v/t incendiarse

burp [bɜːrp] 1 n eructo m 2 v/i eructar

burst [bɜːrst] 1 n in pipe rotura f 2 adj tire reventado 3 v/t & v/i reventar; ~ into tears echarse a llorar; ~ out laughing echarse a reír

bus [bʌs] local autobús m, Mex camión m, Arg colectivo m, C.Am. guagua f; long distance autobús m, Span autocar m

bush [bʊʃ] plant arbusto m; bushy beard espeso

business ['bɪznɪs] negocios mpl; (company) empresa f; (sector) sector m; (affair, matter) asunto m; as subject of study empresariales fpl; on ~ de negocios; mind your own ~! ¡no te metas en lo que no te importa!; business card tarjeta f de visita; business class clase f ejecutiva; **businesslike** eficiente; **businessman** hombre m de negocios; **business meeting** reunión f de negocios; **business school** escuela f de negocios; **business studies** empresariales mpl; **business trip** viaje m de negocios; **businesswoman** mujer f de negocios, ejecutiva f

bust¹ [bʌst] n of woman busto m

bust² [bʌst] adj F (broken) escacharrado F

'bus station estación f de autobuses; **bus stop** parada f de autobús

'bus-up F corte m, busty pechugona F

busy ['bɪzɪ] also TELEC ocupado; full of people abarrotado; restaurant etc: making money ajetreado; **busybody** metomentodo m/f

but [bʌt] **1** conj pero **2** prep: all ~ him todos excepto él; the last ~ one el penúltimo; ~ for you si no hubiera sido por ti

butcher ['butʃər] carnice-

ro(-a) m(f)

butt [bʌt] **1** n of cigarette colilla f; F (buttocks) trasero m F **2** v/t of bull embestir

butter ['bʌtər] mantequilla f; **butterfly** mariposa f

buttocks ['bʌtəks] nalgas fpl

button ['bʌtn] botón m; (badge) chapa f

buy [baɪ] comprar

◆ **buy out** COM comprar la parte de

buyer ['baɪr] comprador(a) m(f)

buzz [bʌz] **1** n zumbido m **2** v/i of insect zumbar; **buzzer** timbre m

by [baɪ] to show agent por; (near, next to) al lado de, junto a; (no later than) no más tarde de; mode of transport en; ~ **day** de día; ~ **bus** en autobús; ~ **my watch** en mi reloj; **a play** ~ una obra de…; ~ **o.s.** without company solo

bye(-bye) [baɪ] adiós

'bypass circunvalación f; MED bypass m; **by-product** subproducto m; **bystander** transeúnte m/f

C

cab [kæb] taxi m; of truck cabina f; **cab driver** taxista m/f

cabin ['kæbɪn] of plane cabina f; of ship camarote m; **cabin attendant** auxiliar m/f de vuelo; **cabin crew** personal

m de a bordo

cabinet ['kæbɪnɪt] armario m; POL gabinete m

cable ['keɪbl] cable m; **cable car** teleférico m; **cable television** televisión f por cable '**cab stand** parada f de taxis

cactus ['kæktəs] cactus m inv

cadaver [kə'dævər] cadáver m

caddie ['kædɪ] in golf caddie m/f

Caesarean Br ☞ **Cesarean**

café ['kæfeɪ] café m, cafetería f, cantina f

caffeine ['kæfiːn] cafeína f

cage [keɪdʒ] jaula f; **cagey** cauteloso

cake [keɪk] tarta f; small pastel m

calculate ['kælkjʊleɪt] calcular; **calculating** calculador; **calculation** cálculo m; **calculator** calculadora f

calendar ['kælɪndər] calendario m

calf[1] [kæf] of cow ternero(-a) m(f)

calf[2] [kæf] of leg pantorrilla f

caliber, Br calibre ['kælɪbər] of gun calibre m

call [kɔːl] **1** n llamada f, (demand) llamamiento m **2** v/t also TELEC llamar; meeting convocar; **be ~ ed ...** llamarse... **3** v/i also TELEC llamar; (visit) pasarse

◆ **call back 1** v/t (phone again) volver a llamar; (return call) devolver la llamada; (summon) hacer volver **2** v/i on phone volver a llamar; (make another visit) volver a pasar

◆ **call for** (collect) recoger; (demand) pedir, exigir; (require) requerir

◆ **call off** cancelar

caller ['kɔːlər] on phone persona f que llama; (visitor) visitante m/f

calm [kɑːm] **1** adj tranquilo; weather apacible **2** n calma f

◆ **calm down 1** v/t calmar **2** v/i calmarse

calmly ['kɑːmlɪ] con calma, tranquilamente

calorie ['kælərɪ] caloría f

camcorder ['kæmkɔːrdər] videocámara f

camera ['kæmərə] cámara f; **cameraman** cámara m, camarógrafo m; **camera phone** teléfono m con cámara

camouflage ['kæməflɑːʒ] **1** n camuflaje m **2** v/t camuflar

camp [kæmp] **1** n campamento m **2** v/i acampar

campaign [kæm'peɪn] **1** n campaña f **2** v/i hacer campaña (**for** a favor de)

camper ['kæmpər] person m/f; vehicle autocaravana f; **camping** campada f, on campsite camping m; **campsite** camping m

campus ['kæmpəs] campus m

can[1] [kæn] v/aux poder; **~ you swim?** ¿sabes nadar?; **~ you hear me?** ¿me oyes?; **~ I have a beer?** ¿me pones una cerveza?

can[2] [kæn] n container: lata f

Canada ['kænədə] Canadá f; **Canadian** [kə'neɪdɪən] **1** adj canadiense **2** n canadiense m/f

canal [kə'næl] waterway canal

m

Canary Islands, Canaries [kəˈnerɪz]: *the ~* las Islas Canarias

cancel [ˈkænsl] cancelar; **cancellation** cancelación *f*

cancer [ˈkænsər] cáncer *m*

candid [ˈkændɪd] sincero

candidacy [ˈkændɪdəsɪ] candidatura *f*; **candidate** candidato(-a) *m(f)*

candle [ˈkændl] vela *f*

candor, *Br* **candour** [ˈkændər] sinceridad *f*

candy [ˈkændɪ] *(sweet)* caramelo *m*; *(sweets)* dulces *mpl*

cane [keɪn] caña *f*

canister [ˈkænɪstər] bote *m*

canned [kænd] enlatado, en lata; *(recorded)* grabado

cannot [ˈkænɑːt] ☞ *can not*

canny [ˈkænɪ] *(astute)* astuto

canoe [kəˈnuː] canoa *f*, piragua *f*

'can opener abrelatas *m inv*

can't [kænt] = *can not*

canteen [kænˈtiːn] *in plant* cantina *f*, cafetería *f*

canvas [ˈkænvəs] *for painting* lienzo *m*; *material* lona *f*

canyon [ˈkænjən] cañón *m*

cap [kæp] *hat* gorro *m*; *with peak* gorra *f*

capability [keɪpəˈbɪlətɪ] capacidad *f*; **capable** capaz

capacity capacidad *f*; *of engine* cilindrada *f*

capital [ˈkæpɪtl] *city* capital *f*; *letter* mayúscula *f*; *money* capital *m*; **capitalism** capitalismo *m*; **capitalist 1** *adj* ca-

pitalista **2** *n* capitalista *m/f*; **capital punishment** pena *f* capital

capsize [kæpˈsaɪz] volcar

capsule [ˈkæpsʊl] cápsula *f*

captain [ˈkæptɪn] capitán (-ana) *m(f)*; *of aircraft* comandante *m/f*

caption [ˈkæpʃn] pie *m* de foto

captivate [ˈkæptɪveɪt] cautivar; **captive 1** *adj* prisionero **2** *n* prisionero(-a) *m(f)*; **captivity** cautividad *f*; **capture 1** *n of city* toma *f*; *of criminal, animal* captura *f* **2** *v/t person, animal* capturar; *city, building* tomar; *market share* ganar

car [kɑːr] coche *m*, *L.Am.* carro *m*, *Rpl* auto *m*; *of train* vagón *m*; *by ~* en coche

carbon monoxide [kɑːrbmənˈɑːksaɪd] monóxido *m* de carbono

carbureter, carburetor [kɑːrbʊˈretər] carburador *m*

carcass [ˈkɑːrkəs] cadáver *m*

card [kɑːrd] tarjeta *f*; *(post~)* (tarjeta *f*) postal *f*; *(playing ~)* carta *f*, naipe *m*; **cardboard** cartón *m*

cardiac [ˈkɑːrdɪæk] cardíaco

cardinal [ˈkɑːrdɪnl] REL cardenal *m*

care [ker] **1** *n* cuidado *m*; *medical* asistencia *f* médica; *(worry)* preocupación *f*; *care of c/o*, atte. **take ~** *(be cautious)* tener cuidado; **take ~ of** cuidar; *(deal with)* ocuparse de **2**

v/i preocuparse; **I don't ~!** ¡me da igual!

◆ **care about** preocuparse por

◆ **care for** (*look after*) cuidar

◆ **care for** (*look after*) cuidar

career [kə'rɪr] carrera *f*

careful ['kerfl] cuidadoso; **be ~** tener cuidado; **carefully** con cuidado; **worded etc** cuidadosamente; **careless** descuidado; **carelessly** descuidadamente

caress [kə'res] acariciar

'car ferry ferry *m*, transbordador *m*

cargo ['ka:rgoʊ] cargamento *m*

Caribbean [kə'bɪən]: **the ~** el Caribe

caricature ['kærɪkətʃər] caricatura *f*

carnival ['ka:rnɪvl] feria *f*

carpenter ['ka:rpɪntər] carpintero(-a) *m(f)*

carpet ['ka:rpɪt] alfombra *f*

'car phone teléfono *m* de coche; **carpool** *compartir el vehículo para ir al trabajo*; **car rental** alquiler *m* de automóviles

carrier ['kærɪər] *company* transportista *m*; *airline* línea *f* aérea; *of disease* portador(a) *m(f)*

carrot ['kærət] zanahoria *f*

carry ['kærɪ] **1** *v/t* llevar; *disease* ser portador de; *of ship, bus etc* transportar **2** *v/i* of sound oírse

◆ **carry on** *v/i* continuar **2** *v/t business* efectuar

◆ **carry out** *survey etc* llevar a cabo

cart [ka:rt] carro *m*; *for shopping* carrito *m*

carton ['ka:rtn] *box* caja *f* de cartón; *for milk, cigarettes* cartón *m*

cartoon [ka:r'tu:n] tira *f* cómica; *on TV* dibujos *mpl* animados

carve [ka:rv] *meat* trinchar; *wood* tallar

case[1] [keɪs] *container* funda *f*; *of wine* caja *f*; *Br* (*suitcase*) maleta *f*

case[2] [keɪs] *instance, criminal, MED* caso *m*; *LAW* causa *f*; **in ~ ...** por si...; **in any ~** en cualquier caso

cash [kæʃ] **1** *n* efectivo *m* **2** *v/t check* hacer efectivo; **cash desk** caja *f*; **cash flow** flujo *m* de caja, cash-flow *m*; **cashier** *in store etc* cajero(-a) *m(f)*; **cashpoint** *Br* cajero *m* automático; **cash register** caja *f* registradora

casino [kə'si:noʊ] casino *m*

casket ['kæskɪt] (*coffin*) ataúd *m*

casserole ['kæsəroʊl] *meal* guiso *m*; *container* cacerola *f*

cassette [kə'set] cinta *f*, casete *f*; **cassette player, cassette recorder** casete *m*

cast [kæst] **1** *n of play* reparto *m*; (*mold*) molde *m* **2** *v/t doubt* proyectar; *metal* fundir

Castilian [kæs'tɪlɪən] castellano

cast 'iron hierro *m* fundido

castle ['kæsl] castillo *m*

casual ['kæʒʊəl] (*chance*) casual; (*offhand*) despreocupado; (*not formal*) informal; **casually** *dressed* de manera informal; *say* a la ligera; **casualty** víctima *f*

cat [kæt] gato *m*

Catalan ['kætəlæn] catalán

catalog, *Br* **catalogue** ['kætəlɒ:g] catálogo *m*

catalyst ['kætəlɪst] catalizador *m*

catastrophe [kə'tæstrəfɪ] catástrofe *f*; **catastrophic** [kætə'strɒfɪk] catastrófico

catch [kætʃ] **1** *n* parada *f* (*sin que la pelota toque el suelo*); *of fish* captura *f*, (*lock*) cierre *m*; (*problem*) pega *f* **2** *v/t ball* agarrar, *Span* coger; *animal* atrapar; *escapee* capturar; (*get on: bus, train*) tomar, *Span* coger; (*not miss: bus, train*) alcanzar, *Span* coger; *fish* pescar; *illness* agarrar, *Span* coger; **catching** *also fig* contagioso; **catchy** pegadizo

categoric [kætə'gɒrɪk] categórico; **category** categoría *f*

caterer ['keɪtərər] hostelero(-a) *m(f)*

cathedral [kə'θi:drl] catedral *f*

Catholic ['kæθəlɪk] **1** *adj* católico **2** *n* católico(-a) *m(f)*; **Catholicism** catolicismo *m*

cattle ['kætl] ganado *m*

cause [kɒ:z] **1** *n* causa *f*; (*grounds*) motivo *m* **2** *v/t* causar, provocar

caution ['kɒ:ʃn] **1** *n* precaución *f* **2** *v/t* (*warn*) prevenir; **cautious** cauto, prudente; **cautiously** cautelosamente

cave [keɪv] cueva *f*

cavity ['kævətɪ] caries *f inv*

CD [si:'di:] *n* (= *compact disc*) CD *m* (= disco *m* compacto); **CD player** (reproductor *m* de) CD *m*; **CD-ROM** CD--ROM *m*

cease [si:s] **1** *v/i* cesar **2** *v/t* suspender; **cease-fire** alto *m* el fuego

ceiling ['si:lɪŋ] techo *m*; (*limit*) tope *m*

celebrate ['selɪbreɪt] **1** *v/i*: **let's ~ with a bottle of champagne** celebrémoslo con una botella de champán **2** *v/t* celebrar; **celebrated** célebre; **celebration** celebración *f*; **celebrity** celebridad *f*

cell [sel] *in prison, spreadsheet* celda *f*; BIO célula *f*

cellar ['selər] sótano *m*; *for wine* bodega *f*

cello ['tʃeloʊ] violonchelo *m*

cell phone, cellular phone ['seljələr] (teléfono *m*) móvil *m*, *L.Am.* (teléfono *m*) celular *m*

cement [sɪ'ment] cemento *m*

cemetery ['semətərɪ] cementerio *m*

censor ['sensər] censor(a) *m(f)*

census ['sensəs] censo *m*

cent [sent] céntimo *m*

centenary [sen'ti:nərɪ] centenario *m*

center ['sentər] **1** *n* centro *m* **2** *v/t* centrar

centigrade ['sentɪgreɪd] centígrado

centimeter, *Br* **centimetre** ['sentɪmi:tər] centímetro *m*

central ['sentrəl] central; *location*, *apartment* céntrico; **Central America** Centroamérica, América Central; **Central American 1** *adj* centroamericano, de (la) América *f* Central **2** *n* centroamericano(-a) *m(f)*; **central heating** calefacción *f* central; **centralize** centralizar; **central locking** MOT cierre *m* centralizado

centre *Br* ☞ **center**

century ['sentʃərɪ] siglo *m*

CEO [si:i:'ou] (= *Chief Executive Officer*) consejero(-a) *m(f)* delegado

ceramic [sɪ'ræmɪk] de cerámica

cereal ['sɪrɪəl] cereal *m*; *for breakfast* cereales *mpl*

ceremonial [serɪ'mounɪəl] **1** *adj* ceremonial **2** *n* ceremonial *m*; **ceremony** ceremonia *f*

certain ['sɜːrtn] (*sure*) seguro; (*particular*) determinado; **certainly** (*definitely*) claramente; (*of course*) por supuesto; **certainty** (*confidence*) certeza *f*; (*inevitability*) seguridad *f*

certificate [sər'tɪfɪkət] (*qualification*) título *m*; (*official pa-*

per) certificado *m*

certified public accountant ['sɜːrtɪfaɪd] censor(a) *m(f)* jurado de cuentas; **certify** certificar

Cesarean [sɪ'zerɪən] cesárea *f*

CFO [si:ef'ou] (= *Chief Financial Officer*) director(-a) *m(f)* financiero(-a)

chain [tʃeɪn] **1** *n also of hotels etc* cadena *f* **2** *v/t* encadenar

chair [tʃer] **1** *n* silla *f*; (*arm~*) sillón *m*; *at university* cátedra *f* **2** *v/t meeting* presidir; **chair lift** telesilla *f*; **chairman** presidente *m*; **chairmanship** presidencia *f*; **chairperson** presidente(-a) *m(f)*

chalk [tʃɔːk] tiza *f*; *in soil* creta *f*

challenge ['tʃælɪndʒ] **1** *n* (*difficulty*) desafío *m*; *in competition* ataque *m* **2** *v/t* desafiar; (*call into question*) cuestionar; **challenger** aspirante *m/f*; **challenging** *job* estimulante

Chamber of 'Commerce Cámara *f* de Comercio

champagne [ʃæm'peɪn] champán *m*

champion ['tʃæmpɪən] **1** *n* SP campeón(-ona) *m(f)* **2** *v/t cause* abanderar; **championship** campeonato *m*

chance [tʃæns] possibilidad *f*; (*opportunity*) oportunidad *f*; (*luck*) casualidad *f*; **by ~** por casualidad; **take a ~** correr el riesgo

change [tʃeɪndʒ] **1** *n* cambio

m; (*small coins*) suelto *m*; *from purchase* cambio *m*, *L.Am.* vuelto *m*; **for a** ~ para variar **2** *v/t* cambiar **3** *v/i* cambiar; (*put on different clothes*) cambiarse; (*take different train / bus*) hacer transbordo; **changeover** transición *f* (**to** a); **changing room** SP vestuario *m*; *in shop* probador *m*

channel ['tʃænl] canal *m*

chant [tʃænt] **1** *n* REL canto *m*; *of fans* cántico *m*; *of demonstrators* consigna *f* **2** *v/i* gritar **3** *v/t* corear

chaos ['keɪɒs] caos *m*; **chaotic** caótico

chapel ['tʃæpl] capilla *f*

chapter ['tʃæptər] capítulo *m*

character ['kærɪktər] carácter *m*; *person, in book* personaje *m*; **characteristic 1** *n* característica *f* **2** *adj* característico; **characterize** (*be typical of*) caracterizar; (*describe*) describir

charge [tʃɑːrdʒ] **1** *n* (*fee*) tarifa *f*; LAW acusación *f*; **free of** ~ gratis; **be in** ~ estar a cargo *f* **2** *v/t sum of money* cobrar; (*put on account*) pagar con tarjeta; LAW acusar (**with** de); *battery* cargar **3** *v/i* (*attack*) cargar; **charge account** cuenta *f* de crédito; **charge card** tarjeta *f* de compra

charitable ['tʃærɪtəbl] *de* caridad; *person* caritativo; **charity** caridad *f*; *organization* entidad *f* benéfica

charm [tʃɑːrm] **1** *n* encanto *m*; *on bracelet etc* colgante *m* **2** *v/t* (*delight*) encantar; **charming** encantador

charred [tʃɑːrd] carbonizado

chart [tʃɑːrt] gráfico *m*; (*map*) carta *f* de navegación

charter flight ['tʃɑːrtər] vuelo *m* chárter

chase [tʃeɪs] **1** *n* persecución *f* **2** *v/t* perseguir

♦ **chase away** ahuyentar

chassis ['tʃæsɪ] *of car* chasis *m inv*

chat [tʃæt] **1** *n* charla *f* **2** *v/i* charlar; **chatline** party line *f*; **chat room** sala *f* de chat

chatter ['tʃætər] **1** *n* cháchara *f* **2** *v/i talk* parlotear; *of teeth* castañetear

chauffeur ['ʃoʊfər] chófer *m*, *L.Am.* chofer *m*

chauvinist ['ʃoʊvɪnɪst] (*male* ~) machista *m*

cheap [tʃiːp] barato; (*nasty*) chabacano; (*mean*) tacaño

cheat [tʃiːt] **1** *n* (*person*) tramposo(-a) *m(f)* **2** *v/t* engañar **3** *v/i in exam* copiar; *in cards etc* hacer trampa

check¹ [tʃek] **1** *adj shirt* a cuadros **2** *n* cuadro *m*

check² [tʃek] FIN cheque *m*; *in restaurant etc* cuenta *f*

check³ [tʃek] **1** *n to verify sth* comprobación *f*; (*verify*) comprobar; *machinery* inspeccionar; *with a ~mark* poner un tic en; *coat* dejar en el guardarropa **3** *v/i* comprobar

◆ **check in** *at airport* facturar; *at hotel* registrarse

◆ **check out 1** *v/i of hotel* dejar el hotel **2** *v/t (look into)* investigar; *club etc* probar

◆ **check up on** investigar

'**checkbook** talonario *m* de cheques, *L.Am.* chequera *f*; **checked** *material* a cuadros

checkered ['tʃekərd] *shirt* a cuadros; *career* accidentado

'**check-in (counter)** mostrador *m* de facturación; **checking account** cuenta *f* corriente; **checklist** lista *f* de verificación; **check mark** tic *m*; **check-out** caja *f*; **checkpoint** control *m*; **checkroom** *for coats* guardarropa *m*; *for baggage* consigna *f*; **checkup** revisión *f* (médica)

cheek [tʃiːk] ANAT mejilla *f*

cheer [tʃɪr] **1** *n* ovación *f* **2** *v/t* ovacionar **3** *v/i* lanzar vítores

◆ **cheer up 1** *v/i* animarse **2** *v/t* animar

cheerful ['tʃɪrfəl] alegre; **cheering** vítores *mpl*; **cheerleader** animadora *f*

cheese [tʃiːz] queso *m*

chef [ʃef] chef *m*, jefe *m* de cocina

chemical ['kemɪkl] **1** *adj* químico **2** *n* producto *m* químico; **chemist** *in laboratory* químico(-a) *m(f)*; *Br dispensing* farmacéutico(-a) *m(f)*; **chemistry** química *f*

chemotherapy [kiːmoʊ'θerəpɪ] quimioterapia *f*

cheque [tʃek] *Br* ☞ **check²**

chess [tʃes] ajedrez *m*

chest [tʃest] pecho *m*; *box* cofre *m*

chew [tʃuː] mascar, masticar; *of dog, rats* mordisquear; **chewing gum** chicle *m*

chick [tʃɪk] pollito *m*; *young bird* polluelo *m*; F *girl* nena *f*

chicken ['tʃɪkɪn] **1** *n* gallina *f*; *food* pollo *m*

chief [tʃiːf] **1** *n* jefe(-a) *m(f)* **2** *adj* principal; **chiefly** principalmente

child [tʃaɪld] niño(-a) *m(f)*; **childhood** infancia *f*; **childish** *pej* infantil; **childlike** infantil

children ['tʃɪldrən] *pl* ☞ **child**

Chile ['tʃɪlɪ] Chile; **Chilean 1** *adj* chileno **2** *n* chileno(-a) *m(f)*

chili(l)i (pepper) ['tʃɪlɪ] chile *m*, *Span* guindilla *f*

◆ **chill out** P relajarse; *(calm down)* tranquilizarse

chilly ['tʃɪlɪ] *also fig* fresco

chimney ['tʃɪmnɪ] chimenea *f*

chin [tʃɪn] barbilla *f*

China ['tʃaɪnə] China

china ['tʃaɪnə] porcelana *f*

Chinese [tʃaɪ'niːz] **1** *adj* chino **2** *n (language)* chino *m*; *(person)* chino(-a) *m(f)*

chip [tʃɪp] **1** *n damage* mella *f*; *in gambling* ficha *f*; **~s** patatas *fpl* fritas **2** *v/t (damage)* mellar; **chipmunk** ardilla *f* listada

chisel ['tʃɪzl] *for stone* cincel

chlorine

m; *for wood* formón *m*

chlorine ['klɔːriːn] cloro *m*

chocolate ['tʃɒkələt] chocolate *m*

choice [tʃɔɪs] **1** *n* elección *f*; (*selection*) selección *f*; **I had no ~** no tuve alternativa **2** *adj* (*top quality*) selecto

choir [kwaɪr] coro *m*

choke [tʃəʊk] **1** *v/i* ahogarse **2** *v/t* estrangular

cholesterol [kə'lestərɒl] colesterol *m*

choose [tʃuːz] elegir, escoger; **choosey** F exigente

chop [tʃɒp] **1** *n meat* chuleta *f* **2** *v/t wood* cortar; *meat* trocear; *vegetables* picar

◆ **chop down** *tree* talar

chore [tʃɔːr] tarea *f*

choreography [kɔːrɪ'ɒɡrəfɪ] coreografía *f*

chorus ['kɔːrəs] *singers* coro *m*; *of song* estribillo *m*

Christ [kraɪst] Cristo

christen ['krɪsn] bautizar

Christian ['krɪstʃən] **1** *n* cristiano(-a) *m(f)* **2** *adj* cristiano; **Christianity** cristianismo *m*

Christmas ['krɪsməs] Navidad(es) *f(pl)*; **Merry ~!** ¡Feliz Navidad!; **Christmas card** crismas *m inv*; **Christmas Day** día *m* de Navidad; **Christmas Eve** Nochebuena *f*; **Christmas present** regalo *m* de Navidad; **Christmas tree** árbol *m* de Navidad

chronic ['krɒnɪk] crónico

chubby ['tʃʌbɪ] rechoncho

chuck [tʃʌk] F tirar

chuckle ['tʃʌkl] **1** *n* risita *f* **2** *v/i* reírse por lo bajo

chunk [tʃʌŋk] trozo *m*

church [tʃɜːrtʃ] iglesia *f*; **church service** oficio *m* religioso; **churchyard** cementerio *m* (al lado de iglesia)

chute [ʃuːt] rampa *f*; *for garbage* colector *m* de basura

cigar [sɪ'ɡɑːr] puro *m*

cigarette [sɪɡə'ret] cigarrillo *m*; **cigarette lighter** encendedor *m*

cinema ['sɪnɪmə] *Br* cine *m*

circle ['sɜːrkl] **1** *n* círculo *m* **2** *v/i of plane* volar en círculo

circuit ['sɜːrkɪt] circuito *m*; (*lap*) vuelta *f*; **circuit board** COMPUT placa *f* or tarjeta *f* de circuitos

circular ['sɜːrkjʊlər] **1** *n* circular *f* **2** *adj* circular; **circulate 1** *v/i* circular **2** *v/t memo* hacer circular; **circulation** circulación *f*; *of newspaper* tirada *f*

circumstances ['sɜːrkəmstənsɪz] circunstancias *fpl*; **financial ~** situación *f* económica

circus ['sɜːrkəs] circo *m*

cistern ['sɪstərn] cisterna *f*

citizen ['sɪtɪzn] ciudadano(-a) *m(f)*; **citizenship** ciudadanía *f*

city ['sɪtɪ] ciudad *f*; **city center**, *Br* **city centre** centro *m* de la ciudad; **city hall** ayuntamiento *m*

civic ['sɪvɪk] cívico

civil ['sɪvl] civil; (*polite*) cortés; **civil ceremony** ceremonia f civil; **civil engineer** ingeniero(-a) m(f) civil; **civilian** civil m/f; **civilization** civilización f; **civilize** civilizar; **civil rights** derechos mpl civiles; **civil servant** funcionario(-a) m(f); **civil service** administración f pública; **civil war** guerra f civil

claim [kleɪm] **1** n (*request*) reclamación f (**for** de); (*assertion*) afirmación f **2** v/t (*ask for as a right*) reclamar; (*assert*) afirmar; *lost property* reclamar; **claimant** reclamante m/f

clam [klæm] almeja f

clammy ['klæmɪ] húmedo

clamp [klæmp] *fastener* abrazadera f

◆ **clamp down** actuar contundentemente (**on** contra)

clandestine [klæn'destɪn] clandestino

clap [klæp] (*applaud*) aplaudir

clarification [klærɪfɪ'keɪʃn] aclaración f; **clarify** aclarar; **clarity** claridad f

clash [klæʃ] **1** n choque m **2** v/i chocar; *of colors* desentonar; *of events* coincidir

clasp [klæsp] **1** n broche m **2** v/t *in hand* estrechar

class [klæs] **1** n clase f **2** v/t clasificar (**as** como)

classic ['klæsɪk] **1** adj clásico **2** n clásico m; **classical** clásico; **classification** clasificación f; **classified** *information* reservado; **classified ad** anuncio m por palabras; **classify** clasificar; **classroom** clase f, aula f; **classy** F con clase

clause [klɔːz] cláusula f

claustrophobia [klɔːstrə'foʊbɪə] claustrofobia f

claw [klɔː] garra f; *of lobster* pinza f

clay [kleɪ] arcilla f

clean [kliːn] **1** adj limpio **2** adv F (*completely*) completamente **3** v/t limpiar

cleaner ['kliːnər] *person* limpiador(a) m(f); (*dry*) ~ tintorería f

cleanse [klenz] *skin* limpiar; **cleanser** *for skin* loción f limpiadora

clear [klɪr] **1** adj claro; *sky* despejado; *water* transparente; *conscience* limpio **2** v/t *roads etc* despejar; (*acquit*) absolver; (*authorize*) autorizar **3** v/i *of mist* despejarse

◆ **clear out 1** v/t *closet* ordenar, limpiar **2** v/i marcharse

◆ **clear up 1** v/i ordenar; *of weather* despejarse; *of illness* desaparecer **2** v/t (*tidy*) ordenar; *problem* aclarar

clearance ['klɪrəns] *space* espacio m; (*authorization*) autorización f; **clearance sale** liquidación f; **clearing** claro m; **clearly** claramente

cleavage ['kliːvɪdʒ] escote m

clench [klentʃ] apretar

clergy ['klɜːrdʒɪ] clero m; **clergyman** clérigo m

clerk [klɜːrk] oficinista m/f; in store dependiente(-a) m/f

clever ['klevər] listo; idea, gadget ingenioso

click [klɪk] **1** n COMPUT clic m **2** v/i hacer clic

◆ **click on** COMPUT hacer clic en

client ['klaɪənt] cliente m/f; **clientele** clientela f

climate ['klaɪmət] also fig clima m

climax ['klaɪmæks] clímax m

climb [klaɪm] **1** n up mountain ascensión f **2** v/t & v/i subir; **climber** person escalador(a) m(f), L.Am. andinista m/f

clinch [klɪntʃ] deal cerrar

cling [klɪŋ] of clothes pegarse al cuerpo

◆ **cling to** aferrarse a

clingy ['klɪŋɪ] person pegajoso

clinic ['klɪnɪk] clínica f; **clinical** clínico

clip¹ [klɪp] **1** n fastener clip m **2** v/t: ~ sth to sth sujetar algo a algo

clip² [klɪp] **1** n extract fragmento m **2** v/t hair, grass cortar; **clipping** from press recorte m

clock [klɑːk] reloj m; **clock radio** radio m despertador; **clockwise** en el sentido de las agujas del reloj

clone [kloʊn] **1** n clon m **2** v/t clonar; **cloning** clonación f

close¹ [kloʊs] adv cerca; ~ to the school cerca del cole-gio; adj family cercano; friend íntimo; **be ~ to s.o.** emotionally estar muy unido a alguien

close² [kloʊz] v/t cerrar

closed-circuit 'television circuito m cerrado de televisión; **close-knit** muy unido; **closely** watch atentamente; cooperate de cerca

closet ['klɑːzɪt] armario m

close-up ['kloʊsʌp] primer plano m

closing date ['kloʊzɪŋ] fecha f límite

closure ['kloʊʒər] cierre m

clot [klɑːt] **1** n of blood coágulo m **2** v/i coagularse

cloth [klɑːθ] tela f, tejido m; for cleaning trapo m

clothes [kloʊðz] ropa f; **clothing** ropa f

cloud [klaʊd] nube f; **cloudless** despejado; **cloudy** nublado

clout [klaʊt] fig influencia f

clove of garlic [kloʊv] diente m de ajo

clown [klaʊn] also fig payaso m

club [klʌb] palo m; organization club m

clue [kluː] pista f

clumsiness ['klʌmzɪnɪs] torpeza f; **clumsy** torpe

cluster ['klʌstər] grupo m

clutch [klʌtʃ] **1** n MOT embrague m **2** v/t agarrar

◆ **clutch at** agarrarse a

Co. (= **Company**) Cía. (= Compañía f)

c/o (= *care of*) en el domicilio de

coach [koutʃ] **1** n (*trainer*) entrenador(a) m(f); Br (*bus*) autobús m **2** v/t *footballer* entrenar; *singer* preparar; **coaching** entrenamiento m

coagulate [kou'ægjuleɪt] *of blood* coagularse

coal [koul] carbón m

coalition [kouə'lɪʃn] coalición f

coalmine mina f de carbón

coarse [kɔːrs] áspero; *hair*, (*vulgar*) basto; **coarsely** (*vulgarly*) de manera grosera

coast [koust] costa f; **coastal** costero; **coastguard** servicio m de guardacostas; *person* guardacostas m/f inv; **coastline** litoral m, costa f

coat [kout] **1** n chaqueta f, L.Am. saco m; (*over-~*) abrigo m; *of animal* pelaje m; *of paint* capa f **2** v/t (*cover*) cubrir (**with** de); **coathanger** percha f; **coating** capa f

coax [kouks] persuadir

cocaine [kə'keɪn] cocaína f

cock [kaːk] *chicken* gallo m; *any male bird* macho m; **cockpit** *of plane* cabina f; **cockroach** cucaracha f; **cocktail** cóctel m

cocoa ['koukou] cacao m

coconut ['koukənʌt] coco m; **coconut palm** cocotero m

code [koud] código m; **in ~** cifrado

coeducational [kouedʊ'keɪʃn] mixto

coerce [kou'ɜːrs] coaccionar

coexist [kouɪg'zɪst] coexistir; **coexistence** coexistencia f

coffee ['kaːfɪ] café m; **coffee maker** cafetera f (para preparar); **coffee pot** cafetera f (para servir); **coffee shop** café m

cohabit [kou'hæbɪt] cohabitar

coherent [kou'hɪrənt] coherente

coil [kɔɪl] **1** n *of rope* rollo m; *of snake* anillo m **2** v/t: **~** (**up**) enrollar

coin [kɔɪn] moneda f

coincide [kouɪn'saɪd] coincidir; **coincidence** coincidencia f

Coke® [kouk] Coca-Cola® f

cold [kould] **1** adj frío; **I'm ~** tengo frío; **it's ~** of weather hace frío **2** n frío m; MED resfriado m; **cold-blooded** *of murder* a sangre fría; **coldly** fríamente, con frialdad; **coldness** frialdad f; **cold sore** calentura f

collaborate [kə'læbəreɪt] colaborar (**on** en); **collaboration** colaboración f; **collaborator** colaborador(a) m(f); *with enemy* colaboracionista m/f

collapse [kə'læps] desplomarse; **collapsible** plegable

collar ['kaːlər] cuello m; *for dog* collar m

colleague ['kaːliːg] colega m/f

collect [kə'lekt] **1** v/t recoger;

as hobby coleccionar **2** *v/i* (*gather together*) reunirse; **collect call** llamada *f* a cobro revertido; **collection** colección *f; in church* colecta *f;* **collective** colectivo; **collector** coleccionista *m/f*

college ['kɑːlɪdʒ] universidad *f*

collide [kə'laɪd] chocar, colisionar; **collision** choque *m*, colisión *f*

Colombia [kə'lɑmbɪə] Colombia; **Colombian 1** *adj* colombiano **2** *n* colombiano(-a) *m(f)*

colon ['koʊlən] *punctuation* dos puntos *mpl*

colonel ['kɜːrnl] coronel *m*

colonial [kə'loʊnɪəl] colonial; **colonize** colonizar; **colony** colonia *f*

color ['kʌlər] *color m f;* **colorblind** daltónico; **colored** *person* de color; **colorful** lleno de colores; *account* colorido

colossal [kə'lɑːsl] colosal

colour *Br* ☞ **color**

colt [koʊlt] potro *m*

Columbus [kə'lʌmbəs] Colón

column ['kɑːləm] columna *f;* **columnist** columnista *m/f*

coma ['koʊmə] coma *m*

comb [koʊm] **1** *n* peine *m* **2** *v/t hair, area* peinar; ~ *one's hair* peinarse

combat ['kɑːmbæt] **1** *n* combate *m* **2** *v/t* combatir

combination [kɑːmbɪ'neɪʃn] combinación *f;* **combine 1** *v/t* combinar; *ingredients* mezclar **2** *v/i* combinarse

come [kʌm] venir

◆ **come across** (*find*) encontrar

◆ **come along** (*come too*) venir; (*turn up*) aparecer; (*progress*) marchar

◆ **come back** volver

◆ **come down 1** *v/i* bajar; *of rain, snow* caer **2** *v/t:* **come down the stairs** bajar las escaleras

◆ **come for** (*attack*) atacar; (*collect: thing*) venir por; (*collect: person*) venir a buscar a

◆ **come forward** presentarse

◆ **come from** (*travel*) venir de; (*originate*) ser de

◆ **come in** entrar; *of train* llegar; *of tide* subir

◆ **come in for** *criticism* recibir

◆ **come off** *of handle etc* soltarse; *of paint etc* quitarse

◆ **come out** salir; *of book* publicarse; *of stain* irse

◆ **come to** **1** *v/t place* llegar a; *of hair, water* llegar hasta **2** *v/i* (*regain consciousness*) volver en sí

◆ **come up** subir; *of sun* salir

'comeback regreso *m*

comedian [kə'miːdɪən] humorista *m/f; pej* payaso(-a) *m(f);* **comedy** comedia *f*

comfort ['kʌmfərt] **1** *n* comodidad *f*, confort *m;* (*consolation*) consuelo *m* **2** *v/t* consolar; **comfortable** cómodo

comic ['kɑːmɪk] **1** *n to read* cómic *m*; (*comedian*) cómico(-a) *m(f)* **2** *adj* cómico; **comical** cómico; **comic book** cómic *m*; **comics** tiras *fpl* cómicas; **comic strip** tira *f* cómica

comma ['kɑːmə] coma *f*

command [kə'mænd] **1** *n* orden *f* **2** *v/t* ordenar, mandar

commandeer [kɑːmən'dɪr] requisar

commander [kə'mændər] comandante *m/f*; **commander-in-chief** comandante *m/f* en jefe

commemorate [kə'meməreɪt] conmemorar

commence [kə'mens] comenzar

commendable [kə'mendəbl] encomiable; **commendation** *for bravery* mención *f*

comment ['kɑːment] **1** *n* comentario *m* **2** *v/i* hacer comentarios (**on** sobre); **commentary** comentarios *mpl*; **commentator** comentarista *m/f*

commerce ['kɑːmɜːrs] comercio *m*; **commercial 1** *adj* comercial **2** *n* (*ad*) anuncio *m* (publicitario); **commercial break** pausa *f* publicitaria; **commercialize** comercializar

commission [kə'mɪʃn] (*payment*, *committee*) comisión *f*; (*job*) encargo *m*

commit [kə'mɪt] *crime* cometer; *money* comprometer;

commitment compromiso *m* (**to** con); **committee** comité *m*

commodity [kə'mɑːdətɪ] *raw material* producto *m* básico; *product* bien *m* de consumo

common [kə'mən] común; **have sth in ~** tener algo en común; **commonly** comúnmente; **common sense** sentido *m* común

commotion [kə'moʊʃn] alboroto *m*

communal [kə'mjuːnl] comunal

communicate [kə'mjuːnɪkeɪt] **1** *v/i* comunicarse **2** *v/t* comunicar; **communication** comunicación *f*; **communicative** comunicativo

Communion [kə'mjuːnjən] REL comunión *f*

Communism ['kɑːmjʊnɪzəm] comunismo *m*; **Communist 1** *adj* comunista **2** *n* comunista *m/f*

community [kə'mjuːnətɪ] comunidad *f*

commute [kə'mjuːt] *v/i* viajar al trabajo **2** LAW conmutar

compact 1 [kəm'pækt] *adj* compacto **2** ['kɑːmpækt] *n* MOT utilitario *m*; **compact disc** [kɑːm'pænjən] compañero(-a) *m(f)*

company ['kʌmpənɪ] compañía *f*; COM *also* empresa *f*

comparable ['kɑːmpərəbl] comparable; **comparative**

adj relativo; *study* comparado; **compare** comparar; **comparison** comparación *f*

compartment [kəm'pɑːrtmənt] compartimiento *m*

compass ['kʌmpəs] brújula *f*; *for geometry* compás *m*

compassion [kəm'pæʃn] compasión *f*; **compassionate** compasivo

compatibility [kəmpætə'bɪlɪtɪ] compatibilidad *f*; **compatible** compatible

compel [kəm'pel] obligar

compensate ['kɑːmpənseɪt] **1** *v/t* compensar **2** *v/i*: ~ **for** compensar; **compensation** (*money*) indemnización *f*; (*reward, comfort*) compensación *f*

compete [kəm'piːt] competir (**for** por)

competence ['kɑːmpɪtəns] competencia *f*; **competent** competente

competition [kɑːmpə'tɪʃn] (*contest*) concurso *m*; SP competición *f*; (*competitors*) competencia *f*; **competitive** competitivo; **competitiveness** COM competitividad *f*; *of person* espíritu *m* competitivo; **competitor** *in contest* concursante *m/f*; SP competidor(a) *m(f)*; COM competidor(a) *m(f)*

complacent [kəm'pleɪsənt] complaciente

complain [kəm'pleɪn] quejarse; **complaint** queja *f*; MED dolencia *f*

complementary [kɑːmplɪ'mentərɪ] complementario

complete [kəm'pliːt] **1** *adj* (*total*) absoluto, total; (*full*) completo; (*finished*) finalizado **2** *v/t task, building etc* finalizar; *course* completar; *form* rellenar; **completely** completamente; **completion** finalización *f*

complex ['kɑːmpleks] **1** *adj* complejo **2** *n also* PSYCH complejo *m*; **complexion** *facial* tez *f*; **complexity** complejidad *f*

compliance [kəm'plaɪəns] cumplimiento *m* (**with** de)

complicate ['kɑːmplɪkeɪt] complicar; **complicated** complicado; **complication** complicación *f*

complimentary [kɑːmplɪ'mentərɪ] elogioso; (*free*) de regalo, gratis

comply [kəm'plaɪ] cumplir; ~ **with** cumplir

component [kəm'pəʊnənt] pieza *f*, componente *m*

compose [kəm'pəʊz] *also* MUS componer; **composed** (*calm*) sereno; **composer** MUS compositor(a) *m(f)*; **composition** *also* MUS composición *f*; **composure** compostura *f*

compound ['kɑːmpaʊnd] *chemical* compuesto *m*

comprehend [kɑːmprɪ'hend] comprender; **comprehen-**

condition

sion comprensión f; **comprehensive** detallado

compress [kəm'pres] comprimir; *information* condensar

comprise [kəm'praɪz] comprender; **be ~d of** constar de

compromise ['kɑːmprəmaɪz] **1** n solución f negociada **2** v/i transigir, efectuar concesiones **3** v/t *principles* traicionar; *(jeopardize)* poner en peligro

compulsion [kəm'pʌlʃn] PSYCH compulsión f; **compulsive** *behavior* compulsivo; *reading* absorbente; **compulsory** obligatorio

computer [kəm'pjuːtər] *Span* ordenador m, *L.Am.* computadora f; **computer game** juego m de *Span* ordenador or *L.Am.* computadora; **computerize** informatizar, *L.Am.* computarizar; **computer science** informática f, *L.Am.* computación f; **computing** informática f, *L.Am.* computación f

comrade ['kɑːmreɪd] compañero(-a) m(f); POL camarada m/f; **comradeship** camaradería f

conceal [kən'siːl] ocultar; **concealment** ocultación f

conceit [kən'siːt] engreimiento; **conceited** engreído

conceivable [kən'siːvəbl] concebible; **conceive** *of woman* concebir

concentrate ['kɑːnsəntreɪt] **1**

v/i concentrarse **2** v/t *energies* concentrar; **concentration** concentración f

concept ['kɑːnsept] concepto m; **conception** *of child* concepción f

concern [kən'sɜːrn] **1** n *(anxiety, care)* preocupación f; *(business)* asunto m; *(company)* empresa f **2** v/t *(involve)* concernir; *(worry)* preocupar; **concerned** preocupado *(about* por); *(involved)* en cuestión; **concerning** en relación con

concert ['kɑːnsərt] concierto m; **concerted** concertado

concession [kən'seʃn] concesión f

concise [kən'saɪs] conciso

conclude [kən'kluːd] concluir *(from* de); **conclusion** conclusión f; **conclusive** concluyente

concrete ['kɑːŋkriːt] **1** adj concreto **2** n hormigón m, *L.Am.* concreto m

concussion [kən'kʌʃn] conmoción f cerebral

condemn [kən'dem] condenar; **condemnation** condena f

condescend [kɑːndɪ'send]: **he ~ed to speak to me** se dignó a hablarme; **condescending** condescendiente

condition [kən'dɪʃn] **1** n *(state)* condiciones fpl; *of health* estado m; *illness* enfermedad f; *(requirement, term)* condición f **2** v/t PSYCH condicionar; **conditioning** PSYCH condicionamiento *m*

condo ['kɑːndəʊ] F apartamento *m*, *Span* piso *m*; *building* bloque de apartamentos

condolences [kən'dəʊlənsɪz] condolencias *fpl*

condom [kən'ndɒm] condón *m*, preservativo *m*

condominium [kɑːndə'mɪnɪəm] ☞ **condo**

condone [kən'dəʊn] justificar

conduct 1 ['kɑːndʌkt] *n* conducta *f* **2** [kən'dʌkt] *v/t (carry out)* realizar, hacer; ELEC conducir; MUS dirigir; **conducted tour** visita *f* guiada; **conductor** MUS director(a) *m(f)* de orquesta; *on train* revisor(-a) *m(f)*

cone [kəʊn] cono *m*; *for ice cream* cucurucho *m*; *of pine tree* piña *f*

conference ['kɑːnfərəns] congreso *m*; *discussion* conferencia *f*; **conference room** sala *f* de conferencias

confess [kən'fes] **1** *v/t* confesar **2** *v/i* confesar; REL confesarse; **confession** confesión *f*

confide [kən'faɪd] **1** *v/t* confiar **2** *v/i*: ~ **in s.o.** confiarse a alguien; **confidence** confianza *f*; **confident** *(self-assured)* seguro de sí mismo; *(convinced)* seguro; **confidential** confidencial; **confidently** con seguridad

confine [kən'faɪn] *(imprison)* confinar, recluir; *(restrict)* limitar; **confined** *space* limitado

confirm [kən'fɜːrm] confirmar; **confirmation** confirmación *f*

confiscate ['kɑːnfɪskeɪt] confiscar

conflict 1 ['kɑːnflɪkt] *n* conflicto *m* **2** [kən'flɪkt] *v/i* chocar

confront [kən'frʌnt] hacer frente a; **confrontation** confrontación *f*

confuse [kən'fjuːz] confundir; **confused** *person* confundido; *situation* confuso; **confusing** confuso; **confusion** confusión *f*

congestion [kən'dʒestʃn] congestión *f*

congratulate [kən'grætʃuleɪt] felicitar; **congratulations** felicitaciones *fpl*

congregate ['kɑːngrɪgeɪt] congregarse; **congregation** REL congregación *f*

Congress ['kɑːngres] Congreso *m*; **Congressional** del Congreso; **Congressman** congresista *m*; **Congresswoman** congresista *f*

conjecture [kən'dʒektʃər] conjetura *f*

con man ['kɑːnmæn] F timador *m* F

connect [kə'nekt] conectar; *(link)* vincular; *to power supply* enchufar; **connected**: *be well-*~ estar bien relacionado; *be* ~ *with* estar relacionado con; **con-**

nection conexión f; (*personal contact*) contacto m
connoisseur [kɑːnəˈsɜːr] entendido(-a) m(f)
conquer [ˈkɑːŋkər] conquistar; *fear etc* vencer; **conqueror** conquistador(a) m(f); **conquest** conquista f
conscience [ˈkɑːnʃəns] conciencia f; **conscientious** concienzudo; **conscientiousness** aplicación f
conscious [ˈkɑːnʃəs] consciente; **consciously** conscientemente; **consciousness** conciencia f
consecutive [kənˈsekjutɪv] consecutivo
consensus [kənˈsensəs] consenso m
consent [kənˈsent] **1** n consentimiento m **2** v/i consentir (**to** en)
consequence [ˈkɑːnsɪkwəns] consecuencia f; **consequently** por consiguiente
conservation [kɑːnsərˈveɪʃn] conservación f; **conservationist** ecologista m/f; **conservative** conservador; *estimate* prudente; **conserve** **1** n (*jam*) compota f **2** v/t conservar
consider [kənˈsɪdər] considerar; (*show regard for*) mostrar consideración por; **considerable** considerable; **considerably** considerablemente; **considerate** considerado; **considerately** con consideración; **consideration**

consideración f; (*factor*) factor m; **take sth into ~** tomar algo en consideración
◆ **consist of** [kənˈsɪst] consistir en
consistency [kənˈsɪstənsɪ] (*texture*) consistencia f; (*unchangingness*) coherencia f; *of player* regularidad f; **consistent** *person* coherente; *improvement* constante
consolidate [kənˈsɑːlɪdeɪt] consolidar
conspicuous [kənˈspɪkjuəs] llamativo
conspiracy [kənˈspɪrəsɪ] conspiración f; **conspirator** conspirador(a) m(f); **conspire** conspirar
constant [ˈkɑːnstənt] constante; **constantly** constantemente
constipated [ˈkɑːnstɪpeɪtɪd] estreñido; **constipation** estreñimiento m
constitute [ˈkɑːnstɪtuːt] constituir; **constitution** constitución f; **constitutional** POL constitucional
constraint [kənˈstreɪnt] restricción f, límite m
construct [kənˈstrʌkt] construir; **construction** construcción f; **constructive** constructivo
consul [ˈkɑːnsl] cónsul m/f; **consulate** consulado m
consult [kənˈsʌlt] consultar; **consultancy** *company* consultoría f; (*advice*) asesoramiento m; **consultant** ase-

sor(a) *m(f)*, consultor(a) *m(f)*; **consultation** consulta *f*

consume [kən'suːm] consumir; **consumer** consumidor(a) *m(f)*; **consumption** consumo *m*

contact ['kɑːntækt] **1** *n* contacto **2** *v/t* contactar con; **contact lens** lentes *fpl* de contacto, *Span* lentillas *fpl*

contagious [kən'teɪdʒəs] contagioso

contain [kən'teɪn] contener; **container** recipiente *m*; COM contenedor *m*

contaminate [kən'tæmɪneɪt] contaminar; **contamination** contaminación *f*

contemporary [kən'tempərerɪ] **1** *adj* contemporáneo **2** *n* contemporáneo(-a) *m(f)*

contempt [kən'tempt] desprecio *m*; **contemptible** despreciable; **contemptuous** despectivo

contender [kən'tendər] contendiente *m/f*; *against champion* aspirante *m/f*

content[1] ['kɑːntent] *n* contenido *m*

content[2] [kən'tent] **1** *adj* satisfecho **2** *v/t*: ~ **o.s. with** contentarse con; **contented** satisfecho; **contentment** satisfacción *f*

contents ['kɑːntents] contenido *m*

contest[1] ['kɑːntest] *n* (*competition*) concurso *m*; (*struggle*) lucha *f*

contest[2] [kən'test] *v/t leadership* presentarse como candidato a; *decision, will* impugnar

contestant [kən'testənt] concursante *m/f*; *in sport* competidor(a) *m(f)*

context ['kɑːntekst] contexto *m*

continent ['kɑːntɪnənt] continente *m*; **continental** continental

continual [kən'tɪnjuəl] continuo; **continually** continuamente; **continuation** continuación *f*; **continue** continuar; **continuous** continuo; **continuously** continuamente

contort [kən'tɔːrt] *face* contraer; *body* contorsionar

contraception [kɑːntrə'sepʃn] anticoncepción *f*; **contraceptive** anticonceptivo *m*

contract[1] ['kɑːntrækt] *n* contrato *m*

contract[2] [kən'trækt] **1** *v/i* (*shrink*) contraerse **2** *v/t illness* contraer

contractor [kən'træktər] contratista *m/f*; **contractual** [kən'træktuəl] contractual

contradict [kɑːntrə'dɪkt] *statement* desmentir; *person* contradecir; **contradiction** contradicción *f*; **contradictory** contradictorio

contrary[1] ['kɑːntrerɪ] **1** *adj* contrario; ~ **to** al contrario de **2** *n*: **on the** ~ al contrario

contrary² [kən'treri] *adj (perverse)* difícil

contrast 1 ['kɑːntræst] **1** *n* contraste *m* **2** *v/t & v/i* contrastar; **contrasting** opuesto

contravene [kɑːntrə'viːn] contravenir

contribute [kən'trɪbjuːt] **1** *v/i* contribuir **(to** a) **2** *v/t money, suggestion* contribuir con, aportar; **contribution** contribución *f; to political party, church* donación *f;* **contributor** *of money* donante *m/f; to magazine* colaborador(a) *m(f)*

control [kən'troʊl] **1** *n* control *m;* **be in ~ of** controlar **2** *v/t* controlar

controversial [kɑːntrə'vɜːrʃl] polémico, controvertido; **controversy** polémica *f,* controversia *f*

convenience [kən'viːnɪəns] conveniencia *f;* **convenience store** tienda *f* de barrio; **convenient** conveniente; *time* oportuno

convent ['kɑːnvənt] convento *m*

convention [kən'venʃn] convención *f; (meeting)* congreso *m;* **conventional** convencional

conversation [kɑːnvər'seɪʃn] conversación *f;* **conversational** coloquial

conversion [kən'vɜːrʃn] conversión *f;* **convert 1** *n* converso(-a) *m(f)* **(to** a) **2** *v/t* convertir; **convertible** *car*

cop [kɑːp] F poli *m/f* F

cope [koʊp] arreglárselas; ~ **with** poder con

descapotable *m*

convey [kən'veɪ] *(transmit)* transmitir; *(carry)* transportar; **conveyor belt** cinta *f* transportadora

convict 1 ['kɑːnvɪkt] *n* convicto(-a) *m(f)* **2** [kən'vɪkt] *v/t* LAW: **~ s.o. of sth** declarar a alguien culpable de algo; **conviction** LAW condena *f; (belief)* convicción *f*

convince [kən'vɪns] convencer

convoy ['kɑːnvɔɪ] convoy *m*

cook [kʊk] **1** *n* cocinero(-a) *m(f)* **2** *v/t & v/i* cocinar; **cookbook** libro *m* de cocina; **cookery** cocina *f;* **cookie** galleta *f;* **cooking** cocina *f*

cool [kuːl] **1** *n:* **keep one's ~** F mantener la calma **2** *adj* fresco; *drink* frío; *(calm)* tranquilo; *(unfriendly)* frío; P *(great)* Span guay P, *L.Am.* chévere P, *Mex* padre P, *Rpl* copante P **3** *v/i* enfriarse; *of tempers* calmarse **4** *v/t:* **~ it** F cálmate

◆ **cool down 1** *v/i* enfriarse; *of weather* refrescar; *of tempers* calmarse **2** *v/t food* enfriar; *fig* calmar

cooperate [koʊ'ɑːpəreɪt] cooperar; **cooperation** cooperación *f;* **cooperative** *(helpful)* cooperativo

coordinate [koʊ'ɔːrdɪneɪt] coordinar; **coordination** coordinación *f*

copier ['kɑ:pɪər] *machine* fotocopiadora *f*

copper ['kɑ:pər] cobre *m*

copy ['kɑ:pɪ] **1** *n* copia *f*; *of book* ejemplar *m* **2** *v/t* copiar

cord [kɔ:rd] *(string)* cuerda *f*, cordel *m*; *(cable)* cable *m*

cordon ['kɔ:rdn] cordón *m*

cords [kɔ:rdz] *pants* pantalones *mpl* de pana

core [kɔ:r] **1** *n of fruit* corazón *m*; *of party* núcleo *m* **2** *adj issue* central

cork [kɔ:rk] corcho *m*; **corkscrew** sacacorchos *m inv*

corn [kɔ:rn] *grain* maíz *m*

corner ['kɔ:rnər] **1** *n of page, street* esquina *f*; *of room* rincón *m*; *on road* curva *f*; *in soccer* córner *m*, saque *m* de esquina **2** *v/t person* arrinconar; **~ a market** monopolizar un mercado **3** *v/i of driver, car* girar

coronary ['kɑ:rənerɪ] **1** *adj* coronario **2** *n* infarto *m* de miocardio

coroner ['kɑ:rənər] *oficial encargado de investigar muertes sospechosas*

corporal ['kɔ:rpərəl] cabo *m/f*; **corporal punishment** castigo *m* corporal

corporate ['kɔ:rpərət] COM corporativo, de empresa; **corporation** *(business)* sociedad *f* anónima

corpse [kɔ:rps] cadáver *m*

corral [kəˈræl] corral *m*

correct [kəˈrekt] **1** *adj* correcto; *time* exacto **2** *v/t* corregir;

correction corrección *f*; **correctly** correctamente

correspond [kɑ:rɪˈspɑ:nd] *(match)* corresponderse; **correspondence** correspondencia *f*; **correspondent** *(reporter)* corresponsal *m/f*

corridor ['kɔ:rɪdər] pasillo *m*

corroborate [kəˈrɑ:bəreɪt] corroborar

corrosion [kəˈroʊʒn] corrosión *f*

corrupt [kəˈrʌpt] **1** *adj* corrupto; COMPUT corrompido **2** *v/t* corromper; *(bribe)* sobornar; **corruption** corrupción *f*

cosmetic [kɑ:zˈmetɪk] cosmético; *fig* superficial; **cosmetics** cosméticos *mpl*; **cosmetic surgery** cirugía *f* estética

cosmopolitan [kɑ:zməˈpɑ:lɪtn] cosmopolitano

cost [kɑ:st] **1** *n also fig* costo *m*, *Span* coste *m* **2** *v/t* costar; *project* estimar el costo de; **how much does it ~?** ¿cuánto cuesta?

Costa Rica [kɑ:stəˈri:kə] Costa Rica; **Costa Rican 1** *adj* costarricense **2** *n* costarricense *m/f*

'cost-effective rentable; **cost of living** costo *m or Span* coste *m* de la vida

costume ['kɑ:stu:m] *for actor* traje *m*

cosy *Br* ☞ **cozy**

cot [kɑ:t] *(camp-bed)* catre *m*

cottage ['kɔːtɪdʒ] casa f de campo, casita f

cotton ['kɔːtn] **1** n algodón m **2** adj de algodón; **cotton candy** algodón m dulce; **cotton wool** Br algodón m (hidrófilo)

couch [kauʧ] sofá m; **couch potato** F teleadicto(-a) m(f) F

cough [kɔːf] **1** n tos f **2** v/i toser; to get attention carraspear; **cough medicine** jarabe m para la tos

could [kud]: **~ I have my key?** ¿me podría dar la llave?; **~ you help me?** ¿me podrías ayudar?; **you ~ be right** puede que tengas razón; **you ~ have warned me!** ¡me podías haber avisado!

council ['kaunsl] consejo m; **councilor** concejal(a) m(f)

counsel ['kaunsl] **1** n (advice) consejo m; (lawyer) abogado(-a) m(f) **2** v/t (advise) aconsejar; person ofrecer apoyo psicológico a; **counseling**, Br **counselling** apoyo m psicológico; **counselor** Br, **counselor of** student orientador(a) m(f); LAW abogado(-a) m(f)

count [kaunt] **1** n cuenta f; (action of ~ing) recuento m **2** v/t & v/i contar

◆ **count on** contar con

countdown cuenta f atrás

counter ['kauntər] in shop mostrador m; in café barra f; in game ficha f

'counteract contrarrestar; **counter-attack 1** n contraataque m **2** v/i contraatacar; **counterclockwise** en sentido contrario al de las agujas del reloj; **counterespionage** contraespionaje m; **counterfeit 1** v/t falsificar **2** adj falso; **counterpart** (person) homólogo(-a) m(f); **counterproductive** contraproducente

countless ['kauntlıs] incontables

country ['kʌntrı] país m; as opposed to town campo m

county ['kauntı] condado m

coup [kuː] POL golpe m (de Estado); fig golpe m de efecto

couple ['kʌpl] pareja f; **a ~ of** un par de

courage ['kʌrɪdʒ] valor m, coraje m; **courageous** valiente

courier ['kurır] mensajero(-a) m(f); with tourist party guía m/f

course [kɔːrs] (lessons) curso m; of meal plato m; of ship, plane rumbo m; for horse race circuito m; for golf campo m; for marathon recorrido m; **of ~** por supuesto

court [kɔːrt] LAW tribunal m, (courthouse) palacio m de justicia; SP pista f, cancha f; **court case** proceso m, causa f

courtesy ['kɜːrtəsı] cortesía f

'courthouse palacio m de

justicia; **courtroom** sala f de juicios; **courtyard** patio m

cousin ['kʌzn] primo(-a) m(f)

cover ['kʌvər] **1** n protective funda f, of book, magazine portada f; (shelter) protección f; (insurance) cobertura f **2** v/t cubrir

◆ **cover up 1** v/t cubrir; scandal encubrir **2** v/i disimular

coverage ['kʌvərɪdʒ] by media cobertura f informativa

covert ['kouvɜːrt] encubierto

'cover-up encubrimiento m

cow [kau] vaca f

coward ['kauərd] cobarde m/f; **cowardice** cobardía f

'cowboy vaquero m

co-worker ['kouwɜːrkər] compañero(a) m(f) de trabajo

cozy ['kouzɪ] room acogedor; job cómodo

crab [kræb] cangrejo m

crack [kræk] **1** n grieta f; in cup raja f; (joke) chiste m (malo) **2** v/t cup rajar; nut cascar; code descifrar; F (solve) resolver **3** v/i rajarse; **crack** (cocaine) crack m; **cracked** cup rajado; **cracker** to eat galleta f salada

cradle ['kreɪdl] cuna f

craft[1] [kræft] NAUT embarcación f

craft[2] [kræft] (skill) arte m; (trade) oficio m; **craftsman** artesano m; **crafty** astuto

crag [kræg] rock peñasco m

cram [kræm] embutir

cramps [kræmps] calambre m; **stomach** ~ retorcijón m

crane [kreɪn] **1** n machine grúa f **2** v/t: ~ **one's neck** estirar el cuello

crank [kræŋk] person maniático(-a) m(f); **cranky** (bad-tempered) gruñón

crap [kræp] P mierda f P; (nonsense) Span gilipolleces fpl P, L.Am. pendejadas fpl P, Rpl boludeces fpl P

crash [kræʃ] **1** n noise estruendo m; accident accidente m; COM quiebra f, crac m; COMPUT bloqueo m **2** v/i of car, airplane estrellarse (into con); of market hundirse; COMPUT bloquearse **3** v/t car estrellar; **crash course** curso m intensivo; **crash diet** dieta f drástica; **crash helmet** casco m protector; **crash-land** realizar un aterrizaje forzoso

crate [kreɪt] caja f

crater ['kreɪtər] cráter m

crave [kreɪv] ansiar; **craving** ansia f m

crawl [krɔːl] **1** n in swimming crol m **2** v/i on floor arrastrarse; of baby andar a gatas; (move slowly) avanzar lentamente

crayon ['kreɪɑːn] lápiz m de color

craze [kreɪz] locura f (**for** de); **crazy** loco

creak [kriːk] of hinge chirriar; of floor, shoes crujir; **creaky** que chirria; floor, shoes que cruje

cream [kriːm] **1** *n for skin* crema *f*; *for coffee, cake* nata *f* **2** *adj* crema *f*

crease [kriːs] **1** *n* arruga *f*; *deliberate* raya *f* **2** *v/t* arrugar

create [kriˈeit] crear; **creation** creación *f*; **creative** creativo; **creator** creador(a) *m(f)* *f*

creature [ˈkriːtʃər] criatura *f*

credibility [kredəˈbiləti] credibilidad *f*; **credible** creíble

credit [ˈkredit] crédito *m*; **creditable** estimable; **credit card** tarjeta *f* de crédito; **credit limit** límite *m* de crédito; **creditor** acreedor(a) *m(f)*; **creditworthy** solvente

creep [kriːp] **1** *n pej* asqueroso(-a) *m(f)* **2** *v/i* moverse sigilosamente; **creepy** F espeluznante F

cremate [kriˈmeit] incinerar; **cremation** incineración *f*

crest [krest] *of hill* cima *f*; *of bird* cresta *f*

crevice [ˈkrevis] grieta *f*

crew [kruː] tripulación *f*; **crew cut** rapado *m*

crib [krib] *for baby* cuna *f*

crime [kraim] delito *m*; *serious, also fig* crimen *m*; **criminal 1** *n* delincuente *m/f*, criminal *m/f* **2** *adj* criminal; (LAW: *not civil*) penal; (*shameful*) vergonzoso; *act* delictivo

crimson [ˈkrimzn] carmesí

cripple [ˈkripl] **1** *n* inválido(-a) *m(f)* **2** *v/t person* dejar

inválido; *fig* paralizar

crisis [ˈkraisis] crisis *f inv*

crisp [krisp] *weather* fresco; *lettuce* crujiente; *dollar bill* flamante; **crisps** *Br* patatas *fpl* fritas, *L.Am* papas *fpl* fritas

criterion [kraiˈtiriən] criterio *m*

critic [ˈkritik] crítico(-a) *m(f)*; **critical** crítico; *moment* decisivo; **criticism** crítica *f*; **criticize** criticar

crocodile [ˈkrɔkədail] cocodrilo *m*

crony [ˈkrouni] F amiguete *m/f*

crook [kruk] ladrón (-ona) *m(f)*; *dishonest trader* granuja *m/f*; **crooked** torcido; (*dishonest*) deshonesto

crop [krɔp] **1** *n also fig* cosecha *f*; *plant grown* cultivo *m* **2** *v/t hair* cortar; *photo* recortar

◆ **crop up** salir

cross [krɔs] **1** *adj (angry)* enfadado **2** *n* cruz *f* **3** *v/t (go across)* cruzar; ∼ **o.s.** REL santiguarse **4** *v/i (go across)* cruzar; *of lines* cruzarse

◆ **cross off** tachar

◆ **cross out** tachar

'crosscheck 1 *n* comprobación *f* **2** *v/t* comprobar; **cross-examine** interrogar; **cross-eyed** bizco; **crossing** NAUT travesía *f*; **crossroads** *also fig* encrucijada *f*; **crosswalk** paso *m* de peatones; **crossword** (**puzzle**) crucigrama *m*

crotch [krɔtʃ] entrepierna *f*

crouch [kraʊtʃ] agacharse

crowd [kraʊd] multitud f, muchedumbre f; *at sports event* público m; **crowded** abarrotado (**with** de)

crown [kraʊn] corona f

crucial ['kruːʃl] crucial

crucifix ['kruːsɪfɪks] crucifijo m; **crucifixion** crucifixión f; **crucify** *also fig* crucificar

crude [kruːd] **1** *adj* (*vulgar*) grosero; (*unsophisticated*) primitivo **2** n: ~ (**oil**) crudo m

cruel ['kruːəl] cruel (**to** con); **cruelty** crueldad f

cruise [kruːz] **1** n crucero m **2** v/i *of people* hacer un crucero; *of car* ir a velocidad de crucero; *of plane* volar

crumb [krʌm] miga f

crumble ['krʌmbl] *of bread* desmigajarse; *of stonework* desmenuzarse; *fig: of opposition* desmoronarse

crumple ['krʌmpl] (*crease*) arrugar

crush [krʌʃ] **1** n (*crowd*) muchedumbre f **2** v/t aplastar; (*crease*) arrugar

crust [krʌst] *on bread* corteza f

crutch [krʌtʃ] *walking aid* muleta f

cry [kraɪ] **1** n (*call*) grito m **2** v/i (*weep*) llorar

◆ **cry out** gritar

cryptic ['krɪptɪk] críptico

crystal ['krɪstl] cristal m

cu [siː'juː] *in texting* A2 (*adiós*)

Cuba ['kjuːbə] Cuba; **Cuban 1** *adj* cubano **2** n cubano(-a) m(f)

cube [kjuːb] cubo m; **cubic** cúbico

cubicle ['kjuːbɪkl] (*changing room*) cubículo m

cuddle ['kʌdl] abrazar

cue [kjuː] *for actor etc* pie m; *for pool* taco m

cuff [kʌf] *of shirt* puño m; *of pants* vuelta f; (*blow*) cachete m

culminate ['kʌlmɪneɪt] culminar (**in** en); **culmination** culminación f

culprit ['kʌlprɪt] culpable m/f

cult [kʌlt] (*sect*) secta f

cultivate ['kʌltɪveɪt] *also fig* cultivar; **cultivated** *person* culto; **cultivation** *of land* cultivo m

cultural ['kʌltʃərəl] cultural; **culture** cultura f; **cultured** culto

cumulative ['kjuːmjʊlətɪv] acumulativo

cunning ['kʌnɪŋ] **1** n astucia f **2** *adj* astuto

cup [kʌp] taza f; *trophy* copa f

cupboard ['kʌbərd] armario m

curb [kɜːrb] **1** n *of street* bordillo m; *on powers etc* freno m **2** v/t frenar

cure [kjʊr] **1** n MED cura f **2** v/t MED, *meat* curar

curiosity [kjʊrɪ'ɑːsətɪ] curiosidad f; **curious** curioso

curl [kɜːrl] **1** n *in hair* rizo m;

of smoke voluta **2** *v/t hair* rizar; *(wind)* enroscar **3** *v/i of hair* rizarse; *of paper* ondularse

◆ **curl up** acurrucarse

curly ['kɜːrlɪ] *hair* rizado; *tail* enroscado

currency ['kʌrənsɪ] *money* moneda *f*; **foreign ~** divisas *fpl*; **current 1** *n in sea*, ELEC corriente *f* **2** *adj* actual; **current affairs** la actualidad

curse [kɜːrs] **1** *n (spell)* maldición *f*; *(swearword)* palabrota *f* **2** *v/t* maldecir **3** *v/i (swear)* decir palabrotas

cursor ['kɜːrsər] COMPUT cursor *m*

cursory ['kɜːrsərɪ] superficial

curt [kɜːrt] brusco, seco

curtain ['kɜːrtn] cortina *f*; THEA telón *m*

curve [kɜːrv] **1** *n* curva *f* **2** *v/i* curvarse

cushion ['kʊʃn] **1** *n* cojín *m* **2** *v/t blow, fall* amortiguar

custody ['kʌstədɪ] *of children* custodia *f*; **in ~** LAW detenido

custom ['kʌstəm] costumbre *f*; COM clientela *f*; *(customer)* cliente *m(f)*; **customer service** atención *f* al cliente

customs ['kʌstəmz] aduana *f*; **customs officer** funcionario(-a) *m(f)* de aduanas

cut [kʌt] **1** *n* corte *m*; *(reduction)* recorte (**in** de) **2** *v/t* cortar; *(reduce)* recortar; *hours* acortar; **get one's hair ~** cortarse el pelo

◆ **cut down 1** *v/t tree* talar, cortar **2** *v/i in expenses* gastar menos; *in smoking* fumar menos

◆ **cut off** cortar; *(isolate)* aislar

◆ **cut up** trocear

cutback recorte *m*

cute [kjuːt] guapo, lindo; *(clever)* listo

cut-off date fecha *f* límite; **cut-price** rebajado; *store de productos rebajados*; **cut--throat** *competition* despiadado; **cutting** *n from newspaper* recorte *m* **2** *adj remark* hiriente

cyber ... ['saɪbər] ciber...

cycle ['saɪkl] **1** *n* bicicleta *f; of events* ciclo *m* **2** *v/i ir en bicicleta*; **cycling** ciclismo *m*; **cyclist** ciclista *m/f*

cylinder ['sɪlɪndər] cilindro *m*; **cylindrical** cilíndrico

cynic ['sɪnɪk] escéptico(-a) *m(f)*; **cynical** escéptico; **cynicism** escepticismo *m*

Czech [tʃek] **1** *adj* checo; **the ~ Republic** la República Checa **2** *n person* checo(-a) *m(f)*; *language* checo *m*

D

DA [di:'eɪ] (= *district attorney*) fiscal *m/f* (del distrito)

◆ **dabble in** ['dæbl] ser aficionado a

dad [dæd] *talking to him* papá *m*; *talking about him* padre *m*

daily ['deɪlɪ] **1** *n (paper)* diario *m* **2** *adj* diario

'dairy products productos *mpl* lácteos

dam [dæm] **1** *n for water* presa *f* **2** *v/t river* embalsar

damage ['dæmɪdʒ] **1** *n* daños *mpl*; *to reputation etc* daño *m* **2** *v/t also fig* dañar; **damages** LAW daños *mpl* y perjuicios; **damaging** perjudicial

damn [dæm] **F 1** *int* ¡mecachis! **F 2** *adj* maldito **F 3** *adv* muy; **damning** *evidence* condenatorio; *report* crítico

damp [dæmp] húmedo

dance [dæns] **1** *n* baile *m* **2** *v/i* bailar; **dancer** bailarín (-ina) *m(f)*; **dancing** baile *m*

Dane [deɪn] danés(-esa) *m(f)*

danger ['deɪndʒər] peligro *m*; **dangerous** peligroso

dangle ['dæŋgl] **1** *v/t* balancear **2** *v/i* colgar

Danish ['deɪnɪʃ] **1** *adj* danés **2** *n language* danés *m*; **Danish (pastry)** pastel *m* de hojaldre (*dulce*)

dare [der] atreverse; **~ to do sth** atreverse a hacer algo; **~ s.o. to do sth** desafiar a al-

guien para que haga algo; **daring** atrevido

dark [dɑːrk] **1** *n* oscuridad *f* **2** *adj* oscuro; **dark glasses** gafas *fpl* oscuras, *L.Am.* lentes *fpl* oscuras; **darkness** oscuridad *f*

darling ['dɑːrlɪŋ] cielo *m*

dart [dɑːrt] **1** *n for throwing* dardo *m* **2** *v/i* lanzarse

dash [dæʃ] **1** *n punctuation* raya *f*; *(small amount)* chorrito *m* **2** *v/i* correr **3** *v/t hopes* frustrar; **dashboard** salpicadero *m*

data ['deɪtə] datos *mpl*; **database** base *f* de datos

date¹ [deɪt] *fruit* dátil *m*

date² [deɪt] fecha *f*; *(meeting)* cita *f*; *(person)* pareja *f*; *out of ~ clothes* pasado de moda; *passport* caducado; *up to ~* al día; **dated** anticuado

daughter ['dɔːtər] hija *f*; **daughter-in-law** nuera *f*

dawn [dɔːn] amanecer *m*, alba *f*; *fig* albores *mpl*

day [deɪ] día *m*; *the ~ after* el día siguiente; *the ~ after tomorrow* pasado mañana; *the ~ before* el día anterior; *the ~ before yesterday* anteayer; *in those ~s* en aquellos tiempos; *the other ~ (recently)* el otro día; **daybreak** amanecer *m*, alba *f*; **daydream 1** *n* fantasía *f* **2** *v/i* soñar despierto; **daylight** luz f del día; **day spa** centro m de salud

dazed [deɪzd] aturdido

dazzle ['dæzl] *also fig* deslumbrar

dead [ded] **1** *adj* muerto; *battery* agotado; *light bulb* fundido; *place* muerto F **2** *adv* F (*very*) tela de F; **~ beat, ~ tired** hecho polvo **3** *npl*: **the ~** los muertos; **dead end** *street* callejón m sin salida; **dead heat** empate m; **deadline** fecha f tope; *for newspaper* hora f de cierre; **meet a ~** cumplir un plazo; **deadlock** *in talks* punto m muerto; **deadly** mortal

deaf [def] sordo; **deafening** ensordecedor; **deafness** sordera f

deal [diːl] **1** n acuerdo m; **a great ~ of** mucho(s) **2** v/t *cards* repartir

◆ **deal in** COM comerciar con

◆ **deal with** tratar; *situation* hacer frente a; *customer, applications* encargarse de; (*do business with*) hacer negocios con

dealer ['diːlər] comerciante m/f; (*drug ~*) traficante m/f; **dealing** (*drug ~*) tráfico m; **dealings** (*business*) tratos mpl

dear [dɪr] querido; (*expensive*) caro; **Dear Sir** Muy Sr. Mío

death [deθ] muerte f; **death toll** saldo m de víctimas mortales

debatable [dɪ'beɪtəbl] discutible; **debate 1** n debate m **2** v/t & v/i debatir

debit ['debɪt] **1** n cargo m **2** v/t *account* cargar en; *amount* cargar; **debit card** tarjeta f de débito

debris [də'briː] *nsg of building* escombros mpl; *of airplane* restos mpl

debt [det] deuda f; **be in ~** estar endeudado; **debtor** deudor(-a) m/f

debug [diː'bʌg] COMPUT depurar

decade ['dekeɪd] década f

decadent ['dekədənt] decadente

decaffeinated [dɪ'kæfɪneɪtɪd] descafeinado

decay [dɪ'keɪ] **1** n of plant putrefacción f; of civilization declive m; in teeth caries f inv **2** v/i of plant pudrirse; of civilization decaer; of teeth cariarse

deceased [dɪ'siːst]: **the ~** el difunto / la difunta

deceit [dɪ'siːt] engaño m, mentira f; **deceitful** mentiroso; **deceive** engañar

December [dɪ'sembər] diciembre m

decency ['diːsənsɪ] decencia f; **decent** decente

deception [dɪ'sepʃn] engaño m; **deceptive** engañoso

decide [dɪ'saɪd] decidir; **decided** (*definite*) tajante

decimal ['desɪml] decimal m

decipher [dɪ'saɪfər] descifrar

decision [dɪ'sɪʒn] decisión f;
decisive decidido; (crucial)
decisivo

deck [dek] of ship cubierta f;
of cards baraja f

declaration [deklə'reɪʃn] declaración f; **declare** declarar

decline [dɪ'klaɪn] **1** n descenso m; in standards caída f; in health empeoramiento m **2** v/t invitation declinar **3** v/i (refuse) rehusar; (decrease) declinar; of health empeorar

decode [diː'kəʊd] descodificar

décor ['deɪkɔːr] decoración f

decorate ['dekəreɪt] with paint pintar; with paper empapelar; (adorn) decorar; soldier condecorar; **decoration** paint pintado m; paper empapelado m; (ornament) decoración f; **decorator** (interior ~) decorador(a) m(f)

decoy ['diːkɔɪ] señuelo m

decrease ['diːkriːs] n disminución f (in de) **2** [dɪ'kriːs] v/t & v/i disminuir

dedicate ['dedɪkeɪt] book dedicar; **dedicated** dedicado; **dedication** dedicación f; in book dedicatoria f

deduce [dɪ'djuːs] deducir

deduct [dɪ'dʌkt] descontar; **deduction** deducción f

deed [diːd] (act) acción f, obra f; LAW escritura f

deep [diːp] profundo; color intenso; **deepen 1** v/t profundizar **2** v/i hacerse más profundo; of mystery agudi-

zarse; **deep freeze** congelador m

deer [dɪr] ciervo m

deface [dɪ'feɪs] desfigurar

defamation [defə'meɪʃn] difamación f; **defamatory** difamatorio

defeat [dɪ'fiːt] **1** n derrota f **2** v/t derrotar

defect ['diːfekt] defecto m; **defective** defectuoso

de'fence Br ☞ **defense**

defend [dɪ'fend] defender; **defendant** acusado(-a) m(f); in civil case demandado(-a) m(f); **defense** defensa f; **defenseless** indefenso; **Defense Secretary** POL ministro(-a) m(f) de Defensa; in USA secretario m de Defensa; **defensive 1** n : **go on the ~** ponerse a la defensiva **2** adj defensivo

defer [dɪ'fɜːr] (postpone) aplazar, diferir

defiance [dɪ'faɪəns] desafío m; **defiant** desafiante

deficiency [dɪ'fɪʃənsɪ] deficiencia f

deficit ['defɪsɪt] déficit m

define [dɪ'faɪn] definir

definite ['defɪnɪt] definitivo; improvement claro; (certain) seguro; **definitely** con certeza, sin lugar a dudas

definition [defɪ'nɪʃn] definición f

deformity [dɪ'fɔːrmɪtɪ] deformidad f

defrost [diː'frɒst] descongelar

defuse [diːˈfjuːz] *bomb* desactivar; *situation* calmar

defy [dɪˈfaɪ] desafiar

degrading [dɪˈɡreɪdɪŋ] degradante

degree [dɪˈɡriː] grado *m*; *from university* título *m*

dehydrated [diːhaɪˈdreɪtɪd] deshidratado

deign [deɪn]: **~ to** dignarse a

dejected [dɪˈdʒektɪd] abatido, desanimado

delay [dɪˈleɪ] **1** *n* retraso *m* **2** *v/t* retrasar; **be ~ed** llevar retraso **3** *v/i* retrasarse

delegate [ˈdelɪɡeɪt] **1** *n* delegado(-a) *m(f)* **2** *v/t task* delegar; *person* delegar en; **delegation** delegación *f*

delete [dɪˈliːt] borrar; *(cross out)* tachar; **deletion** borrado *m*

deliberate [dɪˈlɪbərət] *adj* deliberado **2** [dɪˈlɪbəreɪt] *v/i* deliberar; **deliberately** deliberadamente

delicate [ˈdelɪkət] delicado; *health* frágil

delicatessen [delɪkəˈtesn] *tienda de productos alimenticios de calidad*

delicious [dɪˈlɪʃəs] delicioso

delight [dɪˈlaɪt] placer *m*; **delighted** encantado; **delightful** encantador

deliver [dɪˈlɪvər] entregar, repartir; *message* dar; *baby* dar a luz; *speech* pronunciar; **delivery** entrega *f*, reparto *m*; *of baby* parto *m*; **delivery date** fecha *f* de entrega

de luxe [dəˈlʌks] de lujo

demand [dɪˈmænd] **1** *n* exigencia *f*; *by union* reivindicación *f*; COM demanda *f*; **in ~** solicitado **2** *v/t* exigir; *(require)* requirir; **demanding** *job* que exige mucho; *person* exigente

demo [ˈdemoʊ] *(protest)* manifestación *f*; *of video etc* maqueta *f*

democracy [dɪˈmɑːkrəsɪ] democracia *f*; **democrat** demócrata *m/f*; **democratic** democrático

demolish [dɪˈmɑːlɪʃ] demoler; *argument* destruir; **demolition** demolición *f*; *of argument* destrucción *f*

demonstrate [ˈdemənstreɪt] **1** *v/t* demostrar **2** *v/i politically* manifestarse; **demonstration** demostración *f*; *(protest)* manifestación *f*; **demonstrator** *(protester)* manifestante *m/f*

demoralized [dɪˈmɔːrəlaɪzd] desmoralizado; **demoralizing** desmoralizador

demote [dɪˈmoʊt] degradar

den [den] *(study)* estudio *m*

denial [dɪˈnaɪəl] *of accusation* negación *f*; *of request* denegación *f*

denim [ˈdenɪm] tela *f* vaquera

Denmark [ˈdenmɑːrk] Dinamarca

denomination [dɪnɑːmɪˈneɪʃn] *of money* valor *m*; *religious* confesión *f*

dense [dens] denso; *foliage*

espeso; *crowd* compacto;
density *of population* densi-
dad *f*

dent [dent] **1** *n* abolladura *f* **2**
v/t abollar

dental ['dentl] dental

dented ['dentɪd] abollado

dentist ['dentɪst] dentista *m/f*;
dentures dentadura *f* posti-
za

Denver boot ['denvər] cepo
m

deny [dɪ'naɪ] *charge* negar;
right, request denegar

deodorant [diː'oʊdərənt] de-
sodorante *m*

department [dɪ'pɑːrtmənt]
departamento *m*; *of govern-
ment* ministerio *m*; **Depart-
ment of State** Ministerio
m de Asuntos Exteriores;
department store grandes
almacenes *mpl*

departure [dɪ'pɑːrtʃər] salida
f; *from job* marcha *f*; *(devia-
tion)* desviación *f*; **departure
lounge** sala *f* de embarque;
departure time hora *f* de sa-
lida

depend [dɪ'pend] depender;
that ∼s depende; **depend-
ence** dependencia *f*

depict [dɪ'pɪkt] describir

deplorable [dɪ'plɔːrəbl] de-
plorable; **deplore** deplorar

deploy [dɪ'plɔɪ] *(use)* utilizar;
(position) desplegar

deport [dɪ'pɔːrt] deportar;
deportation deportación *f*

deposit [dɪ'pɑːzɪt] **1** *n* depósi-
to *m*; *of coal* yacimiento *m* **2**

v/t money depositar, *Span* in-
gresar; *(put down)* depositar;
deposition LAW declaración
f

depot ['diːpoʊ] *for storage* de-
pósito *m*

depreciation [dɪpriːʃɪ'eɪʃn]
FIN depreciación *f*

depress [dɪ'pres] *person* de-
primir; **depressed** deprimi-
do; **depressing** deprimente;
depression [dɪ'preʃn] *me-
teorological* borrasca *f*

deprivation [deprɪ'veɪʃn] pri-
vación *f*; **deprive** privar; **de-
prived** desfavorecido

depth [depθ] profundidad *f*;
of color intensidad *f*; **in ∼**
en profundidad

deputy ['depjʊti] segundo(-a)
m(f)

derail [dɪ'reɪl]: **be ∼ed** desca-
rrilar

derelict ['derəlɪkt] en ruinas

deride [dɪ'raɪd] ridiculizar,
mofarse de; **derision** burla
f, mofa *f*; **derisory** irrisorio

derivative [dɪ'rɪvətɪv] poco
original; **derive** obtener; **be
∼d from** *of word* derivar(se)
de

dermatologist
[dɜːrmə'tɑːlədʒɪst] dermató-
logo(-a) *m(f)*

derogatory [dɪ'rɑːgətɔːri]
despectivo

descendant [dɪ'sendənt] des-
cendiente *m/f*; **descent** des-
censo *m*; *(ancestry)* ascen-
dencia *f*

describe [dɪ'skraɪb] describir; **description** descripción *f*

desegregate [diː'segrəgeit] acabar con la segregación racial en

desert¹ ['dezərt] *n* desierto *m*

desert² [dɪ'zɜːrt] **1** *v/t* abandonar **2** *v/t of soldier* desertar; **deserted** desierto; **deserter** MIL desertor(a) *m(f)*; **desertion** abandono *m*; MIL deserción *f*

deserve [dɪ'zɜːrv] merecer

design [dɪ'zaɪn] **1** *n* diseño *m*; (*pattern*) motivo *m* **2** *v/t* diseñar

designate ['dezɪgneɪt] *person* designar; *area* declarar

designer [dɪ'zaɪnər] diseñador(a) *m(f)*; **designer clothes** ropa *f* de diseño

desirable [dɪ'zaɪrəbl] deseable; *house* apetecible; **desire** deseo *m*

desk [desk] *in classroom* pupitre *m*; *in office* mesa *f*; *in hotel* recepción *f*; **desk clerk** recepcionista *m/f*; **desktop publishing** autoedición *f*

desolate ['desələt] *place* desolado

despair [dɪ'sper] **1** *n* desesperación *f*; **in ~** desesperado **2** *v/i* desesperarse; **desperate** desesperado; **be ~ for sth** necesitar algo desesperadamente; **desperation** desesperación *f*

despicable [dɪs'pɪkəbl] despreciable; **despise** despreciar

despite [dɪ'spaɪt] a pesar de

dessert [dɪ'zɜːrt] postre *m*

destination [destɪ'neɪʃn] destino *m*

destroy [dɪ'strɔɪ] destruir; **destroyer** NAUT destructor *m*; **destruction** destrucción *f*; **destructive** destructivo; *child* revoltoso

detach [dɪ'tæʃ] separar, soltar; **detached** (*objective*) distanciado; **detachment** (*objectivity*) distancia *f*

detail ['diːteɪl] detalle *m*; **detailed** detallado

detain [dɪ'teɪn] (*hold back*) entretener; *as prisoner* detener; **detainee** detenido(-a) *m(f)*

detect [dɪ'tekt] percibir; *of device* detectar; **detection** of *criminal* descubrimiento *m*; *of smoke etc* detección *f*; **detective** detective *m/f*; **detector** detector *m*

détente ['deɪtɑːnt] POL distensión *f*

deter [dɪ'tɜːr] disuadir

detergent [dɪ'tɜːrdʒənt] detergente *m*

deteriorate [dɪ'tɪrɪəreɪt] deteriorarse; *of weather* empeorar

determination [dɪtɜːrmɪ'neɪʃn] determinación *f*; **determine** (*establish*) determinar; **determined** resuelto, decidido

detest [dɪ'test] detestar; **detestable** detestable

detour ['diːtʊr] rodeo *m*; (*di-*

version) desvío *m*

devaluation [di:væljʊ'eɪʃn] devaluación *f*; **devalue** devaluar

devastate ['devəsteɪt] devastar; *fig: person* asolar

develop [dɪ'veləp] **1** *v/t film* revelar; *site* urbanizar; *business* desarrollar; *(improve on)* perfeccionar; *illness* contraer **2** *v/i (grow)* desarrollarse; **developing country** país *m* en vías de desarrollo; **development** *of film* revelado *m*; *of site* urbanización *f*; *of business, country* desarrollo *m*; *(event)* acontecimiento *m*; *(improving)* perfeccionamiento *m*

device [dɪ'vaɪs] *tool* aparato *m*, dispositivo *m*

devil ['devl] *also fig* diablo *m*

devise [dɪ'vaɪz] idear

devote [dɪ'vəʊt] dedicar (**to** a); **devoted** *son etc* afectuoso; **devotion** devoción *f*

devour [dɪ'vaʊər] devorar

devout [dɪ'vaʊt] devoto

diabetes [daɪə'bi:ti:z] *nsg* diabetes *f*; **diabetic** diabético(-a) *m(f)*

diagnose ['daɪəgnəʊz] diagnosticar; **diagnosis** diagnóstico *m*

diagonal [daɪ'ægənl] diagonal; **diagonally** diagonalmente, en diagonal

diagram ['daɪəgræm] diagrama *m*

dial [daɪl] **1** *n of clock* esfera *f*; *of instrument* cuadrante *m* **2**

v/t & v/i TELEC marcar

dialog, *Br* **dialogue** ['daɪə-lɒːg] diálogo *m*

'dial tone tono *m* de marcar

diameter [daɪ'æmɪtər] diámetro *m*

diamond ['daɪmənd] diamante *m*; *shape* rombo *m*

diaper ['daɪpər] pañal *m*

diaphragm ['daɪəfræm] diafragma *m*

diarrhea, *Br* **diarrhoea** [daɪə'rɪːə] diarrea *f*

diary ['daɪrɪ] diario *m*; *for appointments* agenda *f*

dice [daɪs] dado *m*; *pl* dados *mpl*

dictate [dɪk'teɪt] dictar; **dictator** POL dictador(a) *m(f)*; **dictatorship** dictadura *f*

dictionary ['dɪkʃənrɪ] diccionario *m*

die [daɪ] morir

◆ **die down** *of storm* amainar; *of excitement* calmarse

◆ **die out** desaparecer

diet ['daɪət] **1** *n* dieta *f* **2** *v/i* hacer dieta

differ ['dɪfər] ser distinto; *(disagree)* discrepar; **difference** diferencia *f*; **different** diferente, distinto (**from** de); **differently** de manera diferente

difficult ['dɪfɪkəlt] difícil; **difficulty** dificultad *f*

dig [dɪg] cavar

digest [daɪ'dʒest] *also fig* digerir; **digestion** digestión *f*

digit ['dɪdʒɪt] dígito *m*; **digital** digital; **digital camera**

cámara *f* digital; **digital photo** foto *f* digital

dignified ['dɪgnɪfaɪd] digno; **dignity** dignidad *f*

dilapidated [dɪ'læpɪdeɪtɪd] destartalado

dilemma [dɪ'lemə] dilema *m*

dilute [daɪ'luːt] diluir

dim [dɪm] **1** *adj* room oscuro; *light* tenue; *outline* borroso; (*stupid*) tonto **2** *v/i* of lights atenuarse

dime [daɪm] *moneda de diez centavos*

dimension [daɪ'menʃn] dimensión *f*

diminish [dɪ'mɪnɪʃ] disminuir

din [dɪn] estruendo *m*

dine [daɪn] *fml* cenar

dinghy ['dɪŋgɪ] *small yacht* bote *m* de vela; *rubber boat* lancha *f* neumática

dining car ['daɪnɪŋ] RAIL coche *m* comedor; **dining room** comedor *m*

dinner ['dɪnər] cena *f*; *at midday* comida *f*; (*formal*) cena *f* de gala; **dinner party** cena *f*

dip [dɪp] **1** *n for food* salsa *f*; (*slope*) inclinación *f*; (*depression*) hondonada *f* **2** *v/i or road* bajar

diploma [dɪ'pləʊmə] diploma *m*

diplomacy [dɪ'pləʊməsɪ] diplomacia *f*; **diplomat** diplomático(-a) *m(f)*; **diplomatic** diplomático

direct [daɪ'rekt] **1** *adj* directo **2** *v/t* dirigir; **direction** dirección *f*; **~s** *to a place* indica-

ciones *fpl*; (*instructions*) instrucciones *fpl*; *for medicine* posología *f*; *to a place* indicazioni *fpl*; *for use* istruzioni *fpl*; **directly** (*straight*) directamente; (*soon*) pronto; (*immediately*) ahora mismo; **director** director(a) *m(f)*; **directory** directorio *m*; TELEC guía *f* telefónica

dirt [dɜːrt] suciedad *f*; **dirty 1** *adj* sucio; (*pornographic*) pornográfico **2** *v/t* ensuciar

disability [dɪsə'bɪlətɪ] discapacidad *f*; **disabled** discapacitado

disadvantage [dɪsəd'væntɪdʒ] desventaja *f*; **disadvantaged** desfavorecido

disagree [dɪsə'griː] no estar de acuerdo; **disagreeable** desagradable; **disagreement** desacuerdo *m*; (*argument*) discusión *f*

disappear [dɪsə'pɪr] desaparecer; **disappearance** desaparición *f*

disappoint [dɪsə'pɔɪnt] desilusionar, decepcionar; **disappointing** decepcionante; **disappointment** desilusión *f*, decepción *f*

disapproval [dɪsə'pruːvl] desaprobación *f*; **disapprove** desaprobar, estar en contra; **disapproving** desaprobatorio

disarm [dɪs'ɑːrm] desarmar; **disarmament** desarme *m*

disaster [dɪ'zæstər] desastre *m*; **disastrous** desastroso

disband [dɪs'bænd] **1** v/t disolver **2** v/i disolverse

disbelief [dɪsbə'li:f] incredulidad f

disc [dɪsk] (CD) compact m (disc)

discard [dɪ'skɑːrd] desechar; *boyfriend* deshacerse de

disciplinary [dɪsɪ'plɪnərɪ] disciplinario; **discipline** ['dɪsɪplɪn] disciplina f

'disc jockey disc jockey m/f, Span pinchadiscos m/f inv

disclaim [dɪs'kleɪm] negar

disclose [dɪs'kloʊs] revelar

disco ['dɪskoʊ] discoteca f

discomfort [dɪs'kʌmfərt] (*pain*) molestia f; (*embarrassment*) incomodidad f

disconcert [dɪskən'sɜːrt] desconcertar

disconnect [dɪskə'nekt] desconectar

discontent [dɪskən'tent] descontento m

discontinue [dɪskən'tɪnjuː] *product* dejar de producir; *bus service* suspender

discotheque ['dɪskətek] discoteca f

discount ['dɪskaʊnt] descuento m

discourage [dɪs'kʌrɪdʒ] (*dissuade*) disuadir (**from** de); (*dishearten*) desanimar

discover [dɪs'kʌvər] descubrir; **discovery** descubrimiento m

discredit [dɪs'kredɪt] desacreditar

discreet [dɪ'skriːt] discreto

discrepancy [dɪ'skrepənsɪ] discrepancia f

discretion [dɪ'skreʃn] discreción f

discriminate [dɪ'skrɪmɪneɪt] discriminar (**against** contra); **discriminating** entendido; **discrimination** *sexual etc* discriminación f

discuss [dɪ'skʌs] discutir; *of article* analizar; **discussion** discusión f

disease [dɪ'ziːz] enfermedad f

disembark [dɪsəm'bɑːrk] desembarcar

disentangle [dɪsən'tæŋgl] desenredar

disfigure [dɪs'fɪgər] desfigurar

disgrace [dɪs'greɪs] **1** n vergüenza f **2** v/t deshonrar; **disgraceful** vergonzoso

disguise [dɪs'gaɪz] **1** n disfraz m **2** v/t *voice etc* cambiar; *fear, anxiety* disfrazar

disgust [dɪs'gʌst] **1** n asco m, repugnancia f **2** v/t dar asco a, repugnar; **disgusting** asqueroso, repugnante

dish [dɪʃ] plato m

disheartening [dɪs'hɑːrtnɪŋ] descorazonador

dishonest [dɪs'ɑːnɪst] deshonesto; **dishonesty** deshonestidad f

dishonor [dɪs'ɑːnər] deshonra f; **dishonorable** deshonroso; **dishonour** *etc* Br ☞ **dishonor etc**

disillusion [dɪsɪ'luːʒn] desilusionar; **disillusionment** desilusión f

disinfect [dɪsɪnˈfekt] desinfectar; **disinfectant** desinfectante m

disinherit [dɪsɪnˈherɪt] desheredar

disintegrate [dɪsˈɪntəgreɪt] desintegrarse; *of marriage* deshacerse

disjointed [dɪsˈdʒɔɪntɪd] deshilvanado

disk [dɪsk] *also* COMPUT disco m; **disk drive** COMPUT unidad f de disco; **diskette** disquete m

dislike [dɪsˈlaɪk] **1** n antipatía f **2** v/t: **I ~ him** no me gusta

dislocate [ˈdɪsləkeɪt] dislocar

disloyal [dɪsˈlɔɪəl] desleal

dismal [ˈdɪzməl] *weather* horroroso; *prospect* negro; *person (sad)* triste; *person (negative)* negativo; *failure* estrepitoso

dismantle [dɪsˈmæntl] desmantelar

dismay [dɪsˈmeɪ] *(alarm)* consternación f; *(disappointment)* desánimo m

dismiss [dɪsˈmɪs] *worker* despedir; *suggestion* rechazar; *idea* descartar; **dismissal** *of worker* despido m

disobedience [dɪsəˈbiːdɪəns] desobediencia f; **disobedient** desobediente; **disobey** desobedecer

disorganized [dɪsˈɔːrgənaɪzd] desorganizado

disoriented [dɪsˈɔːrɪəntɪd] desorientado

disparaging [dɪˈspærɪdʒɪŋ] despreciativo

disparity [dɪˈspærətɪ] disparidad f

dispassionate [dɪˈspæʃənət] desapasionado

dispatch [dɪˈspætʃ] *(send)* enviar

disperse [dɪˈspɜːrs] *of crowd* dispersarse; *of mist* disiparse

display [dɪˈspleɪ] **1** n muestra f; *in store window* objetos mpl expuestos; COMPUT pantalla f; *for sale* exponer; COMPUT visualizar

displease [dɪsˈpliːz] desagradar; **displeasure** desagrado m

disposable [dɪˈspouzəbl] desechable; **disposal** eliminación f; **put sth at s.o.'s ~** poner algo a disposición de alguien

◆ **dispose of** [dɪˈspouz] *(get rid of)* deshacerse de

disprove [dɪsˈpruːv] refutar

dispute [dɪˈspjuːt] **1** n disputa f; *industrial* conflicto m laboral **2** v/t discutir; *(fight over)* disputarse

disqualification [dɪskwɑːlɪfɪˈkeɪʃn] descalificación f; **disqualify** descalificar

disregard [dɪsrəˈgɑːrd] **1** n indiferencia f **2** v/t no tener en cuenta

disreputable [dɪsˈrepjutəbl] poco respetable

disrespect [dɪsrəˈspekt] falta

f de respeto; **disrespectful** irrespetuoso

disrupt [dɪs'rʌpt] *train service* alterar; *meeting, class* interrumpir; **disruption** *of train service* alteración f; *of meeting, class* interrupción f

dissatisfaction [dissætɪs'fækʃn] insatisfacción f; **dissatisfied** insatisfecho

dissident ['dɪsɪdənt] disidente m/f

dissolve [dɪ'zɑːlv] **1** v/t disolver **2** v/i disolverse

distance ['dɪstəns] distancia f; **in the ~** en la lejanía; **distant** distante

distaste [dɪs'teɪst] desagrado m; **distasteful** desagradable

distinct [dɪ'stɪŋkt] *(clear)* claro; *(different)* distinto; **distinctive** característico; **distinctly** claramente, con claridad; *(decidedly)* verdaderamente

distinguish [dɪ'stɪŋgwɪʃ] distinguir (**between** entre); **distinguished** distinguido

distort [dɪ'stɔːrt] distorsionar

distract [dɪ'strækt] distraer; **distraught** [dɪ'strɔːt] angustiado, consternado

distress [dɪ'stres] **1** n sufrimiento m **2** v/t *(upset)* angustiar; **distressing** angustiante

distribute [dɪ'strɪbjuːt] distribuir; **distribution** distribución f; **distributor** COM distribuidor(a) m(f)

district ['dɪstrɪkt] zona f; *(neighborhood)* barrio m; **district attorney** fiscal m/f del distrito

distrust [dɪs'trʌst] desconfianza f

disturb [dɪ'stɜːrb] *(interrupt)* molestar; *(upset)* preocupar; **disturbance** *(interruption)* molestia f; **~s** *(civil unrest)* disturbios mpl; **disturbed** preocupado; *mentally* perturbado; **disturbing** inquietante

disused [dɪs'juːzd] abandonado

ditch [dɪtʃ] **1** n zanja f **2** v/t F *plan* abandonar

dive [daɪv] **1** n salto m de cabeza; *underwater* inmersión f; *of plane* descenso m en picado; F *bar etc* antro m F **2** v/i tirarse de cabeza; *underwater* bucear; *of plane* descender en picado; **diver** *underwater* buceador(a) m(f)

diverge [daɪ'vɜːrdʒ] bifurcarse

diversification [daɪvɜːrsɪfɪ'keɪʃn] COM diversificación f; **diversify** COM diversificarse

diversion [daɪ'vɜːrʃn] *for traffic* desvío m; *to distract attention* distracción f; **divert** desviar

divide [dɪ'vaɪd] dividir

dividend ['dɪvɪdend] FIN dividendo m

diving ['daɪvɪŋ] *from board* salto m de trampolín; *(scuba ~)* buceo m; **diving board**

donkey

trampolín *m*
division [dɪˈvɪʒn] división *f*
divorce [dɪˈvɔːrs] **1** *n* divorcio *m* **2** *v/t* divorciarse de *m* divorciarse; **divorced** divorciado; **divorcee** divorciado(-a) *m(f)*
divulge [daɪˈvʌldʒ] divulgar
DIY [diːaɪˈwaɪ] (= *do it yourself*) bricolaje *m*
dizziness [ˈdɪzɪnɪs] mareo *m*; **dizzy** mareado
DJ [ˈdiːdʒeɪ] (= *disc jockey*) disc jockey *m/f*, *Span* pinchadiscos *m/f inv*
DNA [diːenˈeɪ] (= *deoxyribonucleic acid*) ácido *m* desoxirribonucleico)
do [duː] **1** *v/t* hacer; *100 mph etc* ir a; ~ **one's hair** arreglarse el pelo **2** *v/i*: **that'll** ~, **nicely** eso bastará; **that will** ~! ¡ya vale!; ~ **well** *of business* ir bien; **he's** ~**ing well** le van bien las cosas; **well done!** (*congratulations!*) ¡bien hecho!; **how** ~ **you** ~? encantado de conocerle
◆ **do away with** abolir
◆ **do up** (*renovate*) renovar; *coat* abrocharse; *laces* atarse
◆ **do with**: *I could do with ...* no me vendría mal...
◆ **do without** pasar sin
docile [ˈdəʊsaɪl] dócil
dock[1] [dɒk] **1** *n* NAUT muelle *m* **2** *v/i of ship* atracar; *of spaceship* acoplarse
dock[2] [dɒk] *n* LAW banquillo *m* (de los acusados)

doctor [ˈdɒktər] médico *m*; *form of address* doctor *m*; **doctorate** doctorado *m*
doctrine [ˈdɒktrɪn] doctrina *f*
document [ˈdɒkjumənt] documento *m*; **documentary** documental *m*; **documentation** documentación *f*
dodge [dɒdʒ] *blow, person* esquivar; *question* eludir
dog [dɒg] **1** *n* perro(-a) *m(f)* **2** *v/t of bad luck* perseguir
dogma [ˈdɒgmə] dogma *m*; **dogmatic** dogmático
'dog tag MIL chapa *f* de identificación; **dog-tired** F hecho polvo F
do-it-yourself [duːɪtjərˈself] bricolaje *m*
doldrums [ˈdəʊldrəmz]: **be in the** ~ *of economy* estar en un bache; *of person* estar deprimido
doll [dɒl] *toy* muñeca *f*; F *woman* muñeca *f* F
dollar [ˈdɒlər] dólar *m*
dolphin [ˈdɒlfɪn] delfín *m*
dome [dəʊm] cúpula *f*
domestic [dəˈmestɪk] **1** *adj chores* doméstico; *news, policy* nacional **2** *n* empleado(-a) *m(f)* del hogar; **domestic flight** vuelo *m* nacional
dominant [ˈdɒmɪnənt] dominante; **dominate** dominar; **domination** dominación *f*; **domineering** dominante
donate [dəʊˈneɪt] donar; **donation** donación *f*
donkey [ˈdɒŋkɪ] burro *m*

donor ['dəʊnər] donante *m/f*

donut ['dəʊnʌt] dónut *m*

doom [du:m] (*fate*) destino *m*; (*ruin*) fatalidad *f*; **doomed** *project* condenado al fracaso

door [dɔ:r] puerta *f*; timbre *m*; **doorman** portero *m*; **doorway** puerta *f*

dope [dəʊp] (*drugs*) droga *f*; F (*idiot*) lelo(-a) *m(f)*

dormant ['dɔ:rmənt] *volcano* inactivo

dormitory ['dɔ:rmɪtɔ:rɪ] (*hall of residence*) residencia *f* de estudiantes; Br dormitorio *m* (colectivo)

dose [dəʊs] dosis *f inv*

dot [dɑ:t] punto *m*

double ['dʌbl] 1 *n person* doble *m/f* 2 *adj* doble 3 *v/t* doblar 4 *v/i* doblarse; **double bed** cama *f* de matrimonio; **doublecheck** volver a comprobar; **double click** COMPUT hacer doble clic (**on** en); **doublecross** engañar; **double park** aparcar en doble fila; **double room** habitación *f* doble; **doubles** in *tennis* dobles *mpl*

doubt [daʊt] 1 *n* duda *f*; (*uncertainty*) dudas *fpl*; **no** ~ (*probably*) sin duda 2 *v/t* dudar; **doubtful** *look* dubitativo; **be** ~ *of person* tener dudas; **doubtless** sin duda

dough [dəʊ] masa *f*

dove [dʌv] *also fig* paloma *f*

down [daʊn] 1 *adv* (*downward*) (hacia) abajo; ~ **there** allá abajo; **$200 ~** (*as deposit*)

una entrada de 200 dólares; ~ **south** hacia el sur; **be** ~ *of price* haber bajado; *of numbers* haber descendido; (*not working*) no funcionar; F (*depressed*) estar deprimido 2 *prep*: **run** ~ **the stairs** bajar las escaleras corriendo; **walk** ~ **the street** andar por la calle; **down-and-out** vagabundo(-a) *m(f)*; **download** COMPUT 1 *v/t* descargar, bajar 2 *n* descarga *f*; **downmarket** Br barato; **down payment** entrada *f*; **downplay** quitar importancia a; **downpour** chaparrón *m*; **downscale** barato; **downside** (*disadvantage*) desventaja *f*; **downsize** *car* reducir el tamaño de; *company* reajustar la plantilla de; **downstairs** en el piso de abajo; **I ran** ~ bajé corriendo; **downtown** 1 *n* centro *m* 2 *adj* del centro 3 *adv* **live** en el centro; **go al centro**

doze [dəʊz] echar una cabezada

dozen ['dʌzn] docena *f*

draft [dræft] 1 *n of air* corriente *f*; *of document* borrador *m*; MIL reclutamiento *m*; ~ **beer** cerveza *f* de barril 2 *v/t document* redactar un borrador de; MIL reclutar; **draft dodger** prófugo(-a) *m(f)*; **draftsman** delineante *m/f*

drag [dræg] 1 *v/t* (*pull*) arrastrar; (*search*) dragar 2 *v/i of movie* ser pesado

drain [dreɪn] **1** *n pipe* sumidero *m*; *under street* alcantarilla *f* **2** *v/t water, vegetables* escurrir; *land* drenar; *tank, oil* vaciar; *person* agotar; **drainage** *(drains)* desagües *mpl*; *of water from soil* drenaje *m*; **drainpipe** tubo *m* de desagüe

drama ['drɑːmə] drama *m*; *(excitement)* dramatismo *m*; **dramatic** dramático; *scenery* espectacular; **dramatist** dramaturgo(-a) *m(f)*; **dramatize** *also fig* dramatizar

drapes [dreɪps] cortinas *fpl*

drastic ['dræstɪk] drástico

draught [drɑːft] *Br* ☞ **draft**

draw [drɔː] **1** *n in game* empate *m*; *in lottery* sorteo *m*; *(attraction)* atracción *f* **2** *v/t picture* dibujar; *curtain* correr; *knife* sacar; *(attract)* atraer; *(lead)* llevar; *from bank account* sacar **3** *v/i* dibujar; *in game* empatar

◆ **draw back 1** *v/i (recoil)* echarse atrás **2** *v/t (pull back)* retirar

◆ **draw out** sacar

◆ **draw up 1** *v/t document* redactar; *chair* acercar **2** *v/i of vehicle* parar

drawback desventaja *f*

drawer [drɔːr] *of desk* cajón *m*

drawing ['drɔːɪŋ] dibujo *m*

drawl [drɔːl] acento *m* arrastrado

dread [dred] tener pavor a; **dreadful** horrible

dream [driːm] **1** *n* sueño *m* **2**

v/i soñar

◆ **dream up** inventar

dreary ['drɪrɪ] triste

dress [dres] **1** *n for woman* vestido *m*; *(clothing)* traje *m* **2** *v/t person* vestir; *wound* vendar; **get ~ed** vestirse **3** *v/i* vestirse

◆ **dress up** vestirse elegante; *(wear a disguise)* disfrazarse *(as de)*

'**dress circle** piso *m* principal; **dresser** *(dressing table)* tocador *m*; *in kitchen* aparador *m*; **dressing** *for salad* aliño *m*, *Span* arreglo *m*; *for wound* vendaje *m*; **dress rehearsal** ensayo *m* general

dribble ['drɪbl] *of baby* babear; *of water* gotear; SP driblar

dried [draɪd] *fruit etc* seco; **drier** ['draɪər] ☞ **dryer**

drift [drɪft] **1** *n of snow* amontonarse; *of ship* ir a la deriva; *(go off course)* desviarse del rumbo; *of person* vagar; **drifter** vagabundo(-a) *m(f)*

drill [drɪl] **1** *n tool* taladro *m*; *exercise* simulacro *m*; MIL instrucción *f* **2** *v/t hole* taladrar **3** *v/i for oil* hacer perforaciones; MIL entrenarse

drily ['draɪlɪ] seco **☞** secamente

drink [drɪŋk] **1** *n* bebida *f* **2** *v/t* beber **3** *v/i* beber, *L.Am.* tomar; **drinkable** potable; **drinker** bebedor(a) *m(f)*; **drinking water** agua *f* potable

drip [drɪp] **1** *n* gota *f*; MED gotero *m* **2** *v/i* gotear

drive [draɪv] **1** *n outing* paseo *m* (en coche); (*energy*) energía *f*; COMPUT unidad *f*; (*campaign*) campaña *f* **2** *v/t vehicle* conducir, *L.Am.* manejar; (*own*) manejar; (*take in car*) llevar (en coche); TECH impulsar **3** *v/i* conducir, *L.Am.* manejar

'**drive-in** *movie theater* autocine *m*

drivel ['drɪvl] tonterías *fpl*

driver ['draɪvər] conductor(a) *m(f)*; COMPUT controlador *m*; **driver's license** carné *m* de conducir; **drivethru** *restaurante / banco etc en el que se atiende al cliente sin que salga del coche*; **driveway** camino *m* de entrada

drizzle ['drɪzl] **1** *n* llovizna *f* **2** *v/i* lloviznar

drop [drɑːp] **1** *n* gota *f*; *in price, temperature* caída *f* **2** *v/t object* dejar *caer; person from car* dejar; *person from team* excluir; (*stop seeing*) abandonar; *charges etc* retirar; (*give up*) dejar **3** *v/i* caer; *of wind* amainar

◆ **drop in** pasar a visitar

◆ **drop off 1** *v/t person* dejar; (*deliver*) llevar **2** *v/i* (*fall asleep*) dormirse; (*decline*) disminuir

◆ **drop out** (*withdraw*) retirarse; **drop out of school** abandonar el colegio

drought [draʊt] sequía *f*

drown [draʊn] ahogarse

drug [drʌg] **1** *n* droga *f* **2** *v/t* drogar; **drug addict** drogadicto(-a) *m(f)*; **drug dealer** traficante *m/f* (de drogas); **druggist** farmacéutico(-a) *m(f)*; **drugstore** *tienda en la que se venden medicinas, cosméticos, periódicos etc que a veces tiene un bar*; **drug trafficking** tráfico *m* de drogas

drum [drʌm] MUS tambor *m*; *container* barril *m*; **~s** *in band* batería *f*; **drumstick** MUS baqueta *f*

drunk [drʌŋk] **1** *n* borracho(-a) *m(f)* **2** *adj* borracho; **get ~** emborracharse; **drunk driving** conducción *f* bajo los efectos del alcohol

dry [draɪ] **1** *adj* seco **2** *v/t & v/i* secar; **dryclean** limpiar en seco; **dry cleaner** tintorería *f*; **dryer** *machine* secadora *f*

dual ['duːəl] doble

dub [dʌb] *movie* doblar

dubious ['duːbɪəs] dudoso; (*having doubts*) inseguro

duck [dʌk] **1** *n* pato *m*, pata *f* **2** *v/i* agacharse

dud [dʌd] F (*false bill*) billete *m* falso

due [duː] *adj* (*owed*): **payment is now ~** el pago se debe hacer efectivo ahora

dull [dʌl] *weather* gris; *sound, pain* sordo; (*boring*) aburrido, soso

duly ['duːlɪ] (*as expected*) tal y como se esperaba; (*properly*) debidamente

dumb [dʌm] **1** (*mute*) mudo; F (*stupid*) estúpido

dump [dʌmp] **1** *n for garbage* vertedero *m*; (*unpleasant place*) lugar *m* de mala muerte **2** *v/t* (*deposit*) dejar; (*dispose of*) deshacerse de; *waste* verter

dune [duːn] duna *f*

duplex (**apartment**) ['duː-pleks] dúplex *m*

duplicate ['duːplɪkət] duplicado *m*

durable ['dʊrəbl] duradero

during ['dʊrɪŋ] durante

dusk [dʌsk] crepúsculo *m*

dust [dʌst] **1** *n* polvo *m* **2** *v/t* quitar el polvo a; **duster** trapo *m* del polvo; **dustpan** recogedor *m*; **dusty** polvoriento

Dutch [dʌtʃ] holandés; **Dutch-**man holandés *m*; **Dutch-**woman holandesa *f*

duty ['duːtɪ] deber *m*; (*task*) tarea *f*; *on goods* impuesto *m*; **be on ~** estar de servicio; **duty-free** libre de impuestos

DVD [diːviː'diː] (= *digital versatile disk*) DVD *m*; **DVD--ROM** DVD-ROM *m*

dwarf [dwɔːrf] **1** *n* enano *m* **2** *v/t* empequeñecer

dwindle ['dwɪndl] menguar

dye [daɪ] **1** *n* tinte *m* **2** *v/t* teñir

dying ['daɪɪŋ] moribundo; *tradition etc* en vías de desaparición

dynamic [daɪ'næmɪk] dinámico; **dynamism** dinamismo *m*

dynasty ['daɪnəstɪ] dinastía *f*

dyslexic [dɪs'leksɪk] **1** *adj* disléxico **2** *n* disléxico(-a) *m(f)*

E

each [iːtʃ] **1** *adj* cada **2** *adv:* **he gave us one ~** nos dio uno a cada uno; **they're $1.50 ~** valen 1.50 dólares cada uno **3** *pron* cada uno; **~ other** el uno al otro; **we love ~ other** nos queremos

eager ['iːgər] ansioso; **eagerly** ansiosamente; **eagerness** entusiasmo *m*

eagle ['iːgl] águila *f*; **eagle-eyed** con vista de lince

ear[1] [ɪr] oreja *f*

ear[2] [ɪr] *of corn* espiga *f*

earache dolor *m* de oídos

early ['ɜːrlɪ] **1** *adj* (*not late*) temprano; (*ahead of time*) anticipado; (*farther back in time*) primero; (*in the near future*) próximo; *music* antiguo **2** *adv* (*not late*) pronto, temprano; (*ahead of time*) antes de tiempo; **early bird** madrugador(a) *m(f)*

earmark ['ɪrmɑːrk] destinar

earn [ɜːrn] *salary* ganar; *interest* devengar; *holiday, drink etc* ganarse

earnest ['ɜːrnɪst] serio

earnings ['ɜːrnɪŋz] ganancias

fpl

'**earphones** auriculares *mpl*;
earring pendiente *m*

earth [ɜːrθ] **1** *n* tierra *f*; *earthenware* loza *f*; *earthly* terrenal; *it's no ~ use* F no sirve para nada; *earthquake* terremoto *m*; *earth-shattering* extraordinario

ease [iːz] **1** *n* facilidad *f*; *feel at ~* sentirse cómodo **2** *v/t* (*relieve*) aliviar

easel ['iːzl] caballete *m*

easily ['iːzəlɪ] fácilmente; (*by far*) con diferencia

east [iːst] **1** *n* este *m* **2** *adj* oriental, este; *wind* del este **3** *adv travel* hacia el este

Easter ['iːstər] Pascua *f*; *period* Semana *f* Santa; *Easter Day* Domingo *m* de Resurrección; *Easter egg* huevo *m* de pascua

easterly ['iːstərlɪ] del este

Easter 'Monday Lunes *m* Santo

eastern ['iːstərn] del este; (*oriental*) oriental; *easterner* habitante *de la costa este estadounidense*

Easter 'Sunday Domingo *m* de Resurrección

eastward ['iːstwərd] hacia el este

easy ['iːzɪ] fácil; (*relaxed*) tranquilo; *easy chair* sillón *m*; *easy-going* tratable

eat [iːt] comer

◆ **eat out** comer fuera

eatable ['iːtəbl] comestible

eavesdrop ['iːvzdrɑːp] escuchar a escondidas (*on s.o.* alguien)

ebb [eb] *of tide* bajar

e-book ['iːbʊk] libro *m* electrónico; *e-business* comercio *m* electrónico

eccentric [ɪk'sentrɪk] **1** *adj* excéntrico **2** *n* excéntrico(-a) *m(f)*; *eccentricity* excentricidad *f*

echo ['ekoʊ] **1** *n* eco *m* **2** *v/i* resonar **3** *v/t words* repetir; *views* mostrar acuerdo con

eclipse [ɪ'klɪps] **1** *n* eclipse *m* **2** *v/t fig* eclipsar

ecological [iːkə'lɑːdʒɪkl] ecológico; *ecologically* ecológicamente; *ecologically friendly* ecológico; *ecologist* ecologista *m/f*; *ecology* ecología *f*

economic [iːkə'nɑːmɪk] económico; *economical* (*cheap*) económico; (*thrifty*) cuidadoso; *economics* economía *f*; *financial aspects* aspecto *m* económico; *economist* economista *m/f*; *economize* economizar

◆ **economize on** economizar, ahorrar

economy [ɪ'kɑːnəmɪ] economía *f*; (*saving*) ahorro *m*; *economy class* clase *f* turista

ecosystem ['iːkoʊsɪstm] ecosistema *m*; *ecotourism* ecoturismo *m*

ecstasy ['ekstəsɪ] éxtasis *m*; *ecstatic* extasiado

Ecuador ['ekwədɔːr] Ecuador; **Ecuadorean 1** *adj* ecuatoriano **2** *n* ecuatoriano(-a) *m(f)*

eczema ['eksmə] eczema *f*

edge [edʒ] **1** *n of knife* filo *m*; *of table, road, cliff* borde *m*; **on** ~ tenso **2** *v/i (move slowly)* acercarse despacio; **edgewise:** *I couldn't get a word in* ~ no me dejó decir una palabra; **edgy** tenso

edible ['edɪbl] comestible

edit ['edɪt] *text* corregir; *book* editar; *newspaper* dirigir; *TV program* montar; **edition** edición *f*; **editor** *of text, book* editor(a) *m(f)*; *of newspaper* director(a) *m(f)*; *of TV program* montador(a) *m(f)*; **editorial 1** *adj* editorial **2** *n in newspaper* editorial *m*

educate ['edʒəkeɪt] *child* educar; *consumers* concienciar; **educated** culto; **education** educación *f*; **educational** educativo; *(informative)* instructivo

eerie ['ɪrɪ] escalofriante

effect [ɪ'fekt] efecto *m*; **effective** efectivo; *(striking)* impresionante

effeminate [ɪ'femɪnət] afeminado

efficiency [ɪ'fɪʃənsɪ] *of person* eficiencia *f*; *of machine* rendimiento *m*; *of system* eficacia *f*; *in motel* cuarto *m* con cocina; **efficient** *person* eficiente; *machine* de buen rendimiento; *method* eficaz; **efficiently** eficientemente

effort ['efərt] esfuerzo *m*; **effortless** fácil

e.g. [iː'dʒiː] p. ej.

egg [eg] huevo *m*; **eggcup** huevera *f*; **egghead** F cerebrito(-a) *m(f)* F; **eggplant** berenjena *f*

ego ['iːgoʊ] PSYCH ego *m*; *(self-esteem)* amor *m* propio; **egocentric** egocéntrico; **egoism** egoísmo *m*; **egoist** egoísta *m/f*

eiderdown ['aɪdərdaʊn] *quilt* edredón *m*

eight [eɪt] ocho; **eighteen** dieciocho; **eighteenth** decimoctavo; **eighth** octavo; **eightieth** octogésimo; **eighty** ochenta

either ['aɪðər] **1** *adj & pron* cualquiera de los dos; *with negative constructions* ninguno de los dos; *(both)* cada, ambos **2** *adv* tampoco; *I won't go* ~ yo tampoco iré **3** *conj:* ~ *...* **or** o... o...; *with negative constructions* ni... ni

eject [ɪ'dʒekt] **1** *v/t* expulsar **2** *v/i from plane* eyectarse

◆ **eke out** [iːk] *(make last)* hacer durar; ~ *a living* ganarse la vida a duras penas

el [el] ferrocarril *m* elevado

elaborate 1 [ɪ'læbərət] *adj* elaborado **2** [ɪ'læbəreɪt] *v/t* elaborar **3** [ɪ'læbəreɪt] *v/i* dar detalles

elapse [ɪ'læps] pasar

elastic [ɪ'læstɪk] **1** *adj* elástico **2** *n* elástico *m*; **elasticated**

elástico

elated [ɪ'leɪtɪd] eufórico; **elation** euforia f

elbow ['elbəʊ] codo m

elder ['eldər] **1** adj mayor **2** n mayor m/f; **elderly 1** adj mayor **2** npl: **the ~** las personas mayores; **eldest 1** adj mayor **2** n mayor m/f

elect [ɪ'lekt] elegir; **elected** elegido; **election** elección f; **election campaign** campaña f electoral; **election day** día m de las elecciones; **electorate** electorado m

electric [ɪ'lektrɪk] eléctrico; fig atmosphere electrizado; **electrical** eléctrico; **electric chair** silla f eléctrica; **electrician** electricista m/f; **electricity** electricidad f; **electrify** electrificar; fig electrizar

electrocute [ɪ'lektrəkjuːt] electrocutar

electron [ɪ'lektrɑːn] electrón m; **electronic** electrónico; **electronics** electrónica f

elegance ['elɪɡəns] elegancia f; **elegant** elegante

element ['elɪmənt] elemento m; **elementary** (rudimentary) elemental; **elementary school** escuela f primaria

elephant ['elɪfənt] elefante m

elevate ['elɪveɪt] elevar; **elevated railroad** ferrocarril m elevado; **elevation** (altitude) altura f; **elevator** ascensor m

eleven [ɪ'levn] once; **eleventh** undécimo

eligible ['elɪdʒəbl] que reúne los requisitos; **be ~ to do sth** tener derecho a hacer algo

eliminate [ɪ'lɪmɪneɪt] eliminar; poverty acabar con; (rule out) descartar; **elimination** eliminación f

elite [eɪ'liːt] **1** n élite f **2** adj de élite

eloquence ['eləkwəns] elocuencia f; **eloquent** elocuente

El Salvador [el'sælvədɔːr] El Salvador

else [els]: **anything ~?** ¿algo más?; **nothing ~** nada más; **no one ~** nadie más; **everyone ~ is going** todos (los demás) van; **someone ~** otra persona; **something ~** algo más; **let's go somewhere ~** vamos a otro sitio; **or ~** si no; **elsewhere** en otro sitio

elude [ɪ'luːd] (escape from) escapar de; (avoid) evitar; **elusive** evasivo

emaciated [ɪ'meɪsɪeɪtɪd] demacrado

e-mail ['iːmeɪl] **1** n correo m electrónico **2** v/t person mandar un correo electrónico a; **e-mail address** dirección f electrónica

emancipation [ɪmænsɪ'peɪʃn] emancipación f

embalm [ɪm'bɑːm] embalsamar

embankment [ɪm'bæŋkmənt] of river dique m; RAIL terraplén m

embargo [em'bɑːrgou] em-
bargo m

embark [ɪm'bɑːrk] embarcar

embarrass [ɪm'bærəs] aver-
gonzar; **embarrassed** aver-
gonzado; **embarrassing**
embarazoso; **embarrass-
ment** embarazo m

embassy ['embəsɪ] embajada
f

embezzle [ɪm'bezl] malver-
sar; **embezzlement** malver-
sación f

emblem ['embləm] emblema
m

embodiment [ɪm'bɑːdɪmənt]
personificación f; **embody**
personificar

embrace [ɪm'breɪs] **1** n abra-
zo m **2** v/t (hug) abrazar;
(take in) abarcar **3** v/i of
two people abrazarse

embroider [ɪm'brɔɪdər] bor-
dar; fig adornar

embryo ['embrɪou] embrión
m; **embryonic** fig embriona-
rio

emerald ['emərəld] esmeral-
da f

emerge [ɪ'mɜːrdʒ] emerger,
salir; of truth aflorar

emergency [ɪ'mɜːrdʒənsɪ]
emergencia f; **emergency
exit** salida f de emergencia;
emergency landing aterri-
zaje m forzoso; **emergency
services** servicios mpl de
urgencia

emigrate ['emɪgreɪt] emigrar;
emigration emigración f

Eminence ['emɪnəns] REL:

His ~ Su Eminencia; **emi-
nent** eminente

emission [ɪ'mɪʃn] of gases
emisión f; **emit** emitir; heat,
odor desprender

emotion [ɪ'mouʃn] emoción f;
emotional problems senti-
mental; (full of emotion)
emotivo

emphasis ['emfəsɪs] in word
acento m; fig énfasis m; **em-
phasize** syllable acentuar;
fig hacer hincapié en; **em-
phatic** enfático

empire ['empaɪr] imperio m

employ [ɪm'plɔɪ] emplear;
employee empleado(-a)
m(f); **employer** empresa-
rio(-a) m(f); **employment**
empleo m; (work) trabajo
m

emptiness ['emptɪnɪs] vacío
m; **empty 1** adj vacío **2** v/t
drawer, pockets vaciar; glass,
bottle acabar **3** v/i of room,
street vaciarse

emulate ['emjuleɪt] emular

enable [ɪ'neɪbl] permitir

enchanting [ɪn'tʃæntɪŋ] en-
cantador

encircle [ɪn'sɜːrkl] rodear

enclose [ɪn'klouz] in letter ad-
juntar; area rodear; **enclo-
sure** with letter documento
m adjunto

encore ['ɑːŋkɔːr] bis m

encounter [ɪn'kauntər] **1** n
encuentro m **2** v/t person en-
contrarse con; problem, re-
sistance tropezar con

encourage [ɪn'kʌrɪdʒ] animar; *violence* fomentar; **encouragement** ánimo *m*; **encouraging** alentador

encyclopedia [ɪsaɪklə'piːdɪə] enciclopedia *f*

end [end] **1** *n of journey, month* final *m*; *(extremity)* extremo *m*; *(conclusion, purpose)* fin *m*; **in the ~** al final **2** *v/t & v/i* terminar

◆ **end up** acabar

endanger [ɪn'deɪndʒər] poner en peligro; **endangered species** especie *f* en peligro de extinción

endeavor, *Br* **endeavour** [ɪn'devər] **1** *n* esfuerzo *m* **2** *v/t* procurar

endemic [ɪn'demɪk] endémico

ending ['endɪŋ] final *m*; GRAM terminación *f*; **endless** interminable

endorse [ɪn'dɔːrs] apoyar; *product* representar; **endorsement** apoyo *m*; *of product* representación *f*

end 'product producto *m* final

endurance [ɪn'dʊrəns] resistencia *f*; **endure 1** *v/t* resistir **2** *v/i (last)* durar; **enduring** duradero

enemy ['enəmɪ] enemigo(-a) *m(f)*

energetic [enər'dʒetɪk] enérgico; **energy** energía *f*; **energy supply** suministro *m* de energía

enforce [ɪn'fɔːrs] hacer cumplir

engage [ɪn'geɪdʒ] **1** *v/t (hire)* contratar **2** *v/i* TECH engranar; **engaged** *to be married* prometido; *Br* TELEC ocupado; **get ~** prometerse; **engagement** compromiso *m*; MIL combate *m*; **engagement ring** anillo *m* de compromiso

engine ['endʒɪn] motor *m*; **engineer** ingeniero(-a) *m(f)*; NAUT, RAIL maquinista *m(f)*; **engineering** ingeniería *f*

England ['ɪŋɡlənd] Inglaterra; **English 1** *adj* inglés (-esa) **2** *n language* inglés *m*; **the ~** los ingleses; **Englishman** inglés *m*; **Englishwoman** inglesa *f*

engrave [ɪn'greɪv] grabar; **engraving** grabado *m*

engrossed [ɪn'ɡroʊst] absorto (*in in*)

engulf [ɪn'ɡʌlf] devorar

enhance [ɪn'hæns] realzar

enigma [ɪ'nɪɡmə] enigma *m*

enjoy [ɪn'dʒɔɪ] disfrutar; **~ o.s.** divertirse; **~ (your meal)!** ¡que aproveche!; **enjoyable** agradable; **enjoyment** diversión *f*

enlarge [ɪn'lɑːrdʒ] ampliar; **enlargement** ampliación *f*

enlighten [ɪn'laɪtn] aclarar

enlist [ɪn'lɪst] MIL alistarse

enmity ['enmɪtɪ] enemistad *f*

enormous [ɪ'nɔːrməs] enorme; *satisfaction, patience* inmenso

enough [ɪ'nʌf] **1** *adj & pron*

suficiente, bastante; **will $50 be ~?** ¿llegará con 50 dólares?; **that's ~!** ¡ya basta! **2** *adv* suficientemente, bastante; **big ~** suficientemente *or* bastante grande

enquire [ɪnˈkwaɪr] ☞ **inquire**

enroll, *Br* **enrol** [ɪnˈrəʊl] matricularse

en suite [ɑːnˈswiːt]: ~ **bathroom** baño m privado

ensure [ɪnˈʃʊər] asegurar

entail [ɪnˈteɪl] conllevar

entangle [ɪnˈtæŋgl] *in rope* enredar

enter [ˈentər] **1** *v/t room, house* entrar en; *competition* participar en; COMPUT introducir **2** *v/i* entrar; THEA entrar en escena; *in competition* inscribirse **3** *n* COMPUT intro m

enterprise [ˈentərpraɪz] (*initiative*) iniciativa f; (*venture*) empresa f; **enterprising** con iniciativa

entertain [entərˈteɪn] (*amuse*) entretener; (*consider*) considerar; **entertainer** artista m/f; **entertaining** entretenido; **entertainment** entretenimiento m

enthusiasm [ɪnˈθuːzɪæzm] entusiasmo m; **enthusiast** entusiasta m/f; **enthusiastic** entusiasta; **enthusiastically** con entusiasmo

entire [ɪnˈtaɪr] entero; **entirely** completamente

entitle [ɪnˈtaɪtld]: ~ **s.o. to sth** dar derecho a alguien a algo; **be ~d to** tener derecho a

entrance [ˈentrəns] entrada f

entranced [ɪnˈtrænst] encantado

'entrance exam(ination) examen m de acceso

entrant [ˈentrənt] participante m/f

entrepreneur [ɑːntrəprəˈnɜːr] empresario(-a) m(f); **entrepreneurial** empresarial

entrust [ɪnˈtrʌst] confiar

entry [ˈentrɪ] entrada f; *for competition* inscripción f; **entryphone** portero m automático

envelop [ɪnˈveləp] cubrir

envelope [ˈenvələʊp] sobre m

enviable [ˈenvɪəbl] envidiable; **envious** envidioso

environment [ɪnˈvaɪrənmənt] (*nature*) medio m ambiente; (*surroundings*) entorno m, ambiente m; **environmental** medioambiental; **environmentalist** ecologista m/f; **environmentally friendly** ecológico; **environs** alrededores mpl

envisage [ɪnˈvɪzɪdʒ] imaginar

envoy [ˈenvɔɪ] enviado(-a) m(f)

envy [ˈenvɪ] **1** *n* envidia f **2** *v/t* envidiar

epic [ˈepɪk] **1** *n* epopeya f **2** *adj* *journey* épico

epicenter, *Br* **epicentre** [ˈepɪsentər] epicentro m

epidemic [epɪˈdemɪk] epidemia f

episode [ˈepɪsəʊd] episodio m

epitaph ['epɪtæf] epitafio *m*

equal ['iːkwl] 1 *adj* igual 2 *n* igual *m/f* 3 *v/i* with numbers equivaler; (be as good as) igualar; **be ~ to** a task estar capacitado para; **equality** igualdad *f*; **equalize** 1 *v/t* igualar 2 *v/i* Br SP empatar; **equalizer** Br SP gol *m* del empate; **equally** igualmente; *share, divide* en partes iguales; **equal rights** igualdad *f* de derechos

equation [ɪ'kweɪʒn] MATH ecuación *f*

equator [ɪ'kweɪtər] ecuador *m*

equip [ɪ'kwɪp] equipar; **equipment** equipo *m*

equity ['ekwəti] FIN acciones *fpl* ordinarias

equivalent [ɪ'kwɪvələnt] 1 *adj* equivalente 2 *n* equivalente *m*

era ['ɪrə] era *f*

eradicate [ɪ'rædɪkeɪt] erradicar

erase [ɪ'reɪz] borrar

erect [ɪ'rekt] 1 *adj* erguido 2 *v/t* levantar, erigir; **erection** construcción *f*; *of penis* erección *f*

ergonomic [ɜːrgoʊ'nɑːmɪk] ergonómico

erode [ɪ'roʊd] *also fig* erosionar; **erosion** erosión *f*

errand [ɪ'rənd] recado *m*

erratic [ɪ'rætɪk] irregular; *course* errático

error ['erər] error *m*

erupt [ɪ'rʌpt] *of volcano* entrar en erupción; *of violence* brotar; *of person* explotar; **eruption** *of volcano* erupción *f*; *of violence* brote *m*

escalate ['eskəleɪt] intensificarse; **escalation** intensificación *f*; **escalator** escalera *f* mecánica

escape [ɪ'skeɪp] 1 *n* fuga *f* 2 *v/i* of prisoner, animal, gas escaparse

escort [ɪ'skɔːrt] *n* acompañante *m/f*; (guard) escolta *m/f* 2 [ɪ'skɔːrt] *v/t* escoltar; *socially* acompañar

especially [ɪ'speʃlɪ] especialmente

espionage ['espɪənɑːʒ] espionaje *m*

espresso (coffee) [es'presoʊ] café *m* exprés

essay ['eseɪ] *creative* redacción *f*; *factual* trabajo *m*

essential [ɪ'senʃl] esencial

establish [ɪ'stæblɪʃ] *company* fundar; (create, determine) establecer; **establishment** *firm, shop etc* establecimiento *m*

estate [ɪ'steɪt] *land* finca *f*; *of dead person* patrimonio *m*

esthetic [ɪs'θetɪk] estético

estimate ['estɪmət] 1 *n* estimación *f*; *for job* presupuesto *m* 2 *v/t* estimar

estuary ['estʃəwerɪ] estuario *m*

etc [et'setrə] etc

eternal [ɪ'tɜːrnl] eterno; **eternity** eternidad *f*

ethical ['eθɪkl] ético; **ethics**

ética f

ethnic ['eθnɪk] étnico

EU [iː'juː] (= *European Union*) UE f (= Unión f Europea)

euphemism ['juːfəmɪzm] eufemismo m

euro ['jʊərəʊ] euro m

Europe ['jʊərəp] Europa; European 1 *adj* europeo 2 n europeo(-a) m(f)

euthanasia [juːθə'neɪzɪə] eutanasia f

evacuate [ɪ'vækjʊeɪt] evacuar

evade [ɪ'veɪd] evadir

evaluate [ɪ'væljʊeɪt] evaluar; evaluation evaluación f

evaporate [ɪ'væpəreɪt] evaporarse; *of confidence* desvanecerse; evaporation evaporación f

evasion [ɪ'veɪʒn] evasión f; evasive evasivo

eve [iːv] víspera f

even ['iːvn] 1 *adj* (*regular*) regular; (*level*) llano; *number* par; *distribution* igualado; **I'll get ~ with him** me las pagará 2 *adv* incluso; ~ *bigger* incluso or aún mayor; *not* ~ ni siquiera; ~ *so* aun así; ~ *if* aunque 3 *v/t*: ~ *the score* igualar el marcador

evening ['iːvnɪŋ] tarde f; *after dark* noche f; *in the* ~ por la tarde / noche; *yesterday* ~ anoche f; *good* ~ buenas noches; evening class clase f nocturna; evening dress *for woman* traje f de noche;

for man traje f de etiqueta

evenly ['iːvnlɪ] (*regularly*) regularmente

event [ɪ'vent] acontecimiento m; SP prueba f; eventful agitado, lleno de incidentes

eventually [ɪ'ventʃʊəlɪ] finalmente

ever ['evər]: *have you ~ been to Colombia?* ¿has estado alguna vez en Colombia?; *for ~* siempre; ~ *since* desde entonces; ~ *since I've known him* desde que lo conozco; *everlasting love* eterno

every ['evrɪ] cada; *I see him ~ day* le veo todos los días; everybody or *everyone*; everyday cotidiano; everyone todo el mundo; everything todo; everywhere en or por todos sitios; (*wherever*) dondequiera que

evict [ɪ'vɪkt] desahuciar

evidence ['evɪdəns] prueba(s) f(pl); *give ~* prestar declaración; evident evidente; evidently (*clearly*) evidentemente; (*apparently*) aparentemente, al parecer

evil ['iːvl] 1 *adj* malo 2 n mal m

evolution [iːvə'luːʃn] evolución f; evolve evolucionar

ex [eks] F (*former wife, husband*) ex m/f

exact [ɪg'zækt] exacto; exacting *task* duro; exactly exactamente

exaggerate [ɪg'zædʒəreɪt] exagerar; exaggeration exageración f

exam [ɪgˈzæm] examen m; **examination** examen m; of patient reconocimiento m; **examine** examinar; patient reconocer

example [ɪgˈzɑːmpl] ejemplo m; **for ~** por ejemplo

excavate [ˈekskəveɪt] excavar; **excavation** excavación f

exceed [ɪkˈsiːd] (be more than) exceder; (go beyond) sobrepasar; **exceedingly** sumamente

excel [ɪkˈsel] 1 v/i sobresalir (**at** en) 2 v/t: **~ o.s.** superarse a sí mismo; **excellence** excelencia f; **excellent** excelente

except [ɪkˈsept] excepto; **~ for** a excepción de; **exception** excepción f; **exceptional** excepcional

excerpt [ˈeksɜːrpt] extracto m

excess [ɪkˈses] 1 n exceso m 2 adj excedente; **excessive** excesivo

exchange [ɪksˈtʃeɪndʒ] 1 n intercambio m 2 v/t cambiar; **exchange rate** FIN tipo m de cambio

excite [ɪkˈsaɪt] (make enthusiastic) entusiasmar; **excited** emocionado, excitado; **get ~ (about)** emocionarse or excitarse (con); **excitement** emoción f, excitación f; **exciting** emocionante, excitante

exclaim [ɪkˈskleɪm] exclamar; **exclamation** exclamación f; **exclamation point** signo m

de admiración

exclude [ɪkˈskluːd] excluir; possibility descartar; **excluding** excluyendo; **exclusive** exclusivo

excuse 1 [ɪkˈskjuːs] n excusa f **2** [ɪkˈskjuːz] v/t (forgive) excusar, perdonar; (allow to leave) disculpar; **~ me** perdone

ex-di'rectory Br: **be ~** no aparecer en la guía telefónica

execute [ˈeksɪkjuːt] criminal, plan ejecutar; **execution** of criminal, plan ejecución f; **executive** ejecutivo(-a) m(f)

exempt [ɪgˈzempt] exento

exercise [ˈeksərsaɪz] 1 n ejercicio m 2 v/t muscle ejercitar; dog pasear; caution proceder con 3 v/i hacer ejercicio

exhale [eksˈheɪl] exhalar

exhaust [ɪgˈzɔːst] 1 n fumes gases mpl de la combustión; pipe tubo m de escape 2 v/t (tire) cansar; (use up) agotar; **exhausted** (tired) agotado; **exhausting** agotador; **exhaustion** agotamiento m; **exhaustive** exhaustivo

exhibit [ɪgˈzɪbɪt] 1 n objeto m expuesto 2 v/t of gallery exhibir; of artist exponer; (give evidence of) mostrar; **exhibition** exposición f; of bad behavior, skill exhibición f

exhilarating [ɪgˈzɪləreɪtɪŋ] estimulante

exile [ˈeksaɪl] 1 n exilio m; person exiliado(-a) m(f) 2 v/t exiliar

exist [ɪgˈzɪst] existir; **~ on** subsistir a base de; **existence** existencia f; **be in ~** existir; **existing** existente

exit [ˈeksɪt] **1** n salida f **2** v/i COMPUT salir

exonerate [ɪgˈzɑːnəreɪt] exonerar de

exotic [ɪgˈzɑːtɪk] exótico

expand [ɪkˈspænd] **1** v/t expandir **2** v/i expandirse; of metal dilatarse; **expanse** extensión f; **expansion** expansión f; of metal dilatación f

expect [ɪkˈspekt] **1** v/t esperar; (suppose) suponer, imaginar(se); (demand) exigir **2** v/i: **be ~ing** (be pregnant) estar en estado; **I ~ so** creo que sí; **expectant mother** futura madre f; **expectation** expectativa f

expedition [ekspɪˈdɪʃn] expedición f

expel [ɪkˈspel] expulsar

expendable [ɪkˈspendəbl] prescindible

expenditure [ɪkˈspendɪtʃər] gasto m

expense [ɪkˈspens] gasto m; **expenses** gastos mpl; **expensive** caro

experience [ɪkˈspɪrɪəns] **1** n experiencia f **2** v/t experimentar; **experienced** experimentado

experiment [ɪkˈsperɪmənt] **1** n experimento m **2** v/i experimentar; **experimental** experimental

expert [ˈekspɜːrt] **1** adj experto **2** n experto(-a) m(f); **expertise** destreza f

expiration date [ekspɪˈreɪʃn] fecha f de caducidad; **expire** caducar; **expiry** of contract vencimiento m; of passport caducidad f; **expiry date** Br fecha f de caducidad

explain [ɪkˈspleɪn] explicar; **explanation** explicación f; **explanatory** explicativo

explicit [ɪkˈsplɪsɪt] explícito

explode [ɪkˈsploʊd] **1** v/i of bomb explotar **2** v/t bomb hacer explotar

exploit[1] [ˈeksplɔɪt] n hazaña f

exploit[2] [ɪkˈsplɔɪt] v/t person, resources explotar

exploitation [eksplɔɪˈteɪʃn] explotación f

exploration [ekspləˈreɪʃn] exploración f; **explore** country etc explorar; possibility estudiar; **explorer** explorador(a) m(f)

explosion [ɪkˈsploʊʒn] explosión f; **explosive** explosivo m

export [ˈekspɔːrt] **1** n exportación f; item producto m de exportación; **~s** exportaciones fpl **2** v/t also COMPUT exportar; **exporter** exportador(a) m(f)

expose [ɪkˈspoʊz] (uncover) exponer; scandal sacar a la luz; **exposure** exposición f; PHOT foto(grafía) f

express [ɪkˈspres] **1** adj (fast) rápido; (explicit) expreso **2** n *train* expreso *m* **3** *v/t* expresar; **expression** *voiced* muestra *f*; *phrase, on face* expresión *f*; **expressive** expresivo; **expressly** *state* expresamente; *forbid* terminantemente; **expressway** autopista *f*

expulsion [ɪk'spʌlʃn] expulsión *f*

extend [ɪk'stend] **1** *v/t house* ampliar; *runway, path* alargar; *contract* prorrogar **2** *v/i of garden etc* llegar; **extension** *to house* ampliación *f*; *of contract* prórroga *f*; TELEC extensión *f*; **extensive** *damage* cuantioso; *knowledge* considerable; *search* extenso, amplio; **extent** alcance *m*; **to a certain ~** hasta cierto punto

exterior [ɪk'stɪrɪər] **1** *adj* exterior **2** *n* exterior *m*

exterminate [ɪk'stɜːrmɪneɪt] exterminar

external [ɪk'stɜːrnl] exterior, externo

extinct [ɪk'stɪŋkt] *species* extinguido; **extinction** *of species* extinción *f*; **extinguish** extinguir, apagar; *cigarette* apagar; **extinguisher** extintor *m*

extortion [ɪk'stɔːrʃn] extorsión *f*

extra ['ekstrə] **1** *n* extra *m* **2** *adj* extra; **be ~** (*cost more*) pagarse aparte **3** *adv* super

extra 'time *Br* SP prórroga *f*

extract[1] ['ekstrækt] *n* extracto *m*

extract[2] [ɪk'strækt] *v/t* sacar; *oil, tooth* extraer; *information* sonsacar; **extraction** *of oil, tooth* extracción *f*

extradite ['ekstrədaɪt] extraditar; **extradition** extradición *f*

extramarital [ekstrə'mærɪtl] extramarital

extraordinary [ɪk'strɔːrdɪnerɪ] extraordinario

extravagance [ɪk'strævəgəns] *with money* despilfarro *m*; *of claim etc* extravagancia *f*; **extravagant** *with money* despilfarrador; *claim* extravagante

extreme [ɪk'striːm] **1** *n* extremo *m* **2** *adj* extremo; *views* extremista; **extremely** extremadamente; **extremist** extremista *m/f*

extrovert ['ekstrəvɜːrt] **1** *adj* extrovertido **2** *n* extrovertido(-a) *m(f)*

exuberant [ɪg'zuːbərənt] exuberante

eye [aɪ] **1** *n* ojo *m* **2** *v/t* mirar; **eye-catching** llamativo; **eyeglasses** gafas *fpl, L.Am.* anteojos *mpl, L.Am.* lentes *mpl*; **eyeliner** lápiz *m* de ojos; **eyeshadow** sombra *f* de ojos; **eyesight** vista *f*; **eyewitness** testigo *m/f* ocular

F

fabric ['fæbrɪk] tejido *m*
fabulous ['fæbjʊləs] fabuloso, estupendo
façade [fə'sɑːd] fachada *f*
face [feɪs] **1** *n* cara *f* **2** *v/t* (*be opposite*) estar enfrente de; (*confront*) enfrentarse a
◆ **face up to** hacer frente a
'facecloth toallita *f*; **facelift** lifting *m*
facial ['feɪʃl] limpieza *f* de cutis
facilitate [fə'sɪlɪteɪt] facilitar; **facilities** instalaciones *fpl*
fact [fækt] hecho *m*; **in ~**, **as a matter of ~** de hecho
faction ['fækʃn] facción *f*
factor ['fæktər] factor *m*
faculty ['fækəltɪ] facultad *f*
fad [fæd] moda *f*
fade [feɪd] *v/i of colors* desteñirse; *of memories* desvanecerse; **faded** *color* desteñido, descolorido
fag [fæg] F (*homosexual*) maricón *m* F
fail [feɪl] **1** *v/i* fracasar **2** *v/t exam* suspender; **failing** fallo *m*; **failure** fracaso *m*; *in exam* suspenso *m*
faint [feɪnt] **1** *adj line, smile* tenue; *smell, noise* casi imperceptible **2** *v/i* desmayarse; **faintly** levemente
fair¹ [fer] *n* COM feria *f*
fair² [fer] *adj hair* rubio; *complexion* claro; (*just*) justo

fairly ['ferlɪ] *treat* justamente, con justicia; (*quite*) bastante; **fairness** *of treatment* imparcialidad *f*
faith [feɪθ] fe *f*; **faithful** fiel; **faithfully** religiosamente
fake [feɪk] **1** *n* falsificación *f* **2** *adj* falso **3** *v/t* (*forge*) falsificar; (*feign*) fingir
fall¹ [fɔːl] *n season* otoño *m*
fall² [fɔːl] **1** *v/i* caer; *of person* caerse **2** *n* caída *f*
◆ **fall behind** retrasarse
◆ **fall for** *person* enamorarse de; (*be deceived by*) dejarse engañar por
◆ **fall through** *of plans* venirse abajo
fallible ['fæləbl] falible
false [fɔːls] falso; **false start** *in race* salida *f* nula; **false teeth** dentadura *f* postiza; **falsify** falsificar
fame [feɪm] fama *f*
familiar [fə'mɪljər] familiar; **be ~ with sth** estar familiarizado con algo; **familiarity** *with subject etc* familiaridad *f*; **familiarize: ~ o.s. with** familiarizarse con
family ['fæməlɪ] familia *f*; **family doctor** médico *m/f* de familia; **family planning** planificación *f* familiar; **family tree** árbol *m* genealógico
famine ['fæmɪn] hambruna *f*
famous ['feɪməs] famoso

fan¹ [fæn] n (supporter) seguidor(a) m(f); of singer, band admirador(a) m(f), fan m

fan² [fæn] **1** n electric ventilador m; handheld abanico m **2** v/t abanicar

fanatical [fə'nætɪkl] fanático; **fanaticism** fanatismo m

fantasize ['fæntəsaɪz] fantasear (**about** sobre); **fantastic** (very good) fantástico; (very big) inmenso; **fantasy** fantasía f

fanzine ['fænziːn] fanzine m

far [fɑːr] lejos; (much) mucho; **~ bigger** mucho más grande; **how ~ is it to ...?** ¿a cuánto está...?; **as ~ as the corner** hasta la esquina

farce [fɑːrs] farsa f

fare [fer] (price) tarifa f; actual money dinero m

Far 'East Lejano Oriente m

farewell [fer'wel] despedida f

farfetched [fɑːr'fetʃt] inverosímil, exagerado

farm [fɑːrm] granja f; **farmer** granjero(-a) m(f); **farming** agricultura f; **farmworker** trabajador(a) m(f) del campo; **farmyard** corral m

'far-off lejano; **farsighted** optically présbita; **farther** más lejos; **farthest** más lejos

fascinate ['fæsɪneɪt] fascinar; **fascinating** fascinante; **fascination** fascinación f

fascism ['fæʃɪzm] fascismo m; **fascist 1** n fascista m/f **2** adj fascista

fashion ['fæʃn] n (manner) modo m, manera f; **out of ~** pasado de moda; fashionable de moda; **fashionably** dressed a la moda; **fashion-conscious** que sigue la moda; **fashion designer** modisto(-a) m(f); **fashion show** desfile f de moda

fast¹ [fæst] **1** adj rápido; of clock ir adelantado **2** adv rápido; **~ asleep** profundamente dormido

fast² [fæst] n not eating ayuno m

fasten ['fæsn] **1** v/t lid cerrar (poniendo el cierre); dress abrochar **2** v/i of dress etc abrocharse; **fastener** for dress, lid cierre f

'fast food comida f rápida; **fast lane** carril f rápido; **fast train** rápido m

fat [fæt] **1** adj gordo **2** n on meat, for baking grasa f

fatal ['feɪtl] illness mortal; error fatal; **fatality** víctima f mortal; **fatally** mortalmente

fate [feɪt] destino m

'fat-free sin grasas

father ['fɑːðər] padre m; **fatherhood** paternidad f; **father-in-law** suegro m; **fatherly** paternal

fatigue [fə'tiːg] fatiga f

fatten ['fætn] animal engordar; **fatty 1** adj graso **2** n F (person) gordinflón (-ona) m(f) F

faucet ['fɔːsɪt] Span grifo m, L.Am. llave f

fault [fɔːlt] (*defect*) fallo *m*; ***it's your ~*** es culpa tuya; **faultless** impecable; **faulty** defectuoso

favor ['feɪvər] **1** *n* favor *m* **2** *v/t* (*prefer*) preferir; **favorable** favorable; **favorite 1** *n* favorito(-a) *m(f)*; *food* comida *f* favorita **2** *adj* favorito; **favoritism** favoritismo *m*; **favour** *Br* ☞ **favor**

fax [fæks] **1** *n* fax *m* **2** *v/t* enviar por fax

fear [fɪr] **1** *n* miedo *m*, temor *m* **2** *v/t* temer; **fearless** valiente; **fearlessly** sin miedo

feasibility study [fiːzə'bɪlətɪ] estudio *m* de viabilidad; **feasible** factible, viable

feast [fiːst] banquete *m*

feat [fiːt] hazaña *f*, proeza *f*

feather ['feðər] pluma *f*

feature ['fiːtʃər] *on face* rasgo *m*, facción *f*; *of city, building, style* característica *f*; *article in paper* reportaje *m*; **feature film** largometraje *m*

February ['februərɪ] febrero *m*

federal ['fedərəl] federal; **federation** federación *f*

'fed up F harto, hasta las narices F

fee [fiː] honorarios *mpl*; *for entrance* entrada *f*; *for membership* cuota *f*

feeble ['fiːbl] *person, laugh* débil; *attempt* flojo; *excuse* pobre

feed [fiːd] alimentar, dar de

comer a; **feedback** reacción *f*

feel [fiːl] **1** *v/t* (*touch*) tocar; (*sense*) sentir; (*think*) creer, pensar **2** *v/i*: ***it ~s like silk*** tiene la textura de la seda; ***do you ~ like a drink?*** ¿te apetece una bebida?

◆ **feel up to** sentirse con fuerzas para

feeler ['fiːlər] *of insect* antena *f*; **feeling** sentimiento *m*; (*sensation*) sensación *f*

fellow 'citizen conciudadano(-a) *m(f)*

felony ['felənɪ] delito *m* grave

felt [felt] fieltro *m*; **felt tip** rotulador *m*

female ['fiːmeɪl] **1** *adj* hembra; *relating to people* femenino **2** *n* hembra *f*; *person* mujer *f*

feminine ['femɪnɪn] **1** *adj* femenino **2** *n* GRAM femenino *m*; **feminism** feminismo *m*; **feminist 1** *n* feminista *m/f* **2** *adj* feminista

fence [fens] cerca *f*, valla *f*

fender ['fendər] MOT aleta *f*

fermentation [fɜːrmen'teɪʃn] fermentación *f*

ferocious [fə'rouʃəs] feroz

ferry ['ferɪ] ferry *m*, transbordador *m*

fertile ['fɜːrtail] fértil; **fertility** fertilidad *f*; **fertilize** fertilizar; **fertilizer** *for soil* fertilizante *m*

fervent ['fɜːrvənt] ferviente

fester ['festər] *of wound* enconarse

festival ['festɪvl] festival *m*; **festive** festivo; **festivities** celebraciones *fpl*

fetal ['fiːtl] fetal

fetch [fetʃ] *person* recoger; *thing* traer, ir a buscar; *price* alcanzar

fetus ['fiːtəs] feto *m*

feud [fjuːd] enemistad *f*

fever ['fiːvər] fiebre *f*; **feverish** con fiebre; *excitement* febril

few [fjuː] **1** *adj* pocos; **a** ~ unos pocos **2** *pron* pocos(-as); **quite a ~** bastantes; **fewer** menos

fiancé [fɪˈɑːnseɪ] prometido *m*, novio *m*; **fiancée** prometida *f*, novia *f*

fiber ['faɪbər] fibra *f*; **fiberglass** fibra *f* de vidrio; **fiber optics** tecnología *f* de la fibra óptica

fibre *Br* ☞ **fiber**

fickle ['fɪkl] inconstante

fiction ['fɪkʃn] literatura *f* de ficción; *(made-up story)* ficción *f*; **fictional** de ficción; **fictitious** ficticio

fiddle ['fɪdl] **1** *n* violín *m* **2** *v/i*: ~ **around with** enredar con **3** *v/t accounts, results* amañar

fidgety ['fɪdʒɪtɪ] inquieto

field [fiːld] campo *m*; *for sport* campo *m*, *L.Am.* cancha *f*; *(competitors in race)* participantes *mpl*; **fielder** in *baseball* fildeador(-a) *m(f)*

fierce [fɪrs] feroz; *storm* violento; **fiercely** ferozmente

fiery ['faɪrɪ] fogoso, ardiente

fifteen [fɪfˈtiːn] quince; **fifteenth** decimoquinto; **fifth** quinto; **fiftieth** quincuagésimo; **fifty** cincuenta; **fifty-fifty** a medias

fight [faɪt] **1** *n* lucha *f*, pelea *f*; *(argument)* pelea *f*; *for survival etc* lucha *f*; *in boxing* combate *m* **2** *v/t enemy, person* luchar contra, pelear contra; *injustice* luchar contra **3** *v/i* luchar, pelear; *(argue)* pelearse; **fighter** combatiente *m/f*; *airplane* caza *m*; *(boxer)* púgil *m*; **fighting** peleas *fpl*; MIL luchas *fpl*

figure ['fɪgər] **1** *n* figura *f*; *(digit)* cifra *f* **2** *v/t* F *(think)* imaginarse, pensar

◆ **figure on** F *(plan)* pensar

◆ **figure out** entender; *calculation* resolver

file[1] [faɪl] **1** *n of documents* expediente *m*; COMPUT archivo *m*, fichero *m* **2** *v/t* archivar

file[2] [faɪl] *n for wood etc* lima *f*

'**file cabinet** archivador *m*

fill [fɪl] llenar; *tooth* empastar, *L.Am.* emplomar; *prescription* despachar

◆ **fill in** *form, hole* rellenar

◆ **fill out** **1** *v/t form* rellenar **2** *v/i (get fatter)* engordar

fillet ['fɪlɪt] filete *m*

filling ['fɪlɪŋ] **1** *n in sandwich* relleno *m*; *in tooth* empaste *m*, *L.Am.* emplomadura *f* **2** *adj*: **be** ~ *of food* llenar mucho; **filling station** estación *f* de servicio

film [fɪlm] **1** *n* carrete *m*;

(*movie*) película *f* **2** *v/t* filmar; **film-maker** cineasta *m/f*; **film star** estrella *f* de cine

filter ['fɪltər] **1** *n* filtro *m* **2** *v/t* filtrar

filth [fɪlθ] suciedad *f*; **filthy** sucio; *language etc* obsceno

final ['faɪnl] **1** *adj* último; *decision* final, definitivo **2** *n* SP final *f*; *finale* final *m*; **finalist** finalista *m/f*; **finalize** ultimar; **finally** finalmente

finance ['faɪnæns] **1** *n* finanzas *fpl* **2** *v/t* financiar; **financial** financiero; **financially** económicamente; **financier** financiero(-a) *m(f)*

find [faɪnd] encontrar
◆ **find out** descubrir

findings ['faɪndɪŋz] *of report* conclusiones *fpl*

fine[1] [faɪn] *adj day* bueno; *wine, performance, city* excelente; *distinction, line* fino

fine[2] [faɪn] **1** *n* multa *f* **2** *v/t* multar, poner una multa a

finger ['fɪŋgər] *n* dedo *m* **2** *v/t* tocar; **fingerprint** huella *f* digital *or* dactilar

finicky ['fɪnɪkɪ] *person* quisquilloso; *design* enrevesado

finish ['fɪnɪʃ] **1** *v/t* & *v/i* acabar, terminar **2** *n of product* acabado *m*; *of race* final *f*
◆ **finish with** *boyfriend etc* cortar con

Finland ['fɪnlənd] Finlandia; **Finn** finlandés(-esa) *m(f)*; **Finnish 1** *adj* finlandés **2** *n language* finés *m*

fire [faɪr] **1** *n* fuego *m*; *electric, gas* estufa *f*; (*blaze*) incendio *m*; (*bonfire, campfire etc*) hoguera *f*; **be on ~** estar ardiendo; **set ~ to sth** prender fuego a algo **2** *v/i* (*shoot*) disparar (*at* a) **3** *v/t* F (*dismiss*) despedir; **fire alarm** alarma *f* contra incendios; **firearm** arma *f* de fuego; **firecracker** petardo *m*; **fire department** (cuerpo *m* de) bomberos *mpl*; **fire engine** coche *m* de bomberos; **fire escape** salida *f* de incendios; **fire extinguisher** extintor *m*; **fire fighter** bombero (-a) *m(f)*; **fireplace** chimenea *f*, hogar *m*; **fire station** parque *m* de bomberos; **fire truck** coche *m* de bomberos; **fireworks** fuegos *mpl* artificiales

firm[1] [fɜːrm] *adj* firme

firm[2] [fɜːrm] *n* com empresa *f*

first [fɜːrst] **1** *adj* & *adv* primero; *at* **~** al principio **2** *n* primero(-a) *m(f)*; **first aid** primeros *mpl* auxilios; **first class 1** *adj* ticket, seat de primera (clase); (*very good*) excelente **2** *adv travel* en primera (clase); **first floor** planta *f* baja, *Br* primer piso *m*; **First Lady** primera dama *f*; **firstly** en primer lugar; **first name** nombre *m* (de pila); **first night** estreno *m*; **first-rate** excelente

fiscal ['fɪskl] fiscal; **fiscal year** año *m* fiscal

fish [fɪʃ] **1** *n* pez *m*; *to eat* pescado m **2** v/i pescar; **fisherman** pescador m; **fishing** pesca f; **fishing boat** (barco m) pesquero m; **fish stick** palito m de pescado; **fishy** F (*suspicious*) sospechoso

fist [fɪst] puño m

fit¹ [fɪt] n MED ataque m

fit² [fɪt] adj en forma; *morally* adecuado

fit³ [fɪt] **1** v/t (*attach*) colocar; **these pants don't ~ me any more** estos pantalones ya no me entran **2** v/i *of clothes* quedar bien

fitness ['fɪtnɪs] *physical* buena forma f; **fitting** apropiado; **fittings** equipamiento m

five [faɪv] cinco

fix [fɪks] **1** n (*solution*) solución f **2** v/t (*attach*) fijar; (*repair*) reparar; *meeting etc* organizar; *lunch* preparar; *dishonestly: match etc* amañar; **fixed** fijo; **fixings** guarnición f

flab [flæb] *on body* grasa f; **flabby** *muscles etc* fofo

flag¹ [flæg] n bandera f

flag² [flæg] v/i (*tire*) desfallecer

'flagpole asta f (de bandera)

flagrant ['fleɪɡrənt] flagrante

flair [fler] (*talent*) don m

flake [fleɪk] *of snow* copo m; *of skin* escama f; *of plaster* desconchón m

flamboyant [flæm'bɔɪənt] extravagante; **flamboyantly** extravagantemente

flame [fleɪm] llama f

flamenco [flə'meŋkoʊ] fla-

menco m; **flamenco dancer** bailaor(a) m(f)

flammable ['flæməbl] inflamable

flank [flæŋk] n *of horse etc* costado m; MIL flanco m **2** v/t flanquear

flap [flæp] **1** n *of envelope, pocket* solapa f; *of table* hoja f **2** v/t *wings* batir **3** v/i *of flag etc* ondear

◆ **flare up** [fler] *of violence* estallar; *of illness* exacerbarse; *of fire* llamear; (*get very angry*) estallar

flash [flæʃ] **1** n *of light* destello m; PHOT flash m; **in a ~** F en un abrir y cerrar de ojos; **a ~ of lightning** un relámpago **2** v/i *of light* destellar; **flashback** flash-back m; **flashlight** linterna f; PHOT flash m; **flashy** *pej* ostentoso, chillón

flask [flæsk] (*hip ~*) petaca f

flat¹ [flæt] **1** adj llano, plano; *beer* sin gas; *battery* descargado; *tire* deshinchado; *shoes* bajo; MUS bemol **2** adv MUS demasiado bajo **3** n (~ *tire*) pinchazo m

flat² [flæt] n Br apartamento m, Span piso m

flatly ['flætlɪ] *deny* rotundamente; **flat rate** tarifa f única; **flatten** *land, road* allanar, aplanar; *by bombing, demolition* arrasar

flatter ['flætər] halagar; **flatterer** adulador(a) m(f); **flattering** *comments* halagador;

flutter

color, clothes favorecedor; **flattery** halagos *mpl*

flavor ['fleɪvər] **1** *n* sabor *m* **2** *v/t food* condimentar; **flavoring** aromatizante *m*; **flavour** *Br* ☞ **flavor**

flaw [flɔː] defecto *m*, fallo *m*; **flawless** impecable

flee [fliː] escapar, huir

fleet [fliːt] *n* NAUT, *of vehicles* flota *f*

fleeting ['fliːtɪŋ] *visit etc* fugaz

flesh [fleʃ] carne *f*; *of fruit* pulpa *f*

flex [fleks] *muscles* flexionar; **flexibility** flexibilidad *f*; **flexible** flexible; **flextime** horario *m* flexible

flicker ['flɪkər] parpadear

flier [flaɪr] *(circular)* folleto *m*

flight [flaɪt] *in airplane* vuelo *m*; *(fleeing)* huida *f*; ~ **(of stairs)** tramo *m* (de escaleras); **flight attendant** auxiliar *m/f* de vuelo; **flight path** ruta *f* de vuelo; **flight recorder** caja *f* negra; **flight time** *departure* hora *f* del vuelo; *duration* duración *f* del vuelo; **flighty** inconstante

flimsy ['flɪmzɪ] *furniture* endeble; *dress, material* débil; *excuse* pobre

flinch [flɪntʃ] encogerse

flipper ['flɪpər] aleta *f*

flirt [flɜːrt] **1** *v/i* flirtear, coquetear **2** *n* ligón *m* (-ona) *m(f)*; **flirtatious** coqueto

float [floʊt] *also* FIN flotar

flock [flɑːk] **1** *n of sheep* rebaño *m* **2** *v/i* acudir en masa

flood [flʌd] **1** *n* inundación *f* **2** *v/t of river* inundar; **flooding** inundaciones *fpl*; **floodlight** foco *m*; **flood waters** crecida *f*

floor [flɔːr] suelo *m*; *(story)* piso *m*

flop [flɑːp] **1** *v/i* dejarse caer; F *(fail)* pinchar F **2** *n F (failure)* pinchazo *m* F; **floppy** *(disk)* disquete *m*

florist ['flɔːrɪst] florista *m/f*

flour [flaʊr] harina *f*

flourish ['flʌrɪʃ] *of plant* crecer rápidamente; *fig* florecer; **flourishing** *business, trade* floreciente

flow [floʊ] **1** *v/i* fluir **2** *n* flujo *m*; **flowchart** diagrama *m* de flujo

flower [flaʊr] **1** *n* flor *f* **2** *v/i* florecer

flu [fluː] gripe *f*

fluctuate ['flʌktjʊeɪt] fluctuar; **fluctuation** fluctuación *f*

fluency ['fluːənsɪ] *in a language* fluidez *f*; **fluent**: **he speaks ~ Spanish** habla español con soltura; **fluently** *speak, write* con soltura

fluid ['fluːɪd] fluido *m*

flunk [flʌŋk] F *subject* suspender, *Span* catear F

flush [flʌʃ] **1** *v/t*: ~ **the toilet** tirar de la cadena **2** *v/i (go red)* ruborizarse

flutter ['flʌtər] *of wings* aletear; *of flag* ondear; *of heart* latir con fuerza

fly¹ [flaɪ] *n insect* mosca *f*

fly² [flaɪ] *n on pants* bragueta *f*

fly³ [flaɪ] *v/i* volar; *of flag* ondear **2** *v/t airplane* pilotar; *airline* volar con; *(transport by air)* enviar por avión

◆ **fly past** *of time* volar

flying ['flaɪɪŋ] volar *m*

foam [foʊm] *on liquid* espuma *f*; **foam rubber** gomaespuma *f*

focus ['foʊkəs] *n* foco *m*

◆ **focus on** concentrarse en; PHOT enfocar

fodder ['fɑːdər] forraje *m*

fog [fɑːg] niebla *f*; **foggy** neblinoso, con niebla

foil¹ [fɔɪl] *n* papel *m* de aluminio

foil² [fɔɪl] *v/t (thwart)* frustrar

fold [foʊld] **1** *v/t paper etc* doblar; **~ one's arms** cruzarse de brazos **2** *v/i of business* quebrar **3** *n in cloth etc* pliegue *m*

◆ **fold up 1** *v/t* plegar **2** *v/i of chair, table* plegarse

folder ['foʊldər] *for documents*, COMPUT carpeta *f*; **folding** plegable

foliage ['foʊlɪɪdʒ] follaje *m*

folk [foʊk] *(people)* gente *f*; **folk music** música *f* folk o popular; **folk singer** cantante *mf* de folk

follow ['fɑːloʊ] **1** *v/t* seguir; *(understand)* entender **2** *v/i* logically deducirse

◆ **follow up** *inquiry* hacer el seguimiento de; **follower** seguidor(a) *m(f)*; **following 1**

adj siguiente **2** *n people* seguidores(-as) *mpl (fpl)*; **the ~** lo siguiente

fond [fɑːnd] cariñoso; *memory* entrañable; **he's ~ of travel** le gusta viajar; **I'm very ~ of him** le tengo mucho cariño

fondle ['fɑːndl] acariciar

fondness ['fɑːndnɪs] *for s.o.* cariño *m (for* por); *for wine, Spain* afición *f*

font [fɑːnt] *for printing* tipo *m*; *in church* pila *f* bautismal

food [fuːd] comida *f*; **food poisoning** intoxicación *f* alimentaria

fool [fuːl] **1** *n* tonto(-a) *m(f)*, idiota *m/f* **2** *v/t* engañar; **foolhardy** temerario; **foolish** tonto; **foolproof** infalible

foot [fʊt] *also measurement* pie *m*; *of animal* pata *f*; **put one's ~ in it** F meter la pata F; **footage** secuencias *f*; **football** *Br (soccer)* fútbol *m*; *American* fútbol *m* americano; *ball* balón *m* o pelota *f* (de fútbol); **football player** *American style* jugador(a) *m(f)* de fútbol americano; *Br in soccer* jugador(a) *m(f)* de fútbol, futbolista *m/f*; **foothills** estribaciones *fpl*; **footnote** nota *f* a pie de página; **footpath** sendero *m*; **footprint** pisada *f*; **footstep** paso *m*

for [fər, fɔːr] *purpose, destination* para; *(in exchange for)*

format

por; *what is this ~?* ¿para qué sirve esto?; *what ~?* ¿para qué?; *I bought it ~ $25* lo compré por 5 dólares; *~ three days* durante tres días; *please get it ~ Monday* por favor tenlo listo (para) el lunes; *I walked ~ a mile* caminé una milla; *I am ~ the idea* estoy a favor de la idea

forbid [fər'bɪd] prohibir; **forbidden** prohibido; **forbidding** *person, look* amenazador; *prospect* intimidador

force [fɔːrs] **1** *n* fuerza *f*; *come into ~ of law* entrar en vigor **2** *v/t door, lock* forzar; *~ s.o. to do sth* forzar a alguien a hacer algo; **forced** forzado; **forced landing** aterrizaje *m* forzoso; **forceful** *argument* poderoso; *speaker* vigoroso; *character* enérgico

forceps ['fɔːrseps] MED fórceps *m inv*

forcibly ['fɔːrsəblɪ] por la fuerza

foreboding [fər'boʊdɪŋ] premonición *f*; **forecast 1** *n* pronóstico *m* **2** *v/t* pronosticar; **forefathers** ancestros *mpl*; **forefinger** (dedo *m*) índice *m*; **foreground** primer plano *m*; **forehead** frente *f*

foreign ['fɑːrən] extranjero; **foreign affairs** asuntos *mpl* exteriores; **foreign body** cuerpo *m* extraño; **foreign currency** divisa *f* extranjera; **foreigner** extranjero(-a)

m(f); **foreign exchange** divisas *fpl*

foreman capataz *m*; **foremost** principal

forensic medicine [fə'rensɪk] medicina *f* forense; **forensic scientist** forense *m/f*

'forerunner predecesor(a) *m(f)*; **foresee** prever; **foresight** previsión *f*

forest ['fɑːrɪst] bosque *m*; **forestry** silvicultura *f*

foretell predecir

forever [fə'revər] siempre

'foreword prólogo *m*

forfeit ['fɔːrfɪt] *(lose)* perder; *(give up)* renunciar a

forge [fɔːrdʒ] falsificar; **forgery** falsificación *f*

forget [fər'get] olvidar; **forgetful** olvidadizo

forgive [fər'gɪv] perdonar; **forgiveness** perdón *m*

fork [fɔːrk] *for eating* tenedor *m*; *for garden* horca *f*; *in road* bifurcación *f*

form [fɔːrm] **1** *n (shape)* forma *f*; *document* formulario *m*, impreso *m* **2** *v/t in clay etc* moldear; *friendship* establecer; *opinion* formarse; *(constitute)* formar **3** *v/i (take shape, develop)* formarse; **formal** formal; *recognition etc* oficial; *dress de* etiqueta; **formality** formalidad *f*; **formally** *speak* formalmente; *recognized* oficialmente

format ['fɔːrmæt] **1** *v/t text* formatear **2** *n of paper, program etc* formato *m*

formation [fɔːˈmeɪʃn] formación f

former [ˈfɔːmər] antiguo; *the* ~ el primero; *formerly* antiguamente

formidable [ˈfɔːmɪdəbl] *personality* formidable; *opponent, task* terrible

formula [ˈfɔːmjʊlə] fórmula f

fort [fɔːt] MIL fuerte m

forthcoming [fɔːθˈkʌmɪŋ] *(future)* próximo; *personality* comunicativo

'forthright directo

fortieth [ˈfɔːtɪɪθ] cuadragésimo

fortnight [ˈfɔːtnaɪt] Br quincena f

fortress [ˈfɔːtrɪs] MIL fortaleza f

fortunate [ˈfɔːtʃənət] afortunado; *fortunately* afortunadamente; *fortune* fortuna f

forty [ˈfɔːtɪ] cuarenta

forward [ˈfɔːwərd] **1** *adv* hacia delante **2** *adj pej: person* atrevido **3** *n* SP delantero(-a) m(f) **4** *v/t letter* reexpedir; *forward-looking* con visión de futuro

fossil [ˈfɒsl] fósil m

foster [ˈfɒstər] *child* acoger; *attitude, belief* fomentar

foul [faʊl] **1** *n* SP falta f **2** *adj smell* asqueroso; *weather* terrible **3** *v/t* SP hacer (una) falta a

found [faʊnd] *school etc* fundar; *foundation of building etc* fundamento m; *(organization)* fundación f; **founda-** tions *of building* cimientos mpl; *founder* fundador(a) m(f)

fountain [ˈfaʊntɪn] fuente f

four [fɔː] cuatro; *four-star hotel etc* de cuatro estrellas; **fourteen** catorce; **four-teenth** decimocuarto; **fourth** cuarto; **four-wheel drive** MOT todoterreno m

fox [fɒks] **1** *n* zorro m **2** *v/t (puzzle)* dejar perplejo

foyer [ˈfɔɪər] vestíbulo m

fraction [ˈfrækʃn] fracción f; *fractionally* ligeramente

fracture [ˈfræktʃər] **1** *n* fractura f **2** *v/t* fracturar

fragile [ˈfrædʒəl] frágil

fragment [ˈfrægmənt] fragmento m

fragrance [ˈfreɪɡrəns] fragancia f; *fragrant* fragante

frail [freɪl] frágil, delicado

frame [freɪm] **1** *n of picture, window* marco m; *of eyeglasses* montura f; *of bicycle* cuadro m **2** *v/t picture* enmarcar; F *person* tender una trampa a; *framework* estructura f; *for agreement* marco m

France [fræns] Francia

franchise [ˈfræntʃaɪz] *for business* franquicia f

frank [fræŋk] franco; *frankly* francamente; **frankness** franqueza f

frantic [ˈfræntɪk] frenético

fraternal [frəˈtɜːnl] fraternal

fraud [frɔːd] fraude m; *person* impostor(a) m(f); *fraudu-*

lent fraudulento

frayed [freɪd] *cuffs* deshilachado

freak [fri:k] **1** *n event* fenómeno *m* anormal; *two-headed animal etc* monstruo *m*; F *strange person* bicho *m* raro F **2** *adj storm etc* anormal

free [fri:] **1** *adj* libre; *no cost* gratis, gratuito **2**: *free prisoners* liberar; **freedom** libertad *f*; **free enterprise** empresa *f* libre; **free kick** golpe *m* franco; **freelance** autónomo, free-lance; **freely** *admit* libremente; **free speech** libertad *f* de expresión; **freeway** autopista *f*

freeze [fri:z] **1** *v/t food, wages, video* congelar; **2** *v/i of water* congelarse; **freeze-dried** liofilizado; **freezer** congelador *m*; **freezing 1** *adj* muy frío F **2** *n*: *10 degrees below* ~ diez grados bajo cero

freight [freɪt] *n* transporte *m*, *costs* flete *m*; **freighter** *ship* carguero *m*; *airplane* avión *m* de carga

French [frentʃ] **1** *adj* francés **2** *n language* francés *m*; **the** ~ los franceses; **French fries** *Span* patatas *fpl* or *L.Am.* papas *fpl* fritas; **Frenchman** francés *m*; **Frenchwoman** francesa *f*

frenzied ['frenzɪd] frenético; *mob* desenfrenado; **frenzy** frenesí *m*

frequency ['fri:kwənsɪ] *also* RAD frecuencia *f*

frequent[1] ['fri:kwənt] *adj* frecuente

frequent[2] [frɪ'kwent] *v/t bar* frecuentar

frequently ['fri:kwəntlɪ] con frecuencia

fresh [freʃ] fresco; *start* nuevo; (*impertinent*) descarado; **fresh air** aire *m* fresco

◆ **freshen up** *v/i* refrescarse **2** *v/t paintwork etc* renovar

freshly ['freʃlɪ] recién; **freshman** estudiante *m/f* de primer año; **freshwater** de agua dulce

fret [fret] **1** *v/i* inquietarse **2** *n of guitar* traste *m*

friction ['frɪkʃn] PHYS rozamiento *m*; *between people* fricción *f*

Friday ['fraɪdeɪ] viernes *m inv*

fridge [frɪdʒ] nevera *f*, frigorífico *m*

friend [frend] amigo(-a) *m(f)*; **friendliness** simpatía *f*; **friendly** agradable; *person also* simpático; *argument, relations* amistoso; **friendship** amistad *f*

fries [fraɪz] *Span* patatas *fpl* or *L.Am.* papas *fpl* fritas

fright [fraɪt] susto *m*; **frighten** asustar; **be~ed of** tener miedo de; **frightening** aterrador, espantoso

frill [frɪl] *on dress etc* volante *m*; (*fancy extra*) extra *m*

fringe [frɪndʒ] *on dress etc* flecos *mpl*; *Br in hair* flequillo *m*; (*edge*) margen *m*; **fringe benefits** ventajas *fpl* adicio-

frisk   368

nales

frisk [frɪsk] cachear

◆ **fritter away** ['frɪtər] *time* desperdiciar; *fortune* despilfarrar

frivolity [frɪ'vɑːlɪtɪ] frivolidad *f*; **frivolous** frívolo

frizzy ['frɪzɪ] *hair* crespo

frog [frɑːg] rana *f*

'**frogman** hombre *m* rana

from [frɑːm] *in time* desde; *in space* de, desde; ~ **the 18th century** desde el siglo XVIII; ~ **9 to 5** de 9 a 5; ~ **today on** a partir de hoy; ~ **here to there** o/ desde aquí hasta allí; **we drove here** ~ **Las Vegas** vinimos en coche desde Las Vegas; **a letter** ~ **Jo** una carta de Jo; **I am** ~ **New Jersey** soy de Nueva Jersey

front [frʌnt] **1** *n of building, book* portada *f*; *(cover organization)* tapadera *f*; MIL., *of weather* frente *m*; *in* ~ delante; *in a race* en cabeza; *in* ~ *of* delante de **2** *adj weather, seat* delantero **3** *v/t TV program* presentar; **front door** puerta *f* principal

frontier ['frʌntɪr] frontera *f*; *of science* límite *m*

front 'line MIL línea *f* del frente; **front page** *of newspaper* portada *f*; **front-wheel drive** tracción *f* delantera

frost [frɑːst] escarcha *f*; **frostbite** congelación *f*; **frosting** *on cake* glaseado *m*; **frosty** *weather* gélido; *welcome* gla-

cial

froth [frɑːθ] espuma *f*

frown [fraʊn] fruncir el ceño

frozen ['froʊzn] *ground, food* congelado

fruit [fruːt] fruta *f*; **fruitful** *discussions etc* fructífero; **fruit juice** Span zumo *m* or *L.Am.* jugo *m* de fruta; **fruit salad** macedonia *f*

frustrate ['frʌstreɪt] frustrar; **frustrating** frustrante; **frustration** frustración *f*

fry [fraɪ] freír; **frypan** sartén *f*

fuck [fʌk] V *Span* follar con V, *L.Am.* coger V; ~*!* ~*!* ¡joder! V

fuel ['fjuːəl] **1** *n* combustible *m* **2** *v/t fig* avivar

fugitive ['fjuːdʒətɪv] fugitivo(-a) *m(f)*

fulfill, *Br* **fulfil** [fʊl'fɪl] *dream, task* realizar; *contract* cumplir; **fulfillment**, *Br* **fulfilment** *of contract etc* cumplimiento *m*; *moral, spiritual* satisfacción *f*

full [fʊl] lleno; *account, schedule* completo; *life* pleno; **pay in** ~ pagar al contado; **full moon** luna *f* llena; **full stop** *Br* punto *m*; **full-time** *worker, job* a tiempo completo; **fully** completamente; *describe es* escribe

fumble ['fʌmbl] *ball* dejar caer

fumes [fjuːmz] humos *mpl*

fun [fʌn] **1** *n* diversión *f*; **for** ~ para divertirse; **it was great** ~ fue muy divertido **2** *adj* F

person, **game** divertido
function ['fʌŋkʃn] **1** *n* función *f*; (*reception etc*) acto *m* **2** *v/i* funcionar; **~ as** hacer de; **functional** funcional
fund [fʌnd] **1** *n* fondo *m* **2** *v/t project etc* financiar
fundamental [fʌndə'mentl] fundamental; (*crucial*) esencial; **fundamentalist** fundamentalista *m/f*; **fundamentally** fundamentalmente
funding ['fʌndɪŋ] (*money*) fondos *mpl*, financiación *f*
funeral ['fjuːnərəl] funeral *m*; **funeral home** funeraria *f*
fungus ['fʌŋgəs] hongos *mpl*
funnies ['fʌnɪz] F sección *de humor*; **funnily** (*oddly*) de modo extraño; (*comically*) de forma divertida; **~ enough** curiosamente, funny (*comical*) divertido, gracioso; (*odd*) curioso, raro
fur [fɜːr] piel *f*
furious ['fjʊrɪəs] furioso; *effort* febril

furnace ['fɜːrnɪs] horno *m*
function ['fɜːnɪʃ] *room* amueblar; (*supply*) suministrar; **furniture** mobiliario *m*, muebles *mpl*
further ['fɜːrðər] **1** *adj* adicional; (*more distant*) más lejano **2** *adv* walk, drive más lejos **3** *v/t cause etc* promover; **furthermore** es más
furtive ['fɜːrtɪv] furtivo
fury ['fjʊrɪ] furia *f*, ira *f*
fuse [fjuːz] **1** *n* ELEC fusible *m* **2** *v/i* ELEC fundirse **3** *v/t* ELEC fundir; **fusebox** caja *f* de fusibles
fusion ['fjuːʒn] fusión *f*
fuss [fʌs] escándalo *m*; **fussy** *person* quisquilloso; *design etc* recargado
futile ['fjuːtl] inútil, vano; **futility** inutilidad *f*
future ['fjuːtʃər] **1** *n* futuro *m* **2** *adj* futuro; **futuristic** *design* futurista
fuzzy ['fʌzɪ] *hair* crespo; (*out of focus*) borroso

G

gadget ['gædʒɪt] artilugio *m*, chisme *m*
gag [gæg] **1** *n over mouth* mordaza *f*; (*joke*) chiste *m* **2** *v/t also fig* amordazar
gain [geɪn] (*acquire*) ganar; *victory* obtener
gala ['gælə] gala *f*
galaxy ['gæləksɪ] galaxia *f*
gale [geɪl] vendaval *m*

gallery ['gælərɪ] *for art* museo *m*; *private* galería de arte; *in theater* galería *f*
gallon ['gælən] galón *m* (*0,785 litros, en GB 0,546*)
gallop ['gæləp] galopar
gamble ['gæmbl] jugar; **gambler** jugador(a) *m(f)*; **gambling** juego *m*
game [geɪm] partido *m*; *child-*

ren's, in tennis juego m

gang [gæŋ] of criminals banda f; of friends cuadrilla f; **gangster** gángster m; **gangway** pasarela f

gap [gæp] in wall hueco m; for parking, in figures espacio m; in time intervalo m; in conversation interrupción f

gape [geip] of person mirar boquiabierto; gaping hole enorme

garage [gə'rɑːʒ] for parking garaje m; for repairs taller m; Br for gas gasolinera f

garbage ['gɑːbɪdʒ] also fig basura f; fig (nonsense) tonterías fpl; **garbage can** cubo m de la basura; in street papelera f; **garbage truck** camión m de la basura

garbled ['gɑːbld] message confuso

garden ['gɑːdn] jardín m; **gardening** jardinería f

garish ['geərɪʃ] color chillón; design estridente

garlic ['gɑːlɪk] ajo m

garment ['gɑːmənt] prenda f (de vestir)

garnish ['gɑːrnɪʃ] guarnecer

gas [gæs] gas m; (gasoline) gasolina f, Rpl nafta f

gash [gæʃ] corte m profundo

gasket ['gæskɪt] junta f

gasoline ['gæsəliːn] gasolina f, Rpl nafta f

gasp [gæsp] 1 n grito m apagado 2 v/i lanzar un grito apagado

'gas pedal acelerador m; **gas**

pump surtidor m (de gasolina); **gas station** gasolinera f, S.Am. bomba

gate [geit] of house, at airport puerta f; made of iron verja f; **gateway** also fig entrada f

gather ['gæðər] 1 v/t facts reunir; ~ **speed** ganar velocidad 2 v/i of crowd reunirse; **gathering** grupo m de personas

gaudy ['gɔːdɪ] chillón

gauge [geidʒ] 1 n indicador m 2 v/t pressure medir, calcular; opinion estimar

gaunt [gɔːnt] demacrado

gawky ['gɔːkɪ] desgarbado

gawp [gɔːp] F mirar boquiabierto

gay [gei] gay

gaze [geiz] 1 n mirada f 2 v/i mirar fijamente

gear [gɪr] (equipment) equipo m; in vehicle marcha f; **gearbox** MOT caja f de cambios; **gear shift** MOT palanca f de cambios

gel [dʒel] for hair gomina f; for shower gel m

gem [dʒem] gema f; fig (book etc) joya f; (person) cielo m

gender ['dʒendər] género m

gene [dʒiːn] gen m

general ['dʒenrəl] 1 n MIL general m 2 adj general; **generalization** generalización f; **generalize** generalizar; **generally** generalmente, por lo general; ~ **speaking** en términos generales

generate ['dʒenəreit] generar; feeling provocar; gene-

ration generación *f*; **genera-tor** generador *m*

generosity [dʒenə'rɒːsətɪ] generosidad *f*; **generous** generoso

genetic [dʒɪ'netɪk] genético; **genetically** genéticamente; **~ modified** transgénico; **~ engineered** transgénico; **genetic engineering** ingeniería *f* genética; **genetic fingerprint** identificación *f* genética; **genetics** genética *f*

genial ['dʒiːnjəl] afable

genitals ['dʒenɪtlz] genitales *mpl*

genius ['dʒiːnjəs] genio *m*

genocide ['dʒenəsaɪd] genocidio *m*

gentle ['dʒentl] *person* tierno, delicado; *touch, detergent, breeze* suave; *slope* poco inclinado; **gentleman** caballero *m*; **gentleness** *of person* ternura *f*, delicadeza; *of touch, detergent, breeze* suavidad *f*; **gently** con delicadeza

genuine ['dʒenʊɪn] *antique* genuino, auténtico; *(sincere)* sincero; **genuinely** realmente, de verdad

geographical [dʒɪə'græfɪkl] geográfico; **geography** geografía *f*

geological [dʒɪə'lɒːdʒɪkl] geológico; **geologist** geólogo(-a) *m(f)*; **geology** geología *f*

geometric, geometrical

[dʒɪə'metrɪk(l)] geométrico; **geometry** geometría *f*

geriatric [dʒerɪ'ætrɪk] **1** *adj* geriátrico **2** *n* anciano(-a) *m(f)*

germ [dʒɜːrm] *also fig* germen *m*

German ['dʒɜːrmən] **1** *adj* alemán **2** *n person* alemán (-ana) *m(f)*; *language* alemán *m*; **German shepherd** pastor *m* alemán; **Germany** Alemania

gesture ['dʒesʧər] *also fig* gesto *m*

get [get] *(obtain)* conseguir; *(buy)* comprar; *(fetch)* traer; *(receive: letter, knowledge, respect)* recibir; *(catch: bus, train etc)* tomar, *Span* coger; *(understand)* entender; **~ home** llegar a casa; **~ tired** cansarse; **~ the TV fixed** hacer que arreglen la televisión; **~ one's hair cut** cortarse el pelo; **~ s.o. to do sth** hacer que alguien haga algo; **~ to do sth** *(have opportunity)* llegar a hacer algo; **~ sth ready** preparar algo; **~ going** *(leave)* marcharse, irse; **have got** tener; **have got to** tener que; **I have got to see him** tengo que verlo; **~ to know** llegar a conocer

♦ **get at** *(criticize)* meterse con; *(mean)* querer decir

♦ **get by** *(pass)* pasar; *financially* arreglárselas

♦ **get down 1** *v/i from ladder etc* bajarse (**from** de); *(duck* *etc*) agacharse **2** *v/t* (*depress*) desanimar

◆ **get in 1** *v/i* (*arrive*) llegar; *to car* subir(se) **2** *v/t to suitcase etc* meter

◆ **get into** *house* entrar en; *car* subir(se) a; *computer system* introducirse en

◆ **get off 1** *v/i from bus etc* bajarse; (*finish work*) salir; (*not be punished*) librarse **2** *v/t* (*remove*) quitar; *clothes* quitarse

◆ **get on 1** *v/i to bike, bus* montarse, subirse; (*be friendly*) llevarse bien; (*advance: of time*) hacerse tarde; (*become old*) hacerse mayor; (*make progress*) progresar **2** *v/t*: *get on the bus* montarse en el autobús

◆ **get out 1** *v/i of car, prison etc* salir; *get out!* ¡vete!, ¡fuera de aquí! **2** *v/t nail etc* sacar, extraer; *stain* quitar; *gun, pen* sacar

◆ **get through** *on telephone* conectarse

◆ **get up 1** *v/i* levantarse **2** *v/t* (*climb*) subir

'**getaway** *from robbery* fuga *f*; **get-together** reunión *f*

ghastly ['gæstlɪ] terrible

ghetto ['getoʊ] gueto *m*

ghost [goʊst] fantasma *m*; **ghostly** fantasmal

ghoul [guːl] macabro(-a) *m(f)*

giant ['dʒaɪənt] **1** *n* gigante *m* **2** *adj* gigantesco, gigante

gibberish ['dʒɪbərɪʃ] F me-

meces *fpl* F

gibe [dʒaɪb] pulla *f*

giddiness ['gɪdɪnɪs] mareo *m*; **giddy** mareado

gift [gɪft] regalo *m*; **talent** don *m*; **gift certificate** vale *m* de regalo; **gifted** con talento; **giftwrap** envolver para regalo

gig [gɪg] F concierto *m*

gigabyte ['gɪgəbaɪt] COMPUT gigabyte *m*

gigantic [dʒaɪ'gæntɪk] gigantesco

giggle ['gɪgl] **1** *v/i* soltar risitas **2** *n* risita *f*

gimmick ['gɪmɪk] truco *m*

gin [dʒɪn] ginebra *f*; *~ and tonic* gin-tonic *m*

gipsy ['dʒɪpsɪ] gitano(-a) *m(f)*

girder ['gɜːrdər] viga *f*

girl [gɜːrl] chica *f*; (*young*) ~ niña *f*, chica *f*; **girlfriend** *of boy* novia *f*; *of girl* amiga *f*; **girlish** de niñas

gist [dʒɪst] esencia *f*

give [gɪv] dar; *as present* regalar; (*supply*) *electricity etc* proporcionar; *cry, groan* soltar

◆ **give away** *as present* regalar; (*betray*) traicionar

◆ **give back** devolver

◆ **give in 1** *v/i* (*surrender*) rendirse **2** *v/t* (*hand in*) entregar

◆ **give onto** (*open onto*) dar a

◆ **give out 1** *v/t leaflets etc* repartir **2** *v/i of supplies, strength* agotarse

◆ **give up 1** *v/t smoking etc*

dejar de **2** v/i (*stop making effort*) rendirse

◆ **give way** of bridge etc hundirse

give-and-'take toma *m* y daca

gizmo ['gɪzmoʊ] F cacharro *m*

glad [glæd] contento; **gladly** con mucho gusto

glamor ['glæmər] atractivo *m*, glamour *m*; **glamorize** hacer atractivo; **glamorous** atractivo, glamoroso; **glamour** Br ☞ **glamor**

glance [glæns] **1** *n* ojeada *f* **2** v/i echar una ojeada

gland [glænd] glándula *f*

glare [gler] **1** *n* of sun, lights resplandor *m* **2** v/i of lights resplandecer

◆ **glare at** mirar con furia a

glaring ['glerɪŋ] mistake garrafal

glass [glæs] vidrio *m*; for drink vaso *m*; **glasses** gafas fpl, L.Am. lentes mpl, L.Am. anteojos mpl

glazed [gleɪzd] look vidrioso

gleam [gliːm] **1** *n* resplandor *m* **2** v/i resplandecer

glee [gliː] júbilo *m*, regocijo *m*; **gleeful** jubiloso

glib [glɪb] fácil; **glibly** con labia

glide [glaɪd] of bird, plane planear; of piece of furniture deslizarse; **glider** planeador *m*; **gliding** sport vuelo *m* sin motor

glimpse [glɪmps] **1** *n* vistazo

m **2** v/t vislumbrar

glint [glɪnt] **1** *n* destello *m*; in eyes centelleo *m* **2** v/i of light destellar; of eyes centellear

glisten ['glɪsn] relucir

glitter ['glɪtər] destellar

gloat [gloʊt] regodearse

◆ **gloat over** regodearse de

global ['gloʊbl] global; **globalization** COM globalización *f*; **global warming** calentamiento *m* global; **globe** globo *m*; (*model of earth*) globo *m* terráqueo

gloom [gluːm] (*darkness*) tinieblas fpl; mood abatimiento *m*; **gloomy** room tenebroso; mood, person abatido

glorious ['glɔːrɪəs] weather espléndido; victory glorioso; **glory** gloria *f*

gloss [glɑːs] (*shine*) lustre *m*; (*general explanation*) glosa *f*; **glossary** glosario *m*; **glossy 1** adj paper satinado **2** *n* magazine revista *f* en color

glove [glʌv] guante *m*; **glove compartment** guantera *f*

glow [gloʊ] **1** *n* resplandor *m*, brillo *m*; in cheeks rubor *m* **2** v/i resplandecer, brillar; of cheeks ruborizarse; **glowing** description entusiasta

glucose ['gluːkoʊs] glucosa *f*

glue [gluː] **1** *n* pegamento *m*, cola *f* **2** v/t pegar, encolar

glum [glʌm] sombrío, triste

glut [glʌt] exceso *m*, superabundancia *f*

glutton ['glʌtən] glotón(-ona)

m(f)

gnaw [nɔ:] *bone* roer

go [gəʊ] ir (**to** a); (*leave*) irse, marcharse; (*work, function*) funcionar; (*come out: of stain etc*) irse; (*cease: of pain etc*) pasarse; (*match: of colors etc*) ir bien, pegar; **~ shopping** ir de compras; **hamburger to ~** hamburguesa para llevar

◆ **go away** *of person* irse, marcharse; *of rain, pain, clouds* desaparecer

◆ **go back** (*return*) volver; (*date back*) remontarse

◆ **go by** *of car, time* pasar

◆ **go down** bajar; *of sun* ponerse

◆ **go in** *to room, house* entrar; *of sun* ocultarse; (*fit: of part etc*) ir, encajar

◆ **go off** (*leave*) marcharse; *of bomb* explotar; *of gun* dispararse; *of alarm* saltar; *Br of milk* echarse a perder

◆ **go on** (*continue*) continuar; (*happen*) pasar

◆ **go out** *of person* salir; *of light, fire* apagarse

◆ **go over** (*check*) examinar

◆ **go through** *illness, hard times* atravesar; (*check*) revisar; (*read through*) estudiar

◆ **go under** (*sink*) hundirse; *of company* ir a la quiebra

◆ **go up** subir

◆ **go without 1** *v/t food etc* pasar sin **2** *v/i* pasar privaciones

'go-ahead 1 *n* luz *f* verde **2** *adj*

dinámico

goal [gəʊl] *SP target* portería *f*, *L.Am.* arco *m*; *SP point* gol *m*; (*objective*) objetivo *m*, meta *f*; **goalkeeper** portero(-a) *m(f)*, *L.Am.* arquero(-a) *m(f)*; **goal kick** saque *m* de puerta; **goalpost** poste *m*

goat [gəʊt] cabra *f*

gobble ['gɒbl] engullir

gobbledygook ['gɒbldɪguːk] *F* jerigonza *f*

'go-between intermediario(-a) *m(f)*

god [gɒd] dios *m*; **thank God!** ¡gracias a Dios!; **godchild** ahijado(-a) *m(f)*; **godfather** *also in mafia* padrino *m*; **godmother** madrina *f*

gofer ['gəʊfər] *F* recadero(-a) *m(f)*

goggles ['gɒglz] gafas *fpl*

goings-on [gəʊɪŋz'ɒn] actividades *fpl*

gold [gəʊld] **1** *n* oro *m* **2** *adj* de oro; **golden** dorado; **golden wedding** bodas *fpl* de oro; **gold medal** medalla *f* de oro; **gold mine** *fig* mina *f* de oro; **gold ball**; **golf ball** pelota *f* de golf; **golf club** *organization* club *m* de golf; *stick* palo *m* de golf; **golf course** campo *m* de golf; **golfer** golfista *m/f*

golf [gɒlf] golf *m*; **golf ball** pelota *f* de golf; **golf club** *organization* club *m* de golf; *stick* palo *m* de golf; **golf course** campo *m* de golf; **golfer** golfista *m/f*

good [gʊd] bueno; **goodbye** adiós; **good-for-nothing** inútil *m/f*; **Good Friday** Viernes *m inv* Santo; **good-humored**, *Br* **good-hu-**

grant

moured jovial, afable;
good-looking guapo;
good-natured bondadoso;
goodness *moral* bondad *f*;
of fruit etc valor *m* nutritivo;
goods COM mercancías *fpl*;
goodwill buena voluntad *f*
goof [guːf] F meter la pata F
goose [guːs] ganso *m*, oca *f*;
goose bumps carne *f* de gallina
gorgeous ['gɔːrdʒəs] *weather* maravilloso; *dress, hair* precioso; *woman, man* buenísimo; *smell* estupendo
gospel ['gɑːspl] evangelio *m*
gossip ['gɑːsɪp] **1** *n* cotilleo *m*; *person* cotilla *m/f* **2** *v/i* cotillear; **gossip column** ecos *mpl* de sociedad
gourmet ['gʊrmeɪ] gourmet *m/f*
govern ['gʌvərn] gobernar;
government gobierno *m*;
governor gobernador(a) *m(f)*
gown [gaʊn] *long dress* vestido *m*; *wedding dress* traje *m*; *of academic, judge* toga *f*; *of surgeon* bata *f*
grab [græb] agarrar; *food* tomar
grace [greɪs] *of dancer etc* gracia *f*; **say~** bendecir la mesa; **graceful** elegante; **gracious** *person* amable; *style* elegante
grade [greɪd] **1** *n quality* grado *m*; EDU curso *m*; (*mark*) nota *f* **2** *v/t* clasificar; **grade crossing** paso *m* a nivel;

grade school escuela *f* primaria
gradient ['greɪdɪənt] pendiente *f*
gradual ['grædʒuəl] gradual;
gradually gradualmente, poco a poco
graduate ['grædʒuət] *n* licenciado(-a) *m(f)*; *from high school* bachiller *m/f* **2** ['grædʒueɪt] *v/i from university* licenciarse, *L.Am.* egresarse; *from high school* sacar el bachillerato; **graduation** graduación *f*
graffiti [grə'fiːtiː] graffiti *m*
graft [græft] **1** *n* BOT, MED injerto *m*; *corruption* corrupción *f* **2** *v/t* BOT, MED injertar
grain [greɪn] grano *m*; *in wood* veta *f*
gram [græm] gramo *m*
grammar ['græmər] gramática *f*; **grammatical** gramatical
grand [grænd] **1** *adj* grandioso; F (*very good*) estupendo, genial **2** *n* F (*$1000*) mil dólares; **grandchild** nieto(-a) *m(f)*; **granddaughter** nieta *f*; **grandeur** grandiosidad *f*; **grandfather** abuelo *m*; **grand jury** jurado *m* de acusación, gran jurado; **grandmother** abuela *f*; **grandparents** abuelos *mpl*; **grand piano** piano *m* de cola; **grandson** nieto *m*
granite ['grænɪt] granito *m*
grant [grænt] **1** *n money* subvención *f* **2** *v/t* conceder

granule ['grænju:l] gránulo *m*

grape [greɪp] uva *f*; **grape-fruit** pomelo *m*, *L.Am.* toronja *f*

graph [græf] gráfico *m*, gráfica *f*; **graphic 1** *adj* (*vivid*) gráfico **2** COMPUT gráfico *m*

◆ **grapple with** ['græpl] *attacker* forcejear con; *problem etc* enfrentarse a

grasp [græsp] **1** *n physical* miento *m*; *mental* comprensión *f* **2** *v/t physically* agarrar; (*understand*) comprender

grass [græs] hierba *f*; **grass-hopper** saltamontes *m inv*; **grass roots** *people* bases *fpl*; **grassy** lleno de hierba

grate¹ [greɪt] *n metal* parrilla *f*, reja *f*

grate² [greɪt] **1** *v/t in cooking* rallar **2** *v/i of sound* rechinar

grateful ['greɪtfəl] agradecido; **gratefully** con agradecimiento

gratify ['grætɪfaɪ] satisfacer

grating ['greɪtɪŋ] **1** *n* reja *f* **2** *adj sound, voice* chirriante

gratitude ['grætɪtu:d] gratitud *f*

grave¹ [greɪv] *n* tumba *f*

grave² [greɪv] *adj* grave

gravel ['grævl] gravilla *f*

'gravestone lápida *f*; **grave-yard** cementerio *m*

gravity ['grævətɪ] PHYS gravedad *f*

gray [greɪ] gris; **gray-haired** canoso

graze¹ [greɪz] *v/i of cow etc* pastar, pacer

graze² [greɪz] **1** *v/t arm etc* rozar **2** *n* rozadura *f*

grease [gri:s] grasa *f*; **greasy** *food, hands, plate* grasiento; *hair, skin* graso

great [greɪt] grande, *before singular noun* gran; F (*very good*) estupendo, genial F; **Great Britain** Gran Bretaña; **greatly** muy; **greatness** grandeza *f*

Greece [gri:s] Grecia

greed [gri:d] *for money* codicia *f*; *for food* glotonería *f*; **greedily** con codicia; *eat* con glotonería; **greedy** *for food* glotón; *for money* codicioso

Greek [gri:k] **1** *adj* griego **2** *n* griego(-a) *m(f)*; *language* griego *m*

green [gri:n] verde; *environmentally* also ecologista; **green beans** judías *fpl* verdes, *L.Am.* porotos *mpl* verdes, *Mex* ejotes *mpl*; **green belt** cinturón *m* verde; **green card** (*work permit*) permiso *m* de trabajo; **greenhouse effect** efecto *m* invernadero; **greens** verduras *f*

greet [gri:t] saludar; **greeting** saludo *m*

grenade [grɪ'neɪd] granada *f*

grey *Br* → **gray**

grid [grɪd] reja *f*, rejilla *f*; **gridiron** SP *campo de fútbol americano*; **gridlock** *in traffic* paralización *f* del tráfico grief [gri:f] dolor *m*, aflicción *f*; grief-stricken afligido; grievance queja *f*; grieve sufrir; ~ for s.o. llorar por alguien

grill [grɪl] 1 *n on window* reja *f* 2 *v/t (interrogate)* interrogar

grille [grɪl] reja *f*

grim [grɪm] *face* severo; *prospects* desolador; *surroundings* lúgubre

grimace ['grɪməs] gesto *m*, mueca *f*

grime [graɪm] mugre *f*; grimy mugriento

grin [grɪn] 1 *n* sonrisa *f* (amplia) 2 *v/i* sonreír abiertamente

grind [graɪnd] *coffee* moler; *meat* picar

grip [grɪp] agarrar; gripping apasionante

gristle ['grɪsl] cartílago *m*

grit [grɪt] 1 *n (dirt)* arenilla *f*; *for roads* gravilla *f* 2 *v/t*: ~ one's teeth apretar los dientes; gritty F *movie etc* duro F

groan [grəʊn] 1 *n* gemido *m* 2 *v/i* gemir

groceries ['grəʊsərɪz] comestibles *mpl*; grocery store tienda *f* de comestibles *or* Mex abarrotes

groggy ['grɒɡɪ] F grogui F

groin [grɔɪn] *ANAT* ingle *f*

groom [gru:m] 1 *n for bride* novio *m*; *for horse* mozo *m* de cuadra 2 *v/t horse* almohazar; *(train, prepare)* preparar

groove [gru:v] ranura *f*

grope [grəʊp] 1 *v/i in the dark* caminar a tientas 2 *v/t sexually* manosear

gross [grəʊs] *(coarse, vulgar)* grosero; *exaggeration* tremendo; *error* craso; FIN bruto

ground [graʊnd] 1 *n* suelo *m*; *(reason)* motivo *m*; ELEC tierra *f* 2 *v/t* ELEC conectar a tierra; grounding *in subject* fundamento *m*; groundless infundado; ground meat carne *f* picada; groundwork trabajos *mpl* preliminares

group [gru:p] 1 *n* grupo *m* 2 *v/t* agrupar; groupie F grupi *f* F

grouse [graʊs] 1 *n* queja *f* 2 *v/i* F quejarse, refunfuñar

grovel ['grɒvl] *fig* arrastrarse

grow [grəʊ] 1 *v/i* crecer; ~ old / tired envejecer / cansarse 2 *v/t flowers* cultivar

◆ grow up crecer

growl [graʊl] 1 *n* gruñido *m* 2 *v/i* gruñir

'grown-up 1 *n* adulto(-a) *m(f)* 2 *adj* maduro

growth [grəʊθ] crecimiento *m*; *(increase)* incremento *m*; MED bulto *m*

grudge [grʌdʒ] rencor *m*; grudging rencoroso; grudgingly de mala gana

grueling, *Br* gruelling ['gru:əlɪŋ] agotador

gruff [grʌf] seco, brusco

grumble ['grʌmbl] murmurar; grumbler quejica *m/f*

grunt [grʌnt] 1 *n* gruñido *m* 2

v/i gruñir

guarantee [gærən'tiː] **1** *n* garantía *f* **2** *v/t* garantizar; **guarantor** garante *m/f*

guard [gɑːrd] **1** *n* (*security* ~) guardia *m*, guarda *m/f*; MIL guardia *f*; *in prison* guardián (-ana) *m(f)* **2** *v/t* guardar; **guard dog** perro *m* guardián; **guarded** *reply* cauteloso; **guardian** LAW tutor(a) *m(f)*

Guatemala [gwɑːtə'mɑːlə] Guatemala; **Guatemalan 1** *adj* guatemalteco **2** *n* guatemalteco(-a) *m(f)*

guerrilla [gə'rɪlə] guerrillero(-a) *m(f)*; **guerrilla warfare** guerra *f* de guerrilla

guess [ges] **1** *n* conjetura *f*, suposición *f* **2** *v/t the answer* adivinar; *I* ~ *so* me imagino que sí **3** *v/i* adivinar; **guesswork** conjeturas *fpl*

guest [gest] invitado(-a) *m(f)*; **guestroom** habitación *f* para invitados

guidance ['gaɪdəns] orientación *f*; **guide** **1** *n person* guía *m/f*; *book* guía *f* **2** *v/t* guiar; **guidebook** guía *f*; **guided missile** misil *m* teledirigido; **guided tour** visita *f* guiada; **guidelines** directrices *fpl*

guilt [gɪlt] culpa *f*, culpabilidad *f*; LAW culpabilidad *f*; **guilty** *also* LAW culpable

guinea pig ['gɪnɪpɪg] *also fig* conejillo *m* de Indias

guitar [gɪ'tɑːr] guitarra *f*; **guitarist** guitarrista *m/f*

gulf [gʌlf] golfo *m*; *fig* abismo *m*; **Gulf of Mexico** Golfo *m* de México

gull [gʌl] *bird* gaviota *f*

gullet ['gʌlɪt] ANAT esófago *m*

gullible ['gʌlɪbl] crédulo

gulp [gʌlp] **1** *n of water etc* trago *m* **2** *v/i in surprise* tragar saliva

◆ **gulp down** *drink* tragar; *food* engullir

gum[1] [gʌm] *in mouth* encía *f*

gum[2] [gʌm] (*glue*) pegamento *m*, cola *f*; (*chewing* ~) chicle *m*

gun [gʌn] pistola *f*; *rifle* rifle *m*; *cannon* cañón *m*

◆ **gun down** matar a tiros

gunfire disparos *mpl*; **gunman** hombre *m* armado; **gunshot** disparo *m*; **gunshot wound** herida *f* de bala

gurgle ['gɜːrgl] *of baby* gorjear; *of drain* gorgotear

guru ['guːruː] *fig* gurú *m*

gush [gʌʃ] *of liquid* manar

gust [gʌst] ráfaga *f*

gusto ['gʌstoʊ] entusiasmo *m*

gusty ['gʌstɪ] con viento racheado

gut [gʌt] **1** *n* intestino *m*; F (*stomach*) tripa *f* **2** *v/t* (*destroy*) destruir; **guts** F (*courage*) agallas *fpl* F; **gutsy** F (*brave*) valiente, con muchas agallas F

gutter ['gʌtər] *on sidewalk* cuneta *f*; *on roof* canal *m*

guy [gaɪ] F tipo *m* F, *Span* tío *m* F

guzzle ['gʌzl] tragar; *drink* engullir

gym [dʒɪm] gimnasio *m*; **gymnast** gimnasta *m/f*; **gymnastics** gimnasia *f*

gynecology, *Br* **gynaecology** [gaɪnɪ'kɒːlədʒɪ] ginecología *f*

gypsy ['dʒɪpsɪ] gitano(-a) *m(f)*

H

habit ['hæbɪt] hábito *m*, costumbre *m*

habitable ['hæbɪtəbl] habitable; **habitat** hábitat *m*

habitual [hə'bɪtʊəl] habitual

hacker ['hækər] COMPUT pirata *m/f* informático(-a)

hackneyed ['hæknɪd] manido

haemorrhage *Br* ☞ **hemorrhage**

haggard ['hægərd] demacrado

haggle ['hægl] regatear

hail [heɪl] granizo *m*

hair [her] pelo *m*, cabello *m*; *single* pelo *m*; (*body* ~) vello *m*; **hairbrush** cepillo *m*; **haircut** corte *m* de pelo; **have a** ~ cortarse el pelo; **hairdo** peinado *m*; **hairdresser** peluquero(-a) *m(f)*; **hairdryer** secador *m* (de pelo); **hairpin** horquilla *f*; **hairpin curve** curva *f* muy cerrada; **hair-raising** espeluznante; **hair remover** depilatorio *m*; **hair-splitting** sutilezas *fpl*; **hairstyle** peinado *m*; **hairstylist** estilista *m/f*, peluquero(-a) *m(f)*; **hairy** *arm*, *animal* peludo; F (*frightening*) espeluznante

half [hɑːf] **1** *n* mitad *f*; ~ *past ten*, ~ *after ten* las diez y media; ~ *an hour* media hora **2** *adj* medio **3** *adv* a medias; **half-hearted** desganado; **half time** SP descanso *m*; **halfway 1** *adj stage*, *point* intermedio **2** *adv* a mitad de camino

hall [hɔːl] *large room* sala *f*; (*hallway*) vestíbulo *m*

Halloween [hæloʊ'wiːn] *víspera de Todos los Santos*

halo ['heɪloʊ] halo *m*

halt [hɔːlt] **1** *v/i* detenerse **2** *v/t* detener **3** *n* alto *m*

halve [hæv] SP *input, costs* reducir a la mitad; *apple* partir por la mitad

ham [hæm] jamón *m*; **hamburger** hamburguesa *f*

hammer ['hæmər] **1** *n* martillo *m* **2** *v/i*: ~ *at the door* golpear la puerta

hammock ['hæmək] hamaca *f*

hamper¹ ['hæmpər] *n for food* cesta *f*

hamper² ['hæmpər] *v/t* (*obstruct*) estorbar, obstaculizar

hand [hænd] mano *f*; *of clock* manecilla *f*; (*worker*) brazo *m*; **at** ~, **to** ~ a mano; **on**

the one ~ ..., on the other ~ por una parte..., por otra parte; **on your right ~** a mano derecha; **give s.o. a ~** echar una mano a alguien

◆ **hand down** transmitir
◆ **hand out** repartir
◆ **hand over** entregar

'**handbag** Br bolso m, L.Am. cartera f; **hand baggage** equipaje m de mano; **handcuff** esposar; **handcuffs** esposas fpl

handicap ['hændɪkæp] desventaja f; **handicapped** physically minusválido

handkerchief ['hæŋkərtʃif] pañuelo m

handle ['hændl] **1** n of door manilla f; of suitcase asa f; of pan, knife mango m **2** v/t goods, person manejar; case, deal llevar; **handlebars** manillar m, L.Am. manubrio m

'**hand luggage** equipaje m de mano; **handmade** hecho a mano; **hands-free** manos libres; **handshake** apretón m de manos

handsome ['hænsəm] guapo, atractivo

'**handwriting** caligrafía f; **handwritten** escrito a mano; **handy** device práctico

hang [hæŋ] colgar

◆ **hang on** (wait) esperar
◆ **hang up** TELEC colgar

hangar ['hæŋər] hangar m

hanger ['hæŋər] for clothes percha f

'**hang glider** person piloto m

de ala delta; device ala f delta; **hang gliding** ala f delta; **hangover** resaca f

hankie, hanky ['hæŋkɪ] F pañuelo m

haphazard [hæp'hæzərd] descuidado

happen ['hæpn] ocurrir, pasar

happily ['hæpɪlɪ] alegremente; (luckily) afortunadamente; **happiness** felicidad f; **happy** feliz, contento; **coincidence** afortunado; **happy-go-lucky** despreocupado

harass [hə'ræs] acosar; enemy asediar, hostigar; **harassed** agobiado; **harassment** acoso m

harbor, Br harbour ['hɑːrbər] **1** n puerto m **2** v/t criminal proteger; grudge albergar

hard [hɑːrd] **1** adj duro; (difficult) difícil; facts, evidence real **2** adv hit, rain fuerte; work duro; **try ~** esforzarse; **hardback** libro m de tapas duras; **hard-boiled** egg duro; **hard copy** copia f impresa; **hard core** (pornography) porno m duro; **hard currency** divisa f fuerte; **hard disk** disco m duro; **harden 1** v/t endurecer **2** v/i of glue, attitude endurecerse; **hard hat** casco m; (construction worker) obrero(-a) m(f) (de la construcción); **hardheaded** pragmático; **hardhearted** insensible; **hard line** línea f dura; **hardliner** partidario(-a) m(f) de la línea dura

hardly ['hɑːrdlɪ] apenas

hardness ['hɑːrdnɪs] dureza f; (difficulty) dificultad f; **hardship** penuria f, privación f; **hardware** ferretería f; COMPUT hardware m; **hardware store** ferretería f; **hard-working** trabajador; **hardy** resistente

harm [hɑːrm] **1** n daño m **2** v/t hacer daño a, dañar; **harmful** dañino, perjudicial; **harmless** inofensivo; fun inocente

harmonious [hɑːr'moʊnɪəs] armonioso; **harmonize** armonizar; **harmony** MUS, fig armonía f

harsh [hɑːrʃ] words duro, severo; color chillón; light potente; **harshly** con dureza

harvest ['hɑːrvɪst] cosecha f

hash browns [hæʃ] Span patatas fpl or L.Am. papas fpl fritas; **hash mark** almohadilla f, el signo '#'

haste [heɪst] prisa f; **hastily** precipitadamente; **hasty** precipitada

hat [hæt] sombrero m

hatch [hætʃ] for serving trampilla f; on ship escotilla f

◆ **hatch out** of eggs romperse; of chicks salir del cascarón

hatchet ['hætʃɪt] hacha f

hate [heɪt] **1** n odio m **2** v/t odiar; **hatred** odio m

haul [hɔːl] **1** n of fish captura f; from robbery botín m **2** v/t (pull) arrastrar; **haulage**

transporte m

haunch [hɔːntʃ] of person trasero m; of animal pierna f

haunt [hɔːnt] **1** n lugar m favorito **2** v/t: *this place is ⁓ed* en este lugar hay fantasmas

Havana [hə'vænə] La Habana

have [hæv] **1** v/t (own) tener; breakfast, lunch tomar; *can I ⁓ a coffee?* ¿me da un café?; *⁓ (got) to* tener que; *I'll ⁓ it repaired* haré que lo arreglen; *I had my hair cut* me corté el pelo; **2** v/aux (past tense): *I ⁓ eaten* he comido

◆ **have on** (wear) llevar puesto

haven ['heɪvn] fig refugio m

hawk [hɔːk] also fig halcón m

hay [heɪ] heno m; **hay fever** fiebre f del heno

hazard ['hæzərd] peligro m; **hazard lights** MOT luces fpl de emergencia; **hazardous** peligroso

haze [heɪz] neblina f; **hazy** image, memories vago

he [hiː] él; *⁓ is a doctor* es médico

head [hed] **1** n cabeza f; (boss, leader) jefe(-a) m(f); Br: of school director(a) m(f); on beer espuma f **2** v/t (lead) estar a la cabeza de; ball cabecear

◆ **head for** dirigirse hacia

'headache dolor m de cabeza; **headband** cinta f para la cabeza; **header** in soccer cabezazo m; in document encabezamiento m; **headhunter** COM cazatalentos m/f inv; **heading** in list encabezamiento m; **headlamp** faro m; **headline** in newspaper titular m; **head office** of company central f; **head-on 1** adv cabeza de frente **2** adj crash frontal; **headphones** auriculares mpl; **headquarters** sede f; of army cuartel m general; **headrest** reposacabezas f inv; **headroom** under bridge gálibo m; in car espacio m vertical; **headscarf** pañuelo m (para la cabeza); **headstrong** cabezudo; **head waiter** maître m; **heady** wine etc que se sube a la cabeza

heal [hiːl] curar

health [helθ] salud f; **health food store** tienda f de comida integral; **health insurance** seguro m de enfermedad; **healthy** person sano; food, lifestyle saludable; economy saneado

heap [hiːp] montón m

hear [hɪr] oír

◆ **hear from** (have news from) tener noticias de

hearing [ˈhɪrɪŋ] oído m; LAW vista f; **hearing aid** audífono m

hearse [hɜːrs] coche m fúnebre

heart [hɑːrt] also fig corazón m; of problem meollo m; **know sth by ~** saber algo de memoria; **heart attack** infarto m; **heartbreaking** desgarrador; **heartbroken** descorazonado; **heartburn** acidez f (de estómago)

hearth [hɑːrθ] chimenea f

heartless [ˈhɑːrtlɪs] despiadado; **hearty** appetite voraz; meal copioso; person cordial

heat [hiːt] calor m

◆ **heat up** calentar

heated [ˈhiːtɪd] pool climatizado; discussion acalorado; **heater** in room estufa f; in car calefacción f; **heating** calefacción f; **heatproof** resistente al calor; **heatwave** ola f de calor

heave [hiːv] (lift) subir

heaven [ˈhevn] cielo m; **heavenly** F divino F

heavy [ˈhevɪ] pesado; cold, rain, accent fuerte; smoker empedernido; loss of life grande; bleeding abundante; **heavy-duty** resistente; **heavyweight** SP of the pesos pesados

hectic [ˈhektɪk] frenético

hedge [hedʒ] seto m

heel [hiːl] talón m; of shoe tacón m; **heel bar** zapatería f

hefty [ˈheftɪ] weight pesado; person robusto

height [haɪt] altura f; **heighten** tension intensificar

heir [er] heredero m; **heiress** heredera f

helicopter [ˈhelɪkɑːptər] helicóptero m

hell [hel] infierno m; **what the ~ are you doing?** F ¿qué demonios estás haciendo? F: **go to ~!** F ¡vete a paseo!

hello [hə'loʊ] hola; TELEC ¿sí?, *Span* ¿diga?, *S. Am.* ¿alo?, *Rpl* ¿oigo?, *Mex* ¿bueno?

helmet ['helmɪt] casco *m*

help [help] **1** *n* ayuda *f* **2** *v/t* ayudar; *just ~ yourself to food* toma lo que quieras; *I can't ~ it* no puedo evitarlo; **helper** ayudante *m/f*; **helpful** *advice* útil; *person* servicial; **helping** *of food* ración *f*; **helpless** (*unable to cope*) indefenso; (*powerless*) impotente; **helplessness** impotencia *f*

hem [hem] *of dress etc* dobadillo *m*

hemisphere ['hemɪsfɪr] hemisferio *m*

'hemline bajo *m*

hemorrhage ['hemərɪdʒ] **1** *n* hemorragia *f* **2** *v/i* sangrar

hen [hen] gallina *f*; **hen party** despedida *f* de soltera

hepatitis [hepə'taɪtɪs] hepatitis *f*

her [hɜːr] **1** *adj* su **2** *pron direct object* la; *indirect object* le; *after prep* ella; *I know ~* la conozco; *I gave ~ the keys* le di las llaves; *I sold it to ~* se lo vendí; *this is for ~* es para ella; *it's ~* es ella

herb [ɜːrb] hierba *f*; **herb(al)** *tea* infusión *f*

herd [hɜːrd] rebaño *m*

here [hɪr] aquí; *over ~* aquí; *~'s to you! as toast* ¡a tu salud!; *~ you are giving sth* ¡aquí tienes!

hereditary [hə'redɪtərɪ] hereditario; **heredity** herencia *f*; **heritage** patrimonio *m*

hero ['hɪroʊ] héroe *m*; **heroic** heroico; **heroically** heroicamente

heroin ['heroʊɪn] heroína *f*

heroine ['heroʊɪn] heroína *f*

heroism ['heroʊɪzm] heroísmo *m*

herpes ['hɜːrpiːz] herpes *m*

hers [hɜːrz] el suyo, la suya; *that ticket is ~* esa entrada es suya; *a cousin of ~* un primo suyo

herself [hɜːr'self] *reflexive* se; *emphatic* ella misma; *she hurt ~* se hizo daño

hesitant ['hezɪtənt] indeciso; **hesitantly** con indecisión; **hesitate** dudar, vacilar; **hesitation** vacilación *f*

heterosexual [hetəroʊ'sekʃʊəl] heterosexual

hi [haɪ] ¡hola!

hibernate ['haɪbərneɪt] hibernar

hiccup ['hɪkʌp] hipo *m*; (*minor problem*) tropiezo *m*

hidden ['hɪdn] oculto

hide[1] [haɪd] **1** *v/t* esconder **2** *v/i* esconderse

hide[2] [haɪd] *n of animal* piel *f*

'hide-and-seek escondite *m*; **hideaway** escondite *m*

hideous ['hɪdɪəs] horrendo; *person* repugnante

hiding[1] ['haɪdɪŋ] (*beating*) paliza *f*; **hiding place** escondite *m*

hierarchy ['haɪrɑːrkɪ] jerarquía f

high [haɪ] **1** adj alto; wind fuerte; (on drugs) colocado P **2** n MOT directa f; in statistics máximo m; EDU escuela f secundaria, Span instituto m; **highbrow** intelectual; **highchair** trona f; **high-class** de categoría; **high-frequency** de alta frecuencia; **high-grade** de calidad superior; **high-handed** déspotico; **high-heeled** de tacón alto; **high jump** salto m de altura; **high-level** de alto nivel; **highlight 1** n (main event) momento m cumbre; in hair reflejo m **2** v/t with pen resaltar; COMPUT seleccionar, resaltar; **highlighter** pen fluorescente m; **highly** desirable, likely muy; **think ~ of s.o.** tener una buena opinión de alguien; **high performance** drill, battery de alto rendimiento; **high-pitched** agudo; **high point** of career punto m culminante; **high-powered** engine potente; intellectual de alto(s) vuelo(s); **high pressure** weather altas presiones fpl; **high-pressure** TECH a gran presión; salesman agresivo; lifestyle muy estresante; **high school** escuela f secundaria, Span instituto m; **high-strung** muy nervioso; **high tech 1** n alta f tecnología **2** adj de alta tecnología; **highway** autopista

f

hijack ['haɪdʒæk] **1** v/t secuestrar **2** n secuestro m; **hijacker** secuestrador(a) m(f)

hike[1] [haɪk] **1** n caminata f **2** v/i caminar

hike[2] [haɪk] n in prices subida f

hiker ['haɪkər] senderista m/f; **hiking** senderismo m

hilarious [hɪ'lerɪəs] divertidísimo, graciosísimo

hill [hɪl] colina f; (slope) cuesta f; **hillside** ladera f; **hilltop** cumbre f; **hilly** con colinas

hilt [hɪlt] puño m

him [hɪm] direct object lo; indirect object le; after prep él; **I know ~** lo conozco; **I gave ~ the keys** le di las llaves; **I sold it to ~** se lo vendí; **this is for ~** esto es para él; **it's ~** es él; **himself** reflexive se; emphatic él mismo; **he hurt ~** se hizo daño

hinder ['hɪndər] obstaculizar; **~ s.o. from doing sth** impedir a alguien hacer algo; **hindrance** obstáculo m

hinge [hɪndʒ] bisagra f

hint [hɪnt] (clue) pista f; (piece of advice) consejo m; (suggestion) indirecta f; of red, sadness etc rastro m

hip [hɪp] cadera f; **hip pocket** bolsillo m trasero

hire [haɪr] alquilar

his [hɪz] **1** adj su **2** pron el suyo, la suya; **that ticket is ~** esa entrada es suya; **a cousin of ~** un primo suyo

Hispanic [hɪˈspænɪk] **1** *n* hispano(-a) *m(f)* **2** *adj* hispano, hispánico

hiss [hɪs] silbar

historian [hɪˈstɔːrɪən] historiador(a) *m(f)*; **historic** histórico; **historical** histórico; **history** historia *f*

hit [hɪt] **1** *v/t* golpear; (*collide with*) chocar contra **2** *n* (*blow*) golpe *m*; MUS, (*success*) éxito *m*; *on website* acceso *m*

hitch [hɪtʃ] **1** *n* (*problem*) contratiempo *m* **2** *v/t* (*fix*) enganchar; **hitchhike** hacer autoestop; **hitchhiker** autoestopista *m/f*

'hi-tech 1 *n* alta tecnología *f* **2** *adj* de alta tecnología

'hitman asesino *m* a sueldo; **hit-or-miss** a la buena ventura

HIV [eɪtʃaɪˈviː] (= *human immunodeficiency virus*) VIH *m* (= virus *m inv* de la inmunodeficiencia humana)

hive [haɪv] *for bees* colmena *f*

HIV-'positive seropositivo

hoard [hɔːrd] **1** *n* reserva *f* **2** *v/t* hacer acopio de; *money* acumular

hoarse [hɔːrs] ronco

hoax [hoʊks] bulo *m*, engaño *m*

hobble [ˈhɑːbl] cojear

hobby [ˈhɑːbɪ] hobby *m*

hobo [ˈhoʊboʊ] F vagabundo(-a) *m(f)*

hockey [ˈhɑːkɪ] (*ice ~*) hockey *m* sobre hielo

hog [hɑːg] (*pig*) cerdo *m*, L.Am. chancho *m*

hoist [hɔɪst] **1** *n* montacargas *m inv*; *manual* elevador *m* **2** *v/t* (*lift*) levantar; *flag* izar

hold [hoʊld] **1** *v/t in hand* llevar; (*support, keep in place*) sostener; (*contain*) tener; *prisoner* retener; (*contain*) contener; *post* ocupar; **~ the line, please** espere, por favor **2** *n in ship, plane* bodega *f*; **take ~ of sth** agarrar algo

◆ **hold back** *crowds* contener; *facts* guardar

◆ **hold out 1** *v/t hand* tender; *prospect* ofrecer **2** *v/i of supply* durar; (*survive*) resistir

◆ **hold up** *hand* levantar; *bank etc* atracar; (*make late*) retrasar

holder [ˈhoʊldər] (*container*) receptáculo *m*; *of passport, ticket etc* titular *m/f*; *of record* poseedor(a) *m(f)*; **holding company** holding *m*; **holdup** (*robbery*) atraco *m*; (*delay*) retraso *m*

hole [hoʊl] agujero *m*; *in ground* hoyo *m*

holiday [ˈhɑːlədeɪ] día *m* de fiesta; Br: *period* vacaciones *fpl*

Holland [ˈhɑːlənd] Holanda

hollow [ˈhɑːloʊ] hueco; *cheeks* hundido; *promise* vacío

holocaust [ˈhɑːləkɔːst] holocausto *m*

hologram [ˈhɑːləgræm] holograma *m*

holster ['houlstər] pistolera *f*

holy ['houlɪ] santo; **Holy Spirit** Espíritu *m* Santo

home [houm] **1** *n* casa *f*; (*native country*) tierra *f*; *for old people* residencia *f*; *at ~ also* SP en casa; (*in country*) en mi / su / nuestra tierra; **make yourself at ~** ponte cómodo **2** *adv* a casa; **go ~** ir a casa; *to country* ir a mi / tu / su tierra; *part of country* ir a mi / tu / su ciudad; **home address** domicilio *m*; **home banking** telebanca *f*, banca *f* electrónica; **homecoming** vuelta *f* a casa; **home computer** *Span* ordenador *m*, *L.Am.* computadora *f* doméstica; **home game** partido *m* en casa; **homeless 1** *adj* sin casa **2** *npl*: **the ~** los sin casa; **homeloving** hogareño; **homely** (*homeloving*) hogareño; (*not good-looking*) feúcho; **homemade** casero; **home page** página *f* inicial; **homesick** nostálgico; **be ~** tener morriña; **home town** ciudad *f* natal; **homeward** *on own house* a casa; *to own country* a mi / tu / su país; **homework** EDU deberes *mpl*

homicide ['hɑːmɪsaɪd] homicidio *m*; *department* brigada *f* de homicidios

homophobia [hɑːmə'foubɪə] homofobia *f*

homosexual [hɑːmə'sekʃuəl] **1** *adj* homosexual **2** *n* homosexual *m/f*

Honduran [hɑːn'duərən] **1** *adj* hondureño **2** *n* hondureño(-a) *m(f)*; **Honduras** Honduras

honest ['ɑːnɪst] honrado; **honestly** honradamente; **~!** ¡desde luego!; **honesty** honradez *f*

honey ['hʌnɪ] miel *f*; F (*darling*) cariño *m/f*; **honeymoon** luna *f* de miel

honk [hɑːŋk] *v/t horn* tocar

honor ['ɑːnər] **1** *n* honor *m* **2** *v/t* honrar; **honorable** honorable; **honour** Br ☞ **honor**

hood [hud] *over head* capucha *f*; *over cooker* campana *f* extractora; MOT capó *m*; F (*gangster*) matón(-ona) *m(f)*

hook [huk] gancho *m*; *for coat etc* colgador *m*; *for fishing* anzuelo *m*; **off the ~** TELEC descolgado; **hooked** enganchado (**on** a); **hooker** F fulana *f* F

hoot [huːt] **1** *v/t horn* tocar **2** *v/i of car* dar bocinazos; *of owl* ulular

hop [hɑːp] saltar

hope [houp] **1** *n* esperanza *f* **2** *v/i* esperar; **I ~ so** eso espero **3** *v/t*: **I ~ you like it** espero que te guste; **hopeful** prometedor; **hopefully** *say, wait* esperanzadamente; **~ ...** (*let's hope*) esperemos que...; **hopeless** *position* desesperado; (*useless: per-*

son) inútil

horizon [hə'raızn] horizonte *m*; **horizontal** horizontal

hormone ['hɔːrmoʊn] hormona *f*

horn [hɔːrn] *of animal* cuerno *m*; MOT bocina *f*

hornet ['hɔːrnɪt] avispón *m*

horny ['hɔːrnɪ] F *sexually* cachondo F

horrible ['hɑːrɪbl] horrible; *person* muy antipático; **horrify** horrorizar; **horrifying** horroroso; **horror** horror *m*

horse [hɔːrs] caballo *m*; **horse race** carrera *f* de caballos; **horseshoe** herradura *f*

horticulture ['hɔːrtɪkʌlʧər] horticultura *f*

hose [hoʊz] manguera *f*

hospitable [hɑː'spɪtəbl] hospitalario

hospital ['hɑːspɪtl] hospital *m*; **hospitality** hospitalidad *f*

host [hoʊst] *at party* anfitrión *m*; *of TV program* presentador(a) *m(f)*

hostage ['hɑːstɪʤ] rehén *m*; **hostage taker** persona que toma rehenes

hostel ['hɑːstl] *for students* residencia *f*; (*youth ~*) albergue *m*

hostess ['hoʊstɪs] *at party* anfitriona *f*; *on airplane* azafata *f*; *in bar* cabaretera *f*

hostile ['hɑːstl] hostil; **hostility** hostilidad *f*; **hostilities** hostilidades

hot [hɑːt] caliente; *weather* caluroso; (*spicy*) picante; **it's ~**

of weather hace calor; **I'm ~** tengo calor; **hot dog** perrito *m* caliente

hotel [hoʊ'tel] hotel *m*

hour [aʊr] hora *f*

house [haʊs] casa *f*; **housebreaking** allanamiento *m* de morada; **household** hogar *m*; **household name** nombre *m* conocido; **housekeeper** ama *f* de llaves; **House of Representatives** Cámara *f* de Representantes; **housewarming** (**party**) fiesta *f* de estreno de una casa; **housewife** ama *f* de casa; **housework** tareas *fpl* domésticas; **housing** vivienda *f*; TECH cubierta *f*

hovel ['hʌvl] chabola *f*

hover ['hɑːvər] *of bird* cernerse; *of helicopter* permanecer inmóvil en el aire

how [haʊ] cómo; **~ are you?** ¿cómo estás?; **~ about ...?** ¿qué te parece...?; **~ about a drink?** ¿te apetece tomar algo?; **~ much?** ¿cuánto?; **~ much is it?** *cost* ¿cuánto vale *or* cuesta?; **~ many?** ¿cuántos?; **~ often?** ¿con qué frecuencia?; **~ sad!** ¡qué triste!; **however** sin embargo; **~ big they are** independientemente de lo grandes que sean

howl [haʊl] *of dog* aullido *m*; *of pain* alarido *m*; *with laughter* risotada *f*

hub [hʌb] *of wheel* cubo *m*; **hubcap** tapacubos *m inv*

huddle

◆ **huddle together** ['hʌdl] apiñarse, acurrucarse

hug [hʌg] abrazar

huge [hjuːdʒ] enorme

hull [hʌl] *of ship* casco *m*

hum [hʌm] tararear; *of machine* zumbar

human ['hjuːmən] **1** *n* humano *m* **2** *adj* humano; **human being** ser *m* humano

humane [hjuːˈmeɪn] humano

humanitarian [hjuːmænɪˈterɪən] humanitario

humanity [hjuːˈmænətɪ] humanidad *f*; **human race** raza *f* humana; **human resources** recursos *mpl* humanos

humble ['hʌmbl] humilde

humdrum ['hʌmdrʌm] monótono, anodino

humid ['hjuːmɪd] húmedo; **humidifier** humidificador *m*; **humidity** humedad *f*

humiliate [hjuːˈmɪlɪeɪt] humillar; **humiliating** humillante; **humiliation** humillación *f*; **humility** humildad *f*

humor ['hjuːmər] humor *m*; **humorous** gracioso; **humour** Br ☞ **humor**

hunch [hʌntʃ] (*idea*) presentimiento *m*, corazonada *f*

hundred ['hʌndrəd] cien *m*; **a ~ and one** ciento uno; **two ~** doscientos; **hundredth** centésimo

hunger ['hʌngər] hambre *f*

hung-over: **be ~** tener resaca

hungry ['hʌngrɪ] hambriento; **I'm ~** tengo hambre

hunk [hʌŋk] cacho *m*; F **man cachas** *m inv* F

hunt [hʌnt] **1** *n* caza *f* **2** *v/t* cazar; **hunter** cazador(a) *m(f)*; **hunting** caza *f*

hurdle ['hɜːrdl] SP valla *f*; *fig* obstáculo *m*

hurl [hɜːrl] lanzar

hurray [huˈreɪ] ¡hurra!

hurricane ['hʌrɪkən] huracán *m*

hurried ['hʌrɪd] apresurado; **hurry 1** *n* prisa *f*; **be in a ~** tener prisa **2** *v/i* darse prisa ◆ **hurry up 1** *v/i* darse prisa; **hurry up!** ¡date prisa! **2** *v/t* meter prisa a

hurt [hɜːrt] **1** *v/i* doler **2** *v/t* hacer daño a; *emotionally* herir; **I've ~ my hand** me he hecho daño en la mano

husband ['hʌzbənd] marido *m*

hush [hʌʃ] silencio *m* ◆ **hush up** *scandal etc* acallar

husky ['hʌskɪ] *voice* áspero

hut [hʌt] cabaña *f*; *workman's* cobertizo *m*

hybrid ['haɪbrɪd] híbrido *m*

hydrant ['haɪdrənt] hidrante *m* de incendios

hydraulic [haɪˈdrɔːlɪk] hidráulico

hydroelectric [haɪdrəʊɪˈlektrɪk] hidroeléctrico

hydrogen ['haɪdrədʒən] hidrógeno *m*

hygiene ['haɪdʒiːn] higiene *f*; **hygienic** higiénico

hymn [hɪm] himno *m*

hype [haɪp] bombo *m*

hyperactive [haɪpər'æktɪv] hiperactivo; **hypersensitive** hipersensible; **hypertext** COMPUT hipertexto *m*

hypnosis [hɪp'noʊsɪs] hipnosis *f*; **hypnotize** hipnotizar

hypocrisy [hɪ'pɑːkrəsɪ] hipocresía *f*; **hypocrite** hipócrita *m/f*; **hypocritical** hipócrita

hypothesis [haɪ'pɑːθəsɪs] hipótesis *f inv*; **hypothetical** hipotético

hysterectomy [hɪstə'rektəmɪ] histerectomía *f*

hysteria [hɪ'stɪrɪə] histeria *f*; **hysterical** histérico; F (*very funny*) tronchante F; **hysterics** ataque *f* de histeria; (*laughter*) ataque *f* de risa

I

I [aɪ] yo; **~ am a student** soy estudiante

ice [aɪs] hielo *m*; **icebox** nevera *f*, *Rpl* heladera *f*; **ice cream** helado *m*; **ice cube** cubito *m* de hielo; **iced** *drink* helado; **ice hockey** hockey *m* sobre hielo; **ice rink** pista *f* de hielo; **ice skate** patín *m* de cuchilla; **ice skating** patinaje *m* sobre hielo

icon ['aɪkɑːn] *also* COMPUT icono *m*

icy ['aɪsɪ] *road* con hielo; *surface* helado; *welcome* frío

ID [aɪ'diː] (= *identity*) documentación *f*

idea [aɪ'diːə] idea *f*; **ideal** ideal; **idealistic** idealista

identical [aɪ'dentɪkl] idéntico; **identification** identificación *f*; *papers etc* documentación *f*; **identify** identificar; **identity** identidad *f*; **~ card** carné *m* de identidad

ideological [aɪdɪə'lɑːdʒɪkl] ideológico; **ideology** ideolo-

gía *f*

idiomatic [ɪdɪə'mætɪk] *natural* natural

idiot ['ɪdɪət] idiota *m/f*; **idiotic** idiota

idle ['aɪdl] **1** *adj not working* desocupado; (*lazy*) vago; *threat* vano; *machinery* inactivo **2** *v/i of engine* funcionar al ralentí

idol ['aɪdl] ídolo *m*; **idolize** idolatrar

if [ɪf] si

ignite [ɪg'naɪt] inflamar; **ignition** *in car* encendido *m*; **~ key** llave *m* de contacto

ignorance ['ɪgnərəns] ignorancia *f*; **ignorant** ignorante; (*rude*) maleducado; **ignore** ignorar; COMPUT omitir

ill [ɪl] enfermo; **fall ~, be taken ~** caer enfermo

illegal [ɪ'liːgl] ilegal

illegible [ɪ'ledʒəbl] ilegible

illegitimate [ɪlɪ'dʒɪtɪmət] *child* ilegítimo

illicit [ɪ'lɪsɪt] ilícito

illiterate [ɪ'lɪtərət] analfabeto

illness ['ɪlnɪs] enfermedad *f*

illogical [ɪ'lɑːdʒɪkl] ilógico

illtreat maltratar

illuminating [ɪ'luːmɪneɪtɪŋ] *remarks* iluminador

illusion [ɪ'luːʒn] ilusión *f*

illustrate ['ɪləstreɪt] ilustrar; **illustration** ilustración *f*; **illustrator** ilustrador(a) *m(f)*

image ['ɪmɪdʒ] imagen *f*

imaginary [ɪ'mædʒɪnərɪ] imaginario; **imagination** imaginación *f*; **imaginative** imaginativo; **imagine** imaginar, imaginarse; **you're imagining things** son imaginaciones tuyas

IMF [aɪem'ef] (= *International Monetary Fund*) FMI *m* (= Fondo *m* Monetario Internacional)

imitate ['ɪmɪteɪt] imitar; **imitation** imitación *f*

immaculate [ɪ'mækjʊlət] inmaculado

immature [ɪmə'tʃʊər] inmaduro

immediate [ɪ'miːdɪət] inmediato; **immediately** inmediatamente

immense [ɪ'mens] inmenso

immerse [ɪ'mɜːrs] sumergir

immigrant ['ɪmɪɡrənt] inmigrante *m/f*; **immigrate** inmigrar; **immigration** inmigración *f*

imminent ['ɪmɪnənt] inminente

immobilize [ɪ'moʊbɪlaɪz] *factory* paralizar; *person, car* in-

movilizar

immoderate [ɪ'mɑːdərət] desmedido, exagerado

immoral [ɪ'mɔːrəl] inmoral; **immorality** inmoralidad *f*

immortal [ɪ'mɔːrtl] inmortal; **immortality** inmortalidad *f*

immune [ɪ'mjuːn] *to illness* inmune; *from ruling* con inmunidad; **immune system** MED sistema *m* inmunológico; **immunity** inmunidad *f*

impact ['ɪmpækt] impacto *m*

impair [ɪm'per] dañar

impartial [ɪm'pɑːrʃl] imparcial

impassable [ɪm'pæsəbl] *road* intransitable

impassioned [ɪm'pæʃnd] *speech, plea* apasionado

impatience [ɪm'peɪʃəns] impaciencia *f*; **impatient** impaciente; **impatiently** impacientemente

impeccable [ɪm'pekəbl] impecable

impede [ɪm'piːd] dificultar; **impediment** *in speech* defecto *m* del habla

impending [ɪm'pendɪŋ] inminente

imperative [ɪm'perətɪv] **1** *adj* imprescindible **2** *n* GRAM imperativo *m*

imperfect [ɪm'pɜːrfekt] **2** *n* GRAM imperfecto *m*

impersonal [ɪm'pɜːrsənl] impersonal; **impersonate** *as a joke* imitar; *illegally* hacerse pasar por

impertinence [ɪmˈpɜːrtɪnəns] impertinencia *f*; **impertinent** impertinente

impervious [ɪmˈpɜːrvɪəs]: ~ **to** inmune a

impetuous [ɪmˈpetʃuəs] impetuoso

impetus [ˈɪmpɪtəs] *of campaign etc* ímpetu *m*

implement 1 [ˈɪmplɪmənt] *n* utensilio *m* **2** [ˈɪmplɪment] *v/t* poner en práctica

implicate [ˈɪmplɪkeɪt] implicar; **implication** consecuencia *f*

implore [ɪmˈplɔːr] implorar

imply [ɪmˈplaɪ] implicar

impolite [ɪmpəˈlaɪt] maleducado

import [ˈɪmpɔːrt] **1** *n* importación *f* **2** *v/t* importar

importance [ɪmˈpɔːrtəns] importancia *f*; **important** importante

importer [ɪmˈpɔːrtər] importador(a) *m(f)*

impose [ɪmˈpouz] *tax* imponer; **imposing** imponente

impossibility [ɪmpɑːsɪˈbɪlɪtɪ] imposibilidad *f*; **impossible** imposible

impotence [ˈɪmpətəns] impotencia *f*; **impotent** impotente

impractical [ɪmˈpræktɪkəl] poco práctico

impress [ɪmˈpres] impresionar; **impression** impresión *f*; (*impersonation*) imitación *f*; **impressive** impresionante

imprint [ˈɪmprɪnt] *of credit card* impresión *f*

imprison [ɪmˈprɪzn] encarcelar; **imprisonment** encarcelamiento *m*

improbable [ɪmˈprɑːbəbl] improbable

improve [ɪmˈpruːv] mejorar; **improvement** mejora *f*, mejoría *f*

improvise [ˈɪmprəvaɪz] improvisar

impudent [ˈɪmpjudənt] insolente, desvergonzado

impulse [ˈɪmpʌls] impulso *m*; **impulsive** impulsivo

in [ɪn] **1** *prep* en; ~ **two hours** *from now* dentro de dos horas; (*over period of*) en dos horas; ~ **the morning** por la mañana; ~ **yellow** de amarillo; ~ **crossing the road** (*while*) al cruzar la calle; ~ **agreeing to this** (*by virtue of*) al expresar acuerdo con esto; **one** ~ **ten** uno de cada diez **2** *adv* dentro; **is he** ~ **?** *at home* ¿está en casa?; ~ **here** aquí dentro **3** *adj* (*fashionable*) de moda

inability [ɪnəˈbɪlɪtɪ] incapacidad *f*

inaccurate [ɪnˈækjʊrət] inexacto

inadequate [ɪnˈædɪkwət] insuficiente

inadvisable [ɪnədˈvaɪzəbl] poco aconsejable

inanimate [ɪnˈænɪmət] inanimado

inappropriate [ɪnəˈprouprɪət]

inadecuado, improcedente; *choice* inapropiado

inaudible [ɪn'ɔːdəbl] inaudible

inaugural [ɪ'nɔːgjʊrəl] *speech* inaugural; **inaugurate** inaugurar

inborn ['ɪnbɔːn] innato

Inc. (= *Incorporated*) S.A. (= sociedad *f* anónima)

incalculable [ɪn'kælkjʊləbl] *damage* incalculable

incapable [ɪn'keɪpəbl]] incapaz

incentive [ɪn'sentɪv] incentivo *m*

incessant [ɪn'sesnt] incesante; **incessantly** incesantemente

incest ['ɪnsest] incesto *m*

inch [ɪntʃ] pulgada *f*

incident ['ɪnsɪdənt] incidente *m*; **incidental** sin importancia; ~ *expenses* gastos *mpl* varios; **incidentally** a propósito

incision [ɪn'sɪʒn] incisión *f*; **incisive** incisivo

incite [ɪn'saɪt] incitar

inclination [ɪnklɪ'neɪʃn] inclinación *f*

inclose ☞ **enclose**

include [ɪn'kluːd] incluir; **including** incluyendo; **inclusive** 1 *adj price* total, global **2** *prep*: ~ *of* incluyendo, incluido **3** *adv*: *from Monday to Thursday* ~ de lunes a jueves, ambos inclusive; *$1000* ~ 1.000 dólares todo incluido

incoherent [ɪnkoʊ'hɪrənt] incoherente

income ['ɪnkəm] ingresos *mpl*; **income tax** impuesto *m* sobre la renta

incomparable [ɪn'kɑːmpərəbl] incomparable

incompatibility [ɪnkəmpætɪ'bɪlɪtɪ] incompatibilidad *f*; **incompatible** incompatible

incompetence [ɪn'kɑːmpɪtəns] incompetencia *f*; **incompetent** incompetente

incomplete [ɪnkəm'pliːt] incompleto

incomprehensible [ɪnkɑːmprɪ'hensɪbl] incomprensible

inconceivable [ɪnkən'siːvəbl] inconcebible

inconsiderate [ɪnkən'sɪdərət] desconsiderado

inconsistent [ɪnkən'sɪstənt] incoherente, inconsecuente; *player* irregular

inconspicuous [ɪnkən'spɪkjʊəs] discreto

inconvenience [ɪnkən'viːnɪəns] inconveniencia *f*; **inconvenient** inconveniente

incorporate [ɪn'kɔːrpəreɪt] incorporar

incorrect [ɪnkə'rekt] incorrecto

increase 1 [ɪn'kriːs] *v/t & v/i* aumentar 2 ['ɪnkriːs] *n* aumento *m*; **increasing** creciente; **increasingly** cada vez más

incredible [ɪn'kredɪbl] increíble

incur [ɪn'kɜːr] *costs* incurrir en; *debts* contraer; *anger* provocar

incurable [ɪn'kjʊrəbl] incurable

indecent [ɪn'diːsnt] indecente

indecisive [ɪndɪ'saɪsɪv] indeciso; **indecisiveness** indecisión *f*

indeed [ɪn'diːd] (*in fact*) ciertamente, efectivamente; *yes, agreeing* ciertamente, en efecto

indefinable [ɪndɪ'faɪnəbl] indefinible

indefinite [ɪn'defɪnɪt] indefinido; **indefinitely** indefinidamente

indelicate [ɪn'delɪkət] poco delicado

independence [ɪndɪ'pendəns] independencia *f*; **Independence Day** Día *m* de la Independencia; **independent** independiente

indescribable [ɪndɪ'skraɪbəbl] indescriptible

index ['ɪndeks] *for book* índice *m*

India ['ɪndɪə] (la) India; **Indian 1** *adj* indio **2** *n from India* indio(-a) *m(f)*, hindú *m/f*; *American* indio(-a) *m(f)*

indicate ['ɪndɪkeɪt] **1** *v/t* indicar **2** *v/i Br when driving* poner el intermitente; **indication** indicio *m*

indict [ɪn'daɪt] acusar

indifference [ɪn'dɪfrəns] indiferencia *f*; **indifferent** indiferente; (*mediocre*) mediocre

indigestion [ɪndɪ'dʒestʃn] indigestión *f*

indignant [ɪn'dɪgnənt] indignado; **indignation** indignación *f*

indirect [ɪndɪ'rekt] indirecto; **indirectly** indirectamente

indiscreet [ɪndɪ'skriːt] indiscreto

indiscriminate [ɪndɪ'skrɪmɪnət] indiscriminado

indispensable [ɪndɪ'spensəbl] indispensable

indisposed [ɪndɪ'spouzd] (*not well*) indispuesto

indisputable [ɪndɪ'spjuːtəbl] indiscutible

indistinct [ɪndɪ'stɪŋkt] indistinto, impreciso

indistinguishable [ɪndɪ'stɪŋgwɪʃəbl] indistinguible

individual [ɪndɪ'vɪdʒʊəl] **1** *n* individuo *m* **2** *adj* individual; **individually** individualmente

indoctrinate [ɪn'dɑːktrɪneɪt] adoctrinar

Indonesia [ɪndə'niːʒə] Indonesia; **Indonesian 1** *adj* indonesio **2** *n person* indonesio(-a) *m(f)*

indoor ['ɪndɔːr] *activities* de interior; *sport* de pista cubierta; *arena* cubierto; **indoors** dentro

indorse ☞ **endorse**

indulgent [ɪn'dʌldʒənt] indulgente

industrial

industrial [ɪn'dʌstrɪəl] industrial; **industrial dispute** conflicto *m* laboral; **industrialist** industrial *m/f*; **industrious** trabajador, aplicado; **industry** industria *f*

ineffective [ɪnɪ'fektɪv] ineficaz

inefficient [ɪnɪ'fɪʃənt] ineficiente

inept [ɪ'nept] inepto

inequality [ɪnɪ'kwɑːlɪtɪ] desigualdad *f*

inescapable [ɪnɪ'skeɪpəbl] inevitable

inevitable [ɪn'evɪtəbl] inevitable; **inevitably** inevitablemente

inexcusable [ɪnɪkskjuːzəbl] inexcusable

inexhaustible [ɪnɪgzɔːstəbl] *supply* inagotable

inexpensive [ɪnɪk'spensɪv] barato, económico

inexperienced [ɪnɪkspɪrɪənst] inexperto

inexplicable [ɪnɪk'splɪkəbl] inexplicable

infallible [ɪn'fælɪbl] infalible

infamous ['ɪnfəməs] infame

infancy ['ɪnfənsɪ] infancia *f*; **infant** bebé *m*; **infantile** *pej* infantil

infantry ['ɪnfəntrɪ] infantería *f*

infect [ɪn'fekt] infectar; **infection** infección *f*; **infectious** infeccioso; *laughter* contagioso

infer [ɪn'fɜːr] inferir (**from** de)

inferior [ɪn'fɪrɪər] inferior (**to** a); **inferiority** inferioridad *f*; **inferiority complex** complejo *m* de inferioridad

infertile [ɪn'fɜːrtl] *woman*, *plant* estéril; *soil* estéril, yermo; **infertility** esterilidad *f*

infidelity [ɪnfɪ'delɪtɪ] infidelidad *f*

infinite ['ɪnfɪnət] infinito; **infinitive** infinitivo *m*; **infinity** infinidad *f*

inflammable [ɪn'flæməbl] inflamable; **inflammation** MED inflamación *f*

inflatable [ɪn'fleɪtəbl] *dinghy* hinchable, inflable; **inflate** *tire*, *dinghy* hinchar, inflar; *economy* inflar; **inflation** inflación *f*; **inflationary** inflacionario, inflacionista

inflexible [ɪn'fleksɪbl] inflexible

inflict [ɪn'flɪkt] infligir (**on** a)

influence ['ɪnfluəns] **1** *n* influencia *f* **2** *v/t* influir en, influenciar; **influential** influyente

inform [ɪn'fɔːrm] **1** *v/t* informar **2** *v/i*: **~ on s.o.** delatar a alguien

informal [ɪn'fɔːrməl] informal; **informality** informalidad *f*

informant [ɪn'fɔːrmənt] confidente *m/f*; **information** información *f*; **information technology** tecnologías *fpl* de la información; **informative** informativo; **informer** confidente *m/f*

infra-red [ɪnfrə'red] infarro-

jo
infrastructure ['ɪnfrətrʌktʃər]
infraestructura f
infrequent [ɪn'fri:kwənt] po-
co frecuente
infuriate [ɪn'fjʊrieɪt] enfure-
cer, exasperar; **infuriating**
exasperante
ingenious [ɪn'dʒi:nɪəs] inge-
nioso
ingot ['ɪŋgət] lingote m
ingratitude [ɪn'grætɪtu:d] in-
gratitud f
ingredient [ɪn'gri:dɪənt] also
fig ingrediente m
inhabit [ɪn'hæbɪt] habitar; **in-
habitant** habitante m/f
inhale [ɪn'heɪl] **1** v/t inhalar **2**
v/i when smoking tragarse el
humo
inherit [ɪn'herɪt] heredar; **in-
heritance** herencia f
inhibited [ɪn'hɪbɪtɪd] inhibi-
do, cohibido; **inhibition** in-
hibición f
inhospitable [ɪnhɑ:'spɪtəbl]
person inhospitalario; city,
climate inhóspito
inhuman [ɪn'hju:mən] inhu-
mano
initial [ɪ'nɪʃl] **1** adj inicial **2** n
inicial f **3** v/t (write ~s on) po-
ner las iniciales en; **initially**
inicialmente; **initiate** iniciar;
initiation iniciación f, inicio
m; **initiative** iniciativa f
inject [ɪn'dʒekt] inyectar; **in-
jection** inyección f
injure ['ɪndʒər] lesionar; **in-
jury** lesión f; wound herida f
injustice [ɪn'dʒʌstɪs] injusti-

cia f
ink [ɪŋk] tinta f
inland ['ɪnlənd] interior; mail
nacional
in-laws ['ɪnlɔ:z] familia f polí-
tica
inmate ['ɪnmeɪt] of prison re-
cluso(-a) m(f); of mental hos-
pital paciente m/f
inn [ɪn] posada f, mesón m
innate [ɪ'neɪt] innato
inner ['ɪnər] interior
innocence ['ɪnəsəns] inocen-
cia f; **innocent** inocente
innocuous [ɪ'nɑ:kjʊəs] ino-
cuo
innovation [ɪnə'veɪʃn] inno-
vación f; **innovative** innova-
dor; **innovator** innovador(a)
m(f)
inoculate [ɪ'nɑ:kjuleɪt] ino-
cular; **inoculation** inocula-
ción f
inoffensive [ɪnə'fensɪv] ino-
fensivo
'in-patient paciente m/f inter-
no(-a)
input ['ɪnput] **1** n into project
etc contribución f; COMPUT
entrada f **2** v/t into project
contribuir; COMPUT introdu-
cir
inquest ['ɪnkwest] investiga-
ción f (**into** sobre)
inquire [ɪn'kwaɪr] preguntar;
inquiry consulta f, pregunta
f; into rail crash etc investiga-
ción f
inquisitive [ɪn'kwɪzətɪv] cu-
rioso, inquisitivo
insane [ɪn'seɪn] person loco,

demente; *idea* descabellado

insanitary [ɪnˈsænɪtərɪ] anti-higiénico

insanity [ɪnˈsænɪtɪ] locura f, demencia f

inscription [ɪnˈskrɪpʃn] ins-cripción f

insect [ˈɪnsekt] insecto m; in-**secticide** insecticida f

insecure [ɪnsɪˈkjʊr] inseguro; in-**security** inseguridad f

insensitive [ɪnˈsensɪtɪv] in-sensible

insert 1 [ˈɪnsɜːrt] n *in maga-zine etc* encarte m **2** [ɪnˈsɜːrt] v/t introducir, meter; *extra text* insertar

inside [ɪnˈsaɪd] **1** n interior m; ~ **out** del revés **2** *prep* dentro de; ~ **of 2 hours** dentro de 2 horas **3** *adv stay, remain* den-tro; *go, carry* adentro; **we went** ~ entramos **4** *adj:* ~ in-**formation** información f confidencial; ~ **lane** SP calle f de dentro; **inside pocket** bolsillo m interior; **insider** persona *con acceso a infor-mación confidencial*; **insider trading** FIN uso m *de informa-ción* privilegiada; ~ **sides** (*stomach*) tripas fpl

insignificant [ɪnsɪgˈnɪfɪkənt] insignificante

insincere [ɪnsɪnˈsɪr] poco sin-cero, falso; **insincerity** falta f de sinceridad

insinuate [ɪnˈsɪnueɪt] (*imply*) insinuar

insist [ɪnˈsɪst] insistir (**on** en); **insistent** insistente

insolent [ˈɪnsələnt] insolente

insolvent [ɪnˈsɑːlvənt] insol-vente

insomnia [ɪnˈsɑːmnɪə] insom-nio m

inspect [ɪnˈspekt] inspeccio-nar; **inspection** inspección f; **inspector** *in factory* ins-pector(a) m(f)

inspiration [ɪnspəˈreɪʃn] ins-piración f; **inspire** *respect etc* inspirar

instability [ɪnstəˈbɪlɪtɪ] ines-tabilidad f

install [ɪnˈstɔːl] instalar; in-**stallation** instalación f; in-**stallment**, Br **instalment** *of story etc* episodio m; *pay-ment* plazo m; **installment plan** compra f a plazos

instance [ˈɪnstəns] ejemplo m; **for** ~ por ejemplo

instant [ˈɪnstənt] **1** *adj* instan-táneo **2** n instante m; **instantaneous** instantáneo; **instant coffee** café m ins-tantáneo; **instantly** al ins-tante

instead [ɪnˈsted]: **would you like coffee** ~? ¿preferiría mejor café? ~ **of me** en mi lugar; ~ **of going** en vez de ir, en lugar de ir

instinct [ˈɪnstɪŋkt] instinto m; **instinctive** instintivo

institute [ˈɪnstɪtuːt] **1** n insti-tuto m **2** v/t *new law* estable-cer; *inquiry* iniciar; **institu-tion** institución f; (*setting up*) iniciación f

instruct [ɪnˈstrʌkt] (*order*) dar

instrucciones a; (*teach*) instruir; **instruction** instrucción *f*; **instructive** instructivo; **instructor** instructor(a) *m(f)*

instrument ['ɪnstrəmənt] instrumento *m*

insubordinate [ɪnsə'bɔ:rdɪnət] insubordinado

insufficient [ɪnsə'fɪʃnt] insuficiente

insulate ['ɪnsəleɪt] aislar; **insulation** aislamiento *m*

insulin ['ɪnsəlɪn] insulina *f*

insult 1 ['ɪnsʌlt] *n* insulto *m* **2** [ɪn'sʌlt] *v/t* insultar

insurance [ɪn'ʃʊərəns] seguro *m*; **insurance company** compañía *f* de seguros, aseguradora *f*; **insurance policy** póliza *f* de seguros; **insurance premium** prima *f* (del seguro); **insure** asegurar

insurmountable [ɪnsər'maʊntəbl] insuperable

intact [ɪn'tækt] intacto

integrate ['ɪntɪgreɪt] integrar (*into* en); **integrity** (*honesty*) integridad *f*; **a man of ~** un hombre íntegro

intellect ['ɪntəlekt] intelecto *m*; **intellectual 1** *adj* intelectual **2** *n* intelectual *m/f*

intelligence [ɪn'telɪdʒəns] inteligencia *f*; (*information*) información *f* secreta; **intelligent** inteligente

intelligible [ɪn'telɪdʒəbl] inteligible

intend [ɪn'tend]: **~ to do sth**

tener la intención de hacer algo

intense [ɪn'tens] intenso; *personality* serio; **intensify 1** *v/t* intensificar **2** *v/i* intensificarse; **intensity** intensidad *f*; **intensive** intensivo; **intensive care** cuidados *mpl* intensivos

intention [ɪn'tenʃn] intención *f*; **intentional** intencionado; **intentionally** a propósito, adrede

interaction [ɪntər'ækʃn] interacción *f*; **interactive** interactivo

intercept [ɪntər'sept] interceptar

interchange ['ɪntərtʃeɪndʒ] *of highways* nudo *m* vial; **interchangeable** intercambiable

intercom ['ɪntərkɑːm] interfono *m*; *for front door* portero *m* automático

intercourse ['ɪntərkɔːrs] *sexual* coito *m*

interdependent [ɪntərdɪ'pendənt] interdependiente

interest ['ɪntrəst] **1** *n also* FIN interés *m* **2** *v/t* interesar; **interested** interesado; **interesting** interesante; **interest rate** tipo *m* de interés

interface ['ɪntərfeɪs] **1** *n* interface *m*, interfaz *f* **2** *v/i* relacionarse

interfere [ɪntər'fɪr] interferir; **interference** intromisión *f*; *on radio* interferencia *f*

interior [ɪn'tɪriər] **1** *adj* inte- ·

rior **2** n interior m; **interior design** interiorismo m; **interior designer** interiorista m/f

interlude ['ɪntərluːd] at theater, concert intermedio m; (period) intervalo m

intermediary [ɪntər'miːdɪərɪ] intermediario; **intermediate** intermedio m

intermission [ɪntər'mɪʃn] in theater intermedio m

internal [ɪn'tɜːrnl] interno; **internally** internamente; **Internal Revenue (Service)** Hacienda f, Span Agencia f Tributaria

international [ɪntər'næʃnl] internacional; **internationally** internacionalmente

Internet ['ɪntərnet] Internet f; **on the ~** en Internet

interpret [ɪn'tɜːrprɪt] interpretar; **interpretation** interpretación f; **interpreter** intérprete m/f

interrogate [ɪn'terəgeɪt] interrogar; **interrogation** interrogatorio m; **interrogator** interrogador(a) m(f)

interrupt [ɪntər'ʌpt] interrumpir; **interruption** interrupción f

intersect [ɪntər'sekt] **1** v/t cruzar **2** v/i cruzarse; **intersection** of roads intersección f

interstate ['ɪntərsteɪt] autopista f interestatal

interval ['ɪntərvl] intervalo m; in theater intermedio m

intervene [ɪntər'viːn] intervenir; **intervention** intervención f

interview ['ɪntərvjuː] **1** n entrevista f **2** v/t entrevistar; **interviewer** entrevistador(a) m(f)

intimate ['ɪntɪmət] íntimo

intimidate [ɪn'tɪmɪdeɪt] intimidar; **intimidation** intimidación f

into ['ɪntʊ] en; *translate ~ English* traducir al inglés; *he's ~ classical music* F (likes) le gusta or Span le va mucho la música clásica; *he's ~ local politics* F (is involved with) está muy metido en el mundillo de la política local

intolerable [ɪn'tɑːlərəbl] intolerable; **intolerant** intolerante

intoxicated [ɪn'tɑːksɪkeɪtɪd] ebrio, embriagado

intravenous [ɪntrə'viːnəs] intravenoso

intricate ['ɪntrɪkət] intrincado

intrigue 1 ['ɪntriːg] n intriga f **2** [ɪn'triːg] v/t intrigar; **intriguing** intrigante

introduce [ɪntrə'duːs] presentar; new technique etc introducir; **introduction** to person presentación f; to a new food, sport etc iniciación f; in book, of new techniques etc introducción f

intrude [ɪn'truːd] molestar; **intruder** intruso(-a) m(f); **intrusion** intromisión f

intuition [ɪntuː'ɪʃn] intuición f

invade [ɪn'veɪd] invadir

invalid¹ [ɪn'vælɪd] adj nulo

invalid² [ˈɪnvəlɪd] n MED minusválido(-a) m(f)

invalidate [ɪn'vælɪdeɪt] invalidar

invaluable [ɪn'væljʊbl] inestimable

invariably [ɪn'veɪrɪəblɪ] (always) invariablemente

invasion [ɪn'veɪʒn] invasión f

invent [ɪn'vent] inventar; **invention** action invención f; thing invented invento m; **inventive** inventivo; **inventor** inventor(a) m(f)

inventory [ˈɪnvəntɔːrɪ] inventario m

invert [ɪn'vɜːrt] invertir

invest [ɪn'vest] invertir

investigate [ɪn'vestɪgeɪt] investigar; **investigation** investigación f

investment [ɪn'vestmənt] inversión f; **investor** inversor(a) m(f)

invincible [ɪn'vɪnsəbl] invencible

invisible [ɪn'vɪzɪbl] invisible

invitation [ɪnvɪ'teɪʃn] invitación f; **invite** invitar

invoice [ˈɪnvɔɪs] 1 n factura f 2 v/t customer enviar la factura a

involuntary [ɪn'vɒləntərɪ] involuntario

involve [ɪn'vɒlv] work, expense involucrar, entrañar; **what does it ~?** ¿en qué

consiste?; **involved** (complex) complicado; **involvement** in project, crime participación f, intervención f

invulnerable [ɪn'vʌlnərəbl] invulnerable

inward [ˈɪnwərd] 1 adj feeling, smile interior 2 adv hacia dentro; **inwardly** por dentro

IQ [aɪ'kjuː] (= **intelligence quotient**) cociente m intelectual

Iran [ɪ'rɑːn] Irán; **Iranian 1** adj iraní 2 n iraní m/f

Iraq [ɪ'rɑːk] Iraq, Irak; **Iraqi 1** adj iraquí 2 n iraquí m/f

Ireland [ˈaɪrlənd] Irlanda; **Irish** irlandés

iron [ˈaɪərn] 1 n hierro m; for clothes plancha f 2 v/t planchar

ironic(al) [aɪ'rɒːnɪk(l)] irónico

ironing board tabla f de planchar

irony [ˈaɪrənɪ] ironía f

irrational [ɪ'ræʃənl] irracional

irreconcilable [ɪrekən'saɪləbl] irreconciliable

irregular [ɪ'reɡjʊlər] irregular

irrelevant [ɪ'reləvənt] irrelevante

irreplaceable [ɪrɪ'pleɪsəbl] irreemplazable

irrepressible [ɪrɪ'presəbl] sense of humor incontenible; person irreprimible

irresistible [ɪrɪ'zɪstəbl] irresistible

irresponsible [ɪrɪ'spɒːnsəbl] irresponsable

irreverent [ɪ'revərənt] irreve-

rente
irrevocable [ɪˈrevəkəbl] irre-
vocable
irrigate [ˈɪrɪgeɪt] regar; **irriga-
tion** riego *m*
irritable [ˈɪrɪtəbl] irritable;
irritate irritar; **irritating**
irritante; **irritation** irritación
f
Islam [ˈɪzlɑːm] (el) Islam; **Is-
lamic** islámico
island [ˈaɪlənd] isla *f*
isolate [ˈaɪsəleɪt] aislar; **iso-
lated** aislado; **isolation** ais-
lamiento *m*
ISP [aɪesˈpiː] (= *Internet ser-
vice provider*) proveedor
m de (acceso a) Internet
Israel [ˈɪzreɪl] Israel; **Israeli** 1
adj israelí 2 *n person* israelí
m/f
issue [ˈɪʃuː] 1 *n* (*matter*) tema
m, asunto *m*; *of magazine*
número *m* 2 *v/t coins* emitir;
passport etc expedir; *warning*
dar

IT [aˈtiː] (= *information tech-
nology*) tecnologías *fpl* de la
información
it [ɪt] *as object* lo *m*, la *f*; *what
color is* ~? - ~ *is red* ¿de
qué color es? - es rojo; ~*'s
raining* llueve; ~*'s me / him*
soy yo / es él; *that's ...!* (*that's
right*) ¡eso es!; (*finished*) ¡ya
está!
Italian [ɪˈtæljən] 1 *adj* italiano
2 *n person* italiano(-a) *m(f)*;
language italiano *m*
italics [ɪˈtælɪks] cursiva *f*
Italy [ˈɪtəlɪ] Italia
itch [ɪtʃ] 1 *n* picor *m* 2 *v/i* picar
item [ˈaɪtəm] artículo *m*; *on
agenda* punto *m*; *of news* no-
ticia *f*; **itemize** *invoice* deta-
llar
itinerary [aɪˈtɪnərərɪ] itinera-
rio *m*
its [ɪts] su
it's [ɪts] → *it is*; *it has*
itself [ɪtˈself] *reflexive* se; *by* ~
(*alone, automatically*) solo

J

jab [dʒæb] clavar
jack [dʒæk] MOT gato *m*; *in
cards* jota *f*
jacket [ˈdʒækɪt] chaqueta *f*; *of
book* sobrecubierta *f*
'jackpot gordo *m*
jagged [ˈdʒægɪd] accidentado
jaguar [ˈdʒægʊər] jaguar *m*
jail [dʒeɪl] cárcel *f*
jam¹ [dʒæm] *n for bread* mer-
melada *f*

jam² [dʒæm] 1 *n* mot atasco
m; F (*difficulty*) aprieto *m* 2
v/t (*ram*) meter, embutir;
(*cause to stick*) atascar 3 *v/i*
(*stick*) atascarse
janitor [ˈdʒænɪtər] porte-
ro(-a) *m(f)*
January [ˈdʒænʊərɪ] enero *m*
Japan [dʒəˈpæn] Japón; **Jap-
anese** 1 *adj* japonés 2 *n* ja-
ponés(-esa) *m(f)*; *language*

japonés *m*; **the ~** los japoneses

jar [dʒɑːr] *container* tarro *m*

jargon [ˈdʒɑːrɡən] jerga *f*

jaw [dʒɔː] mandíbula *f*

jaywalker [ˈdʒeɪwɔːkər] peatón(-ona) *m(f)* imprudente

jazz [dʒæz] jazz *m*

jealous [ˈdʒeləs] celoso; **jealousy** celos *mpl*; *of possessions* envidia *f*

jeans [dʒiːnz] vaqueros *mpl*, jeans *mpl*

jeep [dʒiːp] jeep *m*

jeer [dʒɪr] **1** *n* abucheo *m* **2** *v/i* abuchear

Jello® [ˈdʒeləu] gelatina *f*

jelly [ˈdʒelɪ] mermelada *f*; **jellyfish** medusa *f*

jeopardize [ˈdʒepərdaɪz] poner en peligro

jerk[1] [dʒɜːrk] **1** *n* sacudida *f* **2** *v/t* dar un tirón a

jerk[2] [dʒɜːrk] *m/f* imbécil *m/f*, *Span* gilipollas *m/f inv* F

jerky [ˈdʒɜːrkɪ] brusco

Jesus [ˈdʒiːzəs] Jesús

jet [dʒet] *(airplane)* reactor *m*; *of water* chorro *m*; *(nozzle)* boquilla *f*; **jetlag** desfase *m* horario, jet lag *m*

jettison [ˈdʒetɪsn] tirar por la borda

jetty [ˈdʒetɪ] malecón *m*

Jew [dʒuː] judío(-a) *m(f)*

jewel [ˈdʒuːəl] *also fig* joya *f*; **jeweler**, *Br* **jeweller** joyero(-a) *m(f)*; **jewellery** *Br*, **jewelry** joyas *fpl*

Jewish [ˈdʒuːɪʃ] judío

jigsaw [ˈdʒɪɡsɔː] rompecabe

jilt [dʒɪlt] dejar plantado

jingle [ˈdʒɪŋɡl] **1** *n song* melodía *f* publicitaria **2** *v/i of keys, coins* tintinear

jinx [dʒɪŋks] gafe *m*; **there's a ~ on this project** este proyecto está gafado

jittery [ˈdʒɪtərɪ] F nervioso

job [dʒɑːb] trabajo *m*; **jobless** desempleado, *Span* parado

jockey [ˈdʒɑːkɪ] jockey *m/f*

jog [dʒɑːɡ] *as exercise* hacer jogging *or* footing; **jogger** persona *f* que hace jogging *or* footing; **jogging**: **go ~** ir a hacer jogging *or* footing

john [dʒɑːn] P *(toilet)* baño *m*, váter *m*

join [dʒɔɪn] **1** *n* juntura *f* **2** *v/i of roads, rivers* juntarse; *(become a member)* hacerse socio **3** *v/t (connect)* unir; *person* unirse a; *club* hacerse socio de; *of road* desembocar en

◆ join in participar

joint [dʒɔɪnt] ANAT articulación *f*; *in woodwork* junta *f*; *of meat* pieza *f*; **joint account** cuenta *f* conjunta; **joint venture** empresa *f* conjunta

joke [dʒəuk] **1** *n* chiste *m*; *(practical ~)* broma *f* **2** *v/i* bromear; **joker** bromista *m/f*; *in cards* comodín *m*; **jokingly** en broma

jostle [ˈdʒɑːsl] empujar

journal [ˈdʒɜːrnl] *(magazine)*

revista f; (*diary*) diario m;
journalism periodismo m;
journalist periodista m/f

journey ['dʒɜːrnɪ] viaje m

joy [dʒɔɪ] alegría f, gozo m

jubilant ['dʒuːbɪlənt] jubiloso;
jubilation júbilo m

judge [dʒʌdʒ] **1** n juez m/f **2**
v/t juzgar; (*estimate*) calcular
3 v/i juzgar; **judg(e)ment**
LAW fallo m; (*opinion*) juicio
m; **Judg(e)ment Day** Día m
del Juicio Final

judicial [dʒuːˈdɪʃl] judicial

juggle [dʒʌgl] *also fig* hacer
malabarismos con

juice [dʒuːs] *Span* zumo m,
L.Am. jugo m; **juicy** *also
fig* jugoso

July [dʒuˈlaɪ] julio m

jumbo (jet) ['dʒʌmboʊ] jumbo m; **jumbo(-sized)** gigante

jump [dʒʌmp] **1** n salto m; (*increase*) subida f **2** v/i saltar; (*increase*) dispararse **3** v/t saltar; F
(*attack*) asaltar; **~ the lights**
saltarse el semáforo

◆ **jump at** *opportunity* no dejar escapar

jumper ['dʒʌmpər] *dress* pichi m; **jumpy** nervioso

June [dʒuːn] junio m

jungle ['dʒʌŋgl] selva f, jungla f

junior ['dʒuːnjər] **1** adj de rango inferior; (*younger*) más joven **2** n in rank subalter-

no(-a) m/f; **junior high escuela** f **secundaria** (*para alumnos de entre 12 y 14 años*)

junk [dʒʌŋk] trastos mpl; **junk food** comida f basura; **junkie** F drogata m/f F; **junk mail** propaganda f postal

jurisdiction [dʒʊrɪsˈdɪkʃn] jurisdicción f

juror ['dʒʊrər] miembro m del jurado; jura m jurado m

just [dʒʌst] **1** adj cause justo **2**
adv (*barely*) justo; (*exactly*) justo, justamente; (*only*) sólo, solamente; **have ~ done sth** acabar de hacer algo; **~ about** (*almost*) casi; **I was ~ about to leave when ...** estaba a punto de salir cuando...; **~ now** (*at the moment*) ahora mismo; **I saw her ~ now** a few moments ago la acabo de ver

justice ['dʒʌstɪs] justicia f

justifiable [dʒʌstɪˈfaɪəbl] justificable; **justifiably** justificadamente; **justification** justificación f; **justify** *also text* justificar

justly ['dʒʌstlɪ] (*fairly*) con justicia; (*rightly*) con razón

◆ **jut out** [dʒʌt] sobresalir

juvenile ['dʒuːvənl] *crime* juvenil; *court* de menores; *pej* infantil; **juvenile delinquent** delincuente m/f juvenil

K

k [keɪ] (= *kilobyte*) k (= kilobyte *m*); (= *thousand*) mil

keel [kiːl] NAUT quilla *f*

keen [kiːn] *interest* gran

keep [kiːp] **1** *v/t* guardar; (*not lose*) conservar; (*detain*) entretener; *family* mantener; *animals* tener, criar; **~ *trying!*** ¡sigue intentándolo!; **don't ~ interrupting!** ¡deja de interrumpirme!; **~ sth from s.o.** ocultar algo a alguien **2** *v/i* when walking, running *etc* seguir el ritmo (**with** de) **2** *v/t pace* seguir, mantener; *payments* estar al corriente de; *bridge, pants* sujetar

◆ **keep back** (*hold in check*) contener; *information* ocultar

◆ **keep down** *voice* bajar; *costs etc* reducir; *food* retener

◆ **keep to** *path* seguir; *rules* cumplir, respetar

◆ **keep up** [*v/i when walking, running etc* seguir el ritmo (**with** de) **2** *v/t pace* seguir, mantener; *payments* estar al corriente de; *bridge, pants* sujetar]

'keepsake recuerdo *m*

kennel ['kenl] caseta *f* del perro; **kennels** residencia *f* canina

kerosene ['kerəsiːn] queroseno *m*

ketchup ['ketʃʌp] ketchup *m*

kettle ['ketl] hervidor *m*

key [kiː] **1** *n* llave *f*; *on keyboard, piano* tecla *f*; *of piece of music* clave *f*; *on map* leyenda *f* **2** *adj* (*vital*) clave **3** *v/t & v/i* COMPUT teclear

◆ **key in** *data* teclear

'keyboard COMPUT, MUS teclado *m*; **keyboarder** COMPUT operador(a) *m(f)*, teclista *m/f*; **keycard** tarjeta *f* (de hotel); **keyed-up** nervioso; **keyring** llavero *m*

kick [kɪk] **1** *n* patada *f* **2** *v/t* dar una patada a; F *habit* dejar **3** *v/i* of horse cocear

◆ **kick around** *ball* dar patadas a; F (*discuss*) comentar

◆ **kick off** comenzar, sacar de centro; F (*start*) empezar

◆ **kick out** of *bar, company* echar; *of country* expulsar

'kickback F (*bribe*) soborno *m*; **kickoff** SP saque *m*

kid [kɪd] **1** *n* (*child*) crío m F, niño *m* **2** *v/t* tomar el pelo a F **3** *v/i* bromear

kidnap ['kɪdnæp] secuestrar; **kidnapper** secuestrador *m*; **kidnapping** secuestro *m*

kidney ['kɪdnɪ] ANAT riñón *m*; *in cooking* riñones *mpl*

kill [kɪl] matar; **killer** (*murderer*) asesino *m*; **killing** asesinato *m*

kiln [kɪln] horno *m*

kilo ['kiːloʊ] kilo *m*; **kilobyte** kilobyte *m*; **kilogram** kilogramo *m*; **kilometer**, *Br* **kilometre** kilómetro *m*

kind¹ [kaɪnd] *adj* amable

kind² [kaɪnd] *n* (*sort*) tipo *m*; (*make, brand*) marca *f*; **~ of** *... sad, lonely etc* un poco...

kind-hearted [kaɪnd'hɑːrtɪd] agradable, amable; **kindly** amable, agradable; **kindness** amabilidad *f*

king [kɪŋ] rey *m*; **kingdom** reino *m*

kinky ['kɪŋkɪ] F vicioso

kiosk ['kiːɑːsk] quiosco *m*

kiss [kɪs] **1** *n* beso *m* **2** *v/t* besar **3** *v/i* besarse

kit [kɪt] (*equipment*) equipo *m*

kitchen ['kɪtʃɪn] cocina *f*

kitten ['kɪtn] gatito *m*

kitty ['kɪtɪ] *money* fondo *m*

klutz [klʌts] F (*clumsy person*) manazas *m* F

knack [næk] habilidad *f*

knee [niː] rodilla *f*; **kneecap** rótula *f*

kneel [niːl] arrodillarse

knee-length hasta la rodilla

knife [naɪf] *for food* cuchillo *m*; *carried outside* navaja *f*

knit [nɪt] **1** *v/t* tejer **2** *v/i* tricotar; **knitwear** prendas *fpl* de punto

knob [nɑːb] *on door* pomo *m*; *on drawer* tirador *m*; *of butter* nuez *f*

knock [nɑːk] **1** *n* golpe *m* **2** *v/t* (*hit*) golpear; F (*criticize*) criticar **3** *v/i on door* llamar

◆ **knock down** *of car* atropellar; *building* tirar; *object* tirar al suelo; F (*reduce price of*) rebajar

◆ **knock out** dejar K.O.; *of medicine* dejar para el arrastre F; *power lines etc* destruir; (*eliminate*) eliminar

◆ **knock over** tirar; *of car* atropellar

knockout ['nɑːkaʊt] K.O. *m*

knot [nɑːt] **1** *n* nudo *m* **2** *v/t* anudar

know [nou] *v/t* saber; *person, place* conocer; (*recognize*) reconocer **2** *v/i* saber; **I don't ~** no (lo) sé; **knowhow** pericia *f*; **knowing** cómplice; **knowingly** deliberadamente; *smile etc* con complicidad; **know-it-all** F sabiondo F; **knowledge** conocimiento *m*; **to the best of my ~** por lo que sé

knuckle ['nʌkl] nudillo *m*

Koran [kə'ræn] Corán *m*

Korea [kə'riːə] Corea; **Korean 1** *adj* coreano **2** *n* coreano(a) *m(f)*; *language* coreano *m*

kosher ['kouʃər] REL kosher; F legal F

kudos ['kjuːdɑːs] prestigio *m*

L

lab [læb] laboratorio *m*
label ['leɪbl] **1** *n* etiqueta *f* **2** *v/t* etiquetar
labor ['leɪbər] trabajo *m*; *in pregnancy* parto *m*
laboratory ['læbrətɔːrɪ] laboratorio *m*
labored ['leɪbərd] *style, speech* elaborado; **laborer** obrero(-a) *m(f)*; **laborious** laborioso; **labor union** sindicato *m*; **labour** *Br* ☞ **labor**
lace [leɪs] encaje *m*; *for shoe* cordón *m*
lack [læk] **1** *n* falta *f*, carencia *f* **2** *v/t* carecer de; *he ~s confidence* le falta confianza
lacquer ['lækər] laca *f*
ladder ['lædər] escalera *f* (*de mano*)
laden ['leɪdn] cargado (*with* de)
ladies room ['leɪdiːz] servicio *m* de señoras
lady ['leɪdɪ] señora *f*; **ladybug** mariquita *f*; **ladylike** femenino
lager ['lɑːgər] *Br* cerveza *f* rubia
laidback [leɪd'bæk] tranquilo, despreocupado
lake [leɪk] lago *m*
lamb [læm] cordero *m*
lame [leɪm] cojo; *excuse* pobre
laminated ['læmɪneɪtɪd] laminado; *paper* plastificado
lamp [læmp] lámpara *f*; **lamp-post** farola *f*; **lampshade** pantalla *f* (*de lámpara*)
land [lænd] **1** *n* tierra *f*; *by* ~ por tierra **2** *v/t airplane* aterrizar; *job* conseguir **3** *v/i of airplane* aterrizar; *of ball* caer; **landing** *of airplane* aterrizaje *m*; *of staircase* rellano *m*; **landing strip** pista *f* de aterrizaje; **landlady** *of hostel etc* dueña *f*; *Br: of bar* patrona *f*; **landlord** *of hostel etc* dueño *m*; *of rented room* casero *m*; *Br: of bar* patrón *m*; **landmark** punto *m* de referencia; *fig* hito *m*; **land owner** terrateniente *m/f*; **landscape 1** *n* (*also painting*) paisaje *m* **2** *adv print* en formato apaisado; **landslide** corrimiento *m* de tierras; **landslide victory** victoria *f* arrolladora
lane [leɪn] *in country* camino *m*; (*alley*) callejón *m*; MOT carril *m*
language ['læŋgwɪdʒ] lenguaje *m*; *of nation* idioma *f*, lengua *f*; **language lab** laboratorio *m* de idiomas
lap[1] [læp] *of track* vuelta *f*
lap[2] [læp] *of water* chapoteo *m*
lap[3] [læp] *of person* regazo *m*
lapel [lə'pel] solapa *f*
lapse [læps] **1** *n* (*mistake*) desliz *m*; *of time* lapso *m* **2** *v/i of membership* vencer

laptop

laptop ['læptɒp] COMPUT ordenador *m* portátil, *L.Am.* computadora *f* portátil

larceny ['lɑːrdʒ] grande; **largely** (*mainly*) en gran parte, principalmente

larder ['lɑːrdər] despensa *f*

large [lɑːrdʒ] grande; **largely** (*mainly*) en gran parte, principalmente

laryngitis [lærɪnˈdʒaɪtɪs] laringitis *f*

laser ['leɪzər] láser *m*; **laser printer** impresora *f* láser

lash[1] [læʃ] *v/t with whip* azotar

lash[2] [læʃ] *(eyelash)* pestaña *f*

last[1] [læst] **1** *adj in series* último; (*preceding*) anterior; ~ **Friday** el viernes pasado; ~ **night** anoche **2** *adv* at ~ por fin, al fin

last[2] [læst] *v/i* durar; **lasting** duradero; **lastly** por último

late [leɪt] **1** *adj: be* ~ *of person, bus etc* llegar tarde; *it's* ~ at night se tarda **2** *adv arrive, leave* tarde; **lately** últimamente, recientemente; **later** más tarde; **latest** por último

Latin A'merica Latinoamérica, América Latina; **Latin American 1** *n* latinoamericano(-a) *m(f)* **2** *adj* latinoamericano

Latino [læˈtiːnou] **1** *adj* latino **2** *n* latino(-a)

latitude ['lætɪtuːd] latitud *f*; (*freedom*) libertad *f*

latter ['lætər] último

laugh [læf] **1** *n* risa *f* **2** *v/i* reírse

◆ **laugh at** reírse de

laughter ['læftər] risas *fpl*

launch [lɔːntʃ] **1** *n small boat* lancha *f*; *of ship* botadura *f*; *of rocket, product* lanzamiento *m* **2** *v/t rocket, product* lanzar; *ship* botar

launder ['lɔːndər] *clothes* lavar (y planchar); *money* blanquear; **laundromat** lavandería *f*; **laundry** *place* lavadero *m*; *dirty clothes* ropa *f* sucia; *clean clothes* ropa *f* lavada

lavatory ['lævətɔːrɪ] *place* cuarto *m* de baño, lavabo *m*; *equipment* retrete *m*

lavish ['lævɪʃ] espléndido

law [lɔː] ley *f*; *subject* derecho *m*; *be against the* ~ estar prohibido; **law-abiding** respetuoso con la ley; **law court** juzgado *m*; **lawful** legal; *wife* legítimo; **lawless** sin ley

lawn [lɔːn] césped *m*; **lawn mower** cortacésped *m*

'**lawsuit** pleito *m*; **lawyer** abogado(-a) *m(f)*

lax [læks] poco estricto

laxative ['læksətɪv] laxante *m*

lay [leɪ] (*put down*) dejar, poner; *eggs* poner; V *sexually* tirarse a V

◆ **lay off** *workers* despedir

◆ **lay out** *objects* colocar; *page* diseñar, maquetar

layer ['leɪər] estrato *m*; *of soil, paint* capa *f*

'**layman** laico *m*

'**lay-out** diseño *m*

left-handed

lazy ['leɪzɪ] *person* holgazán, perezoso; *day* ocioso

lb (= *pound*) libra *f* (*de peso*)

lead[1] [li:d] **1** *v/t procession* ir al frente de; *company* dirigir; (*guide, take*) conducir **2** *v/i in race, competition* ir en cabeza; (*provide leadership*) tener el mando

lead[2] [li:d] *n for dog* correa *f*

lead[3] [led] *n substance* plomo *m*; **leaded** *gas* con plomo

leader ['li:dər] líder *m*; **leadership** liderazgo *m*

lead-free ['ledfri:] *gas* sin plomo

leading ['li:dɪŋ] *runner* en cabeza; *company, product* puntero; **leading-edge** *company* en la vanguardia; *technology* de vanguardia

leaf [li:f] hoja *f*

◆ **leaf through** hojear

leaflet ['li:flət] folleto *m*

league [li:g] liga *f*

leak [li:k] **1** *n in roof* gotera *f*; *in pipe* agujero *m*; *of air, gas* fuga *f*; *of information* filtración *f* **2** *v/i of boat* hacer agua; *of pipe* tener un agujero; *of liquid, gas* fugarse

lean[1] [li:n] **1** *v/i* estar inclinado; ~ *against sth* apoyarse en algo **2** *v/t* apoyar

lean[2] [li:n] *adj meat* magro

leap [li:p] **1** *n* salto *m* **2** *v/i* saltar; **leap year** año *m* bisiesto

learn [lɜ:rn] *v/t* aprender; ~ *about* (*hear about*) enterarse de; **learner** estudiante *m/f*; **learning**

(*knowledge*) conocimientos *mpl*; *act* aprendizaje *m*

lease [li:s] **1** *n* arrendamiento *m* **2** *v/t* arrendar

◆ **lease out** arrendar

leash [li:ʃ] *for dog* correa *f*

least [li:st] **1** *adj* (*slightest*) menor **2** *adv* menos **3** *n* lo menos; *at* ~ por lo menos

leather ['leðər] **1** *n* piel *f*, cuero **2** *adj* de piel, de cuero

leave [li:v] **1** *n* (*vacation*) permiso *m* **2** *v/t city, place* marcharse de, irse de; *person, food, memory,* (*forget*) dejar; ~ *s.o.* / *sth alone* dejar a alguien / algo en paz; *be left* quedar **3** *v/i of person* marcharse, irse; *of plane, train, bus* salir

◆ **leave behind** *intentionally* dejar; (*forget*) dejarse

◆ **leave out** omitir; (*not put away*) no guardar

leaving party ['li:vɪŋ] fiesta *f* de despedida

lecture ['lektʃər] **1** *n* clase *f*; *to general public* conferencia *f* **2** *v/i at university* dar clases (*in* de); **lecturer** profesor(a) *m(f)*

ledge [ledʒ] *of window* alféizar *f*; *on rock face* saliente *m*; **ledger** COM libro *m* mayor

left [left] **1** *adj* izquierdo **2** *n* *also* POL izquierda *f*; *on* / *to the* ~ a la izquierda **3** *adv* a la izquierda; **left-hand** de la izquierda; **left-handed** zurdo; **left lug-**

gage (office) *Br* consigna *f*; **left-overs** *food* sobras *fpl*; **left-wing** POL izquierdista, *de* izquierdas

leg [leg] *of person* pierna *f*; *of animal, table* pata *f*

legacy ['legəsɪ] legado *m*

legal ['liːgəl] legal; **legal advis-er** asesor(a) *m(f)* jurídico(-a); **legality** legalidad *f*; **legalize** legalizar

legend ['ledʒənd] leyenda *f*; **legendary** legendario

legible ['ledʒəbl] legible

legislate ['ledʒɪsleɪt] legislar; **legislation** legislación *f*; **legislative** legislativo; **legislature** POL legislativo *m*

legitimate [lɪ'dʒɪtɪmət] legítimo

'leg room espacio *m* para las piernas

leisure ['liːʒər] ocio *m*; **leisurely** tranquilo, relajado

lemon ['lemən] limón *m*; **lemonade** limonada *f*

lend [lend] prestar

length [leŋθ] longitud *f*; *(piece: of material etc)* pedazo *m*; **at ~** *describe* detalladamente; *(finally)* finalmente; **lengthen** alargar; **lengthy** largo

lenient ['liːnɪənt] indulgente, poco severo

lens [lenz] *of camera* objetivo *m*, lente *f*; *of eyeglasses* cristal *m*; *of eye* cristalino *m*; *(contact ~)* lente *m* de contacto, *Span* lentilla *f*

Lent [lent] REL Cuaresma *f*

leotard ['liːəʊtɑːrd] malla *f*

lesbian ['lezbɪən] **1** *n* lesbiana *f* **2** *adj* lésbico, lesbiano

less [les] menos; *~ than $200* menos de 200 dólares; **lessen** disminuir

lesson ['lesn] lección *f*

let [let] *(allow)* dejar, permitir; *Br house* alquilar; *~ me go!* ¡déjame!; *~'s go* vamos; *~'s stay* vaquedémonos; *~ go of sth* soltar algo

♦ **let down** *hair* soltarse; *blinds* bajar; *(disappoint)* decepcionar

♦ **let in** *to house* dejar pasar

♦ **let out** *from room, building* dejar salir; *jacket etc* agrandar; *groan* soltar; *Br room* alquilar, *Mex* rentar

♦ **let up** *(stop)* amainar

lethal ['liːθl] letal

lethargic [lɪ'θɑːrdʒɪk] aletargado; **lethargy** sopor *m*

letter ['letər] *of alphabet* letra *f*; *in mail* carta *f*; **letterbox** *Br* buzón *m*; **letterhead** *(heading)* membrete *m*; *(headed paper)* papel *m* con membrete

lettuce ['letɪs] lechuga *f*

leukemia [luː'kiːmɪə] leucemia *f*

level ['levl] **1** *adj surface* nivelado, llano; *in competition* igualado **2** *n* nivel *m*; *on the ~* F *(honest)* honrado; **level-headed** ecuánime

lever ['levər] palanca *f*; **leverage** apalancamiento *m*; *(influence)* influencia *f*

lightness

levy ['levi] *taxes* imponer
liability [laɪə'bɪlɪtɪ] responsabilidad *f*; (*likeliness*) propensión *f* (*to a*); **liable** responsable (*for* de); **be ~ to** (*likely*) ser propenso a
◆ **liaise with** [lɪ'eɪz] actuar de enlace con
liaison [lɪ'eɪzɒn] (*contacts*) contacto *m*, enlace *m*
liar [laɪr] mentiroso(-a) *m(f)*
libel ['laɪbl] **1** *n* calumnia *f* **2** *v/t* calumniar
liberal ['lɪbərəl] liberal; *portion etc* abundante
liberate ['lɪbəreɪt] liberar; **liberated** liberado; **liberation** liberación *f*; **liberty** libertad *f*
librarian [laɪ'breɪrɪən] bibliotecario(-a) *m(f)*; **library** biblioteca *f*
Libya ['lɪbɪə] Libia; **Libyan 1** *adj* libio **2** *n* libio(-a) *m(f)*
licence *Br* ☞ **license**
license ['laɪsns] **1** *n* permiso *m*, licencia *f* **2** *v/t* autorizar; **license number** (número *m* de) matrícula *f*; **license plate** *of car* (placa *f* de) matrícula *f*
lick [lɪk] lamer
lid [lɪd] (*top*) tapa *f*
lie[1] [laɪ] **1** *n* (*untruth*) mentira *f* **2** *v/i* mentir
lie[2] [laɪ] *v/i of person* estar tumbado; *of object* estar; (*be situated*) estar, encontrarse
◆ **lie down** tumbarse
lieutenant [lʊ'tenənt] teniente *m/f*

life [laɪf] vida *f*; **life expectancy** esperanza *f* de vida; **lifeguard** socorrista *m/f*; **life imprisonment** cadena *f* perpetua; **life insurance** seguro *m* de vida; **life jacket** chaleco *m* salvavidas; **lifeless** sin vida; **lifelike** realista; **lifelong** de toda la vida; **life--sized** de tamaño natural; **life support** máquina *f* de respiración asistida; **life--threatening** que puede ser mortal; **lifetime** vida *f*; **in my ~** durante mi vida
lift [lɪft] **1** *v/t* levantar **2** *v/i of fog* disiparse **3** *n Br* (*elevator*) ascensor *m*; **give s.o. a ~** llevar a alguien con el coche; **lift--off** *of rocket* despegue *m*
ligament ['lɪɡəmənt] ligamento *m*
light[1] [laɪt] **1** *n* luz *f*; **do you have a ~?** ¿tienes fuego? **2** *v/t fire, cigarette* encender; (*illuminate*) iluminar **3** *adj color, sky* claro; *room* luminoso
light[2] [laɪt] *adj* (*not heavy*) ligero
◆ **light up 1** *v/t* iluminar **2** *v/i* (*start to smoke*) encender un cigarrillo
'light bulb bombilla *f*
lighten[1] ['laɪtn] *color* aclarar
lighten[2] ['laɪtn] *load* aligerar
lighter ['laɪtər] *for cigarettes* encendedor *m*, *Span* mechero *m*; **light-headed** mareado; **lighting** iluminación *f*; **lightness** *of room, color* cla-

ridad *f*; *in weight* ligereza *f*;
lightning: *a flash of ~* un
relámpago; **lightweight** *in
boxing* peso *m* ligero; **light
year** año *m* luz
like¹ [laɪk] **1** *prep* como; *what
is she~?* ¿cómo es?; *it's not
~ him* (*not his character*) no
es su estilo **2** *conj* como; *~
I said* como dije
like² [laɪk] *v/t: I ~ it* / *her* me
gusta; *I would ~ ...* querría
...; *I would ~ to ...* me gusta-
ría...; *would you ~ ...?*
¿querrías...?; *she ~s to
swim* le gusta nadar; *if you
~* si quieres
likeable ['laɪkəbl] simpático;
likelihood probabilidad *f*;
likely probable; **likeness**
(*resemblance*) parecido *m*;
likewise igualmente; **liking**
afición *f* (*for* a)
limb [lɪm] miembro *m*
lime¹ [laɪm] *fruit, tree* lima *f*
lime² [laɪm] *substance* cal *f*
limit ['lɪmɪt] **1** *n* límite *m* **2** *v/t*
limitar; **limitation** limitación
f; **limited company** *Br* so-
ciedad *f* limitada
limousine ['lɪməziːn] limusi-
na *f*
limp¹ [lɪmp] *adj* flojo
limp² [lɪmp] *n*: *he has a ~* co-
jea
line¹ [laɪn] *n* línea *f*; *of trees* fi-
la *f*; *of people* fila *f*, cola *f*;
the ~ is busy está ocupado,
Span está comunicando;
stand in ~ hacer cola
line² [laɪn] *v/t with lining* fo-

rrar
linear ['lɪnɪər] lineal
linen ['lɪnɪn] *material* lino *m*;
(*sheets etc*) ropa *f* blanca
liner ['laɪnər] *ship* transatlán-
tico *m*
linesman ['laɪnzmən] SP juez
m de línea, linier *m*
linger ['lɪŋɡər] *of person* entre-
tenerse; *of pain* persistir
lingerie ['lænʒəri] lencería *f*
linguist ['lɪŋɡwɪst] lingüista
m/f; **linguistic** lingüístico
lining ['laɪnɪŋ] *of clothes* forro
m; *of brakes, pipe* revesti-
miento *m*
link [lɪŋk] **1** *n* conexión *f*; *be-
tween countries* vínculo *m*;
in chain eslabón *m*; *in Inter-
net* enlace *m* **2** *v/t* conectar
lion ['laɪən] león *m*
lip [lɪp] labio *m*
liposuction ['lɪpoʊsʌkʃn] li-
posucción *f*
'lipread leer los labios; **lip-
stick** barra *f* de labios
liqueur [lɪ'kjʊr] licor *f*
liquid ['lɪkwɪd] **1** *n* líquido *m* **2**
adj líquido; **liquidate** *assets*
liquidar; F (*kill*) cepillarse
a F; **liquidation** liquidación
f; *go into ~* ir a la quiebra;
liquidity FIN liquidez *f*; **liq-
uidize** licuar; **liquidizer** li-
cuadora *f*
liquor ['lɪkər] bebida *f* alcohó-
lica; **liquor store** tienda *f* de
bebidas alcohólicas
lisp [lɪsp] **1** *n* ceceo *m* **2** *v/i* ce-
cear
list [lɪst] **1** *n* lista *f* **2** *v/t* enume-

rar

listen ['lɪsn] escuchar
◆ **listen to** escuchar
listener ['lɪsnər] to radio oyente m/f
listless ['lɪstlɪs] apático
liter ['liːtər] litro m
literal ['lɪtərəl] literal; **literally** literalmente
literary ['lɪtərerɪ] literario; **literature** literatura f; about product folletos mpl
litre Br ☞ **liter**
litter ['lɪtər] basura f; of animal camada f
little ['lɪtl] **1** adj pequeño **2** n poco m; **a ~ wine** un poco de vino **3** adv poco; **a ~ bigger** un poco más grande
live¹ [lɪv] v/i vivir
◆ **live up to** expectations responder a; reputation estar a la altura de
live² [laɪv] adj broadcast en directo; ammunition real; wire con corriente
livelihood ['laɪvlɪhʊd] vida f, sustento m; **liveliness** vivacidad f; of debate lo animado; **lively** animado
liver ['lɪvər] hígado m
livestock ['laɪvstɑːk] ganado m
livid ['lɪvɪd] (angry) enfurecido, furioso
living ['lɪvɪŋ] **1** adj vivo **2** n vida f; **living room** sala f de estar, salón m
lizard ['lɪzərd] lagarto m
load [loʊd] **1** n carga f **2** v/t car, truck, gun cargar; camera po-

ner el carrete a; software cargar (en memoria)
loaf [loʊf] pan m
◆ **loaf around** F gandulear F
loafer ['loʊfər] shoe mocasín m
loan [loʊn] **1** n préstamo m; **on ~** prestado **2** v/t prestar
loathe [loʊð] detestar, aborrecer; **loathing** odio m, aborrecimiento m
lobby ['lɑːbɪ] in hotel, theater vestíbulo m; POL lobby m
lobe [loʊb] of ear lóbulo m
lobster ['lɑːbstər] langosta f
local ['loʊkl] **1** adj local **2** n **are you a ~?** ¿eres de aquí?; **local call** TELEC llamada f local; **local elections** elecciones fpl municipales; **local government** administración f municipal; **locality** localidad f; **localize** localizar; **locally** live, work cerca, en la zona; **local time** hora f local
locate [loʊ'keɪt] new factory etc emplazar, ubicar; (identify position of) situar; **be ~d** encontrarse; **location** (siting) emplazamiento m; (identifying position of) localización f; **on ~** movie en exteriores
lock¹ [lɑːk] n of hair mechón m
lock² [lɑːk] **1** n on door cerradura f **2** v/t door cerrar (con llave)
◆ **lock up** in prison encerrar
locker ['lɑːkər] taquilla f; **locker room** vestuario m

locust ['loukəst] langosta *f*

lodge [lɑːdʒ] **1** *v/t complaint* presentar **2** *v/i of bullet* alojarse

lofty ['lɑːftɪ] elevado

log [lɑːg] *wood* tronco *m*; *written record* registro *m*

◆ **log in** entrar

◆ **log off** salir

◆ **log on** entrar (*to* a)

◆ **log off** salir

'**log cabin** cabaña *f*

logic ['lɑːdʒɪk] lógica *f*; **logical** lógico; **logically** lógicamente

logistics [lə'dʒɪstɪks] logística *f*

logo ['lougou] logotipo *m*

loiter ['lɔɪtər] holgazanear

lollipop ['lɑːlɪpɑːp] piruleta *f*

London ['lʌndən] Londres

loneliness ['lounlɪnɪs] soledad *f*; **lonely** *person* solo; *place* solitario; **loner** solitario(-a) *m(f)*

long[1] [lɔːŋ] *adj* largo **2** *adv* mucho tiempo; *that was* ~ *ago* eso fue hace mucho tiempo; *how* ~ *will it take?* ¿cuánto se tarda?; *we can't wait any* ~ no podemos esperar más tiempo; *so* ~ *as* (*provided*) siempre que; *so* ~*!* ¡hasta la vista!

long[2] [lɔːŋ]: ~ *for sth* echar en falta algo; *change* anhelar algo; *be* ~*ing to do sth* anhelar hacer algo; **long-distance** *race* de fondo; *flight, call* de larga distancia; **longevity** longevi-

dad *f*; **longing** anhelo *m*; **longitude** longitud *f*; **long jump** salto *m* de longitud; **long-range** *missile* de largo alcance; *forecast* a largo plazo; **long-sleeved** de manga larga; **long-standing** antiguo; **long-term** a largo plazo

loo [luː] *Br* F baño *m*

look [luk] **1** *n* (*appearance*) aspecto *m*; (*glance*) mirada *f*; ~*s* (*beauty*) atractivo *m*, guapura *f* **2** *v/i* mirar; (*search*) buscar; (*seem*) parecer

◆ **look after** *children* cuidar (de); *property* proteger

◆ **look ahead** *fig* mirar hacia el futuro

◆ **look around 1** *v/i* mirar **2** *v/t museum, city* dar una vuelta por

◆ **look at** mirar; (*examine*) estudiar; (*consider*) considerar

◆ **look back** mirar atrás

◆ **look down on** mirar por encima del hombro a

◆ **look for** buscar

◆ **look into** (*investigate*) investigar

◆ **look onto** *garden etc* dar a

◆ **look out** *through window etc* mirar; (*pay attention*) tener cuidado

◆ **look over** *translation* revisar; *house* inspeccionar

◆ **look through** *magazine, notes* echar un vistazo a

◆ **look up 1** *v/i from paper etc* levantar la mirada; (*improve*) mejorar **2** *v/t word, phone number* buscar; (*visit*) visitar

◆ **look up to** (*respect*) admirar

'lookout *person* centinela *m*

loop [lu:p] bucle *m*; **loophole** *in law etc* vacío *m* legal

loose [lu:s] *connection, clothes* suelto; *morals* disoluto; *wording* impreciso; **loosely worded** vagamente; **loosen** aflojar

loot [lu:t] **1** *n* botín *m* **2** *v/i* saquear; **looter** saqueador(a) *m(f)*

lop-sided [lɒp'saɪdɪd] torcido

Lord [lɔːrd] (*God*) Señor *m*

lorry ['lɒrɪ] *Br* camión *m*

lose [lu:z] **1** *v/t* perder **2** *v/i* perder; *of clock* retrasarse; **loser** perdedor(-a) *m(f)*; **F** *in life* fracasado(-a) *m(f)*

loss [lɒs] pérdida *f*

lost [lɒst] perdido; **lost-and--found**, *Br* **lost property** (**office**) oficina *f* de objetos perdidos

lot [lɒt]: **a ~** (*of*), **~s** (*of*) mucho, muchos; **a ~ easier** mucho más fácil

lotion ['ləʊʃn] loción *f*

lottery ['lɒtərɪ] lotería *f*

loud [laʊd] fuerte; *color* chillón; **loudspeaker** altavoz *m*, *L.Am.* altoparlante *m*

louse [laʊs] piojo *m*; **lousy** F asqueroso F

lout [laʊt] gamberro *m*

lovable ['lʌvəbl] adorable, encantador; **love 1** *n* amor *m*; *in tennis* nada *f*; **fall in ~** enamorarse (**with** de); **make**

~ hacer el amor **2** *v/t* amar; **love affair** aventura *f* amorosa; **lovely** *face, hair, color, tune* precioso, lindo; *person, character* encantador; *holiday, weather, meal* estupendo; **lover** amante *m/f*; **loving** cariñoso; **lovingly** con cariño

low [ləʊ] **1** *adj* bajo **2** *n* *in weather* zona *f* de bajas presiones; *in statistics* mínimo *m*; **lowbrow** poco intelectual; **low-calorie** bajo en calorías; **low-cut** escotado; **lower** *to the ground, hemline, price* bajar; *flag* arriar; *pressure* reducir; **low-fat** de bajo contenido graso; **lowkey** discreto

loyal ['lɔɪəl] leal (**to** a); **loyally** lealmente; **loyalty** lealtad *f* (**to** a)

lozenge ['lɒzɪndʒ] *shape* rombo *m*; *tablet* pastilla *f*

Ltd (= **limited**) S.L. (= sociedad *f* limitada)

lubricant ['lu:brɪkənt] lubricante *m*; **lubricate** lubricar; **lubrication** lubricación *f*

lucid ['lu:sɪd] lúcido

luck [lʌk] suerte *f*; **good ~!** ¡buena suerte!; **luckily** por suerte; **lucky** *person, coincidence* afortunado; *day, number* de la suerte; **you were ~** tuviste suerte!

lucrative ['lu:krətɪv] lucrativo

ludicrous ['lu:dɪkrəs] ridículo

lug [lʌg] arrastrar

luggage ['lʌgɪdʒ] equipaje *m*

lukewarm ['luːkwɔːrm] tibio; *reception* indiferente

lull [lʌl] *in storm, fighting* tregua *f*; *in conversation* pausa *f*

lumber ['lʌmbər] (*timber*) madera *f*

luminous ['luːmɪnəs] luminoso

lump [lʌmp] *of sugar, earth* terrón *m*; (*swelling*) bulto *m*; **lump sum** pago *m* único; **lumpy** *liquid, sauce* grumoso; *mattress* lleno de bultos

lunacy ['luːnəsɪ] locura *f*

lunar ['luːnər] lunar

lunatic ['luːnətɪk] lunático(-a) *m(f)*

lunch [lʌntʃ] almuerzo *m*, comida *f*; **have ~** almorzar, comer; **lunch box** fiambrera *f*;

lunch break pausa *f* para el almuerzo; **lunchtime** hora *f* del almuerzo

lung [lʌŋ] pulmón *m*

lurch [lɜːrtʃ] *of drunk* tambalearse; *of ship* dar sacudidas

lure [lʊr] **1** *n* atractivo *m* **2** *v/t* atraer

lurid ['lʊrɪd] *color* chillón; *details* espeluznante

lurk [lɜːrk] *of person* estar oculto

lush [lʌʃ] *vegetation* exuberante

lust [lʌst] lujuria *f*

luxurious [lʌg'ʒʊrɪəs] lujoso; **luxuriously** lujosamente; **luxury 1** *n* lujo *m* **2** *adj* de lujo

lynch [lɪntʃ] linchar

lyrics ['lɪrɪks] letra *f*

M

ma'am [mæm] señora *f*

machine [mə'ʃiːn] máquina *f*; **machine gun** ametralladora *f*; **machinery** maquinaria *f*

machismo [mə'kɪzmoʊ] machismo *m*

macho ['mætʃoʊ] macho

macro ['mækroʊ] COMPUT macro *m*

mad [mæd] (*insane*) loco; F (*angry*) enfadado; **madden** (*infuriate*) sacar de quici; **maddening** exasperante; **madhouse** *fig* casa *f* de locos; **madman** loco *m*; **madness** locura *f*

Madonna [mə'dɑːnə] madona *f*

Mafia ['mɑːfɪə]: **the ~** la mafia

magazine [mægə'ziːn] *printed* revista *f*

Magi ['meɪdʒaɪ] REL: **the ~** los Reyes Magos

magic ['mædʒɪk] **1** *n* magia *f* **2** *adj* mágico; **magical** mágico; **magician** *performer* mago(-a) *m(f)*

magnanimous [mæg'nænɪməs] magnánimo

magnet ['mægnɪt] imán *m*; **magnetic** magnético; *fig*: *personality* cautivador; **mag-**

netism *of person* magnetismo *m*

magnificence [mæg'nɪfɪsəns] magnificencia *f*; **magnificent** magnífico

magnify ['mægnɪfaɪ] aumentar; *difficulties* magnificar; **magnifying glass** lupa *f*

magnitude ['mægnɪtuːd] magnitud *f*

maid [meɪd] (*servant*) criada *f*; *in hotel* camarera *f*

maiden name ['meɪdn] apellido *m* de soltera

mail [meɪl] **1** *n* correo *m* **2** *v/t letter* enviar (por correo); **mailbox** *also* COMPUT buzón *m*; **mailing list** lista *f* de direcciones; **mailman** cartero *m*; **mailshot** mailing *m*

maim [meɪm] mutilar

main [meɪn] principal; **main course** plato *m* principal; **mainframe** *Span* ordenador *m* central, *L.Am.* computadora *f* central; **mainly** principalmente; **main road** carretera *f* general; **main street** calle *f* principal

maintain [meɪn'teɪn] mantener; **maintenance** mantenimiento *m*

majestic [mə'dʒestɪk] majestuoso

major ['meɪdʒər] **1** *adj* (*significant*) importante, principal **2** *n* MIL comandante *m*

◆ **major in** especializarse en

majority [mə'dʒɒːrətɪ] *also* POL mayoría *f*

make [meɪk] **1** (*brand*) marca *f* **2** *v/t* hacer; *cars* fabricar, producir; *movie* rodar; *speech* pronunciar; *decision* tomar; (*earn*) ganar; MATH hacer; *two and two ~ four* dos y dos son cuatro; *~ s.o. do sth* (*force to*) obligar a alguien a hacer algo; (*cause to*) hacer que alguien haga algo; *~ s.o. happy / angry* hacer feliz / enfadar a alguien; *~ it* (*catch bus, train*) llegar a tiempo; (*come*) ir; (*succeed*) tener éxito; (*survive*) sobrevivir; *what time do you ~ it?* ¿qué hora llevas?; *~ do with* conformarse con; *what do you ~ of it?* ¿qué piensas?

◆ **make out** *list* hacer, elaborar; *check* extender; (*see*) distinguir; (*imply*) pretender

◆ **make up 1** *v/i of woman, actor* maquillarse; *after quarrel* reconciliarse **2** *v/t story* inventar; *face* maquillar; (*constitute*) suponer, formar

◆ **make up for** compensar por

'make-believe ficción *f*, fantasía *f*

maker ['meɪkər] (*manufacturer*) fabricante *m*; *makeshift* improvisado; **make-up** (*cosmetics*) maquillaje *m*

maladjusted [mælə'dʒʌstɪd] inadaptado

male [meɪl] **1** *adj* masculino; *animal* macho **2** *n man* hombre *m*, varón *m*; *animal, bird* macho *m*; **male chauvinism**

machismo *m*; **male chauvin-
ist pig** machista *m*

malevolent [mə'levələnt] ma-
lévolo

malfunction [mæl'fʌŋkʃn] **1** *n*
fallo *m* (*in* de) **2** *v/i* fallar

malice ['mælɪs] malicia *f*; **ma-
licious** malicioso

malignant [mə'lɪgnənt] *tumor*
maligno

mall [mɔːl] (*shopping* ~) cen-
tro *m* comercial

malnutrition [mælnuː'trɪʃn]
desnutrición *f*

maltreat [mæl'triːt] maltratar;
maltreatment maltrato *m*

mammal ['mæml] mamífero
m

man [mæn] **1** *n* hombre *m*;
(*humanity*) el hombre; *in
checkers* ficha *f* **2** *v/t* tele-
phones, front desk atender;
spacecraft tripular

manage ['mænɪdʒ] **1** *v/t busi-
ness* dirigir; *money* gestio-
nar; *suitcase* poder con; ~
to ... conseguir... **2** *v/i*
(*cope*) arreglárselas; **man-
ageable** (*easy to handle*) ma-
nejable; (*feasible*) factible;
management (*managing*)
gestión *f*, administración *f*;
(*managers*) dirección *f*; **man-
agement consultant** con-
sultor(a) *m(f)* en administra-
ción de empresas; **manager**
of hotel, company director(a)
m(f); *of shop, restaurant* en-
cargado(a) *m(f)*; **manageri-
al** de gestión; **managing di-
rector** director(a) *m(f)* ge-

rente

mandate ['mændeɪt] (*authori-
ty*) mandato *m*; (*task*) tarea *f*;
mandatory obligatorio

maneuver [mə'nuːvər] **1** *n*
maniobra *f* **2** *v/t* maniobrar

mangle ['mæŋgl] (*crush*) des-
trozar

manhandle ['mænhændl] mo-
ver a la fuerza

manhood ['mænhʊd] madu-
rez *f*; (*virility*) virilidad *f*;
manhunt persecución *f*

mania ['meɪnɪə] (*craze*) pasión
f; **maniac** F chiflado(-a)
m(f) F

manicure ['mænɪkjʊr] mani-
cura *f*

manifest ['mænɪfest] **1** *adj*
manifiesto **2** *v/t* manifestar

manipulate [mə'nɪpjəleɪt]
person, bones manipular;
manipulation *of person,
bones* manipulación *f*; **ma-
nipulative** manipulador

man'kind la humanidad;
manly (*brave*) de hombres;
(*strong*) varonil; **man-made**
materials sintético; *structure*
artificial

manner ['mænər] *of doing sth*
manera *f*, modo *m*; (*attitude*)
actitud *f*; **manners** modales
mpl; **good** / **bad** ~ buena /
mala educación

manoeuvre *Br* ☞ **maneuver**

'**manpower** (*workers*) mano *f*
de obra; *for other tasks* recur-
sos *mpl* humanos

manual ['mænjʊəl] **1** *adj* ma-
nual **2** *n* manual *m*; **manu-**

ally a mano

manufacture [mænjʊˈfæktʃər] **1** n fabricación f **2** v/t equipment fabricar; **manufacturer** fabricante m; **manufacturing** industry manufacturero

manure [məˈnʊr] estiércol m

manuscript [ˈmænjʊskrɪpt] manuscrito m

many [ˈmenɪ] **1** adj muchos; **take as ~** apples as you like toma todas las manzanas que quieras; **too ~** problems demasiados problemas **2** pron muchos; **a great ~**, **a good ~** muchos; **how ~ do you need?** ¿cuántos necesitas?; **as ~ as 200** hasta 200

map [mæp] mapa m

maple [ˈmeɪpl] arce m

mar [mɑːr] empañar

marathon [ˈmærəθʊn] race maratón m or f

marble [ˈmɑːrbl] material mármol m

March [mɑːrtʃ] marzo m

march [mɑːrtʃ] **1** n marcha f **2** v/i marchar; **marcher** manifestante m/f

Mardi Gras [mɑːrdɪgrɑː] martes m inv de Carnaval

margin [ˈmɑːrdʒɪn] also COM margen m; **marginal** (slight) marginal; **marginally** (slightly) ligeramente

marihuana, **marijuana** [mærɪˈhwɑːnə] marihuana f

marina [məˈriːnə] puerto m deportivo

marine [məˈriːn] **1** adj marino **2** n MIL marine m/f, infante m/f de marina

marital [ˈmærɪtl] marital; **marital status** estado m civil

maritime [ˈmærɪtaɪm] marítimo

mark [mɑːrk] **1** n señal f, marca f; (stain) marca f, mancha f; (sign, token) signo m, señal f; (trace) señal f; Br EDU nota f **2** v/t (stain) manchar; Br EDU calificar; (indicate, commemorate) marcar **3** v/i of fabric mancharse; **marked** (definite) marcado, notable; **marker** (highlighter) rotulador m

market [ˈmɑːrkɪt] **1** n mercado m; (stock ~) bolsa f **2** v/t comercializar; **marketable** comercializable; **market economy** economía f de mercado; **marketing** marketing m; **market leader** líder m del mercado; **marketplace** in town plaza f del mercado; for commodities mercado m; **market research** investigación f de mercado; **market share** cuota f de mercado

mark-up [ˈmɑːrkʌp] margen m

marriage [ˈmærɪdʒ] matrimonio m; event boda f; **marriage certificate** certificado m de matrimonio; **married** casado; **be ~ to** estar casado con…; **married life** vida f matrimonial; **marry** casarse con; of priest casar; **get mar-**

ried casarse

marsh [mɑːrʃ] *Br* pantano *m*, ciénaga *f*

marshal ['mɑːrʃl] *in police* jefe(-a) *m(f)* de policía; *in security service* miembro *m* del servicio de seguridad

martial 'law ley *f* marcial

martyr ['mɑːrtər] mártir *m/f*

marvel ['mɑːrvl] maravilla *f*; **marvelous**, *Br* **marvellous** maravilloso

Marxism ['mɑːrksɪzm] marxismo *m*; **Marxist 1** *adj* marxista **2** *n* marxista *m/f*

mascara [mæ'skærə] rímel *m*

mascot ['mæskɒt] mascota *f*

masculine ['mæskjʊlɪn] masculino; **masculinity** (*virility*) masculinidad *f*

mash [mæʃ] hacer puré de, majar

mask [mæsk] **1** *n* máscara *f*; *to cover mouth, nose* mascarilla *f* **2** *v/t* feelings enmascarar

masochism ['mæsəkɪzm] masoquismo *m*; **masochist** masoquista *m/f*

mass[1] [mæs] **1** *n* (*great amount*) gran cantidad *f*; (*body*) masa *f*; **~es of** F un montón de F **2** *v/i* concentrarse

mass[2] [mæs] *n* REL misa *f*

massacre ['mæsəkər] **1** *n* masacre *f*, matanza *f*; F *in sport* paliza *f* **2** *v/t* masacrar; F *in sport* dar una paliza a

massage ['mæsɑːʒ] **1** *n* masaje *m* **2** *v/t* dar un masaje en; *figures* maquillar

massive ['mæsɪv] enorme; *heart attack* muy grave

mass 'media medios *mpl* de comunicación; **mass-produce** fabricar en serie; **mass production** fabricación *f* en serie

mast [mæst] *of ship* mástil *m*; *for radio signal* torre *f*

master ['mæstər] **1** *n of dog* dueño *m*, amo *m*; *of ship* patrón *m* **2** *v/t skill* dominar; **master bedroom** dormitorio *m* principal; **master key** llave *f* maestra; **masterly** magistral; **mastermind 1** *n* cerebro *m* **2** *v/t* dirigir, organizar; **masterpiece** obra *f* maestra; **master's (degree)** máster *m*; **mastery** dominio *m*

mat [mæt] *for floor* estera *f*; *for table* salvamanteles *m inv*

match[1] [mætʃ] *n for cigarette* cerilla *f*, fósforo *m*

match[2] [mætʃ] **1** *n* SP partido *m*; *in chess* partida *f* **2** *v/t* (*be the same as*) coincidir con; (*be in harmony with*) hacer juego con; (*equal*) igualar **3** *v/i of colors* hacer juego; **matching** a juego; **match stick** cerilla *f*, fósforo *m*

mate [meɪt] **1** *n of animal* pareja *f*; NAUT oficial *m/f* **2** *v/i* aparearse

material [mə'tɪrɪəl] **1** *n* (*fabric*) tejido *m*; (*substance*) material *m* **2** *adj* material; **materialism** materialismo *m*; **materialist** materialista *m*/*f*; **materialistic** materialista; **materialize** (*appear*) aparecer; (*come into existence*) hacerse realidad

maternal [məˈtɜːrnl] maternal; **maternity** maternidad *f*; **maternity leave** baja *f* por maternidad

math [mæθ] matemáticas *fpl*; **mathematical** matemático; **mathematician** matemático(-a) *m*(*f*)

maths *Br* ☞ **math**

matinée [ˈmætɪneɪ] sesión *f* de tarde

matriarch [ˈmeɪtrɪɑːrk] matriarca *f*

matrimony [ˈmætrəmoʊnɪ] matrimonio *m*

matt [mæt] mate

matter [ˈmætər] **1** *n* (*affair*) asunto *m*; PHYS materia *f*; **what's the ~?** ¿qué pasa? **2** *v*/*i* importar; **it doesn't ~** no importa; **matter-of-fact** tranquilo

mattress [ˈmætrɪs] colchón *m*

mature [məˈtʃʊr] **1** *adj* maduro **2** *v*/*i* of person madurar; of insurance policy vencer; **maturity** madurez *f*

maximize [ˈmæksɪmaɪz] maximizar; **maximum 1** *adj* máximo **2** *n* máximo *m*

May [meɪ] mayo *m*

may [meɪ] *v*/*aux* ◇ *possibility*: **it ~ rain** puede que llueva; **you ~ be right** puede que tengas razón; **it ~ not happen** puede que no ocurra ◇ *permission* poder; **~ I**

help? ¿puedo ayudar

maybe [ˈmeɪbiː] quizás, tal vez

mayo, mayonnaise [ˈmeɪoʊ, meɪəˈneɪz] mayonesa *f*

mayor [mer] alcalde *m*

maze [meɪz] laberinto *m*

MB [ˈ= **megabyte**) megabyte *m*)

MBA [embiːˈeɪ] (= **Master of Business Administration**) MBA *m* (= Máster *m* en Administración de Empresas)

MD [emˈdiː] (= **Doctor of Medicine**) Doctor(a) *m*(*f*) en Medicina; (= **managing director**) director(a) *m*(*f*) gerente

me [miː] *object* me; *after prep* mí; **he knows ~** me conoce; **he sold it to ~** me lo vendió; **this is for ~** esto es para mí; **with ~** conmigo; **it's ~** soy yo; **taller than ~** más alto que yo

meadow [ˈmedoʊ] prado *m*

meager, *Br* **meagre** [ˈmiːgər] escaso, exiguo

meal [miːl] comida *f*

mean[1] [miːn] *adj with money* tacaño; (*nasty*) malo, cruel

mean[2] [miːn] *v*/*t* (*intend to say*) querer decir; (*signify*) querer decir, significar; **be ~t for** ser para; *of remark* ir dirigido a; **meaning** *of word* significado *m*; **meaningful** (*comprehensible*) con sentido; (*constructive*), (*glance*) significativo; **meaningless** sin sentido

means [miːnz] *financial* medios *mpl*; (*way*) medio *m*;

by all ~ (*certainly*) por supuesto; **by ~ of** mediante

meantime ['mi:ntaɪm] mientras tanto

measles ['mi:zlz] sarampión *m*

measure ['meʒər] **1** *n* (*step*) medida *f* **2** *v/t* & *v/i* medir

◆ **measure up** estar a la altura (**to** de)

measurement ['meʒərmənt] medida *f*; **measuring tape** cinta *f* métrica

meat [mi:t] carne *f*; **meatball** albóndiga *f*

mechanic [mɪ'kænɪk] mecánico(-a) *m(f)*; **mechanical** *also fig* mecánico; **mechanical engineer** ingeniero(-a) *m(f)* industrial; **mechanically** *also fig* mecánicamente; **mechanism** mecanismo *m*; **mechanize** mecanizar

medal ['medl] medalla *f*; **medalist**, *Br* **medallist** medallista *m/f*

meddle ['medl] entrometerse

media ['mi:dɪə]: **the ~** los medios de comunicación; **media coverage** cobertura *f* informativa

median strip [mi:dɪən'strɪp] mediana *f*

'**media studies** ciencias *fpl* de la información

mediate ['mi:dɪeɪt] mediar; **mediation** mediación *f*; **mediator** mediador(a) *m(f)*

medical ['medɪkl] **1** *adj* médico **2** *n* reconocimiento *m* médico; **medicated** medici-

nal; **medication** medicamento *m*, medicina *f*; **medicinal** medicinal; **medicine science** medicina *f* 2; (*medication*) medicina *f*, medicamento *m*

medieval [medɪ'i:vl] medieval

mediocre [mi:dɪ'oukər] mediocre; **mediocrity** *of work etc*, *person* mediocridad *f*

meditate ['medɪteɪt] meditar; **meditation** meditación *f*

Mediterranean [medɪtə'reɪnɪən] **1** *adj* mediterráneo **2** *n*: **the ~** el Mediterráneo

medium ['mi:dɪəm] **1** *adj* (*average*) medio; *steak* a punto **2** *n size* talla *f* media; (*means*) medio *m*; (*spiritualist*) médium *m/f*

medley ['medlɪ] (*assortment*) mezcla *f*

meet [mi:t] **1** *v/t by appointment* encontrarse con, reunirse con; *by chance, of eyes* encontrarse con; (*get to know*) conocer; (*collect*) ir a buscar; *in competition* enfrentarse con; (*satisfy*) satisfacer **2** *v/i* encontrarse; *in competition* enfrentarse; *of committee etc* reunirse **3** *n* SP reunión *f*; **meeting** *by chance* encuentro *m*; *in business* reunión *f*

megabyte ['megəbaɪt] COMPUT megabyte *m*

mellow ['melou] **1** *adj* suave **2** *v/i of person* suavizarse, sosegarse

merely

melodious [mɪˈloʊdɪəs] melodioso

melodramatic [melədrəˈmæt-ɪk] melodramático

melody [ˈmelədɪ] melodía f

melon [ˈmelən] melón m

melt [melt] **1** v/i fundirse, derretirse **2** v/t fundir, derretir; **melting pot** fig crisol m

member [ˈmembər] miembro m; **Member of Congress** diputado(-a) m(f); **membership** afiliación f; number of members número m de miembros

membrane [ˈmembreɪn] membrana f

memento [meˈmentoʊ] recuerdo m

memo [ˈmemoʊ] nota f

memoirs [ˈmemwɑːrz] memorias fpl

memorable [ˈmemərəbl] memorable

memorial [mɪˈmɔːrɪəl] **1** adj conmemorativo **2** n monumento m conmemorativo; **Memorial Day** Día m de los Caídos

memorize [ˈmeməraɪz] memorizar; **memory** [ˈmemərɪ] (recollection) recuerdo m; (power of recollection), COMPUT memoria f

men [men] pl ☞ **man**

menace [ˈmenɪs] **1** n amenaza f; person peligro m **2** v/t amenazar; **menacing** amenazador

mend [mend] reparar; clothes coser, remendar; shoes remendar

menial [ˈmiːnɪəl] ingrato, penoso

menopause [ˈmenəpɔːz] menopausia f

men's room servicio m de caballeros

menstruate [ˈmenstrʊeɪt] menstruar

mental [ˈmentl] mental; F (crazy) chiflado F, pirado F; **mental hospital** hospital m psiquiátrico; **mental illness** enfermedad f mental; **mentality** mentalidad f; **mentally** mentalmente

mention [ˈmenʃn] **1** n mención f **2** v/t mencionar; **don't ~ it** (you're welcome) no hay de qué

mentor [ˈmentɔːr] mentor(a) m(f)

menu [ˈmenuː] for food, COMPUT menú m

mercenary [ˈmɜːrsɪnərɪ] **1** adj mercenario **2** n MIL mercenario(-a) m(f)

merchandise [ˈmɜːrtʃəndaɪz] mercancías fpl, L.Am. mercadería f

merchant [ˈmɜːrtʃənt] comerciante m/f

merciful [ˈmɜːrsɪfəl] compasivo, piadoso; **mercifully** (thankfully) afortunadamente; **merciless** despiadado; **mercy** clemencia f, compasión f

mere [mɪr] mero, simple; **merely** meramente, simplemente

merge 422

merge [mɜːrdʒ] *of two lines etc* juntarse, unirse; *of companies* fusionarse; **merger** COM fusión *f*

merit ['merɪt] **1** *n (worth)* mérito *m*; *(advantage)* ventaja *f* **2** *v/t* merecer

mesh [meʃ] malla *f*

mess [mes] *(untidiness)* desorden *m*; *(trouble)* lío *m*

message ['mesɪdʒ] *also of movie etc* mensaje *m*

messenger ['mesɪndʒər] *(courier)* mensajero(-a) *m(f)*

messy ['mesɪ] *room, person* desordenado; *job* sucio; *divorce* desagradable

metabolism [mə'tæbəlɪzm] metabolismo *m*

metal ['metl] **1** *n* metal *m* **2** *adj* metálico; **metallic** metálico

metaphor ['metəfər] metáfora *f*

meteor ['miːtɪər] meteoro *m*; **meteoric** *fig* meteórico; **meteorite** meteorito *m*

meteorological [miːtɪrə'lɑːdʒɪk] meteorológico; **meteorologist** meteorólogo(-a) *m(f)*; **meteorology** meteorología *f*

meter¹ ['miːtər] *for gas, electricity* contador *m*; *(parking ~)* parquímetro *m*

meter² ['miːtər] *unit of length* metro *m*

method ['meθəd] método *m*; **methodical** metódico

meticulous [mə'tɪkjʊləs] meticuloso, minucioso

metre *Br* ☞ **meter²**

metropolis [mɪ'trɑːpəlɪs] metrópolis *f inv*; **metropolitan** metropolitano

mew [mjuː] ☞ **miaow**

Mexican ['meksɪkən] **1** *adj* mexicano, mejicano **2** *n* mexicano(-a) *m(f)*, mejicano(-a) *m(f)*; **Mexico** México, Méjico; **Mexico City** Ciudad *f* de México, *Mex* México, *Mex* el Distrito Federal, *Mex* el D.F.

miaow [mɪaʊ] **1** *n* maullido *m* **2** *v/i* maullar

mice [maɪs] *pl* ☞ **mouse**

microchip microchip *m*; **microclimate** microclima *m*; **microcosm** microcosmos *m inv*; **microorganism** microorganismo *m*; **microphone** micrófono *m*; **microprocessor** microprocesador *m*; **microscope** microscopio *m*; **microscopic** microscópico; **microwave** *oven* microondas *m inv*

midday [mɪd'deɪ] mediodía *m*

middle ['mɪdl] **1** *adj del* medio **2** *n* medio *m*; **be in the ~ of doing sth** estar ocupado haciendo algo; **middle-aged** de mediana edad; **middle-class** de clase media; **middle class(es)** clases *fpl* medias; **Middle East** Oriente *m* Medio; **middleman** intermediario *m*; **middle name** segundo nombre *m*; **middleweight** *boxer* peso *m* medio

midfielder [mɪd'fiːldər] centrocampista *m/f*

midget ['mɪdʒɪt] en miniatura

midnight ['mɪdnaɪt] medianoche *f*; **midsummer** pleno verano *m*; **midweek** a mitad de semana; **Midwest** Medio Oeste *m* (de Estados Unidos); **midwife** comadrona *f*; **midwinter** pleno invierno *m*

might¹ [maɪt] *v/aux* poder, ser posible que; *I ~ be late* puede *or* es posible que llegue tarde; *you ~ have told me!* ¡me lo podías haber dicho!

might² [maɪt] *n* (*power*) poder *m*, fuerza *f*

mighty ['maɪtɪ] 1 *adj* poderoso 2 *adv* F (*extremely*) muy, cantidad de

migraine ['miːgreɪn] migraña *f*

migrant worker ['maɪgrənt] trabajador(a) *m(f)* itinerante; **migrate** emigrar; **migration** emigración *f*

mike [maɪk] F micro *m* F

mild [maɪld] *weather* apacible; *cheese, voice* suave; *curry etc* no muy picante; **mildly** *say sth* con suavidad; *spicy* ligeramente; **mildness** *of weather, voice* suavidad *f*

mile [maɪl] milla *f*; **milestone** *fig* hito *m*

militant ['mɪlɪtənt] 1 *adj* militante 2 *n* militante *m/f*

military ['mɪlɪtərɪ] 1 *adj* militar 2 *n*: *the ~* el ejército, las fuerzas armadas

militia [mɪ'lɪʃə] milicia *f*

milk [mɪlk] 1 *n* leche *f* 2 *v/t* ordeñar; **milk chocolate** cho-

colate *m* con leche; **milkshake** batido *m*

mill [mɪl] *for grain* molino *m*; *for textiles* fábrica *f* de tejidos

millennium [mɪ'lenɪəm] milenio *m*

milligram ['mɪlɪgræm] miligramo *m*

millimeter, *Br* **millimetre** ['mɪlɪmiːtər] milímetro *m*

million ['mɪljən] millón *m*; **millionaire** millonario(-a) *m(f)*

mime [maɪm] representar con gestos

mimic ['mɪmɪk] 1 *n* imitador(a) *m(f)* 2 *v/t* imitar

mince [mɪns] picar

mind [maɪnd] 1 *n* mente *f*; *bear* or *keep sth in ~* recordar algo; *change one's ~* cambiar de opinión; *make up one's ~* decidirse; *have something on one's ~* tener algo en la cabeza; *keep one's ~ on sth* concentrarse en algo 2 *v/t* (*look after*) cuidar; (*heed*) prestar atención a; *I don't ~ what we do* no me importa lo que hagamos; *do you ~ if I smoke?* ¿le importa que fume? 3 *v/i*: *never ~!* ¡no importa!; *I don't ~* no me importa, me da igual; **mind-boggling** *violence* increíble; **mindless** *violence* gratuito

mine¹ [maɪn] *pron* el mío, la mía; *that book is ~* eso libro es mío; *a cousin of ~* un primo mío

mine² [maɪn] n for coal etc mina f

mine³ [maɪn] **1** n (explosive) mina f **2** v/t minar

'minefield MIL campo m de minas; fig campo m minado; **miner** minero(-a) m(f)

mineral ['mɪnərəl] mineral m; **mineral water** agua f mineral

'minesweeper NAUT dragaminas m inv

mingle ['mɪŋgl] of sounds etc mezclarse; at party alternar

mini ['mɪni] skirt minifalda f

miniature ['mɪnɪtʃər] en miniatura

minimal ['mɪnɪməl] mínimo; **minimalism** minimalismo m; **minimize** minimizar; **minimum 1** adj mínimo **2** n mínimo m

mining ['maɪnɪŋ] minería f

'miniskirt minifalda f

minister ['mɪnɪstər] POL ministro(-a) m(f); REL ministro(-a) m(f), pastor(a) m(f); **ministerial** ministerial

'minivan monovolumen m

mink [mɪŋk] visón m; coat abrigo m de visón

minor ['maɪnər] **1** adj problem, setback menor, pequeño; operation, argument de poca importancia; aches and pains leve **2** n LAW menor m/f de edad; **minority** minoría f

mint [mɪnt] herb menta f; chocolate pastilla f de chocolate con sabor a menta; hard candy caramelo m de menta

minus ['maɪnəs] **1** (~ sign) (signo m de) menos m **2** prep menos

minuscule ['mɪnəskjuːl] minúsculo

minute¹ ['mɪnɪt] n of time minuto m

minute² [maɪ'nuːt] adj (tiny) diminuto, minúsculo; (detailed) minucioso

'minute hand ['mɪnɪt] minutero m

minutely [maɪ'nuːtlɪ] in detail minuciosamente; (very slightly) mínimamente

minutes ['mɪnɪts] of meeting acta(s) f(pl)

miracle ['mɪrəkl] milagro m; **miraculous** milagroso; **miraculously** milagrosamente

mirror ['mɪrər] **1** n espejo m; MOT (espejo m) retrovisor m **2** v/t reflejar

misanthropist [mɪ'zænθrəpɪst] misántropo(-a) m(f)

misbehave [mɪsbə'heɪv] portarse mal; **misbehavior**, Br **misbehaviour** mal comportamiento m

miscalculate [mɪs'kælkjuleɪt] calcular mal; **miscalculation** error m de cálculo

miscarriage ['mɪskærɪdʒ] MED aborto m (espontáneo)

miscellaneous [mɪsə'leɪnɪəs] diverso

mischief ['mɪstʃɪf] (naughtiness) travesura f, trastada f; **mischievous** (naughty) travieso; (malicious) malicioso

misconception [mɪskən'sepʃn] idea f equivocada

misconduct [mɪs'kɑːndʌkt] mala conducta f

misconstrue [mɪskən'struː] malinterpretar

misdemeanor, Br **misdemeanour** [mɪsdə'miːnər] falta f, delito m menor

miser ['maɪzər] avaro(-a) m(f)

miserable ['mɪzrəbl] (unhappy) triste, infeliz; weather, performance tristón horroroso

miserly ['maɪzərlɪ] person avaro

misery ['mɪzərɪ] (unhappiness) tristeza f, infelicidad f; (wretchedness) miseria f

misfire [mɪs'faɪr] of joke, scheme salir mal

misfit ['mɪsfɪt] in society inadaptado(-a) m(f)

misfortune [mɪs'fɔːrtʃən] desgracia f

misguided [mɪs'gaɪdɪd] person equivocado; attempt, plan desacertado

mishandle [mɪs'hændl] situation llevar mal

misinform [mɪsɪn'fɔːrm] informar mal

misinterpret [mɪsɪn'tɜːrprɪt] malinterpretar; **misinterpretation** mala interpretación f

misjudge [mɪs'dʒʌdʒ] person, situation juzgar mal

mislay [mɪs'leɪ] perder

mislead [mɪs'liːd] engañar; **misleading** engañoso

mismanage [mɪs'mænɪdʒ] gestionar mal; **mismanagement** mala gestión f

misprint ['mɪsprɪnt] errata f

mispronounce [mɪsprə'naʊns] pronunciar mal; **mispronunciation** pronunciación f incorrecta

misread [mɪs'riːd] word, figures leer mal; situation malinterpretar

misrepresent [mɪsreprɪ'zent] deformar, tergiversar

miss¹ [mɪs]: **Miss Smith** la señorita Smith; ~! ¡señorita!

miss² [mɪs] **1** n SP fallo m **2** v/t target no dar en; emotionally echar de menos; bus, train perder; (not notice) pasar por alto; (not be present at) perderse; ~ **a class** faltar a una clase **3** v/i fallar

misshapen [mɪs'ʃeɪpn] deforme

missile ['mɪsəl] misil m; (sth thrown) arma f arrojadiza

missing ['mɪsɪŋ] desaparecido; **be ~** of person, plane haber desaparecido

mission ['mɪʃn] task misión f; people delegación f

misspell [mɪs'spel] escribir incorrectamente

mist [mɪst] neblina f

mistake [mɪ'steɪk] **1** n error m, equivocación f; **make a** ~ cometer un error, equivocarse; v/t confundir; ~ **X for Y** confundir X con Y; **mistaken** erróneo, equivocado; **be ~** estar equivocado

mister ['mɪstər] ☞ **Mr**

mistress ['mɪstrɪs] *lover* amante *f*, querida *f*; *of servant* ama *f*; *of dog* dueña *f*, ama *f*

mistrust [mɪs'trʌst] **1** *n* desconfianza *f* (**of** en) **2** *v/t* desconfiar de

misunderstand [mɪsʌndər'stænd] entender mal; **misunderstanding** (*mistake*) malentendido *m*; (*argument*) desacuerdo *m*

misuse 1 [mɪs'juːs] *n* uso *m* indebido **2** [mɪs'juːz] *v/t* usar indebidamente

mitigating circumstances ['mɪtɪɡeɪtɪŋ] circunstancias *fpl* atenuantes

mitt [mɪt] *in baseball* guante *m* de béisbol; **mitten** mitón *m*

mix [mɪks] **1** *n* (*mixture*) mezcla *f*, *cooking*: *ready to use* preparado *m* **2** *v/t* mezclar; *cement* preparar **3** *v/i socially* relacionarse

◆ **mix up** (*confuse*) confundir (**with** con); (*put in wrong order*) revolver, desordenar; **be mixed up in** estar metido en

mixed [mɪkst] *feelings* contradictorio; *reviews* variado; **mixer** *for food* batidora *f*; *drink* refresco *m* (*para mezclar con bebida alcohólica*); **mixture** mezcla *f*; *medicine* preparado *m*; **mix-up** confusión *f*

moan [moʊn] **1** *n of pain* gemido *m* **2** *v/i in pain* gemir

mob [maːb] **1** *n* muchedumbre *f* **2** *v/t* asediar, acosar

mobile ['moʊbəl] **1** *adj person* con movilidad; (*that can be moved*) móvil **2** *n* móvil *m*; **mobile home** casa *f* caravana; **mobile phone** *Br* teléfono *m* móvil; **mobility** movilidad *f*

mobster ['maːbstər] gángster *m*

mock [maːk] **1** *adj* fingido, simulado **2** *v/t* burlarse de; **mockery** (*derision*) burlas *fpl*; (*travesty*) farsa *f*

mode [moʊd] (*form*), COMPUT modo *m*

model ['maːdl] **1** *adj employee, husband* modélico, modelo **2** *n miniature* maqueta *f*, modelo *m*; (*pattern*) modelo *m*; (*fashion*) modelo *m/f* **3** *v/i for designer* trabajar de modelo; *for artist, photographer* posar

modem ['moʊdəm] módem *m*

moderate 1 ['maːdərət] *adj* moderado **2** ['maːdərət] *n* POL moderado(-a) *m(f)* **3** ['maːdəreɪt] *v/t* moderar; **moderately** medianamente, razonablemente; **moderation** moderación *f*

modern ['maːdn] moderno; **modernization** modernización *f*; **modernize 1** *v/t* modernizar **2** *v/i of business, country* modernizarse

modest ['maːdɪst] modesto; **modesty** modestia *f*

modification [maːdɪfɪ'keɪʃn] modificación *f*; **modify** modificar

module ['maːduːl] módulo *m*

moist [mɔɪst] húmedo; **moisten** humedecer; **moisture** humedad f; **moisturizer** for skin crema f hidratante

molasses [mə'læsɪz] melaza f

mold¹ [mould] n on food moho m

mold² [mould] **1** n molde m **2** v/t clay, character moldear

moldy ['mouldɪ] food mohoso

molecule ['mɑːlɪkjuːl] molécula f

molest [mə'lest] child, woman abusar sexualmente de

mollycoddle ['mɑːlɪkɑːdl] F mimar, consentir

molten ['moultən] fundido

mom [mɑːm] F mamá f

moment ['moumənt] momento m; **at the ~** en estos momentos, ahora mismo; **momentarily** (for a moment) momentáneamente; (in a moment) de un momento a otro; **momentary** momentáneo; **momentous** trascendental, muy importante

momentum [mə'mentəm] impulso m

monarch ['mɑːnərk] monarca m/f

monastery ['mɑːnəsterɪ] monasterio m; **monastic** monástico

Monday ['mʌndeɪ] lunes m inv

monetary ['mɑːnɪterɪ] monetario

money ['mʌnɪ] dinero m; **money belt** faltriquera f;

money market mercado m monetario; **money order** giro m postal

mongrel ['mʌŋgrəl] perro m cruzado

monitor ['mɑːnɪtər] **1** n COMPUT monitor m **2** v/t controlar

monk [mʌŋk] monje m

monkey ['mʌŋkɪ] mono m; F child diablillo m F; **monkey wrench** llave f inglesa

monolog, Br **monologue** ['mɑːnəlɑːg] monólogo m

monopolize [mə'nɑːpəlaɪz] monopolizar; **monopoly** monopolio m

monotonous [mə'nɑːtənəs] monótono; **monotony** monotonía f

monster ['mɑːnstər] monstruo m; **monstrosity** monstruosidad f

month [mʌnθ] mes m; **monthly 1** adj mensual **2** adv mensualmente **3** n magazine revista f mensual

monument ['mɑːnumənt] monumento m

mood [muːd] (frame of mind) humor m; (bad ~) mal humor m; of meeting, country atmósfera f; **moody** temperamental; (bad-tempered) malhumorado

moon [muːn] luna f; **moonlight** luz f de luna; **moonlit** iluminado por la luna

moor [mʊr] boat atracar

moose [muːs] alce m americano

mop [mɑːp] **1** *n for floor* fregona *f*; *for dishes* estropajo *m* (con mango) **2** *v/t floor* fregar; *face* limpiar

◆ **mop up** limpiar; MIL acabar con

moral ['mɒrəl] **1** *adj* moral; *person, behavior* moralista **2** *n of story* moraleja *f*; **~s** moral *f*, moralidad *f*

morale [mə'rɑːl] moral *f*

morality [mə'rælətɪ] moralidad *f*

morbid ['mɔːrbɪd] morboso

more [mɔːr] **1** *adj* más; **there are no ~ eggs** no quedan huevos; **some ~ tea?** ¿más té?; **~ and ~ students** cada vez más estudiantes **2** *adv* más; **~ important** más importante; **~ and ~** cada vez más; **~ or less** más o menos; **once ~** una vez más; **~ than $100** más de 100 dólares; **he earns ~ than I do** gana más que yo; **I don't live there any ~** ya no vivo allí **3** *pron* más; **a little ~** un poco más; **moreover** además

morgue [mɔːrg] depósito *m* de cadáveres

morning ['mɔːrnɪŋ] mañana *f*; **in the ~** por la mañana; **tomorrow ~** mañana por la mañana; **good ~** buenos días

moron ['mɔːrɑːn] F imbécil *m/f* F, subnormal *m/f*

morphine ['mɔːrfiːn] morfina *f*

mortal ['mɔːrtl] **1** *adj* mortal **2** *n* mortal *m/f*; **mortality** mortalidad *f*

mortar ['mɔːrtər] MIL, *cement* mortero *m*

mortgage ['mɔːrgɪdʒ] **1** *n* hipoteca *f* **2** *v/t* hipotecar

mosaic [mouˈzeɪɪk] mosaico *m*

Moscow ['mɑːskəu] Moscú

Moslem ['muzlɪm] **1** *adj* musulmán **2** *n* musulmán(-ana) *m(f)*

mosque [mɑːsk] mezquita *f*

mosquito [mɑːsˈkiːtou] mosquito *m*

moss [mɑːs] musgo *m*

most [moust] **1** *adj* la mayoría de **2** *adv* (*very*) muy, sumamente; **the ~ beautiful** el más hermoso; **that's the one I like** ése es el que más me gusta; **~ of all** sobre todo **3** *pron* la mayoría de; **~ of her novels** la mayoría de sus novelas; **at (the) ~** como mucho; **make the ~ of** aprovechar al máximo; **mostly** principalmente, sobre todo

motel [mouˈtel] motel *m*

moth [mɑːθ] mariposa *f* nocturna; (*clothes ~*) polilla *f*

mother ['mʌðər] **1** *n* madre *f* **2** *v/t* mimar; **motherhood** maternidad *f*; **Mothering Sunday** ☞ **Mother's Day**; **mother-in-law** suegra *f*; **motherly** maternal; **Mother's Day** Día *m* de la Madre; **mother tongue** lengua *f* materna

motif [mouˈtiːf] motivo *m*

motion ['mouʃn] (*movement*) movimiento *m*; (*proposal*) moción *f*; **motionless** inmóvil

motivate ['məʊtɪveɪt] *person* motivar; **motivation** motivación *f*; **motive** motivo *m*

motor ['məʊtər] motor *m*; **motorbike** moto *f*; **motorcycle** motocicleta *f*; **motorcyclist** motociclista *m/f*; **motor home** autocaravana *f*; **motor mechanic** mecánico(-a) *m(f)* (de automóviles); **motor racing** carreras *fpl* de coches; **motor vehicle** vehículo *m* de motor

motto ['mɑːtəʊ] lema *m*

mould *etc* *Br* ☞ **mold** *etc*

mound [maʊnd] montículo *m*

mount [maʊnt] **1** *n* (*mountain*) monte *m*; (*horse*) montura *f* **2** *v/t steps* subir; *horse, bicycle* montar en; *campaign, photo* montar **3** *v/i* aumentar, crecer

◆ **mount up** acumularse

mountain ['maʊntɪn] montaña *f*; **mountaineer** montañero(-a) *m(f)*, alpinista *m/f*, *L.Am.* andinista *m/f*; **mountaineering** montañismo *m*, alpinismo *m*, *L.Am.* andinismo *m*; **mountainous** montañoso

mourn [mɔːrn] llorar; **mourner** doliente *m/f*; **mournful** *voice, face* triste

mouse [maʊs] (*pl* **mice** [maɪs]) *also* COMPUT ratón *m*; **mouse mat** alfombrilla *f*

moustache ☞ **mustache**

mouth [maʊθ] boca *f*; *of river* desembocadura *f*; **mouthful** *of food* bocado *m*; *of drink* trago *m*; **mouthpiece** *of instrument* boquilla *f*; (*spokesperson*) portavoz *m/f*; **mouthwash** enjuague *m* bucal; **mouthwatering** apetitoso

move [muːv] **1** *n in chess, checkers* movimiento *m*; (*step, action*) paso *m*; (*change of house*) mudanza *f* **2** *v/t object* mover; (*transfer*) trasladar; *emotionally* conmover; **~ house** mudarse de casa **3** *v/i* moverse; (*transfer*) trasladarse

◆ **move around** *in room* andar; *from place to place* trasladarse, mudarse

◆ **move in** *to house, neighborhood* mudarse; *to office* trasladarse

movement ['muːvmənt] *also organization,* MUS movimiento *m*; **movers** firm empresa *f* de mudanzas; (*men*) empleados *mpl* de una empresa de mudanzas

movie ['muːvɪ] película *f*; **go to a ~ / the ~s** ir al cine; **moviegoer** aficionado(a) *m/f* al cine; **movie theater** cine *m*, sala *f* de cine

moving ['muːvɪŋ] movible; *emotionally* conmovedor

mow [məʊ] *grass* cortar; **mower** cortacésped *m*

mph [empiː'eɪtʃ] (= *miles per hour*) millas *fpl* por hora

Mr ['mɪstər] Sr.

Mrs ['mɪsɪz] Sra.

Ms [mɪz] Sra. *(casada o no casada)*

much [mʌtʃ] **1** *adj* mucho; **so ~ money** tanto dinero; **so ... as ...** tanto... como **2** *adv* mucho; **~ too large** demasiado grande; **very ~** mucho; **thank you very ~** muchas gracias; **very ~** mucho; **I love you very ~** te quiero muchísimo; **too ~** demasiado **3** *pron* mucho; **what did she say? – nothing** – ¿qué dijo? – no demasiado; **as ... as ...** tanto... como...

mud [mʌd] barro *m*

muddle ['mʌdl] **1** *n* lío *m* **2** *v/t person* liar

muddy ['mʌdɪ] embarrado

muffin ['mʌfɪn] magdalena *f*

muffle ['mʌfl] ahogar, amortiguar; **muffler** MOT silenciador *m*

mug[1] [mʌg] *n* taza *f*; F *(face)* jeta *f* F, *Span* careto *m* F

mug[2] [mʌg] *v/t (attack)* atracar

mugger ['mʌgər] atracador(a) *m(f)*; **mugging** atraco *m*; **muggy** bochornoso

mule [mjuːl] *animal* mulo(-a) *m(f)*; *(slipper)* pantufla *f*

multicultural [mʌltɪ'kʌltʃərəl] multicultural; **multilateral** POL multilateral; **multimedia 1** *n* multimedia *f* **2** *adj* multimedia; **multinational 1** *adj* multinacional **2** *n* COM multinacional *f*

multiple ['mʌltɪpl] múltiple;

multiple sclerosis esclerosis *f* múltiple

multiplex ['mʌltɪpleks] *movie theater (cine m)* multisalas *m inv*, multicine *m*

multiplication [mʌltɪplɪ'keɪʃn] multiplicación *f*; **multiply 1** *v/t* multiplicar **2** *v/i* multiplicarse

multi-tasking ['mʌltɪtæskɪŋ] multitarea *f*

mumble ['mʌmbl] **1** *n* murmullo *m* **2** *v/t* farfullar **3** *v/i* hablar entre dientes

munch [mʌntʃ] mascar

municipal [mjuː'nɪsɪpl] municipal

mural ['mjʊrəl] mural *m*

murder ['mɜːrdər] **1** *n* asesinato *m* **2** *v/t person* asesinar, matar; *song* destrozar; **murderer** asesino(-a) *m(f)*

murky ['mɜːrkɪ] *water* turbio, oscuro; *fig* turbio

murmur ['mɜːrmər] **1** *n* murmullo *m* **2** *v/t* murmurar

muscle ['mʌsl] músculo *m*; **muscular** *pain* muscular; *person* musculoso

museum [mjuː'zɪəm] museo *m*

mushroom ['mʌʃrʊm] **1** *n* seta *f*, hongo *m*; *(button ~)* champiñón *m* **2** *v/i* crecer rápidamente

music ['mjuːzɪk] música *f*; *in written form* partitura *f*; **musical 1** *adj* musical; *person* con talento para la música **2** *n* musical *m*; **musician** músico(-a) *m(f)*

mussel ['mʌsl] mejillón *m*

must [mʌst] *v/aux* ◇ *necessity* tener que, deber; *I ~ be on time* tengo que *or* debo llegar a la hora; *I ~n't be late* no tengo que llegar tarde, no debo llegar tarde ◇ *probability* deber de; *it ~ be about 6 o'clock* deben de ser las seis

mustache [mə'stæʃ] bigote *m*

mustard ['mʌstərd] mostaza *f*

musty ['mʌstɪ] *room* que huele a humedad; *smell* a humedad

mutilate ['mjuːtɪleɪt] mutilar

mutiny ['mjuːtɪnɪ] **1** *n* motín

m **2** *v/i* amotinarse

mutter ['mʌtər] murmurar

mutual ['mjuːtʃʊəl] mutuo

muzzle ['mʌzl] **1** *n of animal* hocico *m*; *for dog* bozal *m* **2** *v/t* poner un bozal a; *~ the press* amordazar a la prensa

my [maɪ] mi; **myself** *reflexive* me; *emphatic* yo mismo(-a); *I hurt ~* me hizo daño

mysterious [mɪ'stɪrɪəs] misterioso; **mysteriously** misteriosamente; **mystery** misterio *m*; **mystify** dejar perplejo

myth [mɪθ] *also fig* mito *m*; **mythical** mítico

N

nag [næg] *of person* dar la lata; **nagging** *person* doubt persistente; *pain* continuo

nail [neɪl] *for wood* clavo *m*; *on finger, toe* uña *f*; **nail polish** esmalte *m* de uñas; **nail polish remover** quitaesmaltes *m inv*

naive [naɪ'iːv] ingenuo

naked ['neɪkɪd] desnudo

name [neɪm] **1** *n* nombre *m*; **what's your ~?** ¿cómo te llamas? **2** *v/t* llamar; **namely** a saber; **namesake** tocayo(-a) *m(f)*, homónimo(-a) *m(f)*

nanny ['nænɪ] niñera *f*

nap [næp] cabezada *f*

napkin ['næpkɪn] *(table ~)* ser-

villeta *f*; *(sanitary ~)* compresa *f*

narcotic [nɑːr'kɑːtɪk] narcótico *m*, estupefaciente *m*

narrate [nə'reɪt] narrar; **narrative 1** *n (story)* narración *f* **2** *adj poem, style* narrativo; **narrator** narrador(a) *m(f)*

narrow ['næroʊ] *street, views, mind* cerrado; *escape* estrecho; **narrowly** *win* por poco; **narrow-minded** cerrado

nasty ['næstɪ] *person, smell* desagradable; *thing to say* malintencionado; *weather* horrible; *cut, wound* feo; *disease* serio

nation ['neɪʃn] nación *f*; **national 1** *adj* nacional **2** *n* ciudadano(-a) *m(f)*; **national anthem** himno *m* nacional; **national debt** deuda *f* pública; **nationalism** nacionalismo *m*; **nationality** nacionalidad *f*; **nationalize** *industry etc* nacionalizar

native ['neɪtɪv] **1** *adj* nativo **2** *n* nativo(-a) *m(f)*, natural *m/f*; *tribesman* indígena *m(f)*, indígena *m/f*; **Native American** indio(-a) *m (f)* americano(-a)

NATO ['neɪtou] (= **North Atlantic Treaty Organization**) OTAN *f* (= Organización *f* del Tratado del Atlántico Norte)

natural ['næfrəl] natural; **naturalist** naturalista *m/f*; **naturalize**: *become ~d* naturalizarse, naturalizarse; **naturally** *(of course)* naturalmente; *behave, speak* con naturalidad; *(by nature)* por naturaleza

nature naturaleza *f*; **nature reserve** reserva *f* natural

naughty ['nɔːtɪ] travieso, malo; *photograph, word etc* picante

nausea ['nɔːzɪə] náusea *f*; **nauseate** dar náuseas a; **nauseating** *smell, taste* nauseabundo; *person* repugnante; **nauseous** nauseabundo; *feel ~* tener náuseas

nautical ['nɔːtɪkl] náutico

naval ['neɪvl] naval

navel ['neɪvl] ombligo *m*

navigate ['nævɪgeɪt] navegar;

in car hacer de copiloto; **navigation** navegación *f*; *in car* direcciones *fpl*; **navigator** *on ship* oficial *m* de derrota; *in airplane* navegante *m/f*; *in car* copiloto *m/f*

navy ['neɪvɪ] armada *f*, marina *f* (de guerra); **navy blue 1** *n* azul *m* marino **2** *adj* azul marino

near [nɪr] **1** *adv* cerca **2** *prep* cerca de **3** *adj* cercano, próximo; **nearby** cerca; **nearly** casi; **near-sighted** miope

neat [niːt] ordenado; *whiskey* solo, seco; *solution* ingenioso; F *(terrific)* genial F

necessarily ['nesəserəlɪ] necesariamente; **necessary** necesario, preciso; **necessity** necesidad *f*

neck [nek] cuello *m*; **necklace** collar *m*; **neckline** *of dress* escote *m*; **necktie** corbata *f*

née [neɪ] de soltera

need [niːd] **1** *n* necesidad *f*; *if ~ be* si fuera necesario **2** *v/t* necesitar; *you don't ~ to wait* no hace falta que esperes; *I ~ to talk to you* necesito hablar contigo

needle ['niːdl] aguja *f*; **needlework** costura *f*

needy ['niːdɪ] necesitado

negative ['negətɪv] negativo

neglect [nɪ'glekt] **1** *n* abandono *m*, descuido *m* **2** *v/t garden, health* descuidar, desatender; **neglected** *garden* abandonado, descuidado;

author olvidado

negligence ['neglɪdʒəns] negligencia *f*; **negligent** negligente; **negligible** *amount* insignificante

negotiable [nɪ'gəʊʃəbl] negociable; **negotiate 1** *v/i* negociar **2** *v/t deal* negociar; *obstacles* franquear; salvar; *bend in road* tomar; **negotiation** negociación *f*; **negotiator** negociador(a) *m(f)*

neighbor ['neɪbər] vecino(-a) *m(f)*; **neighborhood** vecindario *m*, barrio *m*; **neighboring** *house, state* vecino, colindante; **neighborly** amable

neighbour *etc Br* ☞ **neighbor** *etc*

neither ['niːðər] **1** *adj* ninguno; ~ **applicant** ninguno de los candidatos **2** *pron* ninguno(-a) *m(f)*; **3** *adv*: ~ **nor** ... ni ... ni ... **4** *conj*: ~ **do I** yo tampoco; ~ **can I** yo tampoco

neon light ['niːɑːn] luz *f* de neón

nephew ['nefjuː] sobrino *m*

nerve [nɜːrv] nervio *m*; (*courage*) valor *m*; (*impudence*) descaro *m*; **nerve-racking** angustioso, exasperante; **nervous** nervioso; **nervous breakdown** crisis *f inv* nerviosa; **nervousness** nerviosismo *m*; **nervy** (*fresh*) descarado

nest [nest] nido *m*

net¹ [net] *n* red *f*; *the* ~ COMPUT la Red; *on the* ~ en In-

ternet

net² [net] *adj price, weight* neto

nettle ['netl] ortiga *f*

'network *of contacts, cells,* COMPUT red *f*

neurologist [nuː'rɑːlədʒɪst] neurólogo(-a) *m(f)*

neurosis [nuː'rəʊsɪs] neurosis *f inv*; **neurotic** neurótico

neuter ['nuːtər] *animal* castrar; **neutral 1** *adj country* neutral; *color* neutro **2** *n gear* punto *m* muerto; **neutrality** neutralidad *f*; **neutralize** neutralizar

never ['nevər] nunca; *you're* ~ *going to believe this* no te vas a creer esto; **nevertheless** sin embargo, no obstante

new [nuː] nuevo; **newborn** recién nacido; **newcomer** recién llegado(-a) *m(f)*; **newly** (*recently*) recientemente, recién; **newly-weds** recién casados *mpl*

news [nuːz] *also* RAD noticias *fpl*; *on TV* noticias *fpl*, telediario *m*; **newscast** TV noticias *fpl*, telediario *m*; *on radio* noticias *fpl*; **newscaster** TV presentador(a) *m(f)* de informativos; **news flash** flash *m* informativo; **newspaper** periódico *m*; **newsreader** TV *etc* presentador(a) *m(f)* de informativos; **news report** reportaje *m*; **newsstand** quiosco *m*; **newsvendor** vendedor(a) *m(f)* de periódicos

'New Year año *m* nuevo; ***Happy ...!*** ¡Feliz Año Nuevo!; **New Year's Day** Día *m* de Año Nuevo; **New Year's Eve** Nochevieja *f*; **New York** 1 *n*: **~** (*City*) Nueva York 2 *adj* neoyorquino; **New Yorker** neoyorquino(-a) *m(f)*; **New Zealand** ['ziːlənd] Nueva Zelanda; **New Zealander** neozelandés(-esa) *m(f)*

next [nekst] 1 *adj in time* próximo, siguiente; *in space* siguiente 2 luego, después; **~ to** (*beside*) al lado de; (*in comparison with*) en comparación con; **next-door** 1 *adj neighbor* de al lado 2 *adv live* al lado; **next of kin** pariente *m* más cercano

nibble ['nɪbl] mordisquear

Nicaragua [nɪkəˈrɑːgwə] Nicaragua; **Nicaraguan** 1 *adj* nicaragüense 2 *n* nicaragüense *m/f*

nice [naɪs] *trip, house, hair* bonito, *L.Am.* lindo; *person* agradable, simpático; *weather* bueno, agradable; *meal, food* bueno, rico; *nicely written*, *presented* bien; (*pleasantly*) amablemente

niche [niːʃ] *in market* hueco *m*, nicho *m*; (*special position*) hueco *m*

nick [nɪk] (*cut*) muesca *f*, mella *f*

nickel ['nɪkl] níquel *m*; (*coin*) moneda de cinco centavos

'nickname apodo *m*, mote *m*

niece [niːs] sobrina *f*

night [naɪt] noche *f*; ***tomorrow ~*** mañana por la noche; ***11 o'clock at ~*** las 11 de la noche; ***during the ~*** por la noche; ***good ~*** buenas noches; **nightcap** *drink* copa *f* (*tomada antes de ir a dormir*); **nightclub** club *m* nocturno, discoteca *f*; **nightdress** camisón *m*; **night flight** vuelo *m* nocturno; **nightlife** vida *f* nocturna; **nightly** todas las noches; **nightmare** *also fig* pesadilla *f*; **night porter** portero *m* de noche; **night school** escuela *f* nocturna; **night shift** turno *m* de noche; **nightshirt** camisa *f* de dormir; **nightspot** local *m* nocturno; **nighttime**: ***at ~***, ***in the ~*** por la noche

nimble ['nɪmbl] ágil

nine [naɪn] nueve; **nineteen** diecinueve; **nineteenth** decimonoveno; **ninetieth** nonagésimo; **ninety** noventa; **ninth** noveno

nip [nɪp] (*pinch*) pellizco *m*; (*bite*) mordisco *m*

nipple ['nɪpl] pezón *m*

nitrogen ['naɪtrədʒn] nitrógeno *m*

no [nou] 1 *adv* no 2 *adj*: ***there's ~ coffee left*** no queda café; ***I have ~ money*** no tengo dinero; ***I'm ~ expert*** no soy un experto; **~ smoking** prohibido fumar

noble ['noubl] noble

nobody ['noubədi] nadie

no-brainer [noʊˈbreɪnər] juego *m* de niños; *the math test was a* ~ la prueba de matemáticas estaba chupada

nod [nɑːd] **1** *n* movimiento *m* de la cabeza **2** *v/i* asentir con la cabeza

noise [nɔɪz] ruido *m*; **noisy** ruidoso

nominal [ˈnɑːmɪnl] simbólico

nominate [ˈnɑːmɪneɪt] (*appoint*) nombrar; **nomination** nombramiento *m*; (*proposal*) nominación *f*; **nominee** candidato(-a) *m(f)*

nonalco'holic sin alcohol

noncommissioned officer [ˈnɑːnkəmɪʃnd] suboficial *m/f*

noncommittal [nɑːnkəˈmɪtl] evasivo

nondescript [ˈnɑːndɪskrɪpt] anodino

none [nʌn]: ~ *of the students* ninguno de los estudiantes; ~ *of the water* nada del agua; *there are* ~ *left* no queda ninguno; *there is* ~ *left* no queda nada

nonentity [nɑːnˈentətɪ] nulidad *f*

none'xistent inexistente

non'fiction no ficción *f*

noninter'ference no intervención *f*

noninter'vention no intervención *f*

no-'nonsense *approach* directo

non'payment impago *m*

nonpol'luting que no contamina

non'resident no residente *m/f*

nonsense [ˈnɑːnsəns] disparate *m*, tontería *f*

non'smoker no fumador(a) *m(f)*

non'standard no estándar

non'stop 1 *adj flight* directo, sin escalas; *chatter* ininterrumpido **2** *adv travel* directamente; *chatter* sin parar

non'union no sindicado

non'violence no violencia *f*; **nonviolent** no violento

noodles [ˈnuːdlz] tallarines *mpl* (chinos)

noon [nuːn] mediodía *m*

'no-one ☞ **nobody**

noose [nuːs] lazo *m* corredizo

nor [nɔːr] ni; ~ *do I* yo tampoco, ni yo

norm [nɔːrm] norma *f*; **normal** normal; **normality** normalidad *f*; **normally** normalmente

north [nɔːrθ] **1** *n* norte *m* **2** *adj* norte **3** *adv travel* al norte; **North America** América del Norte, Norteamérica; **North American 1** *n* norteamericano(-a) *m(f)* **2** *adj* norteamericano; **northeast** nordeste *m*, noreste *m*; **northerly** norte, del norte; **northern** norteño, del norte; **northerner** norteño(-a) *m(f)*; **North Korea** Corea del Norte; **North Korean 1** *adj* norcoreano **2** *n* norcoreano(-a) *m(f)*; **North Pole**

Polo *m* Norte; **northward** *travel* hacia el norte; **northwest** noroeste *m*

Norway [ˈnɔːrweɪ] Noruega; **Norwegian 1** *adj* noruego **2** *n person* noruego(-a) *m(f)*; *language* noruego *m*

nose [nouz] nariz *m*; *of animal* hocico *m*

◆ **nose around** F husmear

nostalgia [nɑːˈstældʒə] nostalgia *f*; **nostalgic** nostálgico

nostril [ˈnɑːstrəl] ventana *f* de la nariz

nosy [ˈnouzɪ] F entrometido

not [nɑːt] no; ~ **this one**, **that one** éste no, ése; ~ **now** ahora no; ~ **for me**, **thanks** para mí no, gracias; *I don't know* no lo sé; *he didn't help* no ayudó

notable [ˈnoutəbl] notable

notch [nɑːtʃ] muesca *f*, mella *f*

note [nout] *written*, MUS nota *f*; **notebook** cuaderno *m*, libreta *f*; COMPUT *Span* ordenador *m* portátil, *L.Am.* computadora *f* portátil; **noted** destacado; **notepad** bloc *m* de notas; **notepaper** papel *m* de carta

nothing [ˈnʌθɪŋ] nada; ~ **but** sólo; ~ **much** no mucho; **for** ~ *(for free)* gratis; *(for no reason)* por nada

notice [ˈnoutɪs] **1** *n on bulletin board* cartel *m*, letrero *m*; *(advance warning)* aviso *m*; *in newspaper* anuncio *m*; *at*

short ~ con poca antelación; *until further* ~ hasta nuevo aviso; *hand in one's* ~ *to employer* presentar la dimisión; *take no* ~ *of* no hacer caso de **2** *v/t* notar, fijarse en; **noticeable** apreciable, evidente

notify [ˈnoutɪfaɪ] notificar, informar

notion [ˈnouʃn] noción *f*, idea *f*

notorious [nouˈtɔːrɪəs] de mala fama

noun [naun] nombre *m*, sustantivo *m*

nourishing [ˈnʌrɪʃɪŋ] nutritivo; **nourishment** alimento *m*, alimentación *f*

novel [ˈnɑːvl] novela *f*; **novelist** novelista *m/f*; **novelty** *(being new)* lo novedoso; *(sth new)* novedad *f*

November [nouˈvembər] noviembre *m*

novice [ˈnɑːvɪs] principiante *m/f*

now [nau] ahora; ~ **and again**, ~ **and then** de vez en cuando; **by** ~ ya; **nowadays** hoy en día

nowhere [ˈnouwer] en ningún lugar; *it's* ~ *near finished* no está acabado ni mucho menos; *he was* ~ *to be seen* no se le veía en ninguna parte

nuclear [ˈnuːklɪər] nuclear; **nuclear energy** energía *f* nuclear; **nuclear power** energía *f* nuclear; POL potencia f nuclear; **nuclear power station** central f nuclear; **nuclear reactor** reactor m nuclear

nude [nu:d] **1** adj desnudo **2** n painting desnudo m

nudge [nʌdʒ] dar un toque con el codo a; parked car dar un empujoncito a

nudist ['nu:dɪst] nudista m/f

nuisance ['nu:sns] incordio m, molestia f; **make a ~ of o.s.** dar la lata

null and 'void [nʌl] nulo y sin efecto

numb [nʌm] entumecido; emotionally insensible

number ['nʌmbər] **1** n número m **2** v/t (put a ~ on) numerar

numeral ['nu:mərəl] número m

numerous ['nu:mərəs] numeroso

nun [nʌn] monja f

nurse [nɜːrs] enfermero(-a) m(f); for plants vivero m; **nursery** guardería f; **nursery rhyme** canción f infantil; **nursery school** parvulario m, jardín m de infancia; **nursing** enfermería f; **nursing home** for old people residencia f

nut [nʌt] nuez f; for bolt tuerca f; **nutcrackers** cascanueces m inv

nutrient ['nu:trɪənt] nutriente m; **nutrition** nutrición f; **nutritious** nutritivo

nuts [nʌts] F (crazy) chalado F, pirado F

O

oar [ɔːr] remo m

oasis [oʊ'eɪsɪs] also fig oasis m inv

oath [oʊθ] LAW, (swearword) juramento m

'oatmeal harina f de avena

obedience [oʊ'bi:dɪəns] obediencia f; **obedient** obediente; **obediently** obedientemente

obese [oʊ'bi:s] obeso; **obesity** obesidad f

obey [oʊ'beɪ] obedecer

obituary [ə'bɪtʊeri] necrología f, obituario m

object¹ ['ɑːbdʒɪkt] n also

gram objeto m; (aim) objetivo m

object² [əb'dʒekt] v/i oponerse

objection [əb'dʒekʃn] objeción f; **objectionable** (unpleasant) desagradable; **objective 1** adj objetivo **2** n objetivo m; **objectively** objetivamente; **objectivity** objetividad f

obligation [ɑːblɪ'geɪʃn] obligación f; **obligatory** obligatorio; **obliging** atento, servicial

oblique [ə'bli:k] **1** adj refer-

ence indirecto **2** *n in punctuation* barra *f* inclinada

obliterate [əˈblɪtəreɪt] *city* arrasar; *memory* borrar

oblivion [əˈblɪvɪən] olvido *m*

oblong [ˈɑːblɒŋ] rectangular

obscene [ɑːbˈsiːn] obsceno; *salary, poverty* escandaloso; **obscenity** obscenidad *f*

obscure [əbˈskjur] oscuro; **obscurity** oscuridad *f*

observant [əbˈzɜːrvənt] observador; **observation** observación *f*; **observe** observar; **observer** observador(a) *m(f)*

obsess [əbˈses] obsesionar; **obsession** obsesión *f*

obsolete [ˈɑːbsəliːt] obsoleto

obstacle [ˈɑːbstəkl] obstáculo *m*

obstetrician [ɑːbstəˈtrɪʃn] obstetra *m/f*, tocólogo(-a) *m(f)*; **obstetrics** obstetricia *f*, tocología *f*

obstinacy [ˈɑːbstɪnəsɪ] obstinación *f*; **obstinate** obstinado

obstruct [əbˈstrʌkt] *road* obstruir; *investigation, police* obstaculizar; **obstruction** *on road etc* obstrucción *f*; **obstructive** *behavior* obstruccionista

obtain [əbˈteɪn] obtener, lograr; **obtainable** *products* disponible

obtuse [əbˈtuːs] *fig* duro de mollera

obvious [ˈɑːbvɪəs] obvio, evidente; **obviously** obviamen-

te

occasion [əˈkeɪʒn] ocasión *f*; **occasional** ocasional, esporádico; **occasionally** ocasionalmente

occupant [ˈɑːkjupənt] ocupante *m/f*; **occupation** ocupación *f*; **occupy** ocupar

occur [əˈkɜːr] ocurrir, suceder; **occurrence** acontecimiento *m*

ocean [ˈoʊʃn] océano *m*

o'clock [əˈklɑːk]: *at five ~* a las cinco

October [ɑːkˈtoʊbər] octubre *m*

odd [ɑːd] (*strange*) raro, extraño; (*not even*) impar; **oddball** F bicho *m* raro F; **odds and ends** *objects* cacharros *mpl*; *things to do* cosillas *fpl*; **odds-on** *favorite* indiscutible

odometer [oʊˈdɑːmətər] cuentakilómetros *m inv*

odor, *Br* **odour** [ˈoʊdər] olor *m*

of [ɑːv] de; *the name ~ the street / hotel* el nombre de la calle / del hotel; *five minutes ~ twelve* las doce menos cinco, *L.Am* cinco para los doce; *die ~ cancer* morir de cáncer; *love ~ money* amor por el dinero

off [ɑːf] **1** *prep*: *~ the main road* (*away from*) apartado de la carretera principal; (*leading off*) saliendo de la carretera principal; *$20 ~ the price* una rebaja en el precio de 20 dólares; **he's ~ his food** no come nada, está desganado **2** adv: **be ~ of** light, TV, machine estar apagado; of brake, lid, top no estar puesto; not at work faltar; on vacation estar de vacaciones; canceled estar cancelado; **we're ~ tomorrow** leaving nos vamos mañana; **take a day ~** tomarse un día de fiesta; **it's 3 miles ~** está a tres millas de distancia; **it's a long way ~ in distance** está muy lejos; in future todavía queda mucho tiempo **3** adj: **the ~ switch** el interruptor de apagado

offence Br → **offense**

offend [ə'fend] (insult) ofender; **offender** LAW delincuente m/f; offense LAW delito m; **take ~ at sth** ofenderse por algo; **offensive 1** adj behavior, remark ofensivo; smell repugnante **2** n (MIL: attack) ofensiva f

offer ['ɑːfər] **1** n oferta f **2** v/t ofrecer

offhand attitude brusco

office ['ɑːfɪs] building oficina f; room oficina f, despacho m; position cargo m; **officer** MIL position oficial m/f; in police agente m/f; official **1** adj official m/f **2** n funcionario(-a) m(f); **officially** oficialmente; **officious** entrometido

off-line work fuera de línea; **go ~** desconectarse

offpeak rates en horas valle,

fuera de las horas punta

off-season temporada f baja

offset losses compensar

offshore drilling rig cercano a la costa; investment en el exterior

offside SP fuera de juego

offspring of person vástagos mpl, hijos mpl; of animal crías fpl

off-the-record confidencial

often ['ɑːfn] a menudo, frecuentemente

oil [ɔɪl] **1** n aceite m; petroleum petróleo m **2** v/t hinges, bearings engrasar; **oil change** cambio m del aceite; **oil company** compañía f petrolera; **oilfield** yacimiento m petrolífero; **oil painting** óleo m; **oil refinery** refinería f de petróleo; **oil rig** plataforma f petrolífera; **oil slick** marea f negra; **oil tanker** petrolero m; **oil well** pozo m petrolífero; **oily** grasiento

ointment ['ɔɪntmənt] ungüento m, pomada f

ok [oʊ'keɪ]: **can I? – ~** ¿puedo? – de acuerdo or Span vale; **is it ~ with you if ...?** ¿te parecería bien si...?; **are you ~?** (well, not hurt) ¿estás bien?

old [oʊld] viejo; (previous) anterior, antiguo; **how ~ is he?** ¿cuántos años tiene?; **old age** vejez f; **old-fashioned** anticuado

olive ['ɑːlɪv] aceituna f, oliva f; **olive oil** aceite m de oliva

Olympic 'Games [əˈlɪmpɪk] Juegos *mpl* Olímpicos

omelet, *Br* **omelette** [ˈɒmlɪt] tortilla *f* (francesa)

ominous [ˈɒːmɪnəs] siniestro

omission [oʊˈmɪʃn] omisión *f*; **omit** omitir

on [ɑːn] **1** *prep* en; **~ the table** en la mesa; **~** *TV* en la televisión; **~ Sunday** el domingo; **~ the 1st of ...** el uno de...; **this is ~ me** (*I'm paying*) invito yo; **have you any money ~ you?** ¿llevas dinero encima?; **~ his arrival** cuando llegue; **~ hearing this** al escuchar esto **2** *adv*: **be ~ of** *light, TV, computer etc* estar encendido *or* L.Am. prendido; *of brake, lid* estar puesto; *of meeting etc*: **be scheduled to happen** haber sido acordado; **what's ~ tonight?** *on TV etc* ¿qué dan *or* Span ponen esta noche?; (*what's planned?*) ¿qué planes hay para esta noche?; **with his hat ~** con el sombrero puesto; **you're ~** (*I accept*) trato hecho; **~ you go** (*go ahead*) adelante; **talk ~** seguir hablando; **and so ~** etcétera; **~ and ~** *talk etc* sin parar **3** *adj*: **the ~ switch** el interruptor de encendido

once [wʌns] **1** *adv* (*one time, formerly*) una vez; **~ again, ~ more** una vez más; **at ~** (*immediately*) de inmediato **2** *conj* una vez que; **~ you have finished** una vez que hayas acabado

one [wʌn] **1** *n number* uno *m* **2** *adj* un(a); **~ day** un día **3** *pron* uno(-a); **which ~?** ¿cuál?; **~ by ~** uno por uno; **we help ~ another** nos ayudamos mutuamente; **what can ~ say?** ¿qué puede uno decir?; **the little ~s** los pequeños; **I for ~** yo personalmente; **what can ~ say?** ¿qué puede uno decir?; **one-parent family** familia *f* monoparental; **oneself** uno(-a) mismo(-a) *m(f)*; **do sth by ~** hacer algo sin ayuda; **be by ~** estar solo; **one-way street** calle *f* de sentido único; **one-way ticket** billete *m* de ida

onion [ˈʌnjən] cebolla *f*

'on-line en línea; **go ~ to** conectarse a; **on-line banking** banca *f* electrónica; **on-line dating** encuentros *mpl* online; **on-line shopping** compras *fpl* online

onlooker [ˈɑːnlʊkər] espectador(a) *m(f)*, curioso(-a) *m(f)*

only [ˈoʊnlɪ] **1** *adv* sólo, solamente; **not ~... but ... also** no sólo... sino también... **2** *adj* único

'onset comienzo *m*

on-the-job 'training formación *f* continua

opaque [oʊˈpeɪk] opaco

open [ˈoʊpən] **1** *adj also honest* abierto; **in the ~ air** al aire libre **2** v/t abrir **3** v/i of door, shop abrir; of flower abrirse; **open-air** meeting, concert al aire libre; **pool** descubierto; **open day** jornada f de puertas abiertas; **open-ended** contract etc abierto; **opening** in wall etc abertura f; of film, novel etc comienzo m; (job) puesto m vacante; **openly** (honestly, frankly) abiertamente; **open-minded** de mentalidad abierta; **open ticket** billete m abierto

opera ['ɑːpərə] ópera f; **opera house** (teatro m de la) ópera f; **opera singer** cantante m/f de ópera

operate ['ɑːpərət] **1** v/i operar; of machine funcionar (**on** con) **2** v/t machine manejar

♦ **operate on** MED operar

'operating room MED quirófano m; **operating system** COMPUT sistema m operativo; **operation** MED operación f; of machine manejo m; **operator** TELEC operador(a) m(f); of machine operario(-a) m(f); (tour ~) operador m turístico

opinion [ə'pɪnjən] opinión f; **opinion poll** encuesta f de opinión

opponent [ə'pounənt] oponente m/f, adversario(-a) m(f)

opportunist [ɑːpər'tuːnɪst] oportunista m/f; **opportunity** oportunidad f

oppose [ə'pouz] oponerse a; **be ~d to ...** estar en contra de...

opposite ['ɑːpəzɪt] **1** adj contrario; views, meaning opuesto **2** adv enfrente; **the house ~** la casa de enfrente **3** prep enfrente de; **opposite number** homólogo(-a) m(f)

opposition [ɑːpə'zɪʃn] to plan, POL oposición f

oppress [ə'pres] the people oprimir; **oppressive** rule opresor; weather agobiante

optician [ɑːp'tɪʃn] óptico(-a) m(f)

optimism ['ɑːptɪmɪzm] optimismo m; **optimist** optimista m/f; **optimistic** optimista; **optimistically** con optimismo

optimum ['ɑːptɪməm] óptimo

option ['ɑːpʃn] opción f; **optional** optativo

or [ɔːr] o; before a word beginning with the letter o u

oral ['ɔːrəl] oral; hygiene bucal

orange ['ɔːrɪndʒ] **1** adj naranja **2** n fruit naranja f; color naranja m; **orange juice** Span zumo m or L.Am. jugo m de naranja

orator ['ɔːrətər] orador(a) m(f)

orbit ['ɔːrbɪt] **1** n of earth órbita f **2** v/t the earth girar alrededor de

orchard ['ɔːrtʃərd] huerta f (de frutales)

orchestra ['ɔːrkɪstrə] orquesta f

orchid ['ɔːrkɪd] orquídea f

ordain [ɔːr'deɪn] ordenar

ordeal [ɔːr'diːl] calvario m, experiencia f penosa

order ['ɔːrdər] **1** n (command, sequence) orden m; for goods pedido m; **an ~ of fries** unas patatas fritas; **in ~ to** para; **out of ~** (not functioning) estropeado; (not in sequence) desordenado **2** v/t (put in sequence, proper layout) ordenar; goods, meal pedir; **~ s.o. to do sth** ordenar a alguien hacer algo or que haga algo **3** v/i in restaurant pedir; **orderly 1** adj (tidy) ordenado, metódico **2** n in hospital celador(a) m(f)

ordinarily [ɔːrdɪ'nerɪlɪ] (as a rule) normalmente; **ordinary** común, normal

ore [ɔːr] mineral m, mena f

organ ['ɔːrɡən] ANAT, MUS órgano m; **organic** food ecológico, biológico; fertilizer orgánico; **organically** grown ecológicamente, biológicamente; **organism** organismo m

organization [ɔːrɡənaɪ'zeɪʃn] organización f; **organize** organizar; **organizer** person organizador(a) m(f)

orient ['ɔːrɪənt] (direct) orientar; **Oriental** oriental

origin ['ɑːrɪdʒɪn] origen m; **original 1** adj original **2** n painting etc original m; **originality** originalidad f; **originally** originalmente; **origi-**

nate 1 v/t idea crear **2** v/i of idea, belief originarse; of family proceder

ornamental [ɔːrnə'mentl] ornamental

ornate [ɔːr'neɪt] recargado

orphan ['ɔːrfn] huérfano(-a) m(f)

orthodox ['ɔːrθədɑːks] ortodoxo

orthopedic [ɔːrθəˈpiːdɪk] ortopédico

ostensibly [ɑːˈstensəblɪ] aparentemente

ostentation [ɑːstenˈteɪʃəs] ostentación f; **ostentatious** [ɑːstenˈteɪʃəs] ostentoso

ostracize ['ɑːstrəsaɪz] condenar al ostracismo

other ['ʌðər] **1** adj otro; **the ~ day** (recently) el otro día; **every ~ day** cada dos días **2** n: **the ~** el otro; **the ~s** los otros

otherwise ['ʌðərwaɪz] **1** conj si no **2** adv (differently) de manera diferente

ought [ɔːt]: **I / you ~ to know** debo / debes saberlo; **you ~ to have done it** deberías haberlo hecho

ounce [aʊns] onza f

our [aʊr] nuestro(-a)

ours [aʊrz] el nuestro, la nuestra; **that book is ~** ese libro es nuestro; **a friend of ~** un amigo nuestro; **ourselves** reflexive nos; emphatic nosotros mismos mpl, nosotras mismas fpl; **we hurt ~** nos hicimos daño

oust [aʊst] from office derrocar

out [aʊt]: **be** ~ *of light, fire* estar apagado; *of flower* estar en flor; *(not at home)*, *of sun* haber salido; *of calculations* estar equivocado; *(be published)* haber sido publicado; *(no longer in competition)* estar eliminado; *(no longer in fashion)* estar pasado de moda; **~ here in Dallas** aquí en Dallas; **(get)** ~! ¡vete!; **(get)** ~ **of my room!** ¡fuera de mi habitación!; **that's** ~! *(out of the question)* ¡eso es imposible!; **he's** ~ **to win** *(fully intends to)* va a por la victoria

'outbreak estallido *m*
'outcast paria *m/f*
'outcome resultado *m*
'outcry protesta *f*
out'dated anticuado
out'do superar
out'door *toilet, life* al aire libre; **out'doors** fuera
outer ['aʊtər] *wall etc* exterior
'outfit *(clothes)* traje *m*, conjunto *m*; *(company, organization)* grupo *m*
out'last durar más que
'outlet *of pipe* desagüe *m*; *for sales* punto *m* de venta; ELEC enchufe *m*
'outline 1 *n of person, building etc* perfil *m*, contorno *m*; *of plan, novel* resumen *m* **2** *v/t plans etc* resumir
out'live sobrevivir a
'outlook *(prospects)* perspectivas *fpl*
out'number superar en número

out of ◇ *motion* fuera de; **run ~ the house** salir corriendo de la casa; ◇ *position:* **100 miles ~ Detroit** a 100 millas de Detroit ◇ *cause* por; **~ curiosity** por curiosidad ◇ *without:* **we're ~ gas** no nos queda gasolina ◇ *from a group* de cada **2 ~ 10** 2 de cada 10
out-of-'date anticuado, desfasado
'output 1 *n of factory* producción *f*; COMPUT salida *f* **2** *v/t* *(produce)* producir
'outrage 1 *n feeling* indignación *f*; *act* ultraje *m* **2** *v/t* indignar, ultrajar; **outrageous** *acts* atroz; *prices* escandaloso
'outright 1 *adj winner* absoluto **2** *adv win* completamente; *kill* en el acto
'outset principio *m*
out'shine eclipsar
'outside 1 *adj wall* exterior; *lane* de fuera **2** *adv sit, go* fuera **3** *prep* fuera de; *(apart from)* aparte de **4** *n of building, case etc* exterior *m*
'outsize *clothing* de talla especial
'outskirts afueras *fpl*
out'smart ☞ **outwit**
'outsource subcontratar
out'standing *quality* destacado; *writer, athlete* excepcional; FIN pendiente
outstretched ['aʊtstretʃt] *hands* extendido

outward ['aʊtwərd] *appearance* externo; **~ journey** viaje *m* de ida; **outwardly** aparentemente

out'weigh pesar más que

out'wit mostrarse más listo que

oval ['ouvl] oval, ovalado

oven ['ʌvn] horno *m*

over ['ouvər] **1** *prep (above)* sobre, encima de; *(across)* al otro lado de; *(more than)* más de; *(during)* durante; **she walked ~ the street** cruzó la calle; **travel all ~ Brazil** viajar por todo Brasil; **we're ~ the worst** lo peor ya ha pasado; **~ and above** además de **2** *adv:* **be ~** *(finished)* haber acabado; **there were just 6 ~** sólo quedaban seis; **~ in Japan** allá en Japón; **~ here / there** por aquí / allá; **it hurts all ~** me duele por todas partes; **painted white all ~** pintado todo de blanco; **it's all ~** se ha acabado; **and ~ again** una y otra vez; **do sth ~** *(again)* volver a hacer algo; **overall** *(in general)* en general; **overalls** *Span* mono *m, L.Am.* overol *m*

over'awe intimidar

over'balance perder el equilibrio

over'bearing dominante

'overcast *day* nublado; *sky* cubierto

over'charge *customer* cobrar de más a

'overcoat abrigo *m*

over'come *difficulties* superar, vencer

over'crowded *train* atestado; *city* superpoblado

over'do *(exaggerate)* exagerar; *in cooking* recocer, cocinar demasiado; **over'done** *meat* demasiado hecho

'overdose sobredosis *f inv*

'overdraft descubierto *m*; **overdraw** *account* dejar al descubierto

over'dressed demasiado trajeado

over'estimate sobreestimar

over'expose sobreexponer

'overflow[1] *in pipe* desagüe *m*, rebosadero *m*

over'flow[2] *v/i of water* desbordarse

over'haul revisar

'overhead 1 *adj lights, railway* elevado **2** *n* FIN gastos *mpl* generales

over'hear oír por casualidad

overjoyed [ouvər'dʒɔɪd] contentísimo, encantado

'overland 1 *adj route* terrestre **2** *adv travel* por tierra

over'lap *of tiles etc* solaparse; *of periods of time* coincidir; *of theories* tener puntos en común

over'load sobrecargar

over'look *of tall building etc* dominar; *(not see)* pasar por alto

overly ['ouvərlɪ] excesivamente, demasiado

'overnight *travel* por la noche; *fig change etc* de la noche a la mañana

'overpass paso *m* elevado

over'power *physically* dominar

overpriced [ouvə'praɪst] demasiado caro

overrated [ouvə'reɪtɪd] sobrevalorado

over'ride anular; **overriding** *concern* primordial

over'rule *decision* anular

over'seas 1 *adv* live, work en el extranjero; *go* al extranjero 2 *adj* extranjero

over'see supervisar

'overshadow *fig* eclipsar

'oversight descuido *m*

over'sleep quedarse dormido

over'state exagerar; **overstatement** exageración *f*

over'take *in work, development* adelantarse a; *Br* MOT adelantar

over'throw¹ *v/t* derrocar

'overthrow² *n* derrocamiento *m*

'overtime¹ *n* SP: **in ~** en la

---

prórroga 2 *adv*: **work ~** hacer horas extras

over'turn 1 *v/t vehicle* volcar; *object* dar la vuelta a; *government* derribar 2 *v/i of vehicle* volcar

'overview visión *f* general

overwhelming [ouvə'welmɪŋ] *feeling* abrumador; *majority* aplastante

over'work 1 *n* exceso *m* de trabajo 2 *v/i* trabajar en exceso

owe [ou] deber; **owing to** debido a

owl [aul] búho *m*

own¹ [oun] *v/t* poseer

own² [oun] 1 *adj* propio; 2 *pron*: *an apartment of my* ~ mi propio apartamento; *on my* ~ yo solo

◆ own up confesar

owner ['ounər] dueño(-a) *m(f)*, propietario(-a) *m(f)*; **ownership** propiedad *f*

oxygen ['ɑːksɪdʒən] oxígeno *m*

oyster ['ɔɪstər] ostra *f*

ozone ['ouzoun] ozono *m*; **ozone layer** capa *f* de ozono

P

PA [piː'eɪ] (= *personal assistant*) secretario(-a) *m(f)* personal

pace [peɪs] (*step*) paso *m*; (*speed*) ritmo *m*; **pacemaker** MED marcapasos *m inv*; SP liebre *f*

Pacific [pə'sɪfɪk]: *the* ~ (*Ocean*) el (Océano) Pacífico

pacifier ['pæsɪfaɪər] *for baby* chupete *m*; **pacifism** pacifismo *m*; **pacifist** pacifista *m/f*; **pacify** tranquilizar; *country* pacificar

pack [pæk] **1** n (back~) mochila f; of food, cigarettes paquete m **2** v/t item of clothing etc meter en la maleta; goods empaquetar; groceries meter en una bolsa; **~ one's bag** hacer la bolsa **3** v/i hacer la maleta; **package 1** n paquete m **2** v/t in packs embalar; idea presentar; **packaging** of product embalaje m; of idea presentación f; **packet** paquete m

pact [pækt] n pacto m

pad[1] [pæd] **1** n for protection almohadilla f; for absorbing liquid compresa f; for writing bloc m **2** v/t with material acolchar; speech, report meter paja en

pad[2] [pæd] v/i (move quietly) caminar silenciosamente

padding ['pædɪŋ] material relleno m; in speech etc paja f

paddle ['pædəl] **1** n for canoe canalete m, remo m **2** v/i in canoe remar; in water chapotear

paddock ['pædək] potrero m

padlock ['pædlɒk] candado m

page[1] [peɪdʒ] n of book etc página f

page[2] [peɪdʒ] v/t (call) llamar; by PA llamar por megafonía; by beeper llamar por el buscapersonas or Span busca

pager ['peɪdʒər] buscapersonas m inv, Span busca m

paid employment [peɪd] em-

pleo m remunerado

pain [peɪn] dolor m; **be in ~** sentir dolor; **painful** dolorido; blow, condition, subject doloroso; (laborious) difícil; **painfully** (extremely, acutely) extremadamente; **painkiller** analgésico m; **painless** indoloro; **painstaking** meticuloso

paint [peɪnt] **1** n pintura f **2** v/t pintar; **paintbrush** large brocha f; small pincel m; **painter** decorator pintor(a) m(f) (de brocha gorda); artist pintor(a) m(f); **painting** activity pintura f; picture cuadro m; **paintwork** pintura f

pair [per] n of shoes etc par m; of people, animals pareja f; **a ~ of pants** unos pantalones

pajamas [pə'dʒɑːməz] pijama m

Pakistan [pɑːkɪ'stɑːn] Paquistán, Pakistán; **Pakistani 1** n paquistaní m/f, pakistaní m/f **2** adj paquistaní, pakistaní

pal [pæl] F (friend) amigo(-a) m(f), Span colega m/f F

palace ['pælɪs] palacio m

palate ['pælət] paladar m

palatial [pə'leɪʃl] palacio palaciego

pale [peɪl] person pálido; **she went ~** palideció

Palestine ['pæləstaɪn] Palestina; **Palestinian 1** n palestino(-a) m(f) **2** adj palestino

pallet ['pælɪt] palé m

pallor ['pælər] palidez f

palm [pɑːm] of hand palma f;

palm tree palmera *f*

paltry ['pɔːltrɪ] miserable

pamper ['pæmpər] mimar

pamphlet ['pæmflɪt] *for information* folleto *m*; *political* panfleto *m*

pan [pæn] *for cooking* cacerola *f*; *for frying* sartén *f*

Panama ['pænəmɑː] Panamá; **Panama Canal: the ~** el Canal de Panamá; **Panama City** Ciudad *f* de Panamá; **Panamanian 1** *adj* panameño **2** *n* panameño(-a) *m(f)*

pancake ['pænkeɪk] crepe *m*, *L.Am.* panqueque *m*

pandemonium [pændɪ'məʊnɪəm] pandemónium *m*

pane [peɪn] *of glass* hoja *f*

panel ['pænl] panel *m*; *people* grupo *m*, panel *m*; **paneling**, *Br* **panelling** paneles *mpl*

panic ['pænɪk] **1** *n* pánico *m* **2** *v/i* ser preso del pánico; **panic-stricken** preso del pánico

panorama [pænə'rɑːmə] panorama *m*; **panoramic** panorámico

pant [pænt] jadear

panties ['pæntɪz] *Span* bragas *fpl*, *L.Am.* calzones *mpl*

pantihose ☞ **pantyhose**

pants [pænts] pantalones *mpl*

pantyhose ['pæntɪhəʊz] medias *fpl*, pantis *mpl*

papal ['peɪpl] papal

paparazzi [pæpə'rætsiː] paparazzi *mfpl*

paper ['peɪpər] **1** *n* papel *m*; *(news~)* periódico *m*; *academic* estudio *m*; *at confer-*

ence ponencia *f*; *(examination ~)* examen *m*; **~s** *(documents)* documentos *mpl*; *of vehicle*, *(identity ~s)* papeles *mpl*, documentación *f* **2** *adj* de papel **3** *v/t room* empapelar; **paperback** libro *m* en rústica; **paper clip** clip *m*; **paperwork** papeleo *m*

parachute ['pærəʃuːt] **1** *n* paracaídas *m inv* **2** *v/i* saltar en paracaídas **3** *v/t troops*, *supplies* lanzar en paracaídas

parade [pə'reɪd] **1** *n* procesión desfile *m* **2** *v/i* desfilar; *(walk about)* pasearse

paradise ['pærədaɪs] paraíso *m*

paradox ['pærədɑːks] paradoja *f*; **paradoxical** paradójico; **paradoxically** paradójicamente

paragraph ['pærəgræf] párrafo *m*

Paraguay ['pærəgwaɪ] Paraguay; **Paraguayan 1** *adj* paraguayo **2** *n* paraguayo(-a) *m(f)*

parallel ['pærəlel] **1** *n* paralela *f*; GEOG paralelo *m*; *fig* paralelismo *m* **2** *adj* paralelo **3** *v/t (match)* equipararse a

paralysis [pə'ræləsɪs] parálisis *f*; **paralyze** *also fig* paralizar

paramedic [pærə'medɪk] auxiliar *m/f* sanitario(-a)

parameter [pə'ræmɪtər] parámetro *m*

paramilitary [pærə'mɪlɪterɪ] **1**

adj paramilitar **2** *n* paramilitar *m/f*

paranoia [pærə'nɔɪə] paranoia *f*; **paranoid** paranoico

paraphrase ['pærəfreɪz] parrafrasear

parasite ['pærəsaɪt] *also key* parásito *m*

parasol ['pærəsɔːl] sombrilla *f*

paratrooper ['pærətruːpər] paracaidista *m/f* (*militar*)

parcel ['paːrsl] paquete *m*

pardon ['paːrdn] **1** *n* LAW indulto *m*; **I beg your ~?** (*what did you say?*) ¿cómo ha dicho?; **I beg your ~** (*I'm sorry*) discúlpeme **2** *v/t* perdonar; LAW indultar; **~ me?** ¿perdón?

parent ['perənt] *father* padre *m*; *mother* madre *f*; **my ~s** mis padres; **parental** de los padres; **parent company** empresa *f* matriz; **parent-teacher association** asociación *f* de padres y profesores

parish ['perɪʃ] parroquia *f*

park[1] [paːrk] *n* parque *m*

park[2] [paːrk] *v/t & v/i* mot estacionar, *Span* aparcar; **parking** mot estacionamiento *m*, *Span* aparcamiento *m*; **parking brake** freno *m* de mano; **parking garage** párking *m*, *Span* aparcamiento *m*; **parking lot** estacionamiento *m*, *Span* aparcamiento *m* (*al aire libre*); **parking meter** parquímetro *m*; **parking ticket** multa *f*

de estacionamiento

parliament ['paːrləmənt] parlamento *m*

parole [pə'roul] **1** *n* libertad *f* condicional **2** *v/t* poner en libertad condicional

parrot ['pærət] loro *m*

part [paːrt] **1** *n* parte *f*; *of machine* pieza *f* (de repuesto); *in movie* papel *m*; *in hair* raya *f*; **take ~ in** tomar parte en **2** *adv* (*partly*) en parte **3** *v/i* separarse; **partial** (*incomplete*) parcial; **partially** parcialmente

participant [paːr'tɪsɪpənt] participante *m/f*; **participate** participar; **participation** participación *f*

particular [pər'tɪkjələr] (*specific*) particular, concreto; (*demanding*) exigente; *about friends etc* selectivo; *pej* especial, quisquilloso; **particularly** particularmente

partition [paːr'tɪʃn] (*screen*) tabique *m*; *of country* partición *f*, división *f*

partly ['paːrtli] en parte

partner ['paːrtnər] COM socio(-a) *m(f)*; *in relationship* compañero(-a) *m(f)*; *in tennis, dancing* pareja *f*; **partnership** COM sociedad *f*; *in particular activity* colaboración *f*

'part-time a tiempo parcial

party ['paːrti] **1** *n* (*celebration*) fiesta *f*; POL partido *m*; (*group of people*) grupo *m* **2** *v/i* F salir de marcha F

pathetic

pass [pæs] **1** n for entry, SP pase m; in mountains desfiladero m **2** v/t (hand) pasar; (go past) pasar por delante de; (overtake) adelantar; (go beyond) sobrepasar; (approve) aprobar **3** v/i of time pasar; in exam aprobar; (go away) pasarse

◆ **pass away** euph fallecer, pasar a mejor vida

◆ **pass on 1** v/t information, book pasar **2** v/i (euph: die) fallecer, pasar a mejor vida

◆ **pass out** (faint) desmayarse

◆ **pass up** opportunity dejar pasar

passable ['pæsəbl] road transitable; (acceptable) aceptable

passage ['pæsɪdʒ] (corridor) pasillo m; from book pasaje m; of time paso m

passenger ['pæsɪndʒər] pasajero(-a) m(f)

passer-by ['pæsər'baɪ] transeúnte m/f

passion ['pæʃn] pasión f; **passionate** lover apasionado; (fervent) fervoroso

passive ['pæsɪv] **1** adj pasivo **2** n GRAM (voz f) pasiva f; **passive smoking** (el) fumar pasivamente

'**passport** pasaporte m; **passport control** control m de pasaportes; **password** contraseña f

past [pæst] **1** adj (former) pasado; **the ~ few days** los úl-

timos días **2** n pasado **3** prep in position después de; **it's half ~ two** son las dos y media **4** adv: **run / walk ~** pasar

pasta ['pæstə] pasta f

paste [peɪst] **1** n (adhesive) cola f **2** v/t (stick) pegar

pastime ['pæstaɪm] pasatiempo m

past par'ticiple GRAM participio m pasado

pastry ['peɪstrɪ] for pie masa f; small cake pastel m

'**past tense** GRAM (tiempo m) pasado m

pasty ['peɪstɪ] face pálido

pat [pæt] **1** n palmadita f **2** v/t dar palmaditas a

patch [pætʃ] **1** n on clothing parche m; (area) mancha f; **a bad ~ of time** un mal momento, una mala racha **2** v/t clothing remendar

◆ **patch up** (repair) hacer un remiendo a, arreglar a medias; quarrel solucionar

patchy ['pætʃɪ] quality desigual; work irregular

patent ['peɪtnt] **1** adj patente, evidente **2** n for invention patente f **3** v/t invention patentar

paternal [pə'tɜːrnl] relative paterno; pride, love paternal; **paternalism** paternalismo m; **paternalistic** paternalista; **paternity** paternidad f

path [pæθ] also fig camino m

pathetic [pə'θetɪk] invoking pity patético; F (very bad) lamentable F

pathological [pæθəˈlɒːdʒɪkl] patológico

patience [ˈpeɪʃns] paciencia f; **patient 1** n paciente m/f **2** adj paciente; **patiently** pacientemente

patio [ˈpætɪoʊ] Br patio m

patriot [ˈpeɪtrɪət] patriota m/f; **patriotic** patriótico; **patriotism** patriotismo m

patrol [pəˈtroʊl] **1** n patrulla f **2** v/t streets, border patrullar; **patrol car** coche m de patrulla; **patrolman** policía m, patrullero m; **patrol wagon** furgón m policial

patron [ˈpeɪtrən] of store, movie theater cliente m/f; of artist, charity etc patrocinador(a) m(f); **patronize** person tratar con condescendencia; **patronizing** condescendiente; **patron saint** santo(-a) m(f) patrón(-ona), patrón(-ona) m(f)

pattern [ˈpætərn] on fabric estampado m; for sewing diseño m; (model) modelo m; in behavior, events pauta f

paunch [pɔːntʃ] barriga f

pause [pɔːz] **1** n pausa f **2** v/i parar; when speaking hacer una pausa **3** v/t tape poner en pausa

pave [peɪv] with concrete pavimentar; with slabs adoquinar; **pavement** (roadway) calzada f; Br (sidewalk) acera f

paw [pɔː] **1** n of animal pata f; F (hand) pezuña f F **2** v/t F

sobar F

pawn [pɔːn] in chess peón m; fig títere m

pay [peɪ] **1** n paga f, sueldo m **2** v/t pagar; ~ **attention** prestar atención **3** v/i pagar; (be profitable) ser rentable; ~ **for purchase** pagar

◆ **pay back** person devolver el dinero a; loan pagar

◆ **pay off 1** v/t debt liquidar; (bribe) sobornar **2** v/i (be profitable) valer la pena

◆ **pay up** pagar

payable [ˈpeɪəbl] pagadero; **pay check**, Br **pay cheque** cheque m del sueldo; **payday** día m de paga; **payee** beneficiario(-a) m(f); **payment** pago m; **pay phone** teléfono m público

PC [piːˈsiː] (= **personal computer**) PC m, Span ordenador m or L.Am. computadora f personal; (= **politically correct**) políticamente correcto

pea [piː] Span guisante m, L.Am. arveja f, Mex chícharo m

peace [piːs] paz f; (quietness) tranquilidad f; **peaceful** tranquilo; demonstration pacífico; **peacefully** pacíficamente

peach [piːtʃ] fruit melocotón m, L.Am. durazno m; tree melocotonero m, L.Am. duraznero m

peak [piːk] **1** n of mountain cima f; mountain pico m; fig

clímax *m* **2** *v/i* alcanzar el
máximo; **peak hours** horas
fpl punta

peanut ['piːnʌt] cacahuete *m*,
L.Am. maní *m*, *Mex* caca-
huate *m*; **get paid ~s** F co-
brar una miseria F; **peanut
butter** crema *f* de cacahuete

pear [per] pera *f*

pearl [pɜːrl] perla *f*

pecan ['piːkən] pacana *f*

peck [pek] **1** *m* bite picotazo *m*;
kiss besito *m* **2** *v/i bite* pico-
tear; *kiss* dar un besito a

peculiar [pɪˈkjuːljər] (*strange*)
raro; **peculiarity** rareza *f*;
(*special feature*) peculiaridad
f

pedal ['pedl] **1** *n of bike* pedal
m **2** *v/i* pedalear; (*cycle*) reco-
rrer en bicicleta

peddle ['pedl] *drugs* traficar
con

pedestrian [pɪˈdestrɪən] peatón-
(-ona) *m(f)*

pediatric [piːdɪˈætrɪk] pediá-
trico; **pediatrician** pediatra
m/f; **pediatrics** pediatría *f*

pedicure ['pedɪkjʊr] pedicura
f

pedigree ['pedɪgriː] **1** *n of an-
imal* pedigrí; *of person* linaje
m **2** *adj* con pedigrí

pee [piː] F hacer pis F

peek [piːk] **1** *n* ojeada *f* **2** *v/i*
echar una ojeada

peel [piːl] **1** *n* piel *f* **2** *v/t fruit,
vegetables* pelar **3** *v/i of nose,
shoulders* pelarse; *of paint* le-
vantarse

peep [piːp] ☞ **peek**; **peep-**

hole mirilla *f*

peer[1] [pɪr] *n* (*equal*) igual *m*

peer[2] [pɪr] *v/i* mirar

peg [peg] *for hat, coat* percha
f; *for tent* clavija *f*; **off the ~**
de confección

pejorative [pɪˈdʒɑːrətɪv] pe-
yorativo

pellet ['pelɪt] pelotita *f*; (*bul-
let*) perdigón *m*

pen[1] [pen] (*ballpoint ~*) bolí-
grafo *m*

pen[2] [pen] (*enclosure*) corral
m

pen[3] [pen] ☞ **penitentiary**

penalize ['piːnəlaɪz] penali-
zar

penalty ['penltɪ] sanción *f*; SP
penalti *m*; **penalty area** SP
área *f* de castigo; **penalty
clause** LAW cláusula *f* de pe-
nalización; **penalty kick**
(lanzamiento *m* de) penalti
m

pencil ['pensɪl] lápiz *m*; **pen-
cil sharpener** sacapuntas
m inv

pendant ['pendənt] *necklace*
colgante *m*

penetrate ['penɪtreɪt] (*pierce*)
penetrar; *market* penetrar
en; **penetration** penetración
f; *of defenses* incursión *f*; *of
market* entrada *f*

penguin ['pengwɪn] pingüino
m

penicillin [penɪˈsɪlɪn] penicili-
na *f*

peninsula [pəˈnɪnsʊlə] penín-
sula *f*

penitence ['penɪtəns] (*re-*

morse) arrepentimiento *m*;
penitentiary prisión *f*, cárcel *f*

'pen name seudónimo *m*
pennant ['penənt] banderín *m*
penniless ['penɪlɪs] sin un centavo

'pen pal amigo(-a) *m(f)* por correspondencia
pension ['penʃn] pensión *f*
◆ **pension off** jubilar
pensive ['pensɪv] pensativo
Pentagon ['pentəgɑːn]: **the ~** el Pentágono
pentathlon [pen'tæθlən] pentatlón *m*
penthouse ['penthaʊs] ático *m* (de lujo)
pent-up ['pentʌp] reprimido
penultimate [pe'nʌltɪmət] penúltimo
people ['piːpl] gente *f*; (*individuals*) personas *fpl*; (*race, tribe*) pueblo *m*; **the ~** (*citizens*) el pueblo, los ciudadanos; **~ say ...** se dice que ...
pepper ['pepər] *spice* pimienta *f*; *vegetable* pimiento *m*;
peppermint *candy* caramelo *m* de menta
per [pɜːr] por; **~ annum** al año, por año
perceive [pər'siːv] percibir; (*view, interpret*) interpretar
percent [pər'sent] por ciento
percentage porcentaje *m*, tanto *m* por ciento
perceptible [pər'septəbl] perceptible; **perceptibly** visiblemente; **perception** *through senses* percepción *f*;

of situation apreciación *f*; (*insight*) perspicacia *f*; **perceptive** perceptivo
percolate ['pɜːrkəleɪt] *of coffee* filtrarse; **percolator** cafetera *f* de filtro
perfect 1 ['pɜːrfɪkt] *n* GRAM pretérito *m* perfecto **2** ['pɜːrfɪkt] *adj* perfecto **3** [pər'fekt] *v/t* perfeccionar; **perfection** perfección *f*; **perfectionist** perfeccionista *m/f*; **perfectly** perfectamente; (*totally*) completamente
perforated ['pɜːrfəreɪtɪd] *line* perforado
perform [pər'fɔːrm] **1** *v/t* (*carry out*) realizar; *of actors etc* interpretar **2** *v/i of actor, musician, dancer* actuar; *of machine* funcionar; **performance** *by actor etc* actuación *f*, interpretación *f*; *of play* representación *f*; *of employee* rendimiento *m*; *of official, company, in sport* actuación *f*; *of machine* rendimiento *m*; **performer** intérprete *m/f*
perfume ['pɜːrfjuːm] perfume *m*
perfunctory [pər'fʌŋktəri] superficial
perhaps [pər'hæps] quizá(s), tal vez
peril ['perəl] peligro *m*
perimeter [pə'rɪmɪtər] perímetro *m*
period ['pɪrɪəd] periodo *m*, período *m*; (*menstruation*) periodo *m*, regla *f*; *punctuation mark* punto *m*; **periodic**

periódico; **periodical** publicación *f* periódica

peripheral [pə'rɪfərəl] **1** *adj* (*not crucial*) secundario **2** *n* COMPUT periférico *m*; **periphery** periferia *f*

perish ['perɪʃ] *of rubber* estropearse; *of person* perecer; **perishable** *food* perecedero

perjure ['pɜːrdʒər]: ~ **o.s.** perjurar; **perjury** perjurio *m*

perm [pɜːrm] **1** *n* permanente *f* **2** *v/t* hacer la permanente

permanent ['pɜːrmənənt] permanente; **permanently** permanentemente

permeate ['pɜːrmɪeɪt] impregnar

permissible [pər'mɪsəbl] permisible; **permission** permiso *m*; **permissive** permisivo; **permit 1** *n* licencia *f* **2** *v/t* permitir

perpendicular [pɜːrpən'dɪkjʊlər] perpendicular

perpetual [pər'petʃʊəl] perpetuo; *interruptions* continuo; **perpetually** constantemente

perplex [pər'pleks] dejar perplejo; **perplexity** perplejidad *f*

persecute ['pɜːrsɪkjuːt] perseguir; (*hound*) acosar; **persecution** persecución *f*; (*harassment*) acoso *m*; **persecutor** perseguidor(a) *m(f)*

perseverance [pɜːrsɪ'vɪrəns] perseverancia *f*; **persevere** perseverar

persist [pər'sɪst] persistir;

persistent *person, questions* perseverante; *rain, unemployment etc* persistente; **persistently** (*continually*) constantemente

person ['pɜːrsn] persona *f*; **personal** (*private*) personal; *life* privado; **personal computer** Span ordenador *m* personal, *L.Am.* computadora *f* personal; **personality** personalidad *f*; **personally** (*for my part*) personalmente; (*in person*) en persona; **personal organizer** organizador *m* personal; **personal stereo** walkman *m* ®; **personify** *of person* personificar

personnel [pɜːrsə'nel] personal *m*

perspective [pər'spektɪv] *in art* perspectiva *f*; **get sth into** ~ poner algo en perspectiva

perspiration [pɜːrspɪ'reɪʃn] sudor *m*, transpiración *f*; **perspire** sudar, transpirar

persuade [pər'sweɪd] persuadir; **persuasion** persuasión *f*; **persuasive** persuasivo

perturb [pər'tɜːrb] perturbar; **perturbing** perturbador

Peru [pə'ruː] Perú; **Peruvian 1** *adj* peruano **2** *n* peruano(-a) *m(f)*

pervasive [pər'veɪsɪv] *influence, ideas* dominante

perversion [pər'vɜːrʒn] *sexual* perversión *f*; **pervert** *sexual* pervertido(-a) *m(f)*

pessimism ['pesɪmɪzm] pesimismo *m*; **pessimist** pesimista *m/f*; **pessimistic** pesimista

pest [pest] plaga *f*; F *person* tostón *m* F

pester ['pestər] acosar; **~ s.o. to do sth** dar la lata a alguien para que haga algo

pesticide ['pestɪsaɪd] pesticida *f*

pet [pet] **1** *n* animal *m* doméstico; (*favorite*) preferido(-a) *m(f)* **2** *adj* preferido **3** *v/t animal* acariciar **4** *v/i of couple* magrearse F

petite [pə'tiːt] chiquito(-a); *size* menudo

petition [pə'tɪʃn] petición *f*

petrify ['petrɪfaɪ] dejar petrificado

petrochemical [petroʊ'kemɪkl] petroquímico

petrol ['petrl] *Br* gasolina *f*, *Arg* nafta *f*

petroleum [pɪ'trəʊlɪəm] petróleo *m*

petting ['petɪŋ] magreo *m* F

petty ['petɪ] *person, behavior* mezquino; *details* sin importancia

pew [pjuː] banco *m* (*de iglesia*)

pharmaceutical [faːrmə'suːtɪkl] farmacéutico; **pharmaceuticals** fármacos *mpl*

pharmacist ['faːrməsɪst] *in store* farmacéutico(-a) *m(f)*; **pharmacy** *store* farmacia *f*

phase [feɪz] fase *f*

phenomenal [fɪ'naːmɪnl] fenomenal; **phenomenon** fenómeno *m*

philanthropic [fɪlən'θraːpɪk] filantrópico; **philanthropist** filántropo(-a) *m(f)*; **philanthropy** filantropía *f*

Philippines ['fɪlɪpiːnz]: **the ~** las Filipinas

philosopher [fɪ'laːsəfər] filósofo(-a) *m(f)*; **philosophical** filosófico; **philosophy** filosofía *f*

phobia ['foʊbɪə] fobia *f*

phone [foʊn] **1** *n* teléfono *m* **2** *v/t* llamar (por teléfono) a **3** *v/i* llamar (por teléfono); **phone book** guía *f* (de teléfonos); **phone booth** cabina *f* (de teléfonos); **phonecall** llamada *f* (telefónica); **phone card** tarjeta *f* telefónica; **phone number** número *m* de teléfono

phon(e)y ['foʊnɪ] F falso

photo ['foʊtoʊ] foto *f*; **photocopier** fotocopiadora *f*; **photocopy 1** *n* fotocopia *f* **2** *v/t* fotocopiar; **photogenic** fotogénico; **photograph 1** *n* fotografía *f* **2** *v/t* fotografiar; **photographer** fotógrafo(-a) *m(f)*; **photography** fotografía *f*

phrase [freɪz] **1** *n* frase *f* **2** *v/t* expresar

physical ['fɪzɪkl] **1** *adj* físico **2** *n* MED reconocimiento *m* médico; **physically** físicamente

physician [fɪ'zɪʃn] médico(-a) *m(f)*

physicist ['fɪzɪsɪst] físico(-a) *m(f)*; **physics** física *f*

physiotherapist [fɪzɪou'θerə-pɪst] fisioterapeuta *m/f*; **physiotherapy** fisioterapia *f*

physique [fɪ'ziːk] físico *m*

pianist ['pɪənɪst] pianista *m/f*; **piano** piano *m*

pick [pɪk] *v/t* (*choose*) escoger, elegir; *flowers, fruit* recoger

◆ **pick up 1** *v/t* recoger, *Span* coger; *habit* adquirir, *Span* coger; *illness* contraer, *Span* coger; *telephone* descolgar; *language, skill* aprender; (*buy*) comprar; *sexually* ligar con **2** *v/i* (*improve*) mejorar

picket ['pɪkɪt] **1** *n of strikers* piquete *m* **2** *v/t* hacer piquete delante de

'pickpocket carterista *m/f*

pick-up (truck) ['pɪkʌp] camioneta *f*

picky ['pɪkɪ] F tiquismiquis F

picnic ['pɪknɪk] **1** *n* picnic *m* **2** *v/i* ir de picnic

picture ['pɪktʃər] **1** *n* (*photo*) fotografía *f*; (*painting*) cuadro *m*; (*illustration*) dibujo *m*; (*movie*) película *f*; *on TV* imagen *f* **2** *v/t* imaginar

picturesque [pɪktʃə'resk] pintoresco

pie [paɪ] pastel *m*

piece [piːs] (*fragment*) fragmento *m*; *component, in game* pieza *f*; **a ~ of advice** un consejo; **take to ~s** desmontar

◆ **piece together** *broken plate* recomponer; *evidence* reconstruir

piecemeal ['piːsmiːl] poco a poco

pier [pɪr] *Br at seaside* malecón *m*

pierce [pɪrs] (*penetrate*) perforar; *ears* agujerear; **piercing** *scream* desgarrador; *gaze* penetrante; *wind* cortante

pig [pɪg] *also fig* cerdo *m*; *greedy* glotón(-a) *m(f)*

pigeon ['pɪdʒɪn] paloma *f*; **pigeonhole** casillero *m*

pigheaded [pɪg'hedɪd] F cabezota F; **pigpen** *also fig* pocilga *f*

pile [paɪl] montón *m*, pila *f*

◆ **pile up 1** *v/i of work, bills* acumularse **2** *v/t* amontonar

pile-up ['paɪlʌp] MOT choque *m* múltiple

pilfering ['pɪlfərɪŋ] hurtos *mpl*

pill [pɪl] pastilla *f*; **be on the ~** tomar la píldora

pillar ['pɪlər] pilar *m*

pillow ['pɪlou] almohada *f*; **pillowcase** funda *f* de almohada

pilot ['paɪlət] **1** *n of airplane* piloto *m/f*; *for ship* práctico *m* **2** *v/t* *airplane* pilotar

pimp [pɪmp] proxeneta *m*, *Span* chulo *m* F

pimple ['pɪmpl] grano *m*

PIN [pɪn] (= *personal identification number*) PIN *m* (= número *m* de identificación personal)

pin [pɪn] **1** *n for sewing* alfiler *m*; *in bowling* bolo *m*; (*badge*) pin *m*; ELEC clavija *f* **2** *v/t* (*hold down*) mantener;

pin 456

(*attach*) sujetar
◆ **pin up** *notice* sujetar con chinchetas
pincers ['pɪnsərz] *of crab* pinzas *fpl*; *tool* tenazas *fpl*
pinch [pɪntʃ] **1** *n* pellizco *m*; *of salt etc* pizca *f* **2** *v/t* pellizcar **3** *v/i* of shoes apretar
pine [paɪn] *tree, wood* pino *m*;
pineapple piña *f*, *L.Am.* ananá(s) *f*
pink [pɪŋk] rosa
pinnacle ['pɪnəkl] *fig* cima *f*
pinpoint determinar; **pins and needles** hormigueo *m*;
pin-up modelo *m/f* de revista
pioneer [paɪə'nɪr] **1** *n* pionero(-a) *m(f)* **2** *v/t* ser pionero en; **pioneering** *work* pionero
pious ['paɪəs] piadoso
pip [pɪp] *Br of fruit* pepita *f*
pipe [paɪp] **1** *n* tubería *f*; *for smoking* pipa *f*; **2** *v/t* conducir por tuberías; **pipeline** *for oil* oleoducto *m*; *for gas* gasoducto *m*
pirate ['paɪrət] **1** *n* pirata *m/f* **2** *v/t software* piratear
pissed [pɪst] *P (annoyed)* cabreado *P*; *Br P (drunk)* borracho, pedo *F*
pistol ['pɪstl] pistola *f*
piston ['pɪstən] pistón *m*
pit [pɪt] *(hole)* hoyo *m*; *(coal mine)* mina *f*; *in fruit* hueso *m*
pitch[1] [pɪtʃ] *n* MUS tono *m*
pitch[2] [pɪtʃ] **1** *v/i in baseball* lanzar la pelota **2** *v/t tent* montar; *ball* lanzar

pitcher[1] ['pɪtʃər] *baseball player* lanzador(a) *m(f)*, pítcher *m/f*
pitcher[2] ['pɪtʃər] *container* jarra *f*
pitfall ['pɪtfɔːl] dificultad *f*
pitiful ['pɪtɪfəl] *sight* lastimoso; *excuse, attempt* lamentable; **pitiless** despiadado
pittance ['pɪtns] miseria *f*
pity ['pɪtɪ] **1** *n* pena *f*, lástima *f*; **what a ~!** ¡qué pena! **2** *v/t person* compadecerse de
pizza ['piːtsə] pizza *f*
placard ['plækɑːrd] pancarta *f*
place [pleɪs] **1** *n* sitio *m*, lugar *m*; *in race, competition* puesto *m*; *(seat)* sitio *m*; **at my / his ~** en mi / su casa; **in ~ of** en lugar de; **take ~** tener lugar **2** *v/t (put)* poner, colocar; *order* hacer
placid ['plæsɪd] apacible
plagiarism ['pleɪdʒərɪzm] plagio *m*; **plagiarize** plagiar
plain[1] [pleɪn] *n* llanura *f*
plain[2] [pleɪn] **1** *adj (clear, obvious)* claro; *(not fancy)* simple; *(not pretty)* feíllo; *(not patterned)* liso; *(blunt)* directo **2** *adv* verdaderamente; **plainly** *(clearly)* evidentemente; *(bluntly)* directamente; *(simply)* con sencillez; **plain spoken** directo
plaintive ['pleɪntɪv] quejumbroso
plan [plæn] **1** *n* plan *m*; *(drawing)* plano *m* **2** *v/t* planear; *(design)* hacer los planos de **3** *v/i* hacer planes

plane¹ [pleɪn] (*airplane*) avión *m*

plane² [pleɪn] *tool* cepillo *m*

planet ['plænɪt] planeta *f*

plank [plæŋk] *of wood* tablón *m*; *fig: of policy* punto *m*

planning ['plænɪŋ] planificación *f*

plant¹ [plænt] **1** *n* planta *f* **2** *v/t* plantar

plant² [plænt] *n* (*factory*) fábrica *f*, planta *f*; (*equipment*) maquinaria *f*

plantation [plæn'teɪʃn] plantación *f*

plaque [plæk] *on wall, teeth* placa *f*

plaster ['plæstər] **1** *n* yeso *m* **2** *v/t* enyesar

plastic ['plæstɪk] **1** *n* plástico *m* **2** *adj* (*made of* ~) de plástico; **plastic** (*money*) plástico *m*, tarjetas *fpl* de pago; **plastic surgeon** cirujano(-a) *m(f)* plástico(-a); **plastic surgery** cirugía *f* estética

plate [pleɪt] *plato m; of metal* chapa *f*

plateau ['plætəʊ] meseta *f*

platform ['plætfɔːrm] (*stage*) plataforma *f*; *of railroad station* andén *m*; *fig: political* programa *m*

platinum ['plætɪnəm] **1** *n* platino *m* **2** *adj* de platino

platonic [plə'tɑːnɪk] platónico

platoon [plə'tuːn] *of soldiers* sección *f*

plausible ['plɔːzəbl] plausible

play [pleɪ] **1** *n* juego *m; in the-*

ater, on TV obra *f* (de teatro) **2** *v/t* jugar; *of musician* tocar **3** *v/t* MUS tocar; *game* jugar; *tennis, football* jugar a; *opponent* jugar contra; (*perform: Macbeth etc*) representar; *particular role* interpretar

♦ **play around** F (*be unfaithful*) acostarse con otras personas

♦ **play down** quitar importancia a

player ['pleɪər] SP jugador(a) *m(f)*; (*musician*) intérprete *m/f*; (*actor*) actor *m*, actriz *f*; **playful** *punch etc* de broma; **playground** zona *f* de juegos; **playing card** carta *f*; **playwright** autor(a) *m(f)*

plaza ['plɑːzə] *for shopping* centro *m* comercial

plc [piːel'siː] *Br* (= **public limited company**) S.A. *f* (= sociedad *f* anónima)

plea [pliː] súplica *f*

plead [pliːd]: ~ **guilty** / **not guilty** declararse culpable / inocente; ~ **with** suplicar

pleasant ['pleznt] agradable

please [pliːz] **1** *adv* por favor; ~ **do** claro que sí, por supuesto **2** *v/t* complacer; ~ **yourself!** ¡haz lo que quieras!; **pleased** contento; (*satisfied*) satisfecho; ~ **to meet you** encantado de conocerle; **pleasing** agradable; **pleasure** satisfacción *f*; *as opposed to work* placer *m*; **with** ~ faltaría más

pleat [pliːt] *in skirt* tabla *f*

pledge [pledʒ] **1** *n* (*promise*) promesa *f*; (*guarantee*) compromiso *m*; (*money*) donación *f*; *Pledge of Allegiance* juramento *m* de lealtad a la bandera estadounidense **2** *v/t* (*promise*) prometer; (*guarantee*) comprometerse; *money* donar

plentiful ['plentɪfəl] abundante; **plenty** abundancia *f*; ~ *of books* / *food* muchos libros / mucha comida

pliable ['plaɪəbl] flexible

pliers ['plaɪərz] alicates *mpl*

plight [plaɪt] situación *f* difícil

plod [plɑːd] (*walk*) arrastrarse

plot¹ [plɑːt] *n* (*land*) terreno *m*

plot² [plɑːt] **1** *n* (*conspiracy*) complot *m*; *of novel* argumento *m* **2** *v/t* tramar **3** *v/i* conspirar

plotter ['plɑːtər] conspirador(a) *m(f)*; COMPUT plóter *m*

plow, *Br* **plough** [plau] **1** *n* arado *m* **2** *v/t* & *v/i* arar

◆ **plow back** *profits* reinvertir

pluck [plʌk] *eyebrows* depilar; *chicken* desplumar

plug [plʌg] **1** *n for sink, bath* tapón *m*; *electrical* enchufe *m*; (*spark ~*) bujía *f* **2** *v/t hole* tapar; *new book etc* hacer publicidad de

◆ **plug in** enchufar

plumage ['pluːmɪdʒ] plumaje *m*

plumber ['plʌmər] *Span* fontanero(-a) *m(f)*, *L.Am.* plomero(-a) *m(f)*; **plumbing** *pipes* tuberías *fpl*

plummet ['plʌmɪt] caer en picado

plump [plʌmp] rellenito

plunge [plʌndʒ] **1** *n* salto *m*; *in prices* caída *f* **2** *v/i* precipitarse; *of prices* caer en picado **3** *v/t* hundir; (*into water*) sumergir; **plunging** *neckline* escotado

plural ['plʊərəl] plural *m*

plus [plʌs] **1** *prep* más **2** *adj* más de **3** *n symbol* signo *m* más; (*advantage*) ventaja *f* **4** *conj* (*moreover*, *in addition*) además

plush [plʌʃ] lujoso

plywood ['plaɪwʊd] madera *f* contrachapada

PM [piː'em] *Br* (= *Prime Minister*) Primer(a) *m(f)* Ministro(a)

p.m. [piː'em] (= *post meridiem*) p.m.; *at* **2 ~** a las 2 de la tarde; *at* **11 ~** a las 11 de la noche

pneumonia [nuː'moʊnɪə] pulmonía *f*, neumonía *f*

poach¹ [poʊtʃ] *cook* hervir

poach² [poʊtʃ] (*hunt*) cazar furtivamente; *fish* pescar furtivamente

poached egg [poʊtʃ't'eg] huevo *m* escalfado

P.O. Box [piː'oʊbɑːks] apartado *m* de correos

pocket ['pɑːkɪt] **1** *n* bolsillo *m*; **2** *adj radio, dictionary* de bolsillo **3** *v/t* meter en el bolsillo; **pocketbook** (*purse*) bolso *m*; (*billfold*) cartera *f*; *book* libro *m* de bolsillo; **pocket calculator** calculadora *f* de bolsillo

podium ['pəʊdɪəm] podio *m*
poem ['pəʊɪm] poema *m*; **poet** ['pəʊɪt] poeta *m/f*, poetisa *f*; **poetic** poético; **poetry** poesía *f*
poignant ['pɔɪnjənt] conmovedor
point [pɔɪnt] **1** *n* of pencil, knife punta *f*; *in competition* punto *m*; (*purpose*) objetivo *m*; (*moment*) momento *m*; *in decimals* coma *f*; **what's the ~ of telling him?** ¿qué se consigue diciéndoselo?; **that's beside the ~** eso no viene a cuento; **be on the ~** of estar a punto de; **get to the ~** ir al grano **2** *v/i* señalar con el dedo
◆ **point out** *sights* indicar; *advantages etc* destacar
◆ **point to** señalar con el dedo; *fig* (*indicate*) indicar
pointed ['pɔɪntɪd] *remark* mordaz; **pointer** for teacher puntero *m*; (*hint*) consejo *m*; (*sign, indication*) indicador *m*; **pointless** inútil; **point of view** punto *m* de vista
poise [pɔɪz] confianza *f*; **poised** *person* con aplomo
poison ['pɔɪzn] **1** *n* veneno *m* **2** *v/t* envenenar; **poisonous** venenoso
poke [pəʊk] **1** *n* empujón *m* **2**

v/t (*prod*) empujar; (*stick*) clavar
◆ **poke around** F husmear
poker ['pəʊkər] *game* póquer *m*
polar ['pəʊlər] polar
pole[1] [pəʊl] *for support* poste *m*; *for tent, pushing things* palo *m*
pole[2] [pəʊl] *of earth* polo *m*
police [pə'liːs] policía *f*; **police car** coche *m* de policía; **policeman** policía *m*; **police state** estado *m* policial; **police station** comisaría *f* (de policía); **policewoman** (mujer *f*) policía *f*
policy[1] ['pɑːlɪsɪ] política *f*
policy[2] ['pɑːlɪsɪ] (*insurance ~*) póliza *f*
polio ['pəʊlɪəʊ] polio *f*
polish ['pɑːlɪʃ] **1** *n* abrillantador *m*; (*nail ~*) esmalte *m* de uñas **2** *v/t* dar brillo a; *speech* pulir; **polished** *performance* brillante
polite [pə'laɪt] educado; **politely** educadamente; **politeness** educación *f*
political [pə'lɪtɪkl] político; **politically correct** políticamente correcto; **politician** político(-a) *m(f)*; **politics** política *f*
poll [pəʊl] **1** *n* (*survey*) encuesta *f*, sondeo *m*; **go to the ~s** (*vote*) acudir a las urnas **2** *v/t* *people* sondear; *votes* obtener
pollen ['pɑːlən] polen *m*
pollster ['pəʊlstər] encues-

tador(a) *m(f)*
pollutant [pə'luːtənt] contaminante *m*; **pollute** contaminar; **pollution** contaminación *f*
'**polo shirt** polo *m*
polyester [pɑːlɪ'estər] poliéster *m*
polystyrene [pɑːlɪ'staɪriːn] poliestireno *m*
polyunsaturated [pɑːlɪʌn'sætʃəreɪtɪd] poliinsaturado
pond [pɑːnd] estanque *m*
pontiff ['pɑːntɪf] pontífice *m*
pony ['pəʊnɪ] poni *m*; **ponytail** coleta *f*
pool[1] [puːl] *n* (*swimming ∼*) piscina *f*, *L.Am.* pileta *f*, *Mex* alberca *f*; *of water, blood* charco *m*
pool[2] [puːl] *n game* billar *m* americano
pool[3] [puːl] **1** *n* (*common fund*) bote *m*, fondo *m* común **2** *v/t resources* juntar
'**pool hall** sala *f* de billares
'**pool table** mesa *f* de billar americano
poop [puːp] F caca *f* F
pooped [puːpt] F hecho polvo F
poor [pʊr] **1** *adj* pobre; (*not good*) mediocre, malo **2** *npl*: **the ∼** los pobres; **poorly** mal
pop[1] [pɑːp] MUS pop *m*
pop[2] [pɑːp] F (*father*) papá *m*
'**popcorn** palomitas *fpl* de maíz

pope [pəʊp] papa *m*
Popsicle® ['pɑːpsɪkl] polo *m* (*helado*)
popular ['pɑːpjʊlər] popular; **popularity** popularidad *f*
populate ['pɑːpjʊleɪt] poblar; **population** población *f*
porch [pɔːrtʃ] porche *m*
pork [pɔːrk] cerdo *m*
porn [pɔːrn] F porno *m* F; **pornographic** pornográfico; **pornography** pornografía *f*
port[1] [pɔːrt] *n* puerto *m*
port[2] [pɔːrt] *adj* (*left-hand*) a babor
portable ['pɔːrtəbl] **1** *adj* portátil **2** *n* COMPUT portátil *m*; *TV* televisión *f* portátil
porter ['pɔːrtər] *for luggage* mozo(-a) *m(f)*
portion ['pɔːrʃn] parte *f*; *of food* ración *f*
portrait ['pɔːrtreɪt] **1** *n* retrato *m* **2** *adv print* en formato vertical; *portray of artist* retratar; *of actor* interpretar; *of author* describir
Portugal ['pɔːrtʃʊɡl] Portugal; **Portuguese 1** *adj* portugués **2** *n person* portugués(-esa) *m(f)*; *language* portugués *m*
pose [pəʊz] **1** *n* (*pretense*) pose *f* **2** *v/i for artist* posar **3** *v/t problem, threat* representar
position [pə'zɪʃn] **1** *n* posición *f*; (*stance, point of view*) postura *f*; (*job*) puesto *m* **2** *v/t* situar, colocar
positive ['pɑːzətɪv] positivo; **positively** (*decidedly*) verda-

deramente; (*definitely*) claramente

possess [pə'zes] poseer; **possession** posesión *f*; **possessive** posesivo

possibility [pɑːsə'bɪlətɪ] posibilidad *f*; **possible** posible; **possibly** (*perhaps*) puede ser, quizás

post[1] [poust] **1** *n of wood, metal* poste *m* **2** *v/t notice* pegar; *on bulletin board* poner; *profits* presentar

post[2] [poust] **1** *n* (*place of duty*) puesto *m* **2** *v/t soldier, employee* destinar; *guards* apostar

post[3] [poust] *Br* **1** *n* (*mail*) correo *m* **2** *v/t letter* echar al correo

postage ['poustɪdʒ] franqueo *m*; **postage stamp** *fml* sello *m*, *L.Am.* estampilla *f*, *Mex* timbre *m*; **postal** postal; **postcard** (*tarjeta f*) postal *f*; **postdate** posfechar

poster ['poustər] póster *m*, *L.Am.* afiche *m*

postgraduate ['poustgrædʒuət] posgraduado(-a) *m(f)*

posthumous ['pɑːstʊməs] póstumo

posting ['poustɪŋ] (*assignment*) destino *m*

postmark matasellos *m inv*

post-mortem [poust'mɔːrtəm] autopsia *f*

post office oficina *f* de correos

postpone [poust'poun] posponer, aplazar; **postpone-**

-ment aplazamiento *m*

pot[1] [pɑːt] *for cooking* olla *f*; *for coffee* cafetera *f*; *for tea* tetera *f*; *for plant* maceta *f*

pot[2] [pɑːt] F (*marijuana*) maría *f* F

potato [pə'teɪtou] *Span* patata *f*, *L.Am.* papa *f*; **potato chips**, *Br* **potato crisps** *Span* patatas *fpl* fritas, *L.Am.* papas *fpl* fritas

potent ['poutənt] potente

potential [pə'tenʃl] **1** *adj* potencial **2** *n* potencial *m*; **potentially** potencialmente

pothole ['pɑːthoul] *in road* bache *m*

potter ['pɑːtər] alfarero(-a) *m(f)*; **pottery** alfarería *f*

pouch [pautʃ] *bag* bolsa *f*; *for mail* saca *f*

poultry ['poultrɪ] *birds* aves *fpl* de corral; *meat* carne *f* de ave

pound[1] [paund] *n weight* libra *f* (*453,6 gr*)

pound[2] [paund] *n for strays* perrera *f*; *for cars* depósito *m*

pound[3] [paund] *v/i of heart* palpitar con fuerza

pour [pɔːr] **1** *v/t into a container* verter; (*spill*) derramar **2** *v/i*: **it's ~ing** (**with rain**) está lloviendo a cántaros

◆ **pour out** *liquid* servir; *troubles* contar

poverty ['pɑːvərtɪ] pobreza *f*

powder ['paudər] **1** *n* polvo *m*; *for face* polvos *mpl* **2** *v/t face* empolvarse

power ['pauər] (*strength*) fuerza f; *of engine* potencia; *(authority)* poder m; *(energy)* energía f; *(electricity)* electricidad f; **power cut** apagón m; **power failure** apagón m; **powerful** poderoso; *car* potente; *drug* fuerte; **powerless** impotente; **power line** línea f de conducción eléctrica; **power outage** apagón m; **power station** central f eléctrica; **power steering** dirección f asistida

PR [piː'ɑːr] (= *public relations*) relaciones fpl públicas

practical ['præktɪkl] práctico; *layout* funcional; **practically** de manera práctica; *(almost)* prácticamente

practice ['præktɪs] **1** n práctica f; *(rehearsal)* ensayo m; *(custom)* costumbre f **2** v/t practicar; *of musician* ensayar; *of footballer* entrenarse **3** v/t practicar; *law, medicine* ejercer

practise *Br* ☞ **practice** v/i & v/t

prairie ['preri] pradera f

praise [preɪz] **1** n elogio m, alabanza f **2** v/t elogiar; **praiseworthy** elogiable

pray [preɪ] rezar; **prayer** oración f

preach [priːtʃ] **1** v/i predicar; *(moralize)* sermonear **2** v/t *sermon* predicar; **preacher** predicador(a) m(f)

precaution [prɪ'kɔːʃn] precaución f; **precautionary**

measure preventivo

precede [prɪ'siːd] preceder; *(walk in front of)* ir delante de; **precedent** precedente m; **preceding** anterior

precious ['preʃəs] preciado; *gem* precioso

precise [prɪ'saɪs] preciso; **precisely** exactamente; **precision** precisión f

preconceived ['priːkənsiːvd] *idea* preconcebido

precondition [priːkən'dɪʃn] condición f previa

predator ['predətər] *animal* depredador(a) m(f); **predatory** depredador

predecessor ['priːdɪsesər] *in job* predecesor(a) m(f); *machine* modelo m anterior

predicament [prɪ'dɪkəmənt] apuro m

predict [prɪ'dɪkt] predecir, pronosticar; **prediction** predicción f, pronóstico m

predominant [prɪ'dɑːmɪnənt] predominante; **predominantly** predominantemente

prefabricated [priː'fæbrɪkeɪtɪd] prefabricado

preface ['prefɪs] prólogo m, prefacio m

prefer [prɪ'fɜːr] preferir; **preferable** preferible; **preferably** preferentemente; **preference** preferencia f; **preferential** preferente

pregnancy ['pregnənsɪ] embarazo m; **pregnant** embarazada; *animal* preñada

prehistoric [priːhɪs'tɑːrɪk]

prehistórico

prejudice ['predʒʊdɪs] **1** n prejuicio m **2** v/t person predisponer, influir; chances perjudicar; **prejudiced** parcial, predispuesto

preliminary [prɪ'lɪmɪnerɪ] preliminar

premarital [priː'mærɪtl] prematrimonial

premature ['priːmətʊr] prematuro

premier ['premɪr] (Prime Minister) primer(a) ministro(-a) m(f)

première ['premɪr] estreno m

premises ['premɪsɪz] local m

premium ['priːmɪəm] in insurance prima f

prenatal [priː'neɪtl] prenatal

preoccupied [prɪ'ɑːkjʊpaɪd] preocupado

preparation [prepə'reɪʃn] preparación f; **—s** preparativos mpl; **prepare 1** v/t preparar; **be —d to do sth** be willing estar dispuesto a hacer algo **2** v/i prepararse

preposition [prepə'zɪʃn] preposición f

prerequisite [priː'rekwɪzɪt] requisito m previo

prescribe [prɪ'skraɪb] MED recetar; **prescription** MED receta f

presence ['prezns] presencia f

present¹ ['preznt] **1** adj (current) actual; **be —** estar presente **2** n: **the —** also gram

el presente

present² ['preznt] n (gift) regalo m

present³ [prɪ'zent] v/t presentar; award entregar

presentation [prezn'teɪʃn] presentación f; **present-day** actual; **presenter** presentador(a) m(f); **presently** (at the moment) actualmente; (soon) pronto

preservative [prɪ'zɜːrvətɪv] conservante m; **preserve 1** n (domain) dominio m **2** v/t standards, peace etc mantener; food, wood conservar

preside [prɪ'zaɪd] presidir; **presidency** presidencia f; **president** presidente(-a) m(f); **presidential** presidencial

press [pres] **1** n: **the —** la prensa **2** v/t button pulsar, presionar; (urge) presionar; (squeeze) apretar; clothes planchar; **pressing** urgente; **pressure 1** n presión f **2** v/t presionar

prestige [pre'stiːʒ] prestigio m; **prestigious** prestigioso

presumably [prɪ'zuːməblɪ] presumiblemente; **presume** suponer; **presumption** of innocence, guilt presunción f

presuppose [priːsə'poʊs] presuponer

pre-tax ['priːtæks] antes de impuestos

pretence Br ☞ **pretense**

pretend [prɪ'tend] **1** v/t fingir, hacer como si; claim preten-

pretense

der 2 v/i fingir; **pretense** farsa f; **pretentious** pretencioso

pretext ['pri:tekst] pretexto m

pretty ['prɪtɪ] 1 adj village, house, fabric etc bonito, lindo; child, woman guapo, lindo 2 adv (quite) bastante

prevail [prɪ'veɪl] (triumph) prevalecer; **prevailing** predominante

prevent [prɪ'vent] impedir, evitar; **prevention** prevención f; **preventive** preventivo

preview ['pri:vju:] 1 n of movie etc preestreno m 2 v/t hacer la presentación previa de

previous ['pri:vɪəs] anterior, previo; **previously** anteriormente, antes

prey [preɪ] presa f

price [praɪs] 1 n precio m 2 v/t COM poner precio a; **priceless** que no tiene precio

prick[1] [prɪk] 1 n pain punzada f 2 v/t (jab) pinchar

prick[2] [prɪk] n V (penis) polla f V, carajo m V; V person Span gilipollas m inv V, L.Am. pendejo m V

prickle ['prɪkl] on plant espina f; **prickly** beard, plant que pincha; (irritable) irritable

pride [praɪd] 1 n in person, achievement orgullo m; (self-respect) amor m propio

priest [pri:st] sacerdote m; (parish ~) cura m

primarily [praɪ'merɪlɪ] principalmente; **primary** 1 adj

principal 2 n POL elecciones fpl primarias

prime 'minister primer(a) ministro m(f)

primitive ['prɪmɪtɪv] primitivo

prince [prɪns] príncipe m; **princess** princesa f

principal ['prɪnsəpl] 1 adj principal 2 n of school director(a) m(f); of university rector(a) m(f); **principally** principalmente

principle ['prɪnsəpl] principio m; on ~ por principios; in ~ en principio

print [prɪnt] 1 n in book etc letra f; (photograph) grabado m; out of ~ agotado 2 v/t imprimir; (use block capitals) escribir en mayúsculas; **printer** person impresor(a) m(f); machine impresora f; company imprenta f; **printout** copia f impresa

prior [praɪr] 1 adj previo 2 prep: ~ to antes de

prioritize [praɪ'ɔːrətaɪz] (put in order of priority) ordenar atendiendo a las prioridades; (give priority to) dar prioridad a; **priority** prioridad f

prison ['prɪzn] prisión f, cárcel f; **prisoner** prisionero(-a) m(f); **take s.o.** ~ hacer prisionero a alguien; **prisoner of war** prisionero(-a) m(f) de guerra

privacy ['prɪvəsɪ] intimidad f; **private 1** adj privado 2 n MIL soldado *m/f* raso; **privately** (*in private*) en privado; **with one other** a solas; (*inwardly*) para sí

privilege ['prɪvəlɪdʒ] (*special treatment*) privilegio *m*; (*honor*) honor *m*; **privileged** privilegiado

prize [praɪz] **1** *n* premio *m* **2** *v/t* apreciar, valorar; **prize-winner** premiado(-a) *m(f)*; **prizewinning** premiado

probability [prɑːbə'bɪlətɪ] probabilidad *f*; **probable** probable; **probably** probablemente

probation [prə'beɪʃn] *in job* período *m* de prueba; LAW libertad *f* condicional

probe [prəʊb] **1** *n* (*investigation*) investigación *f*; *scientific* sonda *f* **2** *v/t* examinar; (*investigate*) investigar

problem ['prɑːbləm] problema *m*; **no ~!** ¡claro!

procedure [prə'siːdʒər] procedimiento *m*; **proceed** (*go: of people*) dirigirse; (*of work etc*) proseguir, avanzar; **proceedings** (*events*) actos *mpl*; **proceeds** recaudación *f*

process ['prɑːses] **1** *n* proceso *m* **2** *v/t food* tratar; *raw materials, data* procesar; *application* tramitar; **procession** desfile *m*; *religious* procesión *f*; **processor** procesador *m*

prod [prɑːd] **1** *n* empujoncito *m* **2** *v/t* dar un empujoncito

a; **with elbow** dar un codazo a

prodigy ['prɑːdɪdʒɪ]: (*child*) ~ niño(-a) *m(f)* prodigio

produce¹ ['prɑːduːs] *n* productos *mpl* del campo

produce² [prə'duːs] *v/t* producir; (*manufacture*) fabricar; (*bring out*) sacar

producer [prə'duːsər] productor(a) *m(f)*; (*manufacturer*) fabricante *m/f*; **product** producto *m*; **production** producción *f*; **productive** productivo; **productivity** productividad *f*

profess [prə'fes] manifestar; **profession** profesión *f*; **professional 1** *adj* profesional **2** *n* profesional *m/f*; **professionally** *play sport* profesionalmente; (*well, skillfully*) con profesionalidad

professor [prə'fesər] catedrático(-a) *m(f)*

proficient [prə'fɪʃnt] competente; (*skillful*) hábil

profile ['prəʊfaɪl] *of face* perfil *m*; *biographical* reseña *f*

profit ['prɑːfɪt] **1** *n* beneficio *m* **2** *v/i:* **~ from** beneficiarse de; **profitability** rentabilidad *f*; **profitable** rentable

profound [prə'faʊnd] profundo

prognosis [prɑːg'nəʊsɪs] pronóstico *m*

program ['prəʊgræm] **1** *n* programa *m* **2** *v/t* COMPUT programar; **programme** *Br* ☞ *program*; **programmer**

programador(a) m(f)
progress 1 ['prəʊgres] n progreso m **2** [prə'gres] v/i (advance in time) avanzar; (move on) pasar; (make ~) progresar; **progressive** (enlightened) progresista; (which progresses) progresivo; **progressively** progresivamente
prohibit [prə'hɪbɪt] prohibir; **prohibitive** prices prohibitivo
project¹ ['prɒdʒekt] n proyecto m; edu trabajo m; (housing area) barriada f de viviendas sociales
project² [prə'dʒekt] v/t movie proyectar; figures, sales calcular **2** v/i (stick out) sobresalir
projection [prə'dʒekʃn] (forecast) previsión f; **projector** for slides proyector m
prolog, Br **prologue** ['prəʊlɒg] prólogo m
prolong [prə'lɒŋ] prolongar
prominent ['prɒmɪnənt] nose, chin prominente; (significant) destacado
promiscuity [prɒmɪ'skjuːəti] promiscuidad f; **promiscuous** promiscuo
promise ['prɒmɪs] **1** n promesa f **2** v/t prometer; **promising** prometedor
promote [prə'məʊt] employee ascender; (encourage, foster) promover; com promocionar; **promoter** of sports event promotor(a) m(f); **promotion** of employee ascenso

m; of scheme, idea, com promoción f
prompt [prɒmpt] **1** adj (on time) puntual; (speedy) rápido **2** v/t (cause) provocar; actor apuntar; **promptly** (on time) puntualmente; (immediately) inmediatamente
prone [prəʊn]: **be~ to** ser propenso a
pronoun ['prəʊnaʊn] pronombre m
pronounce [prə'naʊns] word pronunciar; (declare) declarar
pronto ['prɒntəʊ] F ya, en seguida
pronunciation [prənʌnsɪ'eɪʃn] pronunciación f
proof [pruːf] prueba(s) f(pl)
prop [prɒp] thea accesorio m
♦ **prop up** apoyar
propaganda [prɒpə'gændə] propaganda f
propel [prə'pel] propulsar; **propeller** hélice f
proper ['prɒpər] (real) de verdad; (correct, fitting) adecuado; (correctly) bien; (fittingly) adecuadamente; **property** propiedad f; (land) propiedad(es) f(pl)
proportion [prə'pɔːrʃn] proporción f; **proportional** proporcional
proposal [prə'pəʊzl] propuesta f; of marriage proposición f; **propose 1** v/t sugerir, proponer; (plan) proponerse **2** v/i (make offer of

marriage) pedir la mano (**to** a); **proposition 1** *n* propuesta *f* **2** *v/t* **woman** hacer proposiciones a

proprietor [prə'praɪətər] propietario(-a) *m(f)*

prosecute ['prɒsɪkjuːt] LAW procesar; **prosecution** LAW procesamiento *m*; *lawyers* acusación *f*

prospect ['prɒspekt] (*chance, likelihood*) probabilidad *f*; (*thought of something in the future*) perspectiva *f*; **~s** perspectivas *fpl* (de futuro); **prospective** potencial

prosper ['prɒspər] prosperar; **prosperity** prosperidad *f*; **prosperous** próspero

prostitute ['prɒstɪtuːt] prostituta *f*; **male ~** prostituto *m*; **prostitution** prostitución *f*

protect [prə'tekt] proteger; **protection** protección *f*; **protective** protector; **protector** protector(a) *m(f)*

protein ['proutiːn] proteína *f*

protest 1 ['proutest] *n* protesta *f* **2** [prə'test] *v/t* protestar, quejarse de; (*object to*) protestar contra **3** [prə'test] *v/i* protestar

Protestant ['prɒtɪstənt] **1** *n* protestante *m/f* **2** *adj* protestante

protester [prə'testər] manifestante *m/f*

prototype ['proutətaɪp] prototipo *m*

protrude [prə'truːd] sobresa-

lir; **protruding** saliente; *ears, teeth* prominente

proud [praud] orgulloso; **proudly** con orgullo, orgullosamente

prove [pruːv] demostrar, probar

proverb ['prɒvɜːrb] proverbio *m*, refrán *m*

provide [prə'vaɪd] proporcionar; **~d** (**that**) (*on condition that*) con la condición de que, siempre que

province ['prɒvɪns] provincia *f*; **provincial** *city* provincial; *pej: attitude* de pueblo, provinciano

provision [prə'vɪʒn] (*supply*) suministro *m*; *of law, contract* disposición *f*; **provisional** provisional

provocation [prɒvə'keɪʃn] provocación *f*; **provocative** provocador; *sexually* provocativo; **provoke** provocar

prowl [praul] merodear; **prowler** merodeador(a) *m(f)*

proximity [prɒk'sɪmətɪ] proximidad *f*

proxy ['prɒksɪ] (*authority*) poder *m*; *person* apoderado(-a) *m(f)*

prudence ['pruːdns] prudencia *f*; **prudent** prudente

pry [praɪ] entrometerse

PS ['piːes] (= *postscript*) PD (= posdata *f*)

pseudonym ['suːdənɪm] pseudónimo *m*

psychiatric [saɪkɪ'ætrɪk] psiquiátrico; **psychiatrist** psiquiatra *m/f*; **psychiatry** psiquiatría *f*

psychoanalysis [saɪkəuən'æləsɪs] psicoanálisis *m*; **psychoanalyst** psicoanalista *m/f*; **psychoanalyze** psicoanalizar

psychological [saɪkə'lɒdʒɪkl] psicológico; **psychologist** psicólogo(-a) *m(f)*; **psychology** psicología *f*

psychopath ['saɪkəupæθ] psicópata *m/f*

psychosomatic [saɪkəusə'mætɪk] psicosomático

pub [pʌb] *Br* bar *m*

public ['pʌblɪk] **1** *adj* público **2** *n*: **the ~** el público

publication [pʌblɪ'keɪʃn] publicación *f*

public 'holiday día *m* festivo

publicity [pʌb'lɪsətɪ] publicidad *f*; **publicize** (*make known*) publicar, hacer público; COM dar publicidad a

publicly ['pʌblɪklɪ] públicamente

'**public school** colegio *m* público; *Br* colegio *m* privado

publish ['pʌblɪʃ] publicar; **publisher** *person* editor(a) *m(f)*; *company* editorial *f*; **publishing** industria *f* editorial; **publishing company** editorial *f*

Puerto Rican [pwertou'riːkən] **1** *adj* portorriqueño, puertorriqueño **2** *n* portorriqueño(-a) *m(f)*; puertorriqueño(-a) *m(f)*;

Puerto Rico Puerto Rico

puff [pʌf] **1** *n of wind* racha *f*; *from cigarette* calada *f*; *of smoke* bocanada *f* **2** *v/i* (*pant*) resoplar; **puffy** *eyes, face* hinchado

pull [pul] **1** *n on rope* tirón *m*; F (*appeal*) gancho *m*; F (*influence*) enchufe *m* **2** *v/t* (*drag*) arrastrar; *tooth* sacar **3** *v/i* tirar

◆ **pull ahead** *in race* adelantarse

◆ **pull down** (*lower*) bajar; (*demolish*) derribar

◆ **pull in** *of bus, train* llegar

◆ **pull up 1** *v/t* (*raise*) subir; *item of clothing* subirse; *weeds* arrancar **2** *v/i of car etc* parar

pulley ['pulɪ] polea *f*

pulsate [pʌl'seɪt] *of heart* palpitar; *of music* vibrar

pulse [pʌls] pulso *m*

pulverize ['pʌlvəraɪz] pulverizar

pump [pʌmp] **1** *n* bomba *f*; (*gas ~*) surtidor *m* **2** *v/t* bombear

pumpkin ['pʌmpkɪn] calabaza *f*

pun [pʌn] juego *m* de palabras

punch [pʌntʃ] **1** *n blow* puñetazo *m*; *implement* perforadora *f* **2** *v/t with fist* dar un puñetazo; *hole, ticket* agujerear

punctual ['pʌŋktʃuəl] puntual; **punctuality** puntualidad *f*

punctuation ['pʌŋktʃu'eɪʃn]

puntuación f

puncture ['pʌŋktʃər] **1** n perforación f **2** v/t perforar

punish ['pʌnɪʃ] castigar; **punishing** schedule exigente; pace fuerte; **punishment** castigo m

puny ['pjuːnɪ] person enclenque

pup [pʌp] cachorro m

pupil[1] ['pjuːpl] of eye pupila f

pupil[2] ['pjuːpl] (student) alumno(-a) m(f)

puppet ['pʌpɪt] also fig marioneta f

purchase[1] ['pɜːrtʃəs] **1** n adquisición f, compra f **2** v/t adquirir, comprar

purchase[2] ['pɜːrtʃəs] n (grip) agarre m

purchaser ['pɜːrtʃəsər] comprador(a) m(f)

pure [pjʊr] puro; **purely** puramente

purge [pɜːrdʒ] **1** n of political party purga f **2** v/t purgar fr

purify ['pjʊrɪfaɪ] water depurar

puritan ['pjʊrɪtən] puritano(-a) m(f)

purity ['pjʊrɪtɪ] pureza f

purpose ['pɜːrpəs] (aim, object) propósito m, objeto m; **on** ~ a propósito m; **purposely** decididamente

purr [pɜːr] of cat ronronear

purse [pɜːrs] (pocket book) bolso m; Br for money monedero m

pursue [pər'suː] person perseguir; career ejercer; course of

action proseguir; **pursuer** perseguidor(a) m(f); **pursuit** (chase) persecución f; of happiness etc búsqueda f; (activity) actividad f

push [pʊʃ] **1** n empujón m **2** v/t (shove) empujar; button apretar, pulsar; (pressurize) presionar; F drugs pasar F **3** v/i empujar; **pusher** of drugs camello m F; **push-up** flexión f (de brazos); **pushy** F avasallador, agresivo

puss, pussy (cat) [pʊs, 'pʊsɪ (kæt)] F minino m F

put [pʊt] poner; question hacer; ~ **the cost at** estimar el costo en

◆ **put across** idea etc hacer llegar

◆ **put aside** money apartar; work dejar a un lado

◆ **put away** in closet etc guardar; in institution encerrar; F (consume) cepillarse F; money apartar; animal sacrificar

◆ **put back** (replace) volver a poner

◆ **put down** dejar; deposit entregar; rebellion reprimir; (belittle) dejar en mal lugar

◆ **put forward** idea etc proponer, presentar

◆ **put in** meter; time dedicar; request, claim presentar

◆ **put off** light, TV apagar; (postpone) posponer, aplazar; (deter) desalentar; (repel) desagradar

◆ **put on** light, TV encender,

put 470

L.Am. prender; *tape, music* poner; *jacket, eye glasses* ponerse; (*perform*) representar; (*assume*) fingir

♦ **put out** *hand* extender; *fire, light* apagar

♦ **put together** (*assemble, or-ganize*) montar

♦ **put up** *hand, building* levantar; *person for the night* alojar; *prices* subir; *poster* colocar; *money* aportar

♦ **put up with** aguantar

putty ['pʌtɪ] masilla *f*

puzzle ['pʌzl] **1** *n* (*mystery*) enigma *m*; *game* pasatiempos *mpl*; (*jigsaw*) puzzle *m*; (*crossword*) crucigrama *m* **2** *v/t* desconcertar; **puzzling** desconcertante

PVC [pi:vi:'si:] (= *polyvinyl chloride*) PVC *m* (= cloruro *m* de polivinilo)

pyjamas *Br* ☞ **pajamas**

pylon ['paɪlən] torre *f* de alta tensión

Pyrenees [pɪrə'ni:z]: *the* ~ los Pirineos

Q

quadrangle ['kwɑ:dræŋgl] cuadrángulo *m*; *courtyard* patio *m*

quadruped ['kwɑ:druped] cuadrúpedo *m*

quail [kweɪl] temblar (*at* ante)

quaint [kweɪnt] *cottage* pintoresco; *ideas etc* extraño

quake [kweɪk] **1** *n* (*earthquake*) terremoto *m* **2** *v/i* *of earth, with fear* temblar

qualification [kwɑ:lɪfɪ'keɪʃn] *from university etc* título *m*; **qualified** titulado; (*restricted*) limitado; **qualify 1** *v/t of degree, course etc* habilitar; *remark etc* matizar **2** *v/i* (*get degree etc*) titularse, *L.Am.* egresar; *in competition* calificarse

quality ['kwɑ:lətɪ] calidad *f*; (*characteristic*) cualidad *f*; **quality control** control *m*

de calidad

quandary ['kwɑ:ndərɪ] dilema *m*

quantify ['kwɑ:ntɪfaɪ] cuantificar

quantity ['kwɑ:ntətɪ] cantidad *f*

quarantine ['kwɑ:rənti:n] cuarentena *f*

quarrel ['kwɑ:rəl] **1** *n* pelea *f* **2** *v/i* pelearse

quarry[1] ['kwɑ:rɪ] *in hunt* presa *f*

quarry[2] ['kwɑ:rɪ] *for mining* cantera *f*

quart [kwɔ:rt] cuarto *m* de galón (*0.946 litre*)

quarter ['kwɔ:rtər] cuarto *m*; *25 cents* cuarto *m* de dólar; *part of town* barrio *m*; **a** ~ **of an hour** un cuarto de hora; **a** ~ **of 5** las cinco menos cuarto, *L.Am.* un cuarto pa-

ra las cinco; **a ~** *after 5* las
cinco y cuarto; **quarter-final**
cuarto *m* de final; **quarter-fi-
nalist** cuartofinalista *m/f*;
quarterly 1 *adj* trimestral **2**
adv trimestralmente; **quar-
ters** MIL alojamiento *m*;
quartet MUS cuarteto *m*

quartz [kwɔːrts] cuarzo *m*

quash [kwɑːʃ] *rebellion* aplas-
tar, sofocar; *court decision*
revocar

quaver ['kweɪvər] **1** *n in voice*
temblor *m* **2** *v/i of voice* tem-
blar

queasy ['kwiːzɪ] mareado

queen [kwiːn] reina *f*

queer [kwɪr] (*peculiar*) raro,
extraño

quell [kwel] *protest* acallar; *ri-
ot* aplastar, sofocar

quench [kwentʃ] *thirst* apagar,
saciar; *flames* apagar

query ['kwɪrɪ] **1** *n* duda *f*, pre-
gunta *f* **2** *v/t* (*express doubt
about*) cuestionar; (*check*)
comprobar

quest [kwest] busca *f*

question ['kwestʃn] **1** *n* pre-
gunta *f*; (*matter*) cuestión *f*,
asunto *m* **2** *v/t person* pre-
guntar a; LAW interrogar;
(*doubt*) cuestionar; **ques-
tionable** cuestionable;
questioning 1 *adj look* in-
quisitivo **2** *n* interrogatorio
m; **question mark** signo *m*
de interrogación; **question-
naire** cuestionario *m*

queue [kjuː] **1** *n Br* cola *f* **2** *v/i*
hacer cola

quibble ['kwɪbl] discutir (*por
algo insignificante*)

quick [kwɪk] rápido; **be ~!**
¡date prisa!; **quickly** rápida-
mente, rápido, deprisa;
quickwitted agudo

quiet ['kwaɪət] tranquilo; *en-
gine* silencioso; **~!** ¡silencio!;
quietly (*not loudly*) silencio-
samente; (*without fuss*) dis-
cretamente; (*peacefully*)
tranquilamente; **speak ~** ha-
blar en voz baja; **quietness**
of voice suavidad *f*; *of night,
street* silencio *m*, calma *f*

quilt [kwɪlt] *on bed* edredón *m*

quinine ['kwɪniːn] quinina *f*

quip [kwɪp] **1** *n joke* broma *f*;
remark salida *f* **2** *v/i* bromear

quirk [kwɜːrk] peculiaridad *f*,
rareza *f*; **quirky** peculiar, ra-
ro

quit [kwɪt] **1** *v/t job* dejar,
abandonar **2** *v/i* (*leave job*)
dimitir; COMPUT salir

quite [kwaɪt] (*fairly*) bastante;
(*completely*) completamen-
te; **~ a lot** bastante

quiver ['kwɪvər] estremecerse

quiz [kwɪz] **1** *n concurso m* (*de
preguntas y respuestas*) **2** *v/t*
interrogar (*about* sobre)

quota ['kwoʊtə] cuota *f*

quotation [kwoʊ'teɪʃn] *from
author* cita *f*; (*price*) presu-
puesto *m*; **quotation marks**
comillas *fpl*; **quote 1** *n from
author* cita *f*; (*price*) presu-
puesto *m*; (*quotation mark*)
comilla *f*; **in ~s** entre comi-
llas **2** *v/t text* citar; *price* dar

R

rabbit ['ræbɪt] conejo *m*
rabble ['ræbl] chusma *f*, multitud *f*; **rabble-rouser** agitador(a) *m(f)*
rabies ['reɪbiːz] rabia *f*
raccoon [rə'kuːn] mapache *m*
race[1] [reɪs] *n* of people raza *f*
race[2] [reɪs] **1** *n* SP carrera *f* 2 *v/i* (*run fast*) correr **3** *v/t* correr contra; **I'll ~ you** te echo una carrera
'racecourse hipódromo *m*; **racehorse** caballo *m* de carreras; **race riot** disturbios *mpl* raciales; **racetrack** circuito *m*; *for horses* hipódromo *m*
racial ['reɪʃl] racial
racing ['reɪsɪŋ] carreras *fpl*
racism ['reɪsɪzm] racismo *m*; **racist 1** *n* racista *m/f* **2** *adj* racista
rack [ræk] **1** *n* for bags on train portaequipajes *m inv*; for CDs mueble *m* **2** *v/t*: **~ one's brains** devanarse los sesos
racket[1] ['rækɪt] SP raqueta *f*
racket[2] ['rækɪt] (*noise*) jaleo *m*; (*criminal activity*) negocio *m* sucio
radar ['reɪdɑːr] radar *m*
radiance ['reɪdɪəns] esplendor *m*; **radiant** *smile* resplandeciente; **radiate** *of heat, light* irradiar; **radiation** PHYS radiación *f*; **radiator** radiador *m*

radical ['rædɪkl] **1** *adj* radical **2** *n* POL radical *m/f*; **radicalism** POL radicalismo *m*; **radically** radicalmente
radio ['reɪdɪoʊ] radio *f*; **radioactive** radiactivo *m*; **radioactivity** radiactividad *f*; **radio alarm** radio *m* despertador; **radiographer** técnico(-a) *m(f)* de rayos X; **radiography** radiografía *f*; **radio station** emisora *f* de radio
radius ['reɪdɪəs] radio *m*
raft [ræft] balsa *f*
rafter ['ræftər] viga *f*
rag [ræg] *for cleaning etc* trapo *m*
rage [reɪdʒ] **1** *n* ira *f*, cólera *f* **2** *v/i of storm* bramar
ragged ['rægɪd] andrajoso
raid [reɪd] **1** *n by troops*, FIN incursión *f*; *by police* redada *f*; *by robbers* atraco *m* **2** *v/t of troops* realizar una incursión en; *of police* realizar una redada en; *of robbers* atracar; *fridge* saquear; **raider** *on bank etc* atracador(a) *m(f)*
rail [reɪl] *on track* riel *m*, carril *m*; (*hand*) pasamanos *m inv*, baranda *f*; *for towel* barra *f*; **by ~** en tren; **railings** *around park etc* verja *f*; **railroad** ferrocarril *m*; **track** vía *f* férrea; **railroad station** estación *f* de ferrocarril *or* de tren; **railway** Br ferrocarril

m; track vía *f* férrea

rain [reɪn] **1** *n* lluvia *f* **2** *v/i* llover; *it's ~ing* llueve; **rainbow** arco *m* iris; **raincheck: can I take a ~ on that?** F ¿lo podríamos aplazar para algún otro momento?; **raincoat** impermeable *m*; **raindrop** gota *f* de lluvia; **rainfall** pluviosidad *f*; **rain forest** selva *f*; **rainproof** *fabric* impermeable; **rainstorm** tormenta *f*, aguacero *m*; **rainy** lluvioso

raise [reɪz] **1** *n* in salary aumento *m* de sueldo **2** *v/t shelf etc* levantar; *offer* incrementar; *children* criar; *question* plantear; *money* reunir

rake [reɪk] *for garden* rastrillo *m*

rally ['rælɪ] *(meeting, reunion)* concentración *f*; *political* mitin *m*; MOT rally *m*; *in tennis* peloteo *m*

RAM [ræm] COMPUT (= *random access memory*) RAM *f* (= memoria *f* de acceso aleatorio)

ram [ræm] **1** *n* carnero *m* **2** *v/t ship, car* embestir

ramble ['ræmbl] **1** *n walk* caminata *f* **2** *v/i walk* caminar; *in speaking* divagar; *(talk incoherently)* hablar sin decir nada coherente; **rambling** *speech* inconexo

ramp [ræmp] rampa *f*; *for raising vehicle* elevador *m*

rampant ['ræmpənt] *inflation* galopante

rampart ['ræmpɑːrt] muralla *f*

ramshackle ['ræmʃækl] destartalado, desvencijado

ranch [rænʃ] rancho *m*; **rancher** ranchero(-a) *m(f)*; **ranchhand** peón(-ona) *m(f)*

rancid ['rænsɪd] rancio

rancor, *Br* **rancour** ['ræŋkər] rencor *m*

R & D [ɑːrən'diː] (= *research and development*) I+D *f* (= investigación *f* y desarrollo)

random ['rændəm] **1** *adj* al azar; **~ sample** muestra *f* aleatoria **2** *n*: **at ~** al azar

range [reɪndʒ] **1** *n of products* gama *f*; *of gun, airplane* alcance *m*; *of voice* registro *m*; *of mountains* cordillera *f*; **at close ~** de cerca **2** *v/i*: **~ from X to Y** ir desde X a Y; **ranger** guardabosques *m/f inv*

rank [ræŋk] **1** *n* MIL, *in society* rango *m* **2** *v/t* clasificar

◆ **rank among** figurar entre

ransack ['rænsæk] saquear

ransom ['rænsəm] rescate *m*

rap [ræp] **1** *n at door etc* golpe *m*; MUS rap *m* **2** *v/t table etc* golpear

rape[1] [reɪp] **1** *n* violación *f* **2** *v/t* violar

rape[2] [reɪp] *n* BOT colza *f*

rapid ['ræpɪd] rápido; **rapidity** rapidez *f*; **rapidly** rápidamente; **rapids** rápidos *mpl*

rapist ['reɪpɪst] violador(a) *m(f)*

rare [rer] raro *m*; *steak* poco hecho; **rarely** raramente, raras veces; **rarity** rareza f

rash[1] [ræʃ] n MED sarpullido m, erupción f cutánea

rash[2] [ræʃ] adj act precipitado; **rashly** precipitadamente

rat [ræt] rata f

rate [reit] of exchange tipo m; of pay tarifa f; (price) precio m; (speed) ritmo m; **at this ~** (at this speed) a este ritmo; (if we carry on like this) si seguimos así; **at any ~** (anyway) en todo caso; (at least) por lo menos

rather ['rɑːðər] (fairly, quite) bastante; **I would ~ stay here** preferiría quedarme aquí

ratification [rætɪfɪ'keɪʃn] ratificación f; **ratify** ratificar

ratings ['reɪtɪŋz] índice m de audiencia

ratio ['reɪʃɪoʊ] proporción f

ration ['ræʃn] 1 n ración f 2 v/t supplies racionar

rational ['ræʃənl] racional; **rationality** racionalidad f; **rationalization** racionalización f; **rationalize** 1 v/t racionalizar 2 v/i buscar una explicación racional; **rationally** racionalmente

rattle ['rætl] 1 n noise traqueteo m; toy sonajero m 2 v/t chains etc entrechocar 3 v/i of chains etc entrechocarse; of crates traquetear; **rattlesnake** serpiente f de cascabel

raucous ['rɔːkəs] estridente

rave [reɪv] 1 v/i (talk delir-

iously) delirar; (talk wildly) desvariar; **~ about sth** (be very enthusiastic) estar muy entusiasmado con algo 2 n party fiesta f tecno

ravenous ['rævənəs] famélico

ravine [rə'viːn] barranco m

raw [rɔː] meat, vegetable crudo; sugar sin refinar; iron sin tratar; **raw materials** materias fpl primas

ray [reɪ] rayo m

razor ['reɪzər] maquinilla f de afeitar; **razor blade** cuchilla f de afeitar

re [riː] COM con referencia a

reach [riːtʃ] 1 n: **within ~** al alcance; **out of ~** fuera del alcance 2 v/t lugar a; decision, agreement alcanzar

react [rɪ'ækt] reaccionar; **reaction** reacción f; **reactionary** 1 n POL reaccionario(-a) m(f) 2 adj POL reaccionario; **reactor** nuclear reactor m

read [riːd] leer

◆ **read out** aloud leer en voz alta

readable ['riːdəbl] writing legible; book ameno; **reader** person lector(a) m(f)

readily ['redɪlɪ] admit, agree de buena gana

reading ['riːdɪŋ] lectura f

readjust [riːə'dʒʌst] 1 v/t reajustar 2 v/i to conditions volver a adaptarse

ready ['redɪ] (prepared) listo, preparado; (willing) dispuesto; **get sth ~** preparar algo;

recess

ready cash dinero *m* contante y sonante; **ready-made** *stew etc* precocinado; *solution* ya hecho; **ready-to-wear** de confección

real [riːl] *real*; *surprise, genius* auténtico; **real estate** bienes *mpl* inmuebles; **real estate agent** agente *m/f* inmobiliario(-a); **realism** realismo *m*; **realist** realista *m/f*; **realistic** realista; **realistically** realísticamente; **reality** realidad *f*; **realize** darse cuenta de; FIN (*yield*) producir; (*sell*) realizar, liquidar; **really** in truth de verdad; *big, small* muy; **I am ~ sorry** lo siento en el alma; **real time** COMPUT tiempo *m* real; **real-time** COMPUT en tiempo real

realtor ['riːltər] agente *m/f* inmobiliario(-a); **realty** bienes *mpl* inmuebles

reappear [riːə'pɪr] reaparecer; **reappearance** reaparición *f*

rear [rɪr] **1** *n* parte *f* de atrás **2** *adj* legs de atrás; *seats, wheels, lights* trasero

rearm [riː'ɑːrm] **1** *v/t* rearmar **2** *v/i* rearmarse

rearrange [riːə'reɪnʒ] *flowers* volver a colocar; *furniture* reordenar; *schedule* cambiar

rear-view 'mirror espejo *m* retrovisor

reason ['riːzn] razón *f*; **reasonable** razonable; **reasonably** *act* razonablemente; (*quite*) bastante; **reasoning** razonamiento *m*

reassure [riːə'ʃʊr] tranquilizar; **reassuring** tranquilizador

rebate ['riːbeɪt] *money back* reembolso *m*

rebel 1 ['rebl] *n* rebelde *m/f* **2** [rɪ'bel] *v/i* rebelarse; **rebellion** rebelión *f*; **rebellious** rebelde; **rebelliousness** rebeldía *f*

rebound [rɪ'baʊnd] *of ball etc* rebotar

rebuild ['riːbɪld] reconstruir

recall [rɪ'kɔːl] *goods* retirar del mercado; (*remember*) recordar

recap ['riːkæp] recapitular

recapture [riː'kæptʃər] MIL reconquistar; *criminal* volver a detener

recede [rɪ'siːd] *of flood waters* retroceder

receipt [rɪ'siːt] *for purchase* recibo *m*; **~s** FIN ingresos *mpl*; **receive** recibir; **receiver** *of letter* destinatario(-a) *m(f)*; TELEC auricular *m*; *for radio* receptor *m*; **receivership: be in ~** estar en suspensión de pagos

recent ['riːsnt] reciente; **recently** recientemente

reception [rɪ'sepʃn] recepción *f*; (*welcome*) recibimiento *m*; **reception desk** recepción *f*; **receptionist** recepcionista *m/f*; **receptive: be ~ to sth** ser receptivo a algo

recess ['riːses] *in wall etc* hueco *m*; EDU recreo *m*; *of legislature* periodo *m* vacacional; **recession** *economic* recesión *f*

recharge [riːˈtʃɑːrdʒ] *battery* recargar

recipe [ˈresəpɪ] receta *f*

recipient [rɪˈsɪpɪənt] *of parcel etc* destinatario(-a) *m(f)*; *of payment* receptor(a) *m(f)*

reciprocal [rɪˈsɪprəkl] recíproco

recite [rɪˈsaɪt] *poem* recitar; *details, facts* enumerar

reckless [ˈreklɪs] imprudente; *driving* temerario; **recklessly** con imprudencia; *drive* con temeridad

reckon [ˈrekən] (*think, consider*) estimar, considerar
◆ **reckon on** contar con

reclaim [rɪˈkleɪm] *land from sea* ganar, recuperar; *lost property, rights* reclamar

recline [rɪˈklaɪn] reclinarse; **recliner** *chair* sillón *m* reclinable

recluse [rɪˈkluːs] solitario(-a) *m(f)*

recognition [rekəgˈnɪʃn] *of state, achievements* reconocimiento *m*; **recognizable** reconocible; **recognize** reconocer

recoil [rɪˈkɔɪl] echarse atrás

recollect [rekəˈlekt] recordar; **recollection** recuerdo *m*

recommend [rekəˈmend] recomendar; **recommendation** recomendación *f*

recompense [ˈrekəmpens]

recompensa *f*

reconcile [ˈrekənsaɪl] *people* reconciliar; *differences, facts* conciliar; **reconciliation** *of people* reconciliación *f*; *of differences, facts* conciliación *f*

recondition [riːkənˈdɪʃn] reacondicionar

reconnaissance [rɪˈkɑːnɪsns] MIL reconocimiento *m*

reconsider [riːkənˈsɪdər] reconsiderar

reconstruct [riːkənˈstrʌkt] reconstruir

record[1] [ˈrekɔːrd] *n* MUS disco *m*; SP *etc* récord *m*; *written document, in database* registro *m*; **~s** archivos *mpl*; **have a criminal ~** tener antecedentes penales

record[2] [rɪˈkɔːrd] *v/t electronically* grabar; *in writing* anotar

'record-breaking récord *inv*; **record holder** plusmarquista *m/f*

recording [rɪˈkɔːrdɪŋ] grabación *f*

recount [rɪˈkaʊnt] (*tell*) relatar

re-count [ˈriːkaʊnt] **1** *n of votes* segundo recuento *m* **2** *v/t* (*count again*) volver a contar

recoup [rɪˈkuːp] *financial losses* resarcirse de

recover [rɪˈkʌvər] **1** *v/t sth lost* recuperar; *composure* recobrar **2** *v/i from illness* recuperarse; **recovery** recuperación f

recreation [rekrɪ'eɪʃn] ocio m; **recreational** done for pleasure recreativo

recruit [rɪ'kru:t] **1** n MIL recluta m/f; to company nuevo(-a) trabajador(a) **2** v/t new staff contratar; **recruitment** MIL reclutamiento m; to company contratación f

rectangle ['rektæŋgl] rectángulo m; **rectangular** rectangular

rectify ['rektɪfaɪ] rectificar

recuperate [rɪ'ku:pəreɪt] recuperarse

recur [rɪ'kɜ:r] of event repetirse; of symptoms reaparecer; **recurrent** recurrente

recycle [ri:'saɪkl] reciclar; **recycling** reciclado m

red [red] rojo; **in the ~** en números rojos; **Red Cross** Cruz f Roja

redecorate [ri:'dekəreɪt] paint volver a pintar; paper volver a empapelar

redeem [rɪ'di:m] debt amortizar; REL redimir

redevelop [ri:dɪ'veləp] part of town reedificar

'redhead pelirrojo(-a) m(f); **red light** at traffic light semáforo m (en) rojo; **red light district** zona f de prostitución; **red meat** carne f roja; **redneck** F individuo racista y reaccionario, normalmente de clase trabajadora; **red tape** F burocracia f, papeleo m

reduce [rɪ'du:s] reducir; price rebajar; **reduction** reducción f; in price rebaja f

reek [ri:k] apestar (**of** a)

reel [ri:l] of film rollo m; of thread carrete m

re-e'lect reelegir; **re-election** reelección f

re-'entry of spacecraft reentrada f

ref [ref] F árbitro(-a) m(f)

◆ **refer to** referirse a; dictionary etc consultar

referee [refə'ri:] SP árbitro(-a) m(f); for job: person que pueda dar referencias; **reference** referencia f; **reference book** libro m de consulta; **reference number** número m de referencia

referendum [refə'rendəm] referéndum m

refill ['ri:fɪl] volver a llenar

refine [rɪ'faɪn] refinar; technique perfeccionar; **refinement** to process, machine mejora f; **refinery** refinería f

reflect [rɪ'flekt] **1** v/t light reflejar **2** v/i (think) reflexionar; **reflection** in water, glass etc reflejo m; (consideration) reflexión f

reflex ['ri:fleks] in body reflejo m

reform [rɪ'fɔ:rm] **1** n reforma f **2** v/t reformar; **reformer** reformador(a) m(f)

refresh [rɪ'freʃ] refrescar; **refreshing** drink refrescante; experience reconfortante; **refreshments** refrigerio m

refrigerate [rɪˈfrɪdʒəreɪt] refrigerar; **refrigerator** frigorífico *m*, refrigerador *m*

refuel [riːˈfjuəl] **1** *v/t airplane* reabastecer de combustible a **2** *v/i of airplane* repostar

refuge [ˈrefjuːdʒ] refugio *m*; **take ~** *from storm etc* refugiarse; **refugee** refugiado(-a) *m(f)*

refund [ˈriːfʌnd] *n* reembolso *m* **2** [rɪˈfʌnd] *v/t* reembolsar

refusal [rɪˈfjuːzl] negativa *f*; **refuse 1** *v/i* negarse **2** *v/t help, food* rechazar; **~ to do sth** negarse a hacer algo

regain [rɪˈɡeɪn] recuperar

regard [rɪˈɡɑːrd] **1** *n*: **with ~ to** con respecto a; **(kind) ~s** saludos; **with ~ for** sin tener en cuenta **2** *v/t*: **~ as** con respecto a; **regarding** con respecto a; **regardless** a pesar de todo; **~ of** sin tener en cuenta

regime [reɪˈʒiːm] (*government*) régimen *m*

regiment [ˈredʒɪmənt] regimiento *m*

region [ˈriːdʒən] región *f*; **regional** regional

register [ˈredʒɪstər] **1** *n* registro *m*; *at school* lista *f* **2** *v/t birth, death* registrar; *vehicle* matricular; *letter* certificar; *emotion* mostrar **3** *v/i at university* matricularse; *with police* registrarse; **registered letter** carta *f* certificada; **registration** registro *m*; *at*

university matriculación *f*

regret [rɪˈɡret] **1** *v/t* lamentar, sentir **2** *n* arrepentimiento *m*, pesar *m*; **regretful** arrepentido; **regrettable** lamentable

regular [ˈreɡjʊlər] **1** *adj* regular; (*normal*) normal **2** *n at bar etc* habitual *m/f*; **regularity** regularidad *f*; **regularly** regularmente

regulate [ˈreɡjʊleɪt] regular; **regulation** (*rule*) regla *f*, norma *f*

rehabilitate [riːhəˈbɪlɪteɪt] *ex-criminal* rehabilitar

rehearsal [rɪˈhɜːrsl] ensayo *m*; **rehearse** ensayar

reign [reɪn] **1** *n* reinado *m* **2** *v/i* reinar

reimburse [riːɪmˈbɜːrs] reembolsar

reinforce [riːɪnˈfɔːrs] *structure* reforzar; *beliefs* reafirmar; **reinforced concrete** hormigón *m* armado; **reinforcements** MIL refuerzos *mpl*

reinstate [riːɪnˈsteɪt] *in office* reincorporar; *in text* volver a colocar

reject [rɪˈdʒekt] rechazar; **rejection** rechazo *m*

relapse [ˈriːlæps] MED recaída *f*

related [rɪˈleɪtɪd] *by family* emparentado; *events, ideas etc* relacionado; **relation** *in family* pariente *m/f*; (*connection*) relación *f*; **relationship** relación *f*; **relative 1** *n* pariente *m/f* **2** *adj* relativo; **rel-**

atively relativamente

relax [rɪˈlæks] **1** v/t relajarse **2** v/t muscle, pace relajar; ~! ¡tranquilízate!; **relaxation** relajación f; **relaxed** relajado; **relaxing** relajante

relay 1 [riːˈleɪ] v/t message pasar; radio, TV signals retransmitir **2** [ˈriːleɪ] n: ~ (race) carrera f de relevos

release [rɪˈliːs] **1** n from prison liberación f; of CD etc lanzamiento m; CD, record trabajo m **2** v/t prisoner liberar; parking brake soltar; information hacer público

relegate [ˈrelɪɡeɪt] relegar

relent [rɪˈlent] ablandarse; **relentless** (determined) implacable; rain etc que no cesa

relevance [ˈreləvəns] pertinencia f; **relevant** pertinente

reliability [rɪlaɪəˈbɪlɪtɪ] fiabilidad f; **reliable** fiable; **reliance** confianza f, dependencia f

relic [ˈrelɪk] reliquia f

relief [rɪˈliːf] alivio m; **relieve** pain aliviar; (take over from) relevar

religion [rɪˈlɪdʒən] religión f; **religious** religioso

relinquish [rɪˈlɪŋkwɪʃ] renunciar a

relish [ˈrelɪʃ] **1** n sauce salsa f; (enjoyment) goce m **2** v/t idea, prospect gozar con

relive [riːˈlɪv] event revivir

relocate [riːləˈkeɪt] of business, employee trasladarse

reluctance [rɪˈlʌktəns] reticencia f; **reluctant** reticente, reacio

◆ **rely on** [rɪˈlaɪ] depender de; **rely on s.o. to do sth** contar con alguien para hacer algo

remain [rɪˈmeɪn] (be left) quedar; (stay) permanecer; **remainder** also MATH resto m; **remaining** restante; **remains** of body restos mpl (mortales)

remake [ˈriːmeɪk] of movie nueva versión f

remark [rɪˈmɑːrk] **1** n comentario m, observación f **2** v/t comentar, observar; **remarkable** extraordinario; **remarkably** extraordinariamente

remarry [riːˈmærɪ] volver a casarse

remedy [ˈremədɪ] MED, fig remedio m

remember [rɪˈmembər] **1** v/t recordar, acordarse de **2** v/i recordar, acordarse

remind [rɪˈmaɪnd]: ~ s.o. of sth recordar algo a alguien; ~ s.o. of s.o. recordar alguien a alguien; ~ s.o. to do sth recordar a alguien que haga algo; **reminder** recordatorio m

reminisce [remɪˈnɪs] contar recuerdos

remission [rɪˈmɪʃn] remisión f; **go into** ~ MED remitir

remnant [ˈremnənt] resto m

remorse [rɪˈmɔːrs] remordimientos mpl; **remorseless person** despiadado; pace, de-

mands implacable

remote [rɪ'məʊt] *village, possibility* remoto; *(aloof)* distante; *ancestor* lejano; **remote control** control *m* remoto; *for TV* mando *m* a distancia; **remotely** remotamente

removable [rɪ'muːvəbl] de quita y pon; **removal** eliminación *f*; **remove** eliminar; *lid* quitar; *coat etc* quitarse; *doubt, suspicion* despejar; *growth, organ* extirpar

rename [riː'neɪm] cambiar el nombre a

rendez-vous ['rɑːndeɪvuː] *romantic* cita *f*; MIL encuentro *m*

renew [rɪ'njuː] *contract* renovar; *discussions* reanudar; **renewal** *of contract etc* renovación *f*; *of discussions* reanudación *f*

renounce [rɪ'naʊns] renunciar a

renovate ['renəveɪt] renovar; **renovation** renovación *f*

rent [rent] **1** *n* alquiler *m*; **for ~** se alquila **2** *v/t* alquilar, *Mex* rentar; **rental** *for apartment, TV* alquiler *m*, *Mex* renta *f*; **rental car** coche *m* de alquiler; **rent-free** sin pagar alquiler

reopen [riː'əʊpn] **1** *v/t* reabrir; *negotiations* reanudar **2** *v/i of theater etc* volver a abrir

reorganization [riːɔːrɡənaɪz'eɪʃn] reorganización *f*; **reorganize** reorganizar

repaint [riː'peɪnt] repintar

repair [rɪ'per] **1** *v/t* reparar; *shoes* arreglar **2** *n* reparación *f*; *of shoes* arreglo *m*; **repairman** técnico *m*

repatriate [riː'pætrieɪt] repatriar; **repatriation** repatriación *f*

repay [riː'peɪ] *money* devolver; *person* pagar; **repayment** devolución *f*; *installment* plazo *m*

repeal [rɪ'piːl] *law* revocar

repeat [rɪ'piːt] **1** *v/t* repetir **2** *n TV program* repetición *f*; **repeatedly** repetidamente, repetidas veces

repel [rɪ'pel] *attack* rechazar; *insects* repeler, ahuyentar; *(disgust)* repeler, repugnar; **repellent 1** *n (insect ~)* repelente *m* **2** *adj* repelente

repercussions [riːpər'kʌʃnz] repercusiones *f*

repertoire ['repərtwɑːr] repertorio *m*

repetition [repɪ'tɪʃn] repetición *f*; **repetitive** repetitivo

replace [rɪ'pleɪs] *(put back)* volver a poner; *(take place of)* reemplazar, sustituir; **replacement** *person* sustituto(-a) *m(f)*; *thing* recambio *m*, reemplazo *m*; **replacement part** (pieza *f* de) recambio *m*

replay ['riːpleɪ] *in recording* repetición *f* (de la jugada); *match* repetición *f* (del partido) **2** *v/t match* repetir

replenish [rɪ'plenɪʃ] *container*

rellenar; *supplies* reaprovisionar

replica ['replɪkə] réplica *f*

reply [rɪ'plaɪ] **1** *n* respuesta *f*, contestación *f* **2** *v/t & v/i* responder, contestar

report [rɪ'pɔːrt] **1** *n* (*account*) informe *m*; *by journalist* reportaje *m* **2** *v/t facts* informar; *to authorities* informar de **3** *v/i of journalist* informar; (*present o.s.*) presentarse (*to* ante); **reporter** reportero(-a) *m(f)*

repossess [riːpə'zes] COM embargar

represent [reprɪ'zent] representar; **representative 1** *n* representante *m/f*; POL representante *m/f*, diputado(-a) *m(f)* **2** *adj* (*typical*) representativo

repress [rɪ'pres] *revolt* reprimir; *feelings, laughter* reprimir, controlar; **repression** POL represión *f*; **repressive** POL represivo

reprieve [rɪ'priːv] **1** *n* LAW indulto *m*; *fig* aplazamiento *m* **2** *v/t prisoner* indultar

reprimand ['reprɪmænd] reprender

reprint ['riːprɪnt] **1** *n* reimpresión *f* **2** *v/t* reimprimir

reprisal [rɪ'praɪzl] represalia *f*

reproach [rɪ'prəʊtʃ] **1** *n* reproche *m* **2** *v/t*: ~ **s.o. for sth** reprochar algo a alguien; **reproachful** de reproche

reproduce [riːprə'djuːs] *v/t atmosphere, mood* reprodu-

cir **2** *v/i* BIO reproducirse; **reproduction** reproducción *f*; **reproductive** reproductivo

reptile ['reptaɪl] reptil *m*

republic [rɪ'pʌblɪk] república *f*; **republican** *n* republicano(-a) *m(f)*

repulsive [rɪ'pʌlsɪv] repulsivo

reputable ['repjʊtəbl] reputado, acreditado; **reputation** reputación *f*

request [rɪ'kwest] **1** *n* petición *f*, solicitud *f*; **on ~** por encargo **2** *v/t* pedir, solicitar

require [rɪ'kwaɪr] (*need*) requerir, necesitar; **required** (*necessary*) necesario; **requirement** (*need*) necesidad *f*; (*condition*) requisito *m*

requisition [rekwɪ'zɪʃn] requisar

re-route [riː'ruːt] desviar

rerun ['riːrʌn] **1** *n of TV program* reposición *f* **2** *v/t tape* volver a poner

reschedule [riː'ʃeduːl] volver a programar

rescue ['reskjuː] **1** *n* rescate *m* **2** *v/t* rescatar

research [rɪ'sɜːrtʃ] investigación *f*; **research and development** investigación *f* y desarrollo; **researcher** investigador(a) *m(f)*

resemblance [rɪ'zembləns] parecido *m*, semejanza *f*; **resemble** parecerse a

resent [rɪ'zent] estar molesto por; **resentful** resentido; **resentment** resentimiento *m*

reservation [rezər'veɪʃn] re-

serva f; **reserve 1** n reserva f;
SP reserva m/f **2** v/t reservar;
judgment reservarse; **re-**
served table, manner reser-
vado

reservoir ['rezərvwɑːr] for
water embalse m

residence ['rezidəns] fml:
house etc residencia f; (stay)
estancia f; **resident** residen-
te m/f; **residential** residen-
cial

residue ['rezidjuː] residuo m

resign [rɪ'zaɪn] **1** v/t position
dimitir de; ~ **o.s. to** resignar-
se a **2** v/i from job dimitir;
resignation from job dimi-
sión f; mental resignación f

resilient [rɪ'zɪliənt] personali-
ty fuerte; material resistente

resist [rɪ'zɪst] **1** v/t resistir;
new measures oponer resis-
tencia a **2** v/i resistir; **resist-**
ance resistencia f; **resistant**
material resistente

resolution [rezə'luːʃn] reso-
lución f; at New Year pro-
pósito m

resort [rɪ'zɔːrt] place centro m
turístico; **as a last** ~ como
último recurso

◆ **resort to** recurrir a

◆ **resound with** [rɪ'zaʊnd]
resonar con

resounding [rɪ'zaʊndɪŋ] suc-
cess, victory clamoroso

resource [rɪ'sɔːrs] recurso m;
resourceful person lleno de
recursos; approach ingenio-
so

respect [rɪ'spekt] **1** n respeto

m; **in this / that** ~ en cuanto
a esto / eso; **in many** ~s en
muchos aspectos **2** v/t respe-
tar; **respectability** respeta-
bilidad f; **respectable** respe-
table; **respectful** respetuo-
so; **respective** respectivo;
respectively respectiva-
mente

respiration [respɪ'reɪʃn] res-
piración f; **respirator** MED
respirador m

respond [rɪ'spɑːnd] respon-
der; **response** respuesta f

responsibility [rɪspɑːn-
sɪ'bɪləti] responsabilidad f;
responsible responsable
(**for** de); job de responsabili-
dad

rest[1] [rest] **1** n descanso m **2**
v/i descansar **3** v/t (lean, bal-
ance) apoyar

rest[2] [rest]: **the** ~ el resto

restaurant ['restrɑːnt] restau-
rante m

restful ['restfəl] tranquilo;
rest home residencia f de
ancianos; **restless** inquieto;
restlessly sin descanso

restoration [restə'reɪʃn] res-
tauración f; **restore** building
etc restaurar; (bring back)
devolver

restrain [rɪ'streɪn] contener;
restraint (moderation) mo-
deración f

restrict [rɪ'strɪkt] restringir;
restricted view limitado; **re-**
striction restricción f

'rest room aseo m, servicios
mpl

result [rɪ'zʌlt] resultado *m*; *as a ~ of this* como resultado de esto

resume [rɪ'zuːm] **1** *v/t* reanudar **2** *v/i* continuar

résumé ['rezumeɪ] currículum *m* (vitae)

resumption [rɪ'zʌmpʃn] reanudación *f*

resurface [riː'sɜːfɪs] **1** *v/t roads* volver a asfaltar **2** *v/i* (*reappear*) reaparecer

resurrection [rezə'rekʃn] REL resurrección *f*

retail ['riːteɪl] **1** *adv*: *sell sth ~* vender algo al por menor **2** *v/i*: *it ~s at* su precio de venta al público es de; **retailer** minorista *m/f*

retain [rɪ'teɪn] conservar; *heat* retener; **retainer** FIN anticipo *m*

retaliate [rɪ'tælɪeɪt] tomar represalias; **retaliation** represalias *fpl*

rethink [riː'θɪŋk] replantear

reticence ['retɪsns] reserva *f*; **reticent** reservado

retire [rɪ'taɪr] *from work* jubilarse; **retired** jubilado; **retirement** jubilación *f*; **retiring** retraído

retort [rɪ'tɔːrt] **1** *n* réplica *f* **2** *v/t* replicar

retract [rɪ'trækt] *claws* retraer; *undercarriage* replegar; *statement* retirar

're-train reciclarse

retreat [rɪ'triːt] **1** *v/i* retirarse **2** *n* MIL retirada *f*; *place* retiro *m*

retrieve [rɪ'triːv] recuperar

retroactive [retrəʊ'æktɪv] retroactivo; **retroactively** con retroactividad

retrograde ['retrəgreɪd] retrógrado

retrospective [retrə'spektɪv] retrospectiva *f*

return [rɪ'tɜːrn] **1** *n to a place* vuelta *f*, regreso *m*; (*giving back*) devolución *f*; COMPUT retorno *m*; *in tennis* resto *m*; (*profit*) rendimiento *m*; *Br ticket* billete *m or L.Am.* boleto *m* de ida y vuelta; *many happy ~s (of the day)* feliz cumpleaños; *in ~ for* a cambio de **2** *v/t* devolver; (*put back*) volver a colocar **3** *v/i* (*go back*, *come back*) volver, regresar; *of good times*, *doubts* volver

reunification [riːjuːnɪfɪ'keɪʃn] reunificación *f*

reunion [riː'juːnjən] reunión *f*; **reunite** reunir

reusable [riː'juːzəbl] reutilizable; **reuse** reutilizar

◆ **rev up** [rev] *engine* revolucionar

revaluation [riːvæljʊ'eɪʃn] revaluación *f*

reveal [rɪ'viːl] revelar; **revealing** *remark* revelador; *dress* insinuante, atrevido; **revelation** revelación *f*

revenge [rɪ'vendʒ] venganza *f*; *take one's ~* vengarse

revenue ['revənuː] ingresos *mpl*

reverberate [rɪ'vɜːrbəreɪt] *of*

sound reverberar

revere [rɪ'vɪr] reverenciar; **reverence** reverencia *f*; **reverent** reverente

reverse [rɪ'vɜːrs] **1** *adj sequence* inverso **2** *n (back)* dorso *m*; MOT marcha *f* atrás; **the ~** *(the opposite)* lo contrario **3** *v/i* MOT hacer marcha atrás

review [rɪ'vjuː] **1** *n of book, movie* reseña *f*; *of troops* revista *f*; *of situation etc* revisión *f* **2** *v/t book, movie* reseñar; *troops* pasar revista a; *situation etc* revisar; EDU repasar; **reviewer** *of book, movie* crítico(-a) *m(f)*

revise [rɪ'vaɪz] *opinion, text* revisar; **revision** revisión *f*

revival [rɪ'vaɪvl] *of custom, old style* resurgimiento *m*; *of patient* reanimación *f*; **revive 1** *v/t custom, old style* hacer resurgir; *patient* reanimar **2** *v/i of business, exchange rate etc* reactivarse

revoke [rɪ'vouk] *law* derogar; *license* revocar

revolt [rɪ'voult] **1** *n* rebelión *f* **2** *v/i* rebelarse; **revolting** repugnante; **revolution** POL, *(turn)* revolución *f*; **revolutionary 1** *n* POL revolucionario(-a) *m(f)* **2** *adj* revolucionario; **revolutionize** revolucionar

revolve [rɪ'voːlv] girar **(around** en torno a); **revolver** revólver *m*

revulsion [rɪ'vʌlʃn] repug-

nancia *f*

reward [rɪ'wɔːrd] **1** *n* recompensa *f* **2** *v/t financially* recompensar; **rewarding** *experience* gratificante

rewind [riː'waɪnd] *film, tape* rebobinar

rewrite [riː'raɪt] reescribir

rhetoric ['retərɪk] retórica *f*

rhyme [raɪm] **1** *n* rima *f* **2** *v/i* rimar

rhythm ['rɪðm] ritmo *m*

rib [rɪb] ANAT costilla *f*

ribbon ['rɪbən] cinta *f*

rice [raɪs] arroz *m*

rich [rɪtʃ] **1** *adj* rico; *food* sabroso **2** *npl*: **the ~** los ricos

ricochet ['rɪkəʃeɪ] rebotar

rid [rɪd]: **get ~ of** deshacerse de

ride [raɪd] **1** *n on horse, in vehicle* paseo *m*, vuelta *f*; *(journey)* viaje *m*; *do you want a ~ into town?* ¿quieres que te lleve al centro? **2** *v/t horse* montar a; *bike* montar en **3** *v/i on horse* montar; **rider** *on horse* jinete *m*, amazona *f*; *on bicycle* ciclista *m/f*; *on motorbike* motorista *m/f*

ridge [rɪdʒ] *borde m; of mountain* cresta *f; of roof* caballete *m*

ridicule ['rɪdɪkjuːl] **1** *n* burlas *fpl* **2** *v/t* ridiculizar; **ridiculous** ridículo; **ridiculously** *expensive, difficult* terriblemente

riding ['raɪdɪŋ] *on horseback* equitación *f*

rifle ['raɪfl] rifle *m*

rift [rɪft] *in earth* grieta *f; in party etc* escisión *f*

rig [rɪg] **1** *n (oil* ~*)* plataforma *f* petrolífera; *(truck)* camión *m* **2** *v/t elections* amañar

right [raɪt] **1** *adj (correct)* correcto; *(suitable)* adecuado, apropiado; *(not left)* derecho; *be* ~ *of answer* estar correcto; *of person* tener razón; *of clock* ir bien; **put things** ~ arreglar las cosas; **that's all** ~ *doesn't matter* no te preocupes; *when s.o. says thank you* de nada; *is quite good* está bastante bien; **I'm all** ~ *not hurt* estoy bien; *have got enough* no, gracias **2** *adv (directly)* justo; *(correctly)* correctamente; *(not left)* a la derecha; ~ **now** ahora mismo **3** *n civil, legal etc* derecho *m; not left,* POL derecha *f; be in the* ~ tener razón

right-'angle ángulo *m* recto; **rightful** *owner etc* legítimo; **right-handed** *person* diestro; **right-hand man** mano *f* derecha; **right of way** *in traffic* preferencia *f; across land* derecho *m* de paso; **right wing** POL derecha *f;* SP banda *f* derecha; **right-wing** POL de derechas

rigid [ˈrɪdʒɪd] rígido

rigor [ˈrɪgər] rigor *m;* **rigorous** riguroso; **rigorously** *check* rigurosamente

rigour *Br* ☞ **rigor**

rile [raɪl] F fastidiar, *Span* mosquear F

rim [rɪm] *of wheel* llanta *f; of cup* borde *m; of eye glasses* montura *f*

ring¹ [rɪŋ] *n (circle)* círculo *m; on finger* anillo *m; in boxing* cuadrilátero *m,* ring *m; at circus* pista *f*

ring² [rɪŋ] **1** *n of bell* timbrazo *m; of voice* tono *m* **2** *v/t bell* hacer sonar; *Br* TELEC llamar **3** *v/i of bell* sonar

'ringleader cabecilla *m | f;* **'ring-pull** anilla *f*

rink [rɪŋk] pista *f* de patinaje

rinse [rɪns] **1** *n for hair color* reflejo *m* **2** *v/t* aclarar

riot [ˈraɪət] **1** *n* disturbio *m* **2** *v/i* causar disturbios; **rioter** alborotador(a) *m(f);* **riot police** policía *f* antidisturbios

rip [rɪp] **1** *n in cloth etc* rasgadura *f* **2** *v/t cloth* rasgar

♦ **rip off** F *customers* robar F

ripe [raɪp] *fruit* maduro; **ripen** *of fruit* madurar; **ripeness** madurez *f*

'rip-off F robo *m* F

ripple [ˈrɪpl] *on water* onda *f*

rise [raɪz] **1** *v/i from chair etc* levantarse; *of sun* salir; *of rocket* ascender, subir; *of price, temperature, water* subir **2** *n in price, temperature* subida *f,* aumento *m; in water level* subida *f; in salary* aumento *m*

risk [rɪsk] **1** *n* riesgo *m;* **take a** ~ arriesgarse **2** *v/t* arriesgar; **risky** arriesgado

ritual [ˈrɪtʊəl] **1** *n* ritual *m* **2** *adj* ritual

rival ['raɪvl] **1** *n* rival *m/f* **2** *v/t* rivalizar con; **rivalry** rivalidad *f*

river ['rɪvər] río *m*; **riverbank** ribera *f*; **riverbed** lecho *m*; **River Plate:** *the* ~ el Río de la Plata; **riverside 1** *adj* a la orilla del río **2** *n* ribera *f*, orilla *f* del río

riveting ['rɪvɪtɪŋ] fascinante

road [roʊd] *in country* carretera *f*; *in city* calle *f*; **roadblock** control *m* de carretera; **road-holding** *of vehicle* adherencia *f*; **road map** mapa *m* de carreteras; **road safety** seguridad *f* vial; **roadsign** señal *f* de tráfico; **roadway** calzada *f*; **roadworthy** en condiciones de circular

roam [roʊm] vagar

roar [rɔːr] **1** *n of traffic* estruendo *m*; *of lion* rugido *m*; *of person* grito *m*, bramido *m* **2** *v/i of engine, lion* rugir; *of person* gritar, bramar

roast [roʊst] **1** *n of beef etc* asado *m* **2** *v/t* asar **3** *v/i of food* asarse; **roast beef** rosbif *m*

rob [rɑːb] *person* robar a; *bank* atracar, robar; **robber** atracador(a) *m(f)*; **robbery** atraco *m*, robo *m*

robe [roʊb] *of judge* toga *f*; *of priest* sotana *f*; *(bath~)* bata *f*

robot ['roʊbɑːt] robot *m*

robust [roʊ'bʌst] robusto; *material* resistente

rock [rɑːk] **1** *n* roca *f*; MUS rock *m* **2** *v/t baby* acunar; *cra-* *dle* mecer; *(surprise)* impactar **3** *v/i on chair* mecerse; *of boat* balancearse; **rock-bottom** *prices* mínimo; **rock climber** escalador(a) *m(f)*; **rock climbing** escalada *f* (en roca)

rocket ['rɑːkɪt] **1** *n* cohete *m* **2** *v/i of prices etc* dispararse

rocking chair ['rɑːkɪŋ] mecedora *f*; **rock 'n' roll** rock and roll *m*; **rocky** *beach* pedregoso

rod [rɑːd] vara *f*; *for fishing* caña *f*

rodent ['roʊdnt] roedor *m*

rogue [roʊg] granuja *m/f*

role [roʊl] papel *m*; **role model** ejemplo *m*

roll [roʊl] **1** *n (bread ~)* panecillo *m*; *of film* rollo *m*; *(list, register)* lista *f* **2** *v/i of ball etc* rodar

♦ **roll over 1** *v/i* darse la vuelta **2** *v/t person, object* dar la vuelta a; *(renew)* renovar; *(extend)* refinanciar

roll-call lista *f*; **roller** *for hair* rulo *m*; **roller blade®** patín *m* en línea; **roller coaster** montaña *f* rusa; **roller skate** patín *m* (de ruedas)

ROM [rɑːm] COMPUT (= *read only memory*) ROM *f* (= memoria *f* de sólo lectura)

Roman 'Catholic 1 *n* REL católico(-a) *m(f)* romano(-a) **2** *adj* católico romano

romance [rə'mæns] *(affair)* aventura *f* (amorosa); *novel* novela *f* rosa; *movie* película

royalty

f romántica; **romantic** romántico

roof [ruːf] techo *m*, tejado *m*; **roof-rack** MOT baca *f*

rookie ['rʊkɪ] F novato(-a) *m(f)*

room [ruːm] habitación *f*; *(space)* espacio *m*, sitio *m*; **room clerk** recepcionista *m/f*; **room companion** compañero(-a) *m(f)* de habitación; *sharing apartment* compañero(-a) *m(f)* de piso; **room service** servicio *m* de habitaciones; **room temperature** temperatura *f* ambiente; **roomy** *car etc* espacioso; *clothes* holgado

root [ruːt] raíz *f*

rope [roʊp] cuerda *f*; *thick* soga *f*

rosary ['roʊzərɪ] REL rosario *m*

rose [roʊz] BOT rosa *f*

roster ['rɑːstər] turnos *mpl*; *actual document* calendario *m* con los turnos

rostrum ['rɑːstrəm] estrado *m*

rosy ['roʊzɪ] *cheeks* sonrosado; *future* de color de rosa

rot [rɑːt] **1** *n in wood* putrefacción *f* **2** *v/i of food, wood* pudrirse; *of teeth* cariarse

rotate [roʊ'teɪt] **1** *v/i* girar **2** *v/t* hacer girar; *crops* rotar; **rotation** rotación *f*

rotten ['rɑːtn] *food, wood etc* podrido; F *weather, luck* horrible

rough [rʌf] **1** *adj surface, ground* accidentado; *hands,* *skin* áspero; *voice* ronco; *(violent)* bruto; *crossing* movido; *seas* bravo; *(approximate)* aproximado **2** *n in golf* rough *m*; **roughage** *in food* fibra *f*; **roughly** *(approximately)* aproximadamente; *(harshly)* brutalmente

roulette [ruː'let] ruleta *f*

round [raʊnd] **1** *adj* redondo **2** *n of mailman, drinks, competition* ronda *f*; *in boxing* round *m*, asalto *m* **3** *v/t corner* doblar **4** *adv & prep* ☞ *around*

◆ **round up** *figure* redondear (hacia la cifra más alta); *suspects, criminals* detener

roundabout [raʊndə'baʊt] **1** *adj* indirecto **2** *n Br on road* rotonda *f*, *Span* glorieta *f*; **round-the-world** *adj* alrededor del mundo; **round trip** viaje *m* de ida y vuelta; **round-up** *of cattle* rodeo *m*; *of suspects* redada *f*; *of news* resumen *m*

rouse [raʊz] *from sleep* despertar; *emotions* excitar; **rousing** emocionante

route [ruːt] ruta *f*, recorrido *m*

routine [ruː'tiːn] **1** *adj* habitual **2** *n* rutina *f*

row¹ [roʊ] *n (line)* hilera *f* **3 days in a** ~ 3 días seguidos

row² [roʊ] *v/i in boat* remar

rowboat bote *m* de remos

rowdy ['raʊdɪ] alborotador, *Span* follonero

royal ['rɔɪəl] real; **royalty** realeza *f*; *on book etc* derechos *mpl* de autor

rub [rʌb] frotar

rubber ['rʌbər] **1** *n material* goma *f*, caucho *m* **2** *adj* de goma *or* caucho; **rubber band** goma *f* elástica

rubble ['rʌbl] escombros *mpl*

ruby ['ru:bɪ] *jewel* rubí *m*

rudder ['rʌdər] timón *m*

ruddy ['rʌdɪ] *face* rubicundo

rude [ru:d] *person, behavior* maleducado, grosero; *language* grosero; **rudely** (*impolitely*) groseramente; **rudeness** mala *f* educación, grosería *f*

rudimentary [ru:dɪ'mentərɪ] rudimentario; **rudiments** rudimentos *mpl*

rueful ['ru:fl] arrepentido; **ruefully** con arrepentimiento

ruffian ['rʌfɪən] rufián *m*

ruffle ['rʌfl] **1** *n on dress* volante *m* **2** *v/t hair* despeinar; *clothes* arrugar; *person* alterar

rug [rʌg] alfombra *f*; (*blanket*) manta *f* (de viaje)

rugby ['rʌgbɪ] rugby *m*

rugged ['rʌgɪd] *scenery* escabroso; *face* de rasgos duros; *resistance* decidido

ruin ['ru:ɪn] **1** *n* ruina *f* **2** *v/t* arruinar

rule [ru:l] **1** *n* regla *f*; *of monarch* reinado *m*; **as a ~** por regla general **2** *v/t country* gobernar **3** *v/i of monarch* reinar; **ruler** *for measuring* regla *f*; *of state* gobernante

m/f; **ruling 1** *n* fallo *m*, decisión *f* **2** *adj party* gobernante, en el poder

rum [rʌm] *drink* ron *m*

rumble ['rʌmbl] *of stomach* gruñir; *of thunder* retumbar

rumor, *Br* **rumour** ['ru:mər] **1** *n* rumor *m* **2** *v/t*: ***it is ~ed that ...*** se rumorea que…

rump [rʌmp] *of animal* cuartos *mpl* traseros

rumple ['rʌmpl] arrugar

rump 'steak filete *m* de lomo

run [rʌn] **1** *n on foot, in pantyhose* carrera *f*; *Br: in race* carrera *m*; THEA: *of play* temporada *f*; ***in the short / long ~*** a corto / largo plazo **2** *v/i* correr; *of river* correr, discurrir; *of paint, make-up* correrse; *of play* estar en cartel; *of engine, software* funcionar; *in election* presentarse; **~ for President** presentarse a las elecciones presidenciales **3** *v/t race* correr; *business etc* dirigir; *software* usar; *car* tener; (*use*) usar

◆ **run away** salir corriendo, huir; *from home* escaparse

◆ **run down 1** *v/t* (*knock down*) atropellar; (*criticize*) criticar; *stocks* reducir **2** *v/i of battery* agotarse

◆ **run off 1** *v/i* salir corriendo **2** *v/t* (*print off*) tirar

◆ **run out of** *contract* vencer; *of supplies* agotarse

◆ **run out of** quedarse sin

◆ **run over 1** *v/t* (*knock down*) atropellar **2** *v/i of water etc*

safely

desbordarse

◆ **run up** *debts* acumular

runaway ['rʌnəweɪ] *persona que se ha fugado de casa*; **run-down** *person* débil; *part of town* ruinoso

rung [rʌŋ] *of ladder* peldaño *m*

runner ['rʌnər] *athlete* corredor(a) *m(f)*; **runner beans** judías *fpl* verdes, *L.Am.* porotos *mpl* verdes, *Mex* ejotes *mpl*; **runner-up** subcampeón(-ona) *m(f)*; **running 1** *n* SP el correr; *(jogging)* footing *m*; *of business* gestión *f* **2** *adj*: **for two days ~** durante dos días seguidos; **running water** agua *f* corriente; **runny** *mixture* fluido; *nose* que moquea; **run-up** SP élan *m*; **in the ~ to** en el periodo previo a; **runway** pista *f* (de aterrizaje / despegue)

rupture ['rʌptʃər] **1** *n* ruptura *f* **2** *v/i of pipe etc* romperse

rural ['rʊrəl] rural

ruse [ruːz] artimaña *f*

rush [rʌʃ] **1** *n* prisa *f* **2** *v/t person* meter prisa a; *meal* comer a toda prisa **3** *v/i* darse prisa; **rush hour** hora *f* punta

Russia ['rʌʃə] Rusia; **Russian 1** *adj* ruso **2** *n* ruso(-a) *m(f)*; *language* ruso *m*

rust [rʌst] **1** *n* óxido *m* **2** *v/i* oxidarse; **rust-proof** inoxidable; **rusty** oxidado

rut [rʌt] *in road* rodada *f*; **be in a ~** *fig* estar estancado

ruthless ['ruːθlɪs] implacable, despiadado; **ruthlessly** sin compasión, despiadadamente; **ruthlessness** falta *f* de compasión

rye [raɪ] centeno *m*; **rye bread** pan *m* de centeno

S

sabotage ['sæbətɑːʒ] **1** *n* sabotaje *m* **2** *v/t* sabotear; **saboteur** saboteador(a) *m(f)*

sachet ['sæʃeɪ] sobrecito *m*

sack [sæk] **1** *n bag* saco *m*; *for groceries* bolsa *f* **2** *v/t* F echar

sacred ['seɪkrɪd] sagrado

sacrifice ['sækrɪfaɪs] **1** *n* sacrificio *m* **2** *v/t* sacrificar

sacrilege ['sækrɪlɪdʒ] sacrilegio *m*

sad [sæd] triste; *state of affairs* lamentable

saddle ['sædl] **1** *n* silla *f* de montar **2** *v/t horse* ensillar

sadism ['seɪdɪzm] sadismo *m*; **sadist** sádico(-a) *m(f)*; **sadistic** sádico

sadly ['sædlɪ] con tristeza; *(regrettably)* lamentablemente; **sadness** tristeza *f*

safe [seɪf] **1** *adj* seguro; *driver* prudente; *(not in danger)* a salvo **2** *n* caja *f* fuerte; **safeguard 1** *n* garantía *f* **2** *v/t* salvaguardar; **safely** *arrive* sin

percances; *drive* prudentemente; *assume* con certeza;
safety seguridad *f*; **safety pin** imperdible *m*

sag [sæg] *of ceiling* combarse; *of rope* destensarse; *of tempo* disminuir

saga ['sɑːgə] saga *f*

sage [seɪdʒ] *herb* salvia *f*

sail [seɪl] **1** *n of boat* vela *f*; *trip* viaje *m* (en barco) **2** *v/i* navegar; (*depart*) zarpar; **sailboard 1** *n* tabla *f* de windsurf **2** *v/i* hacer windsurf; **sailboarding** windsurf *m*; **sailboat** barco *m* de vela, velero *m*; **sailing** SP vela *f*; **sailor** marinero(-a) *m(f)*; *in the navy* marino *m/f*

saint [seɪnt] santo *m*

sake [seɪk]: *for my ~* por mí

salad ['sæləd] ensalada *f*

salary ['sælərɪ] sueldo *m*, salario *m*

sale [seɪl] venta *f*; *reduced prices* rebajas *fpl*; *be on ~* estar a la venta; *at reduced prices* estar de rebajas; *sales department* ventas *fpl*; **sales clerk** dependiente(-a) *m(f)*; **sales figures** cifras *fpl* de ventas; **salesman** vendedor *m*; **saleswoman** vendedora *f*

salient ['seɪlɪənt] sobresaliente; destacado

saliva [sə'laɪvə] saliva *f*

salmon ['sæmən] salmón *m*

saloon [sə'luːn] (*bar*) bar *m*; *Br* MOT turismo *m*

salt [sɒlt] sal *f*; **salty** salado

salute [sə'luːt] **1** *n* MIL saludo **2** *v/t & v/i* MIL saludar

Salvador(e)an [sælvə'dɔːrən] **1** *adj* salvadoreño **2** *n* salvadoreño(-a) *m(f)*

salvage ['sælvɪdʒ] *from wreck* rescatar

salvation [sæl'veɪʃn] *also fig* salvación *f*

same [seɪm] **1** *adj* mismo **2** *pron*: *the ~* lo mismo; *Happy New Year* – *the ~ to you* Feliz Año Nuevo – igualmente; *all the ~* (*even so*) aun así **3** *adv*: *the ~* igual

sample ['sæmpl] muestra *f*

sanction ['sæŋkʃn] **1** *n* (*approval*) consentimiento *m*; (*penalty*) sanción *f* **2** *v/t* (*approve*) sancionar

sand [sænd] **1** *n* arena *f* **2** *v/t with sandpaper* lijar

sandal ['sændl] sandalia *f*

'sandbag saco *m* de arena; **sand dune** duna *f*; **sander** *tool* lijadora *f*; **sandpaper 1** *n* lija *f* **2** *v/t* lijar

sandwich ['sænwɪtʃ] *Span* bocadillo *m*, *L.Am.* sándwich *m*

sandy ['sændɪ] *soil* arenoso; *feet, towel etc* lleno de arena; *hair* rubio oscuro; *~ beach* playa *f* de arena

sane [seɪn] cuerdo

sanitarium [sænɪ'terɪəm] sanatorio *m*

sanitary ['sænɪterɪ] salubre, higiénico; **sanitary napkin** compresa *f*; **sanitation** instalaciones *fpl* sanitarias; (*re-*

moval of waste) saneamiento *m*

sanity ['sænətı] razón *f*, juicio *m*

Santa Claus ['sæntəklɔ:z] Papá Noel *m*, Santa Claus *m*

sap [sæp] **1** *n in tree* savia *f* **2** *v/t s.o.'s energy* consumir

sapphire ['sæfaɪr] zafiro *m*

sarcasm ['sɑ:rkæzm] sarcasmo *m*; **sarcastic** sarcástico; **sarcastically** sarcásticamente

sardine [sɑ:r'di:n] sardina *f*

sardonic [sɑ:r'dɑ:nɪk] sardónico

satellite ['sætəlaɪt] satélite *m*; **satellite dish** antena *f* parabólica; **satellite TV** televisión *f* por satélite

satin ['sætɪn] satín *m*

satire ['sætaɪr] sátira *f*; **satirical** satírico; **satirize** satirizar

satisfaction [sætɪs'fækʃn] satisfacción *f*; **satisfactory** satisfactorio; (*just good enough*) suficiente; **satisfy** satisfacer; *conditions* cumplir

Saturday ['sætərdeɪ] sábado *m*

sauce [sɔːs] salsa *f*; **saucepan** cacerola *f*; **saucer** plato *m* (*de taza*)

Saudi Arabia [saʊdɪə'reɪbɪə] Arabia Saudí *o* Saudita; **Saudi Arabian 1** *adj* saudita, saudí **2** *n* saudita *m/f*, saudí *m/f*

sausage ['sɔːsɪdʒ] salchicha *f*

savage ['sævɪdʒ] **1** *adj* salva-

je; *criticism* feroz **2** *n* salvaje *m/f*; **savagery** crueldad *f*

save [seɪv] **1** *v/t* (*rescue*) rescatar, salvar; *money, time* ahorrar; (*collect*), COMPUT guardar; *goal* parar; REL salvar **2** *v/i* (*put money aside*) ahorrar; SP hacer una parada **3** *n* SP parada *f*; **saver** *person* ahorrador(a) *m(f)*; **savings** ahorros *mpl*; **savings account** cuenta *f* de ahorros; **savings and loan** caja *f* de ahorros; **savings bank** caja *f* de ahorros

savior, *Br* **saviour** ['seɪvjər] REL salvador *m*

savor ['seɪvər] saborear; **savory** *not sweet* salado

savour *etc Br* ☞ **savor** *etc*

saw [sɔː] **1** *n tool* serrucho *m*, sierra *f* **2** *v/t* aserrar; **sawdust** serrín *m*, aserrín *m*

saxophone ['sæksəfoʊn] saxofón *m*

say [seɪ] decir; *that is to ~* es decir; **saying** dicho *m*

scab [skæb] *on skin* costra *f*

scaffolding ['skæfəldɪŋ] *on building* andamiaje *m*

scald [skɔːld] escaldar

scale¹ [skeɪl] *n on fish* escama *f*

scale² [skeɪl] **1** *n* (*size*) escala *f*, tamaño *m*; *on thermometer, map*, MUS escala *f* **2** *v/t cliffs etc* escalar

scales [skeɪlz] *for weighing* báscula *f*, peso *m*

scallop ['skæləp] *shellfish* vieira *f*

scalp [skælp] cuero *m* cabelludo

scalpel ['skælpl] bisturí *m*

scam [skæm] F chanchullo *m* F

scampi ['skæmpı] gambas *fpl* rebozadas

scan [skæn] **1** *v/t horizon* otear; *page* ojear; COMPUT escanear **2** *n* of brain escáner *m*; *of fetus* ecografía *f*

◆ **scan in** COMPUT escanear

scandal ['skændl] escándalo *m*; **scandalize** escandalizar; **scandalous** escandaloso

scanner ['skænər] MED, COMPUT escáner *m*; *for fetus* ecógrafo *m*

scanty ['skæntı] *skirt* cortísimo; *bikini* mínimo

scapegoat ['skeɪpgəʊt] cabeza *f* de turco

scar [skɑːr] **1** *n* cicatriz *f* **2** *v/t* cicatrizar

scarce [skers] *in short supply* escaso; *scarcely:* ~ *anything* casi nada; *I* ~ *know her* apenas la conozco; **scarcity** escasez *f*

scare [sker] **1** *v/t* asustar; **be** ~*d of* tener miedo de **2** *n* (*panic, alarm*) miedo *m*, temor *m*; **scaremonger** alarmista *m/f*

scarf [skɑːrf] pañuelo *m*; *woollen* bufanda *f*

scarlet ['skɑːrlət] escarlata

scary ['skerı] espeluznante

scathing ['skeɪðıŋ] mordaz

scatter ['skætər] **1** *v/t leaflets* esparcir; *seeds* diseminar **2** *v/i of people* dispersarse; **scattered** disperso

scavenge ['skævındʒ] rebuscar; **scavenger** carroñero *m*; (*person*) persona que busca comida entre la basura

scenario [sı'nɑːrıəʊ] situación *f*

scene [siːn] escena *f*; *of accident, crime* lugar *m*; (*argument*) escena *f*, número *m*; **behind the** ~**s** entre bastidores; **scenery** paisaje *m*; THEA escenario *m*

scent [sent] olor *m*; *of perfume* perfume *m*, fragancia *f*

sceptic *etc Br* ☞ **skeptic** *etc*

schedule ['ʃedjuːl] **1** *n of events, work* programa *m*; *of exams* calendario *m*; *for train, work, of lessons* horario *m*; **be on** ~ *of work* ir según lo previsto; *of train* ir a la hora prevista; **be behind** ~ ir con retraso **2** *v/t* (*put on* ~) programar; **scheduled flight** vuelo *m* regular

scheme [skiːm] **1** *n* (*plan*) plan *m*; (*plot*) confabulación *f* **2** *v/i* (*plot*) confabularse; **scheming** maquinador

schizophrenia [skıtsə'friːnıə] esquizofrenia *f*; **schizophrenic** **1** *n* esquizofrénico(-a) *m(f)* **2** *adj* esquizofrénico

scholar ['skɒlər] erudito(-a) *m(f)*; **scholarly** erudito; **scholarship** *work* estudios *mpl*; *financial award* beca *f*

school [sku:l] escuela f, colegio m; (university) universidad f; **school bag** cartera f; **schoolchildren** escolares mpl

science ['saɪəns] ciencia f; **scientific** científico m; **scientist** científico(-a) m(f)

scissors ['sɪzərz] tijeras fpl

scoff[1] [skɒːf] F (eat fast) zamparse F

scoff[2] [skɒːf] (mock) burlarse, mofarse

scold [skəʊld] regañar

scoop [sku:p] 1 n implement cuchara f; story exclusiva f

scooter ['sku:tər] with motor escúter m; child's patinete m

scope [skəʊp] alcance m; (freedom, opportunity) oportunidad f

scorch [skɔːrtʃ] quemar; **scorching** abrasador

score [skɔːr] 1 n SP resultado m; in competition puntuación f; (written music) partitura f; of movie etc banda f sonora 2 v/t goal, line marcar; point anotar 3 v/i marcar; (keep the ~) llevar el tanteo; **scoreboard** marcador m; **scorer** of goal goleador(a) m(f); of point anotador(a) m(f)

scorn [skɔːrn] 1 n desprecio m 2 v/t idea despreciar; **scornful** despreciativo; **scornfully** con desprecio

Scot [skɑːt] escocés(-esa) m(f); **Scotch** (whiskey) whisky m escocés; **Scotch**

tape® celo m, L.Am. Durex® m; **Scotland** Escocia; **Scottish** escocés

scoundrel ['skaʊndrəl] canalla m / f

scour ['skaʊər] (search) rastrear, peinar

scowl [skaʊl] 1 n ceño m 2 v/i fruncir el ceño

scramble ['skræmbl] 1 n (rush) prisa f 2 v/t message cifrar 3 v/i (climb) trepar; **scrambled eggs** huevos mpl revueltos

scrap [skræp] 1 n metal chatarra f; (fight) pelea f; of food trocito m; of common sense pizca f 2 v/t plan abandonar; paragraph borrar

scrape [skreɪp] 1 n on paintwork inc arañazo m 2 v/t paintwork rayar

'scrap metal chatarra f

scrappy ['skræpɪ] work, play desorganizado

scratch [skrætʃ] 1 n mark marca f; **start from ~** empezar desde cero; **not up to ~** insuficiente 2 v/t (mark: skin) arañar; (mark: paint) rayar; because of itch rascarse 3 v/i of cat etc arañar; because of itch rascarse

scrawl [skrɔːl] 1 n garabato m 2 v/t garabatear

scrawny ['skrɔːnɪ] escuálido

scream [skri:m] 1 n grito m 2 v/i gritar

screech [skri:tʃ] 1 n of tires chirrido m; (scream) chillido m 2 v/i of tires chirriar;

(*scream*) chillar

screen ['skri:n] **1** *n* in room, hospital mampara *f*; protective cortina *f*; in movie theater, COMPUT pantalla *f* **2** *v/t* (*protect, hide*) ocultar; movie proyectar; for security reasons investigar; **screenplay** guión *m*; **screen saver** COMPUT salvapantallas *m inv*; **screen test** prueba *f*

screw [skru:] **1** *n* tornillo *m* **2** *v/t* atornillar (**to** a); V (*have sex with*) echar un polvo con V; F (*cheat*) timar F; **screwdriver** destornillador *m*; **screwed up** F acomplejado; **screwy** F chiflado F; idea, film descabellado F

scribble ['skrɪbl] **1** *n* garabato *m* **2** *v/t & v/i* garabatear

script [skrɪpt] *n* for play guión *m*; form of writing caligrafía *f*; scripture: **the (Holy) Scriptures** las Sagradas Escrituras; **scriptwriter** guionista *m* / *f*

◆ **scroll down** [skroʊl] COMPUT avanzar

◆ **scroll up** COMPUT retroceder

scrounge [skraʊndʒ] gorronear; **scrounger** gorrón (-ona) *m(f)*

scrub [skrʌb] floors fregar; hands frotar

scruples ['skru:plz] escrúpulos *mpl*; **scrupulous** with moral principles escrupuloso; (*thorough*) meticuloso; attention to detail minucioso;

scrupulously (*meticulously*) minuciosamente

scrutinize ['skru:tɪnaɪz] estudiar, examinar; **scrutiny** escrutinio *m*

scuba diving ['sku:bə] submarinismo *m*

scuffle ['skʌfl] riña *f*

sculptor ['skʌlptər] escultor(a) *m(f)*; **sculpture** escultura *f*

scum *on liquid* película *f* de suciedad; pej: people escoria *f*

sea [si:] mar *m*; **seabird** ave *f* marina; **seafood** marisco *m*; **seagull** gaviota *f*

seal[1] [si:l] *n* animal foca *f*

seal[2] [si:l] **1** *n* on document, tech sello *m* **2** *v/t* container sellar

'**sea level: above ~** sobre el nivel del mar; **below ~** bajo el nivel del mar

seam [si:m] on garment costura *f*; of ore filón *m*

'**seaman** marinero *m*; **seaport** puerto *m* marítimo

search [sɜːrtʃ] **1** *n* búsqueda *f* **2** *v/t* registrar

◆ **search for** buscar

searching ['sɜːrtʃɪŋ] look escrutador; question difícil; **searchlight** reflector *m*

'**seashore** orilla *f*, playa *f*; **seasick** mareado; **get ~** marearse; **seaside** costa *f*, playa *f*

season ['si:zn] estación *f*; for tourism etc temporada *f*; **seasonal** fruit, vegetables del tiempo; employment temporal; **seasoned** *wood* seco; *traveler, campaigner* experimentado; **seasoning** condimento *m*; **season ticket** abono *m*

seat [siːt] asiento *m; in theater* butaca *f; of pants* culera *f;* **please take a ~** por favor, siéntese; **seat belt** cinturón *m* de seguridad

'seaweed alga(s) *f(pl)*

secluded [sɪ'kluːdɪd] apartado

second ['sekənd] **1** *n of time* segundo *m* **2** *adj* segundo **3** *adv* **come in** en segundo lugar **4** *v/t motion* apoyar; **secondary** secundario *m*; **second floor** primer piso *m, Br* segundo piso *m*; **second-hand** de segunda mano; **secondly** en segundo lugar; **second--rate** inferior

secrecy ['siːkrəsɪ] secretismo *m*; **secret 1** *n* secreto *m* **2** *adj* secreto

secretarial [sekrə'terɪəl] de secretario; **secretary** secretario(-a) *m(f)*; POL ministro(-a) *m(f)*; **Secretary of State** *in USA* Secretario(-a) *m(f)* de Estado

secretive ['siːkrətɪv] reservado; **secretly** en secreto

sect [sekt] secta *f*

section ['sekʃn] sección *f; of building* zona *f; of apple* parte *f*

sector ['sektər] sector *m*

secular ['sekjələr] laico

secure [sɪ'kjʊr] **1** *adj shelf etc*

seguro; *job, contract* fijo **2** *v/t shelf etc* asegurar; *help* conseguir; **se'curities market** FIN mercado *m* de valores; **security** seguridad *f; for investment* garantía *f*; **security alert** alerta *f*; **security forces** fuerzas *fpl* de seguridad; **security guard** guardia *m/f* de seguridad; **security risk** *person* peligro *m* (para la seguridad)

sedan [sɪ'dæn] MOT turismo *m*

sedate [sɪ'deɪt] sedar

sedative ['sedətɪv] sedante *m*

sedentary ['sedəntəri] *job* sedentario

sediment ['sedɪmənt] sedimento *m*

seduce [sɪ'duːs] seducir; **seduction** seducción *f*; **seductive** *dress* seductor; *offer* tentador

see [siː] ver; **~ you!** F ¡hasta la vista!, ¡chao! F

◆ **see off** *at airport etc* despedir; *(chase away)* espantar

seed [siːd] semilla *f; in tennis* cabeza *f* de serie; **seedy** *bar, district* de mala calaña

seeing 'eye dog ['siːɪŋ] perro *m* lazarillo; **seeing (that)** dado que, ya que

seek [siːk] buscar

seem [siːm] parecer; **seemingly** aparentemente

seesaw ['siːsɔː] subibaja *m*

'see-through transparente

segment ['segmənt] segmento *m*

segregate ['segrɪgeɪt] segregar; **segregation** segregación f

seismology [saɪz'mɒlədʒɪ] sismología f

seize [siːz] s.o., s.o.'s arm agarrar; opportunity aprovechar; of Customs, police etc incautarse de; **seizure** MED ataque m; of drugs etc incautación f; amount seized alijo m

seldom ['seldəm] raramente, casi nunca

select [sɪ'lekt] **1** v/t seleccionar **2** adj (exclusive) selecto; **selection** selección f; (choosing) elección f; **selective** selectivo

self [self] ego m; **self-assurance** confianza f en sí mismo; **self-assured** seguro de sí mismo; **self-centered**, Br **self-centred** egoísta; **self-confidence** confianza f en sí mismo; **self-confident** seguro de sí mismo; **self-conscious** tímido; **self-consciousness** timidez f; **self-control** autocontrol m; **self-defence** Br, **self-defense** autodefensa f; **in ~** en defensa propia; **self-employed** autónomo; **self-evident** obvio; **self-expression** autoexpresión f; **self-government** autogobierno m; **self-interest** interés m propio; **selfish** egoísta; **selfless** desinteresado; **self-made man** hombre m hecho a sí mismo; **self-pity** autocom-

pasión f; **self-portrait** autorretrato m; **self-reliant** autosuficiente; **self-respect** amor m propio; **self-satisfied** pej pagado de sí mismo; **self-service** de autoservicio; **self-service restaurant** (restaurante m) autoservicio m; **self-taught** autodidacta

sell [sel] **1** v/t vender **2** v/i of products venderse; **sell-by date** fecha f límite de venta; **seller** vendedor(a) m(f); **selling** COM ventas fpl; **selling point** COM ventaja f

Sellotape® ['seləteɪp] Br celo m, L.Am. Durex® m

semester [sɪ'mestər] semestre m

semi ['semɪ] truck camión m semirremolque; **semicircle** semicírculo m; **semiconductor** ELEC semiconductor m; **semifinal** semifinal f; **semifinalist** semifinalista m/f

seminar ['semɪnɑːr] seminario m

semi-skilled semicualificado

senate ['senət] senado m; **senator** senador(a) m(f)

send [send] enviar, mandar

◆ **send back** devolver

◆ **send for** mandar buscar

sender ['sendər] of letter remitente m / f

senile ['siːnaɪl] senil; **senility** senilidad f

senior ['siːnjər] (older) mayor; in rank superior; **senior citizen** persona f de la tercera

edad; **seniority** *in job* anti-
güedad *f*

sensation [sen'seɪʃn] sensa-
ción *f*; **sensational** sensa-
cional

sense [sens] **1** *n* (*meaning,
point, hearing etc*) sentido
m; (*feeling*) sentimiento *m*;
(*common sense*) sentido *m*
común, sensatez *f*; ***come
to one's ~s*** entrar en razón;
it doesn't make ~ no tiene
sentido **2** *v/t s.o.'s presence*
sentir, notar; **senseless**
(*pointless*) absurdo

sensible ['sensəbl] sensato;
shoes etc práctico, apropia-
do; **sensibly** con sensatez

sensitive ['sensɪtɪv] sensible;
sensitivity sensibilidad *f*

sensor ['sensər] sensor *m*

sensual ['senʃuəl] sensual;
sensuality sensualidad *f*

sensuous ['senʃuəs] sensual

sentence ['sentəns] **1** *n* GRAM
oración *f*; LAW sentencia *f* **2**
v/t LAW sentenciar, condenar

sentiment ['sentɪmənt] (*senti-
mentality*) sentimentalismo
m; (*opinion*) opinión *f*; **senti-
mental** sentimental; **senti-
mentality** sentimentalismo
m

sentry ['sentrɪ] centinela *m*

separate 1 ['sepərət] *adj* se-
parado **2** ['sepəreɪt] *v/t* sepa-
rar **3** ['sepəreɪt] *v/i of couple*
separarse; **separated** *couple*
separado; **separately** *pay,
treat* por separado; **separa-
tion** separación *f*

September [sep'tembər] sep-
tiembre *m*

septic ['septɪk] séptico

sequel ['si:kwəl] continua-
ción *f*

sequence ['si:kwəns] secuen-
cia *f*

serene [sɪ'ri:n] sereno

sergeant ['sɑːrdʒənt] sargen-
to *m* / *f*

serial ['sɪrɪəl] *serie f*, serial *m*;
in magazine novela *f* por en-
tregas; **serialize** *novel on TV*
emitir en forma de serie; *in
newspaper* publicar por en-
tregas; **serial number** *of
product* número *m* de serie

series ['sɪriːz] serie *f*

serious ['sɪrɪəs] *situation,
damage, illness* grave; (*per-
son: earnest*) serio; *company*
serio; **seriously injured** gra-
vemente; ***take s.o. ~*** tomar
a alguien en serio; **serious-
ness** *of person* seriedad *f*; *of
situation* seriedad *f*, grave-
dad *f*; *of illness* gravedad *f*

sermon ['sɜːrmən] sermón *m*

servant ['sɜːrvnt] sirvien-
te(-a) *m(f)*

serve [sɜːrv] **1** *n in tennis* ser-
vicio *m*, saque *m* **2** *v/t food,
meal* servir; *customer in shop*
atender; *one's country* servir
a **3** *v/i* servir; *in tennis* servir,
sacar; **server** *in tennis* juga-
dor(a) *m(f)*; *at the service*; COM-
PUT servidor *m*; **service 1** *n
to customers, community* ser-
vicio *m*; *for vehicle, machine*
revisión *f*; *in tennis* servicio

m, saque *m*; **~s** (*~ sector*) el sector servicios **2** *v/t vehicle, machine* revisar; **service charge** servicio *m* (*tarifa*); **serviceman** MIL militar *m*; **service station** estación *f* de servicio; **serving** *of food* ración *f*

session ['seʃn] sesión *f*; *with boss etc* reunión *f*

set [set] **1** *n of tools* juego *m*; *of books* colección *f*; (*group of people*) grupo *m*; MATH conjunto *m*; (THEA: *scenery*) decorado *m*; *where a movie is made* plató *m*; *in tennis* set *m* **2** *v/t* (*place*) colocar; *movie, novel etc* ambientar; *date, time, limit* fijar; *alarm* poner; *clock* poner en hora; *broken limb* recomponer; *jewel engastar*; **~ the table** poner la mesa **3** *v/i of sun* ponerse; *of glue* solidificarse **4** *adj* (*ready*) preparado

◆ **set off 1** *v/i on journey* salir **2** *v/t bomb* hacer explotar; *chain reaction* desencadenar; *alarm* activar

◆ **set out 1** *v/i on journey* salir (**for** hacia) **2** *v/t ideas, goods* exponer

◆ **set up 1** *v/t company* establecer; *equipment, machine* instalar; *market stall* montar; *meeting* organizar; F (*frame*) tender una trampa a **2** *v/i in business* emprender un negocio

'setback contratiempo *m*

settee [se'ti:] *Br* sofá *m*

setting ['setɪŋ] *of novel etc* escenario *m*; *of house* ubicación *f*

settle ['setl] **1** *v/i of bird, dust* posarse; *of building* hundirse; *to live* establecerse **2** *v/t dispute, uncertainty* resolver; *debts* saldar; *nerves, stomach* calmar

◆ **settle down** (*stop being noisy*) tranquilizarse; (*stop wild living*) sentar la cabeza; *in an area* establecerse

◆ **settle for** (*accept*) conformarse con

settled ['setld] *weather* estable; **settlement** *of claim* resolución *f*; *of debt* liquidación *f*; *of dispute* acuerdo *m*; (*payment*) suma *f*; *of building* hundimiento *m*; **settler** *in new country* colono *m*

'set-up (*structure*) estructura *f*; (*relationship*) relación *f*; F (*frame-up*) trampa *f*

seven ['sevn] siete; **seventeen** diecisiete; **seventeenth** décimoséptimo; **seventh** séptimo; **seventieth** septuagésimo; **seventy** setenta

sever ['sevər] cortar; *relations* romper

several ['sevrl] **1** *adj* varios **2** *pron* varios(-as) *mpl* (*fpl*)

severe [sɪ'vɪr] *illness* grave; *penalty, winter, weather* severo; *teacher* estricto; **severely** *punish, speak* con severidad; *injured, disrupted* gravemen-

sharp

te; **severity** severidad *f*; *of illness* gravedad *f*

Seville [sə'vɪl] Sevilla

sew [soʊ] coser

sewage ['su:ɪdʒ] aguas *fpl* residuales; **sewer** alcantarilla *f*, cloaca *f*

sewing ['soʊɪŋ] *skill* costura *f*; *that being sewn* labor *f*

sex [seks] sexo *m*; **have ~ with** tener relaciones sexuales con; **sexist 1** *adj* sexista **2** *n* sexista *m / f*; **sexual** sexual; **sexuality** sexualidad *f*; **sexually** sexualmente; ***sexually transmitted disease*** enfermedad *f* de transmisión sexual; **sexy** sexy *inv*

shabbily ['ʃæbɪlɪ] *dressed* con desaliño; *treat* muy mal; **shabby** *coat etc* desgastado; *treatment* malo

shack [ʃæk] choza *f*

shade [ʃeɪd] **1** *n for lamp* pantalla *f*; *of color* tonalidad *f*; *on window* persiana *f*; **in the ~** a la sombra **2** *v/t from sun, light* proteger de la luz

shadow ['ʃædoʊ] sombra *f*

shady ['ʃeɪdɪ] *spot* umbrío; *character* sospechoso

shaft [ʃæft] TECH eje *m*, árbol *m*; *of mine* pozo *m*

shake [ʃeɪk] **1** *n* sacudida *f* **2** *v/t* agitar; *emotionally* conmocionar; ***he shook his head*** negó con la cabeza; **~ hands with s.o.** estrechar *or* dar la mano a alguien **3** *v/i of voice, building* temblar; **shaken** *emotionally* conmo-

cionado; **shake-up** reestructuración *f*; **shaky** *table etc* inestable; *after illness* débil; *after shock* conmocionado; *grasp of sth* flojo; *voice, hand* tembloroso

shall [ʃæl] ◇ *future:* **I ~ do my best** haré todo lo que pueda ◇ *suggesting:* **~ we go?** ¿nos vamos?

shallow ['ʃæloʊ] *water* poco profundo; *person* superficial

shame [ʃeɪm] **1** *n* vergüenza *f*, Col, Mex, Ven pena *f*; **what a ~!** ¡qué pena *or* lástima! **2** *v/t* avergonzar, Col, Mex, Ven apenar; **shameful** vergonzoso; **shameless** desvergonzado

shampoo [ʃæm'pu:] champú *m*

shanty town ['ʃæntɪ] *Span* barrio *m* de chabolas, *L.Am.* barriada *f*, *Arg* villa *f* miseria, *Chi* callampa *f*, *Mex* ciudad *f* perdida, *Urug* cantegril *m*

shape [ʃeɪp] **1** *n* forma *f* **2** *v/t clay* modelar; *character* determinar; *the future* dar forma a; **shapeless** *dress etc* amorfo; **shapely** *figure* esbelto

share [ʃer] **1** *n* parte *f*; FIN acción *f* **2** *v/t & v/i* compartir; **shareholder** accionista *m / f*

shark [ʃɑːrk] tiburón *m*

sharp [ʃɑːrp] **1** *adj knife* afilado; *mind* vivo; *pain* agudo; *taste* ácido **2** *adv* MUS demasiado alto; *at 3 o'clock* ~ a las tres en punto; **sharpen** *knife* afilar; *skills* perfeccionar

shatter ['ʃætər] **1** v/t *glass* hacer añicos; *illusions* destrozar **2** v/i *of glass* hacerse añicos; **shattered** F destrozado F; **shattering** *news* demoledor

shave [ʃeɪv] **1** v/t afeitar **2** v/i afeitarse **3** *n* afeitado *m*; **shaven** *head* rapado; **shaver** *electric* máquinilla *f* de afeitar (eléctrica)

shawl [ʃɔːl] chal *m*

she [ʃiː] ella; *~ is a student* es estudiante

sheath [ʃiːθ] *for knife* funda *f*; *contraceptive* condón *m*

shed[1] [ʃed] v/t *blood, tears* derramar; *leaves* perder

shed[2] [ʃed] *n* cobertizo *m*

sheep [ʃiːp] oveja *f*; **sheepdog** perro *m* pastor; **sheep-herder** pastor *m*; **sheepish** avergonzado

sheer [ʃɪr] verdadero; *cliffs* escarpado

sheet [ʃiːt] sábana *f*; *of paper, glass* hoja *f*; *of metal* chapa *f*

shelf [ʃelf] estante *m*; **shelves** estanterías *fpl*

shell [ʃel] **1** *n of mussel etc* concha *f*; *of egg* cáscara *f*; *of tortoise* caparazón *f*; MIL proyectil *m* **2** v/t *peas* pelar; MIL bombardear con artillería); **shellfire** fuego *m* de artillería; **shellfish** marisco *m*

shelter ['ʃeltər] **1** *n* refugio *m*; (*bus ~*) marquesina *f* **2** v/i refugiarse **3** v/t (*protect*) proteger; **sheltered** *place* resguardado; *lead a ~ life* llevar una vida protegida

shelve [ʃelv] *fig* posponer

shepherd ['ʃepəd] pastor *m*

sheriff ['ʃerɪf] sheriff *m/f*

shield [ʃiːld] **1** *n* escudo *m*; TECH placa *f* protectora; *of policeman* placa *f* **2** v/t (*protect*) proteger

shift [ʃɪft] **1** *n* cambio *m*; *at work* turno *m* **2** v/t (*move*) mover; *stains etc* eliminar **3** v/i (*move*) moverse; (*change*) trasladarse; *of wind* cambiar; **shifty** *pej* sospechoso

shin [ʃɪn] espinilla *f*

shine [ʃaɪn] **1** v/i brillar; *fig: of student etc* destacar (*at* en) **2** *n on shoes etc* brillo *m*; **shiny** brillante

ship [ʃɪp] **1** *n* barco *m*, buque *m* **2** v/t (*send*) enviar; **3** v/i *of new product* distribuirse; **shipment** envío *m*, **shipowner** naviero(-a) *m(f)*, armador(a) *m(f)*; **shipping** (*sea traffic*) navíos *mpl*, buques *mpl*; (*sending*) envío *m*; **shipwreck** naufragio *m*; **shipyard** astillero *m*

shirt [ʃɜːrt] camisa *f*

shit [ʃɪt] **1** *n* P mierda *f* P **2** v/i P cagar P **3** *int* P mierda P; **shitty** F asqueroso F

shiver ['ʃɪvər] tiritar

shock [ʃɑːk] **1** *n* shock *m*, impresión *f*; ELEC descarga *f*;

be in ~ MED estar en estado de shock **2** v/t impresionar, dejar boquiabierto; **shock absorber** MOT amortiguador m; **shocking** escandaloso; F *weather, spelling* terrible

shoddy [ˈʃɒdɪ] *goods* de mala calidad; *behavior* vergonzoso

shoe [ʃuː] zapato m; **shoe-lace** cordón m; **shoemaker** zapatero(-a) m(f); **shoe mender** zapatero(-a) m(f) remendón(-ona) m(f); **shoestore** zapatería f

shoot [ʃuːt] **1** n BOT brote m **2** v/t disparar; *and kill* matar de un tiro; *movie* rodar

◆ **shoot down** *airplane* derribar; *fig: suggestion* echar por tierra

◆ **shoot up** *of prices* dispararse; *of children* crecer mucho; *of new buildings etc* aparecer de repente

shooting star [ˈʃuːtɪŋ] estrella f fugaz

shop [ʃɒp] **1** n tienda f **2** v/i comprar; **go ~ping** ir de compras; **shopkeeper** tendero(-a) m(f); **shoplifter** ladrón(-ona) m(f) (*en tiendas*); **shoplifting** hurtos mpl (*en tiendas*); **shopper** comprador(a) m(f); **shopping** *items* compra f; **shopping bag** bolsa f de la compra; **shopping list** lista f de la compra; **shopping mall** centro m comercial

shore [ʃɔːr] orilla f

short [ʃɔːrt] **1** adj corto; *in height* bajo; *we're ~ of fuel* nos queda poco combustible **2** adv: *cut ~* interrumpir; *go ~ of* pasar sin; *in ~* en resumen; **shortage** escasez f, falta f; **shortcoming** defecto m; **shortcut** atajo m; **shorten** *dress, hair, vacation* acortar; *chapter, article* abreviar; *work day* reducir; **shortfall** déficit m; **short-lived** efímero; **shortly** (*soon*) pronto; *~ before / after* justo antes / después; **shortness** *of visit* brevedad f; *in height* baja f estatura; **shorts** pantalones mpl cortos, shorts mpl; *underwear* calzoncillos mpl; **shortsighted** miope; *fig* corto de miras; **short-sleeved** de manga corta; **short-tempered** irascible; **short-term** a corto plazo

shot [ʃɒt] *from gun* disparo m; (*photo*) fotografía f; (*injection*) inyección f; **shotgun** escopeta f

should [ʃʊd]: *what ~ I do?* ¿qué debería hacer?; *you ~n't do that* no deberías hacer eso; *you ~ have heard him!* ¡tendrías que haberle oído!

shoulder [ˈʃoʊldər] ANAT hombro m

shout [ʃaʊt] **1** n grito m **2** v/t & v/i gritar; **shouting** griterío m

shove [ʃʌv] **1** n empujón m **2**

shovel

502

v/t & v/i empujar

shovel ['ʃʌvl] pala *f*

show [ʃoʊ] **1** *n* THEA espectáculo *m*; *TV* programa *m*; *of emotion* muestra *f* **2** *v/t* mostrar; *at exhibition* exponer; *movie* proyectar **3** *v/i* (*be visible*) verse

◆ **show in** hacer pasar a

◆ **show off 1** *v/t skills* mostrar **2** *v/i pej* presumir, alardear

◆ **show up 1** *v/t shortcomings etc* poner de manifiesto **2** *v/i* (*be visible*) verse; F (*arrive*) aparecer

'**show business** el mundo del espectáculo; **showcase** vitrina *f*; *fig* escaparate *m*; **showdown** enfrentamiento *m*

shower ['ʃaʊər] **1** *n of rain* chaparrón *m*; *to wash* ducha *f*, *Mex* regadera *f*; (*party*) fiesta con motivo de un bautizo, una boda etc., en la que los invitados llevan obsequios; *take a* ~ ducharse **2** *v/i* ducharse

'**show-off** *pej* fanfarrón(-ona) *m(f)*; **showroom** sala *f* de exposición *f*; **showy** llamativo

shred [ʃred] **1** *n of paper etc* trozo *m*; *of fabric* jirón *m* **2** *v/t paper* hacer trizas; *in cooking* cortar en tiras; **shredder** *for documents* trituradora *f* (de documentos)

shrewd [ʃruːd] *person* astuto; *investment* inteligente;

shrewdness *of person* astucia *f*; *of decision* inteligencia *f*

shriek [ʃriːk] **1** *n* alarido *m*, chillido *m* **2** *v/i* chillar

shrill [ʃrɪl] estridente, agudo

shrimp [ʃrɪmp] gamba *f*; *larger Span* langostino *m*, *L.Am.* camarón *m*

shrine [ʃraɪn] santuario *m*

shrink[1] [ʃrɪŋk] *v/i of material* encoger(se); *of support etc* reducirse

shrink[2] [ʃrɪŋk] *n* F (*psychiatrist*) psiquiatra *m/f*

shrivel ['ʃrɪvl] *of skin* arrugarse; *of leaves* marchitarse

shrub [ʃrʌb] arbusto *m*; **shrubbery** arbustos *mpl*

shrug [ʃrʌg]: ~ (*one's shoulders*) encoger los hombros

shudder ['ʃʌdər] **1** *n of fear, disgust* escalofrío *m*; *of earth* temblor *m* **2** *v/i with fear, disgust* estremecerse; *of earth* temblar

shuffle ['ʃʌfl] **1** *v/t cards* barajar **2** *v/i in walking* arrastrar los pies

shun [ʃʌn] rechazar

shut [ʃʌt] cerrar

◆ **shut down 1** *v/t business* cerrar; *computer* apagar **2** *v/i of business* cerrarse; *of computer* apagarse

◆ **shut up** F (*be quiet*) callarse; **shut up!** ¡cállate!

shutter ['ʃʌtər] *on window* contraventana *f*; PHOT obturador *m* '**shuttlebus** *at airport* autobús *m* de conexión

shy [ʃaɪ] tímido; **shyness** timidez *f*

sick [sɪk] enfermo; *sense of humor* morboso, macabro; **be ~** *Br* (*vomit*) vomitar; **sicken 1** *v/t* (*disgust*) poner enfermo; (*make ill*) hacer enfermar **2** *v/i*: *be ~ing for sth* estar incubando algo; **sickening** *stench* nauseabundo; *crime* repugnante; **sick leave** baja *f* (por enfermedad); **sickness** enfermedad *f*; (*vomiting*) vómitos *mpl*

side [saɪd] lado *m*; *of mountain* ladera *f*; *of person* costado *m*; sp equipo *m*; *take ~s* (*favor one ~*) tomar partido (*with* por); *~ by ~* uno al lado del otro; **side effect** efecto *m* secundario; **sidestep** *fig* evadir; **side street** bocacalle *f*; **sidewalk** acera *f*, *Rpl* vereda *f*, *Mex* banqueta *f*; **sideways** de lado

siege [siːdʒ] sitio *m*

sieve [sɪv] tamiz *m*

sift [sɪft] tamizar; *data* examinar a fondo

sigh [saɪ] **1** *n* suspiro *m* **2** *v/i* suspirar

sight [saɪt] vista *f*; *~s* of city lugares *mpl* de interés; *know by ~* conocer de vista; **sightseeing**: *go ~* hacer turismo; **sightseer** turista *m/f*

sign [saɪn] **1** *n* señal *f*; *outside shop* cartel *m*, letrero *m* **2** *v/t*

& *v/i* firmar

signal ['sɪɡnl] **1** *n* señal *f* **2** *v/i* *of driver* poner el intermitente

signatory ['sɪɡnətɔːrɪ] signatario(-a) *m(f)*, firmante *m/f*

signature ['sɪɡnətʃər] firma *f*

significance [sɪɡ'nɪfɪkəns] importancia *f*, relevancia *f*; **significant** *event etc* importante, relevante; (*quite large*) considerable; **significantly** *larger, more expensive* considerablemente

signify ['sɪɡnɪfaɪ] significar, suponer

'**sign language** lenguaje *m* por señas; **signpost** señal *f*

silence ['saɪləns] **1** *n* silencio *m* **2** *v/t* hacer callar; **silent** silencioso

silhouette [sɪluː'et] silueta *f*

silicon ['sɪlɪkən] silicio *m*

silicone ['sɪlɪkoʊn] silicona *f*

silk [sɪlk] **1** *n* seda *f* **2** *adj shirt etc* de seda; **silky** sedoso

silliness ['sɪlɪnɪs] tontería *f*; **silly** tonto

silo ['saɪloʊ] silo *m*

silver ['sɪlvər] **1** *n* plata *f* **2** *adj ring* de plata; *hair* canoso; **silverware** plata *f*

similar ['sɪmɪlər] parecido, similar; **similarity** parecido *m*, similitud *f*; **similarly** de la misma manera

simple ['sɪmpl] sencillo; *person* simple; **simple-minded** *pej* simplón; **simplicity** sencillez *f*, simplicidad *f*; **simplify** simplificar; **simplistic**

simplista; **simply** sencilla-
mente

simultaneous [saɪml'teɪnɪəs]
simultáneo; **simulta-
neously** simultáneamente

sin [sɪn] **1** n pecado m **2** v/i pe-
car

since [sɪns] **1** prep desde **2** adv
desde entonces **3** conj in ex-
pressions of time desde que;
(seeing that) ya que, dado
que

sincere [sɪn'sɪr] sincero; **sin-
cerely** sinceramente; **Sin-
cerely Yours** ~ atentamen-
te; **sincerity** sinceridad f

sinful ['sɪnfəl] person peca-
dor; things pecaminoso

sing [sɪŋ] cantar

singe [sɪndʒ] chamuscar

singer ['sɪŋər] cantante m/f

single ['sɪŋgl] **1** adj único;
(not married) soltero m **2** n
MUS sencillo m; (~ room) ha-
bitación f individual; person
soltero(-a) m(f); Br ticket bi-
llete m or L.Am. boleto m de
ida; **~s** in tennis individuales
mpl; **single-handed** en soli-
tario; **single-minded** deter-
minado, resuelto; **single
parent** padre m / madre f
soltero(-a); **single parent
family** familia f monoparen-
tal; **single room** habitación
f individual

singular ['sɪŋgjələr] GRAM **1**
adj singular **2** n singular m

sinister ['sɪnɪstər] siniestro;
sky amenazador

sink [sɪŋk] n in kitchen frega-

dero m; in bathroom lavabo
m **2** v/i of ship, object hundir-
se; of sun ponerse; of interest
rates etc descender, bajar **3**
v/t ship hundir; funds investir

sinner ['sɪnər] pecador(a)
m(f)

sip [sɪp] **1** n sorbo m **2** v/t sor-
ber

sir [sɜːr] señor m; **excuse me,
~** perdone, caballero

siren ['saɪrən] sirena f

sirloin ['sɜːrlɔɪn] solomillo m

sister ['sɪstər] hermana f; **sis-
ter-in-law** cuñada f

sit [sɪt] estar sentado;
(~ down) sentarse

◆ **sit down** sentarse

sitcom ['sɪtkɑːm] telecome-
dia f, comedia f de situación

site [saɪt] **1** n emplazamiento
m; of battle lugar m **2** v/t new
offices etc situar

sitting ['sɪtɪŋ] of committee,
for artist sesión f; for meals
turno m; **sitting room** sala
f de estar, salón m

situated ['sɪtʃueɪtɪd] situado;
situation situación f

six [sɪks] seis; **sixteen** dieci-
séis; **sixteenth** decimosexto;
sixth sexto; **sixtieth** sexagé-
simo; **sixty** sesenta

size [saɪz] tamaño m; of loan
importe m; of jacket talla f;
of shoes número m; **sizeable**
house, order considerable;
meal copioso

skate [skeɪt] **1** n patín m **2** v/i
patinar; **skateboard** mono-
patín m; **skateboarding** pa-

tinaje *m* en monopatín;
skater patinador(a) *m(f)*;
skating patinaje *m*; **skating
rink** pista *f* de patinaje

skeleton ['skelɪtn] esqueleto
m

skeptic ['skeptɪk] escéptico(-a) *m(f)*; **skeptical** escéptico; **skepticism** escepticismo *m*

sketch [sketʃ] **1** *n* boceto *m*,
esbozo *m*; THEA sketch *m* **2**
v/t bosquejar; **sketchy**
knowledge etc básico, superficial

ski [skiː] **1** *n* esquí *m* **2** *v/i* esquiar

skid [skɪd] **1** *n* of car patinazo
m; of person resbalón *m* **2** *v/i*
of car patinar; of person resbalar

skier ['skiːər] esquiador(a)
m(f); **skiing** esquí *m*

skilful *etc Br ➙ skillful etc*

skill [skɪl] destreza *f*, habilidad *f*; **skilled** capacitado;
skillful hábil, habilidoso;
skillfully con habilidad *o*
destreza

skim [skɪm] *surface* rozar;
milk desnatar, descremar

skimpy ['skɪmpɪ] *account* superficial; *dress* cortísimo;
bikini mínimo

skin [skɪn] **1** *n* piel *f* **2** *v/t* despellejar, desollar; **skin diving** buceo *m*; **skinny** escuálido; **skin-tight** ajustado

skip [skɪp] **1** *n* (*little jump*)
brinco *m*, saltito *m* **2** *v/i* brincar **3** *v/t* (*omit*) pasar por al-

to; **skipper** capitán(-ana)
m(f)

skirt [skɜːrt] falda *f*

skull [skʌl] cráneo *m*

skunk [skʌŋk] mofeta *f*

sky [skaɪ] cielo *m*; **skylight**
claraboya *f*; **skyline** horizonte *m*; **skyscraper** rascacielos *m inv*

slab [slæb] of stone losa *f*; of
cake etc trozo *m* grande

slack [slæk] rope flojo; work
descuidado; period tranquilo; **slacken** rope, pace aflojar; **slacks** pantalones *mpl*

slam [slæm] **1** *v/t* door cerrar
de un golpe **2** *v/i* of door cerrarse de golpe

slander ['slændər] **1** *n* difamación *f* **2** *v/t* difamar; **slanderous** difamatorio

slang [slæŋ] argot *m*, jerga *f*;
of a specific group jerga *f*

slant [slænt] **1** *v/i* inclinarse **2**
n inclinación *f*; given to a story enfoque *m*; **slanting** roof
inclinado; eyes rasgado

slap [slæp] **1** *n* (blow) bofetada *f* **2** *v/t* dar una bofetada a

slash [slæʃ] **1** *n* cut corte *m*,
raja *f*; in punctuation barra
f **2** *v/t* skin etc cortar; prices
recortar drásticamente

slaughter ['slɔːtər] **1** *n* of animals sacrificio *m*; of people,
troops matanza *f* **2** *v/t* animals sacrificar; people,
troops masacrar; **slaughterhouse** matadero *m*

slave [sleɪv] esclavo(-a) *m(f)*

slay [sleɪ] asesinar; **slaying**

sleaze

(*murder*) asesinato *m*

sleaze [sli:z] POL corrupción *f*; **sleazy** *bar* sórdido; *person* de mala calaña

sleep [sli:p] **1** *n* sueño *m*; **go to ~** dormirse **2** *v/i* dormir ◆ **sleep with** (*have sex with*) acostarse con

sleeping bag ['sli:pɪŋ] saco *m* de dormir; **sleeping car** RAIL coche *m* cama; **sleeping pill** somnífero *m*, pastilla *f* para dormir; **sleepwalker** sonámbulo(-a) *m(f)*; **sleepwalking** sonambulismo *m*; **sleepy** adormilado, somnoliento; *town* tranquilo; **I'm ~** tengo sueño

sleet [sli:t] aguanieve *f*

sleeve [sli:v] manga *f*; **sleeveless** sin mangas

slender ['slendər] *figure, arms* esbelto; *margin* escaso; *chance* remoto

slice [slaɪs] **1** *n* of bread rebanada *f*; *of cake* trozo *m*; *of salami, cheese* loncha *f*; fig: *of profits etc* parte *f* **2** *v/t* loaf *etc* cortar (en rebanadas)

slick [slɪk] **1** *adj* performance muy logrado; (*pej: cunning*) con mucha labia **2** *n* of oil marea *f* negra

slide [slaɪd] **1** *n* for kids tobogán *m*; PHOT diapositiva *f* **2** *v/i* deslizarse; *of exchange rate etc* descender **3** *v/t* deslizar

slight [slaɪt] *person, figure* menudo; (*small*) pequeño; *accent* ligero; **no, not in the**

~est no, en absoluto; **slightly** un poco

slim [slɪm] delgado; *chance* remoto

slime [slaɪm] (*mud*) lodo *m*; *of slug etc* baba *f*; **slimy** liquid viscoso; *river bed* lleno de lodo

sling [slɪŋ] **1** *n* for arm cabestrillo *m* **2** *v/t* F (*throw*) tirar

slip [slɪp] **1** *n* (*mistake*) desliz *m* **2** *v/i* on ice etc resbalar; *of quality etc* empeorar ◆ **slip up** (*make mistake*) equivocarse

slipped 'disc [slɪpt] hernia *f* discal

slipper ['slɪpər] zapatilla *f* (*de estar por casa*)

slippery ['slɪpərɪ] surface, road resbaladizo; *fish* escurridizo

'slip-up (*mistake*) error *m*

slit [slɪt] **1** *n* (*tear*) raja *f*; (*hole*) rendija *f*; *in skirt* corte *m* **2** *v/t* abrir

sliver ['slɪvər] trocito *m*; *of wood, glass* astilla *f*

slob [slɑːb] *pej* dejado(-a) *m/f*, guarro(-a) *m/f*

slog [slɑːɡ] paliza *f*

slogan ['sloʊɡən] eslogan *m*

slop [slɑːp] derramar

slope [sloʊp] **1** *n* of roof inclinación *f*; *of mountain* ladera *f* **2** *v/i* inclinarse

sloppy ['slɑːpɪ] descuidado; *too sentimental* sentimental

slot [slɑːt] ranura *f*; *in schedule* hueco *m*; **slot machine** for cigarettes, food máquina f expendedora; *for gambling* máquina f tragaperras

slovenly ['slʌvnlɪ] descuidado

slow [slou] lento; **be ~** *of clock* ir retrasado

◆ **slow down 1** v/t *work, progress* restrasar; *production* ralentizar **2** v/i *in walking, driving* reducir la velocidad; *of production etc* relantizarse

'**slowdown** *in production* ralentización f; **slowly** despacio, lentamente; **slowness** lentitud f

sluggish ['slʌgɪʃ] lento

slum [slʌm] suburbio m, arrabal

slump [slʌmp] **1** n *in trade* desplome m **2** v/i *economically, of person* desplomarse

slur [slɜːr] **1** n *on character* difamación f **2** v/t *words* arrastrar

slush [slʌʃ] nieve f derretida; (*pej: sentimental stuff*) sensiblería f; **slush fund** fondo m para corruptelas

slut [slʌt] *pej* fulana f

sly [slaɪ] ladino

small [smɔːl] pequeño, *L.Am.* chico

smart¹ [smɑːrt] *adj* elegante; (*intelligent*) inteligente; *pace* rápido

smart² [smɑːrt] v/i (*hurt*) escocer

'**smart card** tarjeta f inteligente; **smartly** *dressed* con elegancia

smash [smæʃ] **1** n *noise* estruendo m; (*car crash*) choque m; *in tennis* smash m **2** v/t *break* hacer pedazos *or* añicos **3** v/i *break* romperse

smattering ['smætərɪŋ] *of a language* nociones fpl

smear [smɪr] **1** n *of ink* borrón m; *of paint* mancha f; *Br* MED citología f; *on character* difamación f **2** v/t *character* difamar

smell [smel] **1** n olor m; **sense of ~** sentido m del olfato **2** v/t oler **3** v/i *unpleasantly* oler (mal); (*sniff*) olfatear; **smelly** apestoso

smile [smaɪl] **1** n sonrisa f **2** v/i sonreír

smirk [smɜːrk] sonrisa f maligna

smoke [smouk] **1** n humo m **2** v/t *cigarettes* fumar; *bacon* ahumar **3** v/i *of person* fumar; **smoke-free** *zone* de no fumadores; **smoker** fumador(-a) m(f); **smoking: no ~** prohibido fumar; **smoky** lleno de humo

smolder, *Br* **smoulder** ['smouldər] *of fire* arder

smooth [smuːð] **1** adj *surface, skin* liso, suave; *sea* en calma; (*peaceful*) tranquilo; *ride, drive* sin vibraciones; *transition* sin problemas; *pej: person* meloso **2** v/t *hair* alisar; **smoothly** *without problems* sin incidentes

smother ['smʌðər] *flames* sofocar; *person* asfixiar

smudge [smʌdʒ] **1** *n of paint* mancha *f*; *of ink* borrón *m* **2** *v/t ink* emborronar; *paint* difuminar

smug [smʌg] engreído

smuggle ['smʌgl] pasar de contrabando; **smuggler** contrabandista *m/f*; **smuggling** contrabando *m*

smutty ['smʌtɪ] *(problem)* inconveniente *m*, pega *f*

snake [sneɪk] serpiente *f*

snap [snæp] **1** *n* chasquido *m*; PHOT foto *f* **2** *v/t break* romper **3** *v/i break* romperse **4** *adj decision, judgment* rápido, súbito; **snappy** *person, mood* irascible; *decision* rápido; *(elegant)* elegante; **snapshot** foto *f*

snarl [snɑːrl] **1** *n of dog* gruñido *m* **2** *v/i* gruñir

snatch [snætʃ] **1** *v/t* arrebatar; *(steal)* robar; *(kidnap)* secuestrar

snazzy ['snæzɪ] F vistoso, *Span* chulo F

sneakers ['sniːkərz] zapatillas *fpl* de deporte

sneaky ['sniːkɪ] F *(crafty)* ladino, cuco F

sneer [snɪr] **1** *n* mueca *f*, desdeñosa **2** *v/i* burlarse *(at* de*)*

sneeze [sniːz] **1** *n* estornudo *m* **2** *v/i* estornudar

snicker ['snɪkər] reírse *(en voz baja)*

sniff [snɪf] **1** *v/i to clear nose*

sorberse los mocos; *of dog* olfatear **2** *v/t (smell)* oler; *of dog* olfatear

sniper ['snaɪpər] francotirador(a) *m(f)*

snitch [snɪtʃ] F **1** *n (telltale)* chivato(-a) *m(f)* **2** *v/i* chivarse

snivel ['snɪvl] gimotear

snob [snɑːb] presuntuoso(-a) *m(f)*; **snobbery** presuntuosidad *f*; **snobbish** presuntuoso

snoop [snuːp] fisgón(-ona) *m(f)*

snooty ['snuːtɪ] presuntuoso

snooze [snuːz] **1** *n* cabezada *f* **2** *v/i* echar una cabezada

snore [snɔːr] roncar; **snoring** ronquidos *mpl*

snorkel ['snɔːrkl] snorkel *m*, tubo *m* para buceo

snort [snɔːrt] *of bull, person* bufar, resoplar

snow [snoʊ] **1** *n* nieve *f* **2** *v/i* nevar; **snowball** bola *f* de nieve; **snowdrift** nevero *m*; **snowman** muñeco *m* de nieve; **snowplow** quitanieves *f inv*; **snowstorm** tormenta *f* de nieve; **snowy** *weather* de nieve; *hills* nevado

snub [snʌb] **1** *n* desaire *m* **2** *v/t* desairar; **snub-nosed** con la nariz respingona

snug [snʌg] *(tight-fitting)* ajustado

so [soʊ] **1** *adv* tan; *it was ~ easy* fue tan fácil; *I'm ~ cold* tengo tanto frío; *that was ~*

kind of you fue muy amable de tu parte; *not ~ much* no tanto; *~ much easier* mucho más fácil; *you shouldn't drink ~ much* no deberías beber tanto; *I miss you ~* te echo tanto de menos; *~ am I do I* yo también; *is she I does she* ella también; *and ~ on* etcétera **2** *pron: I hope I think ~* eso espero / creo; *you didn't tell me - I did* no me lo dijiste - sí que lo hice; *15 or ~* unos 15 **3** *conj for that reason* así que; *in order that* para que; *~ (that) I could come too* para que yo también pudiera venir; *~ what?* F ¿y qué? F

soak [soʊk] *(steep)* poner en remojo; *of water* empapar; **soaked** empapado

soap [soʊp] *for washing* jabón *m*; *soap (opera)* telenovela *f*; **soapy** jabonoso

soar [sɔːr] *of rocket etc* elevarse; *of prices* dispararse

sob [saːb] **1** *n* sollozo *m* **2** *v/i* sollozar

sober ['soʊbər] sobrio; *(serious)* serio

so-'called *(referred to as)* así llamado; *(incorrectly referred to as)* mal llamado

soccer ['saːkər] fútbol *m*

sociable ['soʊʃəbl] sociable

social ['soʊʃl] social; **social democrat** socialdemócrata *m/f*; **socialism** socialismo *m*; **socialist 1** *adj* socialista **2** *n* socialista *m/f*; **socialize**

socializar; **social worker** asistente(-a) *m(f)* social

society [sə'saɪətɪ] sociedad *f*

sociologist [soʊsɪ'aːlədʒɪst] sociólogo(-a) *m(f)*; **sociology** sociología *f*

sock[1] [saːk] *n for wearing* calcetín *m*

sock[2] [saːk] *v/t (punch)* dar un puñetazo a

socket ['saːkɪt] *for light bulb* casquillo *m*; *of arm* cavidad *f*; *of eye* cuenca *f*; *Br* ELEC enchufe *m*

soda ['soʊdə] *(~ water)* soda *f*; *(soft drink)* refresco *m*; *(ice-cream ~)* refresco de soda con helado

sofa ['soʊfə] sofá *m*

soft [saːft] *voice, light, skin* suave; *pillow, attitude* blando; **soften** *position* ablandar; *impact, blow* amortiguar; **softly** suavemente; **software** software *m*

soggy ['saːgɪ] empapado

soil [sɔɪl] **1** *n (earth)* tierra *f* **2** *v/t* ensuciar

solar 'energy ['soʊlər] energía *f* solar

soldier ['soʊldʒər] soldado *m*

sole[1] [soʊl] *n of foot* planta *f*; *of shoe* suela *f*

sole[2] [soʊl] *adj* único

solely ['soʊlɪ] únicamente

solemn ['saːləm] solemne; **solemnity** solemnidad *f*; **solemnly** solemnemente

solicit [sə'lɪsɪt] *of prostitute* abordar clientes

solid ['saːlɪd] sólido; *(without*

holes) compacto; *gold, silver* macizo; **solidarity** solidaridad *f*; **solidify** solidificarse; **solidly** built sólidamente; *in favor of* unánimente

solitaire [sɑːlɪ'ter] *card game* solitario *m*

solitary ['sɑːlɪterɪ] *life* solitario; *(single)* único; **solitude** soledad *f*

solo ['souloʊ] **1** *n* MUS solo *m* **2** *adj* en solitario; **soloist** solista *m/f*

soluble ['sɑːljubl] *substance, problem* soluble; **solution** *also mixture* solución *f*

solve [sɑːlv] *problem* solucionar, resolver; *mystery* resolver; **solvent** *financially* solvente

somber, *Br* **sombre** ['sɑːmbər] *(dark)* oscuro; *(serious)* sombrío

some [sʌm] **1** *adj: would you like ~ water / cookies?* ¿quieres agua / galletas?; *~ countries* algunos países; *I gave him ~ money* le di (algo de) dinero; *~ people say that …* hay quien dice… **2** *pron: ~ of the group* parte del grupo; *would you like ~?* ¿quieres? **3** *adv (a bit):* **we'll have to wait ~** tendremos que esperar algo *or* un poco; **somebody** alguien; **someday** algún día; **somehow** *(by one means or another)* de alguna manera; *(for some unknown reason)* por alguna razón; **someone** ☞

somebody; someplace ☞ **somewhere**

somersault ['sʌmərsɔːlt] **1** *n* voltereta *f* **2** *v/i of vehicle* dar una vuelta de campana

something algo; *sometime:* *~ last year* en algún momento del año pasado; **sometimes** a veces; **somewhat** un tanto; **somewhere 1** *adv* en alguna parte *or* algún lugar **2** *pron: let's go ~ quiet* vamos a algún sitio tranquilo; *~ to park* un sitio donde aparcar

son [sʌn] hijo *m*

song [sɑːŋ] canción *f*

'son-in-law yerno *m*; *son of a bitch* V hijo *m* de puta P

soon [suːn] pronto; *as ~ as* tan pronto como; *as ~ as possible* lo antes posible; *~er or later* tarde o temprano; *the ~er the better* cuanto antes mejor

soothe [suːð] calmar

sophisticated [sə'fɪstɪkeɪtɪd] sofisticado; **sophistication** sofisticación *f*

sophomore ['sɑːfəmɔːr] estudiante *m/f* de segundo año

soprano [sə'prænoʊ] *singer* soprano *m/f*; *voice* voz *f* de soprano

sordid ['sɔːrdɪd] sórdido

sore [sɔːr] **1** *adj (painful)* dolorido; F *(angry)* enojado, *Span* enfadado; *is it ~?* ¿duele? **2** *n* llaga *f*

sorrow ['sɑːroʊ] pena *f*

sorry ['sɑːrɪ] *day, sight, (sad)*

triste; (*I'm*) **~!** apologizing ¡lo siento!

sort [sɔːrt] **1** *n* clase *f*, tipo *m*; **~ of** F un poco, algo **2** *v/t* ordenar, clasificar; COMPUT ordenar

SOS [esəʊ'es] SOS *m*; *fig* llamada *f* de auxilio

so-'so F así así F

soul [səʊl] REL, *fig* alma *f*; *character* character *m*

sound[1] [saʊnd] **1** *adj* (*sensible*) sensato; (*healthy*) sano; *sleep* profundo **2** *adv*: **be ~ asleep** estar profundamente dormido

sound[2] [saʊnd] **1** *n* sonido *m*; (*noise*) ruido *m* **2** *v/i* parecer; *that* **~s** *interesting* parece interesante

soundly ['saʊndlɪ] *sleep* profundamente; *beaten* rotundamente; **soundproof** insonorizado; **soundtrack** banda *f* sonora

soup [suːp] sopa *f*

sour [saʊr] agrio

source [sɔːrs] fuente *f*; *of river* nacimiento *m*

south [saʊθ] **1** *adj* sur, del sur **2** *n* sur *m* **3** *adv* al sur; **South Africa** Sudáfrica; **South African 1** *adj* sudafricano **2** *n* sudafricano(-a) *m(f)*; **South America** Sudamérica, América del Sur; **South American 1** *adj* sudamericano **2** *n* sudamericano(-a) *m(f)*; **south-east 1** *n* sudeste *m*, sureste *m* **2** *adj* sudeste, sureste **3** *adv* al sudeste *or* su-

reste; **southeastern** del sudeste; **southerly** *wind* sur, del sur; *direction* sur; **southern** sureño; **southerner** sureño(-a) *m(f)*; **southernmost** más al sur; **South Pole** Polo *m* Sur; **southward** hacia al sur; **southwest 1** *n* sudoeste *m*, suroeste *m* **2** *adj* sudoeste, suroeste **3** *adv* al sudoeste *or* suroeste; **southwestern** del sudoeste *or* suroeste

souvenir [suːvə'nɪr] recuerdo *m*

sovereign ['sɑːvrɪn] *state* soberano; **sovereignty** *of state* soberanía *f*

sow[1] [saʊ] *n* (*female pig*) cerda *f*, puerca *f*

sow[2] [səʊ] *v/t seeds* sembrar

space [speɪs] espacio *m*; **space shuttle** transbordador *m* espacial; **space station** estación *f* espacial; **spacious** espacioso

spade [speɪd] pala *f*; **~s** *in card game* picas *fpl*

spaghetti [spə'getɪ] espaguetis *mpl*

Spain [speɪn] España

spam [spæm] COMPUT propaganda *f* electrónica

span [spæn] abarcar; *of bridge* cruzar

Spaniard ['spænjərd] español(a) *m(f)*; **Spanish 1** *adj* español **2** *n language* español *m*; **the ~** los españoles

spanner ['spænər] *Br* llave *f*

spare [sper] **1** *v/t*: *can you* **~**

me $50? ¿me podrías dejar 50 dólares?; **can you ~ the time?** ¿tienes tiempo? **2** *adj* pair of glasses, set of keys de repuesto **3** *n* recambio *m*, repuesto *m*; **spare part** pieza *f* de recambio *or* repuesto; **spare ribs** costillas *fpl* de cerdo; **spare room** habitación *f* de invitados; **spare time** tiempo *m* libre; **spare wheel** MOT rueda *f* de recambio; **sparing** moderado; **sparingly** con moderación

spark [spɑːrk] chispa *f*

sparkle ['spɑːrkl] destellar; **sparkling wine** vino *m* espumoso; **spark plug** bujía *f*

sparse [spɑːrs] *vegetation* escaso

spartan ['spɑːrtn] *room* espartano

spasmodic [spæz'mɑːdɪk] intermitente

spate [speɪt] *fig* oleada *f*

spatial ['speɪʃl] espacial

speak [spiːk] **1** *v/i* hablar (**to**, **with** con); (*make a speech*) dar una charla; **~ing** TELEC al habla **2** *v/t foreign language* hablar; **speaker** *m/f*; (*orator*) orador(a) *m(f)*; *of sound system* altavoz *m*, *L.Am.* altoparlante *m*; *of language* hablante *m/f*

special ['speʃl] especial; **specialist** especialista *m/f*; **specialize** especializarse (**in** en); **specially** ☞ **especially**; **specialty** especialidad *f*

species ['spiːʃiːz] especie *f*

specific [spə'sɪfɪk] específico; **specifically** específicamente; **specifications** *of machine etc* especificaciones *fpl*; **specify** especificar

specimen ['spesɪmən] muestra *f*

spectacular [spek'tækjulər] espectacular

spectator [spek'teɪtər] espectador(a) *m(f)*

spectrum ['spektrəm] *fig* espectro *m*

speculate ['spekjuleɪt] *also* FIN especular; **speculation** *also* FIN especulación *f*; **speculator** FIN especulador(a) *m(f)*

speech [spiːtʃ] (*address*) discurso *m*; *in play* parlamento *m*; (*ability to speak*) habla *f*, dicción *f*; (*way of speaking*) forma *f* de hablar; **speechless** sin habla

speed [spiːd] **1** *n* velocidad *f*; (*promptness*) rapidez *f* **2** *v/i* run correr; *drive too quickly* sobrepasar el límite de velocidad; **speedboat** motora *f*, planeadora *f*; **speed bump** resalto *m* (*para reducir la velocidad del tráfico*), *Arg* despertador *m*, *Mex* tope *m*; **speed-dial button** botón *m* de marcado rápido; **speedily** con rapidez; **speeding**: **fined for ~** multado por exceso de velocidad; **speed limit** límite *m* de velocidad; **speedometer** velocímetro

spoilsport

m; **speedy** rápido

spell¹ [spel] **1** *v/t word* dele-trear; *how do you ~...?* ¿cómo se escribe... ? **2** *v/i* dele-trear

spell² [spel] *n of time* periodo *m,* temporada *f*

spelling ['spelɪŋ] ortografía *f*

spend [spend] *money* gastar; *time* pasar; **spendthrift** *pej* derrochador(a) *m(f)*

sperm [spɜːrm] espermatozoide *m; (semen)* esperma *f*

sphere [sfɪr] *also fig* esfera *f*

spice [spaɪs] *(seasoning)* especia *f;* **spicy** *food* con especias; *(hot)* picante

spider ['spaɪdər] araña *f;* **spiderweb** telaraña *f*

spike [spaɪk] pincho *m; on running shoe* clavo *m*

spill [spɪl] **1** *v/t* derramar **2** *v/i* derramarse **3** *n* derrame *m*

spin¹ [spɪn] **1** *n (turn)* giro *m* **2** *v/t* hacer girar **3** *v/i of wheel* girar

spin² [spɪn] *v/t cotton* hilar; *web* tejer

spinach ['spɪnɪdʒ] espinacas *fpl*

spinal ['spaɪnl] de la columna vertebral; **spinal column** columna *f* vertebral; **spinal cord** médula *f* espinal; **spine** *of person, animal* columna *f* vertebral; *of book* lomo *m; on plant, hedgehog* espina *f;* **spineless** *(cowardly)* débil

'spin-off producto *m* derivade

spiny ['spaɪnɪ] espinoso

spiral ['spaɪrəl] **1** *n* espiral *f* **2** *v/i (rise quickly)* subir vertiginosamente

spire [spaɪr] aguja *f*

spirit ['spɪrɪt] espíritu *m; (courage)* valor *m;* **spirited** *(energetic)* enérgico; *spirits (morale)* la moral; *be in good / poor ~* tener la moral alta / baja; **spiritual** espiritual

spit [spɪt] *of person* escupir

spite [spaɪt] rencor *m; in ~ of* a pesar de; **spiteful** malo, malicioso; **spitefully** con maldad *or* malicia

splash [splæʃ] **1** *n small amount of liquid* chorrito *m; of color* mancha *f* **2** *v/t person* salpicar **3** *v/i of water* salpicar

♦ **splash down** *of spacecraft* amerizar

splendid ['splendɪd] espléndido; **splendor**, *Br* **splendour** esplendor *m*

splint [splɪnt] MED tablilla *f*

splinter ['splɪntər] **1** *n* astilla *f* **2** *v/i* astillarse

split [splɪt] **1** *n damage* raja *f; (disagreement)* escisión *f; (division, share)* reparto *m* **2** *v/t damage* rajar; *logs* partir en dos; *(cause disagreement in)* escindir; *(share)* repartir **3** *v/i (tear)* rajarse; *(disagree)* escindirse

♦ **split up** *of couple* separarse

spoil [spɔɪl] estropear, arruinar; **spoilsport** F aguafiestas *m/f inv* F; **spoilt** *child* consentido, mimado

spoke [spəʊk] *of wheel* radio *m*

spokesperson ['spəʊks-pɜːrsən] portavoz *m/f*

sponge [spʌndʒ] esponja *f;* **sponger** F gorrón(-ona) *m(f)* F

sponsor ['spɒnsər] **1** *n* patrocinador *m* **2** *v/t* patrocinar; **sponsorship** patrocinio *m*

spontaneous [spɒn'teɪnɪəs] espontáneo; **spontaneously** espontáneamente

spool [spuːl] *n* carrete *m*

spoon [spuːn] cuchara *f;* **spoonful** cucharada *f*

sporadic [spə'rædɪk] esporádico

sport [spɔːrt] deporte *m;* **sporting** deportivo; **sports car** (coche *m*) deportivo *m;* **sportsman** deportista *m;* **sportswoman** deportista *f;* **sporty** *person* deportista; *clothes* deportivo

spot[1] [spɒt] *n* (*pimple etc*) grano *m;* (*in pattern*) lunar *m*

spot[2] [spɒt] *n* (*place*) lugar *m,* sitio *m*

spot[3] [spɒt] *v/t* (*notice*) ver

'**spot check** control *m* al azar; **spotless** inmaculado; **spotlight** foco *m;* **spotty** *with pimples* con granos

spouse [spaʊs] *fml* cónyuge *m/f*

spout [spaʊt] **1** *n* pitorro *m* **2** *v/i of liquid* chorrear **3** *v/t* F

soltar F

sprain [spreɪn] **1** *n* esguince *m* **2** *v/t* hacerse un esguince en

sprawl [sprɔːl] despatarrarse; *of city* expandirse; **sprawling** *city* extendido

spray [spreɪ] **1** *n of sea water* rociada *f; for hair* spray *m; container* aerosol *m,* spray *m* **2** *v/t* rociar; **spraygun** pistola *f* pulverizadora

spread [spred] **1** *n of disease, religion etc* propagación *f;* F (*big meal*) comilona *f* F **2** *v/t* (*lay*) extender; *butter* untar; *rumor* difundir; *disease* propagar; *arms, legs* extender **3** *v/i of disease, fire* propagarse; *of rumor, news* difundirse; **spreadsheet** COMPUT hoja *f* de cálculo

sprightly ['spraɪtlɪ] lleno de energía

spring[1] [sprɪŋ] *n season* primavera *f*

spring[2] [sprɪŋ] *n device* muelle *m*

spring[3] [sprɪŋ] **1** *n* (*jump*) salto *m;* (*stream*) manantial *m* **2** *v/i* saltar

'**springboard** trampolín *m;* **springtime** primavera *f*

sprinkle ['sprɪŋkl] espolvorear; **sprinkler** *for garden* aspersor *m; in ceiling* rociador *m* contra incendios

sprint [sprɪnt] **1** *n* esprint *m;* SP carrera *f* de velocidad **2** *v/i* (*run fast*) correr a toda velocidad; *of runner* esprintar; **sprinter** SP esprínter *m/f,* velocista *m/f*

spy [spaɪ] **1** *n* espía *m/f* **2** *v/i*
espiar **3** *v/t* (*see*) ver

◆ **spy on** espiar

squabble ['skwɒbl] **1** *n* riña *f*
2 *v/i* reñir

squalid ['skwɒlɪd] inmundo,
miserable; **squalor** inmun-
dicia *f*

squander ['skwɒndər] *mon-
ey* despilfarrar

square [skwer] **1** *adj in shape*
cuadrado; **~ miles** millas
cuadradas **2** *n also* MATH
cuadrado *m*; *in town* plaza
f; *in board game* casilla *f*

squash[1] ['skwɒʃ] *n vegetable*
calabacera *f*

squash[2] [skwɑːʃ] *n game*
squash *m*

squash[3] [skwɑːʃ] *v/t* (*crush*)
aplastar

squat [skwɑːt] **1** *adj person*
chaparro; *figure, buildings*
bajo **2** *v/i sit* agacharse

squeak [skwiːk] **1** *n of mouse*
chillido *m*; *of hinge* chirrido
m **2** *v/i of mouse* chillar; *of
hinge* chirriar

squeal [skwiːl] **1** *n* chillido **2**
v/i chillar; *of brakes* armar
un estruendo

squeamish ['skwiːmɪʃ]
aprensivo

squeeze [skwiːz] (*press*) apre-
tar; (*remove juice from*) ex-
primir

squid [skwɪd] calamar *m*

squirm [skwɜːrm] retorcerse

St (= *saint*) Sto; **Sta** (= santo
m; santa *f*); (= *street*) c/ (=

calle *f*)

stab [stæb] apuñalar

stability [stə'bɪlətɪ] estabili-
dad *f*; **stabilize 1** *v/t prices,
boat* estabilizar **2** *v/i of prices
etc* estabilizarse; **stable 1** *adj*
estable; *patient's condition*
estacionario **2** *n for horses*
establo *m*

stack [stæk] **1** *n* (*pile*) pila *f* **2**
v/t apilar

stadium ['steɪdɪəm] estadio *m*

staff [stæf] (*employees*) perso-
nal *m*; (*teachers*) profesorado
m

stage[1] [steɪdʒ] *n in project etc*
etapa *f*

stage[2] [steɪdʒ] *n* THEA esce-
nario *m* **2** *v/t play* escenifi-
car; *demonstration* llevar a
cabo

stagger ['stægər] **1** *v/i* tamba-
learse **2** *v/t* (*amaze*) dejar
anonadado; *coffee breaks
etc* escalonar; **staggering**
asombroso

stagnant ['stægnənt] *also fig*
estancado; **stagnate** *fig* es-
tancarse

'stag party despedida *f* de
soltero

stain [steɪn] **1** *n* (*dirty mark*)
mancha *f*; *for wood* tinte *m*
2 *v/t* (*dirty*) manchar; *wood*
teñir; **stained-glass win-
dow** vidriera *f*; **stainless
steel** acero *m* inoxidable

stair [ster] escalón *m*; **the ~s**
la(s) escalera(s); **staircase**
escalera(s) *f*(*/pl*)

stake [steɪk] **1** *n of wood* estaca f; *when gambling* apuesta f; (*investment*) participación f; **be at ~** estar en juego **2** v/t money apostar; *reputation* jugarse; *person* ayudar (*económicamente*)

stale [steɪl] *bread* rancio; *air* viciado; *fig: news* viejo

stalk[1] [stɔːk] *n of fruit, plant* tallo *m*

stalk[2] [stɔːk] v/t (*follow*) acechar; *person* seguir

stall[1] [stɔːl] *n at market* puesto *m*; *for cow, horse* casilla f

stall[2] [stɔːl] v/i *of engine* calarse; (*play for time*) intentar ganar tiempo **2** v/t *engine* calar; *person* retener

stalls [stɔːlz] *patio m de butacas*

stalwart ['stɔːlwərt] *support* incondicional

stamina ['stæmɪnə] resistencia f

stammer ['stæmər] **1** *n* tartamudeo *m* **2** v/i tartamudear

stamp[1] [stæmp] **1** *n for letter* sello *m*, L.Am. estampilla f, Mex timbre *m*; *device* tampón *m*; *mark made with device* sello *m* **2** v/t *letter* sellar; *document* timbrar

stamp[2] [stæmp] v/t: **~ one's feet** patear

stance [stæns] (*position*) postura f

stand [stænd] **1** *n at exhibition* puesto *m*, stand *m*; (*witness ~*) estrado *m*; (*support, base*) soporte *m*; **take the ~** LAW subir al estrado **2** v/i *of building* encontrarse, hallarse; *as opposed to sit* estar de pie; (*rise*) ponerse de pie **3** v/t (*tolerate*) soportar; (*put*) colocar

◆ **stand by 1** v/i (*not take action*) quedarse sin hacer nada; (*be ready*) estar preparado **2** v/t *person* apoyar; *decision* atenerse a

◆ **stand down** (*withdraw*) retirarse

◆ **stand for** (*tolerate*) aguantar; (*represent*) significar

◆ **stand out** destacar

◆ **stand up 1** v/i levantarse **2** v/t F plantar F

◆ **stand up for** defender

◆ **stand up to** hacer frente a

standard ['stændərd] **1** *adj* (*usual*) habitual **2** *n* (*level*) nivel *m*; TECH estándar *m*; **standardize** normalizar; **standard of living** nivel *m* de vida

'**standby** *fly* con un billete stand-by; **standing** *in society etc* posición f; (*repute*) reputación f; **standoffish** distante; **standpoint** punto *m* de vista; **standstill**: **be at a ~** estar paralizado; **bring to a ~** paralizar

staple[1] ['steɪpl] *n foodstuff* alimento *m* básico

staple[2] ['steɪpl] **1** *n* (*fastener*) grapa f **2** v/t grapar

stapler ['steɪplər] grapadora f

star [stɑːr] **1** *n also person* estrella f **2** v/t *of movie* estar protagonizado por; **starboard** de estribor

stare [ster] mirar fijamente; ~
at mirar fijamente

stark [stɑːrk] 1 *adj landscape*
desolado; *reminder, picture
etc* desolador 2 *adv:* ~ *naked*
completamente desnudo

starry ['stɑːrɪ] *night* estrella-
do; **Stars and Stripes** *la
bandera estadounidense*

start [stɑːrt] 1 *n* comienzo *m*,
principio *m*; *of race* salida *f* 2
v/t & v/i empezar, comenzar;
of engine arrancar; ~*ing
from tomorrow* a partir de
mañana 3 *v/t* business mon-
tar; **starter** (*of meal*) entrada
f; *of car* motor *m* de arran-
que

startle ['stɑːrtl] sobresaltar;
startling sorprendente

starvation [stɑːr'veɪʃn] inani-
ción *f*, hambre *f*; **starve** pa-
sar hambre; *I'm starving* F
me muero de hambre F

state¹ [steɪt] 1 *n* (*condition,
country*) estado *m*; **the
States** (los) Estados Unidos
2 *adj capital etc* estatal; *ban-
quet etc* de estado

state² [steɪt] *v/t* declarar

'State Department Departa-
mento *m* de Estado, *Minis-
terio de Asuntos Exteriores*;
statement declaración *f*;
(*bank* ~) extracto *m*; **state
of emergency** estado *m* de
emergencia; **state-of-the-
art** modernísimo; **states-
man** hombre *m* de estado

static (elec'tricity) ['stætɪk]
electricidad *f* estática

station ['steɪʃn] 1 *n* RAIL esta-
ción *f*; RAD emisora *f*; TV ca-
nal *m* 2 *v/t guard etc* apostar;
stationary parado

stationery ['steɪʃənərɪ] ar-
tículos *mpl* de papelería

'station wagon ranchera *f*

statistical [stə'tɪstɪkl] esta-
dístico; **statistically** estadís-
ticamente; **statistician** esta-
dístico(-a) *m(f)*; **statistics**
science estadística *f*; *figures*
estadísticas *fpl*

statue ['stætʃuː] estatua *f*;
Statue of Liberty Estatua *f*
de la Libertad

status ['steɪtəs] categoría *f*,
posición *f*; **status symbol**
símbolo *m* de estatus

statute ['stætʃuːt] estatuto *m*

staunch [stɔːnʃ] *supporter* in-
condicional; *friend* fiel

stay [steɪ] 1 *n* estancia *f*,
L.Am. estadía *f* 2 *v/i in a
place* quedarse; *in a condi-
tion* permanecer; ~ *in a hotel*
alojarse en un hotel

◆ **stay behind** quedarse

◆ **stay up** (*not go to bed*) que-
darse levantado

steadily ['stedɪlɪ] *improve etc*
constantemente; **steady 1**
adj (*not shaking*) firme; (*con-
tinuous*) continuo; *beat* regu-
lar; *boyfriend* estable 2 *adv:
they've been going ~ for
two years* llevan saliendo
dos años 3 *v/t* afianzar; *voice*
calmar

steak [steɪk] filete *m*

steal [stiːl] 1 *v/t* robar 2 *v/i* (*be*

a thief) robar; **~ in** / **out** entrar / salir furtivamente

stealthy ['stelθɪ] sigiloso

steam [stiːm] **1** *n* vapor *m* **2** *v/t food* cocinar al vapor; **steamed up** F (*angry*) enojado, *Span* mosqueado F; **steamer** *for cooking* olla *f* para cocinar al vapor

steel [stiːl] **1** *n* acero *m* **2** *adj* (*made of* ~) de acero; **steelworker** trabajador(a) *m(f)* del acero

steep¹ [stiːp] *adj hill etc* empinado; F *prices* caro

steep² [stiːp] *v/t* (*soak*) poner en remojo

steer¹ [stɪr] *n animal* buey *m*

steer² [stɪr] *v/t car* conducir, *L.Am.* manejar; *boat* gobernar; *person* guiar; *conversation* llevar; **steering** MOT dirección *f*; **steering wheel** volante *m*, *S.Am.* timón *m*

stem¹ [stem] *n of plant* tallo *m*; *of glass* pie *m*; *of word* raíz *f*

stem² [stem] *v/t* (*block*) contener

stench [stentʃ] peste *f*

stencil ['stensɪl] **1** *n* plantilla *f* **2** *v/t pattern* estarcir

step [step] **1** *n* (*pace*) paso *m*; (*stair*) escalón *m*; (*measure*) medida *f* **2** *v/i*: **~ on sth** pisar algo

◆ **step down** *from post etc* dimitir

◆ **step up** (*increase*) incrementar

'stepbrother hermanastro *m*;

stepdaughter hijastra *f*; **stepfather** padrastro *m*; **stepladder** escalera *f* de tijera; **stepmother** madrastra *f*; **stepsister** hermanastra *f*; **stepson** hijastro *m*

stereo ['sterɪoʊ] (*sound system*) equipo *m* de música; **stereotype** estereotipo *m*

sterile ['sterəl] estéril; **sterilize** esterilizar

sterling ['stɜːrlɪŋ] FIN libra *f* esterlina

stern¹ [stɜːrn] *adj* severo

stern² [stɜːrn] *n* NAUT popa *f*

sternly con severidad

steroids ['sterɔɪdz] esteroides *mpl*

stew [stuː] guiso *m*

steward ['stuːərd] *on plane* auxiliar *m* de vuelo; *on ship* camarero *m*; *at demonstration* miembro *m* de la organización; **stewardess** *on plane* auxiliar *f* de vuelo; *on ship* camarera *f*

stick¹ [stɪk] *n* palo *m*; *of policeman* porra *f*; (*walking* ~) bastón *m*

stick² [stɪk] **1** *v/t with adhesive* pegar; F (*put*) meter *m* **2** *v/i* (*jam*) atascarse; (*adhere*) pegarse

◆ **stick by** F apoyar, no abandonar

◆ **stick to** *of sth sticky* pegarse a; F *plan etc* seguir; F (*trail, follow*) pegarse a F

◆ **stick up for** F defender

sticker ['stɪkər] pegatina *f*; **stick-in-the-mud** F aburrido(-a) *m(f)* F; **sticky** pegajoso; *label* adhesivo

stiff [stɪf] *board, manner* rígido; *brush, penalty, competition* duro; *muscle* agarrotado; *drink* cargado; **stiffness** *of muscles* agarrotamiento *m*; *of manner* rigidez *f*

stifle ['staɪfl] reprimir; **stifling** sofocante

stigma ['stɪɡmə] estigma *m*

still¹ [stɪl] **1** *adj (not moving)* quieto; *with no wind* sin viento **2** *adv:* **keep ~!** ¡estáte quieto!

still² [stɪl] *adv (yet)* todavía, aún; *(nevertheless)* de todas formas

'**stillborn: be ~** nacer muerto; **still life** naturaleza *f* muerta

stilted ['stɪltɪd] forzado

stimulant ['stɪmjʊlənt] estimulante *m*; **stimulate** estimular; **stimulating** estimulante; **stimulation** estimulación *f*; **stimulus** *(incentive)* estímulo *m*

sting [stɪŋ] **1** *n from bee, jellyfish* picadura *f* **2** *v/t of bee, jellyfish* picar **3** *v/i of eyes, scratch* escocer; **stinging** *criticism* punzante

stink [stɪŋk] **1** *n (bad smell)* peste *f*; F *(fuss)* escándalo F **2** *v/i (smell bad)* apestar; F *(be very bad)* dar asco

stipulate ['stɪpjʊleɪt] estipular; **stipulation** estipulación *f*

stir [stɜːr] **1** *v/t remover*, dar vueltas a **2** *v/i of sleeping person* moverse; **stirring** *music, speech* conmovedor

stitch [stɪtʃ] **1** *n in sewing* puntada *f*; *in knitting* punto *m*; **~es** MED puntos *mpl* **2** *v/t sew* coser; **stitching** *(stitches)* cosido *m*

stock [stɑːk] **1** *n (reserves)* reservas *fpl*, COM *of store* existencias *fpl*; *(animals)* ganado *m*; FIN acciones *fpl*; *for soup etc* caldo *m*; **in ~** en existencias; **out of ~** agotado **2** *v/t* COM *(have)* tener en existencias; COM *(sell)* vender; **stockbreeder** ganadero(-a) *m(f)*; **stockbroker** corredor(a) *m(f)* de bolsa; **stock exchange** bolsa *f* (de valores); **stockholder** accionista *m/f*; **stockist** distribuidor(a) *m(f)*; **stock market** mercado *m* de valores; **stockpile 1** *n of food, weapons* reservas *fpl* **2** *v/t* acumular

stocky ['stɑːkɪ] bajo y robusto

stodgy ['stɑːdʒɪ] *food* pesado

stoical ['stəʊɪkl] estoico; **stoicism** estoicismo *m*

stomach ['stʌmək] **1** *n* estómago *m*, tripa *f* **2** *v/t (tolerate)* soportar

stone [stəʊn] piedra *f*; **stoned** F *(on drugs)* colocado F

stool [stuːl] *(seat)* taburete *m*

stoop¹ [stuːp] *v/i (bend down)* agacharse

stoop² [stuːp] *n (porch)* porche *m*

stop [stɑːp] **1** *n for train, bus*

parada f **2** v/t (put an end to) poner fin a; (prevent) impedir; (cease), person in street parar; car, bus, train detener; of driver detener; check bloquear; **~ doing sth** dejar de hacer algo **3** v/i (come to a halt) pararse, detenerse; of bus, train parar

♦ **stop over** hacer escala

'**stopgap** solución f intermedia; **stoplight** (traffic light) semáforo m; (brake light) luz m de freno; **stopover** parada f; in air travel escala f; **stopper** for bottle tapón m; **stop sign** (señal f de) stop m; **stopwatch** cronómetro m

storage ['stɔːrɪdʒ] almacenamiento m; **store 1** n tienda f; (stock) reserva f; (storehouse) almacén m **2** v/t almacenar; COMPUT guardar; **storefront** fachada f de tienda; **storekeeper** tendero(-a) m(f); **store window** escaparate m, L.Am. vidriera f, Mex aparador m

storey Br ☞ **story²**

storm [stɔːrm] tormenta f; **stormy** tormentoso

story¹ ['stɔːrɪ] (tale) cuento m; (account) historia f; (newspaper article) artículo m; F (lie) cuento m

story² ['stɔːrɪ] of building piso m, planta f

stout [staʊt] person relleno, corpulento

stove [stoʊv] for cooking cocina f, Col, Mex, Ven estufa f; for heating estufa f

stow [stoʊ] guardar

♦ **stow away** viajar de polizón

'**stowaway** polizón m

straight [streɪt] **1** adj line, back recto; hair liso; (honest, direct) franco; whiskey solo; (tidy) en orden; (conservative) serio; (not homosexual) heterosexual **2** adv (in a straight line) recto; (directly, immediately) directamente; (clearly) con claridad; **go ~** F of criminal reformarse; **~ away, ~ off** en seguida; **~ out** directamente; **~ up** without ice solo; **~ ahead** be situated todo derecho; walk, drive todo recto; look hacia delante; **straighten** enderezar; **straightforward** (honest, direct) franco; (simple) simple

strain¹ [streɪn] **1** n on rope tensión f; on engine, heart esfuerzo m; on person agobio m **2** v/t finances crear presión en; **~ one's back** hacerse daño en la espalda

strain² [streɪn] v/t vegetables escurrir; oil, fat etc colar

strained [streɪnd] relations tirante; **strainer** for vegetables etc colador m

strait [streɪt] estrecho m; **straitlaced** mojigato

strange [streɪndʒ] (odd, curious) extraño, raro; (unknown, foreign) extraño;

strangely (*oddly*) de manera extraña; **~ enough** aunque parezca extraño; **stranger** (*person you don't know*) extraño(-a) *m(f)*, desconocido(-a) *m(f)*; **I'm a ~ here myself** yo tampoco soy de aquí

strangle ['stræŋgl] strangular

strap [stræp] *of purse, watch* correa *f*; *of bra, dress* tirante *m*; *of shoe* tira *f*; **strapless** sin tirantes

strategic [strə'ti:dʒɪk] estratégico; **strategy** estrategia *f*

straw [strɔ:] paja *f*; *for drink* pajita *f*; **strawberry** fresa *f*, *S.Am.* frutilla *f*

stray [streɪ] **1** *adj animal* callejero; *bullet* perdido **2** *n* *dog* perro *m* callejero; *cat* gato *m* callejero **3** *v/i* extraviarse, perderse; *fig:* *of eyes, thoughts* desviarse

streak [stri:k] **1** *n* *of dirt, paint* raya *f*; *in hair* mechón *m*; *fig:* *of nastiness etc* vena *f* **2** *v/i* *move quickly* pasar disparado

stream [stri:m] riachuelo *m*; *fig:* *of people* oleada *f*; **streamline** *fig* racionalizar; **streamlined** *car, plane* aerodinámico; *organization* racionalizado

street [stri:t] calle *f*; **streetcar** tranvía *m*; **streetlight** farola *f*; **street people** los sin techo; **street value** *of drugs* valor *m* en la calle

strength [streŋθ] fuerza *f*; *fig* (*strong point*) punto *m* fuerte; *of friendship etc* solidez *f*; *of emotion* intensidad *f*; *of currency* fortaleza *f*; **strengthen 1** *v/t* *muscles, currency* fortalecer; *bridge* reforzar; *country, relationship* consolidar **2** *v/i* *of bonds, ties* consolidarse; *of currency* fortalecerse

strenuous ['strenjʊəs] agotador; **strenuously** *deny* tajantemente

stress [stres] **1** *n* (*emphasis*) énfasis *m*; (*tension*) estrés *m*; *on syllable* acento *m* **2** *v/t* *syllable* acentuar; *importance etc* hacer hincapié en; **stressed out** F estresado; **stressful** estresante

stretch [stretʃ] **1** *n* *of land, water* extensión *f*; *of road* tramo *m* **2** *adj* *fabric* elástico **3** *v/t* *material, income* estirar; F *rules* ser flexible con **4** *v/i* *to relax, reach* estirarse; (*spread*) extenderse; **stretcher** camilla *f*

strict [strɪkt] estricto; **strictly** con rigor; **it is ~ forbidden** está terminantemente prohibido

stride [straɪd] **1** *n* zancada *f* **2** *v/i* caminar dando zancadas

strident ['straɪdnt] estridente

strike [straɪk] **1** *n* *of workers* huelga *f*; *in baseball* strike *m*; *of oil* descubrimiento *m*; **be on ~** estar en huelga **2** *v/i* *of workers* hacer huelga; (*attack*) atacar; *of disaster* so-

brevenir; *of clock* dar las horas 3 *v/t (hit)* golpear; *of disaster* sacudir; *match* encender; *oil* descubrir
◆ **strike out** *(delete)* tachar; *in baseball* eliminar a, *L.Am.* ponchar

'strikebreaker esquirol(a) *m(f)*; **striker** *(person on strike)* huelguista *m / f*; *in soccer* delantero(-a) *m(f)*; **striking** *(marked)* sorprendente, llamativo; *(eye-catching)* deslumbrante

string [strɪŋ] cuerda *f*; **stringed instrument** instrumento *m* de cuerda

stringent ['strɪndʒənt] riguroso

strip [strɪp] **1** *n of land* franja *f*; *(comic ~)* tira *f* cómica **2** *v/t (remove)* quitar; *(undress)* desnudar **3** *v/i (undress)* desnudarse; *of stripper* hacer striptease; **strip club** club *m* de striptease

stripe [straɪp] raya *f*; *indicating rank* galón *m*; **striped** a rayas

stripper ['strɪpər] artista *m/f* de striptease; **striptease** striptease *m*

stroke [strouk] **1** *n* MED derrame *m* cerebral; *in painting* pincelada *f*; *(style of swimming)* estilo *m* **2** *v/t* acariciar

stroll [stroul] **1** *n* paseo *m* **2** *v/i* caminar; **stroller** *for baby* silla *f* de paseo

strong [strɒŋ] fuerte; *structure* resistente; *candidate* cla-

ro, con muchas posibilidades; *support, supporter, views, objection* firme; **strongly** fuertemente; **strong-minded** decidido; **strong point** *(punto m)* fuerte *m*; **strongroom** cámar *f* acorazada; **strong-willed** tenaz

structural ['strʌktʃərl] estructural; **structure 1** *n (something built)* construcción *f*; *of novel, society etc* estructura *f* **2** *v/t* estructurar

struggle ['strʌgl] **1** *n* lucha *f* **2** *v/i with a person* forcejear; *(have a hard time)* luchar

strut [strʌt] pavonearse

stub [stʌb] *of cigarette* colilla *f*; *of check* matriz *f*; *of ticket* resguardo *m*

stubborn ['stʌbərn] *person* testarudo, terco; *defense, refusal* tenaz, pertinaz

stubby ['stʌbɪ] regordete

stuck [stʌk] F: *be~ on s.o.* estar colado por alguien F

student ['stuːdnt] estudiante *m/f*; *at high school* alumno(-a) *m(f)*

studio ['stuːdɪəʊ] estudio *m*

studious ['stuːdɪəs] estudioso; **study 1** *n* estudio *m* **2** *v/t & v/i* estudiar

stuff [stʌf] **1** *n (things)* cosas *fpl*; **what's that ~?** ¿qué es eso? **2** *v/t* rellenar; *~ sth into sth* meter algo dentro de algo; **stuffing** relleno *m*; **stuffy** *room* cargado; *person* estirado

stumble ['stʌmbl] tropezar;

stumbling-block escollo *m*

stump [stʌmp] **1** *n of tree* tocón *m* **2** *v/t of question* dejar perplejo

stun [stʌn] *of blow* dejar sin sentido; *of news* dejar atónito; **stunning** *(amazing)* increíble; *(very beautiful)* imponente

stunt [stʌnt] *for publicity* truco *m*; *in movie* escena *f* peligrosa; **stuntman** *in movie* doble *m*, especialista *m*

stupefy ['stu:pɪfaɪ] dejar perplejo

stupendous [stu:'pendəs] extraordinario

stupid ['stu:pɪd] estúpido; **stupidity** estupidez *f*

sturdy ['stɜ:rdɪ] *person* robusto; *table, plant* resistente

stutter ['stʌtər] tartamudear

style [staɪl] estilo *m*; *(fashion)* moda *f*; **stylish** elegante; **stylist** *(hair ~)* estilista *m/f*

subcommittee ['sʌbkəmɪtɪ] subcomité *m*

subconscious [sʌb'kɑ:nʃəs] subconsciente; **subconsciously** inconscientemente

subcontract [sʌbkən'trækt] subcontratar; **subcontractor** subcontratista *m/f*

subdivide [sʌbdɪ'vaɪd] subdividir

subdue [səb'du:] someter

subheading ['sʌbhedɪŋ] subtítulo *m*

subhuman [sʌb'hju:mən] inhumano

subject 1 ['sʌbdʒɪkt] *n (topic)* tema *m*; *(branch of learning)* asignatura *f*, materia *f*; GRAM sujeto *m*; *of monarch* súbdito(-a) *m(f)* **2** ['sʌbdʒɪkt] *adj*: **be ~ to** *have tendency to* ser propenso a; *be regulated by* estar sujeto a **3** [səb'dʒekt] *v/t* someter; **subjective** subjetivo

sublet ['sʌblet] realquilar

submachine gun [sʌbmə-'ʃi:ngʌn] metralleta *f*

submarine ['sʌbməri:n] submarino *m*

submission [səb'mɪʃn] *(surrender)* sumisión *f*; *to committee etc* propuesta *f*; **submissive** sumiso; **submit 1** *v/t plan* presentar **2** *v/i* someterse

subordinate [sə'bɔ:rdɪneɪt] **1** *adj position* subordinado **2** *n* subordinado(-a) *m(f)*

subpoena [sə'pi:nə] **1** *n* citación *f* **2** *v/t person* citar

♦ **subscribe to** [səb'skraɪb] *magazine etc* suscribirse a; *theory* suscribir

subscriber [səb'skraɪbər] *to magazine* suscriptor(a) *m(f)*; **subscription** suscripción *f*

subsequent ['sʌbsɪkwənt] posterior

subside [səb'saɪd] *of waters* bajar; *of winds* amainar; *of building* hundirse; *of fears* calmarse

subsidiary [səb'sɪdɪerɪ] filial *f*

subsidize ['sʌbsɪdaɪz] subvencionar; **subsidy** subvención f

substance ['sʌbstəns] sustancia f

substandard [sʌb'stændərd] deficiente

substantial [səb'stænʃl] sustancial, considerable; **substantially** (*considerably*) considerablemente; (*in essence*) sustancialmente

substantive [səb'stæntɪv] significativo

substitute ['sʌbstɪtuːt] **1** n sustituto m; SP suplente m/f **2** v/t sustituir; ~ **X for Y** sustituir Y por X; **substitution** sustitución f

subtitle ['sʌbtaɪtl] subtítulo m

subtle ['sʌtl] sutil

subtract [səb'trækt] restar

suburb ['sʌbɜːrb] zona f residencial de la periferia; **suburban** de la periferia; *attitudes, lifestyle* aburguesado

subversive [səb'vɜːrsɪv] **1** adj subversivo **2** n subversivo(-a) m(f)

subway ['sʌbweɪ] metro m

succeed [sək'siːd] **1** v/i tener éxito; ~ **to the throne** suceder en el trono; ~ **in doing sth** conseguir hacer algo **2** v/t (*come after*) suceder; **success** éxito m; **successful** *person* con éxito; **be ~ in doing sth** lograr hacer algo; **successfully** con éxito; **successive** sucesivo; **suc-**

cessor sucesor(a) m(f)

succinct [sək'sɪŋkt] sucinto

succumb [sə'kʌm] (*give in*) sucumbir

such [sʌtʃ] **1** adj (*of that kind*) tal; ~ **men are dangerous** los hombres así son peligrosos; **don't make a fuss** ~ armes tanto alboroto; ~ **as** como; **there is no** ~ **word as ...** no existe la palabra... **2** adv tan; **as** ~ como tal; ~ **a nice day** un día tan bueno; ~ **a** un día tan bueno

suck [sʌk] **1** v/t candy etc chupar **2** v/i P: **it** ~**s** es una mierda P; **sucker** F (*person*) primo(-a) m/f; F (*lollipop*) piruleta f; **suction** succión f

sudden ['sʌdn] repentino; **suddenly** de repente

sue [suː] demandar

suede [sweɪd] ante m

suffer ['sʌfər] **1** v/i sufrir; (*deteriorate*) deteriorarse **2** v/t *loss, setback* sufrir; **suffering** sufrimiento m

sufficient [sə'fɪʃnt] suficiente; **sufficiently** suficientemente

suffocate ['sʌfəkeɪt] **1** v/i asfixiarse **2** v/t asfixiar; **suffocation** asfixia f

sugar ['ʃugər] **1** n azúcar m or f **2** v/t echar azúcar a

suggest [sə'dʒest] sugerir; **suggestion** sugerencia f

suicide ['suːɪsaɪd] suicidio m

suit [suːt] **1** n traje m; *in cards* palo m **2** v/t *of clothes, color* sentar bien a; **suitable** apropiado; **suitably** apropiada-

supplies

mente; **suitcase** maleta *f*,
L.Am. valija *f*

suite [swiːt] *of rooms*, MUS
suite *f*; *furniture* tresillo *m*

sulk [sʌlk] enfurruñarse;
sulky enfurruñado

sullen ['sʌlən] malhumorado,
huraño

sultry ['sʌltrɪ] sofocante, bo-
chornoso; *sexually* sensual

sum [sʌm] *(total)*, *in arithmetic*
suma *f*; *(amount)* cantidad *f*
◆ **sum up** *v/t (summarize)*
resumir; *(assess)* catalogar **2**
v/i LAW recapitular

summarize ['sʌməraɪz] resu-
mir; **summary** resumen *m*

summer ['sʌmər] verano *m*

summit ['sʌmɪt] *also* POL
cumbre *f*

summon ['sʌmən] llamar;
meeting convocar; **sum-
mons** LAW citación *f*

sun [sʌn] sol *m*; **sunbathe** to-
mar el sol; **sunbed** cama *f* de
rayos UVA; **sunblock** cre-
ma *f* solar de alta protec-
ción; **sunburn** quemadura
f (del sol); **sunburnt** quema-
do (por el sol); **Sunday** do-
mingo *m*; **sunglasses** gafas
fpl or *L.Am.* anteojos *mpl* de
sol; **sunny** soleado; *disposi-
tion* radiante; **it's ~** hace
sol; **sunrise** amanecer *m*;
sunset atardecer *m*, puesta
f de sol; **sunshade** sombrilla
f; **sunshine** sol *m*; **sun-
stroke** insolación *f*; **suntan**
bronceado *m*

super ['suːpər] **1** *adj* F genial

F, estupendo F **2** *n (janitor)*
portero(-a) *m(f)*

superb [suˈpɜːrb] excelente

superficial [suːpərˈfɪʃl] su-
perficial

superfluous [suˈpɜːrfluəs]
superfluo

superintendent [suː-
pərɪnˈtendənt] *of apartment
block* portero(-a) *m(f)*

superior [suːˈpɪrɪər] **1** *adj
(better)* superior **2** *attitude*
arrogante **2** *n in organization*
superior *m*

superlative [suːˈpɜːrlətɪv] **1**
adj excelente **2** *n* GRAM su-
perlativo *m*

'supermarket supermercado
m

'superpower POL superpo-
tencia *f*

supersonic [suːpərˈsɑːnɪk]
supersónico

superstition [suːpərˈstɪʃn]
superstición *f*; **supersti-
tious** supersticioso

supervise ['suːpərvaɪz] *class*
vigilar; *workers* supervisar;
activities dirigir; **supervisor**
at work supervisor(a) *m(f)*

supper ['sʌpər] cena *f*, *L.Am.*
comida *f*

supplement ['sʌplɪmənt] *(ex-
tra payment)* suplemento *m*

supplier [səˈplaɪər] COM pro-
veedor *m*; **supply** *n* suminis-
tro *m*, abastecimiento *m*;
supplies *of food* provisiones
fpl; **~ and demand** la oferta
y la demanda **2** *v/t goods* su-
ministrar

support •[sə'pɔːrt] **1** *n for structure* soporte *m*; (*backing*) apoyo *m* **2** *v/t structure* soportar; *financially* mantener; (*back*) apoyar; **supporter** partidario(-a) *m(f)*; *of football team etc* seguidor(a) *m(f)*; **supportive** comprensivo; **be ~** apoyar (**toward, of** a)

suppose [sə'pouz] (*imagine*) suponer; **you are not ~d to** ... (*not allowed to*) no deberías...; **supposing** ... y si...; **supposedly** supuestamente

suppress [sə'pres] reprimir, sofocar; **suppression** represión *f*

supremacy [suː'preməsɪ] supremacía *f*; **supreme** supremo; **Supreme Court** Tribunal *m* Supremo, *L.Am.*Corte *f* Suprema

surcharge ['sɜːrtʃɑːrdʒ] recargo *m*

sure [ʃur] **1** *adj* seguro; **make ~ that** ... asegurarse de que... **2** *adv*: **~ enough** efectivamente; **it ~ is hot today** F vaya calor que hace F; **~!** F ¡claro!; **surety** *for loan* fianza *f*

surf [sɜːrf] **1** *n* surf *m* **2** *v/t*: **~ the Net** navegar por Internet

surface ['sɜːrfɪs] **1** *n* superficie *f* **2** *v/i from water* salir a la superficie; (*appear*) aparecer; **surface mail** correo *m* terrestre

'surfboard tabla *f* de surf; **surfer** surfista *m/f*; **surfing**

surf *m*; **go ~** ir a hacer surf

surge [sɜːrdʒ] *in electric current* sobrecarga *f*; *in demand etc* incremento *m* repentino

surgeon ['sɜːrdʒən] cirujano(-a) *m(f)*; **surgery** cirugía *f*; **surgical** quirúrgico; **surgically** quirúrgicamente

surly ['sɜːrlɪ] arisco, hosco

surmount [sər'maunt] *difficulties* superar

surname ['sɜːrneɪm] apellido *m*

surpass [sər'pæs] superar

surplus ['sɜːrpləs] **1** *n* excedente *m* **2** *adj* excedente

surprise [sər'praɪz] **1** *n* sorpresa *f* **2** *v/t* sorprender; **be / look ~d** quedarse / parecer sorprendido; **surprising** sorprendente; **surprisingly** sorprendentemente

surrender [sə'rendər] **1** *v/i of army* rendirse **2** *v/t weapons etc* entregar **3** *n* rendición *f*; (*handing in*) entrega *f*

surrogate 'mother ['sʌrəgət] madre *f* de alquiler

surround [sə'raund] **1** *v/t* rodear **2** *n of picture etc* marco *m*; **surrounding** circundante; **surroundings** *of village etc* alrededores *mpl*; (*environment*) entorno *m*

survey **1** ['sɜːrveɪ] *n of modern literature etc* estudio *m*; *Br: of building* tasación *f*, peritaje; *poll* encuesta *f* **2** [sər'veɪ] *v/t* (*look at*) contemplar; *Br: building* tasar, peritar; **surveyor** *Br* tasador(a)

swell

m(f) o perito (-a) m(f) de la
propiedad

survival [sər'vaɪvl] *n* supervivencia *f*; **survive 1** *v/i* sobrevivir **2** *v/t* accident etc sobrevivir a; (*outlive*) sobrevivir a; **survivor** superviviente *m/f*

suspect 1 ['sʌspekt] *n* sospechoso(-a) *m(f)* **2** [sə'spekt] *v/t person* sospechar de; (*suppose*) sospechar; **suspected** *murderer* presunto; *cause, heart attack etc* supuesto

suspend [sə'spend] colgar; *from office* suspender; **suspenders** *for pants* tirantes *mpl, S.Am.* suspensores *mpl; Br: for stockings* liga *f*

suspense [sə'spens] *Span* suspense *m, L.Am.* suspenso *m*; **suspension** MOT, *from duty* suspensión *f*

suspicion [sə'spɪʃn] sospecha *f*; **suspicious** (*causing suspicion*) sospechoso; (*feeling suspicion*) receloso; **suspiciously** *behave* de manera sospechosa; *ask* con recelo

sustain [sə'steɪn] sostener; **sustainable** sostenible

SUV [esjuː'viː] (= *sport utility vehicle*) SUV *m*, todoterreno *m* ligero

swab [swɑːb] *material* torunda *f; test* muestra *f*

swallow[1] ['swɑːloʊ] *v/t & v/i* tragar

swallow[2] ['swɑːloʊ] *n bird* golondrina *f*

swamp [swɑːmp] **1** *n* pantano *m* **2** *v/t*: **be ~ed with** estar

inundado de; **swampy** pantanoso

swap [swɑːp] **1** *v/t* cambiar **2** *v/i* hacer un cambio

swarm [swɔːrm] **1** *n of bees* enjambre *m* **2** *v/i*: **the town was ~ing with ...** la ciudad estaba abarrotada de...

swarthy ['swɔːrði] moreno

swat [swɑːt] *insect* aplastar

sway [sweɪ] **1** *n* (*influence*) dominio *m* **2** *v/i* tambalearse

swear [swer] **1** *v/i* (*use swearword*) decir palabrotas *or* tacos **2** *v/t* (*promise*), LAW jurar

◆ **swear in** *witnesses etc* tomar juramento a

'swearword palabrota *f*, taco *m*

sweat [swet] **1** *n* sudor *m* **2** *v/i* sudar; **sweatband** banda *f* (en la frente); *on wrist* muñequera *f*; **sweater** suéter *m, Span* jersey *m*; **sweatshirt** sudadera *f*; **sweaty** sudoroso

Swede [swiːd] sueco(-a) *m(f)*; **Sweden** Suecia; **Swedish 1** *adj* sueco **2** *n* sueco *m*

sweep [swiːp] **1** *v/t floor, leaves* barrer **2** *n* (*long curve*) curva *f*; **sweeping** *statement* demasiado generalizado; *changes* radical

sweet [swiːt] dulce; F (*kind*) amable; F (*cute*) mono; **sweetcorn** maíz *m, S.Am.* choclo *m*; **sweeten** endulzar; **sweetheart** novio(-a) *m(f)*

swell [swel] **1** *v/i of wound,*

limb hincharse **2** *adj* F (*good*)
.genial F **3** *n of the sea* oleaje
m; **swelling MED** hinchazón
f

swerve [swɜːrv] *of driver, car*
girar bruscamente

swift [swɪft] rápido

swim [swɪm] **1** *v/i* nadar **2** *n*
baño *m*; **go for a ~** ir a darse
un baño; **swimmer** nadador(a) *m(f)*; **swimming** natación *f*; **swimming pool**
piscina *f*, *Mex* alberca *f*,
Rpl pileta *f*; **swimsuit** traje
m de baño, bañador *m*

swindle ['swɪndl] **1** *n* estafa *f*
2 *v/t* estafar; **~ s.o. out of sth**
estafar algo a alguien

swing [swɪŋ] **1** *n* oscilación *f*;
for child columpio *m* **2** *v/t* balancear; *hips* menear **3** *v/i*
balancearse; (*turn*) girar; *of
opinion etc* cambiar

Swiss [swɪs] **1** *adj* suizo **2** *n
person* suizo(-a) *m(f)*; **the ~**
los suizos

switch [swɪtʃ] **1** *n for light* interruptor *m*; (*change*) cambio *m* **2** *v/t* (*change*) cambiar
de **3** *v/i* (*change*) cambiar

◆ **switch off** apagar

◆ **switch on** encender,
L.Am. prender

Switzerland ['swɪtsərlənd]
Suiza

swivel ['swɪvl] girar

swollen ['swoʊlən] hinchado

'swordfish pez *f* espada

syllabus ['sɪləbəs] plan *m* de
estudios

symbol ['sɪmbl] símbolo *m*;

symbolic simbólico; **symbolism** simbolismo *m*; **symbolist** simbolista *m/f*; **symbolize** simbolizar

symmetrical [sɪ'metrɪkl] simétrico; **symmetry** simetría
f

sympathetic [sɪmpə'θetɪk]
(*showing pity*) compasivo;
(*understanding*) comprensivo

◆ **sympathize with** ['sɪmpəθaɪz] comprender

sympathizer ['sɪmpəθaɪzər]
POL simpatizante *m/f*; **sympathy** (*pity*) compasión *f*;
(*understanding*) comprensión *f*

symphony ['sɪmfənɪ] sinfonía *f*

symptom ['sɪmptəm] *also fig*
síntoma *f*

synchronize ['sɪŋkrənaɪz]
sincronizar

synonym ['sɪnənɪm] sinónimo *m*; **synonymous** sinónimo

synthesizer ['sɪnθəsaɪzər]
MUS sintetizador *m*; **synthetic** sintético

syphilis ['sɪfɪlɪs] sífilis *f*

Syria ['sɪrɪə] Siria; **Syrian 1**
adj sirio **2** *n* sirio(-a) *m(f)*

syringe [sɪ'rɪndʒ] jeringuilla *f*

syrup ['sɪrəp] almíbar *m*

system ['sɪstəm] sistema *m*;
systematic sistemático;
systematically sistemáticamente; **systems analyst**
COMPUT analista *m/f* de sistemas

T

table ['teɪbl] mesa f; of figures cuadro m; **tablecloth** mantel m; **table lamp** lámpara f de mesa; **table of contents** índice m (de contenidos); **tablespoon** object cuchara f grande; quantity cucharada f grande

tablet ['tæblɪt] MED pastilla f

tabloid ['tæblɔɪd] newspaper periódico m sensacionalista (de tamaño tabloide)

taboo [tə'buː] tabú inv

tacit ['tæsɪt] tácito

tack [tæk] **1** n (nail) tachuela f **2** v/t (sew) hilvanar **3** v/i of yacht dar bordadas

tackle ['tækl] **1** n (equipment) equipo m; SP entrada f **2** v/t SP entrar a; problem abordar; intruder hacer frente a

tacky ['tækɪ] glue pegajoso; F (poor quality) chabacano, Span hortera F; behavior impresentable

tact [tækt] tacto m; **tactful** diplomático; **tactfully** diplomáticamente

tactical ['tæktɪkl] táctico; **tactics** táctica f

tactless ['tæktlɪs] indiscreto

tag [tæg] (label) etiqueta f

tail [teɪl] cola f; **tail light** luz f trasera

tailor ['teɪlər] sastre m; **tailor-made** also fig hecho a medida

'tailpipe of car tubo m de escape

take [teɪk] (remove) llevarse, Span coger; (steal) llevar; (transport, accompany) llevar; (accept: money, credit cards) aceptar; (study: math, French) hacer, estudiar; (photograph, photocopy) hacer, sacar; exam, degree) hacer; shower darse; stroll dar; medicine, s.o.'s temperature, taxi tomar; (endure) aguantar

◆ **take after** parecerse a

◆ **take away** hacer desaparecer; object quitar; MATH restar

◆ **take back** (return: object) devolver; person llevar de vuelta; (accept back: husband etc) dejar volver

◆ **take down** from shelf bajar; scaffolding desmontar; trousers bajarse; (write down) anotar, apuntar

◆ **take in** (take indoors) recoger; (give accommodation to) acoger; (make narrower) meter; (deceive) engañar; (include) incluir

◆ **take off 1** v/t clothes, hat quitarse; 10% etc descontar; (mimic) imitar; (cut off) cortar **2** v/i of airplane despegar, L.Am. decolar; (become popular) empezar a cuajar

◆ **take on** job aceptar; staff

contratar

◆ **take out** *from bag, from bank, tooth* sacar; *word from text* quitar; *insurance policy* suscribir; **he took her out to dinner** la llevó a cenar

◆ **take over 1** *v/t company etc* adquirir **2** *v/i of new management etc* asumir el cargo; *of new government* asumir el poder; *(do sth in s.o.'s place)* tomar el relevo

◆ **take up** *carpet etc* levantar; *(carry up)* subir; *(shorten: dress etc)* acortar; *hobby* empezar a hacer; *subject* empezar a estudiar; *offer* aceptar; *new job* comenzar; *space, time* ocupar

'**takeoff** *of airplane* despegue *m*, *L.Am.* decolaje *m*; *(impersonation)* imitación *f*; **takeover** COM adquisición *f*; **takeover bid** oferta *f* pública de adquisición, OPA *f*; **takings** recaudación *f*

tale [teɪl] cuento *m*, historia *f*

talent ['tælənt] talento *m*; **talented** con talento; **talent scout** cazatalentos *m inv*

talk [tɔːk] **1** *v/t & v/i* hablar; **~ business** hablar de negocios **2** *n (conversation)* charla *f*, *C.Am.*, *Mex* plática *f*; *(lecture)* conferencia *f*, **~s** negociaciones *fpl*

◆ **talk back** responder, contestar

talkative ['tɔːkətɪv] hablador; **talk show** programa *m* de entrevistas

tall [tɔːl] alto

tally ['tælɪ] **1** *n* cuenta *f* **2** *v/i* cuadrar, encajar

◆ **tamper with** ['tæmpər] *lock* intentar forzar; *brakes* tocar

tampon ['tæmpɑːn] tampón *m*

tan [tæn] **1** *n from sun* bronceado *m*; *(color)* marrón *m* claro **2** *v/i in sun* broncearse **3** *v/t leather* curtir

tangent ['tændʒənt] MATH tangente *f*

tangible ['tændʒɪbl] tangible

tangle ['tæŋgl] lío *m*

tango ['tæŋgoʊ] tango *m*

tank [tæŋk] *for water* depósito *m*, tanque *m*; *for fish* pecera *f*; MOT depósito *m*; MIL, *for skin diver* tanque *m*; **tanker** *truck* camión *m* cisterna; *ship* buque *m* cisterna; *for oil* petrolero *m*

tanned [tænd] moreno, bronceado

tantalizing ['tæntəlaɪzɪŋ] sugerente

tantrum ['tæntrəm] rabieta *f*

tap [tæp] **1** *n Br (faucet)* grifo *m*, *L.Am.* llave *f* **2** *v/t (knock)* dar un golpecito en; *phone* intervenir

tape [teɪp] **1** *n* cinta *f* **2** *v/t conversation etc* grabar; *with sticky tape* pegar con cinta adhesiva; **tape deck** pletina *f*; **tape drive** COMPUT unidad *f* de cinta; **tape meas-**

teak

ure cinta *f* métrica
taper ['teɪpər] estrecharse
'tape recorder magnetofón *m, L.Am.* grabador *m;* **tape recording** grabación *f* (magnetofónica)
tar [tɑːr] alquitrán *m*
tardy ['tɑːrdɪ] tardío
target ['tɑːrgɪt] **1** *n in shooting* blanco *m; for sales, production* objetivo *m* **2** *v/t market* apuntar a; **target audience** audiencia *f* objetivo; **target date** fecha *f* fijada; **target market** mercado *m* objetivo
tariff ['tærɪf] *(price)* tarifa *f; (tax)* arancel *m*
tarmac ['tɑːrmæk] *for road surface* asfalto *m; at airport* pista *f*
tarnish ['tɑːrnɪʃ] *metal* deslucir; *reputation* empañar
tarpaulin [tɑːr'pɔːlɪn] lona *f (impermeable)*
tart [tɑːrt] tarta *f,* pastel *m*
task [tæsk] tarea *f;* **task force** *for a special job* equipo *m* de trabajo; MIL destacamento *m*
taste [teɪst] **1** *n* gusto *m; of food etc* sabor *m* **2** *v/t also fig* probar **3** *v/i:* **it ~s like ...** sabe a...; **tasteful** de buen gusto; **tastefully** con buen gusto; **tasteless** *food* insípido; *remark* de mal gusto; **tasting** *of wine* cata *f,* degustación *f;* **tasty** sabroso, rico
tattered ['tætərd] *clothes* andrajoso; *book* destrozado

tattoo [tə'tuː] tatuaje *m*
taunt [tɔːnt] **1** *n* pulla *f* **2** *v/t* mofarse de
taut [tɔːt] tenso
tax [tæks] **1** *n* impuesto *m* **2** *v/t people* cobrar impuestos a; *product* gravar; **taxable income** ingresos *mpl* gravables; **taxation** *(act of taxing)* imposición *f* de impuestos; *(taxes)* fiscalidad *f,* impuestos *mpl;* **tax bracket** banda *f* impositiva; **tax-deductible** desgravable; **tax evasion** evasión *f* fiscal; **tax-free** libre de impuestos; **tax haven** paraíso *m* fiscal
taxi ['tæksɪ] taxi *m;* **taxi driver** taxista *m/f*
taxing ['tæksɪŋ] difícil
'taxi stand, *Br* **'taxi rank** parada *f* de taxis
'taxpayer contribuyente *m/f;* **tax return** declaración *f* de la renta; **tax year** año *m* fiscal
TB [tiː'biː] (= *tuberculosis*) tuberculosis *f*
tea [tiː] *drink* té *m; meal* merienda *f;* **teabag** bolsita *f* de té
teach [tiːtʃ] **1** *v/t* enseñar **2** *v/i:* **he always wanted to ~** siempre quiso ser profesor; **teacher** *at primary school* maestro(-a) *m(f); at secondary school, university* profesor(a) *m(f);* **teaching** *profession* enseñanza *f,* docencia *f*
'tea-cup taza *f* de té
teak [tiːk] teca *f*

team [tiːm] equipo *m*; **team spirit** espíritu *m* de equipo; **teamster** camionero(-a) *m(f)*; **teamwork** trabajo *m* en equipo

'teapot tetera *f*

tear¹ [ter] **1** *n* in cloth etc desgarrón *m*, rotura *f* **2** *v/t paper*, *cloth* rasgar **3** *v/i* (*run fast*, *drive fast*) ir a toda velocidad
◆ **tear down** *poster* arrancar; *building* derribar
◆ **tear out** *page* arrancar
◆ **tear up** romper

tear² [tɪr] *n* in eye lágrima *f*; **be in ~s** estar llorando; **tearful** lloroso; **tear gas** gas *m* lacrimógeno

tease [tiːz] tomar el pelo a; *animal* hacer rabiar

'teaspoon *object* cucharilla *f*; *quantity* cucharadita *f*

technical ['teknɪk] técnico; **technically** técnicamente; **technician** técnico(-a) *m(f)*; **technique** técnica *f*

technological [teknə'lɑːdʒɪk] tecnológico; **technology** tecnología *f*; **technophobia** rechazo *m* de las nuevas tecnologías

teddy bear ['tedibər] osito *m* de peluche

tedious ['tiːdɪəs] tedioso

tee [tiː] in golf tee *m*

teenage ['tiːneɪdʒ] *fashions* adolescente, juvenil; **teenager** adolescente *m/f*

teens [tiːnz] adolescencia *fpl*

teeny ['tiːnɪ] F chiquitín F

teeth [tiːθ] *pl* ☞ **tooth**

teethe [tiːð] echar los dientes

telecommunications [telɪkəmjuːnɪ'keɪʃnz] telecomunicaciones *fpl*

telegraph pole ['telɪɡræf] *Br* poste *m* telegráfico

telepathic [telɪ'pæθɪk] telepático; **telepathy** telepatía *f*

telephone ['telɪfoʊn] **1** *n* teléfono *m* **2** *v/t & v/i* telefonear; **telephone book** guía *f* telefónica, listín *m* telefónico; **telephone booth** cabina *f* telefónica; **telephone call** llamada *f* telefónica; **telephone conversation** conversación *f* por teléfono *or* telefónica; **telephone directory** guía *f* telefónica, listín *m* telefónico; **telephone number** número *m* de teléfono

telephoto lens [telɪ'foʊtoʊlenz] teleobjetivo *m*

telesales ['telɪseɪlz] televentas *fpl*

telescope ['telɪskoʊp] telescopio *m*

televise ['telɪvaɪz] televisar

television ['telɪvɪʒn] televisión *f*; **on ~** en la televisión; **television program**, *Br* **television programme** programa *m* televisivo; **television studio** estudio *m* de televisión

tell [tel] **1** *v/t* contar; **I can't ~ the difference** no veo la diferencia; **~ s.o. sth** decir algo a alguien; **~ s.o. to do sth** decir a alguien que haga al-

terminally

go **2** v/i (have effect) hacerse notar; **teller** in bank cajero(-a) m(f); **telling off** regañina f; **telltale 1** adj signs revelador **2** n chivato(-a) m(f)

temp [temp] **1** n employee trabajador(-a) m(f) temporal **2** v/i hacer trabajo temporal

temper ['tempər] (bad ~) mal humor m; **lose one's ~** perder los estribos

temperament ['tempramant] temperamento m; **temperamental** (moody) temperamental

temperate ['tempərət] templado

temperature ['tempratʃər] temperatura f; (fever) fiebre f

temple[1] ['templ] REL templo m

temple[2] ['templ] ANAT sien f

tempo ['tempoʊ] tiempo m

temporarily [tempə'rerɪlɪ] temporalmente; **temporary** temporal

tempt [tempt] tentar; **temptation** tentación f; **tempting** tentador

ten [ten] diez

tenacious [tɪ'neɪʃəs] tenaz; **tenacity** tenacidad f

tenant ['tenənt] of building inquilino(-a) m(f); of land arrendatario(-a) m(f)

tend[1] [tend] v/t (look after) cuidar (de)

tend[2] [tend] v/i: ~ **to do sth** soler hacer algo

tendency ['tendənsɪ] tendencia f

tender[1] ['tendər] adj (sore) sensible(o); (affectionate) cariñoso, tierno; steak tierno

tender[2] ['tendər] n COM oferta f

tenderness ['tendərnɪs] (soreness) dolor m; of kiss etc cariño m, ternura f

tendon ['tendən] tendón m

tennis ['tenɪs] tenis m; **tennis ball** pelota f de tenis; **tennis court** pista f de tenis, cancha f de tenis; **tennis player** tenista m/f

tenor ['tenər] MUS tenor m

tense[1] [tens] n gram tiempo m

tense[2] [tens] adj muscle, voice tenso

tension ['tenʃn] tensión f

tent [tent] tienda f

tentative ['tentatɪv] move, offer provisional

tenth [tenθ] **1** adj décimo **2** n décimo m; of second, degree décima f

tepid ['tepɪd] tibio

term [tɜːrm] in office etc mandato m; Br EDU trimestre m; (condition, word) término m; **be on good / bad ~s with s.o.** llevarse bien / mal con alguien; **in the long / short ~** a largo / corto plazo

terminal ['tɜːrmɪnl] **1** n at airport, for buses terminal f; ELEC, COMPUT terminal m; of battery polo m **2** adj illness terminal; **terminally**: ~ **ill** en la fase terminal de una enfermedad; **terminate 1** v/t *contract* rescindir; *pregnancy* interrumpir **2** v/i finalizar; **termination** *of contract* rescisión *f*; *of pregnancy* interrupción *f*

terminus ['tɜːrmɪnəs] *for buses* final *m* de trayecto; *for trains* estación *f* terminal

terrace ['terəs] terraza *f*

terrain [te'reɪn] terreno *m*

terrible ['terəbl] terrible; **terribly** (*very*) tremendamente

terrific [tə'rɪfɪk] estupendo; **terrifically** (*very*) tremendamente

terrify ['terɪfaɪ] aterrorizar; **terrifying** aterrador

territorial [terɪ'tɔːrɪəl] territorial; **territory** territorio *m*

terror ['terər] terror *m*; **terrorism** terrorismo *m*; **terrorist** terrorista *m/f*; **terrorist attack** atentado *m* terrorista; **terrorize** aterrorizar

terse [tɜːrs] tajante, seco

test [test] **1** *n* prueba *f*; *academic, for driving* examen *m* **2** v/t probar; **test-drive** *car* probar en carretera

testicle ['testɪkl] testículo *m*

testify ['testɪfaɪ] LAW testificar, prestar declaración

testimony ['testɪmənɪ] LAW testimonio *m*

testy ['testɪ] irritable

tetanus ['tetənəs] tétanos *m*

text [tekst] **1** *n* texto *m*; (*message*) mensaje *m* **2** v/t mandar un mensaje a; **textbook** libro *m* de texto

textile ['tekstəl] textil *m*

text message mensaje *m* de texto

texture ['tekstʃər] textura *f*

than [ðæn] que; *with numbers* de; *bigger ~ me* más grande que yo

thank [θæŋk] dar las gracias a; *~ you* gracias; **thankful** agradecido; **thankfully** (*luckily*) afortunadamente; **thankless** *task* ingrato; **thanks** gracias *fpl*; **Thanksgiving (Day)** Día *m* de Acción de Gracias

that [ðæt] **1** *adj* ese *m*, esa *f*; *more remote* aquel *m*, aquella; *~ one* ése **2** *pron* ése *m*, ésa; *more remote* aquél *m*, aquella *f*; *what is ~?* ¿qué es eso?; *who is ~?* ¿quién es ése?; *~'s tea* es el té; *~'s very kind* qué amable; **3** *rel pron* que; *the car ~* el coche que ves **4** *conj* que; *I think ~ ...* creo que ... **5** *adv* (*so*) tan; *~ expensive* tan caro

thaw [θɔː] *of snow* derretirse, fundirse; *of frozen food* descongelarse

the [ðə] el, la; *plural* los, las; *~ sooner ~ better* cuanto antes, mejor

theater, *Br* **theatre** ['θɪətər] teatro *m*; **theatrical** *also fig* teatral

theft [θeft] robo *m*

their [ðer] su; **theirs** el suyo, la suya; *that book is ~* ese libro es suyo; *a friend of ~* un amigo suyo

them [ðem] *direct object* los *mpl*, las *fpl*; *indirect object* les; *after prep* ellos *mpl*, ellas *fpl*; **I know ~** los / las conozco; **I gave ~ the keys** to les di las llaves; **I sold it to ~** se lo vendí; **with ~** con ellos / ellas; **it's ~** son ellos / ellas; **if a person asks for help, you should help ~** si una persona pide ayuda, hay que ayudarla

theme [θi:m] tema *m*; **theme park** parque *m* temático

themselves [ðem'selvz] *reflexive* se; *emphatic* ellos mismos *mpl*, ellas mismas *fpl*; **they hurt ~** se hicieron daño

then [ðen] *(at that time, deducing)* entonces; *(after that)* luego, después; **by ~** para entonces

theoretical [θɪə'retɪkl] teórico; **theoretically** en teoría; **theory** teoría *f*

therapeutic [θerə'pju:tɪk] terapéutico; **therapist** terapeuta *m/f*; **therapy** terapia *f*

there [ðer] allí, ahí, allá; **down ~** allí or ahí or allá abajo; **~ is / are ...** hay...; **~ is / are not ...** no hay...; **~ you are** aquí tienes; **finding sth** aquí está; **completing sth** ya está; **~ and back** ida y vuelta; **it's 5 miles ~ and back** entre ida y vuelta hay cinco millas; **~ he is!** ¡ahí está!; **~, ~!** ¡venga!; **thereabouts** aproximadamente;

thirdly

therefore por (lo) tanto

thermometer [θər'mɑ:mɪtər] termómetro *m*

thermos flask [θɜːrməs] termo *m*

these [ði:z] **1** *adj* estos(-as) **2** *pron* éstos *mpl*, éstas *fpl*

thesis [θi:sɪs] tesis *f inv*

they [ðeɪ] ellos *mpl*, ellas *fpl*; **~ are Mexican** son mexicanos; **if anyone looks at this, ~ will see that ...** si alguien mira esto, verá que...; **~ say that ...** dicen que...

thick [θɪk] *soup* espeso; *fog* denso; *wall, book* grueso; *hair* poblado; F *(stupid)* corto; **thicken** *sauce* espesar; **thickskinned** *fig* insensible

thief [θi:f] ladrón(-ona) *m(f)*

thigh [θaɪ] muslo *m*

thin [θɪn] *person* delgado; *hair* ralo, escaso; *soup* claro; *coat, line* fino

thing [θɪŋ] cosa *f*

think [θɪŋk] pensar, creer; **I ~ so** creo que sí; **I don't ~ so** creo que no; **what do you ~ of it?** ¿qué te parece
◆ **think over** reflexionar sobre
◆ **think through** pensar bien
◆ **think up** *plan* idear

'think tank grupo *m* de expertos

thin-skinned [θɪn'skɪnd] sensible

third [θɜːrd] **1** *adj* tercero **2** *n* tercero(a) *m(f)*; *fraction* tercio *m*, tercera parte *f*; **thirdly**

en tercer lugar; **third party** tercero *m*; **third-party insurance** seguro *m* a terceros; **Third World** Tercer Mundo *m*

thirst [θɜːrst] sed *f*; **thirsty** sediento; **be ~** tener sed

thirteen [θɜːrˈtiːn] trece; **thirteenth** decimotercero; **thirtieth** trigésimo; **thirty** treinta

this [ðɪs] **1** *adj* este *m*, esta *f*; **~ one** éste **2** *pron* esto *m*, esta *f*; **~ is good** esto es bueno; **~ is ... introducing s.o.** éste / ésta es...; TELEC soy... **3** *adv*: **~ high** así de alto

thorn [θɔːrn] espina *f*; **thorny** *also fig* espinoso

thorough [ˈθɜːrou] *search* minucioso; *knowledge* profundo; *person* concienzudo; **thoroughbred** *horse* purasangre *m*; **thoroughly** completamente; *clean up* a fondo; *search* minuciosamente

those [ðouz] **1** *adj* esos *mpl*, esas *fpl*; *more remote* aquellos *mpl*, aquellas *fpl* **2** *pron* ésos *mpl*, ésas *fpl*; *more remote* aquéllos *mpl*, aquéllas *mpl*

though [ðou] **1** *conj* (*although*) aunque; **as ~** como si **2** *adv* sin embargo

thought [θɔːt] *single idea* *f*; *collective* pensamiento *m*; **thoughtful** pensativo; *book* serio; (*considerate*) atento; **thoughtless** desconsiderado

thousand [ˈθaʊznd] mil *m*; **thousandth** milésimo

thrash [θræʃ] *also* SP dar una paliza a

♦ **thrash out** *solution* alcanzar

thrashing [ˈθræʃɪŋ] *also* SP paliza *f*

thread [θred] **1** *n* hilo *m*; *of screw* rosca *f* **2** *v/t needle* enhebrar; *beads* ensartar; **threadbare** raído

threat [θret] amenaza *f*; **threaten** amenazar; **threatening** amenazador

three [θriː] tres; **three-quarters** tres cuartos *mpl*

threshold [ˈθreʃhould] *of house, new age* umbral *m*

thrifty [ˈθrɪfti] ahorrativo

thrill [θrɪl] **1** *n* emoción *f*, estremecimiento *m* **2** *v/t*: **be ~ed** estar entusiasmado; **thriller** *movie* película *f* de *Span* suspense *or L.Am.* suspenso; *novel* novela *f* de *Span* suspense *or L.Am.* suspenso; **thrilling** emocionante

thrive [θraɪv] *of plant* medrar; *of business* prosperar

throat [θrout] garganta *f*; **throat lozenge** pastilla *f* para la garganta

throb [θrɑːb] **1** *n of heart* latido *m*; *of music* zumbido *m* **2** *v/i of heart* latir; *of music* zumbar

throne [θroun] trono *m*

throttle [ˈθrɑːtl] **1** *n on motorbike* acelerador *m*; *on boat* palanca *f* del gas **2** *v/t* (*strangle*) estrangular

through [θruː] **1** *prep* ◇ (*across*) a través de; **go ~ the city** atravesar la ciudad ◇ (*during*) durante; **Monday ~ Friday** de lunes a viernes ◇ (*by means of*) por medio de; **arranged ~ him** acordado por él **2** *adv*: **wet ~** completamente mojado **3** *adj*: **be ~ of couple** haber terminado; **I'm ~ with ...** (*finished with*) he terminado con...; **throughout 1** *prep* durante, a lo largo de **2** *adv* (*in all parts*) en su totalidad

throw [θrou] **1** *v/t* tirar; (*disconcert*) desconcertar; *party* dar **2** *n* lanzamiento *m*

◆ **throw away** *tirar, L.Am.* botar

◆ **throw out** *old things* tirar, *L.Am.* botar; *from bar, job, home* echar; *from country* expulsar; *plan* rechazar

◆ **throw up 1** *v/t ball* lanzar hacia arriba **2** *v/i* (*vomit*) vomitar

'**throw-away** *remark* insustancial, pasajero; (*disposable*) desechable; **throw-in** SP saque *m* de banda

thru [θruː] ☞ **through**

thrust [θrʌst] (*push hard*) empujar; *knife* hundir

thud [θʌd] golpe *m* sordo

thug [θʌg] matón *m*

thumb [θʌm] **1** *n* pulgar *m* **2** *v/t*: **~ a ride** hacer autoestop;

thumbtack chincheta *f*

thunder ['θʌndər] truenos *mpl*; **thunderous** *applause* tormenta *f*; **thunderstorm** tormenta *f* (*con truenos*); **thunderstruck** atónito; **thundery** *weather* tormentoso

Thursday ['θɜːrzdeɪ] jueves *m inv*

thus [ðʌs] (*in this way*) así

thwart [θwɔːrt] frustrar

tick [tɪk] **1** *n of clock* tictac *m*; Br (*checkmark*) señal *f* de visto bueno **2** *v/i of clock* hacer tictac

ticket ['tɪkɪt] *for bus, train, lottery* billete *m*, *L.Am.* boleto *m*; *for airplane* billete *m*, *L.Am.* pasaje *m*; *for theater, museum* entrada *f*, *L.Am.* boleto *m*; *for speeding etc* multa *f*; **ticket machine** máquina *f* expendedora de billetes; **ticket office** *at station* ostrador *m* de venta de billetes; THEA taquilla *f*, *L.Am.* boletería *f*

ticking ['tɪkɪŋ] *noise* tictac *m*

tickle ['tɪkl] **1** *v/t person* hacer cosquillas a **2** *v/i of material* hacer cosquillas

tidal wave ['taɪdlweɪv] maremoto *m* (*ola*)

tide [taɪd] marea *f*

tidiness ['taɪdɪnɪs] orden *m*; tidy ordenado

◆ **tidy up 1** *v/t* ordenar; **tidy o.s. up** arreglarse **2** *v/i* recoger

tie [taɪ] **1** *n* (*necktie*) corbata *f*;

SP (*even result*) empate *m*; **he doesn't have any ~s** no está atado a nada **2** *v/t knot, hands* atar **3** *v/i* SP empatar

◆ **tie down** *also fig* atar

◆ **tie up** *person, laces* atar; *boat* amarrar; *hair* recoger

tier [tɪr] *of hierarchy* nivel *m*; *in stadium* grada *f*

tight [taɪt] **1** *adj clothes* ajustado, estrecho; *security* estricto; (*hard to move*) apretado; (*properly shut*) cerrado; (*not leaving much time*) justo de tiempo; F (*drunk*) como una cuba F **2** *adv hold* fuerte; *shut* bien; **tighten** *screw* apretar; *control* endurecer; *security* intensificar; **tight-fisted** agarrado; **tightly** *tight*; **tightrope** cuerda *f* floja; **tights** F *br* medias *fpl*, pantis *mpl*

tile [taɪl] *on floor* baldosa *f*; *on wall* azulejo *m*; *on roof* teja *f*

till[1] [tɪl] *☞* **until**

till[2] [tɪl] (*cash register*) caja *f* (registradora)

tilt [tɪlt] **1** *v/t* inclinar **2** *v/i* inclinarse

timber ['tɪmbr] madera *f* de construcción

time [taɪm] **1** *n* tiempo *m*; (*occasion*) vez *f*; **have a good ~** pasarlo bien; **what's the ~?** ¿qué hora es?; **the first ~** la primera vez; **all the ~** todo el rato; **at the same ~** al mismo tiempo; **on ~** puntual; **in ~** con tiempo **2** *v/t*

cronometrar; **time bomb** bomba *f* de relojería; **time difference** diferencia *f* horaria; **time-lag** intervalo *m*; **time limit** plazo *m*; **timely** oportuno; **time out** SP tiempo *m* muerto; **timer** *device* temporizador *m*; **timesaving** ahorro *m* de tiempo; **timescale** *of project* plazo *m* (de tiempo); **time switch** temporizador *m*; **time zone** huso *m* horario

timid ['tɪmɪd] tímido

tin [tɪn] *metal* estaño *m*; Br (*can*) lata *f*; **tinfoil** papel *m* de aluminio

tinge [tɪndʒ] matiz *m*

tingle ['tɪŋgl] hormigueo *m*

tinkle ['tɪŋkl] *of bell* tintineo *m*

tinsel ['tɪnsl] espumillón *m*

tint [tɪnt] **1** *n of color* matiz *m*; *in hair* tinte *m* **2** *v/t hair* teñir; **tinted** *glasses* con un tinte; *paper* coloreado

tiny ['taɪnɪ] diminuto, minúsculo

tip[1] [tɪp] *n of stick, finger* punta *f*; *of mountain* cumbre *f*; *of cigarette* filtro *m*

tip[2] [tɪp] **1** *n advice* consejo *m*; *money* propina *f* **2** *v/t waiter etc* dar propina a

◆ **tip off** avisar

tip-off soplo *m*

tipped [tɪpt] *cigarettes* con filtro

tippy-toe ['tɪpɪtoʊ]: **on ~** de puntillas

tipsy ['tɪpsɪ] achispado

tire¹ [taɪr] *n* neumático *m*, *L.Am.* llanta *f*

tire² [taɪr] **1** *v/t* cansar, fatigar **2** *v/i* cansarse, fatigarse

tired [taɪrd] cansado, fatigado; **tiredness** cansancio *m*, fatiga *f*; **tireless** *efforts* incansable, infatigable; **tiresome** (*annoying*) pesado; **tiring** agotador

tissue ['tɪʃuː] ANAT tejido *m*; (*handkerchief*) pañuelo *m* de papel, Kleenex® *m*; **tissue paper** papel *m* de seda

title ['taɪtl] título *m*; LAW título *m* de propiedad; **titleholder** SP campeón(-ona) *m(f)*

to [tuː] **1** *prep* a; **~** *Japan / Chicago* a Japón / Chicago; **~ the north of ...** al norte de...; *give sth* **~** *s.o.* dar algo a alguien; *from Monday* **~** *Wednesday* de lunes a miércoles; *from 10* **~** *15 people* de 10 a 15 personas; *with verbs:* **~** *speak* hablar; *learn* **~** *swim* aprender a nadar; *too heavy* **~** *carry* demasiado pesado para llevarlo **2** *adv:* **~** *and fro* de un lado para otro

toast [toʊst] **1** *n* pan *m* tostado; *when drinking* brindis *m inv* **2** *v/t when drinking* brindar por; **toaster** tostador(a) *m(f)*

tobacco [təˈbækoʊ] tabaco *m*

today [təˈdeɪ] hoy

toddler ['tɑːdlər] niño *m* pequeño

to-do [təˈduː] F revuelo *m*

toe [toʊ] dedo *m* del pie; *of shoe* puntera *f*; **toenail** uña *f* del pie

together [təˈgeðər] juntos (-as); (*at the same time*) a la vez

toilet ['tɔɪlɪt] cuarto *m* de baño, servicio *m*; *equipment* retrete *m*; **toilet paper** papel *m* higiénico; **toiletries** artículos *mpl* de tocador

token ['toʊkən] (*sign*) muestra *f*; *Br* (*gift* **~**) vale *m*; (*disk*) ficha *f*

tolerable ['tɑːlərəbl] *pain etc* soportable; (*quite good*) aceptable; **tolerance** tolerancia *f*; **tolerant** tolerante; **tolerate** tolerar

toll¹ [toʊl] *v/i of bell* tañer

toll² [toʊl] *n* (*deaths*) mortandad *f*

toll³ [toʊl] *n for bridge, road* peaje *m*; telec tarifa *f*; **'toll booth** cabina *f* de peaje; **toll-free** TELEC gratuito

tomato [təˈmeɪtoʊ] tomate *m*, *Mex* jitomate *m*; **tomato ketchup** ketchup *m*

tomb [tuːm] tumba *f*; **tombstone** lápida *f*

tomcat ['tɑːmkæt] gato *m*

tomorrow [təˈmɔːroʊ] mañana; *the day after* **~** pasado mañana; **~** *morning* mañana por la mañana

ton [tʌn] tonelada *f* (*907 kg*)

tone [toʊn] *of color, conversation* tono *m*; *of musical instrument* timbre *m*; *of neigh-*

borhood nivel *m*; **toner** tóner *m*

tongue [tʌŋ] lengua *f*

tonic ['tɑːnɪk] MED tónico *m*; **tonic (water)** (agua *f*) tónica *f*

tonight [tə'naɪt] esta noche

too [tuː] (*also*) también; (*excessively*) demasiado; *me ~* yo también; *~ much rice* demasiado arroz

tool [tuːl] herramienta *f*

tooth [tuːθ] diente *m*; **toothache** dolor *m* de muelas; **toothbrush** cepillo *m* de dientes; **toothpaste** pasta *f* de dientes, dentífrico *m*; **toothpick** palillo *m*

top [tɑːp] **1** *n of mountain* cima *f*; *of tree* copa *f*; *of wall, screen, page* parte *f* superior; (*lid: of bottle etc*) tapón *m*; *of pen* capucha *f*; *clothing* camiseta *f*, top *m*; (MOT: *gear*) marcha *f*; *on ~ of* encima de, sobre; *be ~ of the league* ser el primero de la liga; *get to the ~ of company, mountain* llegar a la cumbre **2** *adj branches* superior; *floor* de arriba, último; *management, official* alto; *player* mejor; *speed, note* máximo

topic ['tɑːpɪk] tema *m*; **topical** de actualidad

topless ['tɑːplɪs] en topless; **topmost** superior; **topping** *on pizza* ingrediente *m*

topple ['tɑːpl] **1** *v/i* derrumbarse **2** *v/t government* derrocar

top 'secret altamente confidencial

topsy-turvy [tɑːpsɪ'tɜːrvɪ] (*in disorder*) desordenado; *world* al revés

torment 1 ['tɔːrment] *n* tormento *m* **2** [tɔːr'ment] *v/t* atormentar

tornado [tɔːr'neɪdəʊ] tornado *m*

torpedo [tɔːr'piːdəʊ] **1** *n* torpedo *m* **2** *v/t also fig* torpedear

torrent ['tɑːrənt] *also fig* torrente *m*; *of lava* colada *f*

torture ['tɔːrtʃər] **1** *n* tortura *f* **2** *v/t* torturar

toss [tɑːs] *ball* lanzar; *rider* desmontar; *salad* remover

total ['təʊtl] **1** *n* total *m* **2** *adj amount* total; *disaster, stranger* completo; *idiot* de tomo y lomo; **totalitarian** totalitario; **totally** totalmente

totter ['tɑːtər] tambalearse

touch [tʌtʃ] **1** *n* toque *m*; *sense* tacto *m*; *lose ~ with s.o.* perder el contacto con alguien; *in ~* SP fuera **2** *v/t* tocar; *emotionally* conmover **3** *v/i* tocar; *of two lines etc* tocarse

◆ **touch down** *of airplane* aterrizar; SP marcar un ensayo

'touchdown *of airplane* aterrizaje *m*; SP touchdown *m*, ensayo *m*; **touching** conmovedor; **touchline** SP línea *f* de banda; **touch screen** pantalla *f* táctil; **touchy** *person* susceptible

tough [tʌf] *person, meat, punishment* duro; *question, exam* difícil; *material* resistente, fuerte

tour [tʊr] **1** *n of museum etc* recorrido *m*; *of area* viaje *m* (*of* por); *of band etc* gira **2** *v/t area* recorrer **3** *v/i of band etc* estar de gira; **tour guide** guía *m/f* turístico(-a); **tourism** turismo *m*; **tourist** turista *m/f*; **tourist industry** industria *f* turística; **tourist (information) office** oficina *f* de turismo

tournament ['tʊrnəmənt] torneo *m*

'**tour operator** operador *m* turístico

tow [toʊ] remolcar
◆ **tow away** *car* llevarse

toward [tɔ:rd] hacia

towel ['taʊəl] toalla *f*

tower ['taʊər] torre *m*

town [taʊn] ciudad *f*; *small pueblo m*; **town center**, *Br* **town centre** centro *m* de la ciudad / del pueblo; **town council** ayuntamiento *m*; **town hall** ayuntamiento *m*

toxic ['tɑːksɪk] tóxico; **toxin** toxina *f*

toy [tɔɪ] juguete *m*

trace [treɪs] **1** *n of substance* resto *m* **2** *v/t* (*find*) localizar; (*follow: footsteps of*) seguir el rastro a; (*draw*) trazar

track [træk] (*path*) senda *f*, camino *m*; *for horses* hipódromo *m*; *for cars* circuito *m*; *for athletics* pista *f*; *on CD* canción

f, corte *m*; RAIL vía *f*; **keep ~ of sth** llevar la cuenta de algo
◆ **track down** localizar

'**tracksuit** *Br* chándal *m*

tractor ['træktər] tractor *m*

trade [treɪd] **1** *n* (*commerce*) comercio *m*; (*profession, craft*) oficio *m* **2** *v/i* (*do business*) comerciar **3** *v/t* (*exchange*) intercambiar; **trade fair** feria *f* de muestras; **trademark** marca *f* registrada; **trade mission** misión *f* comercial; **trader** comerciante *m*

tradition [trə'dɪʃn] tradición *f*; **traditional** tradicional; **traditionally** tradicionalmente

traffic ['træfɪk] tráfico *m*
◆ **traffic in** *drugs* traficar con

'**traffic circle** rotonda *f*, *Span* glorieta; **traffic cop** F poli *m* de tráfico F; **traffic jam** atasco *m*; **traffic light** semáforo *m*; **traffic sign** señal *f* de tráfico

tragedy ['trædʒədɪ] tragedia *f*; **tragic** trágico

trail [treɪl] **1** *n* (*path*) camino *m*, senda *f*; *of blood* rastro *m*; (*follow*) seguir la pista de; (*tow*) arrastrar **3** *v/i* (*lag behind*) ir a la zaga; **trailer** *pulled by vehicle* remolque *m*; (*mobile home*) caravana *f*; *of movie* avance *m*, tráiler *m*

train[1] [treɪn] *n* tren *m*

train[2] [treɪn] **1** *v/t team, athlete* entrenar; *employee* formar;

dog adiestrar **2** *v/i of team, athlete* entrenarse; *of teacher etc* formarse

trainee aprendiz(a) *m(f)*;

trainer SP entrenador(a) *m(f)*; *of dog* adiestrador(a) *m(f)*; **~s** *Br shoes* zapatillas *fpl* de deporte; **training** SP entrenamiento *m*; *of staff* formación *f*, SP entrenamiento *m*

'train station estación *f* de tren

traitor ['treɪtər] traidor(a) *m(f)*

◆ **trample on** pisotear

trampoline ['træmpəliːn] cama *f* elástica

tranquil ['træŋkwɪl] tranquilo; **tranquility**, *Br* **tranquillity** tranquilidad *f*; **tranquilizer**, *Br* **tranquillizer** tranquilizante *m*

transaction [træn'zækʃn] *action* transacción *f*; *deal* negociación *f*

transatlantic [trænzət'læntɪk] transatlántico

transcript ['trænskrɪpt] transcripción *f*

transfer 1 [træns'fɜːr] *v/t* transferir **2** [træns'fɜːr] *v/i in traveling* hacer transbordo **3** ['trænsfɜːr] *n also of money* transferencia *f*; *in travel* transbordo *m*; **transferable** *ticket* transferible; **transfer fee** *for football player* traspaso *m*

transform [træns'fɔːrm] transformar; **transformation** transformación *f*;

transformer ELEC transformador *m*

transfusion [træns'fjuːʒn] transfusión *f*

transit ['trænzɪt]: *in* **~** *en* tránsito; **transition** transición *f*; **transitional** de transición; **transit lounge** *at airport* sala *f* de tránsito; **transit passenger** pasajero *m* en tránsito

translate [træns'leɪt] traducir; **translation** traducción *f*; **translator** traductor(a) *m(f)*

transmission [trænz'mɪʃn] *of news, program* emisión *f*; *of disease*, MOT transmisión *f*; **transmit** *program* emitir; *disease* transmitir; **transmitte** *for radio, TV* emisora *f*

transparency [træns'pærənsɪ] PHOT diapositiva *f*; **transparent** transparente; *(obvious)* obvio

transplant MED **1** [træns'plænt] *v/t* transplantar **2** ['trænsplænt] *n* transplante *m*

transport 1 [træn'spɔːrt] *v/t* transportar **2** ['trænspɔːrt] *n* transporte *m*; **transportation** transporte *m*

transvestite [træns'vestaɪt] travestí *m*, travestido *m*

trap [træp] **1** *n* trampa *f* **2** *v/t* atrapar; **trappings** *of power* parafernalia *f*

trash [træʃ] *(garbage)* basura *f*; *(poor product)* bazofia *f*; *(despicable person)* escoria *f*; **trashcan** cubo *m* de la ba-

sura; **trashy** *goods* barato
traumatic [trə'mætɪk]
traumático; **traumatize**
traumatizar
travel ['trævl] **1** *n* viajes *mpl* **2**
v/t & v/i viajar; **travel agen-**
cy agencia *f* de viajes; **travel**
agent agente *m* de viajes;
traveler, *Br* **traveller** viaje-
ro(-a) *m(f)*; **traveler's**
check, *Br* **traveller's**
cheque cheque *m* de viaje;
travel expenses gastos *mpl*
de viaje; **travel insurance**
seguro *m* de asistencia en
viaje
trawler ['trɔːlər] (barco *m*)
arrastrero *m*
tray [treɪ] bandeja *f*
treacherous ['tretʃərəs] trai-
cionero; **treachery** traición *f*
tread [tred] **1** *n* pasos *mpl*; *of*
staircase huella *f* (del pelda-
ño); *of tire* dibujo *m* **2** *v/i* an-
dar
treason ['triːzn] traición *f*
treasure ['treʒər] **1** *n also per-*
son tesoro *m* **2** *v/t gift etc*
apreciar mucho; **treasurer**
tesorero(-a) *m(f)*; **Treasury**
Department Ministerio *m*
de Hacienda
treat [triːt] **1** *n* placer; *it's my*
(I'm paying) yo invito **2** *v/t*
tratar; **~ s.o. to sth** invitar
a alguien a algo; **treatment**
tratamiento *m*
treaty ['triːtɪ] tratado *m*
treble ['trebl] **1** *adv*: **~ the**
price el triple del precio **2**
v/i triplicarse

tree [triː] árbol *m*
tremble ['trembl] temblar
tremendous [trɪ'mendəs]
(very good) estupendo;
(enormous) enorme; **tre-**
mendously *(very)* tremen-
damente; *(a lot)* enorme-
mente
tremor ['tremər] *of earth* tem-
blor *m*
trench [trentʃ] trinchera *f*
trend [trend] tendencia *f*;
(fashion) moda *f*; **trendy** de
moda; *views* moderno
trespass ['trespæs] entrar sin
autorización; **no ~ing** prohi-
bido el paso; **trespasser** in-
truso(-a) *m(f)*
trial ['traɪəl] LAW juicio *m*; *of*
equipment prueba *f*; **be on**
~ LAW estar siendo juzgado
triangle ['traɪæŋgl] triángulo
m; **triangular** triangular
tribe [traɪb] tribu *f*
tribunal [traɪ'bjuːnl] tribunal
m
tributary ['trɪbjətərɪ] *of river*
afluente *m*
trick [trɪk] **1** *n (to deceive,*
knack) truco *m* **2** *v/t* engañar;
trickery engaños *mpl*
trickle ['trɪkl] **1** *n* hilo *m*, re-
guero *m*; *of money* goteo
m **2** *v/i* gotear
tricky ['trɪkɪ] *(difficult)* difícil
trifling ['traɪflɪŋ] insignifican-
te
trigger ['trɪgər] *on gun* gatillo
m
◆ **trigger off** desencadenar
trim [trɪm] **1** *adj (neat)* muy

cuidado; *figure* delgado **2** *v/t
hair, costs* recortar; (*decorate:
dress*) adornar **3** *n* (*light cut*)
recorte *m*

trinket ['trɪŋkɪt] baratija *f*
trip [trɪp] **1** *n* (*journey*) viaje *m*
2 *v/i* (*stumble*) tropezar **3** *v/t*
(*make fall*) poner la zancadilla a

◆ **trip up 1** *v/t* (*make fall*) poner la zancadilla a; (*cause to
go wrong*) confundir **2** *v/i*
(*stumble*) tropezar; (*make a
mistake*) equivocarse

triple ['trɪpl] *☞* **treble**
trite [traɪt] manido
triumph ['traɪʌmf] triunfo *m*
trivial ['trɪvɪəl] trivial; **triviality** trivialidad *f*

trolley ['trɒlɪ] (*streetcar*) tranvía *m*

troops [truːps] tropas *fpl*
trophy ['trəʊfɪ] trofeo *m*
tropic ['trɒpɪk] trópico *m*;
tropical tropical; **tropics**
trópicos *pl*

trot [trɒt] trotar
trouble ['trʌbl] **1** *n* (*difficulties*) problema *m*, problemas
mpl, (*inconvenience*) molestia *f*; (*disturbance*) conflicto
m; **get into ~** meterse en líos
2 *v/t* (*worry*) preocupar;
(*bother, disturb*) molestar;
troublemaker alborotador(a) *m(f)*; **troubleshooting** resolución *f* de
problemas; **troublesome**
problemática
trousers ['traʊzərz] *Br* pantalones *mpl*

trout [traʊt] trucha *f*
truant ['truːənt] **play ~** hacer
novillos, *Mex* irse de pinta,
S.Am. hacerse la rabona
truce [truːs] tregua *f*
truck [trʌk] camión *m*; **truck
driver** camionero(-a) *m(f)*;
truck stop restaurante *m*
de carretera
trudge [trʌdʒ] **1** *v/i* caminar
fatigosamente **2** *n* caminata
f
true [truː] verdadero, cierto;
friend, American auténtico;
come ~ of hopes, dream hacerse realidad; **truly** verdaderamente; **Yours ~** le saluda muy atentamente
trumpet ['trʌmpɪt] trompeta *f*
trunk [trʌŋk] of tree, body
tronco *m*; of elephant trompa
f; (*large case*) baúl *m*; of car
maletero *m*, *C.Am.*, *Mex* cajuela *f*, *Rpl* baúl *m*
trust [trʌst] **1** *n* confianza *f*;
FIN fondo *m* de inversión **2**
v/t confiar en; **trusted** de
confianza; **trustee** fideicomisario(-a) *m(f)*; **trustful**,
trusting confiado; **trustworthy** de confianza
truth [truːθ] verdad *f*; **truthful**
sincero; *account* verídico
try [traɪ] probar; LAW juzgar; **~
to do sth** intentar hacer algo, tratar de hacer algo; **trying** (*annoying*) molesto
T-shirt ['tiːʃɜːrt] camiseta *f*
tub [tʌb] (*bath*) bañera *f*,
L.Am. tina *f*; for liquid envase *f*; of yoghurt envase *m*; **tubby**

rechoncho

tube [tu:b] tubo m; **tubeless tire** sin cámara de aire

Tuesday ['tu:zdeɪ] martes m inv

tuft [tʌft] of hair mechón m; of grass mata f

tug [tʌɡ] **1** n (pull) tirón m; NAUT remolcador m **2** v/t (pull) tirar de

tuition [tu:'ɪʃn] clases fpl

tumble ['tʌmbl] caer, caerse; **tumbledown** destartalado; **tumbler** for drink vaso m; in circus acróbata m / f

tummy ['tʌmɪ] F tripa f F, barriga f F; **tummy ache** dolor m de tripa or barriga

tumor, Br **tumour** ['tu:mər] tumor m

tumult ['tu:mʌlt] tumulto m; **tumultuous** tumultuoso

tuna ['tu:nə] atún m

tune [tu:n] **1** n melodía f **2** v/t instrument afinar

◆ **tune up 1** v/i of orchestra afinar **2** v/t engine poner a punto

tuneful ['tu:nfl] melodioso; **tune-up** of engine puesta f a punto

tunnel ['tʌnl] túnel m

turbine ['tɜːrbaɪn] turbina f

turbulence ['tɜːrbjələns] in air travel turbulencia f; **turbulent** turbulento

turf [tɜːrf] césped m; piece tepe m

turkey ['tɜːrkɪ] pavo m

turmoil ['tɜːrmɔɪl] desorden m, agitación f

turn [tɜːrn] **1** n (rotation) vuelta f; in road curva f; junction giro m; in vaudeville número m; **take ~s in doing sth** turnarse para hacer algo; **it's my ~** me toca a mí **2** v/t girar; corner dar la vuelta a **3** v/i of driver, car, wheel girar; of person: turn verse; **it has ~ed cold** se ha enfriado

◆ **turn around 1** v/t object dar la vuelta a; company dar un vuelco a; COM (deal with) procesar **2** v/i of person volverse; of driver dar la vuelta

◆ **turn away 1** v/t (send away) rechazar **2** v/i (walk away) marcharse; (look away) desviar la mirada

◆ **turn back 1** v/t edges doblar **2** v/i of walkers etc volver; in course of action echarse atrás

◆ **turn down** offer rechazar; volume, heating bajar; edge doblar

◆ **turn off 1** v/t TV, engine apagar; faucet cerrar; heater apagar **2** v/i of car, driver doblar

◆ **turn on 1** v/t TV, engine, heating encender, L.Am. prender; faucet abrir; F sexually excitar **2** v/i of machine encenderse, L.Am. prenderse

◆ **turn over 1** v/i in bed darse la vuelta; of vehicle volcar **2** v/t (put upside down) dar la vuelta a; *page* pasar; FIN facturar

◆ **turn up 1** *v/t* collar subirse; *volume, heating* subir **2** *v/i* (*arrive*) aparecer

turning ['tɜːrnɪŋ] giro *m*; **turning point** punto *m* de inflexión; **turnout** *of people* asistencia *f*; **turnover** FIN facturación *f*; **turnpike** autopista *f* de peaje; **turn signal** *on car* intermitente *m*

turquoise ['tɜːrkwɔɪz] turquesa

turtle ['tɜːrtl] tortuga *f* (marina); **turtleneck sweater** suéter *m* de cuello alto

tusk [tʌsk] colmillo *m*

tutor ['tuːtər] *Br: at university* tutor *m*; (*private*) ~ profesor(a) *m(f)* particular

tuxedo [tʌk'siːdoʊ] esmoquin *m*

TV [tiː'viː] televisión *f*; **on** ~ en la televisión; **TV dinner** menú *m* precocinado; **TV guide** guía *f* televisiva; **TV program**, *Br* **TV programme** programa *m* de televisión

twang [twæŋ] **1** *n in voice* entonación *f* nasal **2** *v/t guitar string* puntear

tweezers ['twiːzərz] pinzas *fpl*

twelfth [twelfθ] duodécimo; **twelve** doce

twentieth ['twentɪɪθ] vigésimo; **twenty** veinte

twice [twaɪs] dos veces; ~ **as much** el doble

twig [twɪg] ramita *f*

twilight ['twaɪlaɪt] crepúsculo *m*

twin [twɪn] gemelo *m*; **twin beds** camas *fpl* gemelas

twinge [twɪndʒ] *of pain* punzada *f*

twinkle ['twɪŋkl] *of stars* parpadeo *m*; *of eyes* brillo *m*

twin 'room habitación *f* con camas gemelas

twirl [twɜːrl] **1** *v/t* hacer girar **2** *n of cream etc* voluta *f*

twist [twɪst] **1** *v/t* retorcer; ~ **one's ankle** torcerse el tobillo **2** *v/i of road, river* serpentear **3** *n in rope, road* vuelta *f*; *in plot* giro *m* inesperado; **twisty** *road* serpenteante

twitch [twɪtʃ] **1** *n nervous* tic *m*

twitter ['twɪtər] gorjear

two [tuː] dos; **the ~ of them** los dos, ambos

tycoon [taɪ'kuːn] magnate *m*

type [taɪp] **1** *n* (*sort*) tipo *m*, clase *f* **2** *v/i* (*use a keyboard*) escribir a máquina **3** *v/t with a typewriter* escribir a máquina

typhoon [taɪ'fuːn] tifón *m*

typhus ['taɪfəs] tifus *m*

typical ['tɪpɪkl] típico; **typically** típicamente

typist ['taɪpɪst] mecanógrafo(-a) *m(f)*

tyrannical [tɪ'rænɪkl] tiránico; **tyrannize** tiranizar; **tyranny** tiranía *f*; **tyrant** tirano(-a) *m(f)*

tyre *Br* → **tire¹**

U

ugly ['ʌglɪ] feo

UK [juːˈkeɪ] (= **United Kingdom**) RU *m* (= Reino *m* Unido)

ulcer ['ʌlsər] úlcera *f*; *in mouth* llaga *f*

ultimate ['ʌltɪmət] (*final*) final; (*fundamental*) esencial; **ultimately** (*in the end*) en última instancia

ultimatum [ʌltɪˈmeɪtəm] ultimátum *m*

ultrasound ['ʌltrəsaʊnd] MED ultrasonido *m*; (*scan*) ecografía *f*

ultraviolet [ʌltrəˈvaɪələt] ultravioleta

umbrella [ʌmˈbrelə] paraguas *m inv*

umpire ['ʌmpaɪr] árbitro *m*; *in tennis* juez *m/f* de silla

UN [juːˈen] (= **United Nations**) ONU *f* (= Organización *f* de las Naciones Unidas)

unable [ʌnˈeɪbl]: **be ~ to do sth** *not know how* no saber hacer algo; *not be in a position* no poder hacer algo

unacceptable [ʌnəkˈseptəbl] inaceptable

unaccountable [ʌnəˈkaʊntəbl] inexplicable

un-American [ʌnəˈmerɪkən] poco americano; *activities* antiamericano

unanimous [juːˈnænɪməs]

verdict unánime; **unanimously** unánimemente

unapproachable [ʌnəˈproʊtʃəbl] *person* inaccesible

unarmed [ʌnˈɑːrmd] *person* desarmado

unassuming [ʌnəˈsuːmɪŋ] sin pretensiones

unattached [ʌnəˈtætʃt] *without a partner* sin compromiso, sin pareja

unattended [ʌnəˈtendɪd] desatendido

unauthorized [ʌnˈɔːθəraɪzd] no autorizado

unavoidable [ʌnəˈvɔɪdəbl] inevitable

unbalanced [ʌnˈbælənst] *also* PSYCH desequilibrado

unbearable [ʌnˈberəbl] insoportable

unbeatable [ʌnˈbiːtəbl] *team* invencible; *quality* insuperable

unbeaten [ʌnˈbiːtn] *team* invicto

unbelievable [ʌnbɪˈliːvəbl] *also* F increíble

unbias(s)ed [ʌnˈbaɪəst] imparcial

unblock [ʌnˈblɑːk] *pipe* desatascar

unbreakable [ʌnˈbreɪkəbl] *plates* irrompible; *world record* inalcanzable

unbutton [ʌnˈbʌtn] desabotonar

uncanny [ʌnˈkænɪ] *resemblance* increíble; *skill* inexplicable; (*worrying: feeling*) extraño, raro

unceasing [ʌnˈsiːsɪŋ] incesante

uncertain [ʌnˈsɜːrtn] *future, origins* incierto; **uncertainty** incertidumbre *f*

uncle [ˈʌŋkl] tío *m*

uncomfortable [ʌnˈkʌmftəbl] *chair* incómodo

uncommon [ʌnˈkɑːmən] poco corriente, raro

uncompromising [ʌnˈkɑːmprəmaɪzɪŋ] inflexible

unconditional [ʌnkənˈdɪʃnl] incondicional

unconscious [ʌnˈkɑːnʃəs] MED, PSYCH inconsciente

uncontrollable [ʌnkənˈtrəʊləbl] incontrolable

unconventional [ʌnkənˈvenʃnl] poco convencional

uncooperative [ʌnkəʊˈɑːpərətɪv]: **be ~** no estar dispuesto a colaborar

uncover [ʌnˈkʌvər] *remove cover from* destapar; *plot, remains* descubrir

undamaged [ʌnˈdæmɪdʒd] intacto

undecided [ʌndɪˈsaɪdɪd] *question* sin resolver; **be ~ about** estar indeciso sobre

undeniable [ʌndɪˈnaɪəbl] innegable

under [ˈʌndər] debajo de, bajo; (*less than*) menos de; **it is ~ investigation** está siendo investigado

'undercarriage tren *m* de aterrizaje

'undercover *agent* secreto

under'cut COM vender más barato que

under'done *meat* poco hecho

under'estimate subestimar

under'fed malnutrido

under'go *surgery* ser sometido a; *experiences* sufrir

under'graduate estudiante *m/f* universitario(-a) (*todavía no licenciado(a)*)

'underground 1 *adj* subterráneo; POL clandestino **2** *adv* *work* bajo tierra

under'hand (*devious*) poco honrado

under'line *text* subrayar

under'lying subyacente

under'mine *position* minar

underneath [ʌndərˈniːθ] **1** *prep* debajo de, bajo **2** *adv* debajo

'underpants calzoncillos *mpl*

'underpass *for pedestrians* paso *m* subterráneo

underprivileged [ʌndərˈprɪvɪlɪdʒd] desfavorecido

under'rate subestimar

under'staffed [ʌndərˈstæft] sin suficiente personal

under'stand entender, comprender; *language* entender; **understandable** comprensible; **understandably** comprensiblemente; **understanding 1** *adj person* com-

prensivo **2** *n* interpretación
f; (*agreement*) acuerdo *m*
under'take *task* emprender; **~**
to do sth (agree to) encargar-
se de hacer algo; **undertak-**
ing (*enterprise*) proyecto *m*,
empresa *f*
under'value infravalorar
'underwear ropa *f* interior
'underworld *criminal* hampa
f; *in mythology* Hades *m*
under'write FIN asegurar
undeserved [ʌndɪˈzɜːrvd] in-
merecido
undesirable [ʌndɪˈzaɪrəbl]
features no deseado; *person*
indeseable
undisputed [ʌndɪˈspjuːtɪd]
champion indiscutible
undo [ʌnˈduː] *parcel* abrir;
buttons, shirt desabrochar;
shoelaces desatar; *s.o.'s work*
deshacer
undoubtedly [ʌnˈdaʊtɪdlɪ] in-
dudablemente
undress [ʌnˈdres] **1** *v/t* des-
vestir; **get ~ed** desvestirse
2 *v/i* desvestirse
undue [ʌnˈduː] (*excessive*) ex-
cesivo; **unduly** injustamen-
te; (*excessively*) excesiva-
mente
unearth [ʌnˈɜːrθ] descubrir;
remains desenterrar
uneasy [ʌnˈiːzɪ] *relationship,
peace* tenso
uneatable [ʌnˈiːtəbl] incomi-
ble
uneconomic [ʌniːkəˈnɒmɪk]
antieconómico
uneducated [ʌnˈedʒəkeɪtɪd]

inculto, sin educación
unemployed [ʌnɪmˈplɔɪd]
desempleado, *Span* parado;
unemployment desempleo
m, *Span* paro *m*
unequal [ʌnˈiːkwəl] desigual
unerring [ʌnˈerɪŋ] *judgement,
instinct* infalible
uneven [ʌnˈiːvn] *quality* desi-
gual; *surface* irregular
uneventful [ʌnɪˈventfəl] *day,
journey* sin incidentes
unexpected [ʌnɪkˈspektɪd]
inesperado; **unexpectedly**
inesperadamente
unfair [ʌnˈfer] injusto
unfaithful [ʌnˈfeɪθfəl] *hus-
band, wife* infiel; **be ~ to**
s.o. ser infiel a alguien
unfamiliar [ʌnfəˈmɪljər] des-
conocido, extraño
unfasten [ʌnˈfæsn] *belt* desa-
brochar
unfavorable, *Br* **unfavoura-**
ble [ʌnˈfeɪvərəbl] desfavora-
ble
unfinished [ʌnˈfɪnɪʃt] inaca-
bado
unfold [ʌnˈfoʊld] **1** *v/t letter*
desdoblar; *arms* descruzar
2 *v/i of story etc* desarrollar-
se; *of view* abrirse
unforeseen [ʌnfɔːrˈsiːn] im-
previsto
unforgettable [ʌnfərˈgetəbl]
inolvidable
unforgivable [ʌnfərˈgɪvəbl]
imperdonable
unfortunate [ʌnˈfɔːrtʃənət]
desafortunado; *event* desgra-
ciado; **unfortunately** des-

graciadamente

unfounded [ʌnˈfaʊndɪd] infundado

unfriendly [ʌnˈfrendlɪ] *person* antipático; *place* desagradable; *welcome* hostil

ungrateful [ʌnˈgreɪtfəl] desagradecido

unhappiness [ʌnˈhæpɪnɪs] infelicidad *f*; **unhappy** infeliz; *day* triste; *customer etc* descontento

unharmed [ʌnˈhɑːrmd] ileso

unhealthy [ʌnˈhelθɪ] enfermizo; *food, economy* poco saludable

unheard-of [ʌnˈhɜːrdɒv] inaudito

unhygienic [ʌnhaɪˈdʒiːnɪk] antihigiénico

unification [juːnɪfɪˈkeɪʃn] unificación *f*

uniform [ˈjuːnɪfɔːrm] **1** *n* uniforme *m* **2** *adj* uniforme

unify [ˈjuːnɪfaɪ] unificar

unilateral [juːnɪˈlætərəl] unilateral

unimaginable [ʌnɪˈmædʒɪnəbl] inimaginable

unimaginative [ʌnɪˈmædʒɪnətɪv] sin imaginación

unimportant [ʌnɪmˈpɔːrtənt] poco importante

uninhabitable [ʌnɪnˈhæbɪtəbl] inhabitable; **uninhabited** *building* deshabitado; *region* desierto

unintentional [ʌnɪnˈtenʃnl] no intencionado; **unintentionally** sin querer

uninteresting [ʌnˈɪntrəstɪŋ] sin interés

uninterrupted [ʌnɪntəˈrʌptɪd] ininterrumpido

union [ˈjuːnjən] POL unión *f*; (*labor* ~) sindicato *m*

unique [juːˈniːk] único

unit [ˈjuːnɪt] unidad *f*

unite [juːˈnaɪt] **1** *v/t* unir **2** *v/i* unirse; **united** unido; **United Kingdom** Reino *m* Unido; **United Nations** Naciones *fpl* Unidas; **United States (of America)** Estados *mpl* Unidos (de América)

unity [ˈjuːnətɪ] unidad *f*

universal [juːnɪˈvɜːrsl] universal; **universe** universo *m*

university [juːnɪˈvɜːrsətɪ] universidad *f*

unjust [ʌnˈdʒʌst] injusto

unkind [ʌnˈkaɪnd] desagradable, cruel

unknown [ʌnˈnoʊn] desconocido

unleaded [ʌnˈledɪd] sin plomo

unless [ənˈles] a menos que, a no ser que

unlikely [ʌnˈlaɪklɪ] improbable; *explanation* inverosímil

unlimited [ʌnˈlɪmɪtɪd] ilimitado

unload [ʌnˈloʊd] descargar

unlock [ʌnˈlɑːk] abrir

unluckily [ʌnˈlʌkɪlɪ] desgraciadamente, por desgracia; **unlucky** *day* aciago, funesto; *person* sin suerte; *that was so ~ for you!* ¡qué mala suerte tuviste!

unmanned [ʌnˈmænd] *space-*

craft no tripulado
unmarried [ʌnˈmærɪd] soltero
unmistakable [ʌn-mɪˈsteɪkəbl] inconfundible
unnatural [ʌnˈnætʃrəl] anormal
unnecessary [ʌnˈnesəserɪ] innecesario
unnerving [ʌnˈnɜːrvɪŋ] desconcertante
unobtainable [ʌnəbˈteɪnəbl] *goods* no disponible; TELEC desconectado
unobtrusive [ʌnəbˈtruːsɪv] discreto
unoccupied [ʌnˈɑːkjʊpaɪd] *building* desocupado; *post* vacante
unofficial [ʌnəˈfɪʃl] no oficial; **unofficially** extraoficialmente
unorthodox [ʌnˈɔːrθədɑːks] poco ortodoxo
unpack [ʌnˈpæk] **1** *v/t* deshacer **2** *v/i* deshacer el equipaje
unpaid [ʌnˈpeɪd] *work* no remunerado
unpleasant [ʌnˈpleznt] desagradable
unplug [ʌnˈplʌg] *TV, computer* desenchufar
unpopular [ʌnˈpɑːpjələr] impopular
unprecedented [ʌnˈpresɪdentɪd] sin precedentes
unpredictable [ʌn-prɪˈdɪktəbl] imprevisible, impredecible
unpretentious [ʌnprɪˈtenʃəs] modesto, sin pretensiones
unproductive [ʌnprəˈdʌktɪv] *meeting* infructuoso; *soil* improductivo
unprofessional [ʌnprəˈfeʃnl] poco profesional
unprofitable [ʌnˈprɑːfɪtəbl] no rentable
unprovoked [ʌnprəˈvoʊkt] *attack* no provocado
unqualified [ʌnˈkwɑːlɪfaɪd] sin titulación
unquestionably [ʌnˈkwestʃnəblɪ] indiscutiblemente; **unquestioning** *attitude* incondicional
unreadable [ʌnˈriːdəbl] *book* ilegible
unrealistic [ʌnrɪəˈlɪstɪk] poco realista
unreasonable [ʌnˈriːznəbl] irrazonable
unrelated [ʌnrɪˈleɪtɪd] *issues* no relacionado; *people* no emparentado
unrelenting [ʌnrɪˈlentɪŋ] implacable
unreliable [ʌnrɪˈlaɪəbl] *machine* poco fiable; *person* informal
unrest [ʌnˈrest] malestar *m*; *(rioting)* disturbios *mpl*
unrestrained [ʌnrɪˈstreɪnd] *emotions* incontrolado
unroll [ʌnˈroʊl] desenrollar
unruly [ʌnˈruːlɪ] revoltoso
unsanitary [ʌnˈsænɪterɪ] insalubre
unsatisfactory [ʌnsætɪsˈfæktərɪ] insatisfactorio
unscathed [ʌnˈskeɪðd] *(not injured)* ileso; *(not damaged)* intacto

unscrew [ʌn'skruː] *top* desenroscar; *hooks* desatornillar

unscrupulous [ʌn'skruːpjələs] sin escrúpulos

unselfish [ʌn'selfɪʃ] generoso

unsettled [ʌn'setld] *issue* sin decidir; *weather*, *lifestyle* inestable; *bills* sin pagar

unshaven [ʌn'ʃeɪvn] sin afeitar

unskilled [ʌn'skɪld] no cualificado

unsophisticated [ʌnsə'fɪstɪkeɪtɪd] sencillo; *equipment* simple

unstable [ʌn'steɪbl] inestable

unsteady [ʌn'stedɪ] *hand* tembloroso; *ladder* inestable

unsuccessful [ʌnsək'sesfəl] *writer etc* fracasado; *candidate* perdedor; *party, attempt* fallido; **unsuccessfully** sin éxito

unsuitable [ʌn'suːtəbl] inadecuado; *thing to say* inoportuno

unswerving [ʌn'swɜːrvɪŋ] *loyalty* inquebrantable

unthinkable [ʌn'θɪŋkəbl] impensable

untidy [ʌn'taɪdɪ] *room, desk* desordenado; *hair* revuelto

untie [ʌn'taɪ] desatar

until [ən'tɪl] **1** *prep* hasta; *not ~ Friday* no antes del viernes **2** *conj* hasta que; *can you wait ~ I'm ready?* ¿puedes esperar hasta que esté listo?

untiring [ʌn'taɪrɪŋ] *efforts* incansable

untold [ʌn'toʊld] *suffering* indecible; *riches* inconmensurable; *story* nunca contado

untrue [ʌn'truː] falso

unused [ʌn'juːzd] *goods* sin usar

unusual [ʌn'juːʒl] poco corriente; *it is ~ ...* es raro *or* extraño...; **unusually** inusitadamente

unveil [ʌn'veɪl] *statue etc* desvelar

unwell [ʌn'wel] indispuesto, mal

unwilling [ʌn'wɪlɪŋ] poco dispuesto, reacio; **unwillingly** de mala gana

unwind [ʌn'waɪnd] *(of story)* irse desarrollando; *(relax)* relajarse

unwise [ʌn'waɪz] imprudente

unwrap [ʌn'ræp] desenvolver

unzip [ʌn'zɪp] abrir la cremallera de; COMPUT descomprimir

up [ʌp] **1** *adv position* arriba; *movement* hacia arriba; *~ here / there* aquí / allí arriba; *be ~ (out of bed)* estar levantado; *of sun* haber salido; *of temperature* haber subido; *(have expired)* haberse acabado; *what's ~?* F ¿qué pasa?; *~ to 1989* hasta el año 1989; *he came ~ to me* se me acercó; *what are you ~ to these days?* ¿qué es de tu vida?; *be ~ to something (bad)* estar tramando algo; *I don't feel ~ to it* no me siento en condiciones de hacerlo; **it's ~ to you** tú decides; **it is ~ to them to solve it** (*their duty*) les corresponde a ellos resolverlo **2** *prep:* **further ~ the mountain** más arriba de la montaña; **they ran ~ the street** corrieron por la calle; **we traveled ~ to Chicago** subimos hasta Chicago **3** *n:* **~s and downs** altibajos *mpl*

'upbringing educación *f*

up'date *file* actualizar

up'grade modernizar; **~ s.o. to business class** cambiar a alguien a clase ejecutiva

upheaval [ʌp'hi:vl] *emotional* conmoción *f*; *physical* trastorno *m*; *political, social* sacudida *f*

up'hold *rights* defender, conservar; (*vindicate*) confirmar

'upkeep mantenimiento *m*

'upload COMPUT cargar

up'market *Br restaurant, hotel* de categoría

upon [ə'pɑːn] *⇒* on

upper ['ʌpər] superior

'upright **1** *adj citizen* honrado **2** *adv* sit derecho; **upright** (**piano**) piano *m* vertical

'uprising levantamiento *m*

'uproar alboroto *m*; (*protest*) tumulto *m*

up'set **1** *v/t* tirar; *emotionally* disgustar **2** *adj emotionally* disgustado; **upsetting** triste

'upside 'down boca abajo

up'stairs **1** *adv* arriba **2** *adj room* de arriba

up'stream río arriba

up'tight F (*nervous*) tenso; (*inhibited*) estrecho

up-to-'date *information* actualizado

'upturn *in economy* mejora *f*

upward ['ʌpwərd] hacia arriba; **~ of 100** más de 100

uranium [jʊ'reɪnɪəm] uranio *m*

urban ['ɜːrbən] urbano

urge [ɜːrdʒ] **1** *n* impulso *m* **2** *v/t:* **~ s.o. to do sth** rogar a alguien que haga algo; **urgency** urgencia *f*; **urgent** urgente

urinate ['jʊrəneɪt] orinar; **urine** orina *f*

Uruguay ['jʊrəɡwaɪ] Uruguay; **Uruguayan 1** *adj* uruguayo **2** *n* uruguayo(-a) *m(f)*

US [juː'es] (= **United States**) EE.UU. *mpl* (= Estados *mpl* Unidos)

us [ʌs] nos; *after prep* nosotros (-as); **that's for ~** eso es para nosotros; **who's that? - it's ~** ¿quién es? - ¡somos nosotros!

USA [juːes'eɪ] (= **United States of America**) EE.UU. *mpl* (= Estados *mpl* Unidos)

usage ['juːzɪdʒ] uso *m*

use **1** [juːz] *v/t tool, word* utilizar, usar; *skills, car* usar; *a lot of gas* consumir; *pej: person* utilizar **2** [juːs] *n* uso *m*, utilización *f*; **it's no ~ waiting** no sirve de nada esperar

♦ **use up** agotar

used[1] [juːzd] *adj car etc* de segunda mano

used² [ju:st]: *be ~ to* estar acostumbrado a; *get ~ to* acostumbrarse a

used³ [ju:st]: *I ~ to like him* antes me gustaba; *they ~ to meet every Saturday* solían verse todos los sábados

useful ['ju:sful] útil; **usefulness** utilidad *f*; **useless** inú-

til; *machine* inservible; **user** usuario(-a) *m(f)*; **user-friendly** de fácil manejo

usual ['ju:ʒl] habitual; *as ~* como de costumbre; **usually** normalmente

utensil [ju:'tensl] utensilio *m*

utilize ['ju:tɪlaɪz] utilizar

utter ['ʌtər] **1** *adj* completo **2** *v/t sound* decir; **utterly** completamente

V

vacant ['veɪkənt] *building* vacío; *position* vacante; *look* vago, distraído; **vacantly** distraídamente; **vacate** *room* desalojar

vacation [vəˈkeɪʃn] vacaciones *fpl*; *be on ~* estar de vacaciones

vaccinate ['væksɪneɪt] vacunar; **vaccination** *action* vacunación *f*; *(vaccine)* vacuna *f*; **vaccine** vacuna *f*

vacuum ['vækjuəm] **1** *n* vacío *m* **2** *v/t floors* aspirar

vagrant ['veɪɡrənt] vagabundo(-a) *m(f)*

vague [veɪɡ] vago; **vaguely** vagamente

vain [veɪn] **1** *adj* vanidoso; *hope* vano **2** *n: in ~* en vano

valiant ['væljənt] valiente

valid ['vælɪd] válido; **validate** *with official stamp* sellar; *alibi* dar validez a; **validity** validez *f*

valley ['vælɪ] valle *m*

valuable ['væljubl] **1** *adj* valioso **2** *n: ~s* objetos *mpl* de valor; **valuation** tasación *f*, valoración *f*; **value 1** *n* valor *m* **2** *v/t* valorar

valve [vælv] válvula *f*

van [væn] camioneta *f*, furgoneta *f*

vandal ['vændl] vándalo *m*; **vandalism** vandalismo *m*; **vandalize** destrozar *(intencionadamente)*

vanilla [vəˈnɪlə] **1** *n* vainilla *f* **2** *adj* de vainilla

vanish ['vænɪʃ] desaparecer

vanity ['vænətɪ] vanidad *f*

vapor ['veɪpər] vapor *m*; **vaporize** vaporizar; **vapour** *Br* ☞ **vapor**

variable ['veriəbl] **1** *adj* variable **2** *n* variable *f*; **variant** variante *f*; **variation** variación *f*; **varied** variado; **variety** variedad *f*; **various** *(several)* varios; *(different)* diversos

varnish ['vɑ:rnɪʃ] **1** *n* for

vermin

wood barniz *m*; *for finger-nails* esmalte *m* 2 *v/t wood* barnizar

vary ['verɪ] variar; *it varies* depende

vase [veɪz] jarrón *m*

vast [væst] vasto; *number, improvement* enorme; **vastly** enormemente

Vatican ['vætɪkən]: *the ~* el Vaticano

vault[1] [vɔ:lt] *n in roof* bóveda *f*; *~s (cellar)* sótano *m*; *of bank* cámara *f* acorazada

vault[2] [vɔ:lt] *1 n* SP salto *m* 2 *v/t beam etc* saltar

VCR [vi:si:'ɑ:r] (= *video cassette recorder*) aparato *m* de *Span* vídeo *or L.Am.* video

veal [vi:l] ternera *f*

veer [vɪr] girar, torcer

vegetable ['vedʒtəbl] hortaliza *f*; *~s* verduras *fpl*; **vegetarian** 1 *n* vegetariano(-a) *m(f)* 2 *adj* vegetariano; **vegetation** vegetación *f*

vehement ['vi:əmənt] vehemente

vehicle ['vi:ɪkl] vehículo *m*

veil [veɪl] velo *m*

vein [veɪn] ANAT vena *f*

velocity [vɪ'lɑ:sətɪ] velocidad *f*

velvet ['velvɪt] terciopelo *m*

vendetta [ven'detə] vendetta *f*

vending machine ['vendɪŋ] máquina *f* expendedora; **vendor** LAW parte *f* vendedora

veneer [və'nɪr] *on wood* chapa *f*; *of politeness etc* apariencia *f*

venerable ['venərəbl] venerable; **veneration** veneración *f*

venereal disease [vɪ'nɪrɪəl] enfermedad *f* venérea

venetian 'blind [və'ni:ʃn] persiana *f* veneciana

Venezuela [venə'weɪlə] Venezuela; **Venezuelan** 1 *adj* venezolano 2 *n* venezolano(-a) *m(f)*

venom ['venəm] veneno *m*

ventilate ['ventɪleɪt] ventilar; **ventilation** ventilación *f*; **ventilator** ventilador *m*; MED respirador *m*

venture ['ventʃər] *1 n (undertaking)* iniciativa *f*; COM empresa *f* 2 *v/i* aventurarse

venue ['venju:] *for meeting* lugar *m*; *for concert* local *m*, sala *f*

veranda [və'rændə] porche *m*

verb [vɜːrb] verbo *m*; **verbal** *(spoken)* verbal; **verbally** de palabra

verdict ['vɜːrdɪkt] veredicto *m*

verge [vɜːrdʒ] *of road* arcén *m*; *be on the ~ of ruin* estar al borde de la ruina; *tears* estar a punto de

verification [verɪfɪ'keɪʃn] *(checking)* verificación *f*; *(confirmation)* confirmación *f*; **verify** *(check)* verificar; *(confirm)* confirmar

vermin ['vɜːrmɪn] bichos *mpl*, alimañas *fpl*

vermouth [vɜr'muːθ] vermut *m*

versatile ['vɜːrsətəl] polifacético, versátil; **versatility** polivalencia *f*, versatilidad *f*

verse [vɜːrs] verso *m*

version ['vɜːrʃn] versión *f*

versus ['vɜːrsəs] contra

vertical ['vɜːrtɪkl] vertical

vertigo ['vɜːrtɪɡəu] vértigo *m*

very ['verɪ] **1** *adv* muy; **the ~ best** el mejor de todos **2** *adj*: **at that ~ moment** en ese mismo momento; **that's the ~ thing I need** eso es precisamente lo que necesito

vessel ['vesl] NAUT buque *m*

vest [vest] chaleco *m*; *Br* camiseta *f* interior

vestige ['vestɪdʒ] vestigio *m*

vet¹ [vet] *n (veterinary surgeon)* veterinario(-a) *m(f)*

vet² [vet] *v/t applicants etc* examinar, investigar

vet³ [vet] *n* mil veterano(-a) *m(f)*

veteran ['vetərən] **1** *n* veterano(-a) *m(f)* **2** *adj* veterano

veterinarian [vetərə'nerɪən] veterinario(-a) *m(f)*

veto ['viːtəu] **1** *n* veto *m* **2** *v/t* vetar

via ['vaɪə] vía

viable ['vaɪəbl] viable

vibrate [vaɪ'breɪt] vibrar; **vibration** vibración *f*

vice¹ [vaɪs] *n* vicio *m*

vice² [vaɪs] *Br* → **vise**

vice 'president vicepresidente(-a) *m(f)*

vice versa [vaɪs'vɜːrsə] viceversa

vicious ['vɪʃəs] *dog* fiero; *attack, temper* feroz; **viciously** con brutalidad

victim ['vɪktɪm] víctima *f*; **victimize** tratar injustamente

victorious [vɪk'tɔːrɪəs] victorioso; **victory** victoria *f*

video ['vɪdɪəu] **1** *n Span* vídeo *m*, *L.Am.* video *m* **2** *v/t* grabar en *Span* vídeo or *L.Am.* video; **video camera** videocámara *f*; **video cassette** videocasete *m*; **video recorder** aparato *m* de *Span* vídeo or *L.Am.* video; **videotape** cinta *f* de *Span* vídeo or *L.Am.* video

vie [vaɪ] competir

Vietnam [vjetˈnɑːm] Vietnam; **Vietnamese 1** *adj* vietnamita **2** *n* vietnamita *m/f*; *language* vietnamita *m*

view [vjuː] **1** *n* vista *f*; of *situation* opinión *f*; **in ~ of** teniendo en cuenta **2** *v/t* ver **3** *v/i (watch TV)* ver la televisión; **viewer** TV telespectador(a) *m(f)*; **viewpoint** punto *m* de vista

vigor ['vɪɡər] vigor *m*; **vigorous** *vigoroso; person* enérgico; *denial* rotundo; **vigorously** con vigor; *deny, defend* rotundamente; **vigour** *Br* → **vigor**

village ['vɪlɪdʒ] pueblo *m*; **villager** aldeano(-a) *m(f)*

villain ['vɪlən] malo(-a) *m(f)*

vindicate ['vɪndɪkeɪt] *(show*

to be correct) dar la razón a; (*show to be innocent*) vindicar

vindictive [vɪn'dɪktɪv] vengativo

vine [vaɪn] vid *f*

vinegar ['vɪnɪɡər] vinagre *m*

vineyard ['vɪnjɑːrd] viñedo *m*

vintage ['vɪntɪdʒ] **1** *n of wine* cosecha *f* **2** *adj* clásico *m*

violate ['vaɪəleɪt] violar; **violation** violación *f*; (*traffic* ~) infracción *f*

violence ['vaɪələns] violencia *f*; **violent** violento

violin [vaɪə'lɪn] violín *m*; **violinist** violinista *m/f*

VIP [viːaɪ'piː] (= *very important person*) VIP *m*

viral ['vaɪrəl] vírico, viral

virgin ['vɜːrdʒɪn] virgen *m/f*; **virginity** virginidad *f*

virile ['vɪrəl] viril; **virility** virilidad *f*

virtual ['vɜːrtʃʊəl] virtual; **virtually** (*almost*) virtualmente

virtue ['vɜːrtʃuː] virtud *f*; **virtuous** virtuoso

virus ['vaɪrəs] virus *m inv*

visa ['viːzə] visa *f*, visado *m*

vise [vaɪs] torno *m* de banco

visibility [vɪzə'bɪlətɪ] visibilidad *f*; **visible** visible; *anger* evidente

vision ['vɪʒn] visión *f*

visit ['vɪzɪt] **1** *n* visita *f* **2** *v/t* visitar; **visitor** visita *f*, (*tourist*), *to museum etc* visitante *m/f*

visor ['vaɪzər] visera *f*

visual ['vɪʒʊəl] visual; **visualize** visualizar; (*foresee*) pre-

ver; **visually** visualmente

vital ['vaɪtl] (*essential*) vital; **vitality** vitalidad *f*; **vitally**: ~ *important* de importancia vital

vitamin ['vaɪtəmɪn] vitamina *f*; **vitamin pill** pastilla *f* vitamínica

vivacious [vɪ'veɪʃəs] vivaz; **vivacity** vivacidad *f*

vivid ['vɪvɪd] *color* vivo; *imagination* vívido; **vividly** (*brightly*) vivamente; (*clearly*) vívidamente

V-neck ['viːnek] cuello *m* de pico

vocabulary [vou'kæbjʊlərɪ] vocabulario *m*

vocal ['voukl] vocal; *expressing opinions* ruidoso; **vocalist** MUS vocalista *m/f*

vocation [və'keɪʃn] vocación *f*; (*profession*) profesión *f*; **vocational** *guidance* profesional

vodka ['vɑːdkə] vodka *m*

vogue [voug] moda *f*; **be in** ~ estar en boga

voice [vɔɪs] **1** *n* voz *f* **2** *v/t opinions* expresar; **voicemail** correo *m* de voz

volcano [vɑːl'keɪnou] volcán *m*

volley ['vɑːlɪ] *of shots* ráfaga *f*; *in tennis* volea *f*

volt [voult] voltio *m*; **voltage** voltaje *m*

volume ['vɑːljəm] volumen *m*; *of container* capacidad *f*

voluntarily [vɑːlən'terɪlɪ] voluntariamente; **voluntary**

voluntario; **volunteer 1** n voluntario(-a) m(f) **2** v/i ofrecerse voluntariamente

vomit ['vɒmɪt] **1** n vómito m **2** v/i vomitar

voracious [vəˈreɪʃəs] voraz

vote [vəʊt] **1** n voto m **2** v/i POL votar; ~ **for** / **against** votar a favor / en contra; **voter** POL votante m/f; **voting** POL votación f

◆ **vouch for** [vaʊtʃ] truth dar fe de; person responder por

vow [vaʊ] **1** n voto m **2** v/t: ~ **to do** prometer hacer

vowel [vaʊl] vocal f

voyage ['vɔɪɪdʒ] viaje m

vulgar ['vʌlgər] vulgar, grosero

vulnerable ['vʌlnərəbl] vulnerable

vulture ['vʌltʃər] buitre m

W

waddle ['wɑːdl] of duck caminar; of person anadear

wade [weɪd] caminar en el agua

wafer ['weɪfər] cookie barquillo m; REL hostia f

waffle ['wɑːfl] or to eat gofre m

wag [wæg] **1** v/t menear **2** v/i of tail menearse

wages ['weɪdʒɪz] salario m, sueldo m

waggle ['wægl] hips menear; loose screw etc mover

wail [weɪl] of person gemir; of siren sonar, aullar

waist [weɪst] cintura f

wait [weɪt] **1** n espera f **2** v/i esperar

◆ **wait for** esperar

◆ **wait on** (serve) servir; (wait for) esperar

◆ **wait up** esperar levantado

waiter ['weɪtər] camarero m; **waiting list** lista f de espera; **waiting room** sala f de espera; **waitress** camarera f

waive [weɪv] right renunciar; requirement no aplicar

wake [weɪk] **1** v/i: ~ **(up)** despertarse **2** v/t: ~ **(up)** despertar

walk [wɔːk] **1** n paseo m; longer caminata f; (path) camino m; **go for a** ~ salir a dar un paseo **2** v/i caminar, andar; as opposed to driving ir a pie **3** v/t dog sacar a pasear

◆ **walk out** of spouse marcharse; from theater etc salir; (go on strike) declararse en huelga

walker ['wɔːkər] (hiker) excursionista m/f; for baby, old person andador m; **walking** (hiking) excursionismo m; **walkout** (strike) huelga f; **walkover** (easy win) paseo m

wall [wɔːl] muro m; inside pared f

wallet ['wɑːlɪt] (billfold) cartera f

'wallpaper **1** n papel m pintado **2** v/t empapelar; **wall-to--wall carpet** Span moqueta f, L.Am. alfombra f

waltz ['wɔːlts] vals m

wan [wɑːn] face pálido m

wander ['wɒndər] (roam) vagar, deambular; (stray) extraviarse

wangle ['wæŋgl] F agenciarse F

want [wɑːnt] **1** n: **for ~** por falta de **2** v/t querer; (need) necesitar; **~ to do sth** querer hacer algo; **I ~ to stay here** quiero quedarme aquí; **she ~s you to go back** quiere que vuelvas **3** v/i: **he ~s for nothing** no le falta nada; **wanted** by police buscado por la policía

war [wɔːr] also fig guerra f

ward [wɔːrd] in hospital sala f; child pupilo(-a) m(f)

◆ **ward off** blow parar; attacker rechazar; cold evitar

warden ['wɔːrdn] of prison director(-a) m(f); Br of hostel vigilante m/f

'wardrobe for clothes armario m; (clothes) guardarropa m

warehouse ['werhaʊs] almacén m

'warfare guerra f; warhead ojiva f

warily ['werɪlɪ] cautelosamente

warm [wɔːrm] hands, room, water caliente; weather, welcome cálido; coat de abrigo

◆ **warm up 1** v/t calentar **2** v/i

calentarse; of athlete etc calentar

warmly ['wɔːrmlɪ] calurosamente; warmth calor m; warm-up SP calentamiento m

warn [wɔːrn] advertir, avisar; warning advertencia f, aviso m

warp [wɔːrp] of wood combarse; warped fig retorcido

warrant ['wɔːrənt] **1** n orden f judicial **2** v/t justificar; warranty garantía f

warrior ['wɔːrɪər] guerrero(-a) m(f)

wart [wɔːrt] verruga f

wary ['werɪ] cauto

wash [wɑːʃ] **1** n lavado m; **have a ~** lavarse **2** v/t lavar **3** v/i lavarse

◆ **wash up** (wash one's hands and face) lavarse

washable ['wɑːʃəbl] lavable; washbasin, washbowl lavabo m; washcloth toallita f; washed out agotado; washer for faucet etc arandela f; washing (clothes washed) ropa f limpia; (dirty clothes) ropa f sucia; **do the ~** lavar la ropa; washing machine lavadora f; washroom servicio m, aseo m

wasp [wɑːsp] avispa f

waste [weɪst] **1** n desperdicio m; from industrial process desechos mpl; **it's a ~ of time / money** es una pérdida de tiempo / dinero **2** adj residual **3** v/t derrochar;

money gastar; *time* perder; **waste basket** papelera *f*; **waste disposal (unit)** trituradora *f* de basuras; **wasteful** derrochador; **wasteland** erial *m*; **wastepaper** papel *m* usado

watch [wɒtʃ] **1** *n timepiece* reloj *m*; *keep* ~ hacer la guardia, vigilar **2** *v/t film*, *TV* ver; *(look after)* vigilar **3** *v/i* mirar, observar; **watchful** vigilante

water ['wɔːtər] **1** *n* agua *f* **2** *v/t plant* regar **3** *v/i: my mouth is ~ing* se me hace la boca agua; **watercolor**, *Br* **watercolour** acuarela *f*; **watered down** *fig* dulcificado; **waterfall** cascada *f*; **waterline** línea *f* de flotación; **waterlogged** anegado; *boat* lleno de agua; **watermelon** sandía *f*; **waterproof** impermeable; **waterside** orilla *f*; **waterskiing** esquí *m* acuático; **watertight** *compartment* estanco; *fig* irrefutable; **waterway** curso *m* de agua navegable; **watery** aguado

watt [wɒt] vatio *m*

wave[1] [weɪv] *n in sea* ola *f*

wave[2] [weɪv] **1** *n of hand* saludo *m* **2** *v/i with hand* saludar con la mano **3** *v/t flag etc* agitar

'wavelength RAD longitud *f* de onda; *be on the same* ~ *fig* estar en la misma onda

waver ['weɪvər] vacilar

wavy ['weɪvɪ] ondulado

wax [wæks] cera *f*

way [weɪ] *(method)* manera *f*, *(manner also)* modo *m*; *(route)* camino *m*; *this* ~ *(like this)* así; *(in this direction)* por aquí; *by the* ~ *(incidentally)* a propósito; *(in certain respects)* en cierto sentido; *lose one's* ~ perderse; *be in the* ~ *(be an obstruction)* estar en medio; *no* ~! ¡ni hablar!; *way in* entrada *f*; *way of life* modo *m* de vida; *way out* salida *f*

we [wiː] nosotros *mpl*, nosotras *fpl*; ~ *are the best* somos los mejores

weak [wiːk] débil; *tea, coffee* poco cargado; **weaken 1** *v/t* debilitar **2** *v/i* debilitarse; **weakness** debilidad *f*

wealth [welθ] riqueza *f*, **wealthy** rico

weapon ['wepən] arma *f*

wear [wer] **1** *n:* ~ *(and tear)* desgaste *m* **2** *v/t (have on)* llevar; *(damage)* desgastar **3** *v/i (wear out)* desgastarse; *(last)* durar

◆ **wear down** agotar

◆ **wear off** *of effect* pasar

◆ **wear out 1** *v/t (tire)* agotar; *shoes* desgastar **2** *v/i of shoes, carpet* desgastarse

wearily ['wɪrɪlɪ] cansinamente; **weary** cansado

weather ['weðər] **1** *n* tiempo *m* **2** *v/t crisis* capear; superar; **weather-beaten** curtido; **weather forecast** pronóstico *m* del tiempo; **weather-**

well-wisher

man hombre *m* del tiempo ·

weave [wiːv] **1** *v/t* tejer **2** *v/i move* zigzaguear

web [web] *of spider* tela *f*; **the Web** COMPUT la Web; **web page** página *f* web; **web site** sitio *m* web

wedding ['wedɪŋ] boda *f*; **wedding anniversary** aniversario *m* de boda; **wedding day** día *m* de la boda; **wedding dress** vestido *m* de boda *or* novia; **wedding ring** anillo *m* de boda

wedge [wedʒ] cuña *f*; *of cheese etc* trozo *m*

Wednesday ['wenzdeɪ] miércoles *m inv*

weed [wiːd] **1** *n* mala hierba **2** *v/t* escardar; **weed-killer** herbicida *m*; **weedy** F esmirriado, enclenque

week [wiːk] semana *f*; **a ~ today** de hoy en una semana; **a ~ tomorrow** de mañana en una semana; **weekday** día *m* de la semana; **weekend** fin *m* de semana; **on the ~** el fin de semana; **weekly 1** *adj* semanal **2** *n magazine* semanario *m* **3** *adv* semanalmente

weep [wiːp] llorar

wee-wee ['wiːwiː] F pipí *m*; **do a ~** hacer pipí

weigh [weɪ] pesar

◆ **weigh up** *(assess)* sopesar

weight [weɪt] peso *m*; **weightlessness** ingravidez *f*; **weightlifter** levantador(a) *m(f)* de pesas; **weightlifting** halterofilia *f*, levantamiento *m* de pesas; **weighty** *fig (im-*

portant) serio

weir [wɪr] presa *f (rebasadero)*

weird [wɪrd] extraño, raro; **weirdo** F bicho *m* raro F

welcome ['welkəm] **1** *adj* bienvenido; **you're ~!** de nada! **2** *n* bienvenida *f* **3** *v/t guests etc* dar la bienvenida a; *decision etc* acoger positivamente

weld [weld] soldar

welfare ['welfer] bienestar *m*; *financial assistance* subsidio *m* estatal; **welfare check** cheque con el importe del subsidio estatal; **welfare state** estado *m* del bienestar; **welfare worker** asistente *m/f* social

well[1] [wel] *n for water, oil* pozo *m*

well[2] [wel] **1** *adv* bien; **as ~** *(too)* también; **as ~ as** *(in addition to)* así como; **very ~** muy bien; **~, ~!** *surprise* ¡caramba!; **~ ...** *uncertainty* bueno... **2** *adj*: **be ~** estar bien; **well-balanced** equilibrado; **well-behaved** educado; **well-being** bienestar *m*; **well-done** *meat* muy hecho; **well-dressed** bien vestido; **well-earned** merecido; **well-heeled** F adinerado, *Span* con pasta F; **well-informed** bien informado; **well-known** conocido; **well-meaning** bienintencionado; **well-off** acomodado; **well-timed** oportuno; **well-wisher** admirador(a) *m(f)*

west [west] **1** n oeste m; **the West** (Western nations) el Occidente; (western part of a country) el oeste **2** adj del oeste **3** adv travel hacia el oeste; **westerly** wind del oeste; direction hacia el oeste; **western 1** adj occidental **2** n movie western m, película f del oeste; **Westerner** occidental m/f; **westernized** occidentalizado; **West Indian 1** adj antillano **2** n antillano(-a) m(f); **West Indies: the ~** las Antillas; **westward** hacia el oeste

wet [wet] mojado; (damp) húmedo; (rainy) lluvioso; **wet suit** traje m de neopreno

whack [wæk] F (blow) porrazo m F

whale [weɪl] ballena f

what [wɒt] **1** pron qué; ~ **is it?** (what do you want) ¿qué quieres?; ~ **about reading home?** ¿y si nos fuéramos a casa?; ~ **for?** (why) ¿para qué?; **so ~?** ¿y qué?; **take ~ you need** toma lo que te haga falta **2** adj qué; ~ **color is the car?** ¿de qué color es el coche?; **whatever: ~ the season** en cualquier estación; **ok ~**, vale, lo que tú digas

wheat [wiːt] trigo m

wheel [wiːl] rueda f; (steering ~) volante m; **wheelchair** silla f de ruedas; **wheel clamp** Br cepo m

wheeze [wiːz] resoplido m

when [wen] **1** adv cuándo; ~ **do you open?** ¿a qué hora abren? **2** conj cuando; ~ **I was a child** cuando era niño; **whenever** (each time) cada vez que; ~ **you like** cuando quieras

where [wer] **1** adv dónde; ~ **from?** ¿de dónde?; ~ **to?** ¿a dónde? **2** conj dónde; **this is ~ I used to live** aquí es donde vivía antes; **whereas** mientras que; **wherever 1** conj dondequiera que; **sit ~ you like** siéntate donde prefieras **2** adv dónde; ~ **can it be?** ¿dónde puede estar?

whet [wet] appetite abrir

whether ['weðər] si; ~ **you approve or not** te parezca bien o no

which [wɪtʃ] **1** adj qué; ~ **one is yours?** ¿cuál es tuyo? **2** pron interrogative cuál; relative que; **take one, it doesn't matter** ~ toma uno, no importa cuál

whiff [wɪf] (smell) olorcillo m

while [waɪl] **1** conj mientras; (although) si bien **2** n rato m

whim [wɪm] capricho m

whimper ['wɪmpər] gimotear

whine [waɪn] of dog gimotear; F (complain) quejarse

whip [wɪp] **1** n látigo m **2** v/t (beat) azotar; cream batir; F (defeat) dar una paliza a F

whirlpool ['wɜːlpuːl] in river remolino m; for relaxation bañera f de hidromasaje

whisk [wɪsk] **1** n kitchen implement batidora f **2** v/t eggs batir

whiskey ['wɪskɪ] whisky m

whisper ['wɪspər] susurrar

whistle ['wɪsl] **1** n sound silbido m; device silbato m **2** v/t & v/i silbar

white [waɪt] **1** n blanco m; of egg clara f; person blanco(-a) m(f) **2** adj blanco; **white--collar worker** persona que trabaja en una oficina; **White House** Casa f Blanca; **white lie** mentira f piadosa; **whitewash 1** n cal f; fig encubrimiento m **2** v/t encalar; **white wine** vino m blanco

whittle ['wɪtl] wood tallar

◆ **whittle down** reducir

whizzkid ['wɪzkɪd] F joven m/f prodigio

who [huː] interrogative ¿quién?; relative que; **~ do you want to speak to?** ¿con quién quieres hablar?; whoever quienquiera

whole [houl] **1** adj entero; **the ~ country** todo el país **2** n totalidad f; **on the ~** en general; **whole-hearted** incondicional; **wholesale** al por mayor; fig indiscriminado; **wholesaler** mayorista m/f; **wholesome** saludable, sano; **wholly** completamente

whom [huːm] fml quién

whore [hɔːr] prostituta f

whose [huːz] interrogative de quién; relative cuyo(-a); **~ is this?** ¿de quién es esto?; **a**

country ~ economy ... un país cuya economía...

why [waɪ] por qué

wicked ['wɪkɪd] malvado

wicker ['wɪkər] de mimbre

wicket ['wɪkɪt] in station, bank etc ventanilla f

wide [waɪd] ancho; experience, range amplio; **be 12 feet ~** tener 12 pies de ancho; **widely** ampliamente; **widen 1** v/t ensanchar **2** v/i ensancharse; **wide-open** abierto de par en par; **wide-ranging** amplio; **widespread** extendido

widow ['wɪdou] viuda f; **widower** viudo m

width [wɪdθ] anchura f, ancho m

wield [wiːld] weapon empuñar; power detentar

wife [waɪf] mujer f, esposa f

wig [wɪg] peluca f

wiggle ['wɪgl] menear

wild [waɪld] animal salvaje; flower silvestre; teenager, party descontrolado; (crazy: scheme) descabellado; applause arrebatado

wilderness ['wɪldərnɪs] desierto m, yermo m

'wildlife flora f y fauna f

wilful Br ☞ **willful**

will[1] [wɪl] n law testamento m

will[2] [wɪl] n (willpower) voluntad f

will[3] [wɪl] v/aux: **~ let you know tomorrow** te lo diré mañana; **the car won't start** el coche no arranca; **~ you**

tell her that ...? ¿le quieres decir que...?; **~ you stop that!** ¡basta ya!

willful ['wɪlfəl] *person* tozudo, obstinado; *action* deliberado, intencionado; **willing** dispuesto; **willingly** gustosamente; **willingness** buena disposición *f*; **willpower** fuerza *f* de voluntad

willy-nilly ['wɪlɪ'nɪlɪ] *(at random)* a la buena de Dios

wilt [wɪlt] *of plant* marchitarse

wily ['waɪlɪ] astuto

wimp [wɪmp] F enclenque *m/f* F, blandengue *m/f* F

win [wɪn] **1** *n* victoria *f*, triunfo *m* **2** *v/t & v/i* ganar

wince [wɪns] hacer una mueca de dolor

winch [wɪntʃ] *n* torno *m*

wind¹ [wɪnd] *n* viento *m*; *(flatulence)* gases *mpl*

wind² [waɪnd] **1** *v/i* serpentear **2** *v/t* enrollar

◆ **wind up 1** *v/t clock* dar cuerda a; *car window* subir, cerrar; *speech* finalizar; *business* concluir; *company* cerrar **2** *v/i (finish)* concluir

'**wind-bag** F cotorra *f* F; **windfall** *fig* dinero *m* inesperado

winding ['waɪndɪŋ] serpenteante

window ['wɪndəʊ] *also* COMPUT ventana *f*; **in the ~** *of store* en el escaparate *or* L.Am. la vidriera; **window seat** asiento *m* de ventana; **window-shop: go ~ping** ir de escaparates *or* L.Am. vi-

drieras; **windowsill** alféizar *m*; **windshield**, *Br* **windscreen** parabrisas *m inv*; **windshield wiper** limpiaparabrisas *m inv*; **windsurfer** windsurfista *m/f*; *board* tabla *f* de windsurf; **windsurfing** el windsurf; **windy** ventoso

wine [waɪn] vino *m*; **wine cellar** bodega *f*; **wine list** lista *f* de vinos; **winery** bodega *f*

wing [wɪŋ] ala *f*; SP lateral *m/f*, extremo *m/f*; **wingspan** envergadura *f*

wink [wɪŋk] *of person* guiñar, hacer un guiño

winner ['wɪnər] ganador(a) *m(f)*, vencedor(a) *m(f)*; *of lottery* acertante *m/f*; **winning** ganador; **winning post** meta *f*; **winnings** ganancias *fpl*

winter ['wɪntər] invierno *m*; **winter sports** deportes *mpl* de invierno; **wintry** invernal

wipe [waɪp] limpiar; *tape* borrar

wiper ['waɪpər] ☞ **windshield wiper**

wire [waɪr] alambre *m*; ELEC cable *m*; **wireless phone** teléfono *m* inalámbrico; **wiring** ELEC cableado *m*; **wiry** *person* fibroso

wisdom ['wɪzdəm] *of person* sabiduría *f*; *of action* prudencia *f*, sensatez *f*

wise [waɪz] sabio; *action, decision* prudente, sensato; **wisecrack** F chiste *m*; **wise-**

work

ly *act* prudentemente, sensatamente

wish [wɪʃ] **1** *n* deseo *m*; **best ~es** un saludo cordial **2** *v/t* desear
◆ **wish for** desear

wisp [wɪsp] *of hair* mechón *m*; *of smoke* voluta *f*

wistful ['wɪstfəl] nostálgico; **wistfully** con nostalgia

wit [wɪt] ingenio *m*; *person* ingenioso(-a) *m(f)*

witch [wɪtʃ] bruja *f*; **witch-hunt** *fig* caza *f* de brujas

with [wɪð] con; **shivering ~ fear** temblando de miedo; **a girl ~ brown eyes** una chica de ojos castaños; **are you ~ me?** (*do you understand*) ¿me sigues?; **~ no money** sin dinero

withdraw [wɪð'drɔː] **1** *v/t* retirar **2** *v/i* retirarse; **withdrawal** retirada *f*; *of money* reintegro *m*; **withdrawal symptoms** síndrome *m* de abstinencia; **withdrawn** *person* retraído

wither ['wɪðər] marchitarse

with'hold *information* ocultar; *payment* retener; *consent* negar

with'in dentro de; *in expressions of time* en menos de

with'out sin

with'stand resistir, soportar

witness ['wɪtnɪs] **1** *n* testigo *m/f* **2** *v/t* ser testigo de

witticism ['wɪtɪsɪzm] comentario *m* gracioso; **witty** ingenioso, agudo

wobble ['wɑːbl] tambalearse; **wobbly** tambaleante

wolf [wʊlf] **1** *n* lobo *m* **2** *v/t*: **~ (down)** engullir

woman ['wʊmən] mujer *f*; **womanizer** mujeriego(-a) *m(f)*; **womanly** femenino

womb [wuːm] matriz *f*, útero *m*

women ['wɪmɪn] *pl* ↽ **woman**; **women's lib** la liberación de la mujer

wonder ['wʌndər] **1** *n* (*amazement*) asombro *m*; **no ~!** ¡no me sorprende! **2** *v/i* preguntarse; **I ~ if you could help** ¿le importaría ayudarme?; **wonderful** maravilloso; **wonderfully** maravillosamente

won't [woʊnt] ↽ **will not**

wood [wʊd] madera *f*; *for fire* leña *f*; (*forest*) bosque *m*; **wooded** arbolado; **wooden** (*made of wood*) de madera; **woodpecker** pájaro *m* carpintero; **woodwork** carpintería *f*

wool [wʊl] lana *f*; **woolen**, *Br* **woollen 1** *adj* de lana **2** *n* prenda *f* de lana

word [wɜːrd] **1** *n* palabra *f* **2** *v/t letter* redactar; **word processor** procesador *m* de textos

work [wɜːrk] **1** *n* trabajo *m*; **out of ~** desempleado, *Span* en el paro **2** *v/i of person* trabajar; *of machine*, (*succeed*) funcionar
◆ **work out 1** *v/t problem* re-

solver; *solution* encontrar **2** *v/i at gym* hacer ejercicios; *of relationship etc* funcionar, ir bien

workable ['wɜːrkəbl] *solution* viable; **workaholic** F *persona adicta al trabajo*; **workday** *(hours of work)* jornada *f* laboral; *(not a holiday)* día *m* de trabajo; **worker** trabajador(a) *m(f)*; **workforce** trabajadores *mpl*; **work hours** horas *fpl* de trabajo; **working class** clase *f* trabajadora; **working-class** de clase trabajadora; **working hours** ☞ **workhours**; **workload** cantidad *f* de trabajo; **workman** obrero *m*; **workmanlike** competente; **workmanship** factura *f*, confección *f*; **work of art** obra *f* de arte; **workout** sesión *f* de ejercicios; **work permit** permiso *m* de trabajo; **workshop** *also seminar* taller *m*

world [wɜːrld] mundo *m*; **world-class** de categoría mundial; **World Cup** Mundial *m*, Copa *f* del Mundo; **world-famous** mundialmente famoso; **worldly** mundano; **world record** récord *m* mundial o del mundo; **world war** guerra *f* mundial; **worldwide 1** *adj* mundial **2** *adv* en todo el mundo

worn-'out gastado; *person* agotado

worried ['wʌrɪd] preocupado; **worry 1** *n* preocupación *f* **2** *v/t* preocupar **3** *v/i* preocuparse; **worrying** preocupante

worse [wɜːrs] peor; *get* ~ empeorar; **worsen** empeorar

worship ['wɜːrʃɪp] **1** *n* culto *m* **2** *v/t* adorar

worst [wɜːrst] peor

worth [wɜːrθ]: *be* ~ ... valer...; *be* ~ *it* vale la pena; **worthwhile** que vale la pena

worthy ['wɜːrði] digno; *cause* justo

would [wʊd]: *I* ~ *help if I could* te ayudaría si pudiera; ~ *you like to go to the movies?* ¿te gustaría ir al cine?; ~ *you close the door?* ¿podrías cerrar la puerta?

wound [wuːnd] **1** *n* herida *f* **2** *v/t* herir

wow [waʊ] ¡hala!

wrap [ræp] envolver; **wrapping** envoltorio *m*; **wrapping paper** papel *m* de envolver

wrath [ræθ] ira *f*

wreath [riːθ] corona *f* de flores

wreck [rek] **1** *n* restos *mpl* **2** *v/t ship* hundir; *car* destrozar; *plans, marriage* arruinar; **wreckage** *of car, plane* restos *mpl*; *of marriage, career* ruina *f*; **wrecker** grúa *f*

wrench [rentʃ] **1** *n tool* llave *f* **2** *v/t (pull)* arrebatar

wrestle ['resl] luchar; **wrestler** luchador(a) *m(f)* (de lucha libre); **wrestling** lucha *f* libre

wriggle ['rɪgl] (*squirm*) menearse; *along the ground* arrastrarse; *into small space* escurrirse

wrinkle ['rɪŋkl] arruga *f*

wrist [rɪst] muñeca *f*; **wristwatch** reloj *m* de pulsera

write [raɪt] escribir; *check* extender

◆ **write off** *debt* cancelar; *car* destrozar

writer ['raɪtər] escritor(a) *m(f)*; *of book, song* autor(a) *m(f)*; **write-up** reseña *f*

writhe [raɪð] retorcerse

writing ['raɪtɪŋ] *words, text* escritura *f*; (*hand-*~) letra *f*; **in** ~ por escrito; **writing paper** papel *m* de escribir

wrong [rɒːŋ] **1** *adj answer* equivocado; *decision* erróneo; **be** ~ *of person* estar equivocado; *of answer* ser incorrecto; *morally* ser injusto; **what's** ~? ¿qué pasa?; **you have the** ~ **number** TELEC se ha equivocado **2** *adv* mal **3** *n* mal *m*; **wrongful** ilegal; **wrongly** erróneamente

wry [raɪ] socarrón

X

xenophobia [zenoʊ'foʊbɪə] xenofobia *f*

X-ray ['eksreɪ] **1** *n picture* radiografía *f* **2** *v/t* radiografiar

Y

yacht [jɑːt] yate *m*; **yachting** vela *f*

Yank [jæŋk] F yanqui *m/f*

yank [jæŋk] tirar de

yard[1] [jɑːrd] *of prison etc* patio *m*; *behind house* jardín *m*; *for storage* almacén *m* (*al aire libre*)

yard[2] [jɑːrd] *measurement* yarda *f*

'yardstick patrón *m*

yarn [jɑːrn] (*thread*) hilo *m*; F (*story*) batallita *f* F

yawn [jɒːn] **1** *n* bostezo *m* **2** *v/i* bostezar

year [jɪr] año *m*; **be six** ~**s old**

tener seis años (de edad); **yearly 1** *adj* anual **2** *adv* anualmente

yeast [jiːst] levadura *f*

yell [jel] **1** *n* grito *m* **2** *v/t & v/i* gritar

yellow ['jeloʊ] amarillo

yelp [jelp] **1** *n* aullido *m* **2** *v/i* aullar

yes [jes] sí; **yes man** *pej* pelotillero *m*

yesterday ['jestərdeɪ] ayer; **the day before** ~ anteayer

yet [jet] **1** *adv* todavía, aún; **have you finished** ~? ¿has acabado ya?; **he hasn't ar-**

rived ~ todavía *or* aún no ha
llegado **2** *conj (however)* sin
embargo

yield [jiːld] **1** *n from fields etc*
cosecha *f*; *from investment*
rendimiento *m* **2** *v/t fruit,
good harvest* proporcionar;
interest rendir **3** *v/i (give
way)* ceder; *of driver* ceder
el paso

yoga ['jougǝ] yoga *m*

yoghurt ['jougǝrt] yogur *m*

yolk [jouk] yema *f*

you [juː] ◇ *as subject, singular*
tú, *L.Am.* usted, *Rpl, C.Am.*
vos; *formal* usted; *plural:
Span* vosotros, vosotras,
L.Am. ustedes; *formal* uste-
des; **do** ~ **know him?** ¿lo co-
noces / conoce?

◇ *as object, singular* te,
L.Am. le; *formal* le; *plural:
Span* os, *L.Am.* les; *formal*
les

◇*with preps, singular* ti *(oth-
er forms as subject)*

◇ *people, one:* ~ **never know**
nunca se sabe; ~ **have to pay**
hay que pagar; *exercise is
good for* ~ es bueno hacer
ejercicio

young [jʌŋ] joven; **youngster**
joven *m/f*

your [jur] *singular* tu, *L.Am.*
su; *formal* su; *plural: Span*

vuestro, *L.Am.* su; *formal* su

yours [jurz] *singular* el tuyo,
la tuya, *L.Am.* el suyo, la su-
ya; *formal* el suyo, la suya;
plural el vuestro, la vuestra,
L.Am. el suyo, la suya; *for-
mal* el suyo, la suya; *it's* ~
es tuyo etc; *a friend of* ~
un amigo tuyo / suyo /
vuestro; ~ *at end of letter*
un saludo

yourself [jur'self] *reflexive* te,
L.Am. se; *formal* se; *emphat-
ic* tú mismo *m*, tú misma *f*,
L.Am. usted mismo, usted
misma; *Rpl, C.Am.* vos mis-
mo, vos misma; *formal* usted
mismo, usted misma; *did
you hurt* ~? ¿te hiciste / se
hizo daño?; **yourselves** *re-
flexive* os, *L.Am.* se; *formal*
se; *emphatic* vosotros mis-
mos *mpl*, vosotras mismas
fpl, *L.Am.* ustedes mismos,
ustedes mismas; *formal*
ustedes mismos, ustedes
mismas; *did you hurt* ~?
¿os hicisteis / se hicieron
daño?

youth [juːθ] juventud *f*;
(young man) joven *m/f*;
youth club club *m* juvenil;
youthful *form; fashion, ide-
alism* juvenil

yuppie ['jʌpɪ] F yupi *m/f*

Z

zap [zæp] F (COMPUT: *delete*) borrar; (*kill*) liquidar F; (*hit*) golpear; (*send*) enviar

zeal [zi:l] celo *m*

zero ['zɪroʊ] cero *m*

zest [zest] entusiasmo *m*

zigzag ['zɪgzæg] **1** *n* zigzag *m* **2** *v/i* zigzaguear

zilch [zɪltʃ] F nada de nada

zip [zɪp] *Br* cremallera *f*
◆ **zip up** *dress, jacket* cerrar la cremallera de; COMPUT compactar

'zip code código *m* postal;
zipper cremallera *f*

zit [zɪt] F *on face* grano *m*

zone [zoʊn] zona *f*

zonked [zɑːŋkt] P (*exhausted*) molido P

zoo [zu:] zoo *m*

zoology [zu:'ɑːlədʒɪ] zoología *f*

'zoom lens zoom *m*

zucchini [zu:'ki:nɪ] calabacín *m*

Los verbos irregulares ingleses

Se citan las tres partes principales de cada verbo: infinitivo, pretérito, participio del pasado.

arise – arose – arisen

awake – awoke – awoken, awaked

be (am, is, are) – was (were) – been

bear – bore – borne

beat – beat – beaten

become – became – become

begin – began – begun

bend – bent – bent

bet – bet, betted – bet, betted

bid – bid – bid

bind – bound – bound

bite – bit – bitten

bleed – bled – bled

blow – blew – blown

break – broke – broken

breed – bred – bred

bring – brought – brought

broadcast – broadcast – broadcast

build – built – built

burn – burnt, burned – burnt, burned

burst – burst – burst

buy – bought – bought

cast – cast – cast

catch – caught – caught

choose – chose – chosen

cling – clung – clung

come – came – come

cost (v/i) – cost – cost

creep – crept – crept

cut – cut – cut

deal – dealt – dealt

dig – dug – dug

dive – dived, dove [douv] (1) – dived

do – did – done

draw – drew – drawn

dream – dreamt, dreamed – dreamt, dreamed

drink – drank – drunk

drive – drove – driven

eat – ate – eaten

fall – fell – fallen

feed – fed – fed

feel – felt – felt

fight – fought – fought

find – found – found

flee – fled – fled

fling – flung – flung

fly – flew – flown

forbid – forbad(e) – forbidden

forecast – forecast(ed) – forecast(ed)

forget – forgot – forgotten

forgive – forgave – forgiven

freeze – froze – frozen

get – got – got, gotten (2)

give – gave – given

go – went – gone
grind – ground – ground
grow – grew – grown
hang – hung, hanged – hung, hanged (3)
have – had – had
hear – heard – heard
hide – hid – hidden
hit – hit – hit
hold – held – held
hurt – hurt – hurt
keep – kept – kept
kneel – knelt, kneeled – knelt, kneeled
know – knew – known
lay – laid – laid
lead – led – led
lean – leaned, leant – leaned, leant (4)
leap – leaped, leapt – leaped, leapt (4)
learn – learned, learnt – learned, learnt (4)
leave – left – left
lend – lent – lent
let – let – let
lie – lay – lain
light – lighted, lit – lighted, lit
lose – lost – lost
make – made – made
mean – meant – meant
meet – met – met
mow – mowed – mowed, mown

pay – paid – paid
plead – pleaded, pled – pleaded, pled (5)
prove – proved – proved, proven
put – put – put
quit – quit(ted) – quit(ted)
read – read [red] – read [red]
ride – rode – ridden
ring – rang – rung
rise – rose – risen
run – ran – run
saw – sawed – sawn, sawed
say – said – said
see – saw – seen
seek – sought – sought
sell – sold – sold
send – sent – sent
set – set – set
sew – sewed – sewed, sewn
shake – shook – shaken
shed – shed – shed
shine – shone – shone
shit – shit(ted), shat – shit(ted), shat
shoot – shot – shot
show – showed – shown
shrink – shrank – shrunk
shut – shut – shut
sing – sang – sung
sink – sank – sunk
sit – sat – sat
slay – slew – slain
sleep – slept – slept
slide – slid – slid

sling – slung – slung

slit – slit – slit

smell – smelt, smelled – smelt, smelled

sow – sowed – sown, sowed

speak – spoke – spoken

speed – sped, speeded – sped, speeded

spell – spelt, spelled – spelt, spelled (4)

spend – spent – spent

spill – spilt, spilled – spilt, spilled

spin – spun – spun

spit – spat – spat

split – split – split

spoil – spoiled, spoilt – spoiled, spoilt

spread – spread – spread

spring – sprang, sprung – sprung

stand – stood – stood

steal – stole – stolen

stick – stuck – stuck

sting – stung – stung

stink – stank, stunk – stunk

stride – strode – stridden

strike – struck – struck

swear – swore – sworn

sweep – swept – swept

swell – swelled – swollen

swim – swam – swum

swing – swung – swung

take – took – taken

teach – taught – taught

tear – tore – torn

tell – told – told

think – thought – thought

thrive – throve – thriven, thrived (6)

throw – threw – thrown

thrust – thrust – thrust

tread – trod – trodden

wake – woke, waked – woken, waked

wear – wore – worn

weave – wove – woven (7)

weep – wept – wept

win – won – won

wind – wound – wound

write – wrote – written

(1) **dove** no se usa en inglés británico

(2) **gotten** no se usa en inglés británico

(3) **hung** para un cuadro; **hanged** para un ajusticiado

(4) en inglés americano se suele emplear la forma terminada en **-ed**

(5) **pled** se usa en inglés americano y escocés

(6) **thrived** es la forma más común

(7) aunque **weaved** en la acepción *zigzaguear*

Numbers – Numerales

Cardinal Numbers – Números cardinales

0	cero *zero, Br tb* nought
1	uno, una *one*
2	dos *two*
3	tres *three*
4	cuatro *four*
5	cinco *five*
6	seis *six*
7	siete *seven*
8	ocho *eight*
9	nueve *nine*
10	diez *ten*
11	once *eleven*
12	doce *twelve*
13	trece *thirteen*
14	catorce *fourteen*
15	quince *fifteen*
16	dieciséis *sixteen*
17	diecisiete *seventeen*
18	dieciocho *eighteen*
19	diecinueve *nineteen*
20	veinte *twenty*
21	veintiuno *twenty-one*
22	veintidós *twenty-two*
30	treinta *thirty*
31	treinta y uno *thirty-one*
40	cuarenta *forty*
50	cincuenta *fifty*
60	sesenta *sixty*
70	setenta *seventy*

80	ochenta *eighty*
90	noventa *ninety*
100	cien(to) *a hundred, one hundred*
101	ciento uno *a hundred and one*
110	ciento diez *a hundred and ten*
200	doscientos, -as *two hundred*
300	trescientos, -as *three hundred*
324	trescientos, -as venticuatro *three hundred and twenty-four*
400	cuatrocientos, -as *four hundred*
500	quinientos, -as *five hundred*
600	seiscientos, -as *six hundred*
700	setecientos, -as *seven hundred*
800	ochocientos, -as *eight hundred*
900	novecientos, -as *nine hundred*
1000	mil *a thousand, one thousand*
1959	mil novecientos cincuenta y nueve *one thousand nine hundred and fifty-nine*
2000	dos mil *two thousand*
1 000 000	un millón *a million, one million*
2 000 000	dos millones *two million*

Notes:

i) In Spanish numbers a comma is used for decimals:
1,25 **one point two five** uno coma veinticinco

ii) A period is used where, in English, we would use a comma:
1.000.000 = 1,000,000

Numbers like this can also be written using a space instead of a comma:
1 000 000 = 1,000,000

Ordinal Numbers – Números ordinales

1°	primero	**1st**	*first*
2°	segundo	**2nd**	*second*
3°	tercero	**3rd**	*third*
4°	cuarto	**4th**	*fourth*
5°	quinto	**5th**	*fifth*
6°	sexto	**6th**	*sixth*
7°	séptimo	**7th**	*seventh*
8°	octavo	**8th**	*eighth*
9°	noveno, nono	**9th**	*ninth*
10°	décimo	**10th**	*tenth*
11°	undécimo	**11th**	*eleventh*
12°	duodécimo	**12th**	*twelfth*
13°	decimotercero	**13th**	*thirteenth*
14°	decimocuarto	**14th**	*fourteenth*
15°	decimoquinto	**15th**	*fifteenth*
16°	decimosexto	**16th**	*sixteenth*
17°	decimoséptimo	**17th**	*seventeenth*
18°	decimoctavo	**18th**	*eighteenth*
19°	decimonoveno, decimonono	**19th**	*nineteenth*
20°	vigésimo	**20th**	*twentieth*
21°	vigésimo prim(er)o	**21st**	*twenty-first*
22°	vigésimo segundo	**22nd**	*twenty-second*
30°	trigésimo	**30th**	*thirtieth*
31°	trigésimo prim(er)o	**31st**	*thirty-first*
40°	cuadragésimo	**40th**	*fortieth*
50°	quincuagésimo	**50th**	*fiftieth*
60°	sexagésimo	**60th**	*sixtieth*
70°	septuagésimo	**70th**	*seventieth*
80°	octogésimo	**80th**	*eightieth*
90°	nonagésimo	**90th**	*ninetieth*

100°	centésimo	100th	*hundredth*
101°	centésimo primero	101st	*hundred and first*
110°	centésimo décimo	110th	*hundred and tenth*
200°	ducentésimo	200th	*two hundredth*
300°	tricentésimo	300th	*three hundredth*
400°	cuadringentésimo	400th	*four hundredth*
500°	quingentésimo	500th	*five hundredth*
600°	sexcentésimo	600th	*six hundredth*
700°	septingentésimo	700th	*seven hundredth*
800°	octingentésimo	800th	*eight hundredth*
900°	noningentésimo	900th	*nine hundredth*
1000°	milésimo	1000th	*thousandth*
2000°	dos milésimo	2000th	*two thousandth*
1 000 000°	millonésimo	1,000,000th	*millionth*
2 000 000°	dos millonésimo	2,000,000th	*two millionth*

Note:

Spanish ordinal numbers are ordinary adjectives and consequently must agree:

> her 13th granddaughter
> su decimotercera nieta

Dates – Fechas

1996	mil novecientos noventa y seis	*nineteen ninety-six*
2005	dos mil cinco	*two thousand (and) five*

el diez de noviembre, el 10 de noviembre
(on) November 10, *Br* (on) the 10th of November

el uno de marzo, *L.Am.* **el primero de marzo, el 1° de marzo**
(on) March 1, *Br* (on) the 1st of March